THE STORY OF GARDENING

世界の庭園歴史図鑑

ペネロピ・ホブハウス［編著］
Penelope Hobhouse

高山宏［日本版監修］
Hiroshi Takayama

上原ゆうこ［訳］
Yuko Uehara

原書房

THE STORY of GARDENING
世界の庭園歴史図鑑

ペネロピ・ホブハウス［編著］　高山宏［日本版監修］　上原ゆうこ［訳］

原書房

◆目次

はじめに　006

庭園史年表　012

【第1章】
始まり──庭造りの起源　016
メソポタミア、エジプト、ペルシアの庭と公園の記録と遺跡

【第2章】
古代ギリシア・ローマの庭──古典の遺産　030
ギリシアにおける植物学と本草学の始まりとローマ世界におけるデザインの発達

【第3章】
イスラムの庭──天上の美、地上の喜び　056
イスラムの「四分庭園」の概念と、中東からスペイン、インド、トルコへの普及

【第4章】
中世キリスト教世界の庭──喜びと敬神　096
中世の様式化された庭が持つ重層的意味

【第5章】
ルネサンスの美──ヨーロッパ庭園の開花　118
15～16世紀イタリアの古典的ヴィラ・ガーデンから17世紀フランスのルイ14世の
パワー・ガーデニングへの移行と、そのオランダおよびイギリスでの変容

【第6章】
植物学者と収集家と画家──移動する植物　168
新種を描き、育て、探しに行った初期の植物愛好家たち

【第7章】
イギリス式風景庭園──自然派革命　204
18世紀の風景派運動、その発生からその遺産まで

【第8章】
折衷主義の19世紀──新しいもの、発明、リバイバル　244
技術変革の時代のヨーロッパの庭造りにおける流行

【第9章】
南北アメリカ——園芸の新たな地平　280
インカおよびアステカ文明から、フレデリック・ロー・オルムステッドの理想まで、アメリカ大陸における庭造りの進展

【第10章】
中国の庭——時を超える伝統　318
中国の造園の長い歴史と、風景および絵画とのつながり

【第11章】
日本の庭園——象徴と抑制　346
日本のデザインの本質的要素と世界の国々への影響

【第12章】
自然主義からモダニズムへ——変革の時代 1870-1950年　380
ガーデニングのグローバル化に伴うアメリカとヨーロッパにおける先駆者の声

【第13章】
今日そして明日——やりたいことができる世界　420
21世紀のガーデニングを方向づけているデザイナー、エコロジスト、造園家

解説——庭「をめぐる」本……高山宏　454

参考文献——459
図版クレジット——463
索引——466

［凡例］
本文およびキャプション中の［　］は原注、〔　〕は訳注を示す。

A Dorling Kindersley Book
www.dk.com

Original Title: The Story of Gardening
Copyright © Dorling Kindersley Limited, 2002
Text copyright © Penelope Hobhouse 2002, 2004

Japanese translation rights arranged with Dorling Kindersley Limited, London through Tuttle-Mori Agency Inc., Tokyo

page 1: the Blue Steps at Naumkeag, Stockbridge, Massachusetts, designed from 1926 by Fletcher Steele; page 2: 17th century Villa Barbarigo Pizzoni Ardemani, near Padua, Italy; page 3: roof terrace designed by Topher Delaney for the Bank of America, San Francisco; 右: path of timber discs in Bob Dash's garden on long Island, New York State
カバー表4: 上から、京都・苔寺; Islamic Manuscript illustration, Babur and his architect, from the Babur-nameh; Chatsworth, Derbyshire, England,; Naumekeag, Stockbridge, Massachusetts, United States; Claremont Landscape Garden, Surry, England; Les Quatre Vents garden, Quebeck, Canada; French manuscript illustration. Maids and winged hearts, from love poems by Pierre sala; Villa d'Este, Tivoli, Italy; 20th-century design by Oehme and van Sweden, Washington DC. United States

はじめに
Introduction

ガーデニングには21世紀までにほぼ3000年の歴史があり、その物語はひとつだけではなく無数に——これまでいたガーデナーの数だけ——ある。そしてそれは無数のやり方で語ることができる。この場合の語り手はガーデナーだけでなく、おそらくもっと重要なのはデザイナーで、それはおのずと美的観点からのものである。私の主な関心は、レイアウトすなわち庭園様式と、どのようにしてなぜそうなったのかにある。そして実地で腕を磨いた現役の庭師である私は、植物に対しても、そして植物が過去にどのように利用されてきたか、未来にどのように利用されるかといったことについても、尽きることのない喜びを感じる。思うに、ガーデニングがどのように発展してきたかを明らかにすることであらゆるガーデナーの生活が豊かになり、連続する各時代が互いにどのように影響し合ってきたか知ることで、私たち一人ひとりが自分自身の目指すところを確認し未来を展望できるようになるのではないだろうか。庭造りに新しいことは何もなく、建設中の庭園はすべて過去の様式に依存し、それから着想を得ているといいたくなるが、科学がさらに多くの驚きをもたらしそうな時代にあっては、それは一般化のしすぎかもしれない。だが、それが大まかにいって本当なら、ますます過去を学ぶことが価値のあることに

思えてくる。以前の様式の形跡を見分けることができれば、私たち自身の個々のニーズや望みにそれを合わせることが可能になる。だからこそ、歴史に関心のある人だけでなくあらゆるガーデナーに喜んでもらえるよう本書を書いたのである。

まず、本書が扱う範囲をはっきりさせておこう。限界を設けることは必要であり、議論を「楽しみのためのガーデニング」に限定することにした。デザイナーとしては果樹園や菜園や市民農園のリズミカルな植栽に美的満足を覚えるが、そうしたものは「作物」——農業や機能的生産的な園芸——に近すぎるという立場に立って除外した。また、「趣味」のガーデニング——入賞するようなダリアや高山植物の寄せ植え、あるいは盆栽——つまり熱心な専門家の領分も触れるのを避けた。本書で扱うのはもっと全般的な歴史で、野外のガーデニングに関することであり、たいていの場合、温室には立ち入らない。それでも「有用性」と「美」の間にはグレーゾーンがある。日陰を作るために樹木が植えられるが、ギリシアの丘の中腹にある木立は神聖な場所のこともあるし、「ケイパビリティ」・ブ

【著者自身の庭にて】
ドーセット州にある、イスラムの影響を受けた自身の庭園に立つ著者ペネロピ・ホブハウス（右ページ）と、1690年頃にニコラ・ド・ラルメサンが想像した、ふさわしい服装をした庭師（上）。

はじめに

【繊細な対称性】
この趣のある果樹園の絵は、1685年にインドのデカン地方で描かれたもので、何世紀にもわたって変わっていないイスラム庭園のレイアウトの基本要素を示している。

ラウンの風景庭園の一部のように、それによって単調さが破られて光と影のある絵が描けるようになる場合もある。なお、ハーブはこうした条件から外れるが、ごく初期の本草書とハーバリストについても触れており、それはそれらがガーデニングの進化に不可欠な植物学の発展にとって重要だからである。16世紀より前は植物がその美しさのみで評価されることは決してなかった、つまりそれまではたんに食物やそのほかの必需品を供給してくれるもの、あるいは病気の治療に使われるものだったと私たちは考えがちである。しかし、庭にまつわる神話や文献を見ると、まったく違うことがわかる。ごく早い時期から、中国の皇帝やアッシリアの王、中世の詩人たちは庭の美という概念に夢中になり、12世紀のペルシアの詩人は庭の楽しみの大きさを表すものとしてバラやナイチンゲールのことを書いている。そしてまもなくガーデニングは、たんに有用で場合によっては美しい植物を収集することではなく、芸術になった。

このような自然との新たな関係は14世紀にペトラルカによって初めて表現され、ルネサンスの人文主義者たちによって発展して、庭における「芸術」と「自然」の相対的価値についての議論が始まったのだが、それは今日でも庭園建築家ともっと自然なやり方の庭造りに関心のある人々との間で続いている。16～17世紀のイタリアで庭園建築家は、簡単にいえば人の管理によって「改善」され「拡張」された自然という第3のカテゴリを考え出すことで、この難問を解決した。ガーデニングという芸術は、たんに植物にデザインされた要素を組み合わせることではない。植物はガーデナーによって管理されたときによく育ち、レイアウトもその構造が自然の植生によって隠されているときに真価を発揮する。ガーデニングという芸術は自然をコントロールす

ることのように思えるかもしれないが、それが闘いではなく共同作業だとしても、私たちは自然の協力に完全に依存しているのである。

現在ではガーデニングに関し、環境に配慮した要求や自然主義に対して敏感で、ときには庭の美的側面が犠牲にされることもある。しかし、ガーデニングが人工的なものでないとすればいったい何だろうか。人工的に囲われた領域内では、自然に対する何らかの操作は避けられない。トピアリー、刈り込まれた生垣、装飾的な花壇はすべて自然を従わせる手段である。これは、現代のワイルドライフ・ガーデニングの背景にある考え方に反する。そこでは自然の再現が芸術より重要になり、コントロールの要素はすべて避けられる。自然を真似るだけでなくそれをすっかりコピーする願望の方が、視覚的満足よりも優先されるのである。この種のガーデニングには、危機に瀕した植物相や動物相を救い、水を保全し、除草剤や殺虫剤による汚染を避けるといった、多くの正当な理由があるが、いずれもガーデニングを造形芸術とみなす考えとはかけ離れている。

庭とは何だろう。英語のガーデン（garden）はフランス語（jardin）のジャルダンと、たいてい壁や柵で囲まれその中でさまざまな種類の植物を栽培するために土が耕されてきた囲い地を意味する「ヤード」という単語のチュートン語根に由来する。この概念はユダヤ・キリスト教のエデンの園の伝承とそれから生じたイメージよりも前までさかのぼることができ、イスラム教徒はそれを地上の楽園、文字通り来るべき天国を前もって味わうことに変えた。それはペルシアのパラデイソス——アラビア人による征服以前に肥沃な三日月地帯にあった王の狩猟園——とは少し違うものである。植物を育てるための場所としての庭は、水、土壌、適当な温度、光、そして植物を育てたいと思う人、すなわちガーデナーの存在を前提とする。そして私の考えでは、この等式はもうひとつの要素を加えて初めて「庭」になる。その要素とは、美学的理由から決定される、レイアウトに関する何らかの選択と制御である。

あらゆる国でいえることだが、とりわけ砂漠地帯では、水は生命、人間、植物にとってきわめて重要な要素であり、庭師たちは昔から池、しぶきを上げる噴水、水路、湖といった形で、庭に美と喜びを加えるための水の利用法を考え出してきた。イスラム教徒のチャハル・バーグすなわち「四分」庭園は4つの水路を持ち、それはコーランの教えに示されている4つの生命の川を表している。また、16世紀のフランスでは、カトリーヌ・ド・メディシスが城の湖で水の饗宴とミニチュアの船による水上戦を催し、それは当時としてはきわめて洗練された趣向だった。一方、ルネサンスの水力学の技術者たちは水力を使ったあらゆる種類の仕掛けを作り出して、人々を楽しませ、あっといわせた。そして18世紀には、鏡のように穏やかな湖がイギリスの風景庭園にとって不可欠な要素になった。水の音と動きは、別のもっと機能的な要素ももたらした。暑い気候のところでは噴水のしぶきは気温を下げるだけでなく虫を防ぎ、今日ではアメリカ西海岸にある巨大な近代的噴水からほとばしる水が交通の騒音をかき消すのに役立っている。

なぜ私たちは庭を造るのだろう。庭とは、自分だけのオアシスを作り、好きなように配置して植物をうまく育てて満足感を得ることのできる場所なのだろうか。それとも、手段と地位があったらの話だが、過去しばしばそうだったように、権力と富を見せびらかすための場所なのだろうか。中国の皇帝のように、壮大な計画を追求して国を破綻させたあげく自らの命も失った人物もいる。ほかにも、規模はもっと小さいが、18世紀のイギリスのサリー州ペインズヒ

ルのチャールズ・ハミルトンや、19世紀の東ドイツのピュックラー＝ムスカウ侯のように、ガーデニングに熱心なあまり、それに一族の富をつぎ込んでしまった人もいる。どちらの貴族も、園芸への過剰な支出が理由で地所を売らざるを得なくなったのである。ルイ14世はヴェルサイユでの桁外れに贅沢な造園をなんとかやりとおしたが、子孫たちが自らの命であがなわなければならなかった。形式にこだわった壮麗な彼の遺産は、ときには望ましくないものを見せて反例を示すこともあるが、その後のあらゆる造園様式に影響を及ぼした。庭を造る理由は多く、歴史や文化によってさまざまである。ムガール朝のインドでそうだったように庭を楽しむための場所にしたいと思う人もいるだろうし、日本の禅庭園に見られるような精神性の表現の場所、あるいはアメリカのイリノイ州にあるイェンス・イェンセンのリンカーン・メモリアル・ガーデンのような環境を大切にする信条を表明する場所にしたいと思う人もいるかもしれない。ルネサンス期にはヨーロッパの一部の植物愛好家の庭はあらゆる可能な「収集物」の植物博物館とでもいえるものだったし、今日では歴史的庭園の復元は教育的な役割を果たす一方で、何層もの過去を保存する役割も担っている。

　人が違えばガーデニングに求めることも違い、文化や気候が異なれば人々のものの見方も違ってくる。17世紀のサー・ジャン・シャルダンも、1920年代にペルシアを旅したヴィタ・サックヴィル＝ウエストも、ペルシア人が庭の中でただ座っていたがり、ヨーロッパ人がずっとしてきたように歩き回らないと、驚きを表明している。もちろんイスラムの庭は日陰になったポルティコや枝を広げるプラタナスの下での思索のための場所だったのであり、実際的な観点からいっても炎天下を歩き回るための場所ではなかった。

　庭は避難場所だという考え方は、ごく初期の砂漠の庭、乾燥気候の植生の文字通りの意味でのオアシスを考えてみれば理解できる。遊牧民にとってオアシスは、流れる砂、風、照りつける太陽と対照をなす、植物が青々と茂る場所、外の世界から隔離された場所だった。今日、多くの人にとって庭はいまだにオアシス、すなわちほかと違う特別な場所だが、この考え方は現実の中と同じくらい心の中にしっかりと根を下ろしているのかもしれない。このような考え方と、ルネサンス初期の建築家による遠景と「自然」を庭の構

【壮麗なヴェルサイユ】
1688年頃にJ・B・マルタンによって描かれた『古代彫刻のギャラリーのボスケ』。森の中に造られたルイ14世のボスケは、王が大規模な余興を催す場所としてデザインされた。

【自然の考慮】
イギリス、ノーフォーク州のペンズソープ水鳥トラストで、自然主義的な植栽で有名なオランダのデザイナー、ピエト・アウドルフが、多年草を使って季節の植物の群生風景と大胆な抽象的色彩パターンを生み出した。

成に組み込む最初の試験的な試みや、ケントが「柵を飛び越えた」のちに風景をまるごと庭に持ち込みたいと思った18世紀のイギリスの造園家たちの考え方との接点はどこにあるのだろうか。アメリカでは今日でも「原生自然保護(ウィルダネス)」の手法がとられており、それが支持されているのは、自生植物を保護すると同時に、自然のバランスを乱し植物生態系を損なう傾向がある外来の帰化植物を禁止する必要性が大きいためである。個人的な避難場所としての庭と対極にあるのが公共の公園、すなわち人口密度の高い町や都市の保養のための場所、あるいは場合によってはフレデリック・ロー・オルムステッドが19世紀後半にニューヨークのセントラル・パークについて述べたように、市民の「緑の肺」という考え方である。

何世紀にもわたって人々は、自然を尊重し未来のために保全するにはどうしたらよいか、造形芸術としてのガーデニングという考え方を捨てることなく賢い庭造りをするにはどうしたらよいか学んできた。ガーデニングの物語は連続する物語である。ちょうど庭のように、それは産物ではなく過程である。そして、過去に語らせ、そのメッセージを今日と明日のために解釈しなおすことによって、最良のガーデニングを生み出すことができると私は信じている。

庭園史年表
Timechart
過去5000年の主な出来事、庭園、造園家の概要

	3000BC	2000BC	1000BC	0
中近東とインド	シュメール人が楽しみのための景観とスポーツと食料供給を兼ねた**狩猟園**を造る。 墓の壁画からわかるように、**エジプトの庭園**にはたいてい観賞用の池があって、樹木や草花が植えられている。庭園が矩形の形をしているのは、エジプトの灌漑法の必要からきている。	**アッシリア人、バビロニア人、ペルシア人**が、彼らより前のシュメール人のように狩猟園を造る。少ないながら残っている石のレリーフ（前700頃）が、**人工的な修景**が実施されたことを示している。	確立されたジッグラトの建築様式に従って、**バビロンの空中庭園**が建設される。 古代**ペルシア**で、キュロス大王が**パサルガダエ**に庭園を建設した。遺物から、矩形の池と水路の跡の周辺に体系的に配置されたことがわかる。	ヘロンなどアレクサンドリアの**水力学の専門家**が、のちにルネサンスの水力学の技術者に着想を与えることになる独創的な装置を作り出す。
極東			**中国**の庭園の概念が、人々のアニミズム的な信仰と自然や風景の崇拝から生まれる。	**中国**で秦の始皇帝とその後継者である武帝が、途方もない**遊園**を造る。武帝のものには、仙人を魅了してとどまらせ、不死の霊薬をもらえるようにデザインされた庭園要素がある。
ヨーロッパ			**古代ギリシア**で植物が楽しまれていたことは、紀元前1500年頃のフレスコ画や陶器の装飾から明らかである。	**ギリシア人**が（8世紀のホメロスの作品に書かれているように）ギリシアの風景と神話的な深い関係を築き、植物の薬効への関心を強める。 **テオプラストス**が『植物誌』（前300頃）の中で450以上の植物について分類し解説する——植物学の始まり。
アメリカ大陸				
世界の出来事	❖2686BC エジプト古王国始まる。 ❖2500BC サハラ地域が乾燥し始める。 ❖2500BC 中央アジアで馬が家畜化される。	❖1792BC バビロニア帝国の建国者ハンムラビ誕生。 ❖2000BC クレタ島でミノア文明が始まる。	❖776BC ギリシアのオリンピア競技の最初の記録。 ❖753BC 伝説によるローマ建国紀元。	❖517BC 道教の始祖である老子が死去。 ❖486BC 仏陀が死去。 ❖479BC 孔子が死去。 ❖221BC 秦の始皇帝のもとで中国が統一される。

| 0 | 500AD | 1000AD | 1500AD |

イスラム／中東

- 新しい**イスラム**の信仰に従うアラビア人が、パサルガダエで見られるような庭園レイアウトをもとに、水路で4分割された**四分庭園**の基本的かつ精神性のあるデザインを生み出す。
- **アラビア人**がティグリス河畔に高度な水利システムを備えた立派な宮園を建設する。
- **モンゴル人**の侵入者が中東の大半を支配し、皇帝ティムールのもとで花で飾られた草地にテントでいっぱいの囲い地を設ける。
- 新たにやってきた**オスマン**帝国の支配者が、コンスタンティノープルに**遊園**と**公共庭園**を造る。

中国・日本

- **中国**で官吏の街中の庭と**文人の庭**の伝統が発展し始める。
- **中国**の皇帝煬帝が**洛陽**に壮大な庭園を造営する。日本の使節がこの庭園について報告し（607）、**日本の庭園デザイン**に多大な影響を及ぼす。
- **中国**で絵画と造園の相互関係が発展し、庭園が風景絵巻のようにデザインされる。
- 日本の庭園は中国の考え方の影響を大きく受けているが、日本の限られたスペースで、庭園要素は高度に**象徴的**に、レイアウトはより**禁欲的**になる。中国文化でも日本文化でも岩が尊ばれる。

ヨーロッパ

- **ディオスコリデス**が1世紀に『**薬物誌**』を書き、その後の数百年にわたって植物学者と植物収集者の仕事や旅に影響を及ぼすことになる。
- **トピアリー**の技巧が生まれ、古代ローマの庭園で大いに用いられる。
- **中世**の王と貴族が**狩猟園**を造る。これは中東の古代の狩猟園を継承するもので、18世紀の風景園や19世紀の都市公園の先駆けである。
- **中世**の絵に、芝生のベンチやトレリスなど多数の要素がある**小さな囲われた内向きの庭**が描かれる。
- レオン・バッティスタ・アルベルティの『**建築論**』（1485）が、イタリアの建築家たちに古代ローマ・ギリシアの**プロポーションと幾何学**の理論に再び目を開かせ、ローマの**ベルヴェデーレの中庭**（1506）に見られるように、その理論が庭園のデザインに適用される。庭園は風景を望む外向きのものに変わる。

- **ポンペイ**の遺跡からもわかるように、**古代ローマ**人が今日馴染みのあるような家庭規模の小さな庭園を造る。彼らはポルティコのある一種の「屋外の部屋」である「**ペリステュリウム**」も発達させる。とくに裕福な人々は**田舎のヴィラ**を所有し、小プリニウスが記録しているように、大規模な風景のような庭園を造り、のちにルネサンスの庭園建築家を触発することになる。
- ムーア人が、水が重要な役割を果たす**イスラム**のレイアウトの考え方を**スペイン**南部にもたらす。現存する最高の例が**アルハンブラとヘネラリーフェ**の庭園で、ムーア人の支配が終焉を迎える14世紀のものである。
- フランチェスコ・コロンナが『**ポリフィリウスの夢**』（1499）を出版する。その挿絵はパーゴラ、花壇のパターン、そのほかの装飾物の手本になっていく。

南北アメリカ

- **ペルー**の農民が、高度な灌漑システムと園芸技術を発達させつづける。
- **アステカ**人がメキシコで装飾的な遊園と、植物栽培と植物学の広範な知識を発達させる。

歴史的事象

- ❖ 30 イエス・キリストがエルサレムで十字架にかけられる。
- ❖ 79 ヴェスヴィオ火山の噴火。
- ❖ 105 中国で初めて紙が使われる。
- ❖ 117 ローマ帝国が最盛期を迎える。
- ❖ 632 ムハンマドが死去。
- ❖ 711 ムーア人がスペインに侵入。
- ❖ 786 ハールーン・アッ=ラシードがバグダードのカリフ、すなわち最盛期にあるイスラム世界の支配者になる。
- ❖ 800 シャルルマーニュが神聖ローマ皇帝に即位。
- ❖ 1325 アステカ族がテノチティトラン（現在のメキシコシティー）を築く。
- ❖ 1338 インカ族がペルーで帝国を拡大。
- ❖ 1450代 ヨーロッパで最初の本が印刷される。
- ❖ 1453 コンスタンティノープル陥落。

庭園史年表
Timechart

	1500AD	1600AD	1700AD
中近東とインド	ティムールの子孫であるバーブルが**イスラム庭園の伝統**をアフガニスタンから**インド北部**へ伝え、ムガール朝を建てる。 ムガール朝のバーブルの後継者、とくにジャハンギールとシャー・ジャハーンが**カシミール**の谷に美しい湖畔の庭園を造る。	シャー・ジャハーンが、**インド**北部の現存するムガールの大庭園でもっとも有名な**タージ・マハル**（1632）を建設する。 **ペルシア**でサファヴィー朝の支配者たちが、エスファハーンに残る**チェヘル・ソトゥーン**（1647）やカーシャーンの**フィン庭園**（17世紀）など見事な庭園を造る。	トルコでオスマンのスルタンたちの花好きがアフメト3世のもとで新たな頂点に達し、彼の治世（1703-30）は**チューリップ時代**と呼ばれる。
極東	**中国**では小さくても庭が**小宇宙**とみなされ、この中国の造園の理想は数百年にわたって続くことになる。**蘇州**の町で官吏の小庭園群が発達。 **日本**で、禅の影響を受け、瞑想を助けるようにデザインされた、岩と熊手で掻いた小石の乾いた景観や苔と岩の庭が造られる。京都の西芳寺、大仙院、龍安寺が代表的な例。	**日本**の皇族が桂離宮（1620頃）と修学院離宮（1650頃）に大規模な回遊式庭園を造る。後者は借景を利用している。 禅の儀式である**茶の湯**が日本人の生活において重要な役割を果たし、茶室が庭園の重要な部分になる。	厳しい貿易規制にもかかわらず、ヨーロッパの収集家が**日本と中国の植物**を探して西洋へ輸出する。
ヨーロッパ	**イタリア・ルネサンスのヴィラ**と庭園の時代が始まり、その多くがメディチ家の人物によって建設される。現存するとくにすぐれたものは、フィレンツェ内および周辺の**ヴィラ・カステッロ**（1537）と**ボボリ庭園**（1550）、ローマおよびヴィテルボ近郊のボマルツォのサクロ・ボスコ（1542）と**ヴィラ・デステ**（1559）と**ヴィラ・ランテ**（1568）、ルッカ近郊マルリアの**ヴィラ・レアーレ**（1651）である。プラトリーノ（1569）などのほかのものは、かなり改変されるか失われてしまった。庭園が今日のカリフォルニアの庭園のような「戸外の生活」の場になる。 **フランス人**がイタリアの構想を取り入れ始め、新しい様式のルネサンス庭園を既存の城に融合し（たとえば**フォンテーヌブロー**や**アネ**）、平坦で比較的森の多い景観に合うものにする。ついには、**サン＝ジェルマン＝アン＝レー**（1593）のように城と新様式の庭園が完全に統合される。 最初の**植物園**がピサとパドヴァに設立（1545）され、地中海東部、とくにトルコからヨーロッパの西部と北部への植物導入の大波が押し寄せ始める。	**アンドレ・ル・ノートル**が光学の新理論を使ってヴォー＝ル＝ヴィコント（1656）、**シャンティイ**（1663）、**ヴェルサイユ**（1670頃-）のフランス式バロック庭園で劇的な効果を生み出す。これらの庭は人間の力が自然にまさることを示すようにデザインされている。 新たに発明された**顕微鏡**により、植物に雄と雌の器官があることがわかり、科学的な植物育種が可能になる。	イギリスにおけるバロックの出現に対する反発としての新しい非整形の庭園デザインと、**イギリス式風景庭園**への動きが始まる。**チズィック・ハウス**（1731）、**ストウ**（1734）、**ラウシャム**（1737）の庭園が新しい様式を先導する。 **オランダ**の庭園が、たとえば**ヘット・ロー**（1693）のように、フランスのバロックの影響を受ける。オランダ＝フランス様式の影響は**イギリス**でも認められ、もっとも有名なのが**ハンプトン・コート**（1689）である。 **リンネ**が植物分類のため**二名法**を導入。
アメリカ大陸	**スペイン**の入植者がフロリダに（イスラムの特徴を持つ）ごく初期の伝道所の庭園を造る。	ヨーロッパ人の入植者が、北ヨーロッパのレイアウトを手本に小規模な実用本位の庭園を造る。1621年にピルグリム・ファーザーズが（持ってきた）種子を最初にまく。入植者はアメリカ先住民から土着の植物相についても学ぶ。	オランダ人入植者がすぐに園芸の才能を見せ、イギリス人が**ウィリアムズバーグ**に鑑賞用の庭園を造り始める。クエーカー教徒のウィリアム・ペンが1682年にフィラデルフィアの「庭園都市」を築く。 アメリカとヨーロッパの間で**植物の大交換**が始まる。 南部では農園の所有者が農場の周囲に庭園を造ることがあり、イネを生産する**ミドルトン・プレイス**（1742）がその例である。
世界の出来事	❖ 1519-21 コルテスがアステカ族のメキシコを征服。 ❖ 1532 インカ族のペルーがピサロにより征服される。 ❖ 1521 バーブルがインドのムガール朝の初代皇帝になる。 ❖ 1564 シェークスピア誕生。ミケランジェロ死去。 ❖ 1517 マルティン・ルターが宗教改革を始める。 ❖ 1520 オスマンのもっとも偉大なスルタン、スレイマン大帝の治世が始まる。	❖ 1603 日本で江戸時代が始まる。 ❖ 1644 中国で清朝の支配始まる（1911年まで続く）。 ❖ 1683 オスマン軍によるウィーン包囲。 ❖ 1687 ニュートンが引力の法則を定式化。 ❖ 1620 メイフラワー号が北アメリカに向けて出発。 ❖ 1661 フランスでルイ14世の親政始まる。	

1800AD　　　　　　　　　　　　1900AD　　　　　　　　　　　　2000AD

中国の乾隆帝が壮麗な**円明園**を建設する。

日本が開国し、西洋へ持ち帰る**植物の探索**が再び盛んになる。

世界中の庭園に影響を与えるとともに、**重森三玲**のような何人かの日本人デザイナーが自分たちの**伝統**を再検証し**復興**させる。

中国からもたらされた円明園の絵が一因となって、サンスーシ、ドイツのファイツヘーヒハイム、スウェーデンのドロットニングホルムのようなヨーロッパの**中国趣味**が流行する。

ウィリアム・ロビンソンが『野生の庭園』(1870)を出版し、造園に対するもっと**エコロジカルな姿勢**の先駆者となる。

ヴィタ・サックヴィル=ウエストが20世紀イギリスのガーデニングの聖地である**シシングハースト**(1932-)を造る。

「ケイパビリティ」・ブラウンが、**ペットワース**(1750)、**ブレニム**(1764)、**バーリー**(1755-)、**ロングリート**(1757)など、多数のイギリス式パークガーデンに理想の滑らかな緑の風景を完成する。

庭園にふさわしい耐寒性の**日本や中国原産の植物**の流入が、新たに植栽様式の幅を広げる。

ジーク ルとラティエンズが協力し、強い影響力を持つ建築的な植栽スタイルを生み出す。最良の例は**ヘスターコーム**(1906)である。ローレンス・ジョンストンのヒドコット(1907)も区画化された庭園の流行を生む。

ハンフリー・レプトンが「ケイパビリティ」・ブラウンの後継者を自任する。**ウォウバーン・アビー**(1802)や**エンドスレイ**(1815)の場合のように、彼の風景庭園はしばしば**ピクチャレスクな要素や花壇に緑の園地**が組み合わされている。ピクチャレスク様式は大陸ヨーロッパでも非常に人気を博し、**ムスカウやヴェルリッツ**がその例である。

ジョゼフ・パクストンが、偉業の中でもとりわけチャッツワースの大温室(1836)により、**温室建設**に革命をもたらす。

毛氈花壇の流行が頂点に達する。南アメリカやアフリカの植物が新式の温室で育てられ、ヨーロッパの庭園を鮮やかに彩る。

戦前に**モダニズム**がためらいながらも登場するが、1980年代と1990年代に重要な勢力になる。ただし、北ヨーロッパのデザインは暖かい気候のところに比べて植物志向が続く傾向がある。

トマス・ジェファソンがモンティチェロ(1771)に**非整形式**を導入する。

アンドリュー・ジャクソン・ダウニングが**ピクチャレスク**の概念について指導する。

フレデリック・ロー・オルムステッドとカルバート・ボーがニューヨークの**セントラル・パーク**(1858)を造り、これによって都市に緑の空間が必要なことが認識された点で重要。オルムステッドがアメリカの**原生自然**地域の保全も求める。

フランク・スコットが、境界の障害物を除去することによりアメリカ人の**前庭の民主化**をするよう促す。

イェンス・イェンセンが、プレーリー・スタイルの植栽を進めるグループ、およびアメリカ固有の植物の評価を高める運動を率いる。

モダニストのデザイナーが表舞台を占めるが、ひとつの様式が著しく目立つことはない。**エコロジカル**で**植物中心**のものから、**ミニマリスト**のほとんど**植物がない**ものまで、さまざまな庭園が存在。

トーマス・チャーチが庭園は人々のためと宣言する。カリフォルニアでの彼のデザインは、庭園をそれまでにないくつろいだ戸外の生活様式の中心に置く。

- ❖ 1775-83　アメリカ独立戦争。
- ❖ 1768　博物学者のジョゼフ・バンクスがキャプテン・クックと南太平洋へ出帆。
- ❖ 1788　オーストラリアにヨーロッパからの最初の入植者が到着。
- ❖ 1789　フランス革命始まる。
- ❖ 1825　イングランドで最初の旅客鉄道が開業。
- ❖ 1835　ヴィクトリア女王の治世始まる(1901まで)
- ❖ 1853　アメリカが日本に西洋の列強に対する開国を強いる。
- ❖ 1845　テキサスとフロリダがアメリカ合衆国になる。カリフォルニアは1850年。
- ❖ 1870代　西ヨーロッパの大半の国が工業化。
- ❖ 1914-18　第1次世界大戦。
- ❖ 1929　ウォール街での株価暴落がきっかけで大恐慌起こる。
- ❖ 1939-45　第2次世界大戦。
- ❖ 1952　マルセイユのユニテ・ダビタシオン(ル・コルビュジエの住むための「機械」)完成。
- ❖ 1969　人類初の月面着陸。

◆第1章
始まり
庭造りの起源
In the beginning
THE ORIGINS OF GARDENING

【エジプトの庭の様子】
これはテーベで発見された紀元前1475年頃の墓の壁画で、ある神殿の庭で行なわれたエジプトの葬儀の様子を描いている。死者を乗せた天蓋付きの舟が、パピルスで縁取られたスイレンでいっぱいの池を進み、周囲にはナツメヤシとエジプトイチジクが植えてある。

　庭造りを始めたばかりのときは、必然的に学習曲線の傾きは急である。用地のことをよく知り、土壌や降雨や気候について理解し、どんな植物を育てたいかはっきりさせる必要があるが、もっと重要なのは何をすればうまくいくかを明らかにすることである。メソポタミア、エジプト、古代ペルシアの世界で最初のガーデナーたちがどれほど急速に学んだか、水の供給、種子の発芽や耕作技術についてどんな問題を解決しなければならなかったかは、想像することしかできない。今日、私たちはこれまでの世代のガーデナーによって蓄積された知識や科学の進歩のあらゆる恩恵をこうむっている。ボタンひとつで、あるいはページをくって情報を探すことができる。それでも、庭造りは依然として高度に個人的な事柄である。人々はそれぞれ自分自身で発見したことを高く評価する。いかに世慣れた人間になっても、いかに多く科学を学んでも、それでもちっぽけな種子が芽を出して草木になるのに驚嘆し、暖かさや雨が成長の季節に拍車をかけて裸の土地が目覚める様子に驚嘆する。大昔の庭師たちも感じたにちがいない驚きを、私たちも感じるのである。

　理想の庭を造るのに成功したなら、私たちはきっとそれを「オアシス」と呼ぶだろう。それは、そこが外の世界のストレスから逃げる場所になるからである。さらには自分だけの「楽園」かもしれない。このふたつは、大昔の人々が使っていた庭に対する隠喩的表現である。ある意味、何も変わっていないのである。私たちはいつも彼らの足跡をたどり、何千年もたっているのに彼らの最初の考えや反応が私たちにも馴染みのあるものだということがわかって安心するだろう。

❖ 最低限の必需品

　庭造りは最初からいつも地勢と気候に依存し、生命自体、水が得られるところでのみ維持できる。水は樹木の栽培を可能にし、樹木はそれ自体有用であるが、ほかの植物やそこで働く人に日陰を提供するためにも使われる。庭造りは、山から雪解け水がやってくるか、川が周期的に氾濫して平野を水びたしにする、比較的暖かい気候のところで最初に発達する傾向があった。文明は水を利用することを覚えた。水を蓄え、堰、水路、水門を造って必要とされているところへ導く方法を見つけたのである（24ページ参照）。何世代にもわたって水道の水を使ってきた現代のガーデナーは、それを当たり前のことと受け止めがちである。しかし、初期の人類が重力を利用したり、家畜や奴隷による動力で重力に抵抗したりして水を管理した巧みなやり方を振り返って驚嘆すべきだろう。そしておそらく大昔の庭師たちのように、水がもはや当たり前のものとすることはできない貴重な資源であることを理解しなければならない。

　最初の庭は有用性が第一で、美しさはほとんど重視されず、果樹や食用の野菜、医薬や供物用のハーブが栽培されていたにちがいない。また、不可欠な灌漑システムの副次的な影響で、そうした庭のレイアウトは規則的であったはずである。今でも多くの人々にとって、繰り返しのある幾何学的なテーマを持つ整然としたレイアウトは、同一パターンという安心できる論理性を与え、目を楽しませ、理解しやすく、大きな満足感をもたらす。野菜を奪いに来る動物や敵から守る必要があったため、庭は壁や柵で囲われるようになり、閉鎖的になった。そして、野外の自然のままの風景が美しいことは疑いないにもかかわらず、今でも多くの人々が壁で囲まれた安全な避難場所が与えてくれる聖域、その中に自分自身の楽園の概念を作り上げる場所を渇望している。

【生命の樹】
ニムルドから出土したこのアラバスターのレリーフは紀元前9世紀のもので、聖なる樹を礼拝するアッシュールバニパル2世と有翼の神を描いている。この樹は人間が恐れると同時に崇拝した自然の力を表しており、それは不死、すなわち春の自然の再生と秋の「死」という年間のサイクルを必ず起こさせる。

　庭の所有者が徐々に、自分の力しだいで肥沃で美しいものにすることができる土地から誇りと威信と喜びを得るようになるのを、思い浮かべてみてほしい。彼らは、座って自分の所有物にほれぼれと見とれる場所や、眺めを楽しみながら散歩する小道を欲しがるだろう。ごく初期の寓話は、王がナツメヤシとタマリスクを王宮の中庭に植えて、その木陰で宴会を開いた様子を語っている。

　それと同時に、庭の所有者も働く庭師も、自然の神秘に深く驚嘆した。あらゆる「緑」の場所が神聖になり、宇宙を支配する神秘的な力のしるしになった。初期の農業者にとって水とその結果である植物は神々の慈悲を直接象徴するものであり、生存をそれぞれの川に完全に依存しているエジプトとメソポタミアの文明が川の神を多産の象徴とみなしたのは意外なことではない。古い葉が落ちると新しい葉を出すことによって自らを永続させることができるヤシの木は、不思議な不死のオーラを有していた。

❖ 肥沃な三日月地帯と豊饒のナイル

　西洋の庭造りの歴史は中東、メソポタミア、エジプト、ペルシアの国々に始まる。そしてそれは、今日の人々に認識され、本書にも何度も登場するふたつのテーマ、すなわち修景された広大なパークともっと小さな閉ざされた庭の導入から始まる。

　西洋文明は、8000年前に人類が移動生活をするハンターから最初に定着して農業者になったメソポタミア北東部の山麓地帯とアナトリア高原で始まったと考えられている。紀元前4000年には、これらの人々の子孫であるシュメール人、すなわち世界で最初に文字を持った文明が、スクラブオーク〔小型のオーク〕、プラタナス、ツゲ、シーダー、イトスギ、ポプラの森があるもっと涼しく湿潤な高地から、ユーフラテス川とティグリス川のデルタの沖積平野へ下りてきた。さらに1000年たつうちに彼らは灌漑と排水のための水路を建造し、砂漠と低湿地を豊かな耕作地、歴史学でいう「肥沃な三日月地帯」に変えた。最初は川岸に沿って生えるヤナギとデルタのナツメヤシしかなく、流域の低湿地には大型のアシ（*Phragmites australis*）以外何も生えなかった。しかし、数百年のうちに彼らの子孫は、高度な灌水システムを備えた植物の繁茂する狩猟園を造営し、戦争で遠征した外国から（動物や鳥だけでなく）新しい植物を集めるようになった。ガーデナーなら、新しい外来植物にできるだけ自生地に近い生育条件を与えようとする彼らの努力を想像できるだろう。何世紀にも及ぶ植物発見の時代を通じて、あらゆるガーデナーはずっと土壌を改良し、暑い日ざしから守り、寒さを防ぎながら、庭で植物の可能性の限界を押し広げることを楽しんできたのである。

　栽培植物化された新しい種類の作物や新技術を導入するこの第2次の農業革命は、富と文化の顕著な階層構造をもたらした。これはつねに庭造りの重要な前提条件である。それによって園芸に対する実用主義ではない姿勢と審美的な姿勢が可能になるのである。野生の果物や花、ハーブやスパイスが栽培植物に変えられ、興味や喜びのため、そして神々への供物用に栽培された。

　肥沃な三日月地帯と時を同じくして、エジプトにおいても人間の考えや欲求に合わせた景観の改造が進行したが、庭園の発達はナイル渓谷特有の物理的および地理的条件から非常に大きな影響を受けた。永続的な植栽は洪水から守られた狭い壁で囲まれた範囲でのみ可能だったため、シュメール人やアッシリア人が好んだ広い狩猟園が発達することはあり得なかった。19世紀の考古学者によって発見された墓の壁画から知ることのできる庭は、比較的小さくて壁で囲まれていた。そこは有用な果樹やブドウ棚であふれ、野鳥のための池や植物があり、神々への供物やミイラ作りに使われる観賞用の花が栽培されていた。何世紀にもわたって新しい樹木、ハーブ、スパイスが外国から導入され、個人の庭やもっと大きな神殿の庭園で栽培される植物の種類がしだいに増えていった。どちらの庭でも、主に毎年の氾濫が確実に起こるようにするために、エジプトの神々を鎮めることが非常に重要で、花束や花輪のための花が不可欠だった。

　紀元前2千年紀には侵略と交易の両方によってエジプトの庭の「概念」がレヴァント〔地中海東部と沿岸諸国〕に広まり、メソポタミアにも伝わって、線状に庭の発達に影響を及ぼした。のちには、紀元前5世紀にクセノポンやヘロドトスが書物に

語源

パラダイス（楽園）という言葉は、古代ペルシア語のパイリダエーザに由来し、それ自体は周囲を意味するパイリと壁を意味するダエーザが結合したものである。この言葉を最初に伝えたのは紀元前5世紀のクセノポンであり、ペルシア王が戦争だけでなく耕作にも秀でていたことを知って、「王はどこの国に滞在していようと……庭、土地がもたらすよいものすべてに満ちたいわゆる喜びの庭があるか気にして、あいた時間のほとんどをそこですごす」と書いている。クセノポンはペルシア語のパイリダエーザをパラデイソスというギリシア語に翻訳した。旧約聖書の最初の翻訳では庭の意味でパラデスという言葉が使われ、ユダヤ教の翻訳でもキリスト教の翻訳でも、パラダイスという言葉がエデンの園と関連づけられるようになった。

書いた、ペルシアが支配する中東の偉大な征服者の庭園がパラデイソスという言葉を残しただけでなく、水路、灌漑を容易にするために道より低くなった花壇、灌水しやすいようにきちんと整列した木立がある彼らの庭園は日陰の園亭から眺めるように設計されていて、庭園を楽しむ美学が確立された。紀元前6世紀にシーラーズ〔イラン南西部の都市〕近郊のパサルガダエにあったキュロス2世の王宮(58ページ参照)には、イスラムのチャハル・バーグすなわち「四分庭園」の先駆けである四角形の池につながる細い水路(リル)があって、これは7世紀の預言者ムハンマドによって解釈されたコーランの神聖な表現であり、この庭園は新たな種類の楽園、信心深いイスラム教徒にとっての地上の天国とみなされた。

❖ 楽園とエデン

楽園を庭園とみなす考え方は非常に古く、ユダヤ教、キリスト教、イスラム教の三大一神教のエデンの園より前のものなのは確かである。そしてこれは庭園史の中心テーマでありつづけてきた。どの時代においても、エデンの概念は時流に沿うように解釈し直され、整然と配置された場所だと想像されることもあれば、植物が居場所を求めて争うジャングルだと考えられることもある。

記録にある最初の庭園はメソポタミアで造られたが、伝説のパラダイス・ガーデンの概念はもっと古い時代に生まれた。それは、人間が互いにそして動物とも調和して暮らし、果物がいつでも豊富に手に入り、苦労して働かなくても生きることのできる、常春の場所として思い描かれた。のちには精神的な見地から、普通の存在が意味のあるものになり、その移ろいやすさが受け入れられるようになる、完全な平和と豊かさの場所というイメージになった。何世紀もの間にその解釈のニュアンスは変化したが、現代の庭園の概念とそれほど違うわけではない。

旧約聖書の創世記に詳しいことが書かれていないため、エデンの園がそもそも何なのかもその地理的位置も推測の余地があるが、この伝説の地は果樹園で、メソポタミア北部の山麓にある涼しい気候の地で、落葉樹が繁茂していたと考えられる。旧約聖書のギリシア語訳では、その楽園について記述するのに、庭園を意味するパラデイソスという言葉が使われ、そこは太古の人間が主と和して暮らしていたエデンの園と同一視されるようになった。このユダヤ教とキリスト教の伝承における庭園の神聖なイメージは新約聖書の教えに入り込み、さらにはイスラム庭園の発達にとって重要なことなのだが、庭園という楽園により信者は来るべき天国を前もって味わうことができるというコーランの解釈につながった。

砂漠の住人にとって、『ギルガメシュ叙事詩』で強調されている水と日陰は、心と身体をさらに喜ばせるよい香りと新鮮な果物とともに、庭園という楽園に不可欠な要素であった。シュメール

【楽園のイメージ】
ニネヴェの外にあったセンナケリブのパラダイス・ガーデンが存在したのは紀元前7世紀のことである。石に刻まれたこのレリーフには、木々や曲がりくねる小道や小川のある風景園を望む、何本もの柱に支えられた園亭が描かれている。水は送水路を通って供給され、アシが植えられた湿地で野生のブタや水鳥が保護されていた。

とバビロニアの楽園すなわち神々の園は不死の者たちのために用意された平和と豊穣の牧歌的な庭園で、ホメロスのエリュシオンの野や、中国の伝説にある不老不死の仙人が住む伝説の島に相当する。

❖ 確かな証拠

楽園が庭園とみなされていたことの最初の証拠は、メソポタミアで発掘された楔形文字が書かれた粘土板に認められ、これは知られている最古の文書で、おそらく紀元前4000年頃のものである。シュメールの水の神エンキは太陽の神ウトゥに命じて、淡水を供給してディルムン――「純粋で清浄で輝く」土地で住人は病気も暴力も老いも知らなかったが、淡水がなかった――の乾ききった土地を果樹と緑の畑や草原がある楽園に変え、聖なる庭を造ったという。

その後、紀元前2700年のバビロニアの粘土板からシュメールの『ギルガメシュ叙事詩』の断片が明らかになり、この英雄伝の中では、エレクのシュメール人の国(現在のイラクのワルカ)の支配者である戦士ギルガメシュが、敵のフンババをシーダーで囲まれた高い山にあるその棲みかへ行って探し出す。「山の前には鬱蒼と茂るシーダーが立ち、その木陰は喜びに満ちて」おり、灌木とかぐわしい香りの植物が「シーダーの下に茂る」ことができた。この劇形式の叙事詩は何世紀にもわたって人気を博し、ギルガメシュはほかの民間神話の主役にもなり、死と不死と永遠の希望というテーマを展開した。この楽園神話はギルガメシュがさまよう庭園を次のように表現している。

【バビロンの空中庭園】
有名なバビロンの空中庭園は、ネブカドネザル2世(前605-562)がメディアの王の娘である王妃アミュティスのために建設したといわれている。平坦なデルタ地帯に住むようになった王妃は、生まれ故郷である北の国の丘陵と草原を恋しがった。500年後にギリシアのディオドロスが書いたように、その頃にはすでに壊れていたが、庭園は煉瓦をアーチ形に積んで築かれた何段ものテラスで構成され、らせん水揚げ機を使ってユーフラテス川から畑に灌水したと考えられる。中空の煉瓦製の管に土を詰めて、比較的大きな樹木の根を保持した。この方法でかなりの種類の外来植物が、この都市の屋根より高いところでもよく生育できた。今日では、大型プランターに入れた軽量コンポストと電気ポンプによってテラスや屋上でのこの種のガーデニングが可能になり、都市内部の「緑化」がなされている。

> そして見よ、ゲスディン[の樹]は輝いて立ち、
> 水晶の枝は黄金の砂の中にある
> この不死の庭に立つその樹は
> 黄金の幹を持ち、見るも美しい
> 聖なる泉のかたわらにその樹はあり、
> エメラルドと何かはわからぬ宝石に美しく飾られている

❖ 空中庭園、狩猟園

紀元前2250年に建てられた首都バビロンとともにシュメール人が建設した広大な狩猟園(ハンティング・パーク)と、それとは別の種類の庭園レイアウトを持つジッグラトについては、考古学的証拠ではなく記述された記録がある。紀元前2千年紀より前のものについては実際の庭園の図面(あるいは絶対的な考古学的証明)は存在しないが、学者たちはメソポタミアのジッグラトを神聖な建物、山を表す階段状のテラスを天と地を結ぶものと考えた。これらは、木々をテラスの上で栽培できるように建設された有名なバビロンの空中庭園の原型となる建築物である。様式化された植物が石に彫られた初期のレリーフには、ヤシ、マツ、イトスギ、アシ、ブドウのほかにエジプトのパルメットとロゼットの文様も描かれている。ユーフラテス川下流の西側にあるウルのような城壁で囲まれたシュメールの都市では、果樹や野菜が内壁と

外塁の間の土地で栽培され、おそらくジッグラトのさまざまな高さのところでも栽培されていたのだろう。

　紀元前1350年からアッシリア人、続いてバビロニア人とペルシア人が順に大帝国を建てることになる。彼らは北部の鬱蒼とした森のある風景の中に広大な狩猟園を造った。その気候では、多くの種類の樹木や花が生育できた。アッシリアの王はこうした北部の領地の植物に触発されて、ティグリス川上流の川のほとりにも狩猟園や庭園を造営し始め、川の水を灌漑に利用した。

【アッシリアの景観デザイン】
石に刻まれたこの浅浮彫りは、管理された景観の描写としては最初のものといってもよいだろう。紀元前715年頃のもので、ニネヴェの北東のコルサバードにあったサルゴン2世の大庭園の様子で、兵士、ドーリア式の柱のある小さな神殿、樹木、おそらくはイトスギが密集して植えられた人工の丘が描かれている。明らかに大量の土が移動され、形を整えられて新たな外観を与えられており、サルゴンが信頼できる灌漑の必要性だけでなく、景観デザインの視覚的要素についてもよく理解していたことがわかる。

　サルゴン2世がニネヴェの北東にあたるコルサバードに大庭園(パーク)を造ったとき、彼は自分の目的に合わせるために地形を変え、意図した景観を生み出すために大量の土を移動し形を整えて新たな外観を与えた最初の人物だったにちがいない。紀元前715年頃の浅浮彫りに、木立が植えられた人工の丘がはっきりと描かれている。今日では巨大な土木機械があり、この種の骨の折れる修景も普通のことになっているが、産業革命以前のイギリス、あるいはもっと早い時代の中国でも日本でも、大勢の比較的安価な労働力に頼っていた。センナケリブ(前704-681)もニネヴェの宮殿へ移ると大庭園を造営し、灌漑のために山の水の流れを変え、コットンブッシュ、ブドウ、オリーブの木を植えた。センナケリブは樹木の栽培を可能にした複雑な灌漑用水路のシステムをとりわけ喜んだ。「池を造って水の流れをせき止め、その中にアシを植えた……神の命により、ブドウ、果物、シルドゥの木〔ビターアーモンド〕、スパイスのある庭園が並はずれて豊かになった。イトスギ、ヤシ、そのほかあらゆる樹木が巨大に育ち、豊かに芽吹いた」

　植林と農業と園芸を区別するのは難しいが、これらが十分な水と土壌の調整に依存する「管理された」景観だったことは確かである。センナケリブの後継者エサルハッドン(前680-669)もまた、黒海沿岸のヒッタイトの土地にあるアマヌス山脈の植生を手本とする別の大庭園を計画した。彼の治世の記録にバビロンにあった神殿庭園の詳細が書かれていて、水路で灌漑された果樹や旺盛に成長する野菜畑があり、おそらく神々への供物として新鮮なものを生産するためだったのだろう。

　この頃の石に刻まれたさまざまなレリーフに庭園を背景とする景色が描かれている。しかし、多くは様式化されていて、植物を識別するのが難しい。なかにはわかりやすいものもあり、神および王族と結びつけられたヤシの木、中東およびエジプト全土で贈物と捧げ物で使われた神聖なスイレンのほか、マツとイトスギ、そしてユリ(ほぼ確実に *Lilium candidum*〔マドンナリリー〕と *L. chalcedonicum*)もあった。建築物や工芸品、衣類や敷物に見られるパルメットやロゼットのような抽象的な花形デザインが、エジプトからメソポタミアの芸術に取り込まれた。

　紀元前9世紀から4世紀にかけてアケメネス朝およびメディア人が、メソポタミアの東にある高原すなわちペルシアにそれぞれの帝国を建てた。国境が西はエジプトとギリシア、東は中国にまで達するペルシア帝国の興隆は、キュロス大王の登場と紀元前550年のメディア王国に対する勝利で始まる。10年たたないうちに

イラン東部の部族を従え、バビロニア人を征服して帝国を統一し、既知の世界のメソポタミアによる支配を終わらせた。この新たな文明に関しては、パサルガダエのキュロス大王の庭園のようなものが重要である。それはアケメネス朝の庭園の典型であり、「四分(リ)」のテーマ、細い水路、噴水、園亭を備え、7世紀にイスラム教徒に採用されることになる（第3章参照）。

❖ 再びエジプト

墓の壁画でよく目にする古代エジプトの庭園は、今日のガーデナーにとってとくに興味深いものである。エジプト人が完成させた、ナイル川の氾濫の水を利用する機能的な灌漑システムは、新興の文明世界のいたるところで認められる庭園のパターンの発想のもとになっている。紀元前2千年紀には、エジプトの庭園の概念は軍事侵略と交易を通じてレヴァント、さらにはメソポタミアに広がり、線状に庭園の発達に影響を及ぼした。

農業経済はナイル渓谷すなわちデルタ地帯とファイユーム地方、メンフィスの南西、そして現在のカイロに限られ、外国の影響から比較的隔離されていて、エジプトはその王朝の歴史の中で独自の庭園文化を発達させた。紀元前3050年頃の古王国の建国から紀元前330年のアレクサンドロスの侵入まで、エジプトは政治的に異例の安定を示しており、それは近隣諸国から隔離されていたことを反映している。出土品とパピルスや粘土に書かれたヒエログリフから、状況がほとんど変化していないことがわかり、墓の壁画に描写された庭園様式は千年にわたってほとんど変わっていない。

かなり早い時期から支配者たちはピラミッドの周辺に木立を植え、のちのファラオはテーベのデル・エル・バハリやカルナクのアメン神殿といった神殿の内部や周辺に葬儀のための広い庭園を造った。王室の庭園は墓の壁画に描かれていないが、宮廷の高官や地主たちの庭園がエジプトの庭園の概念を表しており、いく

【アッシュールバニパルのアーバー】
アッシリアの王アッシュールバニパル（前668-627)はセンナケリブの孫で、ニネヴェで出土した石のレリーフに彼と妃が描かれており、両側にヤシとマツの木が立つブドウづるのアーバー〔植物が絡むあずまや〕の下でご馳走を食べている。アッシュールバニパルは征服した国々から多くの新しい樹木を導入した。

砂漠の水やり
WATERING THE DESERT

エジプト人もペルシア人も作物や庭にやる水を得る闘いにおいて、きわめて想像力に富んでいることを証明した。ナイル渓谷の降水量はとるに足らないものだったが、注意深く管理すれば、この川の毎年の氾濫により作物の栽培としだいに洗練されてきた庭園の灌漑に十分な量の水を確保でき、夏の早魃の間も植物を茂らせておくことができた。沈泥の集積をもたらす氾濫とその後の冬と夏という3つの季節があらゆる植物の成長を支配した。アラビアの詩人マスディによれば、洪水のあとの7月から10月はエジプトは「泥の黒い布」、そして1月から3月は「緑の布」で畑や庭で種子が芽吹いて豊かなもやが生じ、4月から6月はこの国は実りの「金塊」になるのだった。

このような季節の移り変わりの結果として、エジプトの庭にはふたつの特徴が生まれた。まず、永続的に育つ樹木の植栽や意図的な造園はすべて洪水のときにナイル川が達する高さより上でしなくてはならなかった。うまくいく可能性がもっとも高いのは深く伸びる直根を持つ樹木で、多くは水やりが容易なように漆喰と泥でまわりを固めた穴に植えられた。また、水は一連の堤防によって池と運河に集められ、富裕な市民の多くは自分の庭に井戸や貯水池を持っていた。水は、堰とテラスと水門からなる精巧な仕組みから、シャドゥーフの助けを借りて汲み上げた。エジプト人が完成したこの灌漑システムでは、互いに並行な運河が直角に交わり、植え床に周期的に水を流すこともできた。

イラン高原の上のような高いところでは、古代ペルシア人は植物のところまで水を運ぶのに別の方法を見つけなければ

ならなかった。彼らの解決策は、自然の泉のオアシスと高山の雪解け水を農業と園芸に利用することだった。蒸発を避けるため、カナートと呼ばれる地下の送水路の精巧なネットワークを採用した。

丘のふもとで永続的な地下水位まで立て坑が掘られ、そこから水は重力によって流れて地下に掘られたトンネルを通って運ばれ、貯水池に溜められるか、ジュベと呼ばれる地上の水路で分配された。掘り出した土を除くためと地下の労働者に空気を供給するために掘られた一連の立て坑により、地表に15メートルかそこらの間隔で水路の通り道がしるされた。とくに多孔質の土壌の地域では、トンネルは石やタイルで内張りされた。

果樹園や並木道の場合はカナートに加えてジュベが利用され、その水路によって植物の根へ水が浸透するようになっていた。この仕組みと、堰と水門のシステムで湛水することで水やりができる周囲の土地より低くなった植え床が、家庭での庭造りを可能にした。ジュベは今でもエスファハーンやシーラーズなどの都市で見ることができる。

ごく単純な道具で掘られた古代のカ

【シャドゥーフを使う】
氾濫したナイル川の水は溜められ、シャドゥーフを使って汲み上げられた。この貴重な装置は、台の上でバランスがとれた長い棹と、一方の端に重りとして取りつけられた泥が入った桶、そしてもう一方の端につけられた水を入れるための空の壺で構成されている。シャドゥーフは今日でもまだ使われている。

ナートの線は何キロも続く場合もあり、中東全域とサマルカンドへの砂漠の道やアフガニスタンに入る道で発見されていて、立て坑がキャラバンにとって危険なものになる場合もある。最近のダムや機械化された井戸の建設により、営利目的での水の汲み上げが可能になってカナートの多くが干上がってしまうまで、こうした古代の水道はイランの田舎の多くでまさに生命維持に不可欠だった。

井戸や川や水路からもっと容易に水を入手できるところでは、ノーリアと呼ばれる水汲み水車を使って水を汲み上げ蓄えることができる。のちには水力技術に精通したアラビア人がその利用法を完成し、ラクダや去勢雄牛、あるいはロバを使って水車を動かし、サーマッラー〔イラクの都市〕ではダチョウまで使った。

つかの芸術上の約束事を守りながら、関連する神を鎮めることを意図したものが描かれた。庭園は壁の内側に設けられ、基本的な考え方として運河と池、園亭と果樹の非常に厳格な幾何学的パターンが発達した。

庭園の世話は重労働だった。エジプトの庭園労働者が獲得した技能はさまざまな状況で役に立ったため、ヘレニズム時代には彼らは地中海世界のいたるところで必要とされ、それはちょうど19〜20世紀にスコットランド人の庭師やキューで訓練を受けた庭師が西洋の園芸界で国境を越えて活躍したのと似ている。庭園労働者の生活は厳しく、土を運び、水をやり、砂と泥で堰を築き、砂漠から吹き込んだ砂を除き、地面を掘り、肥料をやった。鉢に刻まれているのが見つかったある契約書によれば、夜、ほかの仕事がすんだあと、土を運ぶ籠を作らなければならなかった。詩の断片に、次のように庭師の生活が書かれている。

　　庭師はくびきをつけている
　　年寄りのように背中が曲がり
　　首にはこぶがあって
　　それが痛む。
　　朝には野菜に水をやり
　　夕にはハーブとすごし
　　そして昼には果樹園でせっせと働く。
　　死ぬまで働き
　　ほかのどんな職業より辛い。

それは過酷な労働だったにちがいない。地主は労働者たちに警告した。「気をつけろ、俺の土地すべてに鍬をいれろ、どんどんふるいにかけろ、休まず切り開け」と。

【労働者の生活】
エジプトのセンネジェムの墓に描かれた紀元前13世紀の壁画には、センネジェムとその妻がテーベの貴族の谷にある畑を耕して種播きをしている様子が描かれている。墓のために制作されたこの象徴的な壁画に描かれているのとは違って、現実の生活ではこの種の仕事は熟練した労働者がしたはずであり、彼らは重労働を課され、ごく単純な道具の助けしか借りずに苦労して耕した。

第1章｜庭造りの起源

エジプトの庭園についての最古の記録は古王国時代のもので、スネフェル（前2600頃-2575）の治世に北部デルタ地方を治めたメテンが、自分の墓の壁に生涯の業績を詳しく刻んでいる。大部分のヒエログリフは絵で、多くが様式化された植物、とくにパピルス、さまざまな種類の樹木やスイレンを表している。庭園は家や池とともに彼の地所の中心をなし、1ヘクタールの広さがあって、さらに405ヘクタールのブドウ畑があった。庭園には「非常に大きな湖」と「見事な木々」があった。実際の内庭部分はおそらく紀元前2000年頃の庭園のレイアウトと似ていたと思われる。メントゥホテプ2世に仕えた高官メケトラーの墓室の床下に埋められているのが発見され、現在、ニューヨークのメトロポリタン美術館に所蔵されているこのドールハウスほどの大きさの木彫りの模型（右ページ参照）は、壁で囲まれた庭を表現しており、その中には鮮やかな緑に彩色されたエジプトイチジク（*Ficus sycomorus*）で日陰になった養魚池がある。ポルティコ〔柱廊式玄関〕の柱はまるでパピルスの茎でできているように見える。すでにナツメヤシ（*Phoenix dactylifera*）、自生の青花のスイレン（*Nymphaea caerulea*）、小型のヤシ（*Chamaerops humilis*、チャボトウジュロ）などの植物に加えパピルス（*Cyperus papyrus*）が、建物や神殿の建築モチーフとして使われていた。紀元前1600年より前にパピルスに書かれた物語から、昔の王が池に舟を浮かべていたことがわかり、その舟は漕ぎ手として網をまとっただけの20人の美女を乗せられるほど大きかったという。さらに続きでは、池の中にワニが潜んでいて妃の恋人を捕らえる。

❖ 神殿の庭

　紀元前1470年頃、「彼女のために全エジプトが頭を下げて働かされた」強大な女王ハトシェプストは、外国の樹木を導入したと記録されている最初のエジプト人である。エジプト人にプントの地と呼ばれていたソマリアからの旅のため、根は大切に丸めて籠の中に入れられた。そうした植物の中には、「神の国からの美しい植物と没薬とミルラの木、そして黒檀と本物の象牙……香木」もあった。乳香（*Boswellia sacra*）や同じくらい貴重なミルラ（*Commiphora myrrha*）は、太陽の神アメン＝ラーをたたえて建設されたテーベ西部のデル・エル・バハリの神殿に捧げる高価な香の原料になったのだろう。残念なことに、早い時期に導入された多くの植物

ナツメヤシ

　ヤシには非常に多くの種があるが、その多くは熱帯原産で、もっともよく知られているのがナツメヤシ（*Phoenix dactylifera*）である。6000～8000年前から栽培されており、その属名 *Phoenix* はアラビアの砂漠に棲むといわれる伝説の鳥に由来し、この鳥は500～600年ごとに火の試練を受けて自らをよみがえらせるという。肥沃な三日月地帯とナイル川のデルタに出現したばかりの文明の経済はこのヤシに依存していた。その実は1年の大半の期間、主要作物であり、古いアラビアの格言によれば、その用途は1年の日数くらい多いという。葉や樹皮からとった繊維はロープや籠を作るのに使用され、ラクダの毛と一緒に織ってテント用の布が作られた。

　古くはエジプトの墓の中にあった庭の壁画に（ときには、枝分かれする習性があることでナツメヤシと区別できるドームヤシ *Hyphaene thebaica* とともに）描かれていたナツメヤシは、幹が1本すっくと立つため、気候が適するあらゆる場所で装飾用の樹木となっている。しかし、塩分を含んだ下層土にも根を張り、非常に暑い気候でも生存する能力があるため、イスラエルやヨルダンなどの国において砂漠の開発計画でとくに好んで使われるようになった。

　ナツメヤシは雌雄異株――雌雄の器官が別々の株の花にある――だが、1本の雄株が100本の雌株に受粉することができる。主に果樹園で栽培され、マツやザクロとともにヤシはある特定のものを象徴し、その下で特別な儀式が催された。ナツメヤシはアラビア語でナハルまたは複数形のナヒルと呼ばれ、タマルと呼ばれる実をつけ、コーランの中で20回言及されており、ナツメヤシ園はナヒルスタムと呼ばれ、この語はオアシスも意味する。

Phoenix dactylifera

と同様、樹木も生き残らなかったが、それらは神殿のレリーフに描かれ、エジプトまでの旅について書いた銘文もある。女王の共同支配者で後継者のトトメスも小アジアへの遠征で植物――「生えているあらゆる植物、神の世界で育つあらゆる花」――を集めたが、植えたあとによく育ったかどうかは不明である。旅は長く困難だったはずで、何年もということはないにしても、ときには何ヶ月も続いた。18世紀に大西洋を渡って植物が交換されたときにそうだったように、種子や球根のほうが生きた樹木より成功する可能性が高かった。のちの植物学者が作ったような、学問的な同定のために有効な乾燥植物標本はまだ存在していなかったが、トトメスは宮廷の絵師たちに異国の植物のスケッチを描かせ、カルナクのアメン大神殿の壁にレリーフを彫らせて、後世に世界最古の植物誌を残した。幸い、砂によって神殿や家や庭の基礎が保存され、デル・エル・バハリでももっと前の紀元前1975年頃に建設されたメントゥホテプⅠ世の葬祭殿の遺跡が残された。入り口の傾斜路の両側に木々が非常に整然と並び、植え穴から、連続した線上に7本のエジプトイチジクとタマリスクが3列植えられていたことが確認され、これはおそらく記録に残るもっとも古い並木道だろう。王の像はイチジクで日陰になっており、別に幾何学的に配置された花壇があった。神殿庭園の図面の一部が床石に残されていて、20世紀に発見された根の配置の正しさを裏づけている。

　紀元前1425年にはテーベを治めていたセンネフェルが、アメン神殿の壁で囲まれた庭の、当時の様子を自分の墓に描かせた。運河の隣に造られた庭には4つの池があり、木々や植物と建物が立面図で示されており、すべてがエジプトの習慣どおり左右対称に配置されていて、のちのあらゆる造園様式の発達に影響を及ぼすことになる整然とした調子を生み出している。今日でも、こうした矩形のエジプトの庭で発展したパターンが真似られて成功している。壁は不可欠な要素であり、主として（家畜のヤギも含め）動物の進入を防ぐためのものだったが、砂が流れ込まないようにする目的もあった。野生動物の脅威は、末期王朝時代のテーベで紀元前737-712年に、庭を持つ女性がオオカミやハイエナがいるため自分の庭を訪れるときに槍と剣を持っていくことを約束していることでも裏づけられている。

❖ **墓の壁画**

　金持ちの個人の墓の壁に認められる絵は新王国の拡張主義の時代（前1600頃）のもので、おそらくその絵が描かれたときにはまだ生きていた故人が所有していた現実の庭の様子と、現実の庭で実際には行なわれていなかった当時の農業や狩りや漁の様子とが、合わせて描写されているのは、ほぼ間違いない。絵はかならずしも容易には理解できない宗教的な付帯的意味も持っていた。ネブアメンと呼ばれる穀物倉庫の出納係の墓に描かれた絵（前1380頃）で、樹木の背後に見える女性の姿はエジプトイチジクの女神ハトホルまたはヌトで、墓の主が来世で使えるように必要なものを持っている。果樹と花は食べ物だけでなく神への供物ともなり、神々はすべて土地の生産力と神秘的な結びつきを持っていた。花と果樹はとくに太陽神アメン＝ラーと結びつけられていた。

　墓の壁画が実際に当時の庭がどんな様子だったかについて間違った

【ミニチュアの庭】
これは庭がどのような様子をしていたかを示すもっとも早い証拠のひとつで、テーベで出土した紀元前2009-1998年のものである。メントゥホテプ2世に仕えた高官メケトラーの墓で発見された家と庭の小さな木製の模型は彩色されて石膏を塗られ、銅で裏打ちされた養魚池のわきにエジプトイチジクが立っている。家の柱は束ねたパピルスの茎に似せて彫ってある。

第Ⅰ章　庭造りの起源　　027

印象を与える可能性もある。芸術的シンボルや宗教的意味を有する場面を表現するために使われる確立した約束事を、普通の生活のもっと世俗的な現実から分離するのは容易ではない。すべてが絵に含まれていなければならなかった。絵師は特定の庭の特定の場面を示すためではなく、季節の周期の永続性を確実にするために収穫の場面を描くこともあった。まるでナツメヤシの間にぶら下がっているように描かれた池は神聖な場所を意味し、持ち主の庭とは関係ないのかもしれない。すべての植物を確実に同定することは難しく、それは絵の多くであらゆる樹木の決まりきった形としてエジプトイチジクが使われたからである。植物は上からまたは横から見たかのように描かれている。美術の約束事の大部分は紀元前2000年より前、第4王朝の大ピラミッドが建設された時代にはすでにあって、その後、1500年間維持された。

すべての庭は高い壁で囲まれ、たいてい中に矩形かT字形の池があり、庭は幾何学的に配置され、樹木が列をなして並び、植え床が左右対称に配置されていた。この整然とした配置が、周期的に起こる洪水を調整する水門を使って灌漑をする必要があることから生じたのは、ほぼ間違いない。絵や出土品に、対をなす木立、対をなす樹木、対をなす池がしばしば見られる。わきの運河から入ると柱に囲まれた大きな玄関の内側は屋根のない中庭で、それから壁ともうひとつ扉があって、屋根のない壁で囲まれたもっと広い空間につながっており、そこには果実と木陰を与えてくれる樹木と、おそらく菜園もあって、ブドウのつる棚が家の入り口に日陰を作っている。

もうひとつ別の墓の壁画では、描写はそれほど完成されていないが、理想化された概念ではなく現実の庭のようである。トトメスI世(前1528-1510)の建築事業に携わっていたイネニという人物は、樹木の収集家であった。イネニの墓に彼の裏庭のある家の眺めが描かれており、矩形の養魚池にはスイレンが浮かんでいる。絵師は完全な図面を描いてはいないが、えり抜きの木々が並べられ、果樹園にどんな植物があったかが示されている。

❖ 古代エジプトの植物

エジプトの庭造りは、おそらくブドウすなわち*Vitis vinifera*(ヨーロッパブドウ)のいくつかの品種の栽培から始まった。ブドウはナツメヤシやドームヤシよりもさらに頻繁に描かれており、少なくとも古王国時代の24の墓でブドウ栽培が描写されている。もっと早い時代には、ブドウは枝分かれした支柱の上で周囲の木々に紐で縛られて栽培されていたが、絵の中では、今日私たちがブドウといえば思う特

【飾られた墓】

このテーベで発見されたネブアメンの墓の壁画は、紀元前1380年頃のものである。庭と、神聖なスイレンの間をカモや魚が泳いでいる観賞用の池が描かれている。幹がまっすぐ伸びたヤシと枝分かれしたドームヤシが壁に沿って生え、エジプトイチジクの木の女神が来世に供物にする果物を用意している。池の周囲に植えられたパピルスは再生のシンボルで、古代エジプトではしばしば柱頭や柱の装飾モチーフとして用いられた。

徴である果実生産だけでなく、庭に木陰を作る湾曲したあるいは平らなつる棚の上に描かれている。

パピルスに書かれたある愛の詩で、若い娘が庭を生き生きと描写している。

　私はあなたのもの
　私が花と甘い香りのハーブを植えた
　この土地のように。
　あなたの手が掘った
　小川は甘く
　北風は爽やか。
　あなたの手をとり、
　この美しい場所をそぞろ歩く。

エジプト人は花束や花輪を作るため、神殿に供えるため、ミイラ作りや医薬に使うために花を育てた。栽培された植物についての情報が、根、種子、花粉、炭化した遺物の発掘や分析に加え、埋葬時に墓に入れられた家具や武器のような工芸品からも得られてきた。また、多くがパピルスに描かれた絵やヒエログリフで表現されている。宗教儀式用、ミイラ作り用、畑の野菜や作物として庭に植えられた植物を列挙して、古代エジプトの植物誌をまとめることができる。いくつかの花には宗教的あるいは儀式的な役割がある。なかでもデルタ地帯に生え、上エジプトのシンボルである神聖な青い花が咲くスイレン(*Nymphaea caerulea*)がもっとも重要であるが、エジプト人は白花のスイレン(*N. lotus*)も用いた。冬に消えるが春には再び現れるスイレンの周期性は、死後の復活の象徴だった。初夏になると宮殿や神殿の庭園の池は青い花と白い花の海に変わった。

墓の壁画やファラオの時代の神殿周辺の修景活動に見られるように、たいていの庭造りは象徴的かつ宗教的な意味を持っていた。エジプト人に知られ栽培された樹木はそれぞれ異なる神に捧げられていた。ナツメヤシはラーとミン、ドームヤシはトト、エジプトイチジクはハトホル、タマリスクはオシリスというように。そうした木々はしばしば墓の壁画に描かれ、神殿の建物を囲んで神聖な景観を生み出した。同様に、墓に描かれた空想の庭でも神殿の景観でも、そこで行なわれる活動すべてに象徴的な意味があり、死者の埋葬と礼賛にかかわる儀式、あるいはさまざまな神と関係のある儀式が行なわれた。

エジプト、古代ペルシア、メソポタミアの初期の庭師たちは、多くの園芸の基本的問題を解決しなければならなかった。彼らはとくに水管理のすぐれた専門技術を開発し、それはのちの世代にとって大いに役立つことになる。彼らが導入した灌漑方式は洋の東西、庭の大小にかかわらず、それ以降の庭園レイアウトにきわめて大きな影響を及ぼし、その一方で狩猟園は中世ヨーロッパの王室狩猟園（ロイヤル・パーク）のモデルになり、それから発達して18世紀の風景園（ランドスケープ・パーク）、そしてついには今日の都市公園（シティ・パーク）が生まれることになる。

❖第2章
古典の遺産
古代ギリシア・ローマの庭
Our classical heritage
ANCIENT GREECE AND ROMAN GARDENS

【ハドリアヌスのヴィラ】
ローマ皇帝ハドリアヌスはティヴォリにある自分のヴィラに、カノポスなど独特のヘレニズム的な要素を多数取り入れた。118年から138年にかけて造営されたこのヴィラは、非常に大きな構想を持ち、むしろ田舎の小さな町に近い。いくつかの部分はのちにフィレンツェのボボリ庭園にある17世紀のイソロット広場や、20世紀にはイギリスのダービーシャー州にあるレニショーの庭園の発想のもとになった。

　今日、ハーブ園や花壇で育てられている植物の多くは地中海沿岸諸国原産である。それらは古代ギリシア人やローマ市民にとっても馴染みのある植物だったはずで、最古のギリシアの本草書、大プリニウスの『博物誌』、あるいはローマの農業手引書に記録されている。しかし、本書で扱うのは植物だけではない。西洋文明においては、文化の中に古典すなわち古代ギリシア・ローマの伝統が入り込んでいる。それは言葉の中に満ち──ちなみに植物学の語彙を与えてくれる──、社会制度や組織の名称あるいは特性を表すのに使われる。ヨーロッパの壮大な建物や都市景観の建築用語を生み出したのはギリシアとローマである。

　庭造りについても、構造と装飾に古典の影響を見ることができる。しかし、ギリシア人はとても庭師とはいえないし、洗練されたローマの庭園は帝国の崩壊後、何世紀も忘れられていた──その数世紀の間にアラビア人が医学と植物学を発展させ、アラビアの学者がギリシア語やラテン語の文書を翻訳したのに対し、ヨーロッパの大半の人々は読み書きができなかった。だが、ルネサンス期の人文主義者と哲学者たちは、知的および芸術的刺激を求めてギリシアとローマを振り返り、古典様式を「復活」させた。本章では、ときには昔の古典世界の形跡を発見して広めたルネサンスの学者や造園家たちを語り手としながら、もともとの「ネサンス」を探っていく。

❖ 庭園としてのギリシア

　ギリシア人は庭師でも庭園様式の先駆者でもなかったが、別の重要な点で今日の庭造りのやり方に影響を及ぼした。第1にギリシアの田園地帯は美の概念を体現しており、古代の神殿や劇場の場所は、その風景の輝きと畏怖の念を引き起こさせる広々とした眺めが理由で選ばれた。こうした眺めや神聖な木立は、のちにギリシア神話を描写する際の背景になり、自然の風景の美と神秘に対する認識を生んだ。ギリシアやローマの田園風景は、クロード（1600-82）とプッサン（1594-1665）の絵画を通して、18世紀のイギリス式風景庭園のモデルになった。

　第2に、クラッシック期〔古代ギリシア盛期〕のギリシアに始まった植物に関する科学的研究は植物学の知識の核をなし、およそ2000年の間、それに取って代わるものはなかった。16〜17世紀になっても北ヨーロッパの植物学者や収集家はまだディオスコリデスの大本草書『薬物誌』を研究し、彼が書いた1世紀に地中海の東の端に生えていたハーブが何か特定しようと苦労していた。

　第3に、山がちな地形と水不足のせいでギリシアは持続的な園芸に適さないうえ、8世紀にホメロスが詩に詠むずっと前から多くの土地で人間やヤギによって森林破壊が進んだが、それでもギリシアの植物相はきわめて豊かである。ギリシアには6000種を超える顕花植物とシダ植物が存在し、その数はヨーロッパのほかのどの国よりも多い。これらの植物は初期の本草学者に薬用植物の標本を提供し、のちにはほかの国々の庭園の色彩を豊かにした。考古学的には、紀元前1千年紀より前のクレタ島とサントリニ島（現在のティーラ島）でいくらか造園の記録があり、のちのヘレニズム時代にローマ人によって発達したペリステュリウム〔柱廊で囲まれた中庭〕の徴候があるが、全体としては古代ギリシアの庭園レイアウトは歴史的に

【ギリシアの景観】
ギリシア人はこの言葉の一般に受け入れられている意味で庭師であったことはないが──高い山があり雨が降らないため、持続可能な園芸はほとんど不可能である──、山々や木立や野生の草花が見られるロマンチックな田園地帯は、それ自体が自然の「風景（ランドスケープ）」である。それは18世紀の風景派運動の造園家にとって、目に見える霊感源だった。エドワード・リアによる1862年頃のギリシアのコルフ島〔ケルキラ島〕の水彩画には、田園地帯の野生の美と、森が神話の神々の秘密の住処になったホメロスの詩の世界が描かれている。

【ポープの『オデュッセイア』】

クロードやプッサンによるギリシアやローマの風景を理想化した絵と同様、古典の文学作品も18世紀のイングランドで風景派運動の進展に強い影響を及ぼした。アレグザンダー・ポープによるホメロスの『オデュッセイア』の翻訳がやはりこの時代に刊行されたのは偶然ではない。この本のためにウィリアム・ケントが描いた挿絵のひとつにカリュプソの洞窟の絵(右)があり、これはトゥイックナムにあったポープ自身のグロットをもとにしている。

【花のフレスコ壁画】

これは紀元前1600年頃のクノッソスのミノス文明の宮殿にあったフレスコ壁画で、サー・アーサー・エヴァンズによって1920年代のクレタ島での発掘のときに復元された。戦士の王子と、ユリを様式化したものが描かれている。そのほかにアイリス、シーダフォディル、バラ、そしておそらくエジプトから持ち込まれたパピルスやナツメヤシなどの有用植物も見られる。

重要な意味を持たない。

　ギリシア人は植物と周囲の景観に対して鋭い意識を持っていたし、目に映るものを伝える能力を持っていた。最初に注目されたのは有用植物だった。紀元前4世紀のアリストテレスは植物を科学的に研究した最初の人で、彼の弟子のテオプラストスがそれに続き、研究はディオスコリデスの『薬物誌』で全盛をきわめた。これは紀元前1千年紀にアラビア語に翻訳され、18世紀末になってもギリシアで植物採集をしたジョン・シブソープのような人々にとって大きな関心の的だった——その頃には植物学者にとっても庭師にとっても観賞植物が有用植物と同じくらい関心の的になっていた。実際にはギリシア人も花をその美しさゆえに称賛した。彼らはアテネのことを「スミレの冠をかぶった都市」といい(本当はスミレ色のアネモネ、すなわち自生する *Anemone coronaria* のこと)、神聖な神殿や祠を景色の美しい場所に設けた。ホメロスは有用植物しか記述していないが、それでも彼の詩にはそれが美しいことが暗に示されている。

❖ ホメロスと風景

　「庭園を造ることのできない」ギリシア本土は非常に乾燥して山が多く、緑がある日陰の場所、とりわけ水が流れる場所は神話の宝庫になった。こうした神話の神々や古代の英雄が住む神秘的な風景は、アポロンやアテナ、あるいはアフロディテに捧げられた聖域の庭や、小川によって水が与えられる木立や草原の牧歌的な場面について書いたホメロスの8世紀の作品に描かれている。『オデュッセイア』第5巻では、オデュッセウスが捕まっていたニンフのカリュプソの洞窟は、ポプラ、ヤナギ、ハンノキ、背の高いイトスギの雑木林の奥にあって、洞窟の入り口のまわりにはブドウのつるが這い、「熟した大きな房をつけて生い茂って」いた。そして4つの泉があって「4本の清らかな小川がそれぞれ違う方向に流れるようになっていた」。これがグロット(洞窟)あるいはニンファエウムについての最初の記述にちがいない。

　ホメロスの詩の中では樹木や茂みが神を象徴し、洞穴やグロット、泉はニンフやドリュアスの住処で、魔法の力を持つハーブが『イリアス』でも『オデュッセイア』の旅でも何かを呼び覚ますものとなった。崖をつたう水の「銀色の細流」、海上の「疾風」、「肉体をなくした死者の霊が住むアスポデロスの野」〔アスポデロスはユリ科の球根植物〕はみな、ギリシアの山々とハーブが香る谷の印象的な要素を伝えている。

第2章｜古代ギリシア・ローマの庭

ホメロスは、当時のギリシアで自分が見たことについて書いた。『オデュッセイア』には、現実の庭についての記述が2ヶ所ある。賢王アルキノオスの垣がめぐらされた果樹園では植物が勢いよく育ち(第7歌)、オデュッセウスの父ラエルテスの庭は手入れが行き届いている(第24歌)。このふたつの庭に、食物と日陰のための多数の果樹、整然とした花壇、ブドウ畑、水を供給する水路といった庭園の状況を示す要素をすべて認めることができ、それらはすべてすでに当時の中東とエジプトの文明において標準的なものになっていた。

【赤いユリの間に】
ティーラ島(古代のサントリニ島)で出土し、現在はアテネの国立博物館に所蔵されているこのフレスコ壁画は、島が地震と火山の噴火でほとんど破壊された紀元前1500年より前に描かれたものである。岩に生える赤いユリ(おそらく*Lilium chalcedonicum*)の間を飛びかうツバメが描かれている。

❖ クレタ島とサントリニ島で出土した証拠の陶器片

　ギリシア人が植物の姿を楽しんでいたことの動かぬ証拠が、大半が4000年前に作られた鉢や壺、フレスコ画の装飾によって初めて明らかになった。地中海の多くの島の海岸に生えるアイリス、ユリ、秋咲きのシーダフォディル(*Pancratium maritimum*、ヒガンバナ科の植物)などの花が、クノッソスのミノス文明の宮殿にあったフレスコ画に描かれている。エジプト原産のナツメヤシやナイル川デルタ原産の湿地を好むパピルスのような潜在的に「有用」な植物は、交易目的だったと考えられる。これら紀元前2千年紀前半のフレスコ画には、知られている最古のバラの絵もある。おそらく、エジプト人との交易でもたらされた上ナイル原産のアビシニアンローズ(*Rosa × richardii*)、一重のドッグローズ(*R. canina*、カニナバラ)、あるいはマケドニア原産のキャベッジローズ(*R. centifolia*)であろう。クラッシック期の末期には、バラはその名の由来であるロードス島で集約的に栽培されたが、おそらく庭に植えられたのではなく商品作物として栽培されたのだろう。

　ユリはフレスコ画だけでなくミノス文明の彫刻にも登場し、そり返ったユリの花びらのような形をした黒いソープストーンの壺(前2000頃-1800頃)は葬儀で使われたと考えられる。サントリニ島で発見された少しだけのちのフレスコ画には、赤いユリ——おそらく*Lilium chalcedonicum*——のつぼみと花が美しく描かれている。そして隣の部屋のフレスコ画では、イラン北部に自生する球根植物のサフラン(*Crocus sativus*)の雌しべを女性たちが集めている。しかし、これは収穫の場面で、サフランは観賞用植物ではなく作物とみなされていることを思い出すべきだろう。

　現存する工芸品がそれほど珍しくなくなるにつれ、古代ギリシア人が植物の美しさを楽しんでいたことの確かな証拠がますます確かなものになってくる。キヅタの花輪やギンバイカの花綱、ブドウづるとツルニチニチソウの帯状装飾といったものがみな陶器に描かれた。また、植物の姿は建築物の装飾にもなった。アカンサス(37ページ参照)はずっとコリント式柱頭を判別するしるしだったし、縦溝のある柱は野生のアンゼリカの茎がもとになっている。

しかし、考古学的証拠からは庭のことがよくわからない。谷の側面にあって夏に涼しく、風から守られたクノッソス宮殿の立地はガーデニングに理想的だったにちがいないが、庭園レイアウトを示すものが何もないのである。しかし、ミノス人が今日私たちがしているのとほぼ同じようなやり方で植物を容器で育てていたことが知られている。発掘により、灌漑用水路によって灌水される素焼きの植木鉢の列の跡が発見されたのである。鉢には、ザクロやギンバイカのような低木、あるいはバラやユリ、小アジア原産のアイリスが植えられていたのかもしれない。ヘレニズム時代の同じように並べられたものが、アテネにある紀元前3世紀のヘパイストス神殿のそばで発見されており、おそらくゲッケイジュやザクロが植えられていたのだろう。発掘調査で、整然とした植え穴の中に壊れた素焼きの鉢があるのが発見された。植物の枝を鉢に直接取り木して発根させ、植え付け時に鉢を壊したと考えられる。このやり方はⅠ世紀のちにカトーが『農業論(*De re rustica*)』に書いている。

また、アルカイック期およびクラッシック期のギリシアの神聖な場所の周囲に高木や低木が植えられていたことが、考古学的に確認されている。ブラックポプラ(セイヨウクロヤマナラシ)、イトスギ、プラタナス、イチゴノキが、神々の聖域に保護と日陰を与えた。今日でも、古代の神殿や劇場を訪れると、まだ木立を見ることができ、ヤギやヒツジを防ぐために注意深く柵をしたその場所はしっかり守られていて、野生の草花の天国になっている。しかし、ギリシア本土では農業に適した土地が少ないため観賞用の植物を植えることができず、都市郊外はもっぱら農業に使われた。果樹園と野菜や有用なハーブなど商品作物用の菜園が緑地帯を形成し、畑作物と同様、果樹園も菜園も昼間に働くところで、日が暮れると所有者と奴隷は都市へ帰った。たとえばアテネでは所有地の分配が同じになるように計画され、市街は家やブロックがそれぞれ区画全体を占めるように地どりされていて、都会には庭を造る余地はなかった。紀元前5世紀にアリストパネスとデモステネスが金持ちの街中の私邸に隣接する小さな庭(ケポス)に触れているが、主に水が少ないことが理由で、発掘により確認されている「緑」の空間である野外の市場のような公共の場所(アゴラ)を除き、観賞を目的とした庭を造るいかなる試みも不可能であった。

紀元前5世紀から4世紀のクラッシック期には、都市の神聖な場所やアゴラで木立を見ることができた。アゴラにある植え穴や水路は、オリーブの木やゲッケイジュ(*Laurus nobilis*)が12神の祭壇に日陰を作っていたことの証拠である。現在では、そのような考古学的発見は、当時の著述家たちの記述により裏づけが取れている。プルタルコスは紀元前5世紀にアゴラに日陰を作るためにプラタナス(小アジア原産の*Platanus orientalis*、ペルシアのチェナール)を植えたのはアテナイの政治家キモンの功績だと述べ、アテナイの西の城壁の外側、ケフィソスの谷にあるプラトンのアカデメイアでも、そこを「手入れされた並木道と日陰の散歩道のある水に恵まれた森」に変えたと書いている。キモンはアカデメイアに灌漑システムも作り、プラタナスとともにニレ、ポプラ、オリーブの木も育つようにした。アリストパネスはこの谷について「すいかずら、静かな生活、花を散らす白楊(はこやなぎ)の香りにみちて、すずかけが楡と囁き交わす

【彩色されたヤシ】
クノッソス宮殿から出土したこのミノス文明のアンフォラ型土器にはナツメヤシの装飾がほどこされており、宮殿が破壊されるより前の紀元前1500年にエジプトとクレタ島の間で交易が行われていた証拠となる。

第2章 | 古代ギリシア・ローマの庭

春の季に心を躍らせる」(『雲』、高津春繁訳、岩波書店)と書いている。プラトンのアカデメイアやアリストテレスのリュケイオンの生徒たちはペリパトスと呼ばれるプラタナスやポプラ、オリーブやゲッケイジュで日陰になった並木道を歩き、「逍遥学派(ペリパトス派)」の哲学者と呼ばれるようになった。暑い夏には植物によってもたらされる日陰と湿気がありがたい息抜きになったにちがいない。近くにエピクロス(前341-270)の小さな庭があり、これは言及されている数少ない個人の庭園のひとつで、エピクロスがその倫理と社会に関する哲学に実践的な側面を与えるために自分で耕した菜園である。その後、ヘレニズム期になると、すでに触れたヘパイストス神殿の周辺に樹が植えられるようになった。

❖ 書かれた記録

紀元前4世紀にはアリストテレス(前384-322)が植物に対する姿勢を、ホメロスの神話的、経済的なものから、生物界についての熟考、観察、調査にもとづく、もっと本格的な学問に変えた。植物についての好奇心は、食物や薬のための利用についての関心に由来し、その装飾的な価値はまったく評価されていなかった。コス島でヒポクラテス(前460-370)が実践的な医学を説き、この学問を神々への崇拝と結びついた治療法の思弁から解放した。アルカイック期の採根者は本格的な薬用根採集者(リゾトミスト)になり、薬屋に薬草を提供するという儲かるビジネスを発展させた。リュケイオンでは博物学者のテオプラストス(前350-287)がアリストテレスのあとを継いだ。この頃まで、薬草の知識は口頭で伝えられて記憶されていた。しかし、『植物誌』でテオプラストスがいわゆる「自然の奇跡」の謎の多くを解明し、彼の研究によって現代の植物学の学問分野の大半が確立された。テオプラストスは植物をその汁液、根、葉、芽、花、果実によって分類した。彼が全部で450を超える植物すべてについて記述し、木材の伐採、養蜂、薬用植物の採集のような昔ながらの仕事に従事する田舎の人々がしてくれた貢献を評価している。テオプラストスが記述した450の植物の大多数は有用だが、バラ、カーネーション、マヨラナ、ユリ、タイム、ベルガモット、カラミント、ヨモギなど、冠や花輪を作るために栽培される植物も挙げている。テオプラストスはとくに外国の植物に興味を持ち、アレクサンドロス大王の将軍たちや、遠征隊とともに派遣された特別な観察者たちが外国で見た植物についての記述を、彼の植物誌の中に含めた。アレクサンドロス大王は、モモ(*Prunus persica*)やレモ

アカンサス

古代エジプトでもメソポタミアでも植物が建築物の装飾モチーフとして使われたが、もっともよく知られている、紀元前5世紀のコリント式の柱の柱頭を飾ったのが、ギリシアの野生のアカンサス *Acanthus mollis*(ハアザミ)や *A. spinosus*(トゲハアザミ)である。アカンサスは多年草の植物の属で、比較的穏やかな気候のところでよく生育し、冬の寒さあるいは夏の暑さで休眠する。ハアザミがギリシア北部産なのに対し、トゲハアザミは南部のいたるところで見られ、きっとこのためコリントスの建築家が使うことにしたのだろう。トゲハアザミの葉は切れ込みがはっきりしていて縁に刺が多いのに対し、ハアザミの葉はそれほど切れ込みがなく、比較的広くて、光沢のある緑色をしている。どちらも背の高い花柄にピンクがかった紫色の苞葉がある白い花の総状花序を生じる。

Acanthus mollis

西暦I世紀の著述家小プリニウスは、トスカーナの庭でアカンサスを育てていて、その上のテラスのツゲの生垣は刈り込まれてトピアリーにされていた。「ここの高さではアカンサスの花壇が波打っている——さざ波というべきかもしれない」と書いている。ローマ人がアカンサスを北ヨーロッパに持ち込んだのは、ほぼ間違いない。アカンサスは、ネッカムの12世紀の散文作品『事物の本性について(*De Naturis Rerum*)』の中で、イギリスで栽培されている77の植物のひとつとして言及されている。

【柱頭と柱】

伝説によれば、紀元前5世紀に彫刻家のカリマコスが、コリントスの少女の墓に生えていたアカンサスが漁師の籠を貫いて葉を伸ばしている様子を見て、柱頭のデザインにアカンサスの葉を取り入れたのだという（上）。別の植物 Angelica sylvestris（下）は、多くの建物に使われている縦溝が彫られた柱（右）のモデルになった。はっきりとした畝のある茎はアンゼリカ類の特徴で、彫刻家や建築家がギリシアの丘の斜面のあちこちに野生しているこのアンゼリカを見慣れていたのは疑う余地がない。縦溝の彫られた柱の好例を、ペロポネソス半島のバッサイにあるアポロ・エピクリオス神殿で見ることができる。

第2章｜古代ギリシア・ローマの庭　037

ン（Citrus limon）などいくつかの外国の樹木の種子や根をアジアからテオプラストスのもとへ送るように手配し、それがヨーロッパでこれらの植物を栽培する試みの最初の記録である。エジプト産の植物、とくに「川、湿地、湖」の植物や、メソポタミアあるいはさらにその向こうの「北部地域特有の植物」もあり、生育環境が異なっていたため研究する価値があった——現代のガーデナーや植物学者の生態学的な事柄への関心に通ずるところがある。テオプラストスの庭には、ミューズに捧げた祠や彼自身の墓碑があった。彼は庭をまるごと奴隷たちに残し、それを管理するという条件で彼らを解放した。シンタグマ広場の北側にあったその庭の場所が最近の発掘で明らかになったが、庭が何らかの体系的な秩序を持ってレイアウトされていたかどうかは確認できていない。

テオプラストスの植物学の研究はすぐには引き継がれなかった。ディオスコリデスがハーブとそれから作った治療薬の研究をさらに拡大したのは、1世紀のローマ皇帝ネロやウェスパシアヌスの治世になってからである。一方、ギリシアの文献には、植物学者やガレノス（129-99）のような医師の著作以外でも、植物への言及が多くなされている。ヘシオドス、クセノポン、ヘロドトスなどの著述家がそれぞれの観察を書き残しているのである。

ギリシア人が根っからの庭師でなかったとしても、快適な環境としての庭という概念に対して喜びを覚えたのは明らかであり、それは現代の観光客が庭園巡りは楽しんでも自分で庭園を造りたいとは思わないのと同じである。アレクサンドロス大王の時代より前に、ギリシア人はペルシアの王たちの広大なパラデイソスの遊園（パーク）についての記述を持ち帰った。スパルタの将軍リュサンドロスは、アレクサンドロスが征服する70年前にリュディア（トルコ西部）のサルディスにあった小キュロスの庭園を訪れた。彼はその幾何学的レイアウトをギリシアの将軍クセノポンに説明し、クセノポンは紀元前394年にギリシアへ戻ると『オイコノミクス』にそれを記録した。それには挿話の形で、王が土いじりをして、種子を発芽させ、

【哲学的栽培家】
紀元前3世紀に、博物学者で哲学者のテオプラストスの『植物誌』が現代植物学の基礎を築いた。その中で彼は約450の植物を記述している。それらは観賞用ではなく有用植物だが、バラ、ユリ、ベルガモット、カーネーションのような花輪を作るために栽培されるものも含めている。

【根の掘り取り】
『アプレイウス・プラトニクス本草譜（*Apuleius Platonicus Herbarium*）』のドイツ語版（1200年頃のものだが、5世紀に最初にギリシア語版の内容からまとめられ、ディオスコリデスの著作の一部も含んでいる）に、古代ギリシアの薬用根採集者が薬屋が使用する薬草を採集しているところが描かれている。その右のページで医師が薬を計量している。

植物学の始まり

ボタニー(植物学)という言葉はギリシア語のボタネーに由来し、これはホメロスの時代には「牛の放牧」を意味したが、のちには「雑草、草本植物」と翻訳された。クラッシック期に治療法の研究の必要から植物学という学問が生まれ、植物に関する研究は15〜16世紀までずっと植物の治療効果と結びつけられていた。ヨーロッパで最初の植物園は1540年代にピサとパドヴァに設立され、医学生が使用する植物の同定をできるようにするための大学付属の薬草園だった。16世紀末には植物のあらゆる特性が調べられ、「有用な」本草書は挿絵入りの花譜に取って代わられた。

自らの手で植物を植えたのを知ったリュサンドロスの驚きが書かれている。ギリシア本土の奴隷社会では、支配者層の人間がそのような肉体労働をするのはひどく嫌われていたのである。

紀元前334年は、アレクサンドロスがダリウス3世を打ち負かしてバビロン、スーサ、ペルセポリスの宮殿を手に入れた、古代ペルシア帝国終焉の年である。アレクサンドロス軍は、広大な帝国を結んでいたよく整備された道路網を引き継ぎ、東に進んで広いオアシス庭園を発見した。そこには木立が整然と配置され、よい香りのする低木や灌漑の行き届いた庭があった。アレクサンドロスの将軍たちによって遠くインドからギリシアへ持ち帰られた植物は、アリストテレスとその弟子のテオプラストスによって調査分類された。

アレクサンドロスの死後、彼が征服した土地は朋友たちによって支配されるいくつかの広大な王国に分割された。彼らは東方の習慣を取り入れてペルシアの考え方に順応したヘレニズム時代のギリシア人貴族だった。ナイル川のデルタでは、プトレマイオス朝の王たちが生産力のある広い地所を構えた。それは畑と庭のネットワークからなり、農業が主体で、農業労働者と本職の庭師が管理をした。しかし、楽しみのための庭も組み込まれ、ヘレニズム時代のプトレマイオス朝は東方の支配者と豪華さを競った。宮殿の中庭には手の込んだモザイクが敷かれ、よい香りのする低木や花が植えられた。テーベやアレクサンドリア、イタリアやシチリアでは、都市に噴水やグロットを備えた公園ができ始めた。クラッシック期にすでにあった墓地の庭は、ギリシアだけでなく小アジアやエジプトでも一般的になった。有力な市民は都市の城壁の外にある墓地で敬意を表されることがあり、彼らの墓は普通はイトスギの木立があるのが特徴で、ギリシアでは今日でもイトスギが教会の墓地や共同墓地で使われている。アレクサンドリア郊外の墓の周囲にあった庭は5年間貸し出されて果樹や野菜が植えられ、借地人はメロン、レタス、イチジク、キャベツ、アスパラガス、ニラネギ、ブドウ、ナツメヤシを栽培した。こうした「庭」の空間の実用的な側面は、今日でもまだイギリスの町や都市の周辺で盛んに行なわれている市民農園を連想させる。

庭園要素の例が増えてくるにつれ──残念ながらそれについては記述しか残っていない──、ギリシア人の庭に対する好みや、むしろローマの伝統という印象が強い先触れ的なアイデアが垣間見えてくる。アレクサンドリア人の造園の腕前は、9世紀に著述活動をした中世の修道士ワラフリド・ストラボによってとりわけ称賛されている。噴水やオルガンの演奏のための動力を得るために水が利用された。同じようなものを最初に考案したのはアリストテレスだが、彼の抽象概念を実用に移す仕事はふたりのアレクサンドリア、クテシビオスとヘロンに残された。ヘロンは、さえずっているが機械仕掛けのフクロウが現れると静かになる鳥で飾られた噴水の建設について書いており、この仕掛けは16世紀末のティヴォリのヴィッラ・デステで再び作られ、17世紀に旅したジョン・イーヴリンが称賛している。ロードス島のある庭には岩から切り出した階段、ベンチ、グロットがあった。これはのちのロマン主義の風景の原型である。シラクサを支配した暴君ディオニュシオス(前430-367)は、このギリシアの植民地にペルシア式の遊園を造営したといわれている。やはり国外に住んでいたヒエロン(前269-221)はギリシア

ディオスコリデスの遺産
THE LEGACY OF DIOSCORIDES

ガーデナーはいまだにディオスコリデスがⅠ世紀に記述した植物をいくつか栽培しており、彼がつけた名称を使用し（かならずしもその通りではないが）、科学者たちは（今では最新の技術を採用しているが）今でも彼のハーブの薬効を調べている。それまでのあらゆる植物誌より広範囲に及び、今では失われたほかの著作の内容を取り入れているディオスコリデスの『薬物誌』は、ルネサンス期までもっとも重んじられた植物誌でありつづけ、ヨーロッパにおいて植物に関する知識の新たな探求が始まる一因となった。16世紀のあらゆる植物学者は、この5巻からなる書物に記載されている500の植物を確認することに関心を持っていた。偉大なディオスコリデスのオーラはさらに2〜3世紀にわたって植物学の発見に影響を及ぼしつづけ、旅行家や植物学者は彼が言及した植物を再発見しようとした。

『薬物誌』の写本も探索の対象になった。この著作は、異なる時代の写本が少なくとも23冊残っている。そのうちもっとも感銘を受けるのが、コンスタンティノープルで512年頃にビザンティンの皇女ユリアナ・アニキアのために作られた『ウィーン写本（*Codex Vindobonensis*）』である。彩色された植物の絵だけでなく、もっと一般的な事柄の挿絵もいくつもあり、そのひとつはディオスコリデスがマンドレークを受け取っているところを描いている。

ウィーン写本の挿絵に見られる写実的な表現から、もっと早い時代のものから——おそらく少なくとも2世紀くらいのものから——模写されたと考えられる。6世紀当時のビザンティンの絵はもっと堅苦しいものだったはずである。9世紀にわたって失われていたこの写本は15世紀前半に再び出現し、コンスタンティノープルにあるプロドモス修道院のある修道士によって製本し直された。当時そ れは、1453年のイスラム教徒による征服よりあとのスレイマン大帝の宮廷のユダヤ人医師のものだった。もとのギリシア語のテキストに、トルコ語、アラビア語、ヘブライ語の名前が加えられた。そして1562年、神聖ローマ皇帝フェルディナントがオスマン帝国の大宰相府に派遣した使節オジール・ギスラン・ド・ビュスベック（1522-92）がこの写本を発見したので

【ディオスコリデス先生】
これはディオスコリデスの『薬物誌』のユスフ・アル・マウスィリーによるアラビア語版の一場面で、その根が魔力を持つと考えられていた有名なマンドレークという植物（*Mandragora officinalis*）をディオスコリデスが持ち、弟子に見せている。

ある。100ダカット支払うという申し出が断られると、彼はあらゆる影響力を使って皇帝がそれを取得するように仕向けた。「古いためこの写本の状態は悪く、外側は虫に喰われており、街で見かけてもわざわざ手に取るような人はとてもいないだろう」と書いている。そしてついにウィーンの帝国図書館にやってきたのが1569年のことで、フェルディナントの後継者であるマクシミリアン2世が購入し、ウィーンはのちに植物愛好家の巡礼（ブランツマン）の地になった。

16世紀には印刷された植物誌の編纂者はまだディオスコリデスに準拠していたが、北ヨーロッパやさらに遠方のもっと広い範囲の植物も含めた。木版の本草書の著者としてもっとも有名なピエランドレア・マッティオリ（1501-77）は、プラハで出版した『ペダニウス・ディオスコリデスの全6巻の注解（*Commentarii in sex libros Pedacii Dioscorides*）』の中で、オリジナルの植物の多くを同定している。ピエール・ブロン（1518-63）は1546年から1549年にかけてレヴァントを旅したが、主要な目的はフランスで順化させる新しい植物を収集することに加え、ディオスコリデスの植物を確認することもあった。彼に続いたのが1573年のドイツの医師レオンハルト・ラウヴォルフで、やはりディオスコリデスの巡礼者だった。

1784年にジョン・シブソープが『ギリシア植物誌（*Flora Graeca*）』の資料を集めるためにレヴァントへ行く途中で、ウィーンで旅を中断して偉大なる写本を調べている。彼は、もうひとつ残っていた挿絵入りの写本、すなわちのちにナポリに戻された7世紀の『ナポリ写本（*Codex Neapolitanus*）』を見ることもできた。シブソープは1786年に植物の挿絵を描くためにウィーンの画家フェルディナント・バウアーをギリシアへ連れていった。彼らはパルナッソス山の頂上に達した最初の博物学者であり、そこでギリシア人の羊飼いが山腹に生えている植物にディオスコリデスが書いた名前をまだ使っているのを発見し、次のように述べている。「羊飼いの植物学者はその植物の呼び方で少なからず私を驚かせた。ディオスコリデスとテオプラストスの植物名の痕跡を発見したが、発音は多少なまっていた……しかし多くはひどくは損なわれてはおらず、植物の効能が口伝で忠実に伝えられていた」

ディオスコリデスは薬用植物の「有用な」特性しか挙げていないが、『薬物誌』に描写あるいは解説されているものの多くは、その後、美しさが理由で育てられる園芸植物になり、なかには古代の名前のままのものもある（たとえばアリストロキア［ウマノスズクサ属］、アネモネ、アナガリス［ルリハコベ属］）。のちの本草学者の多くがディオスコリデスに従って実際的なヒントを載せ、それは今でも通用する内容である。たとえば好天のときにハーブを

【発見の旅】
ジョン・シブソープの『ギリシア植物誌』の第6巻（左）と第9巻（右）の口絵。この本は1806年から1840年にかけて10巻に分けて刊行され、植物画家のフェルディナント・バウアーによる図版が入っている。シブソープのギリシア旅行は1784年に始まり、ディオスコリデスが最初に書いた植物が何かを確認したいと思ったのがきっかけである。

集め、「植物が土から芽生えるとき、それが十分に成熟するとき、そして枯れ始めるときに」（『ディオスコリデスの薬物誌』、鷲谷いづみ訳、エンタプライズ）植物の成長の変遷につねに注目するよう勧めている。また、ディオスコリデスは集めたあとのハーブの貯蔵法、根、樹皮、花弁、果汁の採集時期と方法、およびその保存方法について助言している。そして「花および芳香のあるものは、ボダイジュ材でできた乾燥箱に保存すべきである」（同上）と書いている。

第2章　古代ギリシア・ローマの庭　041

人というより東洋の支配者に似ていて、シラクサで舟の上に豪華な庭園を造り、目に触れないようにした鉛管の灌水システムで花壇に水をやった。土を入れた大樽に根を張ったキヅタやブドウづるが日陰を作った。デロス島では紀元前2世紀に、各屋敷の内部に柱に囲まれた空間として設計された庭「ペリステュリウム」を持つヴィラが建設され、これは1世紀にポンペイやカンパニアでローマ人が造り、のちにローマ帝国の多くの地域で見られるようになる特徴的なペリステュリウムより前のものである。

❖ ローマと庭造りの基本原理

　古代ローマの庭園は帝国とともに廃墟になったが、その遺産は後世の人々にインスピレーションを与えつづけた。ルネサンスの偉大な建築家たちは、ローマのヴィラの遺跡を調査し評価してその配置を真似し、彫像を盗んで自分たちの「新しい」庭を飾った。そして、16世紀の数学の助けを借りて、古代のプロポーションの謎を理解することができた。ローマに学んだ彼らのヴィラと庭園は、世界でも最大級のものである。それらがその後の数世紀にわたって庭園様式の発達に及ぼした影響は計り知れず、いくら評価してもし過ぎることはない。建築のコンセプトとしてローマ的なものを持つイタリアの庭園は、ヨーロッパとアメリカの庭園様式の将来の発展全体を支配し、そのルールが西洋のあらゆるすぐれた庭園デザインの「基本原理」を与えている。もっと間接的には、ローマの庭は次の大きな造園の展開、すなわちイギリスの風景派運動の展開にも影響を及ぼした。17〜18世紀にグランド・ツアー（ヨーロッパ大陸巡遊旅行）をしたイギリス人は、ルネサンスの絶景を持ち帰っただけではなかった。彼らの文化的興味は古代ローマのヴィラ、小プリニウスのヴィラ、『農耕詩』に書かれたウェルギリウスの農業、オウィディウスの『変身物語』にまで及び、さらに深められた。こうした糸がみなイタリアの印象とより合わさり、当時の政治情勢も刺激になって、古代ローマについての知識と理解に依拠し哲学と詩が融合した新たな風景観に道を開いたのである。

❖ プライバシーとペリステュリウム──ローマの住宅内の庭

　最近、専門的な考古学的調査により、79年にヴェスヴィオ山の噴火によって破壊されたポンペイのような都市にあった比較的小さなローマ庭園に加え、本国および帝国の遠く離れた地方の大きなローマ庭園の秘密もしだいに明らかになった。古代ローマ帝国の庭はすべてが大きな建築的構想というわけではなく、末期に向けてはますます豊かになった階層は彼らの地所を広大な楽しみの庭（プレジャー・ガーデン）に振り向け、農業が軽んじられて食料を輸入しなければならないほどだった。共和制ローマのごく初期から、庭は都市や田舎の個人の家の欠くことのできない部分だった。ポンペイ、ヘルクラネウム、および周辺のカンパニアの出土品から、79年に火山の噴火によって都市とヴィラが埋まる瞬間までの少なくとも400年にわたる住宅内の建築の様子が明らかになっている。ラピリ（モモの種ほどの大きさの軽石の破片）で覆われていたため、その瞬間の文明の様子がそのまま保存され、建築様式を詳細に調査したり、公的な場所や個人の庭を再現することができたのである。

　もちろんルネサンス期には知られていなかったが、これらポンペイの庭は狭い

【研究するプリニウス】
絵が主体の大プリニウスの『博物誌』の15世紀の写本の口絵に、ディオスコリデスと同時代の著者自身がコンパスとアストロラーベ（天文観測儀）を持つ姿が描かれている。『博物誌』は自然界について知られていることを集めた百科全書的な書物で、中世を通じて知識の大事典でありつづけた。ラテン語と英語のテキストが並行して示されている10巻からなるローブ古典文庫版は、1世紀の考え方を知る入門書として、あるいはその情報ゆえに、読む価値がある。

空間にあるが、そこに含まれている庭園要素の多くがのちのローマ人がもっと大きな構成の庭を造るときに拡張し、こんどはそれからルネサンスの建築家が着想を得ることになる。ポンペイの庭が持っているような魅力、その大きさや規模が裕福なローマ人の庭とほとんど関係ないのは、イギリスの比較的小さなカントリーハウスがチャッツワースやブレナムといった大金持ちの邸宅と関係ないのと同じである。しかし、その規模ゆえに、これらの比較的小さな庭は今日の私たちにとって新たな意味を持っているのかもしれない。これらの庭は家屋とともに中央軸線上に配置され、家屋と庭は不可分に結びついていた。入り口のポルティコから家を通り抜けて庭の中心部まで直接見通すことができ、多くの場合、反対側の壁に描かれた庭の遠景によって眺めがさらに延長された。また、住宅内の庭は家にとっても田舎のヴィラにとっても生活に欠くことのできない部分であり、その一般に受け入れられた定型的レイアウトは何世紀もかけて発展し、その家をどのように使い、そこにどのように住むか規定し、ある意味、20世紀のカリフォルニアの造園様式と直接つながっている。どちらの場合も、庭に「外の部屋」になったのである。ポンペイで裏庭を持つ家が出現したのは紀元前4世紀末から3世紀初めまでのことで、その後の「ペリステュリウム」のあるもっと贅沢な家への拡大をヴェスヴィオ山の噴火のまさにその瞬間までたどることができる。ホルトゥスというラテン語に訳された、初期の庭は主として果樹、野菜、ハーブを目的とする囲い地で、都市を囲む緑地帯ではなく家に隣接した場所にあるという点を除いて、ギリシアの市場向けの菜園と機能面では違いがない。個人の庭は、初期のホルトゥスから家族の楽しみのための庭に変わっていった。ポルティコに囲まれた庭は、散歩する日陰の場所を提供する「ペリステュリウム」になっただけでなく、花、噴水、池のある主庭にもなった。

ギリシアを専門とする学者には、ローマの文化と建築はしばしば二番煎じで独創性がなく、ほかの文明の模倣に思えた。庭造りに関しては、ローマ人はギリシアやヘレニズム世界の既知の庭の構成から着想を得て、自分たちの計画に神聖な景観、都市の遊歩道、哲学者が議論する会合場所といったアイデアを取り入れた。紀元前2世紀には彼らはアジアに侵入し、ペルシアの王たちの豊かなパラディソスの大庭園を本国に再現した。そして、その多くが東方の庭の影響も受けたプトレマイオス朝時代のエジプトの庭からアイデアを取り入れて、ハドリアヌス帝のヴィラにあるように、カナル〔運河、長大な池や静水の水路〕やエウリプス〔水が流れる水路〕を庭に組み込んだ。征服した占領地のおかげで裕福になったローマ人は贅沢な宮殿やヴィラを建てることができ、しばしばギリシアやエジプトの遺跡から彫像を略奪したり模造させたりした。紀元前62年に将軍で政治家のポンペイウスはローマに劇場を建て、その前に日陰を作るために木々を植えた。東方かギリシアからもたらされたプラタナスが──ディオスコリデスもガレノスも、その花粉が呼吸と肺に悪影響を及ぼすと健康上の警告をしていたにもかかわらず──いたるところに植えられた。紀元前2世紀末以降は個人の大庭園が数多く存在し、当時

ポンペイに保存された過去
THE PAST PRESERVED AT POMPEII

　西暦79年にヴェスヴィオ山が噴火したとき、カンパニア平野に栄えていた都市や豊かな田園とその周辺の海辺のヴィラは、破滅の瞬間そのままに保存された。火山灰土のおかげで肥沃なこの平野は非常に豊かで、今日でも年に4回収穫でき、その比類のない気候が多くの裕福なローマ人を引きつけた。噴火で命を失った大プリニウスは、ここは「イタリアのみならず全世界のあらゆる地方のうちでもっとも天気がよい」と述べた。

　ヘルクラネウムの町は12〜20メートルの深さまでラピリで覆われたため、考古学的調査が難しくなった。離れるほど浅くなり、数世紀にわたるポンペイの発掘によってこの都市のことが明らかにされ、公共および個人の庭の設計の詳細がわかってきた。庭の大多数は個人の家にあり、建物群の中心にある庭には、庭が広く見えるトロンプ・ルイユ（だまし絵）になったフレスコ画が描かれた壁があることともある。壁画の中では、低い腰板の背後におびただしい数の花や低木が植わっていて、その後ろに実際の庭の広さに対して大きすぎる樹木や噴水がある。今日では、これらは当時の花や鳥や動物についての貴重な情報源になっている。より自然のままの山の風景が描かれていることとは、自然が鑑賞されていたことを示している。宗教的な祠や神や女神の彫像の場所があり、ポンペイで発見された古代の壺には「我をワインで満たせ。そして願わくばこの庭を守るウェヌスが汝を愛さんことを」と刻まれていた。

　最近の考古学的手法によって、植物が何かを明らかにできる。場合によっては、土壌の外観、炭化したり保存されたりした茎や根、花粉、種子、果実、細菌、そして昆虫さえも正確に同定できる。根が占める範囲が比較的大きな場合は、ラピリを除き、ワイヤーで補強してセメントを流し込み、その型から作った形を現代の植物の根と比較することができる。ある庭にあった2列に並んだ根の穴は、ナッツか果物のなる樹木が植わっていたことを示している。別の庭では、根の穴はイチジクの木のものだった。植物は鉢でも育てられ、おそらくカトーが述べている根挿しか取り木だろう。カトーは、イチジク、オリーブ、ザクロ、マルメロ、ゲッケイジュ、ギンバイカ、プラタナスをこの方法、つまり籠か穴のあいた鉢に挿して発根させ、植え付け時に鉢を壊す方法を勧めている。この方法はとくにシトロン（*Citrus medica*）やレモン（*C. limon*）のような常緑低木に有効だった。これらの植物はおそらく、ポンペイで1973年に発掘されたポリュビウスの家のペリステュリウムでも栽培されていた。レモンは多くの壁画に登場し、

【戸外の部屋】
ポンペイのユリア・フェリクス荘の庭はおそらく食堂として使われ、人々は池のそばの長いすに寝そべって食事をしたと考えられている。

【植物の絵】
ポンペイのヴィーナスの家のフレスコ壁画（左はその一部）には、ギンバイカ、キヅタ、キョウチクトウ——蚊よけに使われた——、ヨモギ、バラに加え、背景に東方のプラタナス、ゲッケイジュ、イチゴノキが描かれている。

このためレモンはすでに知られていたと想定できるし、シトロンはもっと早くに伝わっていた。同じ庭で壁に釘穴があったことから、エスパリエに〔枝やつるを壁面に張りつくように〕仕立てた果樹があったと考えられる。

いくつかの庭では植え方がそれほど整然としておらず、おそらく水がもっと少なかった比較的早い時期のもので、隅に大きな樹木の植え穴があり、ブドウづるのパーゴラのものと考えられるもっと小さな穴もある。アウグストゥス帝（西暦14没）の時代に建造された水道橋によって、花だけでなく噴水や池にも水が容易に使えるようになってから、明らかにポンペイの庭は急速に発展した。そして、中央の大きな池や噴水といった水を使った要素がそれまでより一般的になった。非常に多くの情報を提供してくれる美しい庭の絵で飾られた、ディエタと呼ばれるガーデン・ルームが、アレクサンドロスの婚礼の家で発見された。プラタナスの樹冠を背景に、前景では泡立つ噴水のほとりに繊細な白いカモミールと小さな花が咲いたキクが描かれている。ケシ（*Papaver somniferum*）の隣のマドンナリリー（*Lilium candidum*）、若いナツメヤシ、白いヒロハヒルガオ（*Calystegia sepium*）は、その種類の植物としてはポンペイで最初に発見されたものである。海に近いオプロンティスにある贅沢なヴィラ──おそらく皇帝ネロの妻ポッパエアのもの──には、非整形および整形のペリステュリウムや中庭といったさまざまな豪華な庭が13あって、おそらく記録にある最初の区画に分けられた庭園だろう。ポルティコのある外庭が海に向かって、そして裏では山々に向かって伸び、家を貫いて見通せる。並木はおそらくプラタナスで、シトロンかレモンの茂みとキョウチクトウを背景にして彫像が彫刻庭園を飾り、その西に17×65メートルの池がある。

【ペリステュリウム】
西暦60年頃から70年にかけて装飾されたヴェティの家の手の込んだ庭はペリステュリウムの典型で、池と噴水がある。彫像はもとの場所にそのまま残る。多くのローマ庭園の彫像はギリシアの作品の複製だった。

第2章｜古代ギリシア・ローマの庭

の文書や銘文に書かれている。共和政時代の紀元前63年、植物に関する伝承について広い知識を持っていた執政官のルクルスは、引退するとローマのスペイン階段のすぐ上にあたるピンチョの丘にあるヴィラに引きこもった。このヴィラは、その広大さと東方の大庭園に似ていることで知られるようになった。庭園全体の配置の記録はないが、16世紀の時点では十分に残っていて、ルネサンスの建築家ピッロ・リゴーリオはテラスや階段を調べてそのデザインを設計図に組み込み、それによってルネサンス最大のテーマのひとつである、傾斜地を庭の主軸線を横切る一連の階段と傾斜路に変える建築学的手法が確立された。のちにティヴォリのヴィラ・デステを建てたとき、リゴーリオは見捨てられていた近くのハドリアヌス帝のヴィラのレイアウトを調べ、彫刻や彫像を「借りて」枢機卿の庭園を飾った。

❖ 田舎の隠れ家

　農場と庭の両方の機能を持つ田舎の地所——それがヴィラの本来の意味——は、牧歌的な生活をたたえる当時の詩の主題に触発されて発展した。公的生活から身を引くことの幸せを説くエピクロス派の教義に触発されて、紀元前160年に『農業論』でカトーが、カトゥルス、キケロ、ホラティウス、そして『牧歌』と『農耕詩』でウェルギリウスが、自然および田舎に対する愛と理解を示した。ウェルギリウスが生きた頃には、イタリア半島は自給自足ができなくなり、農業はもはや金持ちの奴隷がするのでないかぎり収益性がなくなっていた。小さな農場は消え、広大な地所に取って代わられた。金持ちの地主にとってヴィラ・ルスティカ（田舎のヴィラ）は、オティウム（暇）すなわち「自然に囲まれて人間が自分自身の主人になる」有閑の生活を体験するよう促すものだった。その反対はネゴティウム〔英語のビジネスに相当〕で、政治と商売で忙しい都会の生活である。裕福なローマ人の田舎のヴィラは、16世紀のブレンタ運河に沿って並んだヴィラや、ヴェネト州のヴィチェンツァ周辺に多数できたヴィラの雛型になり、メディチ家が小規模農民を犠牲にして広い所有地をまとめた15～16世紀のイタリアで模倣された。のちに18世紀のイギリスでも同じことが起き、裕福で古典の教養がある地主が囲い込み法によって所有地を統合し、農民から共有地に対する権利を奪って、風景園（ランドスケープ・パーク）を造った。こうしたイギリス紳士は、あらためてローマ人の田舎のヴィラとその庭園を当時の流行に合うものと受け止めたのである。

　都市の閉ざされたペリステュリウムと対照をなすローマ人の田舎のヴィラからは、遠くの山々やうねる丘陵とブドウ畑を眺めることができ、この古典的な発想はレオン・バッティスタ・アルベルティにより15世紀の著書『建築論』に取り入れられて、大きな影響を及ぼした。彼は屋敷の土地を探すとき、「都市、所有する土地、海あるいは広い平野や見慣れた丘、そして山々を見渡せる……前景には優美な庭園がなくてはならない」と助言している。アルベルティは「古代」のやり方を繰り返し引用したが、実は彼の指示はほとんど一言一句そのまま古典の著作から書

【ウェルギリウスとミューズ】
3世紀のローマのモザイク画で、ウェルギリウスとミューズが描かれている。ウェルギリウスは田舎の生活をたたえ、貴族は引退したら大きな富によって可能になるヴィラでの生活に入るといいと勧めた。マントゥア近郊の田舎で育ったウェルギリウスは、実際に土をいじる仕事を高く評価した。彼の著作に書かれている田舎の理想化は、18世紀のイギリスの紳士と地所との関係に影響を及ぼすことになる。

プリニウスの理想のヴィラ
PLINY'S VILLA IDEAL

小プリニウス

トゥスクルムとラウレントゥムにあった小プリニウスのふたつのヴィラは、さまざまな憶測を呼んできた。16世紀以降、学者たちはプリニウスの書簡に書かれていることを調べ、図面上での再現を何度も試みた。建築の詳細、庭の配置、名前を挙げられている植物は、これまでのところローマのヴィラについてもっとも多くのことを語っている。しかし、庭園の発展にとってのプリニウスの重要性は、立地条件についての詳しさ以外のところにもある。それは彼の発想であり、まずルネサンス期の学者たちにより、そしてのちに多くの著名な建築史家によって発展し拡張された。

プリニウスの自分のヴィラに関する記述は、15世紀のアルベルティにより、とくに風景の中でのヴィラの位置についてほとんど逐語的に書き写され、ルネサンスの新しい世代の建築家に影響を及ぼした。プリニウスは、トゥスクルムのヴィラの立地についてアポリナリスに宛てて書いた手紙の中で、自分が必須要件と考えるものを次のようにまとめている。「巨大な円周を持つ円形劇場を想像してみたまえ……広々とした平野が山々に囲まれている……私の家は丘のふもとに建てられているが、まるで崖の上に建てられているような眺めが見える。勾配が非常にゆるく楽なので、登っているのをほとんど感じないうちに、気がついたらてっぺんにいる。背後にははるかにアペニン山脈が見える」。そして、周囲の田園地帯は高いところからだと「現実の土地ではなく精巧な絵」のように見える。さらに彼は、「夏の暑さは非常に穏やかで……外ではいつもいくらか空気がそよいでいる……多くの年配の人によいと思う」と付け加えている。残念ながらプリニウス自身はトゥスクルムに住んで年をとることはなく、公用で黒海の近くにいるときに50代で亡くなった。

プリニウス（そしてアルベルティ）の勧めに従って、アンドレア・パラーディオ（1508-80）もヴィチェンツァ郊外の有名なヴィラ・ロトンダを丘陵が作る円形劇場の中に建て、4つの同じようなファサード〔建築物の正面部分〕からは異なる景色を眺めることができた。ルネサンス期の建築家とメディチ家のような彼らのパトロンは、ローマのヴィラのそのときはまだ存在していた遺跡の近代数学と結びついた精密な考古学的調査により、古代のプロポーションの秘密を知ることができた。

プリニウスのラウレントゥムのヴィラは海の近くに造られ、私的な側と公的な側があって、後者はローマからの道につながっていた。彼のヴィラはどちらも涼しいそよ風を利用できるように注意深く配置されていて、コロネード（列柱廊）が真昼の太陽をさえぎって日陰を作った。作物や季節の変化についてプリニウスの楽しそうな詳述は、土地の所有者であることのあらゆる喜びに加え、田舎に引きこもって著作活動をすることに見つけた喜びを伝えている。彼は庭とヴィラは密接な相互依存の関係にあると主張し、建築よりも庭にあるものと植栽計画についての詳細を多く書いている。ラウレントゥムのヴィラの痩せた土壌には、イチジクとクワ、そしてローズマリーがところどころに入ったツゲの生垣しか植えていない。

トゥスクルムでは庭の可能性はもっと大きい。メインのコロネードの下に「動物の姿に刈り込まれたツゲが向かい合っていて」、下の段にはアカンサスの花壇がある。道にはさまざまな形に仕立てられた低木の生垣があり、楕円形の私道にはさまざまな姿をしたツゲと剪定された矮性低木がある。馬場には「あちこちにキヅタが絡みついたプラタナスが植わっていて、上の方はプラタナス自身の葉で、下はキヅタで緑色をしている……キヅタは木から木へとつたって木々を結びつけている。ツゲの低木がプラタナスの木の間に生え、その外側にはゲッケイジュの茂みがあって、プラタナスとともに日陰を作る」。背の高いイトスギが一方の隅を陰にし、もっと開けたところにバラが植えられている。

プリニウスの食堂では、水がパイプから噴き出して磨かれた大理石の水盤にたまり、いっぱいになってもあふれないように調整されている。そして、軽食が「鳥か舟のような形の容器に入れられてただよう」。16世紀のイタリアのヴィッラ・ランテで建築家のヴィニョーラが流れる水を溝に導いてワインのボトルを冷やしたとき、プリニウスのことが念頭にあったにちがいない。

1728年にイングランドで出版されたロバート・カステルの『古代のヴィラ（The Villas of the Ancients Illustrated）』は、古典的伝統の中に新たな景観の考え方を入れることへの当時の関心を反映しており、小プリニウスにも言及している。カステルの本の挿絵にはプリニウスのヴィラ・ガーデンを再現して描いたものがいくつかあり、イギリスの造園の新たな非整形への動きに彼がかかわっていることを証明している。

第2章 | 古代ギリシア・ローマの庭

き写されたものである。

　『牧歌』の中でウェルギリウス（前70-19）は自分が育ったマントゥアの近郊の農地がなくなったことを嘆き、紀元前38-29年に書いた『農耕詩』では、実際の土を耕す仕事を「労働を甘味にする幸せな強制」とたたえた。彼は土地の賜物を生み出すためには努力が必要だということを隠さなかった。といっても、労働は奴隷がするのであり、だからこそ裕福な貴族がウェルギリウスの理想化された田園での生活を理解できたのだが、それはローマ時代から現代まで繰り返されてきた神話である。しかしウェルギリウスの労働者たちは、ウェルギリウスの季節ごとの仕事の暦に従って、仕事はきつくても満たされた生活を送った。

　ウェルギリウスは果樹園の耕作も含め田園と自生植物について書いたが、もうひとり別の著述家が庭とヴィラとの密接な関係について記述しており、庭の地形と植栽の詳細についてのもっとも信頼できる情報源になっている。79年のヴェスヴィオ火山の惨害のときに煙に倒れた博物学者プリニウスの甥で後継者の小プリニウス（61-113）は、97年から107年にかけて書いた手紙の中で、オスティアに近い海岸のラウレントゥムとテベレ川上流の渓谷内のトスカーナ地方トゥスクルムにあった彼のふたつの庭園について書いている（前ページ参照）。このふたつのヴィラの魅力は今日でもよく知られている。

　小プリニウスやハドリアヌス帝の庭園のような大規模な「開かれた」庭には、景観全体を構成する要素として建物、池、柱とポルティコ、園亭、彫像があった。ハドリアヌス帝のヴィラの遺跡（31ページ参照）は、アニエーネ川の谷のオリーブの林の中にあり、約60ヘクタールを占めている。ハドリアヌス（76年にスペインで誕生）は絵画、音楽、詩、建築、そしてとくにギリシア文化の知識を持つ教養のある人物で、アレクサンドリアから続くカノポスの運河などヘレニズム期の庭園芸術の要素をいくつも取り入れ、紀元前5世紀のアテナイのパルテノンにあったエレクテイオンを模したカリアティード（女人像柱）をわきに立てた。これらの人工物の多くはそれぞれ完全に独立した存在であり、以来、庭園デザインの用語に加わった。「海の劇場」と呼ばれるニンファエウムは池と島を囲む円形の建物で、17世紀にフィレンツェでボボリのイソロットの庭園に影響を与えた。ネロの時代（54-68）には、ローマの湖のほとり、のちのコロセウムの場所にあった黄金宮殿の庭園からは、建物との対比で小さな森と草原が人間ほどの大きさになり、完璧なパノラマを眺めることができた。帝国の比較的辺境の植民地では、宮殿やヴィラの庭のデザインは優勢な気候や土壌の条件に合うように変えられた。夏に暑いところでは、ヴィラは開放的にしてポルティコで日陰を作り、涼しいそよ風が中庭を吹きぬけるようにした。もっと寒いところでは庭を囲って卓越風から守った。プリニウスの手紙に、家の向きの重要性が十分に説明してある。イベリア半島一帯のヴィラは、イタリアのヴィラとほとんど同じレイアウトだったと考えられる。

❖ 庭造りの実際──手引書

　ローマ人はほかの文化のアイデアを利用したかもしれないが、どうしたらそれで成功できるか知っていた。彼らの庭園芸術がこれほど急速に発展したきわめて明白な理由は、技術が改良されたことである。水の管理がそのよい例である。メ

ローマの農学者

政治家で執政官や監査官を務めた大カトー（前234-149）は、田舎のことについて自分の考えを発表した4人の影響力のあるローマの著述家のなかでも、最初の人である。彼の論文（ノートの形で書かれ、それに続いたほかのものと同様、『De re rustica』と呼ばれた）がもっともよく知られているが、農業と園芸に関する彼の研究はほとんど無視された。4人のうちふたり目はウァロ（前116-27）で、農業論を書いたときすでに80歳を過ぎていた。農場を手に入れたばかりの妻のための手引書として始め、もっぱら商業規模での耕作について書いている。

60年から65年にかけて書かれ、大プリニウスがしばしば引用したコルメラの論文は、12巻に及んでいる。『農耕詩』でのウェルギリウスの呼びかけに応えて書かれた第10巻は6歩格の詩で、第11巻は実践的な助言であふれている。4世紀に農業論を書いたパラディウスは、コルメラの著作に大きく頼っている。彼の本は14世紀前半に英語に翻訳された最初の手引書のひとつである。パラディウスの本はおそらくもっとも価値がなかったが、ラテン語の論文としてはもっとも広く読まれた。彼の380年の植物のリストは、のちの中世の目録との比較に使える。

【帝政記の農事論】
スペイン出身のコルメラが著した『農業論』全12巻は、園芸から畜産、農場経営まで含む体系的な農書であった。

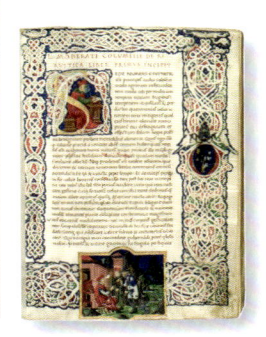

ソポタミアやエジプトのような河川を持たないギリシア人は泉の水に依存していた。彼らの文学でいかに頻繁に清い泉がたたえられているか、よく知られていることである。一方、ローマ人は水道橋と鉛管を導入して池と噴水を可能にし、ずっと広範な種類の植物を栽培できるようにした。彼らの高度な灌漑手法は、多数の発掘の過程で明らかにされてきた。

ローマ人は知識を要約して広めるのもうまかった。耕作に関する実際的な事柄は、多くの著述家によっていくつもの重要な手引書に書かれており、紛らわしいことに、そのうち4つはいずれも『De re rustica』〔直訳すれば「田舎の事柄について」という意味、『農業論』と訳される〕というタイトルがつけられている。書かれてから2000年たった今、むしろ重要性が増している。これらの手引書は、中世の間ずっと修道院とそのほかの学問の中心地で生き残り、写本が作られた。このような農学者（左コラム参照）の助言は、13世紀ドイツのアルベルトゥス・マグヌスや14世紀イタリアのピエトロ・デ・クレシェンツィのような中世の著述家によって、多くの場合、そのまま繰り返され、印刷術の発明後は、翻訳されて彼らの考えはさらに広められた。今日では、それらは失われた時代への貴重な窓となっている。彼らが関心を持った「田舎の事柄」のひとつが農業と園芸のための地所の管理だったが、もちろん私たちが関心を寄せているのは庭造りの側面である。

カトーの『農業論』は一貫した構成になっておら挿話的であるが、実際的な情報を多く含んでおり、植物の取り木に関するカトーの指示についてはすでに触れた（44ページ参照）。ウァロは仕事の年間スケジュールを示して、ユリ、クロッカス、バラをいつ植えたらよいか助言している。彼は花について書いているが、農業に比べて庭造りにはそれほど関心を持っていなかった（農業については、利益と楽しみの両方が得られるようにうまくやるべきだと強調している）。また、営利目的のバラ栽培——パエストゥムやカンパニア州のバラ園はすでに有名だった——のための植栽床の配置について説明し、土壌を盛り上げて作った植栽床が頻繁に洗い流されるスミレの農園について、採算が合わないと嘆いている。ウァロは自分自身の庭についてもじらすように少しだけ触れ、たとえば丸屋根のある娯楽室がついた鳥小屋を建て、その中にあるテーブルは「回転し、食べ物や飲み物をみな一度にその上に置いてすべての客のところにまわせる」ようになっていると書いている。つまりは回転トレイの初期バージョンである。

地方の大地主であるコルメラは、農業の延長としての庭造りに対して強い思いを持っている。彼の著作のうち詩の形で書かれた第10巻は、自然の働きへの心揺さぶる叙情詩であり、その中で彼は庭の全体レイアウトと水の供給、栽培に適した植物とその栽培法について論じている。第11巻は散文に戻り、場所の選択、その囲い込み、土壌の準備、肥料の使用、ハーブと野菜の選択について具体的な指示を書いている。野バラ、バラ、キリストの荊冠を作ったといわれるセイヨウハマナツメ（*Paliurus spina-christi*）からなる新しい生垣の作り方についての彼の説明は、16世紀のトマス・ヒルの『庭師の迷宮（*The Gardener's Labyrinth*）』にほとんどそのまま取り入れられて、「これらのイバラの種子はできるだけ熟してから、よくすりつぶしたビターベッチの粉と混ぜなければならない……古い船の大綱か何かロープに水をまいて［それから］塗りつけ……それを乾かして屋根裏に置いておく……真冬が過ぎた

【ローマの精密さ[右]】
カリフォルニア州マリブにあるゲティ美術館のローマ式庭園は、古典の絵画と文書から着想を得ており、空想的な彫刻が、古代のさまざまなトピアリーの中で単純な幾何学的な形や四角い生垣と同じくらい重要な位置を占めていたことを示している。ツゲ（*Buxus sempervirens*、セイヨウツゲ）はローマのトピアリー職人（トピアリウス）に人気があり、彼らはたいていギリシア出身の庭仕事専門の奴隷で、片手用の鋏と鎌と鋭いナイフを使って芸術作品を生み出した。

【レヴンズ・ホールの生き残り[上]】
イギリスにおける非整形の風景庭園の勝利は、トピアリーが主要な庭園要素だった17世紀の秩序ある整形庭園に敗北と破壊をもたらした。カンブリア州にあるレヴンズ・ホールのブナの生垣と整形されたイチイの木――その一部は1689年から1712年の間に植えられた――の素晴らしい展示は、流行の変化を生き延びた数少ないイギリスの初期のトピアリー・ガーデンのひとつである。

【日本の帆船[右]】
1905年頃に撮影された、この堂々とした「雲形に剪定された」マツの木は、京都の金閣寺の中庭に植わっている。抑制とある程度の厳粛さ――幾何学性でもシンメトリーでもない――を得るため、伝統的な日本庭園では高木や低木が厳密に剪定され仕立てられる。

【カステッラッツォの緑の壁[下]】
北イタリアで18世紀初めに造営されたヴィッラ・カステッラッツォの庭は、いくつかの壮観なトピアリーを誇っていた。この当時の彫版画ではその高さが誇張されているが、カステッラッツォの生垣の「壁」は背が高いことで有名だった。この整形庭園のトンネル状のアーバーとそびえ立つ常緑樹は、訪れた人に戸外で座ったりゆっくりと歩き回ったりするための日陰を提供した。

古典の遺産

トピアリーの芸術
ART OF TOPIARY

　トピアリー――高木や低木を剪定し、幾何学的な形や奇想をこらした形に仕立てること――は、古代までさかのぼることができる。古代の地中海世界の楽しみの庭におけるトピアリーの地位は、イトスギやイチイのようなトピアリーにしやすい樹木が手に入るかどうかにかかっていたのかもしれない。『博物誌』の中で大プリニウスはイトスギについて、刈り込んで仕立てれば、狩りの場面や帆走中の船どころか「あらゆる種類のものの姿」を表現することができると書いている。また、ほかにもいくつかのローマの文書が、複雑に刈り込まれたツゲで形作られた縁取りや生垣に言及している。

　1000年以上のち、ルネサンスの造園家たちは古代の風景を再現しようとして、さまざまな形のトピアリーを用いた。緑のブロック、列、円柱、ピラミッドが庭園デザインに明確な意味と構造を与えた。このトピアリーの建築的利用は17～18世紀のフランスの壮大な整形庭園でその絶頂に達した。ルイ14世の宮廷ではトピアリーは「流行の最先端」であり、ある有名な舞踏会に登場した。ルイ14世は1745年に息子の結婚を祝して「イチイの木の舞踏会」を開き、その際、イチイのトピアリーのひとつに似たデザインの衣装を着て登場したのである。

　このようにトピアリーが非常に重要な要素となっているフランスの壮麗な様式は、ヨーロッパの大庭園はもちろん、中国の片隅までも征服した。イギリスでは風景派運動の影響で見事な展示品が破壊されたが、ヨーロッパ大陸の大庭園や市井の人々のコティッジ・ガーデンにトピアリーは生きつづけている。事実、トピアリーは大衆受けする魅力を失ったことはなく、その長く活気にあふれた歴史において、しばしば面白味が流行や思想と同じくらい大きな役割を果たしてきた。

【ヴェルサイユの見本帳［上］】
あらゆる姿に似せて刈り込まれた常緑樹が、費用も技術も惜しまなかったヴェルサイユのフランス王の庭園に活気を与え、18世紀の名作集にえり抜きのものが示されている。トピアリーはしばしば花と組み合わされてパルテール〔パーティア、花や葉物でさまざまな図形を描く装飾的花壇〕を囲む縁取りに使われた。コンテナに植えられて、歩道に沿って並べられた。

【イギリスの雲［下］】
善し悪しはさておき、トピアリーは整形庭園のデザインと関連づけられてきた。エセックス州にあるセーリング・ホールの生垣の有機的といってもよい曲線は、形式ばらない手法と日本から得た発想を用いれば「刈り込まれた緑」の技巧が円錐、球、箱、ピラミッド以外の構造も作り出せることを証明している。

第2章｜古代ギリシア・ローマの庭

ら……ロープを……ほどいて畝と畝の間のすじに沿って伸ばし、種子が発芽できるようにして覆う」と書かれている。また、冬場のブドウと生垣の剪定について長々と論じている。2月にはポプラ、ヤナギ、ニレ、トネリコを葉が出る前に植えなければならないし、新しいバラの植え付けもすること。3月初めには「ゲッケイジュやギンバイカ、そのほかの常緑樹の実を苗床にまく」。そして、11月と12月の暗い日々にやっておくべき仕事までいくつか挙げている。ひとつは道具を研いで柄を最良の木で作ることで、その目的にはトキワガシ、シデ(プリニウスは「くびきのニレ」と書いている)、トネリコがこの順番で好まれた。コルメラの著書は今日でも十分に読む価値がある。

パラディウスはコルメラの原典に大きく頼り、彼の4世紀の手引書はコルメラをコピーして暦の形に整理したもので、年間の月ごとのヒントが書かれている。この「トピックごとのヒント」の形式は長期にわたって成功している。パラディウスの著作は12〜13世紀になって写本が作られ、14世紀初めに英語に翻訳された。

❖ 庭造りの技法

小プリニウスのおじにあたる大プリニウス(23-79)が書いた百科事典である『博物誌』全37巻は、きわめて広範囲にわたる事柄を扱っている。ディオスコリデスの『薬物誌』とほとんど同時期で、少なくとも500の情報源(その多くがギリシアのもの)に依拠する膨大な編纂作業の成果である。既存の文献をあさり、プリニウスは迷信も容認した——少なくとも記録した——が、庭師による実践的な助言に加え、自身の経験から引き出した庭造りのアイデアも書いている。プリニウスは土地、海、川、動物、鳥、樹木、昆虫、花、ハーブ、医薬、貴石など、さまざまな項目に加え、絵画や彫刻の技についても書いた。種の同定は難しいものの、プリニウスの著作は今でも読めばたいへん面白い。彼はプラタナスについて、イオニア諸島から初めてシチリアにもたらされたが、ペルシア北部原産だと書いている。また、一種の温室での果樹の促成栽培に言及している。手稿は残らなかったが、複製は8世紀のイングランドで入手でき、聖ベーダ(尊師ベーダ)が所有していたし、15世紀のイタリアで美しい挿絵入りの本が制作された。

カトーとウァロは、なた鎌、ブドウのつるを切るための鋭いナイフ、金属製の熊手など、便利な道具を数多く挙げている。鋤はたいてい木製だったが、金属製のものや、金属製の石突きがはめられたものもあった。金属の道具の例や素焼き鉢は発掘されたが——鉢はたいてい破片だが復元されて姿が判明する——、木製のものや枝編み細工は残っていない。根掘り鍬は長い柄と尖ったあるいは縁がまっすぐな刃を持つ。土をほぐすための道具には耕運爪がついていて、爪がふたつあるものはビデンスと呼ばれる。熊手、編み垣、果物や花を集めるための籠、そしてナッシテルナと呼ばれる水やりの壺があった。道具のコレクションはしばしばフレスコ画やモザイク画に描かれ、有用な用具がごく最近までほとんど変わっていないことがわかる。

【接ぎ木職人の仕事】
これは15世紀のイタリアで制作された大プリニウスの『博物誌』の写本の1ページで、果樹園で接ぎ木をしている人が描かれている。プリニウスの著作は今なお興味深く読める。この本には迷信も書かれているが、彼自身やほかの庭師の経験にもとづく実際的な助言が書かれている。

プリニウスの『博物誌』だけでなく、たいていの手引書で庭造りの技法が説明されている。カトーは挿し木と取り木について指導し、プリニウスは木製の縁がついた揚げ床で植物を育てることを勧めている。コルメラは「アシで作った……低い格子垣」を使って霜から芽を守り、「小枝を……差し込み、小枝の上にワラをのせて、こうして植物を守る」と書いている。コルメラは、灰や燃えかすに加え台所の生ごみなど、さまざまな種類の肥料の長所、ルピナスやベッチのような緑肥の使用についても論じた。土壌の水はけは植栽床の底に石や陶器の破片を使うことで改善された。害虫や病気を防ぐため「コンパニオン」植物の混植も行なわれ、ビターベッチはカブを守り、ヒヨコマメは芋虫がキャベツを食べるのを抑制した。オリーブの澱やすすを含む調合薬、ニガヨモギ(*Artemisia*)の汁、ニガハッカやヤネバンダイソウは病気の拡大を防ぎ、ヘリオトロープがアリから植物を守るとして薦められた。

　書物に書かれたりモザイク画やフレスコ画に描かれているこうした道具や庭造りの技法の大多数はヨーロッパで中世末までほとんど変わらず使用されつづけ、なかには現在まで残っているものもある。根掘り鍬さえ、最近、イギリスに再導入された。現代のエコロジカルな植栽計画では害虫や病気と戦う農薬はしだいに使われなくなり、もっと生物にやさしい自然な方法に取って代わられたが、その多くは大昔の庭師が実際に使っていたものである。

❖ 古典的な構成

　主要な手引書のほかにも、ラテン語の書物を書いて同時代の人々を指導した新人文主義者の範疇に入れるのにふさわしい人たちがおり、15〜16世紀に研究されて建築と庭造りの着想のもとになった。建築の原則に関するウィトルウィウスの著書(前30年の『建築書(*De Architectura*)』)には、風景画の技術に関する議論が書かれている。庭園にはほとんど注意を払っていないが、彼は初めて劇場と庭園のデザインの関係を説明した。樹木、洞穴、山といった背景の構図は風景を模倣することができる一方で、庭園を造る人は劇場の要素を借りることができる。この問題はルネサンス期以降に再び取り上げられることになる。

　当時は役に立つが実験的なものだった水力の装置と技術に関するアレクサンドリアのヘロンの『気体装置(*Pneumatica*)』(1世紀)は、アラビアの工学技術の教科書でさらに発展され、ルネサンス期のヨーロッパにおいて発展して精巧な水オルガンやイタリアの庭園で大いに楽しまれた水を使ったいたずらの仕掛けが生まれた。

　そして彫刻があった。何世紀もの間、荒らされることのなかったポンペイなどの遺跡では、庭園彫刻をもとの場所にそのままの姿で見ることがきた。ほかのローマ式庭園ではたいてい、新しいルネサンス庭園に組み込むときに彫像は最初に取り除かれるものだったし、もちろん何世紀もの間に破壊されたものもある。ローマの彫像は多くがギリシアのオリジナル作品の模造だった。彫像はしばしば宗教的機能と装飾機能を兼ね備えていた。小さな台座型の祭壇、あるいはレリーフやフレスコ画の祭壇には、しばしば関連する神や女神の彫像が一緒にあり、神聖な閉ざされた空間の中、あるいは少なくとも何らかの形の礼拝で使用されたことを示している。ときには蛇の枠で囲まれていることもあり、蛇は普通、邪悪なもの

をはらうと信じられていた。(大プリニウスの記述によれば)ローマのセルウィリウスの庭のような大金持ちの地所ではプラクシテレスやスコパスのような有名なギリシア人の彫刻家の作品が飾られたが、ポンペイではピナケスと呼ばれるもっと小さな大理石のレリーフやヘルメーと呼ばれる上に頭部がのった柱のほか、子鹿、グレーハウンド、ノウサギなどの動物の彫像がみな発見された。しばしば像は特定の神やテーマと結びつけられ、フロラはたいてい花冠をかぶり、ポーモーナは果樹園を司り、ヴィーナスはしばしば水と関連づけられた。棍棒に寄りかかるヘラクレス、狩りの女神ディアナ、神託と癒しの神アポロン、そばに酒盛りする人々がいるバッカス——ブドウと結びつけられる——はどれも人気があった。ヘルメーや哲学者の胸像は、(ストウの18世紀のイギリス式風景庭園にあるような)哲学的雰囲気のある庭園にふさわしいとみなされた。東方の物語に着想を得た庭では、恋に落ちるクピドとプシュケがしばしば描写された。こうした寓話的なテーマはルネサンス期に再び採用された。

❖ ローマの植栽パレット

　ローマの庭に植えられた植物は、主として帝国内の属州あるいは少なくとも帝国と接触のある地域に自生する植物だった。ローマ帝国に伝えられた新しい果物にはモモ、メロン、シトロンなどがあり、ポンペイで得られた考古学的証拠を信

【現代にとっての手本】

現代のスペイン人デザイナーであるフェルナンド・カルンチョは、ポルトガルのコニンブリガ(現在のコインブラ)のローマ庭園から、ソトグランデの池の着想を得た。刈り込んだツゲの生垣の上に優美に弧を描くカルンチョの噴水(上)は、セプティミウス・セウェルス帝(146-211)の時代に建設されたコニンブリガの庭園を偲ばせる。この庭には凝った水のパルテールと噴水があって(右ページ)、水を通さないコンテナの中に造られた花壇が浮島のように見える。

じるなら、レモンもそうである。そしてもちろん、こんどはローマ人が地中海地方の植物やさらに東の植物をアルプスを越えて北の辺境の植民地へ持っていった。

　ローマ人自身の庭にあった植物については、同定のための有用な情報源としてディオスコリデスの本草書とともに大プリニウスの『博物誌』を参照できる。当初のラテン語とギリシア語の名前が、現代の学者によって最新のものに書きかえられた。プリニウスが言及している植物で、今日、（有用なハーブやスパイスではなく）観賞用の花壇で使われているものは、アカンサス、クマノアシツメクサ、ツゲ、キバナルリソウ、シトロン、ヤグルマギク、クロッカス、シクラメン、オオルリソウ、ニガクサ、ヨーロピアンヘリオトロープ、ハナダイコン、ヒヤシンス、アイリス、キヅタ、ゲッケイジュ、ラベンダー、ユリ、ギンバイカ、スイセン、キョウチクトウ、ツルニチニチソウ、ザクロ、ケシ、ローズマリー、ヨモギ、イチゴノキ、スミレなどがある。ウェルギリウスが『農耕詩』で称賛しているパエストゥムの二度咲きのバラ（おそらく*Rosa × damascena* var. *bifera*、オータム・ダマスクの一種*R. damascena* var. *semperflorens*）は花輪用やよい香りのする花弁を目的に栽培された。そのほかローマ時代に知られていたバラに、*Rosa gallica*（ガリカバラ）、*R. phoenicia*、*R. carina*（カニナバラ）、*R. × alba*がある。スミレは非常によい香りがして、商品用に栽培されていた。常緑の低木――イチゴノキ、ゲッケイジュ、ギンバイカ、イトスギ、キヅタ、芳香のある葉を持つツゲ――は冬のローマの庭になくてはならないもので、刈り込んで望みの形にすることができた。プラタナスはギリシアからシチリアを経て伝えられ、自生のエノキ（*Celtis australis*）がプリニウスから称賛された。

　カトーはローマの庭で栽培される野菜に言及しており、主として彼が保持していたキャベツの変種についてで、多くの軽い病気を治すことができた。そのほかの庭(ホルトゥス)の植物は厳密には医薬用だったのだろう。カラシはヘビに咬まれたときに効き、キノコの中毒、歯の痛み、胃の不調を治し、喘息を軽減することができた。今日の人々にもっと馴染みがあるのは花蜜を提供するのに推奨された植物で、蜂蜜のためだけでなく、ミツバチが果樹の花粉媒介者という非常に重要な役割を果たせるようにする目的もあった。コルメラはミツバチの健康のために不可欠なものとしてローズマリーとクローバーを挙げたが、ウェルギリウスは『農耕詩』にハチの巣箱をどこに置けばよいか、どんな植物や花が欠かせないかを詩の形で指示し、「こうした世話に従事する人は、麝香草(じゃこうそう)とガマズミを高い山から運んできて、みずから巣箱のまわり一面に植えるがよい。自分の手を労してこのつらい仕事に励み、みずから豊穣な苗を地面に植え込み、恵みの水を注ぐのだ」（小川正廣訳、京都大学学術出版会）と書いている。

　古代ギリシアとローマの人々が得た植物と庭に関する知識はすべて、その後の500年間、西ヨーロッパではほとんど活かされなかった。暗黒時代の間、中世まで休眠状態にあったのである。代わって庭造りの活動の中心は東のイスラム世界へ移った。

第2章｜古代ギリシア・ローマの庭

❖第3章

天上の美、地上の喜び
イスラムの庭
Heavenly beauty, earthly delight
THE GARDENS OF ISLAM

【鏡像】
1370年頃にナスル朝の支配者によって建てられ、1492年までムーア人の手にあったアルハンブラ宮殿の天人花の中庭は、ヨーロッパに現存するもっとも保存のよいイスラム庭園である。まわりを囲まれた中庭の両端にある凝った化粧漆喰のアーチが、完璧な姿で水に映っている。

　イスラム庭園は世界でもっとも荘厳であり、慰めをもたらし、心身を爽やかにし、精神性を有する。しかし、あらゆるイスラム庭園が共通して持つレイアウトの原則を考え出したのは預言者ムハンマドの信奉者ではない。基本的要素としての水やシンメトリー、庭を四分する水路は、もっとずっと前に砂漠の国で生まれていたのである。紀元前6世紀のキュロス大王の庭園は、今でも地上で確認できるもっとも古い庭園といってよいだろう。

　たとえば『アラビアン・ナイト』の一連の絡み合う物語のような歴史を紐解くと、新たな信仰が広まるにつれて、それとともに基本的な「四分」のデザインが伝わっていった様子がわかる。この概念が中東の中心地で発展し成熟する一方で、北アフリカを通って西のスペインへ（その結果、イスパノアメリカへ）、そしてトルコのオスマン帝国や東のムガールが支配するインドへも伝わっていった。もともとは4分割の形だったが、6、8、あるいは10分割のものも発生し、庭園を分割する細い水路、射水路〔急勾配の水路〕、眺めのよい園亭（パヴィリオン）といったさまざまなものが設けられた。イスラムからの贈物はデザインだけではない。庭園では精神的満足も得られ、庭園はコーランに明かされている未来の楽園の解釈が地上で表現されたものでもあった。

　このようなイスラム庭園の中でもきわめて印象的なものがいくつかまだ現存しており、それらは現代の世界の不思議に数えられている。そしてペルシアの細密画家により、もっと詳細な記録が残されている。彼らの見事な絵はイスラム庭園のまさに本質を捉え、囲まれて外の世界の厳しい現実から隔離されたロマンスと喜びの場所として描いている。

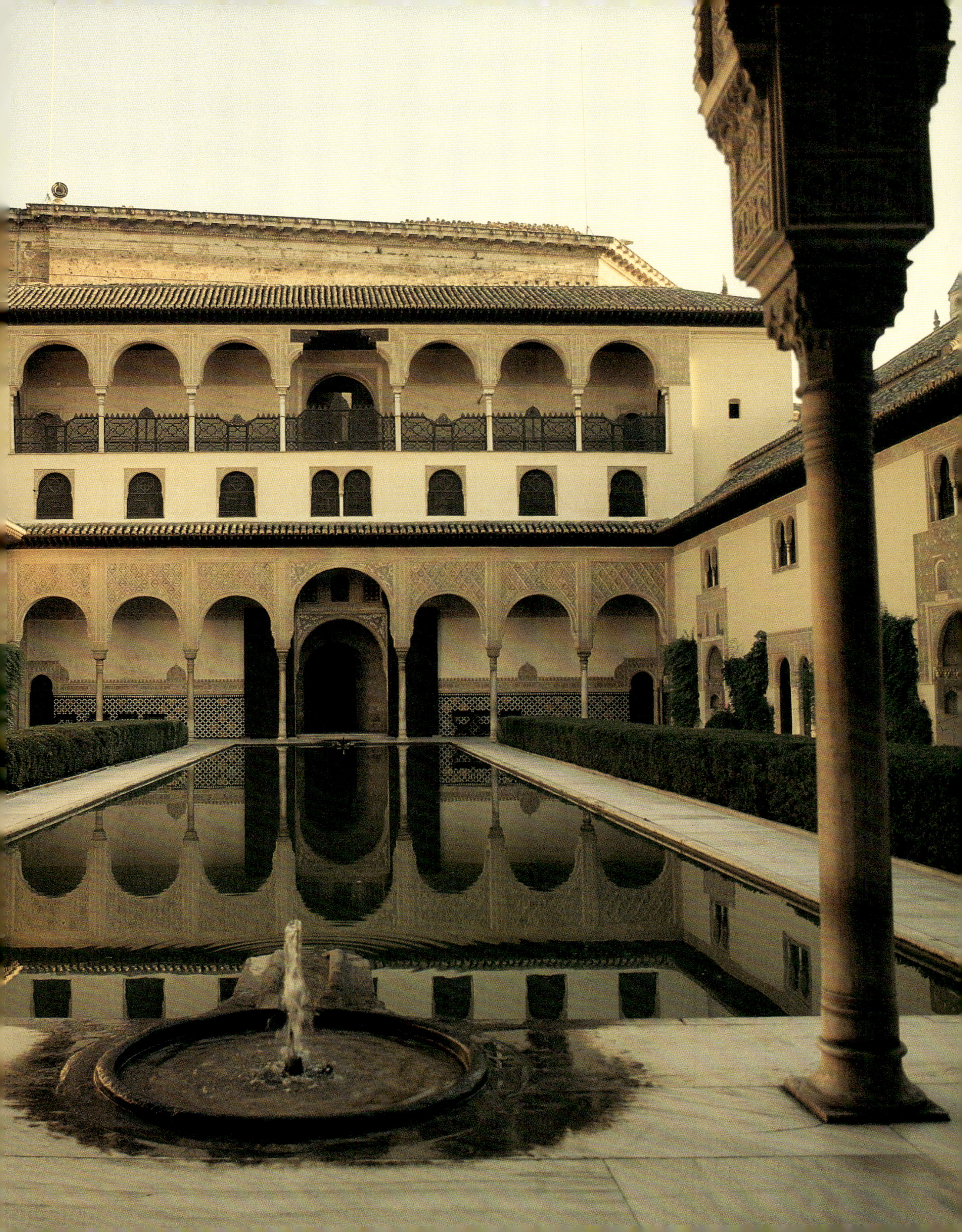

❖ 模様の発見

　アラビアのムハンマドの信奉者たちが西アジアを席捲して637年にササン朝ペルシアを破ったとき、彼らは少なくとも1000年は存在していた庭園様式を発見した。パサルガダエで紀元前559-530年にアケメネス朝の皇帝キュロス大王が、列柱廊のあるポーチを備えた宮殿や園亭の建築複合体を建設して、焼けつくような真昼の太陽からの逃げ場としていたのである。主庭である内庭には重力送り方式の大理石の細い水路すなわちリルの水路網の模様ができており、15メートル間隔である正方形の水槽をリルが結び、水槽はそれぞれひとつの石から切り出されていた。リルの配置により庭は4つの部分に分かれており、ここは「四分」庭園すなわちチャハル・バーグと呼ばれるようになるものの、知られているもっとも古い遺跡である。果樹が植えられ、おそらく保護のためにイトスギで取り囲まれたこのレイアウトは、のちのイスラム庭園に影響を及ぼすことになる。そして、637年に決戦〔イスラム軍がペルシア軍を破った戦い〕があったクテシフォン（現在のバグダード）で、侵入者はこの庭園様式のもうひとつの例でペルシアのあらゆる庭園絨毯のうちでもっとも有名な「ホスローの春」と呼ばれるものを発見した。絹織りの26×11メートルの大きさの絨毯の模様は、パサルガダエとほとんど同じようにしてリルで各花壇に分割された王の庭を表していた。この絨毯は王宮の謁見の広間に敷かれていたのだろう。作者は金糸を使って土を表し、リルにはきらめく水晶、砂利を敷いた小道には真珠を使った。幾何学的な区画に植えられた果樹は、銀と金で描かれた幹と枝を持ち、花と果実は貴石で表された。残念なことに、この絨毯はもはや存在しない。征服者が切り刻んで戦利品として分けたのである。しかし、庭園絨毯の伝統は続き、今日でもまだその模様は水路と池と植物のある庭園レイアウトを表している。

　神という抽象概念を持ち、楽園について記述するイスラムの新宗教は、征服者

歴史的背景

ムハンマドの時代、中東の勢力はササン朝とビザンティンのふたつの大帝国に分かれていた。ビザンティン帝国が現在のトルコ、シリア、ギリシア、エジプトの大部分、イタリアの一部を支配していたのに対し、ササン朝は現在のイランとイラクで支配権を握り、東のトルクメニスタンとアフガニスタンに拡大しつつあった。637年の時点での首都はクテシフォン（現在のバグダード）である。ササン朝およびそれよりかなり前のアケメネス朝は、もともとはイラン南西部のファルスあるいはパルスから興り、ペルシアという名称はそれに由来している。

【 パサルガダエの遺跡 】

紀元前6世紀にキュロス大王の宮殿と庭園があった場所は、シーラーズの北の平野にある。キュロスが果樹を栽培し、背の高い銀色の幹のポプラや黒っぽいイトスギによって守られた庭は、庭を4つの部分に分割して幾何学模様を作り出す何本かのリルと矩形の水槽以外は何も残っていない。水は山から送水路で運ばれた。

天上の美、地上の喜び

が発見した庭のもとにある考え方を受け入れ、精神的な装飾を施した。純粋に物理的で世俗的な庭を、死後、有徳の人を待っている天の楽園に変えた。コーランには、楽園には「さまざまな木々が茂り……さらさらと泉水が流れ……あらゆる種類の果物が二種もみのり……錦張りつめた臥牀（ねだい）に悠々と手足をのばせば、二つの園にみのる果実は採り放題（かしず）……傅くは目差し抑えたむすめたち……その美しさ、紅玉、珊瑚をあざむくばかり……緑したたるばかり……そこにこんこんと二つの泉は湧き……そこに果物はたわわに実（みの）る、椰子も、柘榴（ざくろ）も……」（井筒俊彦訳、岩波書店）と明かされている。

イスラム庭園の発展は、信者の全生活を占めるイスラム信仰の解釈と切り離せないものであった。イスラムでは、有徳の人に霊感を与えるような芸術が新たな意味を持つようになり、建築、絵画、カリグラフィー（書道）、装飾はコーランにより明かされたメッセージにあふれる本質的な統一性を表現した。しばしばコーランの語句を直接引用する優美なカリグラフィーはもちろん、装飾や抽象的な幾何学模様、（絡みつくブドウのつるから生まれた）アラベスクも、知的で精神的なイスラムの世界を表現した。また、もっとも卑しいものからもっとも神聖なものまで、あらゆるものの表面や物体に装飾が施され、生活のあらゆる側面で天国を思い出させるものとなった。

【絨毯の伝統】

アラビア人は637年にティグリス川とユーフラテス川のデルタ地帯に侵攻して、クテシフォンにあったササン朝の宮殿を破壊した。この遺跡（上）は「ホスローの春」の絨毯が敷かれただろう大イーワーン、すなわち謁見の広間である。この伝説の絨毯は何も残っていないが、庭園絨毯の伝統は続き、その多くがこの18世紀のケルマン産ペルシア絨毯（下）の例のように、四分庭園のレイアウトをはっきりと示している。

第3章 ｜ イスラムの庭

イスラム文化が発展した頃、北ヨーロッパは野蛮な混乱状態に陥っていた。バグダード、そしてのちにはアンダルシア地方のコルドバが、既知の世界に関する学問の中心地として認められるようになった。アラビア人は大学を設立し、植物学と医学を研究した。そして、スペイン、シチリア、南イタリアにおける彼らの庭造りの知識と専門技術──とくに水力を使ったシステム──が、15～16世紀の古典様式のイタリア庭園への道を開く一助となった。北アメリカ西部の暑く乾燥した州で18～19世紀のスペインの伝道団体が安らぎの場所(オアシス)として設けた庭さえ、その起源はイスラムの理想にあるのである。

　東方からスペインやシチリアに持ち込まれた植物は、中世の庭師が使える地中海および北ヨーロッパの限られた植物を徐々に増やしていった。16世紀末には、オスマン帝国のスルタンたち(ビザンティン帝国の大部分の最終的な後継者)との間に外交関係が確立され、植物の細い流れが洪水になって、新しい球根、球茎、地下茎の形で、東方ではすでに多くが庭で栽培されていた植物がコンスタンティノープルを経てヨーロッパへもたらされた。その後の数世紀でオスマン帝国はバルカン半島を通って広がり、遠くウィーンの城門にまで達し、それとともにトルコ人のどんなことがあっても花と庭を楽しむ姿勢を伝えた。

❖ 四分庭園の単純さ

　イスラム庭園は見てそれとわかる要素をいくつか有していて、現地の条件に左右される小さなふれや拡張があるものの、何世紀もの間、ほとんど変わらなかった。堂々とした戸口のある壁に囲まれた正方形または長方形の庭は、当初から水路が交差して4つに分割されており、それはコーランに「そこには絶対に腐ることのない水をたたえた川がいくつも流れ、いつまでたっても味の変わらぬ乳の河があり、飲めばえも言われぬ美酒の河があり、澄みきった蜜の河あり」(井筒俊彦訳、岩波書店)と書かれている4つの生命の川を表している。チャハル・バーグ(チャハルは4、バーグは庭を意味する)という用語は、このイスラムの基本的なパターンをいう。水路が出合う点には中央池、廟、あるいは園亭が造られて目立つようになっている。

　水は、あらゆるイスラム庭園(あるいはもっと前のオアシス庭園)にとって不可欠な要素だった。それは文字通りすべての生命の源であった。アラビア人はペルシアに侵入すると、カナートの灌漑システム、すなわち遠く離れた山の雪融け水を砂漠

【四分庭園】
このムガールの細密画はジャハンギールの治世の1610-15年頃に制作されたもので、典型的なチャハル・バーグの庭の4本の「川」が出合うところにある中央の壇を示しており、取り囲んでいる壁がコーランの楽園についての記述に含まれる隠れ家の感じを伝えている。ほっそりしたイトスギで縁取られた花壇は園路より低くなっている。

【喪失と希望の象徴】

このペルシアのサテンのダマスク織りの一部(右)は16〜17世紀のもので、ペルシアのビロード(下)は16世紀のものである。両世紀にはサファヴィー朝の支配下で装飾的な芸術が花開き、シャー・アッバース1世の治世にエスファハーンで最盛期を迎えた。絨毯のほか、一部の豪華な絹、ビロード、サテンの織物は、庭園からとったテーマでデザインされた。そうしたテーマはペルシアの詩、そしてもちろんペルシアの細密画にも描かれた。好まれた描写は、死と死すべき運命を象徴する暗いイトスギが、春と再生の象徴である花咲くアーモンドに抱かれているもので、草原の花、鳥、シカに囲まれている場合が多い。

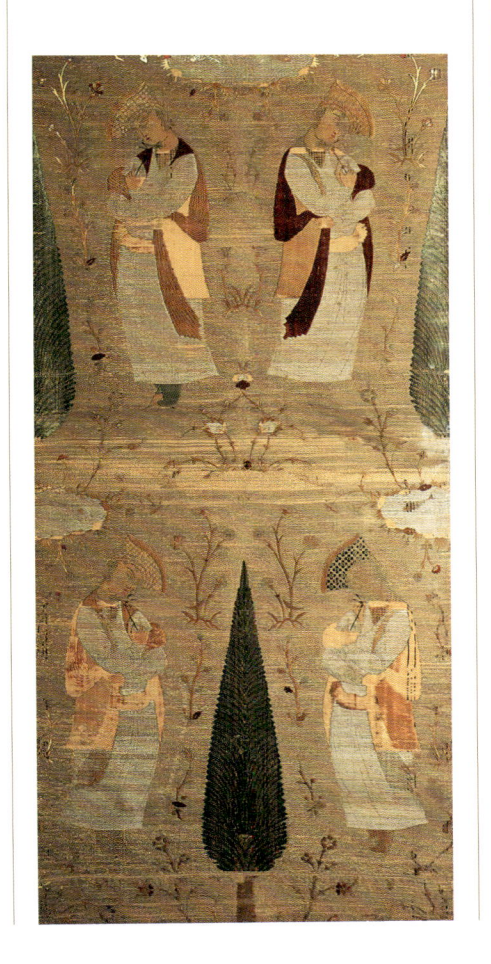

第3章｜イスラムの庭

地帯まで運ぶことのできる地下トンネルのネットワーク(24ページ参照)を受け継いだ。庭の主要な水路やリルだけでなく、泡立つ噴泉やきらめく噴水が音や動きを与え、感覚を鎮静させるだけでなく、空気を冷やし虫を遠ざけるようになっていた。カシミールではとくに、さらに目を引く建造物としてチャダールと呼ばれる斜面を水がほとばしり落ちる滝が発達し、もっと最近では同じように水が殺到するカスケードや複雑な噴泉のレイアウトが、今日の都市計画担当者にとって、交通の騒音を減らし、休息や休養のためのニリアを提供するのに役立つ基本的なツールになっている(たとえばオレゴン州ポートランドのアイラ・ケラー・ファウンテン・パーク、87ページ参照)。造られた庭に十分な勾配があれば、水槽に貯められた水が重力によって流れて噴泉が上がる。小道で縁取られた小水路は機能的であるだけでなく装飾的で、花壇は道の高さより低くなっていて定期的に灌水のために湛水され、その配置は花の絨毯の上を歩いているような感覚を生んだ。堂々とそびえるプラタナス(チェナール)が濃い影を落とし、しばしば園亭や噴泉のまわりに「4」をモチーフに植えられ、のちに16世紀のイタリアの庭園で同じようにして泉やグロットの周囲に植えられた。また、暗いイトスギの列と対照的に、果樹がもっと明るい木漏れ日を投げかけた。

こうした基本的要素に、光沢のある美しいタイル、モザイク舗装の複雑な模様、ハスの形をした大理石の水盤など、装飾的な細かい建築要素が加えられた。このようなものは、古いものも新しいものもコルドバやエスファハーンの田舎で今でも見られ、現代の職人が引き続き伝統的なデザインから着想を得ている。約60センチの高さでしばしば4つの主水路が出合う地点の上に置かれた石または大理石のチャブトラと呼ばれる壇は、ひと休みして涼み、庭を眺める場所として使うことができた。そして、模様のある水路にさざ波を立てる水の音や、チャダールを流れ落ちる水の音により、さらに心地よく感じられた。アラビア人が侵入した当時、ペルシアの囲われた庭はブスタンと呼ばれた。チャハル・バーグという言葉はおそらく少なくとも1000年までは一般には使われていなかったと考えられる。

これらの施設のほとんどが、詩や手書きの回想録に心揺さぶる書き方で触れられているだけでなく、ペルシアの細密画や「庭園絨毯」の模様としても登場する。細密画でも絨毯でも、春の花咲くアーモンドの木が尖塔のようなイトスギを抱いている様子が描かれており、アーモンドは春と復活した生命を、イトスギは永遠と死を象徴する。そして両者が抱き合っているのは愛を意味する。庭は果樹の花と香りに満ちて喜びをもたらすものだが、信心深いイスラム教徒にとってもっとも重要なのは神の創造のしるしとしての植物の美であったから、当初は珍しい植物や新しい植物を特別に重視することはなかった。しかしのちに多くの地域、とくにイベリア半島で、新しい果物の収集が盛んになり、最初は庭で育てられ、のちには営利目的で果樹園に植えられた。

❖ イスラム初期

632年の預言者ムハンマドの死から100年たたないうちに、アラビア人はその帝国の最初の核を形成し、ササン朝ペルシアとエジプトを含む広大な地域を支配した(そしてシュメール、バビロン、アッシリアといった古代文明の地を組み入れた)。彼らは新

アッバース朝とウマイヤ朝

660年頃から権力を握っていたダマスカスのウマイヤ朝を750年にアッバース朝が倒し、ウマイヤ朝の一族をほとんど全員虐殺した。しかし、ひとりはシリアからコルドバへ逃げた。彼は全ヨーロッパの学問の中心となる都市を建て、イスラムの造園の伝統をスペインに伝えた。バグダードに都を造営したアッバース朝は、『アラビアン・ナイト』のカリフとして名高いハールーン・アッ＝ラシード(786-809)がカリフの地位にあったとき、権勢の絶頂に達した。

しい被支配者の洗練された伝統の多くを受け継ぐことができ、政府の中でもっとも影響力を持つようになったのは、新たにイスラム教に改宗した教養のあるペルシア人だった。

　アラビア人は征服地に新たな意識ももたらした。イスラムは神が源であるあらゆる自然を保存し守るのが人間の務めだと説いたのである。初代カリフのアブー・バクル（632-34）は当初から、田園地帯から奪うのではなく、新宗教を広げることに専念した。そして、ヤシの木や果樹園の樹木を切り倒したり、勝利して前進するときに穀物畑を焼いたりしてはならないと命じた。アラビア人は、有能な行政官で洗練された贅沢を愛するペルシア人の支援を受け、彼らの方法を一部採用して、762年には初期のアッバース朝のカリフたちがティグリス川の岸辺に円形のパターンで配置された新都バグダードを開発していた。そこはすぐに学問と創造の中心地になり、遊園を囲い途方もない狩猟園と動物園を造営したアッシリア人やバビロニア人がユーフラテス川とティグリス川のデルタに何世紀も前に最初に確立した庭園の伝統を継続した。

　ペルシア人は庭で果樹や花を栽培し、なかには東アジアからもたらされたものもあった。ファルスの周辺の平野で赤いバラを育ててバラ油（バラから作られた精油）をインド、中国、エジプト、マグレブへ輸出した。そしてペルシアの肥沃な谷や高地で、もっと西からやってきたアラブ人は彼らにとっては新しい豊かな野生植物を発見し、その多くは春に咲く球根植物だった。これらの植物はイスラム教とともに西へ移動し、北アフリカを通ってスペインに入り、11世紀にアラビア人の植物学者によって目録に載せられることになる。さらに、巡礼者や旅行者によって運ばれて、多くの植物が山脈を越えて北ヨーロッパへもたらされた。

❖ バグダードとサーマッラーの学問と空想物語

　イスラムは庭園建築の地平を広げただけではなく、初期のイスラム学者たちは植物研究の限界を押し広げた。8世紀後半から9世紀のハールーン・アッ＝ラシードが統治する宗教的政治的に寛容な時代に、バグダードの新しい市街は商取引の中心地として重要な役割を果たしただけでなく、知識の追求と普及で知られるようになった。医薬と植物に関するギリシア語とラテン語の文書がアラビア語に翻訳され、1世紀のディオスコリデスの本草書『薬物誌』（40-41ページ参照）もそのひとつである。これは中世ヨーロッパと同様、アラブ世界のどこにおいても標準的な参考図書になり、11世紀末から15世紀の間に13冊作られた。イスラム教徒は偶像を作ることを制限していたが、学問上の目的で花や野菜のモチーフの絵画表現をすることや、建築の装飾に植物のモチーフを使うことは許されていた。植物の新たな研究は、いわゆるアラビア植物学の父、アブー・ハニーファ・アル・ディーナワリー（820-95）によって実施され、彼はそれ以前の百科事典や詩から知られているあらゆる書かれた資料、口頭で伝えられたベドウィン族の物語を集めた。11世紀にアル＝ビルーニー（1030没）が花の特有の配置に注目し始め、植物の薬効を調べる一方で、自然の「論理」の一部である花の部分や花弁の厳密に幾何学的な配列について述べている。

　何世紀にもわたって何度も建設されたバグダードの市街を発掘しても、アッバー

【翻訳されたディオスコリデス】
ローマ帝国が崩壊し、北ヨーロッパが混乱状態にあったとき、バグダード、そしてのちにはコルドバが植物の研究も含め学問の中心地になった。多くのギリシア語とラテン語の文書がアラビア語に翻訳され、ディオスコリデスの『薬物誌』もそのひとつである。983年にはウマイヤ朝のスルタンの侍医イブン・ジュルジュルが補遺を追加して、スペインで知られている植物を組み入れた。ここに示しているのは、アラビア語版（987-90）の *Rosa sempervirens* とヘンナ（*Lawsonia inermis*）である。

ス朝の時代の庭の土台を明らかにすることはできなかった。しかし、『アラビアン・ナイト』の話は、幻想的な庭の物語や奇抜な想像力の産物について語り、富と高価で華美な物を好む嗜好とが組み合わさると、一般に受け入れられた様式を別の領域にまで推し進めてしまうことがあるということを思い出させる。917年にコンスタンティノープルから派遣されたふたりのビザンティンの使節が、ティグリス川の岸辺にある宮殿の庭の素晴らしさに感銘を受けて、「新しい園亭はふたつの庭園の中間にある宮殿である。中心に人工の池があり、それを取り巻くように水路を水が流れ……それは磨かれた銀より輝いている。この池は長さ30キュービット、幅が20キュービットであり、そのまわりに刺繍で飾られた金色の腰かけがある立派な園亭が4つ建てられていた……周囲に広がる庭には芝生とヤシ……その数は400で、それぞれの高さは5キュービット……これらのヤシはみな十分に成長したナツメヤシの実をつけ……みな熟して腐ってはいない」と述べている。また、別のところでローマ式の競馬場では、もっと前のヘレニズム時代にアレクサンドリアで研究されたような、水力を利用した装置で動く機械仕掛けの銀の鳥が、金の木の上に止まってそよ風の中で歌いさえずった。別のもっと落ち着いたアッバース朝の支配者は、自分の庭でバスラ産のオレンジの木や、オマーンやインド産の珍しい木々を育て、そこでは「果実が黄や赤に、暗い夜の天の星のように明るく輝いた」という。

　825年に首都がバグダードから、さらに110キロ北のティグリス川の東岸にあるサーマッラーに移り、892年までそこにあった。独特の庭園レイアウトを持つ宮殿の基礎が、砂で覆われた遺跡で発見された。地理学者のヤークービーが889年に書いた文書に、この土地全体が宮殿、広間、乗馬と国民的な娯楽であるポロのための運動場を有する「上流階級のための」庭園に変えられたと報告されている。

　庭を造るときはいつもその前に、灌漑に水の力を利用することを最優先に考えねばならなかった。この都市の建設者は、約40キロ上流で地下に運河を掘って灌漑システムを導入し、水供給に革命を起こした。ときにはダチョウ——異国風だ——の力も利用した水車で、もっと小さな運河から水を汲み上げた。その結果、すべての庭に観賞用の池を造ることができた。カリフの宮殿にある池は広大で、200メートル四方もあった。宮廷詩人アル＝ブフトリーは、アッ＝サービと呼ばれたサーマッラーの宮殿を次のように詠っている。

　　そして流れほとばしる水で満たされ、輝く剣のようにきらめく
　　それが美しい池の真ん中に勢いよく流れ込むと、水は大理石の色を帯びる
　　そして水車は動物でも鋤でもなくダチョウで回転する
　　こうした庭園は我われに熱烈に楽を切望させ、かくしてわれわれはさらなる罪を避け、

【砂の中に残ったもの】
825年に創建されたサーマッラーの都市の庭は実際には残っていないが、砂漠の中に今でも大モスクと螺旋状のミナレットが残っている。発掘により、砂に埋もれていたいくつかの宮殿の基礎と庭園のレイアウトが明らかになり、もっとも重要なのがバルクワーラー宮殿で、アーケードになった建物から見渡せる巨大な水槽があった。

邪悪な行ないを慎む

　サーマッラーの栄華は長くは続かなかったが、庭園建築へのその影響はかなり大きかった。スペインのコルドバ郊外にあるメディナ・アサアラ（66ページ）の宮殿を中心とする10世紀の庭園都市は、一部、サーマッラーのバルクワーラー宮殿を手本にしており、アーケードのある園亭が大水槽に面している。

　10世紀にはアッバース朝の支配が崩壊し、カリフたちは象徴的な権威しか保持しなくなった。実際の権力は地方の支配者へ移り、ペルシア西部で新たな王朝が支配権を獲得した。この地方は内部抗争によって弱体化し、13世紀にチンギス・ハン支配下の黄金のオルド（キプチャク・ハン国）のモンゴル軍が襲来したとき、侵入の機は熟していた。モンゴル軍の話は本章の後半（71ページ参照）で再び取り上げるが、この時点で造園活動の中心はスペインへ移った。

❖ スペインのイスラム庭園

　スペイン南部がイスラム教徒の侵入者、すなわち北アフリカのベルベル人に最初に植民されたのは8世紀初めのことである。756年にはダマスカスでの虐殺の生き残りによって建てられたウマイヤ朝がコルドバに陣取り、その領土はトレドとセビーリャに広がってグラナダの町を組み込み、現在のアンダルシア地方よりもはるかに広い面積を占めた。ムーア人（スペインでイスラム教徒はこう呼ばれるようになった）はローマ時代から残っていた灌漑システムとともに庭園文化を受け継ぎ、それを彼ら自身の庭園観に組み入れて、ヨーロッパで今も見られるもっとも美しい庭園を作り出した。

　権力を握ったウマイヤ朝のカリフたちは、アンダルシアで最初の大庭園を造った。異国の果物や花を植え、その多くが地中海地方の東の端やペルシア、インド、中国のようなはるか遠方からもたらされたものだった。植物学者が、イベリア自生の植物も新たに導入された植物も記録している。その後の数世紀の間に、北ヨーロッパへ帰る旅行者や巡礼者によって運ばれた植物の球根、種子、根とともに、かなりの植物学の専門知識も含めアラビアの学問がピレネー山脈を越えて徐々に浸透した（902年には北アフリカの別のアラビア人がシチリアを征服した。彼らの建築や彼らが造った「町［パレルモ］の周囲に首飾りのように連なった」大庭園は、その後、1091年に支配権を得たノルマン人の侵入者に影響を与え、こんどはヨーロッパの別の部分へイスラム文化が広まるルートのひとつになった）。

　スペインのイスラム庭園はその大きさと機能に応じて様式にいくらかばらつきがある。大規模なのは、アブド・アッラフマーン3世のメディナ・アサアラの驚くべき庭園都市である。ペルシアのブスタン（現代のイランに見られる春の花が咲く囲い地と同じもの）に似た簡単な果樹園があり、その中で普通の果物と外来の果物の両方が育てられた。そして大小の中庭があった。コルドバの大モスクのパティオ・デ・ロス・ナランホス（オレンジの中庭）は、ヨーロッパ最古の現存する庭かもしれない。モスクの建設は、ウマイヤ朝の初代の支配者アブド・アッラフマーン1世によって780年代に始められ、その後2世紀にわたって何度も拡張された。モスクの19の身廊（現在は閉じられている）はもともとは中庭に向けて開かれていて、その柱列の

メディナ・アサアラ
MEDINA AZAHARA

　アブド・アッラフマーン3世がメディナ・アサアラの建築を始めたのは936年のことである。コルドバ近郊の山脈の南斜面に擁された、この都市の北西7キロのところにある宮殿、政庁、庭園の並はずれた建築複合体は、約120ヘクタールを占めていた。彼の美しい妻のひとりアッザフラー（輝く人）にちなんで名づけられ、その建設は彼の人生の残りの25年の間続き、1万人の労働者と1500頭のラバとラクダを動員し、国の年間予算の大部分を要した。しかし、70年たたないうちにそれは破壊されてしまう。コルドバは急速に衰退してカリフ制度が崩壊し、メディナ・アサアラはベルベル人の傭兵によって略奪され、焼かれてしまった。

　これを担当した建築家はビザンティンの芸術に触発されて、地元で切り出した青とピンクの大理石の柱を4000本使い、それを白い石灰岩のブロックで建てられた主要な建物に交互に設置した。そのほかの柱は地中海周辺のギリシアやローマの遺跡から運ばれた。ダール・アル＝ムルクと呼ばれるカリフの住まいには、装飾を施された化粧漆喰のアーチがあって、生命の樹のテーマが描かれ、ビザンティンの影響が見て取れる。そのようなテーマを持つ絡まり合う枝、葉、花は、のちにイスリミすなわちアラベスクに発展する。

　この建築複合体は、3段の大きなテラスの上に建てられ、最上段のテラスの中央に主宮殿、最下段にモスク、市場、カリフの個人的な守備兵1万2000人のための兵舎、池や噴水のある庭園、野生動物の檻があった。主庭園は2段目のテラスにある宮殿の大謁見室の前で、入り口と反対側に静水の巨大な水槽があった。大勢の廷臣や召使はもちろん庭園に必要な水は隣接する北側の丘から送水路を通って15キロの道のりを運ばれてきた。言い伝えによれば、カリフの謁見室の池を水銀で満たしたといい、そのアイデアはおそらくバグダードの伝説の庭から思いついたのだろう。水銀にさざ波を立てると、壁が躍る光の模様で覆われたという。この庭園の全盛期には、イトスギの並木道、ゲッケイジュやザクロ、オレンジの木立がバラやユリの沈床花壇と溶け合い、別の区画がきわめて珍しい異国の植物を集めた植物園にあてられていた。

　当時の報告に、メディナ・アサアラを訪れた者はその輝きに目がくらんだと書かれており、今日でも、一部発掘された遺跡の中を歩き回れば、相互につながった宮殿と庭園の広さと素晴らしさをいくらかでも理解することができる。これらは、7世紀後にムガール皇帝シャー・ジャハーンによって建てられたインドのアーグラのレッド・フォートのレイアウトに影響を与えたのかもしれない。

庭園が復元された部分

【かつての壮大さのなごり】
10世紀のメディナ・アサアラの遺跡は、今でも広大な庭園宮殿の恐るべき規模を一部ではあるが伝えている。

天上の美、地上の喜び

第 3 章 │ イスラムの庭

森のようなパターンは外の整然と並んだオレンジの木の列でも繰り返される。もっとずっとこぢんまりした親しみやすい規模のものが、いくつもある花であふれる小さな中庭で、通りから鉄柵を通してちらりと見え、以来、ずっとこの町の名物になっている。多くの鉢植えがあって、今日の都市のガーデナーにとって着想の源になっている。

❖ こっそり持ち出されたイチジクとすぐれたザクロについて

イスラム化されたスペインのごく初期の庭園のひとつ(現存してはいない)がコルドバのアルサファで、そこは墓地、庭、ポプラの木立がある宮殿であり、大モスクと同様、アブド・アッラフマーンⅠ世の命令で造られた。ここは、イベリア半島に新たに輸入された有用な植物と純粋に観賞用の植物の両方の実験園でもあった。試験ののち、柑橘、イチジク、ザクロをはじめとする改良された果樹や珍しい果樹の核(さね)、種子、あるいは挿木苗を、果樹園や畑や花壇での栽培圧にムーア人の支配するスペイン全土に配布することができた。場合によっては、特別に貴重な品種はすでに栽培されている国で取られまいと守られていて、スペインに持ってくるにはある程度の不正行為が必要だった。9世紀に、非常に欲しがられていたドネガルというイチジクの品種を、コルドバから来た使節がビザンティウムからこっそり持ち出した。本を縛るために使われていた紐をほぐして、種子をその中に入れて縫い直したのだという。

アブド・アッラフマーンⅠ世は庭のことを哀愁に満ちた詩に詠っており、故国のシリアを恋しく思う気持ちを表現して、「アルサファの真ん中に立つ寂しげなヤシ、ここは西、かの土地から遠く離れた……流れる雲から落ちる朝の雨に濡れるにまかせよう、降り注ぐ雨、星の落とす涙に濡れるにまかせよう」と書いている。彼は「その甘さ、滑らかな舌触り、汁の多さ、美しい形の点で最高のザクロ」といわれたシリアのザクロの導入も支援し、友人のサファルにマラガ近郊の庭で種子から育てさせたのち、アルサファへ移植した。このザクロは今でもザファリと呼ばれている。

その後、ほかにもっと豪華な庭が造られた。929年に自ら宣言してイスラム帝国西部のカリフとなったアブド・アッラフマーン3世によってメディア・アサアラが建設され、彼の治世にコルドバは栄華のさらなる高みに達することになる。しかし100年たたないうちに、ベルベル人が1010年に首都を占領したとき、メディア・アサアラもアルサファも破壊された。その後まもなく、イスラム教徒が支配するスペインはいくつもの地方政権に分裂し、なかでも有力なのがトレドとセビーリャを中心とする勢力だった。

❖ トレドとセビーリャの植物学者と詩人庭師

コルドバの陥落後はトレドが園芸活動の中心になった。ウエルタ・デル・レイ(ガリアナ宮殿)は、医師で植物学者のイブン・ワーフィド(999-1075)が「庭を愛する

【アジアからやってきたもの】
ペルシアン・ライラック、プライド・オブ・インディア、そしてもっとも頻繁にはチャイニーズ・ビーズツリーと呼ばれる *Melia azedarach* (センダン) は、イブン・バッサールの11世紀の『農書』の中で言及されている。原産地は北インドと中国で、アラビア人が北アフリカを通って移動したときにスペインへ持ち込んだと考えられる。

人」といわれたスルタンのマームーンのために建設した宮殿庭園である。発掘により、ここでは水車を使ってタグス川から水を汲み上げて泡を満たしていたことが明らかになっている。アル＝マッカーリーの年代記では、イブン・マドルンが「トレドの王マームーンは湖を造って真ん中に水晶の園亭を建てるよう命じた。水がその屋根まで上げられ、そこから水面へと人工の雨のように四方に流れ落ちた」と語っている。宮殿の一方の側に水時計があって、ふたつの容器が交互にいっぱいになったり空になったりして作動した。イブン・ワーフィドは広く旅し、植物を収集して同定し、シチリアとエジプト、メッカ、ペルシア北東部のホラーサーンを訪れた。また、オレンジ（ダイダイ Citrus aurantium）、イチジク、ブドウの栽培試験をした。著作では農業を中心にすえているが、花の咲くよい香りのする植物に関する情報も書いている。

　イブン・ワーフィドの死後、ウエルタ・デル・レイはイブン・バッサールによって管理されたが、それも1085年のキリスト教徒による再征服までのことで、彼はセビーリャに安らぎの場を求めざるを得なくなり、そこで王の庭園の改良を実施した。イブン・バッサールの『農書（Book of Agriculture）』（アラビア語のテクストが最近になってようやく再発見されたが、1300年頃に不完全ながらカスティリヤ語へ翻訳されている）は実際には園芸書で、畑作物についてはほとんど触れていない。16章に分かれ、樹木や植え方はもちろん、水、土壌、肥料、土地の選択と準備といった具体的な事項を扱っている。主に果樹が扱われ、アーモンド、アンズ、シトロン、ナツメヤシ、イチジク、オリーブ、オレンジ、モモ、ピスタチオ、ザクロ、リンゴ、サクランボ、セイヨウナシ、スモモ、マルメロについて書かれている。そのほか言及されている樹木として、イチゴノキ、トネリコ、センダン、ゲッケイジュ、イトスギ、トキワガシ、クリ、ハシバミ、クルミがある。花はバラ、ニオイアラセイトウ、ストック、スミレ、ユリ、スイセン、タチアオイ、カモミール、ニガヨモギが言及されている。また、ナメクジを防ぐための助言までしており、「植え床を作り、公衆浴場の灰を1インチまいて、その上に肥やしをまいてから播種する。こうすれば、植物を求めて土から出てきたくだんの動物は灰に出くわして困って退散する」と書かれている。

　100年後にイブン・アルアッワームは、イブン・バッサールから多くを書き写したが、デザインの原則をいくつか提示するという点で草分け的な仕事をした。彼の12世紀の『農書』（19世紀前半にヴィクトリア朝の造園の専門家J・C・ラウドンが参考にしている）には、1080年から1180年の間に数が倍増した栽培種がさらに多く載せられている。アルアッワームは角ごとに植えるもの、あるいは主要な歩道に沿って植える並木としてイトスギを薦めた。シーダーとマツは日陰になったアレー〔林間の小道〕に、柑橘類とゲッケイジュはもっと開けた場所に使える。ジャスミンは塀やトレリスに誘引され、池や水路はザクロ、ニレ、ヤナギおよびポプラ（それぞれ黒いニレ、白いニレと呼ばれた）で日陰にすることができる。生垣はツゲとゲッケイジュでできるとしている。また、小プリニウスが自分の庭についての手紙で勧めていたように、ベルアイビー（おそらくヒロハヒルガオ Calystegia sepium）やキヅタを使って、高木に這い登らせてぶら下がらせた、いわばワイルド・ガーデニングの修正版を提案した。列挙されている新しい果樹には、ナツメ（Ziziphus jujuba）、レモン、カリンな

【グラナダの栄光】

ヘネラリーフェの庭園にあるアセキアの中庭(右)の中央水路の端には蓮形の水盤がある。何年にもわたって改造が行なわれており、たとえば19世紀には噴水が追加され、もともとは園路より低かった花壇がかさ上げされた。ヘネラリーフェの平面図(中)は1815年に発行された『スペインのアラビアの遺物(The Arabian Antiquities of Spain)』に掲載されたものである。1836年の『グラナダの土産(Souvenirs de Grenade)』に載ったアルハンブラの14世紀の天人花の中庭の絵(下)に、19世紀に水の両側にギンバイカの生垣が作られる前のこの庭の様子を見ることができる。

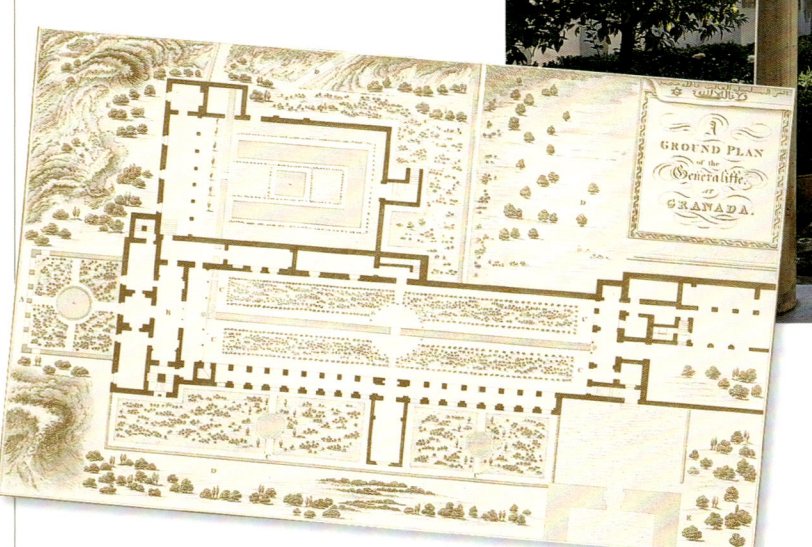

どがある。観賞用の高木および低木は、プラタナス、アカシア、サンザシ、キヅタ、ジャスミン、ユダの木(セイヨウスオウ)、ラベンダー、キョウチクトウが挙げられている。花壇用にはゼニアオイ、サトイモ、ハイビスカス、タチアオイ、アイリスといったものが書かれている。

　地元の植物誌も含めもともとのアラビア語の写本の多くは失われたが、いくつかはキリスト教徒のスペインで価値が認められていた。アルフォンソ10世によって始められたこれらの著作のカスティリヤ語への翻訳は、ラテン語ではなく自国語へ翻訳された最初のものといってよいだろう。

　タイファと呼ばれるムーア人の王たちのもとで派閥間の領地争いが絶えることなく、北部のキリスト教徒の王たちの団結を許し、彼らは1085年にトレド、1248年にセビーリャを再征服した。イスラム教徒が支配していたスペインの残りの部分も、小さなスルタン領として孤立したグラナダを残してキリスト教徒の手に落ち、グラナダも残ったのは1492年までだった。しかしこの時期、グラナダでもっとも有名で見事なふたつの庭園が造られ、それはヨーロッパのすべてのイスラム庭園のうちでもっとも保存がよい。スルタンの夏の離宮であるヘネラリーフェの庭園はイスマーイールの時代(1315-25)のもので、アルハンブラの庭園は25年後のムハンマド5世の時代のものである。グラナダは1492年についに陥落した。

天上の美、地上の喜び

❖ アルハンブラとヘネラリーフェの庭園

周囲を囲まれてくつろげる、流れる水が爽やかで、雪を頂いたシエラネバダ山脈からのそよ風で夏も涼しいアルハンブラとヘネラリーフェの庭園は、イスラムの来世の楽園の夢を表しているように思える。スペイン最後のムーア人の国であるグラナダのナスル朝の支配者のために建てられたもので、アンダルシアにあるアラブ・ヒスパニック庭園の最高の例である。ヘネラリーフェの上側の庭は1319年頃に造られた。アルハンブラの天人花の中庭はユースフ1世（1333-54）のために建てられたもので、獅子の中庭を含む王の間などの部屋はその息子ムハンマド5世のために、彼の即位のすぐあとに建てられた。現在見られるものの多くは再建されたものである。

ヘネラリーフェのもっとも重要な部分はアセキアのパティオという中庭である。この四分庭園は水路で分割され、背後に高い壁がある。当初、花壇は現在の高さより50センチ低くなっていて、周期的に湛水することにより灌水された。今日見られる噴水は19世紀に導入されたものである。1959年の火事のあとに発掘されたが、残念なことに花壇は1959年より前の高い位置に戻され、ムーア人の時代のスペインで育てられていた香り高い低木や花は、現代の夏咲き一年草に変えられてしまった。ヘネラリーフェの庭園の残りの部分は果樹園で、丘の急斜面を斜めに横切るリルで運ぶ水供給システムがあって、内庭に下る階段の手すりの上を水が流れ落ちる。1730年代にウィリアム・ケントがラウシャムの庭園（215ページ参照）の曲がりくねったリルをデザインし、フランク・カボットがケベックのレ・カトル・ヴァンの現代庭園を下りる階段のそばに似たような水路をデザインした。

今日、アルハンブラでは天人花の中庭（パティオ・デ・ロス・アラヤネス）の池はギンバイカ（*Myrtus communis*）の植え込みで縁取られており、これはしばらくアルハンブラに滞在したアメリカの作家ワシントン・アーヴィングがやらせた19世紀の修復の一部であるが、もしかすると当初のテーマだったのかもしれない。池の一方の端にはコマレス宮が映っており、これはスルタンの正式の住居で、絡み合うアラベスク模様が化粧漆喰で施された繊細な構造をしている。反対の端にはカルロス5世のルネサンス様式の宮殿がそびえ、これはグラナダがムーア人から奪われたあとの16世紀前半に建てられたものである。獅子の中庭（パティオ・デ・ロス・レオネス）には、四隅にオレンジの木を配したごく単純な植栽となっている。

❖ モンゴル侵入の影響

1220年にチンギス・ハンのモンゴル軍が大挙して侵入したことにより、東方世界の神聖で美しい多くのものが

【かなたの園亭】
このムガール様式の挿絵は1560年に刊行されたイスラムの本のもので、壁で囲まれた庭の一場面を描いており、壇上の支配者が使節を歓迎している。外にはヤシとイトスギが植わっている。

第3章｜イスラムの庭　071

サマルカンドのティムールの宮廷
TIMUR'S COURT IN SAMARKAND

ルイ・ゴンザレス・デ・クラヴィーホはサマルカンドのティムール(西洋ではタメルランという名の方がよく知られている)のもとを訪れて見聞した最初の西洋人のひとりである。1404年にカスティリヤとレオンの王であるエンリケ3世により使節として派遣された。何ヶ月もの旅ののちスペイン人の一行はケシュという町に着き、その向こうはサマルカンドまで肥沃な平原が広がり、穀物やワタ、ブドウ、メロンが毎年収穫できた。クラヴィーホは、「(サマルカンドの)町の周囲に果樹園やブドウ畑があまりにも多いので、旅行者が町の見えるところまで来て目にするのは、ただひとかたまりに盛り上がった緑だけで、市街地はそのなかに埋もれている」(『遥かなるサマルカンド』、杉山正樹訳、原書房)と述べている。また、イブン・アラブシャーは1436年に、花の家と呼ばれる庭園について「エメラルドの絨毯の上にヒヤシンスのさまざまな宝石がまかれている」と表現し、そこには祭りのためにテントと日よけが立っていたと書いている。

一行は8月末にようやくサマルカンドに到着し、そこでティムールが歓迎行事と祝祭のために造った果樹園のある囲い地の中に案内された。「敷地の入り口は、ゆうに4キロはある長い練土造りの塀で守られている。敷地内には、さまざまな種類の果樹がたくさん植えられていたが、セドラ〔シトロン〕やレモンの木は見られなかった。また、水をたたえた池が6つあり、果樹園のまんなかを貫通する幅の広い水路がある。池と池とは、高い木が日陰をつくる並木道で縦横に結ばれ」(同上)、並木道から出る小道が園のデザインに変化をつけていた。

ディルクシャー(恍惚)の園と呼ばれる次の囲い地で、クラヴィーホは宮殿にいるティムールを目にした。皇帝はすでに70歳でほとんど目が見えず(翌年の2月に亡くなった)、金の杯からワインを飲み、義理の娘とお付きの女性にかしずかれて、高壇の上で絹のクッションに寄りかかっていた。その前には噴水があって、赤いリンゴが浮かぶ水盤の中へ水を飛ばしていた。クラヴィーホは、織工による実演、象と馬のパレード、特別に建てられた絞首台で行なわれる多数の罪人の絞首刑など、宴会でのさまざまな余興について記している。その後、ティムールは別のふたつの庭園でクラヴィーホをもてなし、ひとつはプラタナス園、もうひとつは青色と金色のタイルで飾られた荘厳な入り口から入る庭だった。100年後もこれらの庭園はまだそこにあって、ムガール皇帝バーブル(ティムールの子孫)が若いときに訪れている。それはバーブルの庭園好き(82-83ページ参照)のきっかけになったと考えられ、今日、その詳細を推測する助けとなったのがバーブルの記述である。

クラヴィーホはキリスト教国であるスペインのカスティリヤから来ていたが、その頃ちょうど絶頂期を迎えようとしていたはずのヘネラリーフェやアルハンブラといったムーア人の庭園を見たことがあったかもしれない。また、トレドのアラビア人植物学者イブン・ワーフィドやイブン・バッサールの、アルフォンソ10世のもとでカスティリヤ語に翻訳された文書を読んだこともあっただろう。そして庭園の施設として泡立つ噴水や水路といったアイデアには十分馴染みがあっただろうが、草やクローバー、あるいは野の花が植えられた広大な芝生を見て驚いたことだろう。そうしたものは、中世の北ヨーロッパの庭園と結びつけられる方が一般的なフラワリー・ミード(花咲く草地)を思い起こさせる。

【強大なティムール】
この想像で描かれた絵で中央の壇に座っているのがティムールである。両側にいるのがムガール皇帝バーブル(母親がティムールの子孫だった)とその息子フマーユーンである。この絵は、皇帝ジャハンギールの治世の1630年頃に描かれた。テュルク=モンゴルの家系の重要性を強調して、ムガール皇帝の統治権を世に認めさせようとしている。

消滅し、アフガニスタンやイラン東部の都市は破壊され略奪されて、人口が減少してしまった。灌漑システムが被害を受けると、畑は耕作できず砂漠に戻った。略奪者の群れにとって、敵の井戸を砂で埋めるのはごくあたりまえのことだった。さらに西ではバグダードをチンギス・ハンの孫が略奪し、運河の土手を打ち壊し、デルタをマラリアの蔓延する湿地に変え、古代から非常に苦労して灌漑され耕作されてきた肥沃な土地に飢えと病気をもたらした。

しかし、つねにモンゴル人が通俗な歴史でよく描かれているような破壊者だったわけではない。ガーザーン・ハーン(在位1295-1304)は正義(アダラト)の庭と呼ばれる大庭園を首都のタブリーズの西に造営した。壁で囲まれた四角いエリアが皇帝のために草原にされ、貯水槽が造られた。ヤナギが植えられた並木道(こん じき)は人々が周辺を歩き回る通り道になったが、中心部は金色の園亭と金色の玉座にあてられた。

1403年にサマルカンドのティムールの宮廷を訪れた人々が書いているように、モンゴル人は既存のペルシアの庭園を王の野営地として使い、粗いイネ科草本とクローバーの芝生の上にテントや日よけを設営した。ティムールは自らチンギス・ハンの後継者だと宣言し、1369年にサマルカンドで権力を掌握した。彼は最終的に帝国をイラン全土、インドのいくつかの地方、ロシアの一部まで拡大し、タブリーズ、バグダード、ダマスカス、アレッポ、デリーなどの都市を支配下に置いて、繁栄の源だったイラン高原の古い交易ルートを破壊した。

❖ ペルシアの細密画に描かれた庭

ティムールの子孫は、中央アジアとインドのもっとも教養のある支配者になる。息子のシャー・ルフは都をアフガニスタンのヘラートへ移し、そこに池と赤いチューリップとバラのある40ヘクタールを占める庭園を造った。これは、サマルカンドの庭園と同様、皇帝バーブルを触発し、彼はこの庭園のデザインを自身のカブール周辺と北インドの庭園の原型として用いた。

シャー・ルフの華やかな宮廷は15世紀の科学と芸術の中心地になった。繊細な細密画が叙事詩の写本の挿絵にされ、しばしば13世紀のモンゴル侵入以前の空想の庭に設定された場面が描かれた。フェルドゥスィーの『王書(シャー・ナーメ)』のような物語や、12世紀のニザーミーによるホスローのキリスト教徒の皇女シーリーンの恋についての詩がある。物語は庭園の情景であふれている。花と鳥、バラとナイチンゲール、そして灼熱の太陽からの避難場所を与えてくれる日陰を作る木立。こうした地上の庭の詩的なコンセプトはコーランに書かれている楽園に直接由来しており、しばしば春や、それがもたらす幸福と結びつけられた。ファッロヒーは

【逢い引き】
イスラム化以前のペルシアの神話や伝説や歴史が書かれている叙事詩『王書(シャー・ナーメ)』で、ザールは生まれたときに父親に捨てられ、伝説の鳥スィームルグに育てられる。ここに示した16世紀の写本の一場面では、立派なブドウがひときわ目立つ壁で囲まれた庭で、ザールが恋人のルーダーベがいるバルコニーへ登ろうとしている。

第3章 | イスラムの庭　073

『詩集(Divan)』に、「ああ、庭師よ、春の香りが庭から漂ってくる。庭の鍵をおくれ、明日、それが必要なのだ。夜、庭の花々は庭師のランタンのよう……そして今、恋人たちはそれぞれワインを手に、魅惑的な美しさを持つ庭へとそぞろ歩く」と書いている。『王書』は、韻を踏んだ対句の形でペルシアの王朝の伝説を語り、求愛の場面を庭に設定している。たとえばザールがルーダーベを訪れたときには、「その頬はザクロの花のようで、サクランボの唇を持ち、白銀の胸にザクロの種子がふたつ、目は庭に咲く1対のスイセン」というように。

絵師はしばしば自然を題材にし、園亭の日陰の中や涼しい日よけの下で仕事をしたため、細密画は当時の庭園のレイアウト、水路、園亭、花壇、植栽についての具体的な情報を与えてくれる。のちのペルシアの細密画家(一部は宗教的迫害を受けてムガールの宮廷へ逃れた)は北インドの庭園の場面を描写している。雅な所有者がクッションに寄りかかっている一方で、春と再生の象徴であるアーモンドの花、あるいは死すべき運命の象徴である堂々としたイトスギ、プラタナス、ポプラを背景に庭師が働いている。詩や絵画ではバラ、デイリリー〔ヘメロカリス(ユリ科キスゲ属)のこと〕、ケシ、タチアオイ、シャクヤクなどの花が好まれ、アイリス、ヒヤシンス、チューリップ、スイセン、アネモネ、ユリなどの自生の球根植物が頻繁に描写された。1405年のティムールの死後はモンゴルの勢力は衰え、分裂した。帝国の西部、ペルシアは長い間、不安定な状態だったが、サファヴィー朝のもとに再統一され、しだいに国境周辺を併合していった。1500年代前半には、ティムールの子孫のひとりであるバーブルが北インドでムガール帝国の建設を始めた。

❖ ペルシアの栄光

1500年からペルシアで新たな王朝、サファヴィー朝が興った。彼らはイスラム教シーア派をペルシアの公式の宗教とし、大王シャー・アッバースⅠ世(1587-1629)のもと、国境を拡大し安定させた。アッバースⅠ世は大規模な公共および私的な建設事業を実施し、外の世界との接触を再開して外国の特使や商人を歓迎し、彼らの多くが新都エスファハーンの壮麗さを語った。山々に取り巻かれた標高1590メートルの高原にあるこの都市は、文化と通商の中心地として世界的に有名になった。

1626年にトマス・ハーバートが、イギリスのチャールズⅠ世が派遣した使節サー・ドドモア・コットンに同行してペルシアにやってきて、シャー・アッバースを表敬訪問した。シャーにカスピ海の岸で合流するよう命じられたハーバートはペルシアを北上したが、途中でエスファハーンの新都を見ることができ、次のように述べている。「雄大さと香りの点でここの庭園に勝るようなアジアの都市はない。都から少し離れたところに森があるのが見え、それは非常に大きいが、やはりとても甘味な香りがして青々としているので、もうひとつの楽園と呼びたくなるかもしれない。*Horti Persarum erant amoenissimi*(ペルシアの庭園はもっとも人に喜びを与える)という古い報告は間違いではなかった」

シャー・アッバースはこの古い都市を、花のアラベスク模様とカリグラフィーのタイルで覆われたモスクの光輝くドームが日陰になった広い並木道の上にそびえる、美しい都にした。広々としたテラス状の庭園は、石で内張りされた運河を

帝国の終焉

ヘラートの谷に何十と造られた皇帝の庭園の痕跡はほとんど残っていない。1933年にロバート・バイロンが、ティムール朝最後の支配者によって建設された庭園を訪れ、『オクシアーナへの道(*The Road to Oxiana*)』に次のように書いている。「帰途、ランドー馬車はタフテ・サフィール、つまり旅人の玉座と呼ばれるテラス状の庭園で止まった。そこはすべてが廃墟となっており……夜風の最初の口笛で、自然のもの悲しさが増した。頂上の空になった水槽から、池と水路が一筋になってテラスからテラスへと下りている。このフサイン・バイカラの遊園は、強制された労働によって築かれた。彼の道徳的許容範囲が広いといっても、度を越せば臣民たちは牢獄に行く代わりにスルタンの庭造りを手伝わなければならなかったのだ」

【エスファハーンの庭園】

この17世紀後半の版画は、サー・ジャン・シャルダン (1643-1713) の『ペルシア見聞記』から取ったものである。1811年に発表されたこの版画は、エスファハーンのチャハル・バーグ大通りの川を渡った端にあるヘザール・ジャリブを描いている。シャー・アッバースの庭園のひとつで、12のテラスがあり、北にこの都市の眺望が見える。斜面の頂上にジャハーン・ナーメ（世界を表す庭）の宮殿が見える。今日では、この場所はシーラーズと大学へ至る幹線道路が占めている。手前にはさらに大きな庭園ファラハーバード（喜びの住まい）があり、これは1700年にシャー・スルターン・フサインによって造られたもので、池もあって、島には避暑のためのあずまやが建てられていた。

使った長大な灌漑システムによって灌水された。チャハル・バーグ大通りの中央を流れる水路にはオニキスが張られ、細い副水路と交わり、両側に8列の堂々としたプラタナスや背の高いポプラがあって、ケシやバラの花壇に日陰を作っていた。マッディと呼ばれる6本の運河が残っており、1本は17世紀の学院（マドラッサ・イ・シャー）の中庭を貫いて流れている。ハーバートはハザール・ジャリブの庭園について、噴水のついた12面の貯水槽へと上がるテラスがあると述べている。また、タジャバードにある庭園についても説明しており、カナートから供給される澄んだ小川によって水が確保され、「豊富にあるのは塩と砂ばかりの」砂漠のあとでは、「ダマスクローズとそのほかの花、枝を広げる多数のチェナールの木（ブナに似ている）のほかザクロ、モモ、アンズ、スモモ、リンゴ、セイヨウナシ、クリ、サクランボもある」ここは豊饒の楽園だった。

イラン北部のガズヴィーンにあるシャー・アッバースのサッダタバードの庭園をたたえて書かれた詩の中で詩人のラムジは、よい香りのするスイセン、スミレ、ヒヤシンス、ニオイヤグルマギク (*Centaurea moschata*)、ケシ、アネモネ、ヒエンソウ、アイリス、チューリップ、白および金色のユリ、赤や黄色の花弁を持つダマスクローズとジャコウバラ、白いジャスミン、スイートバジル、マリーゴールド、タチアオイを称賛している。オシロイバナ (*Mirabilis jalapa*) とチューベローズ (*Polianthes tuberosa*) はヨーロッパからもたらされたもので、ヨーロッパへは新世界から伝えられたばかりだった。幾何学的に分割された庭は、園亭そのほかの建物や池がある広場も含め、細かな計画に従って建設された。

第3章 | イスラムの庭

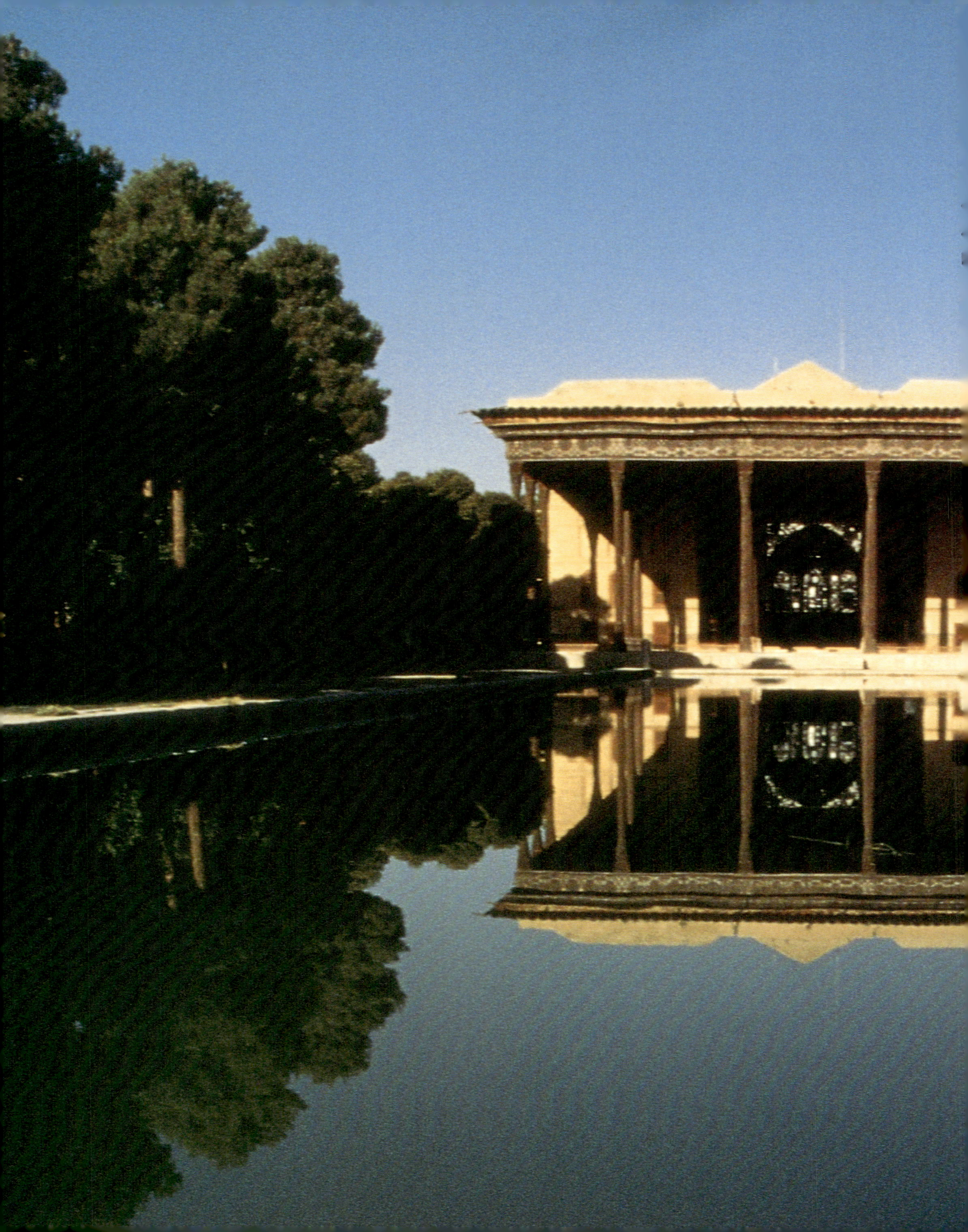

【水に映る影】

チェヘル・ソトゥーンすなわち四十柱殿（左）という名称は、ターラールと呼ばれるポーチを支える20本の木製の柱が前のカナルに映ることからつけられた。今でもエスファハーンの名所のひとつであるこの宮殿は、1647年にサファヴィー朝の皇帝たちが催しを開く園亭として建てられた。もともとはメイダン（中央広場）の王宮にある王室庭園の一部だったが、今日ではサファヴィー朝時代の権力を物語る絵画や退色したフレスコ壁画のコレクションを収蔵している。プラタナスとニレが池に対して直角に伸びる小道に影を投げかけ（下）、ペルシアの庭園が壁で囲まれたチャハル・バーグの狭い空間を脱する、より広い空間イメージをたたえ、贅沢な饗宴の場所となった、かつての時代精神を彷彿とさせる。

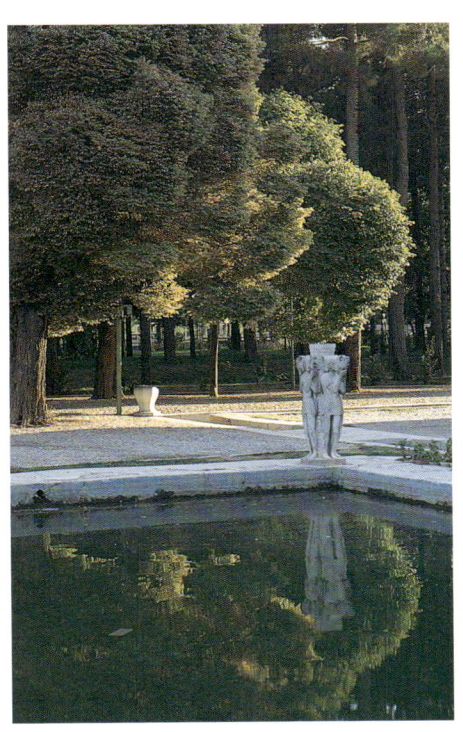

第3章｜イスラムの庭

シャー・アッバースは、この国の北部でカスピ海周辺のまったく異なる亜熱帯気候を楽しんだ。年間降水量は1000～1500ミリで、この国の平均の約5倍である。彼の夏の宮殿のひとつにある楽しみの庭(プレジャー・ガーデン)はテラス状で、輝く水が流れる斜水路があった。イギリスへ亡命したフランス人宝石商で旅行家のサー・ジャン・シャルダンが1670年代にこの地域を訪れ、魅了された。「この国全体がひと続きの庭園、あるいはペルシア人が呼ぶように完璧な楽園にほかならない」のであり、土手道や幹線道路の脇には「多数のオレンジの木の小道があって、両側が美しいパルテールや花壇で縁取られている」。残念ながら今日では、稲田やチャのプランテーション、そして帯状に開発が進み、カスピ海南岸の多くの土地が趣を失ってしまった。

　エスファハーンにはふたつの園亭が残っている。1647年にアッバース2世によって建てられたチェヘル・ソトゥーン（四十柱殿）と、スレイマン1世の治世の1669年に建てられたハシュト・ベヘシュト（八楽園）で、アッバース1世のナイチンゲール庭園内にある。チェヘル・ソトゥーンという名称は、屋根を支える20本の木製の柱が大きな矩形の池に映って40本に見えることに由来する。ドイツのヴェストファーレン地方出身の医師で植物学者のエンゲルベルト・ケンペルは1685年にペルシアにやってきた。ペルシアは、彼がバタビアと日本へ行く途中に訪問した国々のひとつだった（370ページ参照）。ケンペルは1年以上、許しを待ったのだが、時間を有効に使ってエスファハーンの正確なスケッチや地図を作成した。彼の彫版画は1712年に出版された『廻国奇観(Amoenitates Exoticae)』で発表された。ケンペルはハシュト・ベヘシュトについて、正方形の敷石で覆われた中庭の中央に園亭があって、その周囲に水路が走っていると記述している。プラタナスが植えられた南北に伸びる2本の並木道が園亭に通じているのに対し、水は東西に伸びる水路をハクチョウとアヒルでいっぱいの水槽へと流れていた。

　シャー・アッバース1世の時代からほとんど手をつけられずに残っている数少ない庭のひとつで、ペルシアのあらゆる庭園のうちでもっとも美しいといってもよいのが、テヘランの南の大塩砂漠〔カヴィール砂漠〕の端にあるカーシャーンのフィン庭園である。これはイランに現存する最古の、非常に重要なサファヴィー朝の庭園のひとつであるが、17世紀以降、さまざまな時代に改造され、1935年に復元された。広い並木道がアプローチになっている、堂々とした入り口がある高い壁に囲まれたこの庭園は、2ヘクタール以上を占めている。水は泉（フィン）と山から続くカナートの水が貯水槽に溜まり、そこから供給されるが、その力はすべて重力によるものである。圧力のかかった状態が巧みに維持され、水は流れ続け、泡立つ噴水が噴き出している。中央には、サファヴィー朝の園亭の基礎の上に築かれた、19世紀のガージャール朝時代の園亭がある。池は四角い。庭にある樹齢400年のイトスギの樹脂の香りが、古代の芳香を彷彿とさせる。

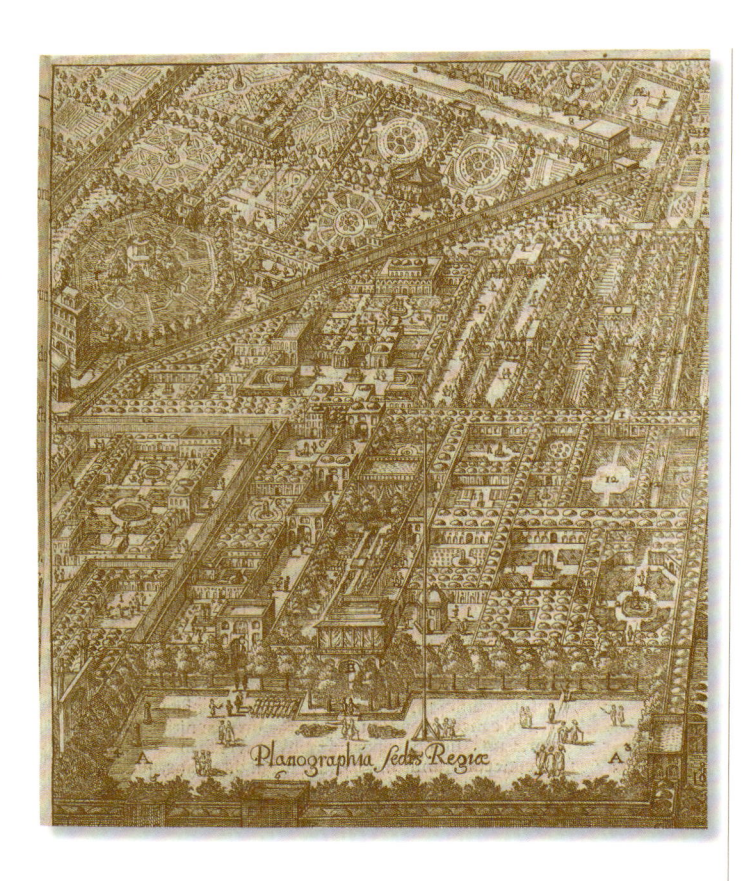

【ケンペルの地図】

このエスファハーンの俯瞰図は、ドイツの植物学者で医師でもあり、1685年にエスファハーンを訪れたエンゲルベルト・ケンペルによる『廻国奇観』（1712）に掲載されたものである。メイダン（手前の中央広場）とアリー・カプー宮殿を描いており、宮殿の向こうには厩舎と王室庭園が広がり、チェヘル・ソトゥーンもある。背後に斜めに走っているのがチャハル・バーグ大通りである。17世紀に数多く建設された庭園や園亭のうちでまだ残っているものはわずかしかない。

【生きている過去】

カーシャーン郊外にあるフィン庭園の、壁で囲まれた庭の中にある主水路には空色のタイルが張られ、樹齢400年のイトスギによって日陰が作られている。17世紀にシャー・アッバースⅠ世によって造営されたこの庭園は、現存するイラン最古の庭園である。泉はカナートによってもたらされた水で満たされ、園内の泡立つ噴水は重力によって噴き出している。

❖ 異議と理解の声

　すべての旅行者がペルシアの庭造りのやり方を高く評価したわけではない。庭を歩き回るのではなく、そこに座っていることに最大の喜びを見出すという考え方に、非常に当惑した人もいる。カスピ海沿岸地方をしきりに褒めたたえたサー・ジャン・シャルダンは、1660年代から1670年代にかけてペルシアを旅した、情報に通じた批評家であり、「広く一般にあてはまると思われる法則によれば、自然が豊かで安楽な所では、造園というような技術はほかの国ほど知られておらず未熟である。そして事実そのようになった……これはとくにペルシア人がわれわれのように庭を散歩しないところからきている。彼らは庭を眺めてその空気を吸うだけで満足なのであり、ただそのためだけに庭のどこかに座ると、出て行くまでそこにじっとしている」(『ペルシア見聞記』、岡田直次訳、平凡社)と書いている。花は主としてそれが豊富な春に楽しむもので、夏にはがっかりするほど少なかった。また、いくつかの植物が気に入り、「一つ枝に黄・黄と白・黄と赤の三種の花をつけたバラの木」(同上)を見たことがあると述べている。また、別のところでは、すでに称賛の的となっていたチューリップの花について語り、「若者が恋人にチューリップを贈るとき、この花の全体の色によって自分が相手の美しさに夢中だということを、花の根元の黒さによって心が燃えて熾きのようになっていることを相

第3章｜イスラムの庭

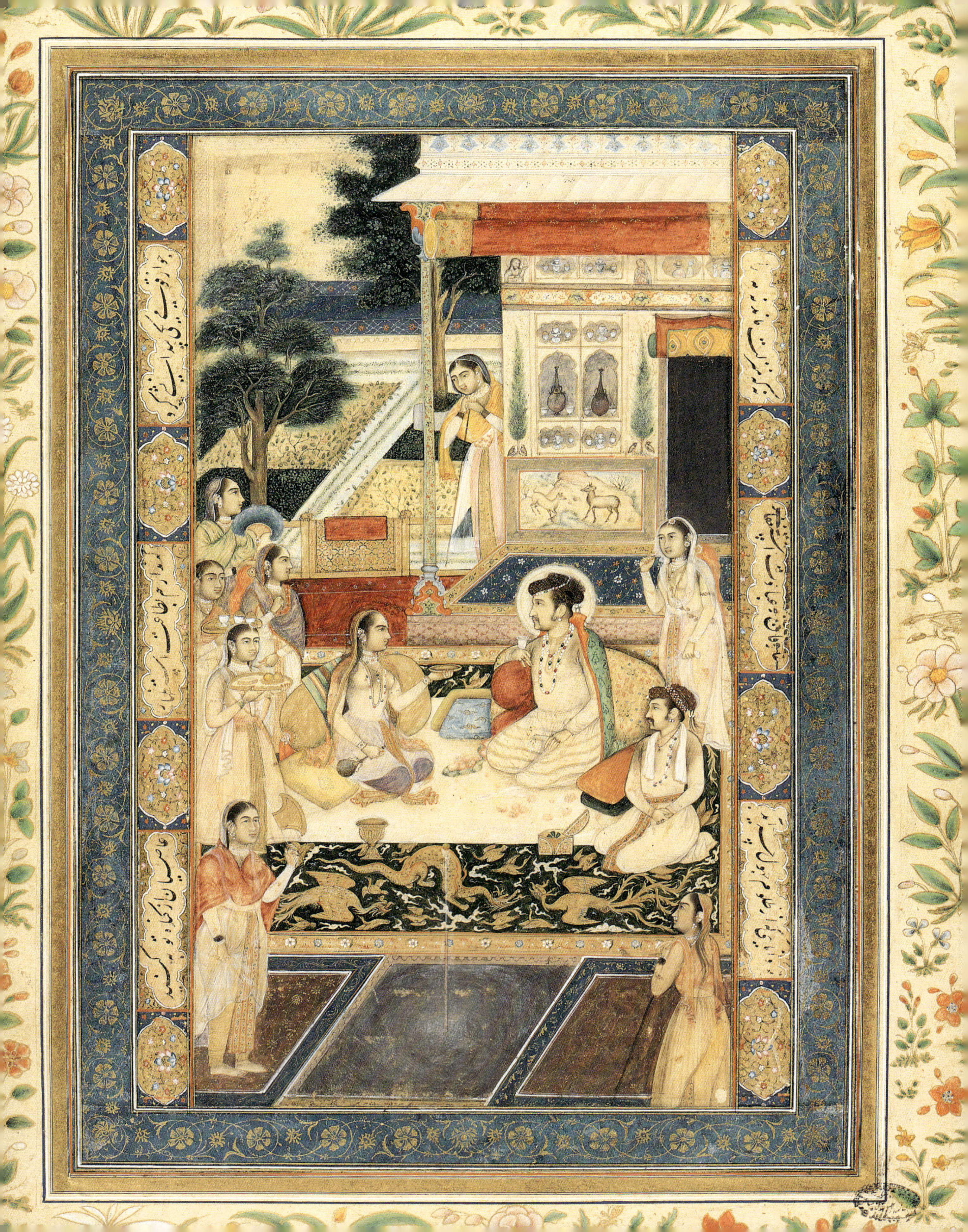

【庭園での隔離生活】
1790年頃に描かれた、北インドのカングラのゼナーナ（女性部屋）での宮殿生活（上）。女性はしばしば強い影響力を持っていたが、人前に出るときは厚いヴェールをかぶらなければならないし、彼女たちを訪問できるのは近親者だけで、全生活は楽園のような庭園の周辺でなされ、そこでは自由に歩き回ることができ、戸外で食事ができた。

【家族の肖像［左ページ］】
17世紀の細密画のあとに描かれた18世紀のグワッシュ画〔不透明水彩絵の具を使用した絵画〕に、国母ヌール・ジャハーンが園亭の前の庭で夫ジャハーンギール帝（バーブルの子孫）と未来のシャー・ジャハーンである息子をもてなしている様子が描かれている。ペルシア出身のヌール・ジャハーンはカシミールに自分の庭を持ち、インドのムガール人にバラ油の精製を伝えた。

手に知らせる」と述べている。シャルダンはイングランドで隠居してジョン・イーヴリンと親交を結び、1703年に死去した。

おそらく、1920年代にペルシアを旅したヴィタ・サックヴィル＝ウエストが、ペルシアの庭園についての西洋人の見方を一番よく伝えているだろう。「ペルシアに来て以来、私はガーデンを探してきたが、まだ見つけていない。それでもペルシアの庭はたいへんな評判である。ハーフェズとサアディーはよくバラについて詠い、多少うんざりするほどである。それなのに、ペルシア語にバラを意味する言葉はない。せいぜい『赤い花』である……『ガーデン』というと、私たちは芝生や草本のボーダー〔境栽花壇〕のことを思うが、それは明らかに無理なことである。このからからに渇いた国には芝生はないし、宿根草ボーダーともなれば、ペルシア人には想像もつかないみずみずしい美しさを想定している。ここではすべてが乾燥して取り散らかり、砕けて腐っている。そして1年のうち8ヶ月は残忍な太陽にさらされた埃だらけの貧困。それでも、ペルシアには庭がある。しかし、それは花の庭ではなく、樹木の庭、緑の野趣園である。夏に馬に乗って平原を進んでもう4日目になると想像してみてほしい。雪を頂いた山脈にはばまれながら小道を上ってゆく。道を上りきると次の平原が見え、はるか100マイル向こうに次の山脈という障害がある。……そして何日も、ことによると何週間も、陰ひとつないところを馬で行かねばならず、頭上では太陽が照りつけ、あるのは道沿いに散らばる死んだ動物の白骨だけ。そんなときに樹木と流れる水があるところに来たら、あなたはそれをガーデンと呼ぶだろう。あなたの目が渇望しているのは花でもそ

第3章 | イスラムの庭　081

造園家でもあった皇帝バーブル
BABUR, THE EMPEROR-GARDENER

詩人、音楽家でもあり、植物と自然を愛し、インドにムガール朝を建てた、教養のある皇帝バーブルは、征服だけでなく多数の庭園の造営もやってのけた。1483年に生まれ、若いときにサマルカンドやヘラートを訪れ、そこで見た庭園、とりわけ2階建ての「甘い香りのする小さな住居」がある「白い庭」と呼ばれる庭園を忘れることはなかった。回想録からは、彼が自然を楽しんでいることがわかる。バーブルは、樹木で覆われた斜面の美しさやヒンドゥークシュ山脈の峰の近くに広がる草原に育つ果物について書いている。また、野生の花を見つけるのが大変好きで、チューリップの収集について2度書いている。バーブルが早い時期に庭園を造ったカブール自体については、手書きの回想録『バーブル・ナーマ』の中で、「世界にこれほど心地よい場所がほかにあるだろうか」と書いている。

カブール近郊の彼の気に入りの庭園がヴァファー庭園（忠誠の庭）だった。1519年10月の彼の日記は、「このところ庭が美しい日々が続いている。芝生には一面クローバーが生え、ザクロの木々が黄葉して美しい」と、秋の庭園の美しさについて語っている。また、「最高に美しい数本のポプラの木々」にも注目し、11月には1本の若いリンゴの木がとても美しいのに気づき、「どんな絵師がそれを表現しようとしても、同じようには描けないほどだ」と書いている。庭にザクロとオレンジとシトロンを植え、のちにプランテン（料理用バナナ）そのほかの果樹、サトウキビを加えた。庭園は傾斜地にあって、中ほどに「4つの庭がある小さな丘を通って絶えず流れる」水車用の小川があった。あるムガールの絵師が、1595年頃に『バーブル・ナーマ』のためにヴァファー庭園の挿絵を描いた。その絵には水路が交差する四分庭園が示されており、立派な門の内側で、庭師が植え付けができるように4つの区画を準備している。カブールの気候は庭造りに適していて、昼間は暑いが夜は涼しい。

ジャラーラーバードから40キロのところにあるニムラと呼ばれるバーブルのもうひとつの庭園には、今日でも、ほっそ

読書するバーブル、ビシャン・ダースによる1615年頃の水彩画。

りしたイトスギとプラタナスの古木が干上がった水路に沿って並び、用地の中でオレンジの木がまだ繁茂している。1505年にバーブルは、すでにヤナギが植えられていた庭にサワーチェリーとプラタナスの木の挿し穂を持ち込み、大きな円形の腰掛けの上にかぶさるように苗を植えたときの様子を書いている。

バーブルは軍を率いてインド北部に侵入したときも庭園造りを続けたが、土地が平坦でからからに乾いていることや、流れる水がないことについて苦々しげに不満を述べている。アーグラでは、平原の見晴らしが「とても悪くて魅力がない」と思い、「われわれは百の嫌悪と反感をもってそれを横断した」としながらも、ラーム・バーグという宮殿を建設し、これはのちに息子のフマーユーンによって完成された。そこではヤムナー川から水を汲み上げるために水車が必要だった。ラーム・バーグは今日でも見ることができる。

彼らしいことだが、バーブルは忙しい身であるにもかかわらず、植物収集の時間をなんとか見つけた。インドで見つけた新しい植物——マンゴー、バナナ、ベンガルボダイジュ、赤いキョウチクトウ、オレンジ、レモン——を本国のカブールへ送り、

【プランツマンの優先事項】

アフガニスタンにあるバーブルがもっとも好んだ庭園であるヴァファー庭園（忠誠の庭）は、壁に囲まれた典型的なチャハル・バーグで、水路が出合って池に注ぐようになっていた。バーブルは、山中で野生のチューリップを見つけたことやあらゆるものが金色になる秋の庭の壮観について書いている。この絵ではバーブルが庭師や庭園建築家に指示して格子状の配置を完成させており、その一方で門で使節が謁見を待っている。

自分のインドの新しい庭園をさらによくするために、昔からの馴染みのある気に入りの植物を輸入するよう手配した。

第3章｜イスラムの庭　　083

の華やかさでもなく、日陰でいっぱいの緑の洞穴と、金魚が素早く泳ぐ池と、小川の音なのだ。それが、ゆっくりと進む長蛇のキャラバンが日常のことであってロマンチックなことではない国、ペルシアのガーデンの意味である」と書いている。のちに彼女はこのガーデンは日陰の場所であるとともに、精神の一時的救済の場所だといっている。「暑い一日のあとの夜のそよ風のようなもの、砂漠の中の井戸のようなもの、そうしたものがペルシア人にとってのガーデンなのだ」と。

❖ インドのムガール庭園

　バーブルが帝国の国境を広げるためにインドに向かうときにイスラム式庭園も伝え、2世紀の間、インドで隆盛を誇り、あらゆる庭園の中でもっとも壮観な庭園を造ったのは彼とその後継者たるムガール帝国の皇帝たちである。デリーとアーグラ周辺の荒涼とした平原、そしてシーダーが山の斜面を覆いヤナギとポプラが水を縁取るカシミールのダル湖畔というまったく違う場所で、楽園の概念を要約したような庭園が魔法のように造り出された。

　これらのムガール庭園は幾何学的で、中央の水路にそれより小さな水路が直角に交わり、それぞれに花壇があった。ごく初期のものはヒンドゥスタンの平原にあり、そこはバーブルが(1530年に死亡するまで)統治し、その後は彼の子孫のフマーユーン、アクバル、ジャハンギール、シャー・ジャハーン、アウラングゼーブが支配した。バーブルは平坦な地形と水が少ないことを嫌ったが、それでもアーグラで宮殿と庭園の建設を始め(その完成は息子のフマーユーンにゆだねられた)、インドで見つけた新しい植物について書きとめた。フマーユーン(1508-56)は絵画や詩といったほかの芸術を発展させることには熱心だったが、さらなる庭園の開発は息子のアクバル(1542-1605)に任せた。アクバルはムガール帝国を強固にし、ふたりのラージプート族の王女(ひとりはジャハンギールの母)との結婚により、ヒンドゥー文化への同化を身をもって示した。

　アクバルはアーグラにレッド・フォートを築き、そのデザインの着想はほとんど伝説のコルドバのメディナ・アサアラから得た。その後、都をファテプル・シークリーへ移して、宮殿と庭園の建築複合体をもうひとつ造営し、多数の樹木や草花を輸入して飾った。1586年にカシミールを訪れたとき、アクバルは自身をたたえて川辺の宮殿と水上庭園を用意させた。彼はきらめくダル湖の景色に魅了され、カシミールを自分の私庭園とみなし、サフランや稲の収穫、果樹園のクルミ、静かな水に映るポプラの木々を眺めて楽しんだ。カシミールの谷に行くためには、皇帝は狭い山道を通り抜けなければならなかった。このため、いったんたどり着けば、肥沃な谷はいっそう天国に近く思えた。湖上では木彫りの屋形船が、植物の生えた緑の島やピンクのハスの花の間を漂った。彼が築いた最初の園亭宮殿がナシーム・バーグの宮殿である。

　ジャハンギール(1569-1627)もアクバルのカシミールへの愛着を受け継ぎ、自分の息子のシャー・ジャハーンとともにカシミールの庭園の中でもっとも素晴らしいシャリマー庭園を建設した。ジャハンギールの時代にはダル湖があるシュリーナガル周辺に庭園が700もあり、すべて水を主要なテーマとしていた。小さな宮殿や園亭のほか、巨大なスケールで築かれたゆったりと流れる広いカナル、噴水、

【比類なきタージ】

シャー・ジャハーンの妃ムムターズ・マハルの廟であるタージ・マハルは、1632年から1654年にかけて建設された。左右の対称の建物に挟まれて、庭園の端にあたるヤムナ川の上の高いテラスにそびえ、その姿が中央のカナルに完全に映っている。もともとは庭園は川向こうの月光庭園と八

角池——現在修復中——のあたりまで広がっていて、池には川の南岸にある白い大理石の廟が映っていた。この廟は、伝統的なチャハル・バーグの場合のように庭園の中央ではなく、涼しい川風を受け、川を行きかう舟や対岸から見えるように配置された。建物には、コーランの詩句のほかに、皇帝とその家族が愛した花々を描いた大理石の浮き彫りや半貴石の象嵌細工——有名なピエトラ・デュラ、これはフィレンツェの細工の影響を受けたのかもしれない——がある。

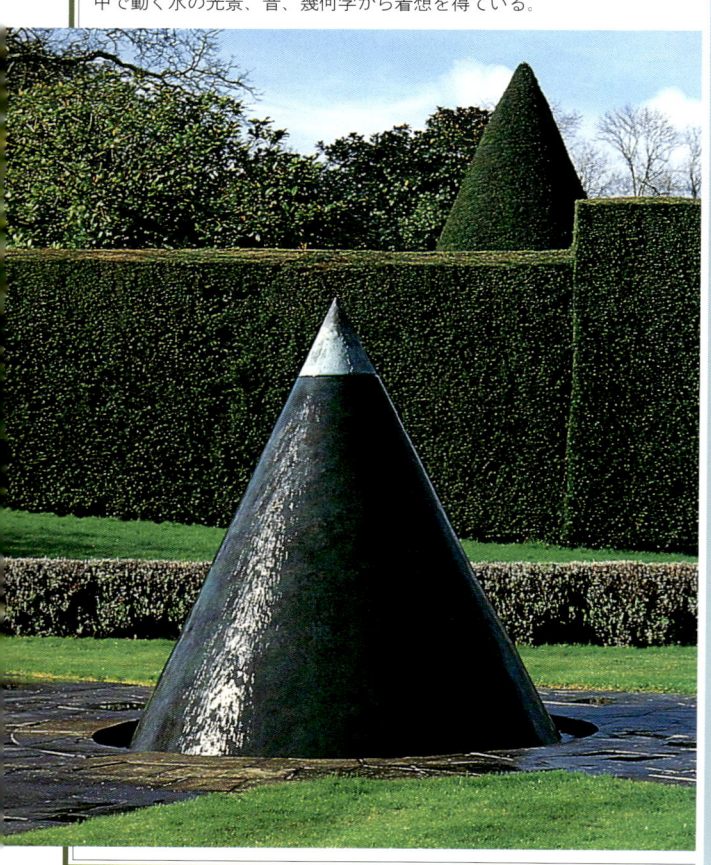

動く水
MOVING WATER

　清らかな水を感じる楽しみがなければイスラム庭園とはいえない。楽園にふさわしい水の要素は、ハスでいっぱいのカナルで休み、リルを流れる。それはチャダール（ショールやシートを意味する言葉に由来する）と呼ばれる大理石の射水路を通って勢いよく流れ、噴水や噴泉から泡やしぶきとなって噴きあがった。だが、イスラムの庭園では動く水の芸術と科学はこの水という要素そのものに目を向けていたのに対し、16〜17世紀のヨーロッパの大庭園では膜状や帯状、あるいはしぶきとなる水を見せるのが目的だった。

　ルネサンス期のイタリアの王侯貴族や高位聖職者の庭園では、植物ではなく水が花を咲かせ、惜しげもなく装飾された噴水が、最後の途方もない光景へとつながる川のような小道沿いに点々と設けられた。ヴィッラ・ランテでは、テベレ川とアルノ川が巨大な彫像によって擬人化されている「河神の噴水」が、水の「鎖」（131ページ参照）により、もっとも重要な「大洪水の噴水」と結ばれている。こうした水の仕掛けを設計した技術者、すなわち噴水師は自分のことを発明家というよりは古代地中海世界の水力技術の再発見者とみなしていたが、彼らの業績には革新的なところも多くあった。フィレンツェのカステッロでは、水力を利用したオルガンが原始の獣の彫像の下に隠されていて、その「音楽」は面白いが同時に奇怪でもあった。ほかのところでは、動いたり音楽を奏でたりしているように見える自動機械で池は活気づき、隠された巧妙な仕掛け（ジオッキ・ダクア）によって油断している客が驚かされたり、ときにはびしょ濡れになることもあった。18世紀の私的な風景庭園には、こうした臆面もない人工的な見世物を入れる余地はほとんどなかった。しかし、世界中の都市や町の公共スペースが、今でもルネサンスの水の魔術師によって演じられた驚異を受け継いだ泉や噴水で飾られている。

【光と輝きのしずく［上］】
ティヴォリにあるヴィッラ・デステの「長円の噴水」を水が水晶のカーテンのように流れ落ちている。水道橋と向きを変えられた川によって、このルネサンスのヴィラの驚くべき展示に水が供給されており、水力を利用した「特殊効果」には、かつては鳥のさえずりやドラゴンの音もあった。

【目的の明快さ［下］】
コーンウォール州にあるアントニー・ハウスのこの三角形の噴水も含め、ウィリアム・パイの現代彫刻のコンセプト、形、構造は、自然の風景の中で動く水の光景、音、幾何学から着想を得ている。

【太陽王のための壮観な眺め[左]】
驚くほどの種類の多さと贅沢さの点で、ヴェルサイユの大噴水にまさるものはなく、セーヌ川から1日に5000立方メートルの水を汲み上げる必要があり、ルイ14世が庭園を見にやってくる直前に作動するように「プログラム」された。

【皇帝の最後の庭園[下]】
ムガール帝国の初代皇帝バーブルは、国の指導者であるだけでなく、熱心な造園家で、自然を愛した。バーブル庭園──カブールにあるバーブルの墓の周辺の庭園──を描いたこの19世紀の絵では、きらめく水が石造りの並木道を滝のように流れ落ち、チャダールと呼ばれる。

【休養とレジャー[下]】
1ブロックがまるごと流れる水と池になっているアイラ・ケラー・ファウンテンは、オレゴン州ポートランドの市民に、外界から隔離された爽快な休息場所を提供している。近くの山中にある大きな滝と「同等の体験」ができるようになっているのである。

【ロマンチックなカスケード[下]】
これは最近再発見されたサマセット州のイギリス式風景庭園ヘスタークームの18世紀の風景で、激しく流れ落ちる水が劇的な効果を与えている。1750年代に造られたもので、当時は重力を無視した装飾的な水仕掛けではなく、水を使ったものも自然な庭園要素が流行していた。

第3章 | イスラムの庭　087

滝、カスケード、射水路は周囲の木々で覆われた山々によってのみ小さく見えた。ナシーム・バーグには、アクバルによって湖畔に植えられた最初の1000本から生き残ったプラタナスの巨木が何本かあり、銀色を帯びたポプラの並木道が、シャリマー庭園のカナルの直線を強調している。

シャー・ジャハーンも庭園と宮殿のすぐれた建設者だった。彼の保護を受けた絵師たちは、花や鳥や動物を本物そっくりに描写することを奨励された。実際の庭園の描写は少ししかないが、色彩豊かな花や果樹の描写だけでなく、四分の考え方を示すペルシアやムガールの見事な細密画が多数ある。絵師たちは世界をあるがままに描くのではなく、あるべき姿——調和の取れた崇高な楽園——を示したいと思った。ごく普通の庭園の場面が、素晴らしく美しい豊かなオアシスに置き換えられたのである。

アーグラのタージ・マハルはシャー・ジャハーンの傑作である。1632年から1654年にかけて妃のムムターズ・マハルの廟として白い大理石で建設されたもので、楽園を象徴するとともに、彼の大きな愛も象徴している。コーランの詩句で豊かに飾られ、イスラム教徒の聖地である。おそらくそのもっとも重要な庭園施設は、タージの有名なドームを映すカナルであろう。この庭園は四分割され、中央の主水路ともっと細い横方向の水路が交わるところに一段高い大理石の壇がある。

❖ 花を愛したオスマントルコの人々

フランス人の博物学者で収集家のピエール・ブロン(1517-64)は、1546年から1549年にかけてレヴァントを探検してディオスコリデスの植物(40-41ページ参照)を確認し、フランスで順化できそうなものを収集したとき、目にした庭園とトルコ人が花を高く評価していることに感服し、「トルコ人ほど美しい花で自らを飾ることを喜ぶ人も、美しい花をたたえる人もいない。彼らは花の香りのことはほとんど考えず、その姿にもっとも喜ぶ。そして何種類もの花をターバンのひだの間にひとつつけ、しばしば職人が水の入った容器に何輪もの花を生けて前に置く。このため、庭造りは私たちの場合と同じように高い評判を得ている。そして外国の樹木や植物、とりわけ美しい花をつけるものを手に入れることには出費を惜しまない」と書いている。また、ブロンはトルコ人が細密画、詩、刺繍、陶磁器に花のテーマを常用することについても書いている。

ケシ

地中海地方や中東原産のケシ(*Papaver somniferum*)は、おそらくローマ人とともに北ヨーロッパにやってきた。アラブ世界ではよく知られていて、東へ広がってムガール帝国のインドに伝わり、皇帝たちはこれを使って敵対する者を徐々に狂わせる飲物を調合した。しばしばイスラム教徒の庭で栽培され、果樹の下の低くなった花壇でよく育ち、ケシはタージ・マハルの外側の大理石の浮き彫りにも描かれている。その栽培を禁止しようとあらゆる努力がなされているにもかかわらず、アフガニスタンそのほかの場所でいまだに営利目的で栽培されており、その汁液は麻薬取引の主品目であるヘロインの生産に使われる。

自然に種が落ちて育つ一年草で、何世紀にもわたって豪華な八重のシャクヤク——パーキンソンによれば、その種子はコンスタンティノープル原産だという——と交配され、花弁が白っぽいピンクのものからほとんど黒いものまである。古代ギリシア・ローマ時代から、この魅力的なケシは眠りと忘却の花として語られ、その薬効が理由で本草書に記載された。種子をワインや蜂蜜に混ぜたものがオリンピックの準備をする選手に与えられたし、今でも香料として使われている。神話によれば、*Papaver somniferum*は穀物の収穫高を心配する女神ケレスを楽にしてやるために眠りの神ソムヌスによって作られたという。その属名は乳液を意味するラテン語*pappa*に由来し、種名の*somniferum*は眠りを誘う性質からきている。1世紀に書かれ、異端とされてヨーロッパから消えたネストリウス派によって9世紀にバグダードでアラビア語に翻訳された、ディオスコリデスの『薬物誌』に記載された500の植物のひとつである。

Papaver somniferum

もともとは小アジアの遊牧民だったオスマントルコ人は、10世紀以降、イスラムに吸収された。西へ移動するにつれ(3世紀近くかけて、ほかのトルコへの侵入者のあとに続いた)、彼らはペルシアの遊園と庭園の伝統に触れたのち、ビザンティン世界の文化と出遭った。1453年にコンスタンティノープル(現在のイスタンブール)を占領したのちに打ち立てた帝国は、拡大して2世紀たたないうちにクリミア半島から小アジア、エジプト、ギリシア、バルカン半島、ハンガリーに及ぶ地域を支配するようになり、1686年になっても2度目のウィーン包囲を行なった。彼らの文明は6世紀にわたって続き、その文化は東方の文化だけでなくギリシア、ヘレニズム、ローマの文化も引き継いでいる。このような文化の継承を反映して、オスマンの庭園には東方と古代ギリシア・ローマの芸術の融合が認められ、花と戸外の愛好に重きが置かれている。

　7～8世紀にイスラムが拡大するまではビザンティン世界は精神的にほぼローマ人のままであったが、この頃から東方世界の風習や生活様式を採用することが多くなった。しかし庭園に関しては、東方のデザインの原則だけが取り入れられた。つまり、通常は水の施設とたいてい園亭——トルコ人にはキヨシュクと呼ばれた——がある壁で囲まれた場所で、本当の四分庭園ではなかった。噴水と池が、庭園だけでなく都市や村の通りにも設置された。ブルサ、そしてのちにはアドリアノープル(現在のエディルネ)で、宮殿やモスクの周辺に多くの庭園が造られた。水は砂漠のように不足しておらず、トルコ人は生まれながらの庭師で、山の斜面や谷に咲く野生種を「馴らした」。彼らは花を非常に愛し、行軍に鉢植えの植物を持っていくほどだったし、1686年の第2次ウィーン包囲攻撃では、大宰相カラ・ムスタファ・パシャはその間、自分のテントの前に庭を造った。そうしたことや戸外で過ごすのを好むことは、いまだにトルコ人の気質として残っている。

❖ 拡大する西洋との球根取引

　地中海東部とペルシアの野生の花は、何人もの西洋の植物愛好家や収集家の注意をひきつけた。ピエール・ブロンは、多くがすでに園芸植物として栽培されていることに気づき、著書『いくつかの珍しい事と忘れがたい事についての観察(*Les Observations de Plusieurs Singularitez et Choses Memorables*)』(1553)の中で、コンスタンティノープルの商人がすでに球根をかなり輸出していたと書いている。彼はセイヨウバクチノキ(*Prunus laurocerasus*)について初めて記述し、竪琴の形をしたチューリップを見たと記録して、それを「赤いユリ」と呼んだ。このチューリップはのちにオジール・ギスラン・ド・ビュスベックが採集して、ウィーンの植物学者クルシウスに送った(178ページ参照)。また、1573年にドイツの医師レオンハルト・ラウヴォルフが植物を探してこの地域を訪れ、トルコ人があらゆる種類の花を好むことや、ターバンに花をつける彼らの習慣について書きとめている。彼は800種類の異なる植物をヨーロッパに持ち帰り、その中には野生のルバーブや黄色の縞がある「可憐なチューリップ」もあった。その一部は今でもオランダのライデンの標本室に保管されている。

　トルコが初めてウィーンを包囲攻撃した1529年からちょうど20年後に、西洋とオスマン朝のスルタンの間で政治的および商取引での接触があり、それによっ

【花のタイル】
このふたつの陶製のタイルは1483年頃(上)と1520-50頃(下)のものである。オスマン朝のスルタンが支配する15世紀のトルコやシリアで生まれた釉薬をかけたタイルには、しばしばチューリップ、ケシ、シャクヤクなどの花が描かれ、暗青色、黒、紫、緑の装飾が施されている。1469-73年のメフメト2世の時代には、チニ・イ・イズニクと呼ばれる陶器ははっきりと中国風の外観を有していた。これは16世紀の素晴らしいイズニク陶器の先祖にあたる。

第3章 | イスラムの庭

て16世紀後半には見慣れぬ新しい植物がヨーロッパの庭園へ驚くほどの勢いで流入することになる。この異国の植物の到来は、ヨーロッパにおける植物の科学的研究を加速し、植物学を発展させた。輸入された園芸上の驚異には、チューリップ、ヨウラクユリ、アイリス、ヒヤシンス、アネモネ、ターバン・ラナンキュラス、スイセン、ユリなど、非常に多数の球根も含まれ、その多くは庭園が高度に洗練される過程で生まれたものである。ヨーロッパへのチューリップの導入に関する話は数多くあり、もっとも信憑性があるとされているのは、フェルディナントI世の宮廷から派遣された使節で1554年に旅を始めた教養人ド・ビュスベックによるとするものである。1630年代には、チューリップの球根についての商業的思惑から有名なオランダの「チューリップ狂時代」が始まり、新しい園芸品種の育成に大金が投じられ、富が築かれ、そして1637年に市場が崩壊して失われた。

❖ 勅令と大衆の楽しみ

1453年にメフメト2世がコンスタンティノープルを征服すると、ペルシアと西洋の両方の文化から取り入れたアイデアを使った、創造力の爆発が起こった。コンスタンティノープル、アドリアノープル、ブルサ、アマスィヤ、マニサに、芳香と色彩あふれる一連のパレス・ガーデンが造られた。大木が日陰を作り、ガゼルやのんびり歩き回るクジャクがいて、大気は爽やかな鳴禽のさえずりで満ちた。コンスタンティノープルでは、メフメト2世が7つの丘のひとつに新しく建てた宮殿トプカプ・サライの周囲に遊楽の園(プレジャー・ガーデン)を造った。そこには花壇とあらゆる種類の樹木がある囲い地がいくつもあって、全体が高い塀で囲まれている。のちにマルマラ海を望む東側の斜面にギュルハネと呼ばれるバラ園が加えられた。

トルコ人は戸外で生活する東方の伝統を持ち続けた。大きな公共の庭園が海辺や川のほとりに配置され、国民的な娯楽であるピクニックをする場所として人々に使われた。くつろいだり宴会をするために美しい花柄の敷物が敷かれた。同様に、果樹園を訪れて、わずかな料金で果物を摘むこともできた。スモモ、サクランボ、ラズベリー、ブラックベリー、イチジクなどはみな熟したら摘むことができた。メフメトの宰相は、庭園と果物は「多くの人々の喜びと幸せと利用」のために提供されるべきだと主張した。家々はほぼすべて内に小さな中庭があって、そこで小規模なガーデニングをすることができた。コンスタンティノープルの都市部は、鬱蒼と茂った木々が壁で囲まれた中庭に日陰を作る「緑の」街だった。

古い記録によれば、アドリアノープルとコンスタンティノープルの庭園では、16世紀の最後の四半世紀に球根植物とバラが大規模に栽培されていたという。1593年5月にムラト3世がアナトリア南部のマラスの行政官に、山地や高原から白いヒヤシンス5万個と青いヒヤシンス5万個を掘るよう命令している。そして、「花についてよく知っている若者をこの地域へ派遣し、……できるだけ急いでヒヤシンスの球根を上記の数だけ集めさせること。手に入ったら、私の命で派遣され

【スルタンの楽しみ】
メフメト2世は、1453年にキリスト教徒のコンスタンティノープルを征服すると、都をブルサからそこへ移した。スルタンは街のいたるところ、そして自分の宮殿トプカプ・サライに「大きくて美しい」遊楽の園を造り、いくつかの園亭にハーレムを設けた。そこには水が豊富にあり、ペルシアとサマルカンドから果樹と花を使った庭造りの伝統が受け継がれた。

間違った名前

チューリップはチューリップと呼ばれてはいなかったようである。伝えられるところによれば、使節のド・ビュスベックがアドリアノープルからの途上、冬にヒヤシンス、スイセン、チューリップが咲く野原を目にして驚いたという。その名前を訊こうと、ひとりの男のターバンにあった1本のチューリップを尋ねるしぐさをして指差した。すると男は「トゥリパンド」と答え、ターバンを意味するトルコ語を教えた。ビュスベックはその名前をこの花にあて、以来、チューリップはチューリップになったのだが、トルコ語ではこの花はラーレと呼ばれる。

た者たちにそれを渡し、球根を町の城門まで運ぶこと。……球根を採った者は、持ってきた数に応じて支払いを請求できる。熱心に努力し、十分に注意せよ。怠惰と不注意は避けること」と命じている。歴史学者のアフメト・レフィクの（1930年代に刊行された）記録にある統計に、このとき集められた膨大な数の球根についての詳細が書かれており、野生状態ではいくつかの原種が希少になるか絶滅したことと関係があるにちがいない。

同年9月にはアドリアノープルの庭園用にバラの木が注文されており、赤いバ

王室のチューリップ熱
A ROYAL PASSION FOR TULIPS

18世紀初め、アフメト3世の治世（1703-30）に、トルコで独特の形のチューリップ熱が起こった。アフメトのスルタン在位期間は、ラーレ・デヴリすなわちチューリップ時代としてよく知られている。ヨーロッパで交配された多くの新しい形のチューリップは、コンスタンティノープルで非常に大きな関心を呼んだ。アフメトの贅沢なチューリップの宴は背中にろうそくをともして花壇の中を歩き回るカメによって照らし出され、それも一因となって、浪費が主な理由で彼は失脚した。義理の息子である大宰相は、花の季節には夜ごと宴会を手配し、チューリップをランタンや鳥籠に入れた鳴禽とともに塔やピラミッド形の台に取り付けた。そして客たちはチューリップにふさわしい衣装を着るよう求められた。

11世紀より前には、コンスタンティノープルでは唯一サッラー・エ・ラーレというチューリップしか知られていなかったが、さまざまな形や色の野生のチューリップが、東アジアや中央アジアから絶えず集められて庭で栽培され、新しい形のものが生まれた。時代が異なれば珍重されるチューリップの形も違った。15〜16世紀には収集家は優美なくび

『チューリップの書（The book of tulips）』（1725）より

れた形の花を好んだが、アフメト3世の時代には、細い尖った花弁を持つ長くほっそりとした花の方が好まれた。

16世紀にトルコで入手できたチューリップの絵がボスポラス海峡を見渡せる「チューリップのあずまや」の壁画に描かれ、専門の栽培家が人気のあるものを争って生産した。セリム2世は皇帝の庭園用に5万個の球根を注文しシリアへ送ったが、おそらく野生のものが大量に集められた。歴史学者のホジャ・ハサン・エフェンディは、ムラト4世（1612-40）の東方への遠征に同行し、ペルシアから7つの異なる種類のチューリップを持ち帰ってコンスタンティノープルの自分の庭で育てた。1648年から1688年にスルタンだったメフメト4世は、各花についての説明とそれを育成した栽培者の名前を載せた公式のチューリップ・リストを完成させた。また彼は評議会に新しい園芸品種を評価できる独自の研究所を持たせた。アフメト3世の王室庭園や宮殿をいっぱいにした国産のチューリップは、マニサ地方のスピル山で育てられた。

チューリップのトルコ語の名前はラーレで、アラビア語で書くとアッラーと同じ文字を使うためチューリップはしばしば神聖なものの象徴として扱われ、16世紀には建物や噴水の装飾モチーフとして頻繁に用いられ、イズニク・タイルやそのほかの陶器に描かれて高価な絹に刺繍された。

ラ400カンタル、白いバラ300カンタルで合計40トン近くになった〔カンタルは中東諸国で用いられる重量単位。1カンタルは約50キロ〕。バラは香り豊かなバラ香水を作るためや香味のある清涼飲料用にも栽培され、球根植物と同じくらい人気があり、神聖なものとみなされてもいた。皇帝の庭はすべて庭師の組合が世話をし、花だけでなく野菜も育て、余りはすべて市場で販売した。トプカプ・サライの庭園はバラ、スミレ、野菜を売っていたため、おそらく収入を得たくて大量の注文をしたのだろう。

　エウリヤ・チェレビーは有名なトルコの旅行家で、10巻からなる旅行記を書いており、1631年にコンスタンティノープルとアドリアノープルで見た庭園についても語っている。どの王室庭園もイトスギかマツの木で囲まれていた。庭園の中には幾何学的な花壇があって、バラ、ヒヤシンス、スミレ、チューリップ、ジャスミン、キズイセン、スイセン、ユリ、ストック、シャクヤク、カーネーション、スイートバジルでいっぱいで、それぞれが三角形や四角形に植えられていた。2本の川が金角湾に流れ込むギセーヌの草原のチューリップは、「うっとりする」ようだったと彼は述べている。そして、スイカズラとジャスミンが絡みついた園亭（キヨシユク）、テラス状の泉、貝殻や彩色された小石が埋め込まれた華やかな園路についても書いている。また、1638年にムラト4世の前で行なわれた1001の組合の観閲の様子を目撃した。その中には庭師もいて、鍬、踏み鋤、鋸を持ち、雄牛が散水機を引いていたという。美しい新作の花を見せびらかすように頭の上に載せた庭師たちが、花を群集に投げた。接ぎ木職人の組合は、果物の大皿を頭に載せてバランスをとり、ナイフ、鋸、そのほかの接ぎ木の道具を手にしていた。

　18世紀には、トルコが西洋に輸出していたのは植物だけではなかった。非常に装飾的なトルコ式の園亭やテントは、スウェーデンのハーガ・パークやイングランドのペインズヒルのようなヨーロッパのピクチャレスクな庭園で流行した。ドイツのシュヴェツィンゲンは、ロンドンのキュー植物園にならってトルコのモスクを入手した。

　スレイマン大帝がもっとも好んだ庭園は、ハレムとサラジャクの間のアジア側の海岸にあり、マルマラ海、トプカプ・サライ、金角湾、ボスポラス海峡を眺めることができた。この庭園は、スレイマンの建築家で、1538年から1588年までの50年でコンスタンティノープルの400の建物に関与したスィナンに与えられた。

❖ 絶えることのないイスラムの伝統

　イスラム教徒が発展させた精神的で洗練された囲われた庭は、広大な砂漠の中で生命を維持する休養と緑の場所で、遊牧民に利用されたオアシスにその起源を持つ。今日でもやはり、イスラム庭園の魅力の多くは周囲の田園地帯から隔絶されているところにある。この点で、周囲の自然にならって造る現代の環境庭園とはまったく異なる。

　イスラム庭園は今でもイランにもっとも純粋な形で存在し、春には壁で囲まれた果樹園が花の雲で覆われ、周囲の丘や砂漠の黄褐色から茶色の色調とまったく対照的である。春にはアーモンド、スモモ、マルメロ、アンズ、セイヨウナシ、

戸外の生活

1717年4月1日、レディー・メアリー・ワートリー・モンタギューはアレグザンダー・ポープに宛てて次のように書いた。「アドリアノープルの周囲数マイルは、全体が庭園になっていて、川辺には果樹が列をなして植えられ、その下でトルコのあらゆる重要人物が毎夕、気晴らしをしている。彼らが楽しんでいるのは散歩ではなく、木陰が濃くなっている緑の場所を選んでパーティを開くことで、絨毯を広げてその上に座り、コーヒーを飲むのである」

【チューリップの皿】
（ここにその一部を示した）イズニク産の盆は16世紀のもので、黒いチューリップで飾られている。

【喜びの日々［右ページ］】
キャウトハーネ（ヨーロッパの甘い水）の庭園は、この18世紀後半の写本に描かれているように、祭典と娯楽の場であった。アフメト3世（二703-30）が造営したキャウトハーネの草原にあるこの庭園はキャンプとピクニックに使われ、それがトルコの習慣だと、レディー・メアリー・ワートリー・モンタギューがアレグザンダー・ポープに宛てた手紙に書いている。優美な園亭がこの遊楽の園をさらに素晴らしいものにし、そこでは男女が自由に交際した。残念ながらこの場所は産業汚染で荒廃したが、現在修復中である。

واهمه انكىنه به غم وآرى	ستى حفظ ايله انده بارى
سكا ترتيب ايله ثمدى جانا	سويله يم بنده زنان دنيا

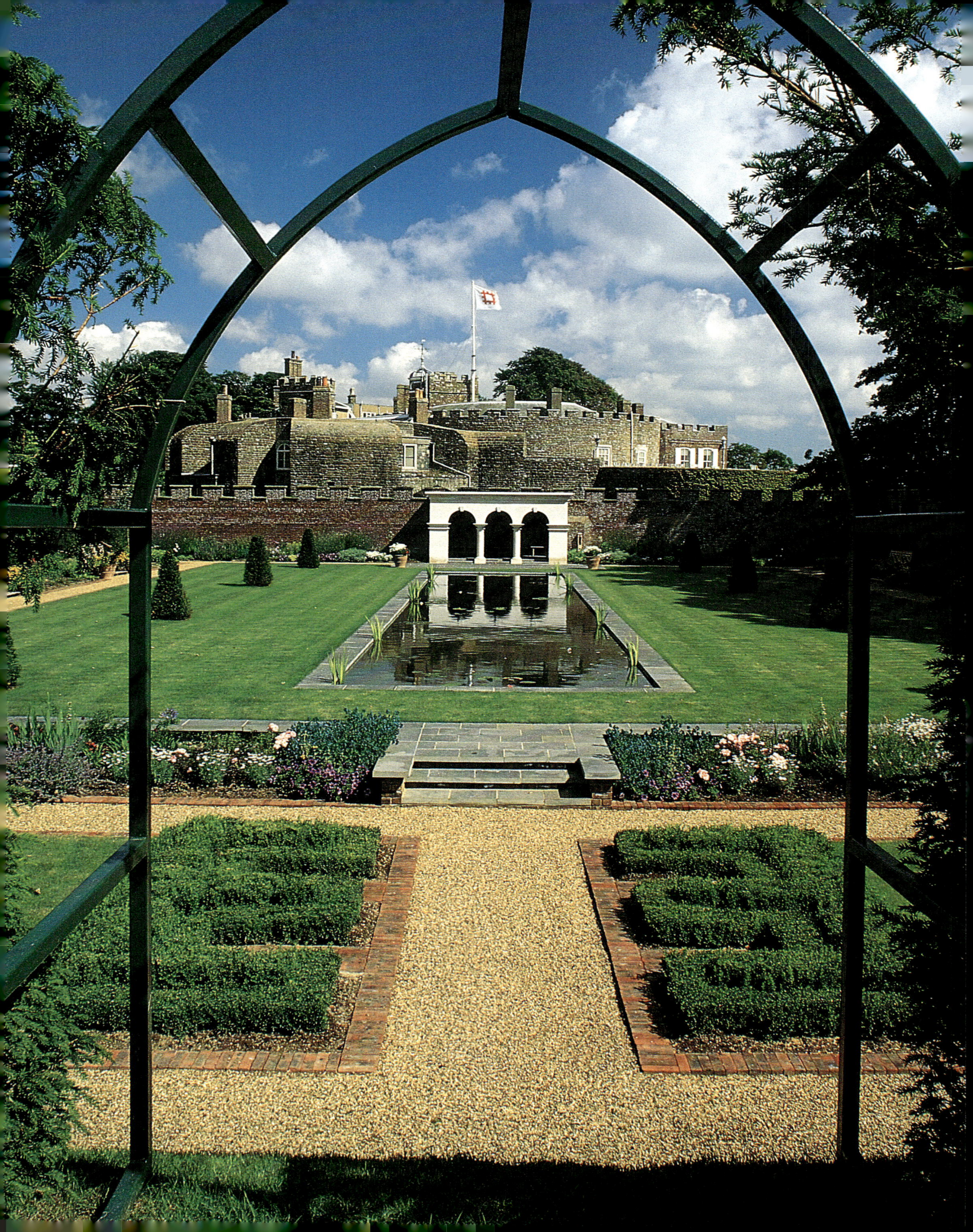

【静かな隠遁所［左ページ］】
ケント州のウェルマー戒にあるエリザベス王太后のためにデザインされた庭園は、イングリッシュ・ヘリテッジから贈られたものである。ペネロピ・ホブハウスとサイモン・ジョンソンが設計し、囲われたイスラム庭園の独特の雰囲気を有し、中央池、両脇に立つ（イトスギではなく）イチイ、王太后が邪魔されずに座っていることのできる眺めのよい園亭がある。

【かなたの丘を望む】
カナダのケベックにあるフランク・カボットの庭園レ・カトル・ヴァンでは、ムガール朝の建築の影響を受けたスタイリッシュな木造のアーチ（右）が、向こうのローレンティアン山までの田園風景を縁取っている。レ・カトル・ヴァンには異なる文化に由来する雰囲気のある構造物や建物が数多くあり、庭園史のさまざまな時代を想起させる。

　リンゴの花が交替で咲き、ナッツや果実は地方経済にとって不可欠なものとなっている。人里離れた村では、壁が、荒らしまわるヒツジやヤギからザクロの木立を守っている。もっと洗練されたレイアウトを持つ庭園で目立つのは、水路や園路を縁取る背の高いイトスギ、コウヤマキ、あるいはそびえ立つポプラである。エスファハーンではニレが、北ヨーロッパでニレを全滅させた病気にまだ侵されておらず、並木道を作り、暑さの中、その淡緑色の葉がほっとさせてくれる。これに対し、シーラーズではオレンジの木立やバラが空気を芳香で満たしている。

　今日、日常の仕事からの元気回復や気分転換を求めるガーデナーたちは、都会であろうと田舎であろうと、壁で囲まれた空間の中で作り出すことが可能な隔絶された感覚からインスピレーションを得ることができる。暑い日差しをさえぎる木陰、涼気をもたらし音をさえぎるかすかな水音、花や葉の香りが合わさって、内なる天国がもたらされるのである。イスラムのレイアウトの整然としたパターンは安心感を増し、すべてが論理的かつ幾何学的である。すでに多くの人々がそのような庭園を、理由の分析などしないで造っている。囲われた庭は、精神的思索と楽しみのための隔離された世界をもたらすだろう。現代人の多くにとって、それこそがガーデニングである。

◆第4章

喜びと敬神
中世キリスト教世界の庭
Pleasure and piety
MEDIEVAL GARDENS OF CHRISTENDOM

【花咲き乱れる草地が象徴するもの】

パリのクリュニー中世美術館所蔵の「貴婦人と一角獣」の連作タペストリーは1484-1500年に織られたもので、花の島にいる貴婦人と伝説の一角獣が比較的薄い色を背景に輪郭を浮き上がらせており、背景にはさらに一面に花と小さな動物が描かれている。こうした場面は、今日見る人にとっては、人々が現代の草地に再現しようとしている中世の花咲く草地（フラワリー・ミード）の典型である。この宗教的な意味を持つ寓話的な場面に描かれているのは純潔の象徴である一角獣で、貴婦人に誘い出されて死に、それからキリストとして再生する。

　ローマ帝国の崩壊からルネサンスの始まりまでの千年間のヨーロッパにおける庭造りの活動については、ほとんど知られていない。

　この時期、イスラムはその庭園を完成させ植物に関する知識を拡大したが、西洋に関しては、いわゆる暗黒時代のせいでわずかしか残されていない証拠を探るしかない。楽しみのための庭造りという考え方が混沌の数世紀の間もなんとか存続したとしても、その記録はほとんど残されていない。もっと秩序ある世界になってから、散り散りになった断片や出来事から庭園の様子を再現しなければならなかったのである。

　北ヨーロッパや西ヨーロッパでは、高度な灌漑システムやフレスコ壁画に描写されている都会の庭といったローマの遺産はどうなったのだろう。ローマ人が比較的冷涼な植民地にうまく順応させた植物さえ、新たな庭造りの文化が確立して旅行者によって再導入されるまで、ほとんど忘れられていた。

　晴れてゆく夜空の星のように、徐々に情報の断片が暗がりを照らし始めた。現存する写本の記事や細密画の描写がある。そしてフレスコ壁画の代わりに、新たな種類の目に見える証拠——キリスト教のイコン——がある。様式化され霊的寓意に満ちたこの宝石のような画像は、中世が本当はどのようだったのか、そこで何が育てられていたかを知るために解読すべき、とりわけ豊かな記録を提示している。

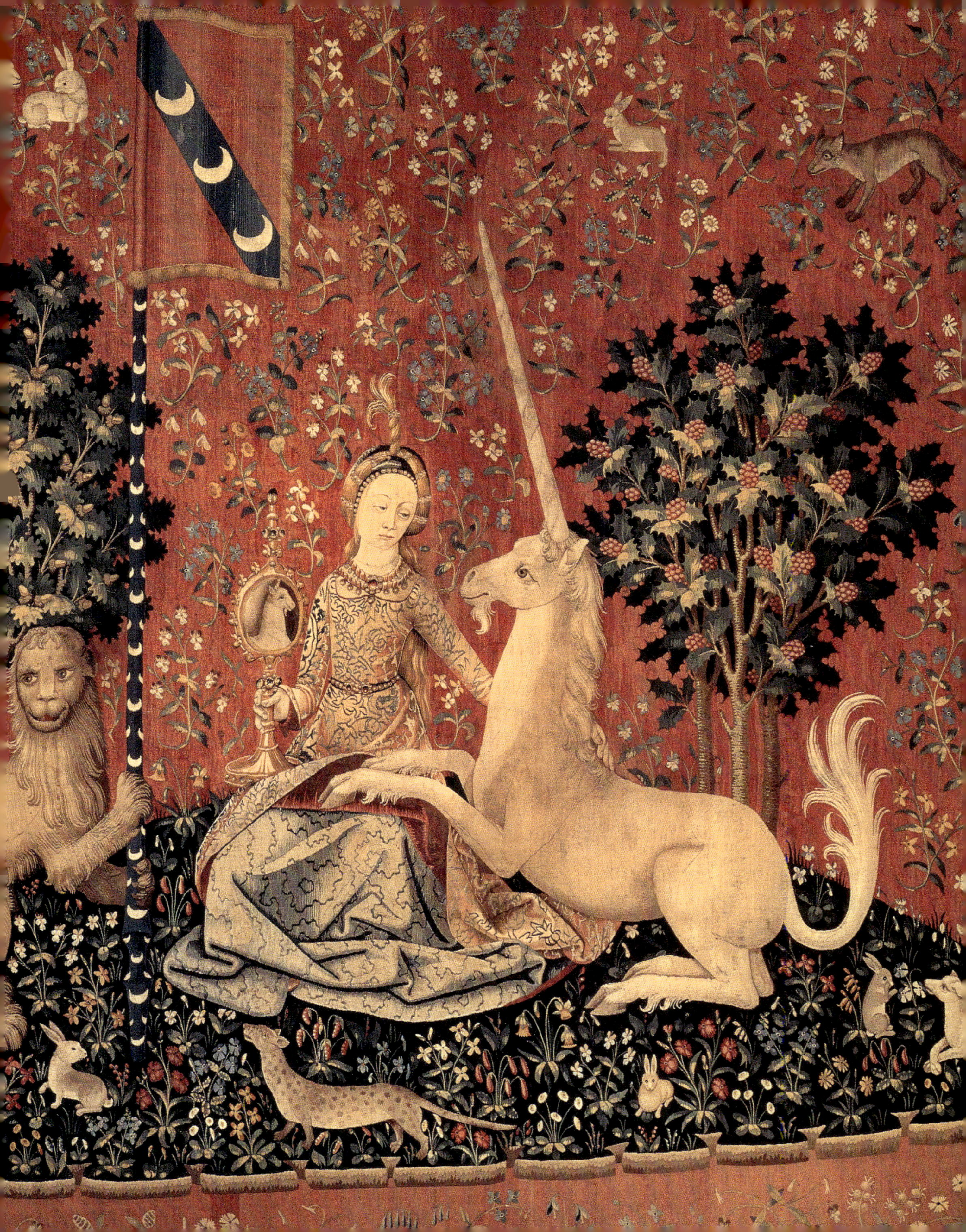

❖ 闇と明かり

　中世はおよそ1000年にわたって続いた。ローマ帝国が崩壊すると、ヨーロッパの大部分が暗黒時代の荒れ果てた状態に戻り、美だけを求める庭造りをする機会はあったとしても少ししかなかったにちがいない。厳しい時代を生き延びるには美的なことへの配慮は不可能で、楽しみのための庭を造るという考え方は失われてしまった。それとも、庭造りの活動の証拠がないだけなのだろうか。

　中世後期の数世紀には、視覚に訴える見事なものがまったくなかったわけではない。14世紀後半から15世紀にかけてずっと祭壇周辺の飾りとして、あるいは身分の高い人の暦として作られる彩色されたさまざまな祈禱書の中に、宗教画が描かれた。そしてそのほかにも、千年紀の変わり目頃から書かれるようになった詩や物語の挿絵として庭の絵が使われた。こうしたものの中に、台頭する庭の主要なパターンを見出すことができる。基本的にそれは、建物の敷地内にある小さな囲われた庭、果物の生産はもちろん楽しみのために造られたもっと大きな果樹園、そしてさらに広い狩猟園で構成される。こうした色彩豊かな描写に負けないのが、文学作品の中の生き生きした描写である。この頃は信仰の時代であり、意図が宗教的なものであろうが世俗的なものであろうが、こうした庭の像はすべて理想化

【気高い喜び】

ライン地方の画家による1410頃-20年の作としかわかっていない『楽園の小庭』は、ホルトゥス・コンクルススすなわち高度に理想化された壁で囲まれた庭の中で聖人に囲まれた聖母マリアを描いている。今日この絵を鑑賞する人にとってはそれが象徴した宗教的意味の多くは失われているかもしれないが、フラワリー・ミードにたくさん生えている植物は十分に見分けがつく。ショウブ、センノウ、マドンナリリー、スノーフレーク、スズラン、シャクヤクなどがあり、中世を通じて北ヨーロッパに生えていた植物ばかりである。なお、タチアオイとハナダイコンは13世紀に伝えられた。

喜びと敬神

中世

もともとはルネサンスの人文主義者によって区分されたヨーロッパ文化史におけるひとつの時期で、西洋におけるローマ帝国の滅亡から人文主義者自身の時代の古典の復活まで、すなわち500年頃から1500年頃までをいう。しかし、場合によってはこの言葉は1000年以降の4〜5世紀のみに適用されることもある。500年頃から1000年までの時期は、約300年間の混乱が北ヨーロッパを支配した暗黒時代として除外されたのである。

され、象徴的表現であふれているが、それでも庭がどんな様子だったか、どのようにして楽しまれたかについてのヒントをいくつも与えてくれる。そして「プロ」のガーデン・ライターたちが現れた。アルベルトゥス・マグヌスが13世紀中頃に初めて楽しみのための庭、プレジャー・ガーデンについて書いて実際的な助言をし、100年たたないうちにイタリアのピエトロ・デ・クレシェンツィがこのテーマをさらに膨らませた。

全般のパターンがほかの庭園にも影響を及ぼしたイスラム庭園や、古代ローマの庭園と異なり、キリスト教世界の中世のプレジャー・ガーデンは、その後の庭園デザインに大きな影響を与えることはなかった。従うべき首尾一貫したメッセージはなく、中世の庭造りを年代順に分析しても、発達の物語ではなく一連の出来事の羅列となる。1000年が個々の庭園要素と出来事の研究に要約できてしまうのである。しかし、楽しみのための庭という考え方の歴史を、それがほとんど忘れ去られた800年から、世俗の庭と修道院の庭の両方で重要になった1500年まで追ってみるのは面白い。探求はあらゆる種類の古文書あるいは考古学的証拠を探すことから始まり、シャルルマーニュの時代の頃に一瞬現れる証拠書類によって初めて報われる。のちに庭についての豪華な描写が豊富になると、解釈が問題になってくる。理想の背後にある現実の庭造りがどんなものだったのか考えねばならないのである。

❖ ひっそりと行なわれた庭造り

現在では暗黒時代という言葉は誤った名称と考えられており、それはローマ帝国の滅亡のあとにあった継続的な学問の進歩を無視しているからである。しかし、庭園史の実際的な事柄に関心のある私たちにとっては、ローマ人の撤退からルネサンスの夜明けまでの時期が闇に包まれていたというのは十分に本当である。北ヨーロッパと西ヨーロッパの大部分──イギリス、現在のフランス、ドイツ、スイス、オランダ、スカンジナビア南部、北イタリア、オーストリア、スペインのムーア人に占領されなかった部分──については、残っている記録はわずかしかない。この地域はキリスト教の遺産という共通の文化で統一され、ラテン語が学問上の言葉であり、のちにはフランス語が宮廷や商取引で使われた。この時期の庭について私たちが持っている知識の断片には完全なレイアウトは含まれていないが、最新の考古学的手法により、今では多くのどちらかというと人工的な景観要素や庭園パターン──壁や植栽床の痕跡、一部の古木、管理された林地の証拠──が明らかにされ始めている。西ヨーロッパで今でも失われずに残っている中世の庭の遺跡はイベリア半島にあるイスラム文化を反映するヒスパノ＝アラビックの庭園だけである(第3章参照)。もっと北の湿潤で寒冷な気候のところでは、庭は短命で、残っていない。

1千年紀が終わろうとする頃、シャルルマーニュ皇帝の時代の前後に、ひと握りではあるが文書にヨーロッパの庭の存在が記録され始めた。言葉での説明から図面をおおよそ再現できるが、ひとつユニークな生き残り、1枚の庭園レイアウトの図がある。これは、ある修道院の庭の有名な計画図で(それが造られたのかどうか、そして場所は不明である)、スイスのザンクト・ガレンの図書館で発見された、820

年以降のものである。この図面には、修道僧のための墓地や、ハーブや薬用植物を育てるための実用本位のエリアも含まれている。もしかすると「パラダイス」と表示されたエリアには花壇があって、祭壇の装飾用の花が育てられていたのかもしれない。矩形の区画に記入された野菜の名前は今日の人々にも馴染みがあるもので──ただし、現在栽培されている園芸品種とは明らかにまったく別物である──、たとえばセロリ、パースニップ、ネギ科の植物などがある。これらはみな、シャルルマーニュ（カール大帝）が王領地に関する指針「御料地令」の中で帝国全土で栽培を奨励した100の野菜のリストに含まれており、このような布告が出たことは、800年代初めに比較的秩序のある社会が可能になりつつあったしるしである。

　庭とその成果物が生産だけでなく楽しみと官能的喜びをもたらしたことは、1世代かそこらのちに文筆活動をした、ザンクト・ガレンからそう遠くないコンスタンツ湖の修道士ヴァラリフリードゥス・ストラーボによって裏づけられている。彼の『庭造りについて（De cultura hortulorum）』という詩は、ウェルギリウスの『農耕詩』と「労働の甘味さ」に共鳴し、庭と庭仕事の両方の喜びをはっきりと表明している。ストラーボはこの作品をグリマルディという神父に献じ、子どもの頃の思い出の果樹園に座っている神父を描写した。

　　高き葉陰にたれ下がるリンゴの実の下、
　　モモの木があちらこちらと葉を向けて、
　　日向で日陰で、少年たちは遊び、
　　楽しげなあなたの生徒が、あなたのために集める
　　柔らかな産毛の生えた白い果実を
　　そして手を伸ばして大きなリンゴをつかむ……

　ストラーボの詩は、実用的な意味でも楽しむことができるという意味でもガーデニングを称賛する歌である。夏にメロンを切るところの、よだれが出てしまいそうな描写は、これ以上ないくらい生き生きとしている。「鉄の刃がそのはらわたに突き当たると、メロンは汁とたくさんの種子をを勢いよく噴き出す。すると嬉しげな客が、その曲がった背中をいくつもに切り分ける」というふうに。もっと実用的なブドウについては、ストラーボは肥料を散布し、モグラを見つけ、「根掘り鍬と熊手」で武装してイラクサを撃退するよう勧めている。

❖ 壁の必要性

　囲われた庭、すなわち野生の領域から隔てられた領域は、実際上の必要性があっただけでなく、ごく初期の砂漠の文明においてそうだったように、中世の人々の心にとって非常に重要なものだった。1世紀にウェルギリウスや小プリニウスが書いたような、田舎の環境に慰めと美を見出すという考え、つまり自然の風景を高く評価する態度は消え去ってしまった。中世初期に支配的だった物質的社会的条件のもとでは、当時の人々に理解不可能な考えだったのである。それに加え、初期キリスト教の指導者たちは、森に潜む古代の異教の神々は危険なだけでなく、悪魔と同類の邪悪な者たちで、人間をそそのかしてキリスト教の信仰を捨てさせ

シャルルマーニュの布告

フランク王国の王シャルルマーニュ（771-814）は、近隣の王国を従えてキリスト教化し、800年に教皇から神聖ローマ皇帝の冠を授けられた。帝国はキリスト教を信じる西ヨーロッパの大部分を含み、皇帝は厳しい法令で支配を強固にし、教育と芸術を奨励し、勅令によって農業と貿易と産業を促進した。そのひとつが御料地令で、市民にどんな植物を栽培すべきか指示した。

【ハーブ摘み】
この中世の挿絵に描かれているサルビアは普通の料理用セージ（Salvia officinalis）で、シャルルマーニュの御料地令にも記載されていた。この挿絵が載っている『健康全書（Tacuinum Sanitatis）』の5冊の彩飾写本には、アラビアの植物学および医学の論文に由来する文章が書かれており、14世紀末から15世紀初めのものである。描写されている植物はすべて、有用な薬効を有するか、その芳香が目的で栽培される。

【世俗の心配から天国へ】
"祈禱書の画家"と呼ばれるフランドル人によるこの『薔薇物語』の挿絵（1485頃）は、ほとばしる噴水、庭園を仕切るトレリス、立ち上げ花壇、芝生のベンチ、手すりに沿って植えられたバラがそろった、15世紀の貴族のプレジャー・ガーデンを示している。物語の中で、恋する男性が庭園に入ろうと女性とともに待っている。この場面は、ボッカチオによる『デカメロン』の登場人物たちが見事な庭園にこもってペストから逃れようとする設定も表しているのかもしれない。

第4章 | 中世キリスト教世界の庭　　101

ることもあると信じていた。美しい風景の中の木立が神を象徴した人文主義的なギリシア人のものの見方は、キリスト教徒にとっては危険な異端だったのである。砂漠へ引きこもった初期キリスト教の教父たちは、邪悪な者の力に対して信仰を試しているのだとみなされていた。

　何世紀もかけて非常にゆっくりと、自然の中に美が存在するという新しい見方が人々を引きつけ始め、ルネサンスの人文主義者の思想の中に表現されるようになり、18世紀には風景派運動の背景にある思想の中でさらに発展した。この変化の兆しは14世紀にすでにあり、詩人のペトラルカがただ景色を見るためだけにプロヴァンス地方にあるヴァントゥー山に登って当時の人々を驚かせ、100年後に

中世の庭園要素
ELEMENTS OF A MEDIEVAL GARDEN

❖ **アレーまたはトンネル**
木製のフレームに誘引された果樹、ブドウ、バラのトンネルが運動のできる日陰の散歩道や、季節の花や果実をもたらした。

❖ **エストラード**
木製の型が庭園でまるで生きたトピアリーの一部のように使われ、その上を覆うように植物が仕立てられた。典型的なエストラードは、上に行くにつれて小さくなるように段状に仕立てられた一連の同心円である。

❖ **フラワリー・ミード**
当時の写本やタペストリーに、あるいは宗教画の前景として描かれた、理想化された花咲く草地。15世紀末には花はより自然に描かれ、何の花か判断できるようになった。

フラワリー・ミード

❖ **噴水**
イスラム教徒の庭の場合と同様、生命の源泉を象徴する水は不可欠な要素で、小さな囲われた庭の中央に設けられた噴水は、しだいに凝ったゴシック様式の形をとるようになった。

❖ **グロリエット**
あずまやを意味するスペイン語に由来する言葉で、通常、庭の中心の通路や並木道が交わるところにある。中世にはしばしばグロリエットに宿泊した。

❖ **立ち上げ花壇**
砂漠の国では灌漑の目的で花壇は低くされたが、北ヨーロッパの湿潤な気候では、すでにローマの手引書で提案されていたように、板または編んだヤナギで囲った立ち上げ花壇にすることで水はけをよくした。

❖ **トレリス**
ハシバミかヤナギの細長い板や枝で作られた格子が柵やアーバーに使われ、その上にバラが育てられることもあり、中世を通じて庭園要素のひとつだった。

❖ **芝生のベンチ**
中世の挿絵にしばしば見られる、丈夫なヤナギ、さらには煉瓦の枠のベンチに土が詰められ、その中で芝や香りのよいハーブが育てられた。ピエトロ・デ・クレシェ

芝生のベンチ

ンツィは、草の種子をまくのではなく、剥ぎ取った芝生を使うことを勧めた。

❖ **ウィリダリウム**
ラテン語に由来するこの言葉は、もともとは植林地という意味で使われていた。中世後期には、もっと有用なヘルブラリスと区別されるプレジャー・ガーデンや果樹園に使われるようになった。

『回想録(Commentaries)』で自然な田舎の美しさを絶賛した人文主義者、教皇ピウス2世の信条を先取りした。

❖ 楽しみの庭、菜園、あるいは囲われた庭

世俗的であろうが神聖であろうが、どの時代でも、そのときの風潮を決め、のちに歴史研究のための記録を提供するのは大庭園である。実際、中世のつつましやかな庭は野菜を作るために非常に大雑把に耕された区画だったはずで、野生の果物やナッツで野菜を補った。1260年にアルベルトゥス・マグヌスが書いたような小さな囲われた庭（神聖なホルトゥス・コンクルススの形跡があるか否かは問わない、104ページ参照）が、私たちが考える中世の庭である。しかしそのようなプレジャー・ガーデンは大計画ではなく、大きな家庭の一部であり、概して小さく融通が利き、家屋内、さもなければ城壁近くに造られた。そうした情報は、宗教的な祭壇画の背景や、ポル・ド・ランブールのような画家による豪華に彩飾された祈禱書に見られる、14〜15世紀の描写から収集することができる。ランブールの『ベリー公のいとも豪華なる時禱書(Tres Riches Heures)』には、季節ごとの農作業の場面だけでなく、もっと家庭的な楽しみの庭の場面も入っている。

こうした初期の挿絵では、遠近法がまだ発明されていなかったし、バランス、シンメトリー、プロポーション、コントラストといったルネサンスの建築的な庭園の古典的要素はまだ発見されておらず、イスラムの情報源からも取り入れられていなかった。わざとらしいデザインや幾何学性のない控え目な楽しみの庭は城の建築複合体に調和し、修道院の基本要素であるもっと機能的な菜園やハーブ園、薬用植物園にとっては贅沢な場所になった。そしてトレリスの柵やアーバーは仕切りの役を果たし、プライバシーを保つのに役立った。形式尊重の程度は、その場所の形からおのずと決まった。境界の壁に平行に走る小道は矩形のコースをとる傾向があり、重要な構造である噴水はたいてい中央に置かれた。

たいていの人が、いくつかの比較的わかりやすい要素に気づくだろう。それはたやすく造られた、おそらく飾り気のないちょっとした思いつきといったもので、時代遅れだとかそぐわないとかいった感じを与えることなく現代の庭園を賑わせることができる。事実、トピアリーに仕立てたハーブや果樹の低木のような現代の小さな庭で非常に流行しているものは、かならずしも中世のものだという確証はないものの、中世の雰囲気を持っている。こうしたものは中世の小さな囲われた庭、あるいはその精神的拡張である閉ざされし庭（ホルトゥス・コンクルスス）に見られたが、園地（パークランド）ではグロリエットのような比較的大きな建物は城や家屋から離れたところに移されることもあった。

❖ アルベルトゥス・マグヌスからの庭造りに関する助言

アルベルトゥス・マグヌスは、中世のプレジャー・ガーデンを愉楽の場所として記述した最初の人である。1260年頃に書いた論文『植物について(De vegetabilibus et plantis)』では庭造りの比較的実際的なところも無視せず、その多くを古代ローマの手引書から抜粋した。しかしマグヌスは、娯楽や休息のために美しい場所をとっておくことの好ましさを強調する章を加えた。

ホルトゥス・コンクルスス
THE HORTUS CONCLUSUS

今日、ホルトゥス・コンクルススという言葉は、文字通り囲われた中世の庭をさすものと解釈されている（そして当時のたいていの挿絵が示しているように、実際に壁や柵で囲まれた囲い地を意味する）が、この単純な定義はもともとの解釈とは異なる。かつてはこの言葉は、現代人には理解しにくい深遠な宗教的響きを帯びていた。中世の人々にとってはずっと大きな意味と重要性を有していたのは明らかだが、それでも依然としてキリスト教の信仰と教義、とりわけ聖母マリアの重要性に関する教義が変化し発展しつつあった時期の複雑な概念である。

イスラム教徒にとってのイスラム庭園と同様、ホルトゥス・コンクルススはキリスト教徒にとって神聖な意味を持っていた。どちらの宗教においても、理想化された庭すなわちエデンの園の起源が旧約聖書のソロモンの詩に要約されており、雅歌(4:12)に「わたしの妹、花嫁は、閉ざされた園。閉ざされた園、封じられた泉」とある。キリスト教の解釈では、閉ざされた園は教会、封じられた泉は洗礼を意味している。この解釈は拡大され、ついには閉ざされた園は各人にとっての教会を象徴し、封じられた泉は処女懐胎説を信じる人々にとって神の祝福を象徴するものになった。新約聖書では、囲われた庭がしばしばもっと大きな庭の中に造られ、聖母マリアと関連づけられてキリストと「霊の実」を結ぶ聖なる教会を象徴するようになった。ホルトゥス・コンクルススは一見すると泉のまわりに小道と花壇があるパターンで配置された贅沢と安楽の場所のように思えるが、キリスト教の象徴表現に移し変えられたのである。早くも7世紀に聖ベーダ（尊師ベーダ）が、マドンナリリーは聖母を象徴するもので、その白い花弁は彼女の純潔を、金色の蕊は彼女の魂の輝く光を表していると書いている。かつてヴィーナスに捧げられたバラもマリアの特別な花になり（赤いバラは殉教者の血を表す）、控え目なスミレは彼女の謙虚さを表すようになった。12世紀には、聖母マリアは新しいキリスト教会だけでなくソロモンの「最愛の人」とされた。マリアはその中で育つ者ゆえに庭になり、神ただひとりに対して実を結ぶので閉ざされた庭なのである。同時に、マリアは霊的な意味で泉であり、不純に対して封印された源から生命の水を与える。

中世初期から、宗教画にユリと、天使ガブリエルが描かれていれば、それはたいてい室内かロッジア〔一方の側が外に開かれた柱廊〕で行なわれる受胎告知が主題であることを示した。1400年代の初めには、受胎告知の場面は室内の設定ではなく、たくさんの花が咲く庭でマリアがさまざまなものに囲まれて描かれることのほうが多くなり、すべては聖書的な関連づけとキリスト教徒の救済におけるマリアの役割の神学的解釈に満ちており、ときにはマリアの純潔を象徴する白い一角獣が描かれることさえあった。

【表象としてのユリ】
受胎告知の絵では、天使が純潔の象徴である白いユリを聖母に贈っているところが描かれる。これはフィリッピーノ・リッピによる15世紀の絵画の一部である。

【純潔と贅沢】
この1510年頃の『グリマーニ聖務日課書（Grimani Breviary）』の挿絵は、閉ざされし庭（ホルトゥス・コンクルスス）を示している。そこは贅沢な場所だが、聖母マリアの象徴である白いユリとバラも植えられている。

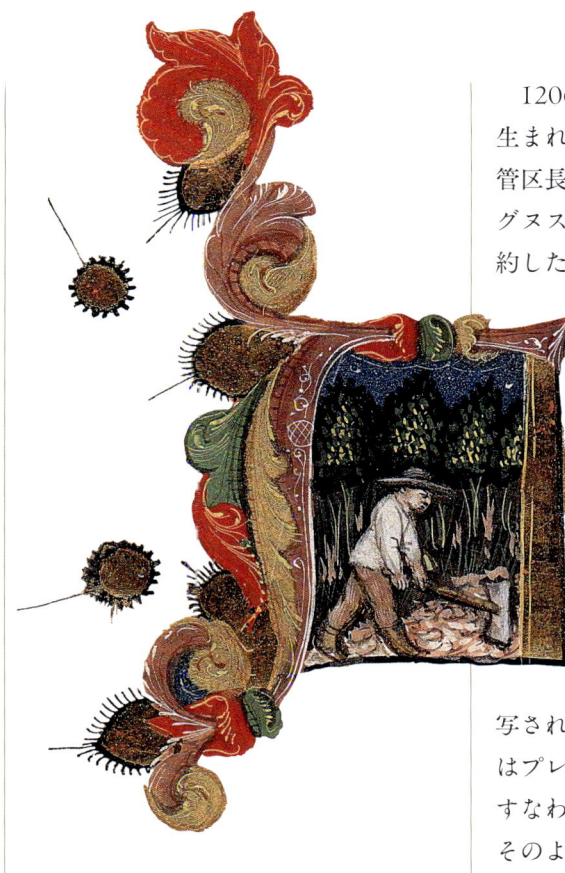

1206年頃にドイツのシュヴァーベン地方でビュールシュタット伯の息子として生まれた貴族のアルベルトゥス・マグヌスは、若いときにドミニコ修道会に入り、管区長になった。彼の庭造りの考え方は厳密にいえば新しいものではないが、マグヌスにはそれを明確に伝える力があり、それまでの2世紀の考え方と記述を要約した。そして、主に僧正や司教、修道院長や修道院の立派な庭を取り上げた。

それらの多くはノルマンディーやイングランドにあってノルマン人により造られ、おそらく彼らはシチリアで見たアラビア人の庭園から刺激を受けたのだろう。

アルベルトゥス・マグヌスが書いている「緑の場所で、緑の木々とハーブで気持ちがよい」という意味のウィルグルトゥムと呼ばれる菜園についての概要は、一部はもともとはバルトロメウス・アングリクス(1200-60)によるもので、1240年の彼の百科事典の植物に関する節「デ・オルト」に記載されていた。アルベルトゥス・マグヌスのこの章は、1世紀たたないうちにボローニャの法律家ピエトロ・デ・クレシェンツィによって彼の『田園の恩恵の書(Liber ruralium commodorum)』の第8巻にほとんどそのまま書き写された。「しかし、たいして役に立たず成果も上がらない場所もある……それらはプレジャー・ガーデンと呼ばれるものである。それは……主にふたつの感覚、すなわち視覚と嗅覚の喜びのために造られる」と。アルベルトゥス・マグヌスは、そのような庭のために必要な準備について書いている。彼が説明しているのは、実務的かつ現実的で骨が折れるが報われる仕事である。そしておそらく、今日でもとくに除草剤を使いたくない人にとって一考に値するものだろう。「良質の短い芝生ほど視覚を回復させるものはない。プレジャー・ガーデンを予定している場所から根をすべて取り除かなくてはならず、それは、根を掘り出して地面をできるだけ平らにし、地表に熱湯を注いで地中に残った根や種子を殺して芽が出ないようにしないかぎり、達成できない……それから地面を、よい芝生から切り取った芝で覆って木槌でたたき、わからなくなるまで足でよく踏みならす。すると少しずつ草が細い髪の毛のように伸びてきて、上等の布地のように表面を覆う」。また、芝生のまわりに「ヘンルーダなどあらゆる種類の甘い香りのするハーブ、セージやバジル、そして同様にスミレ、オダマキ、ユリ、バラ、アイリスなどどんな種類の花を植えてもよい」。芝生の奥の「花が咲く美しい」ベンチに加え、「ヘンルーダをあちこちに植え、……その緑の葉は美しいし、刺激性があるため害虫を庭から追い出すことができるかもしれない。芝生の真ん中には樹木を植えるべきではなく、表面は開けているほうがよい。そうすれば空気自体が健康をもたらしてくれるからである。芝生[の真ん中]に樹木を植えたら、枝から枝へと張られたクモの巣が邪魔になって通る人の顔にからみつくだろう」(アルベルトゥス・マグヌスはヘンルーダを腰掛けのそばに植えるのを好んだが、この植物はアレルギー反応を引き起こすこともあり、今日では市民が訪れるたいていの庭園では安全性が優先されるので、賛成しがたい)。

❖ 果樹園とパーク

何らかの美学的意図をもってレイアウトされている場合、果樹園とパークは私たちの庭園の定義に含まれる。中世には果樹園には主に生産目的で果樹が植えら

【芝生を張る】
男性が芝をたたいて芝生を張っているこの絵は、14世紀のピエトロ・デ・クレシェンツィの『田園の恩恵の書』の挿絵で、1450年のイタリアの写本に入れられたものである。また、これはアルベルトゥス・マグヌスが13世紀の論文の中で解説した芝生作りの手順をそのまま描写しており、マグヌスの論文がクレシェンツィの著作の基礎をなしている。マグヌスは自分の菜園のことを「緑の場所で、緑の木々とハーブで気持ちがよい」と述べている。

第4章 | 中世キリスト教世界の庭　105

【収穫のとき】
この実用目的の挿絵は、ピエトロ・デ・クレシェンツィによる14世紀の著作の、1485年のフランス語の翻訳写本から取ったもので、果樹園でのリンゴの収穫の様子を描いている。右側に植えられたばかりの果樹園か林——ウィリダリウム——があり、若木を守るためにトレリスの柵がめぐらされている。

れたが、日陰の散歩道を作る果樹や花木が枝を絡ませるトンネルやアーバーがある楽しみのための場所でもあった。実用本位の果樹園であるポメリウムと、果樹があるが楽しみの庭とみなされたウィリダリウムに区別されることが多かった。

果樹園の果樹について詳しい情報が入手できるようになったのは14世紀の初め以降にすぎず、リンゴ、セイヨウナシ、クワ、カリン、サクランボ、スモモ、イチジク、ナッツ類、アーモンド、マルメロなどが植えられていた。モモは例外的にではあるが庭にあったかもしれないが、アンズがイングランドに伝わったのは16世紀になってからである。装飾用の果樹が光と雨を最大限に受ける場所に植えられ、平行な列の間にブドウが植えられた。ザンクト・ガレンの平面図では、墓地の果樹園は18×38メートルあり、13種類の果樹が修道士たちの墓の間に植えられていた。ヘンリー2世は、ウッドストック・パーク内のエバーズウェルに愛妾のために建設した「ロザモンドのあずまや」の果樹園に、1268年にセイヨウナシの木を100本植えている。記録のあるイギリス最大の果樹園はスランソニ小修道院の果樹園で、1199年に4.8ヘクタールあったと記録されており、1000本もの樹木があったと考えられる。

ウィリダリウムの例を、スコットランドのジェームズ1世が1413年から1424年までウィンザー城で捕虜生活を送っていたときに書いている。彼のいたところから、伝統的な掘割と泥棒よけに植えられた生垣越しに王の庭園が見えたという。

エダンの中世のテーマパーク
A MEDIEVAL THEME PARK AT HESDIN

北フランスの現在パ゠ド゠カレーと呼ばれているところに、ロベール・ダルトワが広大なパークを造り、そこには村、野生動物園、宴会用の園亭、橋、水で動く自動機械、そして迷路さえあった。彼は、ひとつにはシチリア島のパレルモを訪問したときに見た、イスラムの技術者によってノルマン人のために造られたパーク（ノルマン人はこの島をアラビア人から奪い、12世紀の間中、支配した）から着想を得たのかもしれない。エダンは1288年から造営され、その機械類の一部——水エンジン、びっくり噴水、シャワー、自動式のフクロウ——はアラビアの『機械装置に関する書（Book of Mechanical Devices）』(1290)の刊行と同時期である。しかし、つながりがあったことは証明されていない。ほかに、ブルラドーレス、すなわち水のいたずらや、グロリエット、ライオンやヒョウの動物園、ツリーハウス、鳥舎、養魚池といった多くの要素が、西洋の中世のパークですでに認められてる。

エダンの森にあったパークは810ヘクタール以上を囲っていて、イングランドのクラレンドンやウッドストックの立派な王室のパークと同程度の規模だったが、平均的な鹿苑（デイア・パーク）の10倍の大きさがあった。このパークは現在では地上には何も残っておらず、最終的に1553年にシャルル5世によって破壊された。しかし、私たちにとっては幸いなことに、フランスがエダンを手に入れた1536年までは文書が豊富にある。1288年からアルトワがフランドルの一部になった14世紀中頃までの収支を書いた詳細な財務記録があり、1294年から同時期までの週ごとの支出を知ることもできる。

このパークは、文学の世界ではギヨーム・ド・マショーの詩『応急処置（Remede de Fortune）』(1342年より前に書かれた)の舞台としても記録されている。そののち15世紀に、ブルゴーニュ公フィリップ善良公の所有になり、その頃、そこには囲われたプレジャー・ガーデンと宴会用の園亭が、草地や果樹園の間に点在していたことがわかっている。客たちは、紐で操作されて上下にひょいひょい動く、アナグマの毛皮に覆われた操り人形のサルに迎えられたという。

詩や物語の舞台としてのエダンの文学における役割については議論の余地がない。また、教養のあるロベール・ダルトワはかなりの蔵書を所有し、さまざまな物理的創造物をこのパークに導入して、自身の文学的想像力を満足させた。もしかすると彼はエダンの園についての自分の考え、少なくとも中世の地上の楽園のイメージをこの地に創造しようとして、庭園施設一式や植物や動物を配置していたのかもしれない。

【結婚披露宴】
1430年にヤン・ファン・エイクによって描かれた、ブルゴーニュ公フィリップのイザベル・ド・ポルテュガルとの結婚の宴は、広い庭園の一角で行なわれており、そこにエダンのパークとよく似ていたと考えられる。

第4章 ｜ 中世キリスト教世界の庭

【素晴らしい記録】
15世紀初めにベリー公ジャンの依頼でポル・ド・ランブールによって制作された『ベリー公のいとも豪華なる時禱書』は、当時の北ヨーロッパの建物や風景に関して正確な視覚的情報を与えてくれる。

バラ

古代から育てられ大切にされてきたバラについての最初の記述は、ミノス文明の時代にまでさかのぼる。エジプト人はエチオピア産の神聖なバラ Rosa × richardii の花びらを墓に入れ、のちにこのバラはローマ人の行き過ぎた快楽主義と結びつけられた。バラはイスラム教徒にとっても純潔の象徴になり、その一方で中世のキリスト教徒はバラを聖母マリアと結びつけた。

だが、バラが本当に花開いたのは中世の絵画と文学においてであり、シャルトル大聖堂のバラ窓や写本の彩飾に使われた。また、バラは想像の庭にも登場する。チョーサーによって英訳された13世紀の詩『薔薇物語』が赤い Rosa gallica（ガリカバラ）からインスピレーションを得て生まれたのは、ほぼ間違いない。薬効があって薬屋のバラと呼ばれる Rosa gallica var. officinalis を北ヨーロッパに伝えたのはローマ人だったかもしれないが、もっと一般的な言い伝えでは、バラはナバラの王ティボー4世が1239-40年の十字軍の遠征のときにレヴァントから持ち帰ったとされている。イングランドにやってきたのは1279年で、ヘンリー3世の息子でティボーの義理の娘の2度目の夫であるランカスター伯による。このバラ——薔薇戦争と結びつけられた赤いバラ——は、サラセンおよびフランスからもたらされたにもかかわらず、イングランドの紋章になった。

半八重の赤（もっと厳密には赤紫がかったピンク）の花をつける Rosa gallica と、そのよく知られた園芸品種でピンクと白の縞模様の花弁を持つ変異体ロサ・ガリカ・ベルシコロール（R. gallica 'Versicolor'、正式には R. mundi）は、栽培されているもっとも古いバラである。19世紀に育成された R. gallica の交雑種が多数ある。とくに素晴らしいのが、ビロードのように滑らかなタスカニー・スパーブ（Tuscany Superb）である。

Rosa gallica

塔の壁によって閉ざされた
美しい庭園、角々に設けられた
ハーブ園の緑、とても長くて細い枝が
そこらじゅうを囲い、木々もあらゆる場所に
密集して植えられ、サンザシの生垣がつながって
誰もいない、彼がそばを歩いていたのに
中では気づいている人はほとんどいないのかもしれない

幽閉されている間にジェームズはジョン・オブ・ゴーントの孫娘で未来の妻であるジョアン・ボーフォートに求愛し、のちに「花でいっぱいのこの庭」をたたえる詩の中で、その中でもっとも美しいのはレディー・ジョアンだとほのめかしている。1424年に解放されるとすぐに、ジェームズはスターリング城の下に自分の庭を造った。何世紀もの間に何度も造りなおされたが、いまだに当初のレイアウトの名残をとどめている。そのデザインがウィンザーの王の庭園の影響を受けていた可能性は十分にある。

果樹園は、村まるごとあるいに管理された森林とともに、王室や裕福な地主のさらに大きな狩猟園（ハンティング・パーク）に組み込まれた。1400年より前の挿絵はほとんどないが、パークについての記述は豊富にある。エデンのように大きなものは少ししかなかったが、林地の植林事業の詳細が書かれている場合が多い。王や廷臣、枢機卿が所有する広大な土地は、本質的に東方の「楽園」すなわち狩猟のための囲い地の延長線上にある風景園（ランドスケープ・パーク）であり、中東で軍事行動をした将軍たちがローマ帝国に伝えた華麗なヘレニズム風のレイアウトを直接受け継いでいた。記述からみて、それらは計画的な景観ではなく、自然の水の要素や森を利用して偶然に生まれたもので構成されていたようである。こうした非整形のやり方は18世紀のイギリス式風景庭園が持つ一貫性のあるデザインは欠いていたものの、植林と土地の管理という有用性に加え、場合によってはもっと古いさまざまな文化からデザインの発想の飛躍がもたらされることもあった。中世の庭園の遺跡についての最近の考古学的研究により、人が造った水の施設や植林の跡が明らかになり始めており、文献の内容を裏づけている。パーク内、そしてそれを自然のままの森林から区別する木立や果樹園では、下生えを育てて野生動物の繁殖場所を提供し、自由に成長させるのではなく注意深く管理して建築と薪用の木

材を供給した。ヨーロッパのごく初期のパークのひとつは1059年から1093年までクタンスの司教だったジェフリー・ド・モーブレーのもので、彼は南イタリアから戻ったあと、ウィリアムのイングランド征服より前に、ノルマンディーで植物を植え始めた。雑木林とブドウ畑を作り、二重の溝と柵でパークを囲み、ドングリをまいてイングランド産のシカでいっぱいにした。

15世紀末には多くの記録が、城の敷地内の比較的小さな人目につかない庭だけでなく、外に園地が存在していたことを示している。ヘントにあるファン・エイクによる祭壇画『子羊への礼拝』も、ベノッツォ・ゴッツォリによるフィレンツェのメディチ・リッカルディ宮の礼拝堂の絵も、高度に管理された景観の中を進む行列を描いており、前者はブルゴーニュのパークを、後者はイタリア北部の風景をもとにしている。理想化されているものの、列をなす木々や果樹園からなる手入れされた林は、人工の景観がいかに高く評価されていたかを示している。

❖ 修道院の役割

修道院の庭は、そこで暮らす人々とやってくる旅人の必要をまかなうものであった。庭を造り管理した修道士たちは、場合によってはローマの手引書を熟知していた（そして、ときには素晴らしい本草書の写本制作者であった）が、代々伝えられてきた知識以外、特別な植物の専門知識は持っていなかった。初期の修道院はとくに治療の役割は担っていなかったようだが、中世後期になると治療効果のある植物を育てるハーブ園を持つのが必須になった。カッシオドルスは6世紀に書いた『綱要(Institutions)』の中に「治療について」という章を設けて、修道士たちに治療の専門家になり、ハーブの性質を理解するよう強く促している。12世紀の偉大な尼僧院長ビンゲンのヒルデガルトは、ハーブのさまざまな薬への利用法について詳述し、植物を分類して観賞用、野生、有用に分けた。彼女が観賞用としたのはバラ、白ユリ、スミレ、アイリス、ゲッケイジュなどである。修道院は学問の重要な拠点になってゆき、古代ギリシア・ローマ時代からの医学論文を保存し書き写した。修道院長はしばしば医学について十分な知識を持ち、治療薬の調合に熟達していた。しかし、モンペリエとサレルノに医学校が設立されると——どちらもイスラムの影響による——、修道士たちはたとえ初期の医学書に通じていても医療行為を禁じられた。

「有用な」庭はたいてい、ヘルブラリス〔ハーブ園〕のための区画（診療所の近くにあった）とホルトゥスの区画に分けられた。そのレイアウトはウァロ、カトー、コルメラ、パラディウスといったローマ人の手引書(49ページ参照)で推奨されているやり方に従っていたが、庭を造る人はつねに、緯度が北寄りのために生じる気候の違いを考慮して「農学者」の実際的な指導内容を加減した（ただし、9世紀から13世紀にかけては北ヨーロッパは比較的暖かく乾燥して

【修道院の理想［右ページ］】
北イタリアの有名なチェルトーザ・ディ・パヴィーア（パヴィーアの修道院）は1397年に設立されたが、完成までに200年以上かかり、修道士たちは個々に小さな庭がついた小部屋を持っていた。実際にはクロイスターはめったに耕作されず空き地のままにされ、中央の噴水と交差する小道があった。

【聖職者の実用主義［下］】
この図面は、1165年頃にカンタベリーにあったクライスト・チャーチ修道院の精巧な水供給システムを示している。列をなした植物とトレリスの柵があるハーブ園——ヘルブラリス——が教会の北と大きなクロイスターの東にあり、ブドウ畑と果樹園——ウィリダリウムあるいはポメリウム——が城壁と修道士たちが作物を育てたと考えられる開放耕地とに挟まれた区域の外周に沿ってある。修道院は園芸と農業に役立つローマの手引書の写本を所有していることが多く、修道士たちはあらゆる種類の土地管理に通じていた。

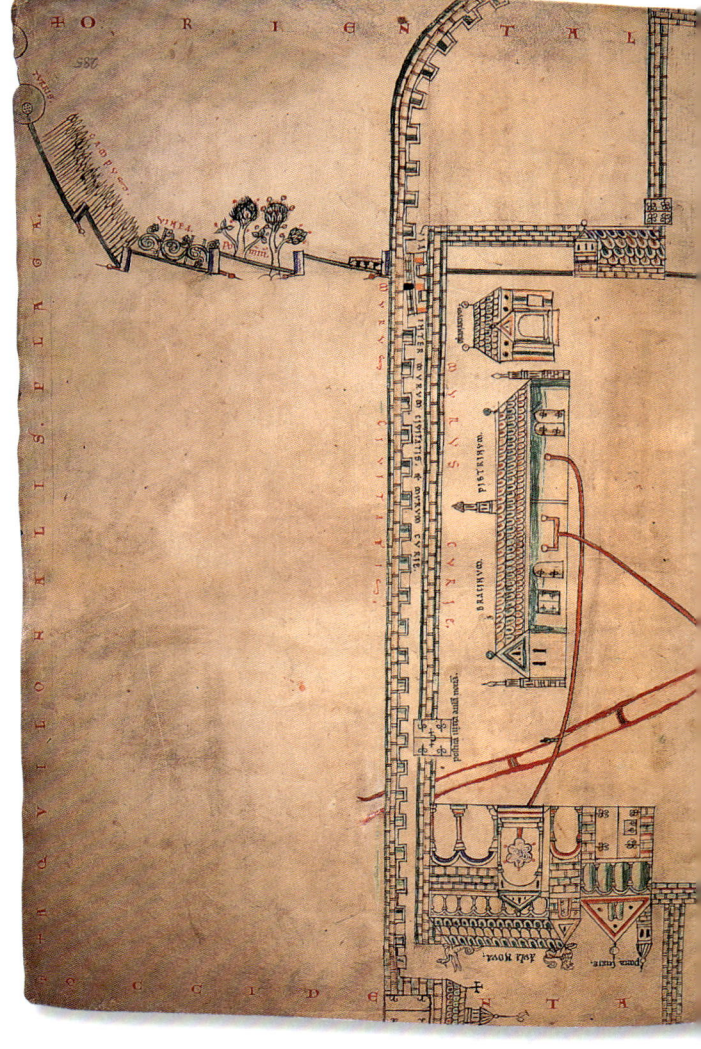

いて、現在より平均気温が数度高かった)。読み書きができない人が多かったにもかかわらずこれらのローマ時代の著作は残り、中世ヨーロッパの修道院に少しずつ存在し、印刷術が発明され、さらには17世紀になっても広範に改訂され解釈しなおされた。

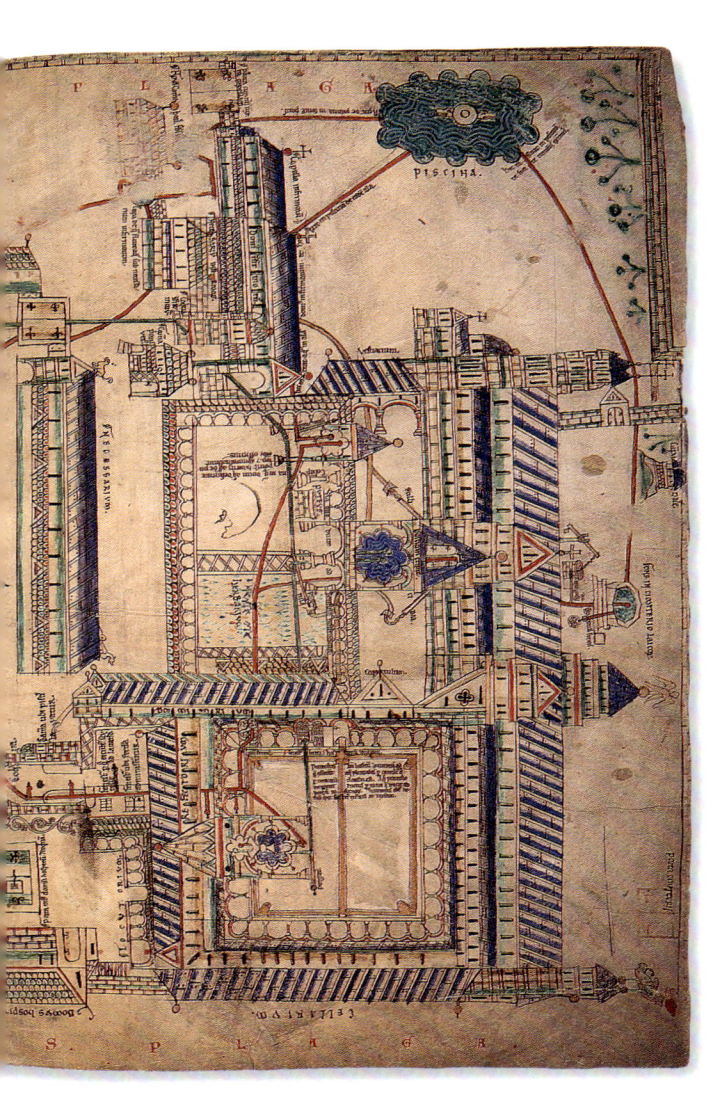

修道士たちは技術発展の最前線にいて、ほとんど区別のつかない農業と園芸の技術や道具を使ったブドウ畑と果樹園の耕作や森林の管理のほか、排水、泥灰土による土壌改良、土壌を肥やす方法、土地の開墾に熟達した。修道院の周辺にある囲われた庭は宗教的な要請から自給自足のために計画されたものである。料理用と医療用のハーブのほかに果物と野菜も重視されたが、庭にはしばしば製粉機、パン焼き窯、ミツバチの巣箱、そしてもちろん新鮮な水の供給源や養魚池もあった。庭の担当者はホルトゥラヌス、ブドウ畑の管理者はウィティスカピケリウスと呼ばれた。ザンクト・ガレンの図面から判断して、祭壇の装飾と香りが目的で花が栽培されていたようである。また、庭は元気回復や運動のための場所ともみなされた。聖ベルナールによって1115年にクレルヴォーに設立されたシトー修道会の最初の修道院について、当時の詳しい説明に「さまざまな果樹が多数植えられた果樹園がある、広い平坦な場所は小さな森のようで……修道士たちの慰めであり、歩きたい者には広々とした散歩場、休憩したい者には心地よい場所である」と書かれている。

修道院は農地も所有していて、そこで穀物を育て、家畜に草を食わせたが、シトー修道会の場合はしばしば農地を貸し出し、代わりに農産物や金を受け取った。6世紀のベネディクトゥスは西ヨーロッパに修道院生活を広め、修道院はみな水と庭を持つべきで、修道士は精神的献身の一環として庭で働くよう命じた。修道院の教会の隣にあるクロイスター〔中庭を囲む回廊〕は修道士の気晴らしのためのもので、古いクロイスターの中にハーブ園の配置が「復元」されているものの、庭が耕作されていたという考えを支持する証拠はない。中央に噴水があって小道が交差し、4枚の正方形の芝生があったかもしれないが、南ヨーロッパでは芝ではなく乾燥に耐えるハーブが植えられていたかもしれない。

中世中頃には修道士たちは自然の美についての喜びを表明することができ、それは「禁欲を実践する機会を得るため、心を占める心配事で魂を乱すのを避けるため、茨の生える荒野」を探すことを道徳的に課せられていると思っていた初期の禁欲主義からはほど遠いものだった。この引用部分を書いたのはシトー修道会のホイランドのギルバートで、豊かな風景によって「死につつある精神が回復し、献身に無関心なかたくなな心をやわらげる」ことができると述べている。世の中から隔離された修道院に

第4章｜中世キリスト教世界の庭　111

中世の庭造りの手引書
A MEDIEVAL GARDEN MANUAL

1304年から1309年にかけて書かれたピエトロ・デ・クレシェンツィの著書『田園の恩恵の書』は、各季節に適した農作業を月ごとに示した暦がついた、まさに「ハウツー」マニュアルだった。この著作は人気を博し、ゆうに1世紀にわたって読まれつづけることになった。

第6巻のハーブ園に関する部分と第8巻のプレジャー・ガーデンに関する部分のふたつが、観賞用の庭を扱っている。その挿絵は中世の庭造りを描写したものとしてはもっとも有名なものといってよいだろう（下の図版参照）。塀で囲まれた庭には一段高くなった植栽床と灌漑用の水路があって、植物や茂みの間で働く庭師が描かれ、田舎の場面のこともあれば都会のこともある。第8巻では、アルベルトゥス・マグヌスの著書にもとづいた文章に、クレシェンツィは0.5～1.5ヘクタールほどの「中規模の」庭についての節を加えており、その周囲は果樹、イバラ、バラ、ブドウのしばしば枝が絡み合った混合の生垣によって囲まれている。彼はトンネル状のアーバーを作る際にもこの方法を薦めた。芝刈は年に2回だけという彼の提案は、芝生の多くが牧草地だったとしても楽観的に思える。彼の約5ヘクタールあるもっと大きな庭は貴族にふさわしく、安全性強化のために塀で囲まれていた。そこでは春には養魚池が命であふれ、木々がシカや猟鳥に隠れ家を提供した。そして、四方に広がる並木道に木々が植えられて、野生動物を見ることができた。彼は最後の1節を、細い木片を組んだ上を植物で覆うか枝を絡み合わせて作るアーバーにさいており、それは当時ごく普通に行なわれたやり方で、ルネサンス初期まで続いた。葉の茂ったバウアーの木々は王や女王のための「雨よけの覆い」になった。そのほかの樹木は塔の形や胸壁のぎざぎざの形に仕立てられ刈り込まれた。

構成に関しては『田園の恩恵の書』はコルメラの『農業論』12巻とほとんど同じだが、ウェルギリウスの『農耕詩』への補足を意図した庭についての詩的表現は省略している。クレシェンツィはアルベルトゥス・マグヌスの著作も引き写しているが、彼はたんなる剽窃者ではなかった。クレシェンツィの文章の多くは、13世紀の抗争のときに皇帝派(ギベリン)のボローニャから亡命した教皇派(ゲルフ)としてイタリア中を旅して観察した彼自身の幅広い体験から生まれたものである。クレシェンツィは革新的ではなかったが、当時の庭園で目にしたことを記述した。理想の立地に加え、美に対して敏感で、葉の香りや触感、穏やかな風の特性といったものを強調したクレシェンツィには、15世紀の著述家レオン・バッティスタ・アルベルティを彷彿とさせるところがある。

100年かそこらしかたたないうちに、クレシェンツィの著作はもとのラテン語からイタリア語、フランス語、ポーランド語、ドイツ語に翻訳された。そして印刷術の発明後は、ラテン語で15種類の版、さらには各国の言葉で数え切れないほどの版が刊行された。さまざまな版の挿絵は、異なる地域の習慣を教えてくれる有用な資料であり、ときには著者は言及していないが地元の挿絵画家が知っていることが描かれている場合もある。クレシェンツィが説明的な書き方をしているため、文章を十分に読み取ることができる。

【よく整った圃場】
クレシェンツィの14世紀の著作（『田園の恩恵の書』）の1485年のフランス語訳の写本にあるこの挿絵には、囲われた庭の一場面が描かれており、手の込んだエストラードをひとりの女性が世話している。小さな正方形の植栽床に、鉢で育てられたハーブやカーネーションが植えつけられている。

【愛の花】

このフランスの細密画は1415年頃の、クリスティーヌ・ド・ピザン(1364-1430)の詩のフランス語写本からのもので、立派な姿をした1組の恋人を描いており、ふたりはバラに覆われたトレリスに寄りかかって、足もとは花の絨毯すなわち中世特有のフラワリー・ミードである。左側の白いバラは*Rosa × alba*で、右側の縞のあるバラは*R. gallica* 'Versicolor'かもしれない。背景に芝生のベンチが見える。

いる者にとっては、厳しい生活と春の庭の快適さや感覚的喜びとの間に際立った相違があり、庭の姿が閉ざされし庭のような何か精神的なテーマを展開するきっかけになった。中世の修道士は、エデンの園は最初の楽園で、神が自ら植物を植えたすべての地上の庭園うちでもっとも美しく、アダムとイヴが追放されたときに人間から奪われたと考えた。エデンという地上の楽園は罪から救われた者がキリストに近づくことができる教会を象徴するものになり、修道院は楽園を象徴するものになったのかもしれない。囲われたクロイスターの庭に常緑樹を1本植えても、生命の樹を思い出させるもの、あるいはキリストを象徴するものになった。中世の修道士は聖書の楽園の意味を理解し始めたのだろう。それは人間から奪われたが、それでもまだひとつの観念として地上の魂を清新にし、天国にある楽園を暗示するものなのである。

　庭造りの行為や美しい場所にいることによって癒されるという考えは新しいものではない。中世の修道士たちは、今日の人々と同じように、自然を体験することは心だけでなく身体にとってもためになると考えていた。7世紀にノーサンブリア〔イングランド北部〕を離れることのなかった聖ベーダは、景観——悦楽境ロークス・アモエヌス——の価値を認識していて、ある修道院の立地を森と海に近いとして称賛した。修道院の文献の調査により、宗教的集団ごとに場所のよさに対する態度がさま

第4章｜中世キリスト教世界の庭　113

まに異なることが明らかになったが、ほとんどすべてが虚弱な体に対し美しい眺望がよい効果を持つことを強調している。中世のシトー修道会は十分な水と肥沃な土壌がある農業に適した場所を選び、土地を切り開き森を管理することで土地の姿を改良し、修道院の壁の中の隔離された庭と違って、みんなが楽しめるようにした。スコットランドのメルローズ修道院では16世紀の修道士は個人の庭を持つことを禁止され、生産物を共有するだけでなく、用地の間を自由に行き来できるようにするよう指示された。これに対し、1084年に設立されたカルトジオ修道会の修道院は、来世のための教育と準備に集中した。共同体的な生活は制限され、修道士はそれぞれ庭がある個別の部屋か家にひとりで住み、その庭はフィレンツェ郊外にある修道院チェルトーザ・ディ・フィレンツェの中庭に見られるものとよく似ていた。16世紀初めには修道士たちは自分で庭を造り、庭、樹木、スミレの花壇がある自分の区画を世話するようになったが、これは反対された。ブロワのルイ(ブロシウスと呼ばれる)とリエシー大修道院長は、修道院の共同生活の改革を狙って1530年に『修道院法(Statuta monastica)』を書き、修道士たちに庭造りの喜びを味わっても所有せず、そうすることによって自然の美を魂を神のもとへ導くことのできる道として用いるよう促した。

　　花やそのほかの生き物の美しさが心に、それを創造した神を愛し崇拝させますように、
　　庭の美しさが楽園の輝きを心にもたらしますように……

　この考え方は、イスラム教徒がその地上の楽園を、天国を前もって味わうものとして高く評価したのとそうひどく違うものではない。

❖ 絵画と文学における理想化された庭

　文書の証拠は8〜9世紀の庭についても存在するのに対し、視覚的証拠はもっとあとの世紀からしかなく、主に宗教画と、空想小説や詩の絵画的解釈にもとづくものである。このことはそれらの庭がいくぶん理想化されていることを意味する。私たちが見ているのは現実の庭ではなく、想像の庭なのである。これは、当時の文学作品につけられた挿絵についてもいえることである。それは作家や詩人が持つイメージを画家が描写したものなのである。描かれた庭には当時の庭の要素も多数含まれているが、目的は物語を挿絵に示すことであって、歴史的評価ができるように本当の庭に忠実に表現することではない。私たちは、こうした「架空の」庭から中世の庭の視覚的イメージを得ているのである。芸術においては庭は抽象的な意味を持ち、そのニュアンスは楽園としての庭の概念によって豊かになった。さまざまな時禱書の暦のページに示されているように、キリスト教徒の庭はさまざまな花や象徴によって表されるマリアや聖人たちのいる閉ざされし庭として、上に芝を張ったベンチ、噴水、トレリスやアーバー、果樹園や園地〔邸宅を囲む草原〕とともに描かれたが、各季節の庭も挿絵に描かれた。絵画では庭は新約聖書の出

【恋する男がバラを見つける】
13世紀の詩『薔薇物語』の中に創造された理想化された愛の園は、フランスの中世文学の偉大な業績のひとつであるだけでなく、中世の庭についての私たちの考え方に強い影響を与えつづけている。ギヨーム・ド・ロリスはこの寓話的な詩で、宮廷風恋愛について詳しく語った。この恋する男は、愛の園であり、バラのありかである壁で囲まれた悦楽の園の夢を見る。

【夢の続き[右ページ]】
1400年には、『薔薇物語』のフランス細密画の挿絵は壁で囲まれた庭を木々の間に動物や鳥がいる円形のものとして描いており、それが鳥獣保護区域(ゲームパーク)だったかもしれないことを示唆している。入ることを許された恋する男アマンは、ナルシスの泉に映った最愛のものを見て、かなわず恋に落ちる。バラは「嫉妬」に守られているため、彼の苦難は続く。アマンは眠りにつき、読者にそれがみな夢であることを思い出させる。

A toz ceuls apres bien aprouuent
et en pris bien tauos reçoiuent
un acteur qui ot non macrobe
qui ne tint pas songe a lobe
ains escrist la vision
qui auint au roy cipion
Qui conques cuide ne qui die
Que soit folour ne musardie
De croire que songe auiengne
Qui que voudra por fol men tiengne
Car endroit moy ay ie fiance
Que songes est sygnifiance
Des biens aus gens et des anuis
Que les pluseurs songent de nuiz
Maintes choses couvertement

来事の背景として登場し、ユリ、バラ、鉢植えの植物、あるいはトピアリーで出来事や人物が特定できるようにし、3段のエストラードは三位一体を象徴した。15世紀には、建築家は石に刻んだ木の葉による象徴体系を生み出していたし、織り師はタペストリーの色彩でフラワリー・ミードを再現した。

ロマンチックな庭を舞台に空想の冒険をする宮廷風恋愛のテーマが急増した世俗的な文学においてさえ、庭はその宗教的象徴体系を維持した。閉ざされし庭(ホルトウス・コンクルスス)は愛の園になり、会話と戯れの舞台を提供する秘密の場所となった。『薔薇物語』からボッカチオやチョーサーまで、中世の文学においては、厳密な意味で庭は囲われた魔法の空間として認識されたが、つねに外の庭、すなわち森の空き地や花でいっぱいの野原の悦楽境(ロークス・アモエヌス)への言及があり、そこでは庭の形は定まっておらず自由だった。1237年にギヨーム・ド・ロリスが書き始め、40年後にジャン・ド・マンが完成させた『薔薇物語』の有名な恋愛物語は、愛、閑暇、あるいは歓喜を体現する者がいる寓話的な庭で起こる。恋する男アマンは、しばらく花咲く草地をさまよったのち、象徴としてのバラを探してこの庭に入る。この物語はチョーサーの時代に英語に翻訳され、1400年から1500年にかけてフランスの細密画の挿絵が入れられて人気を博した。1348年に書かれたボッカチオの『デカメロン』は、フィレンツェにペストが流行したときに貴族たちが逃げ込んだある身分の高い人物の庭を言葉で描写してくれる。そこには、あちこちに花が咲く芝生、中央の噴水、(クレシェンツィが提案したような)ブドウのパーゴラ、柑橘類の木とバラといった、中世の庭にお馴染みのものがすべてある。「穏やかな風景」に向かって開けた下っていくテラスのイメージはアルベルティの1452年の『建築論』を思わせ、自然の楽しさと美しさはすでにボッカチョと同時代のペトラルカによって賛美されていた。

❖ 植物と技巧

園芸に関する技術がどの程度のものだったかについては、文学作品の情報だけでなく、当時の人々が書いたものやのちに伝聞を編集したものなど、現実の庭についての記事に目を向けるとよい。そうした庭では、庭師は実際に果樹の灌木を仕立て、トレリスの塀を作り、品種改良のために果樹の接ぎ木をした。新たな植物の大洪水がヨーロッパに到達するのは16世紀後半になってからだが、その前の数世紀にわたって、地中海から北へ向かう細い安定した流れがあった。800年頃はシャルルマーニュの御料地令に挙げられた、主に有用植物

【人の重荷を軽くする】
1500年頃のフランドルの『時祷書』に、一重の赤いカーネーションが植えられた巨大な鉢を載せて手押し車を押しているところが描かれている。手押し車が西洋で初めて言及されたのは13世紀だが、中国では紀元前3世紀にすでに使われていた。カーネーションは1470年代にようやくスペインのバレンシアから北ヨーロッパへ導入され、最初にフランスで栽培されてウイエと呼ばれた。この庭師の妻が運んでいるのはその系統のようである。

【種子をまく】

この挿絵は、ピエトロ・デ・クレシェンツィの14世紀の著作のフランス語訳『田園の恩恵の書(*Livres des proffits ruraux*)』に書かれているような、正方形の植栽床がいくつもある壁で囲まれた用地の中で働く庭師たちを描いている。クレシェンツィの『田園の恩恵の書』は出版から100年たたないうちに当初のラテン語からフランス語へ翻訳され、印刷術が導入されてからは容易に手に入るようになった。クレシェンツィはそれ以前の書物から勝手に内容を借用したが、彼の著作はルネサンス期、そしてその後も、農業と園芸のきわめて重要な教科書でありつづけた。

からなる約100種類に限られていたが、15世紀初めには250にまで増えた。また、13〜14世紀には装飾的な植物が評価されるようになった。アルベルトゥス・マグヌス(および少しだけ前のバルトロメウス・アングリクス)のような著述家は、読者に植物の美しさと香りを享受するよう促した。北ヨーロッパでは以前から乾燥させたローズマリーの花は知られていたが、最初のローズマリーの株がもたらされたのは1300年代のことである。エノー伯爵夫人が1338年にイングランド王妃である娘のフィリッパのもとへ送り、ロンドンのステップニーに一種の植物園を持つドミニコ会の修道士ヘンリー・ダニエル(1315-85)が、ローズマリーの栽培に関するアラビア語の論文を王妃のために翻訳した。また14世紀末に、パリのある家長が、自分の若い妻のために書いた本『良妻手引(*Le Menagier de Paris*)』にローズマリーの挿し穂を発根させる方法について記述している。そして、ローズマリーの植物体の送り方についても、「縫い合わせた蠟引きの布で包み、蜂蜜を塗って小麦粉を振る」よう指示している。スペインのバラと呼ばれるタチアオイ(ただし原産地は東洋である)がスペインからエリナー・オブ・カスティルとともにイングランドにやってきたのは、1255年のことである。きわめて興味深い庭のひとつがパリにあるオテル・ド・サン・ポルの庭園で、8ヘクタールあるこの庭園はフランスのシャルル5世のために1370年代に造られた。この庭を造った人物はクレシェンツィの助言(1373年にすでにフランス語に翻訳されていた)によく従い、トンネル状のアーバー、生きたトピアリーの塀、絡み合った植物のトレリス、芝生の腰掛け、迷路、そしてバラ、ラベンダー、ローズマリー、ニオイアラセイトウでいっぱいの花壇などを採り入れた。放置されていたが1398年に修復され、そのとき植え直されたものの完全な明細が存在する。14世紀にロンドンにあったダニエル修道士の庭は、252の異なる種類の植物が栽培され、初期の植物園としてはヨーロッパで最初のものといってよいだろう。古い本草書をすべて学んだダニエルは、植物とその生育条件について詳細に調べたという点で当時の最先端をいっていた。

もちろん、それ以前にイスラム教徒たちがいた。トレドのウエルタ・デル・レイ(68ページ参照)は、ダニエルがそのコレクションについて研究したより300年も前に建てられた。スペインの庭園の学者たちは、初期の薬学や植物学の論文をギリシア語からアラビア語へ、そして最終的にはアラビア語からラテン語へ翻訳して、キリスト教徒のヨーロッパでも利用できるようにした。新たな植物がペルシアのような遠方からアラビア人とともにスペインへやってきて、その細い流れは帰国する巡礼者とともにピレネー山脈を越えて少しずつ進み、北の庭園で生き残った。そのほかアラビアの影響はシチリアにも及び、そこでノルマン人によって建築や庭園に取り入れられた。その考え方が最終的に北へ伝わって、エデンのような大規模な風景園(ランドスケープ・パーク)の発達に影響を及ぼしたのである。

第4章 | 中世キリスト教世界の庭

◆第5章
ヨーロッパ庭園の開花
ルネサンスの美
The flowering of the European garden
THE RENAISSANCE VISION

【新時代のきらめき】
イタリアのティヴォリ近郊にある16世紀のヴィッラ・デステの有名なオルガンの噴水は1661年に完成した。水圧を操作することによって機能し、アレクサンドリアの1世紀の建築家や水力学の技術者たちの理論に従って巧みにコントロールされる。

　15世紀のイタリア、フィレンツェ周辺の丘陵地帯で、庭園が大きく方向を転じた。中世の囲われた内向きの庭が外に向き、かなたの世界に目を向けたのである。建築家はプロポーションと遠近法という新しい概念を取り入れ、家屋と庭園はひとつの存在物として一体となって機能し、騒然とした中世の時代には不可能だったやり方で風景と結びつけられた。この「復活」の時代に、人は古代ギリシア・ローマ的な理想に触発されて、自然界とその中での自らの役割に新たな喜びを見出した。庭は「戸外の生活」のための場所、社交の楽しみと哲学的議論の場所となった。

　こうした新しい考え方がまずイタリアで、そして北ヨーロッパ全土で広まり始めると、それぞれ異なる風景や既存の建築物に合わせて変えられていった。16～17世紀には、簡素なルネサンス様式は流れるような動きを持つより装飾的な形態（バロック）やもっと直線的なやり方へと発展していった。比較的平坦で森林のある北フランスでは自然との関係も変わり、庭師は自然を従えようとし、支配者はさらに熱心に自分の力を誇示するようになり、デザイナーが考える仕掛けには光学的な錯覚も加えられた。ヴェルサイユほどこうした要素が説得力をもって組み込まれた場所はない。ルイ14世の威光を広く伝えるためにデザインされたヴェルサイユは、ほかのあらゆる君主の羨望の的であり、彼らがもっとも模倣したがった庭園である。この時期のイングランドは流行の発信地ではなく追随するばかりだった。それでも一部の比較的小規模な地所で、少数の独立心のある熱心な人々が庭造りへの愛を育んでいて、それはもう少し先の世紀に実を結ぶことになる。

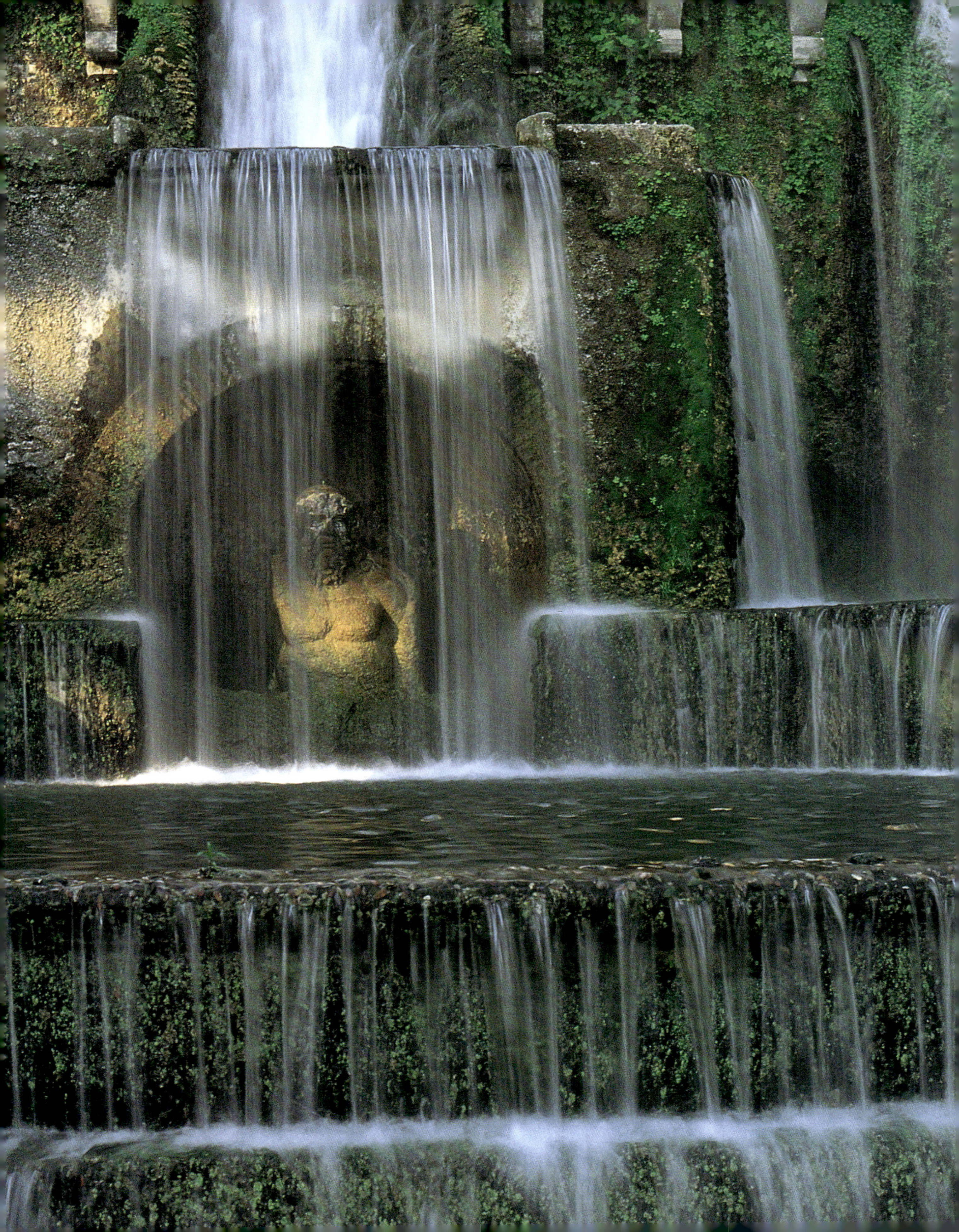

❖ ルネサンス期のデザインの原理

ルネサンス期に入ると、より確かな論拠をもって話を進めることができる。伝聞や絵画の描写の形でのみ残っている中世の庭と異なり、最大級のルネサンス庭園の多くが現存しており、西洋の庭園史の調査を「現場」で始めることができるのである。

革新的な庭園デザインが生まれたあらゆる時代のうち、この時期がもっとも面白い。その庭園要素は、(イスラムの伝統の要素とともに)あらゆる西洋の庭造りの着想のもとでありつづけている。ルネサンスのデザイナーによって導入された空間の幾何学的理解の原理は、技術と材料が大きく変化したにもかかわらず今日でも1500年の頃と同じように有効な古典的定式を与えてくれる。現代のデザイナー(たとえばラッセル・ペイジ、ジェフリー・ジェリコー、トーマス・チャーチ、フェルナンド・カルンチョ、ジャック・ヴィルツなど)による驚くほど多くの作品がこの時代を参考にしている。「整形」の考えなど聞いたら青くなってしまうこうしたデザイナーでさえ、ルネサンス様式に端を発する庭園空間の構成法をしばしば使っているのである。ただし、自然に見える曲線を持つ植栽によって幾何学的配置、直角、軸線を隠すだろうが。

数学と線遠近法という新たに発見された法則を用いて、ルネサンス初期の建造者たちは自然と芸術が共存できる庭園を造った。その法則というのは、多くが古代ギリシア・ローマの資料をもとにしており、レオン・バッティスタ・アルベルティによって『建築論』に整然と述べられ、この本はルネサンス建築のバイブルとなる。アルベルティはその法則を使って、建物だけでなく音楽、自然、理想化された人体に関するプロポーションの理論を詳しく述べた。この理論が適用されたとき、調和がもたらされるのである。

ルネサンス庭園は空間の操作がすべてだった。その独特の幾何学的構成は家屋の中心から伸びる中央軸線の周囲に配置され、中央軸線は多数の軸線と交差している。そうしていくつも一連の庭園区画や上方あるいは下方へ重なるテラスが造られるのである。視界の中央にある軸線がもっとも重要な特徴であり、17~18世紀の大規模なバロック様式の庭園の時代には家屋の周囲の整然としたレイアウトを通り抜けて田園地帯の「もっと野性的な」木立や果樹園に伸びていたが、フランスの庭園の場合は森に深く入り込み、何らかの地形や人工物、あるいは地平線で終わった(153-55ページ参照)。

ルネサンス初期の庭園は遠近法によって規定されるグリッド体系を用い、パーゴラや生垣によって別個のものだが規則性のある部分に分割された。列をなした

アルベルティの理論

レオン・バッティスタ・アルベルティは10巻からなる『建築論』を1452年に完成したが、刊行されたのは1485年になってからである。これは最初に印刷された建築に関する本であり、ウィトルウィウスと古代ローマの建築に関する研究をもとにしており、その中でアルベルティは各部分の数学的対称性と比率の観点から美についての理論を展開している。それより前の絵画に関する著作『絵画論(Della Pittura)』の中で、アルベルティは遠近法による作図法について初めて記述した。イタリアの詩人で数学者で技術者のアルベルティは、典型的な人文主義者で「ルネサンス・マン」であり、「人はあらゆることができる」という自身の信条を体現してみせた。

【新たな方向】

ローマのヴァティカンにあるベルヴェデーレの中庭は、1506年にドナト・ブラマンテによってデザインされた。力強い中央軸線がある、傾斜地で階段と傾斜路を組み込んで高さを調整した画期的なデザインには、ローマの古代建築の研究が反映されている。

【修復された楽園】

17世紀にデザインされたヴィッラ・バルバリーゴ（現在はヴィッラ・バルバリーゴ・ピッツォーニ・アルデマーニと呼ばれる）の庭園は2本の軸線上に計画され、パドヴァの南のエウガネイ丘陵によって形成された円形劇場のような地形の中に、生垣の間の小道、カナル、迷路、ウサギの島がある。そして、荘厳な階段のある池、石組、カスケードがディアナの門から伸びる。ヴェネツィアの元老院議員ズアネ・フランチェスコ・バルバリーゴによってデザインされたこの寓話的な景観は、地上に取りもどされたエデンの園を表している。現在、立派に修復されたこの庭園は、イタリア随一の美しさを誇っている。

木々や刈り込まれたトピアリーもあった。建築や絵画の場合と同様、数学の知識とさまざまな視点からの遠近法の効果が新たな庭園を造るために不可欠だった。「外側」の庭は構造的に「内側」の延長であった。実際の生活についていえば、ルネサンス庭園は多くの点でカリフォルニアにある現代の庭園と同じような使われ方をした。

ローマの16世紀初めのベルヴェデーレの中庭では、デザイナーのドナト・ブラマンテによるよく目立つ中央軸線がテラスと直角に交わって、一連の階段と傾斜路によってテラスを結び、それは15世紀特有のアイデアであり、以後あらゆる庭園の発展に影響を及ぼすことになる新しい建築方針であった。その後、16世紀中頃までの盛期ルネサンスの庭園は上から眺めることを意図したものになる。傾斜のある場所では、テラスを造成することで連続的な水平面ができ、遠くの景色を眺められるようになった。それには場合によっては膨大な量の土の移動と水力学の技術を必要とした。ほとばしる水が平坦な面から噴き上がるか、カスケードの形で下の面を次々とつないでいった。建物と庭の間のシンメトリーと調和、バランスとプロポーションが基本的な教義でありつづけた。プラトリーノ（126ページ参照）やボマルツォ（124ページ参照）のような16世紀後期のマニエリスム庭園はさらに工夫がなされ、厳密な意味でのルネサンス期の約束事からはずれてロマンチックなグロット、岩、巨人、そして秘密の水仕掛けを備えたものになった。

この時期はずっと、庭園は喜びと楽しみのためにデザインされ、しばしば彫刻

作品の展示場、美術館、生きた植物の百科事典としても機能した。初期の人文主義者たち（そのリーダーたちは最初、15世紀中頃にコジモ・デ・メディチによって設立されたプラトン・アカデミーで出会った）は、古代の学問、文学、歴史の研究といった、彼らの呼称のもとになった人文（humanae literae）の中に、庭園レイアウトに関することも含めていた。一例をあげれば、コジモは自分のブドウの剪定をするのが好きだった。こうしたフィレンツェ人たちは、自然と庭園への愛によって心をかき立てられて、庭を哲学的議論や音楽のための舞台、すなわち魂を養う場所として使った。

❖ 景観と立地

　イタリアのルネサンス庭園、とくにトスカーナのものは新しく洗練されたデザインが際立っているが、農村風景にもルーツを持つ。田園地帯と結びついた庭園の広いテラスは、何世紀も栽培されてきたオリーヴの木立やブドウ畑の古代のレイアウトの影響を受けている。事実、新しい庭園のなかにはブドウ園やオリーヴの木立を組み込んだ配置のものがあり、各植物が光と空気をできるだけ多く受けられる伝統的な五つ目型の配置を使っている場合も多い（基本的な五つ目型は5本の樹木で構成され、4本が正方形を作り、5本目が中央にある）。ほかの国では地元の要素が同じような役割を果たした。オランダの庭園にある観賞用のカナルは、干拓地にある排水路の装飾的拡張である。

　16世紀末も終わろうとする頃にフランドル人画家ジュスト・ウテンスがヴィラ・ディ・アルティミーノのために制作したルネット〔半円形の壁画〕は、メディチ家が所有する庭園を描いており、農業用地を手本としてが果樹や花壇に合うように変えられた様子を示している。ウテンスは地図のように描写し、庭の分割、テラス、模様をつけられた花壇、そして噴水と彫像の位置を示している。ウテンスは15世紀のごく初期の田舎のヴィラが実際にどのように農業地帯の中に配置されていたか示しているが、もっとフィレンツェの中心部に近いカステッロやペトライアにあるヴィラなど、のちのデザインはもっと複雑だった。メディチ家のあらゆるヴィラの中でもっとも複雑なのはプラトリーノのヴィラで、大公フランチェスコが山の斜面を「奇跡の庭」に変えた。

　建築家は、古代の著述家が強調したように、ヴィラおよび庭園と周囲の風景との関係、そして所有者がその中を散歩し、レモンの花やそのほかの草花の香りを楽しみ、暑い夏には木立やパーゴラやロッジアの下に日陰を見つけ、流れ落ちる水の音に耳を傾け、水しぶきの涼気を感じる場所としての機能を考慮しなければならなかった。最良の場所は植物にとってよい条件を提供し、たとえば斜面をテラス状にすれば、弱い外来種や柑橘の灌木にとって排水の改善になった。

　ヴィラの場所は丘の中腹がよいと勧めたアルベルティは、古典から広範に内容を借用して、『建築論』に「かなり高いところに建てても、非常に簡単に登れるので、そこへ行く人にはほとんど感じられないはずで、気づいたときには頂上にいて、目の前に広大な眺望が広がっているのだ。心地よい風景、花咲く草地、開けた平野、日陰のある木立にはこと欠かない。澄んだ小川も、泳ぐことのできる清い川や湖も……そのほか同様のあらゆる楽しみ……田舎の隠遁所で、便益と喜びに必要なもの……屋敷の正面と全体に完全に日が当たるようにし、開放して光と

【メディチ家の栄華】
このトスカーナ大公コジモⅠ世（1519-74）の肖像は、彼の死の2年前にアレッサンドロ・アッローリが描いたものである。強大な権力を持つメディチ家の一員である大公は芸術のパトロンとして有名で、1549年からフィレンツェのピッティ宮殿の背後にあるボボリ庭園を、1550年代末にフィレンツェ近郊のヴィラ・カステッロの庭園を建設した。

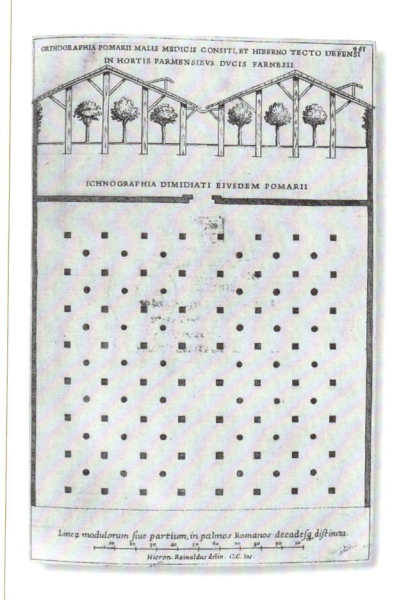

【五つ目型】
1646年に出版されたジョヴァンニ・バティスタ・フェラーリの『ヘスペリデス（Hesperides）』は、完全にオレンジ、レモン、シトロン、ライムの栽培だけについて書かれた最初の本である。これはローマのパラティヌスの丘にあったファルネジアーニ庭園（ファルネーゼ家の庭園）の一区画の図面で、一連の五つ目型に配置されたシトロンの木を示しており、それは1本1本が受ける光と空気を最大にする植栽パターンである。

【風景の中のヴィラ】

これはローマ近郊にあるヴィラ・ランテの園亭のひとつにあるフレスコ壁画(1574-76)で、造られた当初の庭園の様子が描かれており、イタリア式パルテール(パルテ)があるが、これはのちにフランス・バロック式の渦形装飾に植え替えられた。当初の入り口は東側の林苑を抜けるようになっていて、訪れた人はグロットから目の前に展開する光景や噴水を眺めながら庭を下ることができた。

太陽をたくさん、そして十分な量の健康によい空気を受けるようにする」と書いた。アルベルティは、小プリニウスの機能的にすぐれたふたつのヴィラについての記述(47ページ参照)を繰り返し、続いて「古代の人々」がどのようにして、冬には日光で満たされるが夏には日陰になるようにロッジアを計画し、冬の風があたらないように配置したか説明している。

変化しているのは庭園だけではなかった。ヴィラ自体も、囲われた中庭を眺める内向きの要塞ではなく、外に向いて眺望と光を取り入れるようになった。ティヴォリにあるヴィラ・デステへの当初のアプローチは、デステ枢機卿自身が使う入り口を除き、下の平野から入るものだった(現在は急斜面の上にあるヴィラを貫いている)。それは果樹園とトンネルを抜けて傾斜路と階段を上がり、訪れた人々はそこから、1581年にフランスの哲学者で随筆家のモンテーニュが見たように、噴水のきらめくしぶきがはかない虹を作るのを見ることができたのである。そして庭を登りきって振り返りローマ平野を見渡すまでは、この場所を十分に堪能した

はいえなかった。

❖ 自然と人工物

　ルネサンス庭園のもっとも基本的な要素は常緑の植物と石造物と水、つまり短命ではなく永続的な物質である。モチノキかイトスギの暗い木立――カステッロでは円形のイトスギの木立で迷路が作られていた――パーゴラ、アーバー、トピアリーに加え、テラスの石組み、階段、彫刻、園亭もあった。洞穴がグロットにされ、水は静かな池に溜められることもあれば、カスケードを流れ落ちたり噴水から高く噴き上げられることもあった。ツリーハウスを作り、山を築き(129ページ参照)、花壇をさまざまな模様に配置するのはみな、自然の操作の一環である。生きている庭が純粋に建築的な概念とは異なるのはそうした要素が有機性を持っているからであり、自然そのものと違うのは自然が操作されているからである。庭園に関しては、芸術はそこに自然がもともと与えているものを人工的に繰り返すことによって自然を模倣するといわれてきたし、この時代に信じられていたように、自然には秩序があってそれは宇宙の秩序の表れだと考えるなら、自然の模倣物も基本的パターンを持っていなければならなかった。ルネサンスのデザイナーたちは、芸術は自然の外観を模倣するだけでなく、それが神によって定められた理解しがたい秩序だとしても自然の根本にあるものも模倣しなければならないと思っていた。そして同時に、自然は庭師の技術によって改善できるものであった。

　15〜16世紀においてさえ、庭の一部は、ヴィラの近くの建築的に工夫されたエリアと対照的に、現代のレイアウトで設けられるような、森を抜ける曲がりくねった小道のあるもっと自然主義的なボスケッティ〔「小さな森」の意〕だった。この「自然主義」はとくにグランド・ツアーでやってきた17〜18世紀のイギリス人の心を引きつけた。ヴィラ・ランテでは、訪問客は林苑の木立の間を下って主庭園の上

マニエリスム庭園

マニエリスムという言葉は、もっとも限定的な使い方では、様式が優先事項になり、場合によっては極端なところまで行った、1520年から1600年頃(盛期ルネサンスとバロックの間)のイタリア芸術における傾向をさす。ヨーロッパ全土でマニエリスム庭園は作為性と奇抜さで特徴づけられ、象徴表現と水力を利用した仕掛けを多く使用した。装飾と劇的効果に対する熱意の点で、マニエリスムは20世紀のポストモダニズムになぞらえられることもある。この様式を代表する庭園にはプラトリーノ(126ページ参照)、ボマルツォ(下を参照)、オーストリアのザルツブルクにあるヘルブルンの庭園などがある。

【知のゲーム】
ヴィテルボ近郊にあるボマルツォの庭園は、現在ではサクロ・ボスコと呼ばれ、石を彫って作った寓話的な怪物の風変わりな彫像に加え、図像学的な解釈ができる建物もある。アリストテレス、ウェルギリウス、ダンテを読んだ当時のイタリア人には、そうした空想の産物の多くを理解できたのである。庭園はヴィチーノ・オルシーニ伯爵により1542年から造営された。

愛の葛藤の夢
LOVE'S TROUBLED DREAM

イタリアの若い有力貴族フランチェスコ・コロンナによるきわめて寓話的な小説『ポリフィリウスの夢──愛の葛藤(*Hypnerotomachia Poliphili*)』は、アルベルティの『建築論』とほぼ同時期に書かれた。1467年に完成し、1499年にイタリアで出版された(その後まもなくフランスで、そしてイングランドでも出版されたが、文章がかなり減らされた)。その書名はhypnos(眠り)とeros(愛)とmache(葛藤)の3つのギリシア語が結合したもので、『夢の中の愛の葛藤(*The Strife of Love in a Dream*)』と訳された。その非現実的なところは人を引きつけるが、主人公ポリフィリウスがニンフのポーリアを追い求めるストーリー自体は、庭園デザインの発展に与えた影響という点で、コロンナの庭園建築についての考えを表している古代遺跡、アーバー、パーゴラの木版画の挿絵ほど重要ではない。

そうした挿絵には、円形劇場や、古代のレリーフ、彫像、ヘルメー、祭壇が装飾として使われたペリステュリウムが描かれている。あるとき主人公とヒロインは古代の遺跡の風景の中をさまよい歩く。コロンナは、神話や歴史上の人物の彫像に加え、噴水やグロット、イトスギの木立や迷路など生きた植物にも言及し、16世紀のマニエリスム庭園の寓意性と象徴主義に影響を与えた。手の込んだパルテールや植栽の詳細は基本的に当時の15世紀の庭園がもとになっており、ピエトロ・デ・クレシェンツィの14世紀の論文『田園の恩恵の書』(112ページ参照)に書かれていることとよく似ていて、絡み合ったつる植物で覆われたパーゴラや混植の生垣がある。コロンナの植物や庭造りの実務についての知識はかなりのものだった。彼の花壇のパターンは、出版されたものとしてはもっとも早いものといえる。ちょうどアルベルティが「あらゆる国に存在するあらゆる素晴らしい果樹」を庭に植えるべきだと明言したように、コロンナは「創造されたあらゆるものを人が知ることができるように、世界中に散らばっているあらゆる楽しみ」を庭に入れたがった。

『ポリフィリウスの夢──愛の葛藤』の挿絵に描かれたパーゴラ

にあるグロットや噴水まで行けるため、比較的手の入っていない自然から勝ち誇ったような洗練された部分へと進むことになり、ここはまさにそのような対比を意図した配置の例である。16世紀の庭園がどんどん大規模な創造物になるにつれ、自然の素材は操作され、自然がほとんど完全に芸術に従属させられるところまできた。

❖ 神話と変身について

一部のルネサンス庭園、とくに16世紀中頃以降のものは、楽しみの庭以上のものだった。個人の威光を示すものだったのである。しかし、人文主義者たちがしたようにそれを「読む」には、神話や古典文学、そして当時の政治についての理解が必要だった。のちにやってきてこれらの庭園を称賛した北ヨーロッパからの旅行者たちは、今日、ストウやラウシャムのようなイギリス式風景庭園を訪れた人々のために用意されているのと同じような説明入りのガイドブックがあったら大いに助かっただろう。

カステッロやボボリのメディチ家の庭園は、訪問者に一定の反応を引き起こすことを意図し、慎重に工夫された図像的なプログラムで「メッセージ」を伝えた。

プラトリーノ——奇跡の庭
PRATOLINO: A GARDEN OF MIRACLES

このウテンスによる1599年のルネットは、ヴィッラ・プラトリーノを描いたものである。樹木が密生する庭園の南の部分は、建築家のベルナルド・ブオンタレンティがメディチ家の大公フランチェスコⅠ世の依頼を受けて1569年から造営したものである。フィレンツェのおよそ10キロ北、アペニン山脈の山すその丘陵にあり、もともとの立地は「自然の野性味にあふれ、山々に囲まれ、森だらけ」で、大公が自分の自然に対する支配力を証明して見せるためにそこが選ばれたのだといわれる。

この庭園はこの時代有数の洗練された庭園だった。ルネットによれば、ヴィラの下に15メートル幅の主軸線があって、それに何本かの直線の並木が交差し、直角に交わっているものもあれば急角度で交わっているものもある（この地形では規則正しい格子状にするのは難しかったのだろう）。ヴィラの片側にある一連の不定形の池は、わざと自然な感じで丘を曲がりくねって下り、水が池から池へと流れ落ちるようになっている。木々が密に植えられ、自然に見えるものもあれば、密集した列になっているものもあり、築山の近くにモミの木の整った円がふたつと、五つ目型に並んだおそらくは果樹がある。記録によれば、ゲッケイジュの迷路と、野の花が点々と咲く広々とした草地があったという。プラトリーノ全体が人工と自然主義、「秩序ある」自然と「本来の」自然の豊かな混合物であった。純粋な自然の驚異を見せる部分もあれば、いかに自然を模倣できるかを示している部分もある。

【プラトリーノの俯瞰図】
このヴィッラ・プラトリーノのルネットは、ジュスト・ウテンスにより、メディチ家の庭園を表現した有名なシリーズのひとつとして描かれた。一連のルネットはもともとはヴィッラ・ディ・アルティミーノのものだったが、現在はフィレンツェ歴史地形学博物館にあり、これにより約100年にわたる庭園様式の発展を知ることができる。

この庭園はとくにその精巧な水の仕掛けで有名で、ミシェル・ド・モンテーニュが1580年代にこのヴィラを訪れたときにもっとも心を奪われたのは、自然の美ではなく、びっくり噴水とグロットと水力学の奇跡だった。10年後にファインズ・モリソンも同じように、水力技術に興味をそそられたと書いている。一歩進むごとに水が降り注いでくるように見えた。グロットは半貴石、紅海産の珊瑚、真珠で内張りされていた。そして、弧を描いて噴き出す水の「パーゴラ」が中央軸線と重なるように伸び、水の力を利用し、歯車と滑車を使った精巧な仕掛けによってコントロールして人物や鳥に楽器を演奏させていた。アポロン、ミューズ、ペガソスの彫像が、築山の内側に仕組まれた水オルガンのこの世のものとは思えない音楽によって、命を吹き込まれたのである。

プラトリーノのヴィラは19世紀初めには消え、庭園はイギリス式のパークに変えられた。今日では、ヴィラの背後の円形闘技場に見立てられた地形に置かれたジャンボローニャ作のアペニーノの力強い石像以外、訪れた人の目をくらませるものはほとんどない。1579年に制作されたこの像は、半分山に変身した人間、あるいは人間に変わった山を表現している。

16世紀末にヨーロッパでもっとも称賛された庭園のひとつであるプラトリーノの驚異は、プラハのルドルフ2世の庭園、ウィーンのマクシミリアン2世のノイゲベーウーデ、パリのアンリ4世のサン＝ジェルマン＝アン＝レー、ロンドン近郊のウェールズ公ヘンリーのリッチモンド・パレスなど、遠方でも広く模倣された。ただし、これらはすべてなくなってしまった。しかし、1613-15年にサンティノ・ソラーリがザルツブルク大司教のために建てたヘルブルンの庭園は現存しており、その自動機械はまだ作動する状態にある。海綿と貝殻で内張りされたグロット、ふいごによって起動されてさえずる華やかな鳥、噴水の小道、そのほかプラトリーノの仕掛けに似たものがあり、数世紀の間に多くの変更が加えられたものの、ヘルブルンは北ヨーロッパに残った数少ないルネサンス庭園のひとつである。

【人間と山】
プラトリーノにあるジャンボローニャ作のアペニーノの巨大な像は、1579年に制作され、11メートルの高さがあり、今でもこの「奇跡の庭」の規模を示している。

ヨーロッパ庭園の開花

第5章 ｜ ルネサンスの美

カステッロでは噴水と彫像がメディチ家の隆盛とフィレンツェの偉大さを世に知らせた。バルトロメオ・アンマナーティによるヘラクレスとアンタイオスの彫像はアルノ川とムニョーネ川を表し、ジャンボローニャによる水中から現れるヴィーナス像はフィレンツェを意味した。上のテラスにあるオークの林の中のジャンボローニャによる巨人のブロンズ像は冬とアペニン山脈を象徴していたが、この庭園全体の水の源泉でもあり、フィレンツェの丘陵と泉を暗示していた。また、プラトリーノの巨大な石像はアペニン山脈を擬人化したものである。そしてボボリ庭園では、コジモⅠ世がメディチ家の強大な権力を強調しようとした。1570年代にジャンボローニャが彫刻をてがけたオケアーノスの大噴水は、フィレンツェへ水を運ぶ新しい水道の建設をたたえることにより、メディチ家の力と水に対する支配を象徴したものである。もともとは円形劇場だったが、1637年にこの彫像がイソロットの泉の中央装飾(センターピース)になった。

ヴィッラ・デステでは、建築家のピッロ・リゴーリオが展示物への水力の利用を、ヘラクレスの偉業、とくにアウゲイアス王の厩の掃除になぞらえる寓話的な主題に組み込んだ。さらに、ヴィーナスを卑俗な愛と、ディアナを貞節と結びつけた主題(ヴィーナス像へ至る楽な道と、急な上り坂に守られたディアナのグロット)もある。ヘラクレスは力を表すだけでなく、神話で彼が金のリンゴを盗んだヘスペリデスの庭との関連から、柑橘類の栽培が流行していた当時、庭園の装飾に非常にふさわしい人物だった。もうひとつヘラクレスとのつながりがある。デステ枢機卿の名前イッポリトはイタリア語でヘラクレスを意味するのである。

樹木、噴水、花壇、彫像の整然とした左右対称の

【伝説のテラス】
ティヴォリにあるヴィッラ・デステの百噴水の二重テラスは、ピッロ・リゴーリオが1559年からデステ枢機卿のために設計した素晴らしいデザインの一部である。オウィディウスの『変身物語』をもとにした一連のテラコッタのレリーフが、庭園を横切る整然とした散歩道の背景をなしている。ここでは、ジョヴァンニ・バッティスタ・ファルダが描いた『ローマの噴水』にある17世紀の眺め(上)と現代の写真(左)を対比する。

配置の中でも、彫刻やグロットの多くに古代の神話への心酔からくる象徴的な主題が与えられている。庭園モチーフの出典として人気があったのがオウィディウスの『変身物語』であり、このラテン語の詩は、それができた当時と同じように、ルネサンス期の人々にもよく知られていた。1645年にヴィラ・デステを訪れたジョン・イーヴリンは、百噴水のテラスは「噴水でいっぱいの広々とした長い散歩道であり、その下にめったに彫られない半肉彫り(メゾリリエボ)でオウィディウスの『変身物語』がすべて記録されている」と書いている。現在では、彫刻は300年以上にわたって水と風雨にさらされて磨り減り、苔とクジャクシダでほとんど見えなくなっている。ボボリ庭園のブオンタレンティ作のグロットもオウィディウスから主題を得ており、入ると建築材料が自然の岩に変わり、中では人間も動物も石から現れたり石に変わったりしており、オウィディウスが書いたような災いが起ころうとしている光景が表現されている。

❖ 水のいたずらと楽しみ

水はたんにルネサンス庭園の特徴的な要素であるだけでなく、命と動きと音を与える不可欠な道具だった。水は建築的な石造部分や薄暗い常緑樹に趣を与え、さらさらと流れるゆっくりした動きの小川が騒々しく水が飛び散る噴水に変わることも、所有者の力と偉大さを証明するものであった。複雑な水力学のシステムを使った水オルガンや水のいたずらは、技術が進歩するにつれてますますありふれたものになった。ヴィラ・デステの急斜面では水が主要なテーマであり、ヴィラ・ランテでは庭園の構成全体が頂上のグロットから池とゆるやかなカスケード、そして噴水へと結ばれていき、下で広がって大きな水のパルテールに入る。

水は巧みに利用され、壁を滴り落ち、腰掛けのエリアの上で弧を描いたり、輝くしずくでパーゴラを作るかと思えば、音楽や鳥のさえずりを真似てみせた。水は気晴らしにも使われた。いたずら噴水(ジオッキ・ダクア)に不意に水をあびせられて、予期していなかった見物人はずぶぬれになり、逃げようとするとまた水をかけられることになった。噴水とニンファエウムはグロットと並んで重要な要素であり、象徴的な含みをもってデザインされた。古典の先例を想起させ、壺から水を注ぐ河神の像とプラタナスの木の植栽によって流れの源が暗示されている。

歴史を通じて庭園の形態は自然現象に起源を持ち、ルネサンス期の考え方は18世紀にイギリス式風景庭園に取り入れられたのと同様に、今日の庭園にも取り入れられている。グロット(132-33ページ参照)は荒涼とした状態にある洞窟を表すことが意図されたが、人間の努力が自然よりまさっていることを証明するように「改良」され、その一方で冥界の神秘は維持された。野趣園が庭園版の自然林(ウイルダネス)だったのと同じように、カスケードや噴水は自然の水の様相から着想を得たものである。ヴィラ・デステのオルガン噴水は山の滝に似ているし、ヴィラ・ランテやロー

【築山の上】
これはパルナッソス山を人工的に築いたもので、有翼の馬ペガソスと9人のミューズが示されており、異教徒の地上の楽園の考えがルネサンス庭園に持ち込まれている。このパルナッソスは、オランダの画家ニコラス・フィッシェルが描き、ヨハネス・ファン・デン・アヴィーレが版を彫った、1700年頃のものである。有名な人工のパルナッソスには、フィレンツェ近郊のプラトリーノにある16世紀のものや、ドイツのバイエルン州にあるファイツヘーヒハイムの18世紀の島噴水などがある。庭園の外の田園地帯を眺めることができる築山は中世に起源があるが、ローマにあるヴィラ・メディチの庭園に見られるように、ルネサンス庭園の要素のひとつでもある。

マ近郊のカプラローラにあるファルネーゼ宮の水の鎖(カテーナ・ダクア)は丘を下る小川を人工的に造ったものである。

こうしたアイデアのいくつかを実際に使うため、ルネサンスの技術者たちは古典の資料を調べ、アルキメデス、アリストテレス、ウィトルウィウス、アレクサンドリアのヘロンの著作を研究した。彼らの関心は庭園の灌漑や装飾の工夫だけでなく、土地の排水や灌漑の効率的な方法を見つけることにも向けられていた。1560年代にはパドヴァ大学で機械学が初めてカリキュラムに導入された。

1588年の『種々の人工機械(Le diverse et artificiose machine)』で発表された発明家アゴスティーノ・ラメッリのアイデアには、水を汲み上げるための110通りの装置が含まれている。ラメッリは水オルガンや、ヴィラ・デステやプラトリーノで見られるような歌う鳥と動く部分のついた噴水の具体的なデザインも示している。こうした水力を利用した仕掛けは、1世紀に書かれて15～16世紀に当初のギリシア語からラテン語へ翻訳されたアレクサンドリアのヘロンの『気体装置』から着想を得ている。当時の技術者は、空気と水と蒸気で作動するヘロンの「おもちゃ」を組み立てて、多くの客を驚かせた。中でもモンテーニュは1580年代に、動く彫像、ばねや梃子の仕掛けで不意に噴き出す水、大砲を発射するような音に興奮している。ドイツの建築家ハインリヒ・シックハルトは、プラトリーノのグロットで自動機械を制御する歯車と滑車の一連の図を巧みに描いている。

❖ 植栽とデザイン

アルベルティは庭園で使う形式にのっとったパターンとして「円、半円など」を勧め、「そしてゲッケイジュ、シーダー、ビャクシンで囲み、枝が入り混じり互いに絡み合うようにし……樹木は正確に等間隔の列で植え、互いに正確に直線に並ぶようにすること……歩道は常緑樹で縁取りする」と書いている。ポルティコとブドウで覆ったアーバーが日陰を作り、イトスギの木がキヅタで飾られることもあった。アルベルティが書いたことの大部分は古典の文献からのもので、植物に関してはテオプラストスを引用し、ペルシア人が木々をいかに整列させて植えたかに

【水の下を歩く】
1604年にジョヴァンニ・グエッラによって描かれた、プラトリーノの水のパーゴラ。ヴィラの下に伸びる広い並木道の上に弧を描く水のしぶきはこの庭園の「奇跡」のひとつで、ジョン・イーヴリンによれば、人が馬に乗ったまま下を通れるほど広かったという。ルネサンス庭園では、ちょうどもっと前の砂漠の庭園でそうだったように、あらゆる形の水が不可欠な要素だった。16～17世紀には水力学の技術者が、しばしば1世紀のアレクサンドリアの理論から着想を得て、精巧な水展示の技術を取り入れていた。

【見事ないたずら】
これはファルダの『ローマの噴水』にあるG・F・ベントゥリーニが描いたヴィーナスの噴水で、庭園を訪れた人々がルネサンス後期の庭園で人気のあったジオッキ・ダクアすなわちいたずら噴水のしぶきに濡れまいとして逃げている様子を示している。

【流れてつなぐ】

ローマ近郊にあるヴィッラ・ランテの鎖状のカスケードはザリガニの形をしていて、それはガンバラ枢機卿の名前との語呂合わせであり、彼のためにヴィニョーラが1560年代にこの庭園を建設した〔ガンバラ家の紋章はザリガニ（ガンベーロ）である〕。しっかり刈り込まれた生垣に囲まれて、水の鎖（カテーナ・ダクア）と呼ばれるカスケードがグロットから河神の噴水へと下っていく。ランテでは、水は動いているものも静かなものも、そのデザインのきわめて重要な要素である。

ついてのリュサンドロスの記述さえ読んでいたのかもしれない。そして「間隔が正確で、列が真っ直ぐで正しく直角になっている」ように注意を払うべきだと述べている。彼の実際の庭造りの経験はピエトロ・デ・クレシェンツィの14世紀の『田園の恩恵の書』（112ページ参照）に端を発しており、この本は長く写本の形で入手できたが、イタリアで印刷されたのは1471年になってからである。

そのほかのルネサンスの植栽計画は、クレシェンツィの16世紀の後継者で1552年に『偉大なる農業の術(*La grande arte della agricultura*)』を出したジローラモ・フィレンツオーラと、ジョヴァンヴィットーリオ・ソデリーニの16世紀末の『栽培について(*Trattata della Cultura*)』がもとになっており、両者は非常によく似た植物を薦めている。ローマの農業手引書、小プリニウスのふたつの庭園に関する手紙、ウェルギリウスの『牧歌』と『農耕詩』といった、もっと前の古典も参考にされた。意図や目的にかかわらず、園芸の実務はコルメラとパラディウスの時代からほとんど進歩していなかったのである。

記述や当時の絵画から、ルネサンスの庭園にどんな植物があったかを明らかにすることができる。初期にはギンバイカ、ツゲ、ラベンダー、ローズマリーなどの低木を混植した背の低い生垣で庭を仕切ったが、16世紀中頃にはツゲを単独で使うことが多くなった。背の高い生垣にはアーモンド、アンズ、マルメロに加え、柑橘類、ザクロ、ギンバイカ、ラウルスティヌス〔ガマズミ属の常緑低木〕、ジャスミ

グロット
GROTTOES

ルネサンス期のイタリアの著名な一族が庭園に洞窟のような建造物を設けたのは、自分と古代ギリシア・ローマ文明との密接なつながりを示そうとしてのことであった。こうしたグロットは古代の神々や英雄の彫像によって命を吹き込まれ、グロテスカ、すなわちトゥファ(石灰岩が水で浸食されてできた石)、フリント、小石、貝殻でできた偽の鍾乳石や奇抜な姿をしたもので覆われた。アルベルティによれば、この「グロテスク」様式の装飾は古代趣味と一致し、それは古代の人々が偽の洞窟を「あらゆる種類の粗仕上げのもの」で飾ったからである。

100年以上のちの18世紀のイングランドで、アレグザンダー・ポープが川辺にある自分のグロットの内側を、友人たちがチェダー峡谷から取ってきてくれた本物の鍾乳石で飾った。この詩人は中に座って鏡を使って世の中の様子を見るのを好んだ。しかし、イタリアでグロットは夏の暑さからの避難場所として役立ったのに対し、もっと涼しく湿潤なイギリスでは、サミュエル・ジョンソンが明言したように、「グロットは非常に快適な場所である。ヒキガエルにとっては」。

それでも、18世紀半ばには庭園のグロットは今日のスイミングプールのように人気があった。この頃のある売家の広告に、「マーリンの洞窟、貝殻細工、1000枚以上の美しい貝殻でできています」とある。ホタテガイ、タマキビガイ、鏡、螺鈿できらめくグロットを造るのは楽しい仕事で、しばしばその家の女性たちがたずさわった。ポートランド公爵夫人はバルストロードにある自分のグロットのためにカタツムリを1000匹殺したといわれる。

【スタウアヘッドの河神[上]】
ウィルトシャー州にあるスタウアヘッドのグロットの出口に面する洞穴には、神話で波を支配する河神ペネウスと彼の川に住むニンフたちがいる。彩色された鉛製のこの力強い像は、1751年に作られ、詩人オウィディウスを引用したラテン語の銘文がつけられている。スタウアヘッドを造ったヘンリー・ホーアも、当時のイギリス紳士の例にもれず、古典文学によく通じていたのである。

【グロットの見本[下]】
景観デザイナー、フランソワ=ジョゼフ・ベランジェの裕福なフランス人のパトロンたちは、自分の庭園を大金をかけた建築やグロットで飾りたがった。1770年代にベランジェはイングランドの庭園を見てまわったことがあり、彼のグロットのデザインのスケッチは、ジョルジュ・ルイ・ル・ルージュとJ・C・クラフトによって制作され大きな影響を及ぼした版画集『イギリス式庭園(Des Jardins Anglo-Chinois)』に取り上げられた。

【ホタテガイの模様[左]】
アイルランド、コーク州のバリーマローにあるシェルハウスは、海辺の宝物で覆われている。この目を見張るようなモザイクには、何千枚もの貝殻とかなりの芸術性と何ヶ月もの、多くの場合、何年もの献身を要するが、憂鬱というより神秘的な効果を生み出している。

【外の眺め[右]】
サリー州のペインズヒルは、所有者でデザイナーのチャールズ・ハミルトンの存命中に、イングランドでも有数の人気のプレジャー・ガーデンになった。水晶のような石材、水、鍾乳石がきらきら光るそのグロットは、おそらく洞窟の専門家ジョサイア・レーンの作であろう。

【パフォーマンス・アート[左]】
トスカーナ大公コジモ1世のヴィラ、フィレンツェのカステッロにあるグロットの「特殊効果」は、早い時期に訪問したフランスの著述家ミシェル・ド・モンテーニュを夢中にさせた。原始の獣の群れが「あるものはくちばし、あるものは翼、そしてあるものは爪、あるいは耳や鼻の孔から」水を噴き出していたと、彼は述べている。

【この世のものとに思えない者[上]】
イタリアの現存する16世紀のグロットの中でももっとも見事な、フィレンツェのボボリ庭園にあるブオンタレンティのグロッタには、奇妙な形や顔が見られる。この想像の黄泉の国の作者である建築家のベルナルド・ブオンタレンティは、プラトリーノの奇跡を手がけた人物でもある。

第5章｜ルネサンスの美　133

ンが植えられ、樹冠の広い高木と密生する低木の混植が使われた。壁は多くの場合、トレリスに這わせた植物で覆われ、初期の庭園にはしばしば「緑の」パーゴラがあって、視線を向けさせたり視界をさえぎったりした。柑橘類は塀に沿って仕立てられたり、鉢植えにされることもあり、冬の間はスタンツォーネ（特別な部屋）に入れて守られた。フィレンツォーラはとくに矮性の果樹をマルメロの台木で育てることを勧め、これは16世紀末にボボリ庭園で広く行なわれた。

　花壇ではありふれたハーブが育てられていた。新たに輸入されたもの——たとえばチューリップ、スイセン、アネモネ、ヒヤシンス——が普通に植えられるようになったのは17世紀初めになってからで、当時は主に植物園や裕福な植物収集家の庭に植えられていた。そうした植物は多くの場合、生きて成長している庭の一部というより、まるで博物館にあるもののように展示された。レヴァント産の珍しい春に咲く球根植物のあと、夏の数ヶ月はメキシコのチューベローズ、アマランサス、ケイトウ、ヒマワリ、オシロイバナが続いた。16世紀中頃には、花壇のパターンの基本的な「レシピ」があって、その多くがさまざまな庭園で繰り返し使われた（138-39ページ参照）。主として正方形で、幾何学的に再分割された区画からなり、現代の庭園にもすぐに応用できる。

❖ グランド・ツアーの伝統

　グランド・ツアーが貴族の息子たちの儀式として受け入れられるかなり前に、ヨーロッパ全土からイタリアへ旅行者がやってくるようになった。1549年に出版されたウィリアム・トマスの『イタリア史 (Historie of Italie)』は、英語で書かれたイタリアに関する最初の本であり、当時はまだ多くが建設中だった庭園について多く

【ヴィッラ・デッラ・ペトライアのシンメトリー】
ジュスト・ウテンスによるこのルネットは、ヴィッラ・カステッロの近くにあるヴィッラ・デッラ・ペトライアを描いたものである。ここはフェルディナンド・デ・メディチが、1587年に大公になったのちの1591-97年に改造した。傾斜地にテラスを設け、もとからあったヴィラの両脇と下に、当時の流行に従って庭園を配置した。屋敷と大きな養魚池の両側に左右対称に配置されたテラスには、同じような正方形の区画に果樹が植わっている。下の平坦部では、カーブしたパーゴラに囲まれるように木々が植えられている。おそらく隣のヴィッラ・カステッロの噴水で使うために水流の向きが変えられたため、このペトライアの俯瞰図は、メディチ家の力と威信を誇示するというより、実際の生活の仕方が簡素だったことを示している。

レモン

レモン(Citrus limon)がヨーロッパで最初に栽培されたのがいつなのかいまだわかっていないし、原産国もはっきりしない。中国では少なくとも3000年前からこの属の植物が栽培されてきたが、レモン自体はおそらく熱帯の東インドからシトロン(Citrus medica)とともに少しのちに中国へやってきたようで、1178年の韓彦直の『橘録』に最初に記載されている交配計画に使われた。実際にはレモンはおそらくCitrus medicaと何かわからない親植物の雑種だろう。

シトロンはローマ時代にポンペイの庭で栽培されていたことがわかっている。ルネサンス期にはアラビア人によって柑橘がスペイン、シチリア、南イタリアにもたらされて広く栽培され、1550年代にはカステッロのメディチ家のヴィラに200種類もあった。顕微鏡の助けを借りて制作されたものとしてはもっとも早期の図版が、1646年にローマで出版されたG・B・フェラーリの『ヘスペリデス』に載っている。イタリアとポルトガルで栽培されたレモンの版画(上)は、ヴィンチェンツォ・レオナルディ(1621-46年に活動)によるスケッチと水彩画から制作されたものである。これらの水彩画は有名なカッシアーノ・ダル・ポッツォの紙の博物館に収蔵され、17世紀前半に収集されたコレクションはとくに自然界の分類に役立った(現在は多くがイギリスのウィンザー城王立図書館にある)。

17世紀の間にヨーロッパの園芸家は柑橘の栽培に関する専門知識をかなり深め、冬の寒さ除けを考案し、加温してうまく開花結実させた。今日、もっとも人気のあるレモン類のひとつがCitrus × meyeri 'Meyer'というコンパクトな矮性品種で、寒冷な気候の場合は温室内で栽培できる。よい香りのする花と果実がしばしば同時期につく。

Citrus limon

のことを語っている。トマスはジェノヴァのドーリア宮の「次々と重なる」6つのテラスや、ペーザロ郊外にある完成したばかりのヴィラ・インペリアーレについて記述している。続いてほかにも、フランスの哲学者で随筆家のミシェル・ド・モンテーニュが1580-81年にイタリアの庭園を訪れてその独創性を称賛したし、1590年代にイギリス人ファインズ・モリソンも1608年にトマス・コリアットも新しい庭園様式に強い関心を寄せた。1640年代には、17世紀のイギリス人できわめて大きな影響力を持つ庭園著述家および理論家であるジョン・イーヴリン(188ページ参照)が、とりわけローマのドーリア宮苑、カステッロ、ヴィラ・デステを訪れて、芸術と自然の共同作業を高く評価し、建築要素、彫像、グロット、水の要素、植物について意見を述べた。彼はパドヴァの植物園で彼のために特別に用意された乾燥させた植物の「冬の園」すなわちホルトゥス・シックス〔「乾いた園」の意〕をイングランドに持ち帰った。

こうした17世紀の旅行者たちは、庭園のレイアウトと装飾についての新しいアイデアで心弾ませて北ヨーロッパへ戻った。しかし、グランド・ツアーが本格的になった18世紀初めにはイタリアはそれほど繁栄しておらず、庭園はすでに衰退しつつあった。目もくらむような華麗さと色彩の多くは失われ、以前は外国から導入した植物であふれていた花壇は消えていた。この頃以降の旅行者はデザインの理念を理解でき、そしてきっと理解しただろうが、どちらかというとあせてしまった絵を持ち帰って、自分の庭で真似をした。苔で覆われた石造物、砕けかけた彫像、水の要素が配置され常緑樹が植わった空間が残っているすべてなのである。イタリアとその庭園へのグランド・ツアーはいまだに続いている。庭園デザインの技を学ぶのに、それ以上の方法はないのである。

❖ イタリア様式の広まり

16世紀を通じてイタリアの芸術と建築がヨーロッパを席捲し、アルプスを越えた北の国々でもイタリアの庭園様式が手本として受け入れられた。16世紀末にはシンメトリーと幾何学性というその様式の主たる特徴はヨーロッパ全土で確かなものになったが、これらの庭園のうちそのまま残ってこの新しい考え方が実際にどのように表現されたかを伝えるものは少ししかない。庭園はたやすく壊れ、流

第5章 | ルネサンスの美

今日のルネサンスの理想
THE RENAISSANCE IDEAL TODAY

　21世紀の庭園訪問者にとって、とくに雰囲気があって学ぶところの多い大庭園はヴィッラ・ガンベライアとヴィッラ・ラ・フォーチェである。ほとんど現代に造られたものだが、ルネサンスの形式をそのまま美しく例示している。どちらも、軸線の原則と空間の利用法がルネサンスの影響を受けていることが容易にわかる。それどころか本物より誇張されているほどである。フィレンツェの上方の斜面にあるセッティニアーノのヴィッラ・ガンベライアの「修復」が行なわれたのは19世紀が終わろうとする頃で、そのときに新たに水のパルテールと当時の植栽法が取り入れられた。シエナの南にあるヴィッラ・ラ・フォーチェの庭園は、1924年からイギリス人の建築家セシル・ピンセントによりイリス・オリーゴのために造られた。今日では、いくつかあるもっと大規模な公共のスペースよりも、このふたつの生きている庭園のほうが、容易にイタリア式庭園の考え方を把握できる。

　レイアウトの多くが16世紀に確立されたガンベライアでは、不器用に形作られた用地と多くが修復された15世紀のヴィラが、一連の軸線とヴィスタで束ねられている。中心となるボウリング・グリーン〔ローンボウリング用の芝生〕が一方の端から反対の端まで伸びて庭園を一体化し、それと交差する軸が森のあるジャルディーノ・セグレト（隠れ庭）へつながり、そこから一対の階段がレモンの庭へ上がっており、スタンツォーネの両側にツゲで縁取られた植え込みがある。ガンベライアはサー・ジェフリー・ジェリコーが気に入っていたイタリア式庭園で、そこでは「個々人の心のさまざまな側面すべての対応物が物理的環境の中に見つかる」という。この庭園は限られたスペースの中にある完全なデザイン形式を提示しており、2本の軸線のまわりにある「外の部屋」の配置、葉の処理、日差しと影のコントラストが、周囲の環境や下に広がるフィレンツェの眺めと相まって構成を完成させる。イトスギのアーケード、層をなすツゲ、水のパルテールはエドワード7世の時代の発案である。

　セシル・ピンセントは若いときに『ヒューマニズムの建築』の著者ジェフリー・スコットのもとで働き、スコットと同様、古代ローマ時代とルネサンス期の両方を懐古した。ラ・フォーチェでは、ピンセントは勾配のある土地を一連の水平なテラスにして、交差する軸線として目を丘の上に向けさせるイトスギのヴィアーレ〔並木道〕を設けた。主庭園の各区画は幾何学的だが、丘の等高線に沿って曲がりくねった小道があり、オリーゴ公爵夫人による生い茂った植栽が高い壁と硬いツゲの生垣の「骨格」をやわらげている。そして、丘の斜面にはエニシダ、ザクロ、シクラメンが自生している。ここは、現代の花と庭造りが香りと色を添えるルネサンス庭園である。

【ヴィッラ・ガンベライアからの眺め】
ガンベライア（右ページ）では、当初の16世紀のレイアウトの一部である長いボウリング・グリーンが庭園の端から端までのびている。この写真は東を望む眺めで、1900年代の水のパルテールの端が見えている。

【ヴィッラ・ラ・フォーチェのヴィスタ】
ラ・フォーチェの下側の庭にあるセシル・ピンセントがデザインした噴水池は、家屋に囲まれた空間の中央装飾（センターピース）である。丘の頂上近くの斜面に位置し、クレテ・セネージの荒々しい浸食された田園地帯が眺望できるラ・フォーチェは、1920年代にオリーゴ公爵夫人と彼女の夫が開発を始めたときには荒廃していた。

第 5 章 | ルネサンスの美

花壇、パルテール、ノット
FLOWERBEDS, PARTERRES AND KNOTS

　花壇のパターンの基本的レシピは、おそらく手書きの形で16世紀中頃からイタリアに存在した。幾何学的な花壇は、多くの場合、正方形の区画に分けられて配置され、砂や小石の小道で互いに隔てられていた。セバスティアーノ・セルリオが生み出したデザインが1537年から利用され、ヨーロッパ中で知られるようになり、その変形がパドヴァ植物園の版画とジョン・パーキンソンの1629年の『楽園』に登場している。ごく初期のレシピに比べれば複雑だが、それでもまだセルリオのパターンの多くは基本的な三角形や半円形のみで構成されている。こうした花壇は、屋敷近い場所や屋敷の窓から、あるいはもっと高いところにあるテラスから眺めることを意図していた。

　中世で一般的だった花壇の周囲の手すりや背の低いトレリスは、ルネサンス期には低い生垣に変えられた。そうした生垣はローズマリー、ギンバイカ、ラベンダー、イボタノキなどの混植が多かった。1600年を過ぎるまでは、ツゲは概して連続した生垣に向いていると思われてはいなかった。ときにはいくつかの花壇がさらに外側をパーゴラで囲まれることもあり、この「生きたトンネル」は仕切りとなるだけでなく日陰の散歩道も作り出した。

　フランスでは、パルテールという言葉は最初は花壇全般を指していたが、デザインがより凝ったものになってきて花がなくなり始めた。1546年にコロンナの『ポリフィリウスの夢』がフランス語に翻訳されたことで刺激を受けたデザイナーたちが実験したようだが、最初のツゲを使った刺繍のパルテールがサン＝ジェルマン＝アン＝レーに造られたのは1595

【オランダの折衷様式】
1669年の『オランダの庭師（*Den Nederlandtsen Hovenier*）』のヤン・ファン・デル・フルーンによるハウステンボス宮殿のオランダ式庭園の挿絵は強いイタリア趣味が感じられるが、フランス式の渦形装飾も示されている。

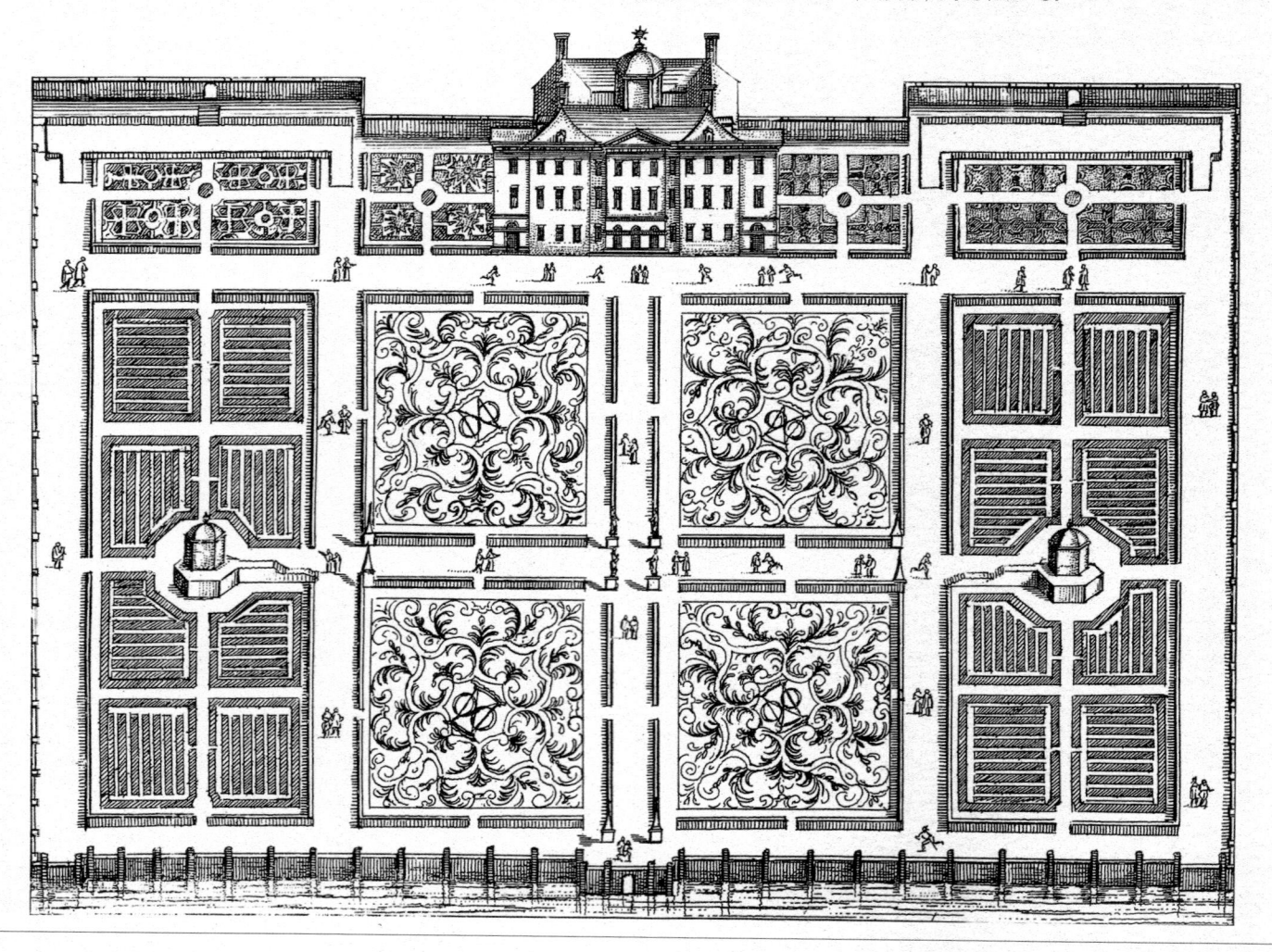

【モレによるパターン】
『庭の娯しみ』にあるアンドレ・モレによるデザイン(下)は、ツゲの流れるようなラインを使った非常に複雑な刺繍のパルテールを示している。矮性のツゲを使うことにより、このような曲線美を持つパターンが可能になった。

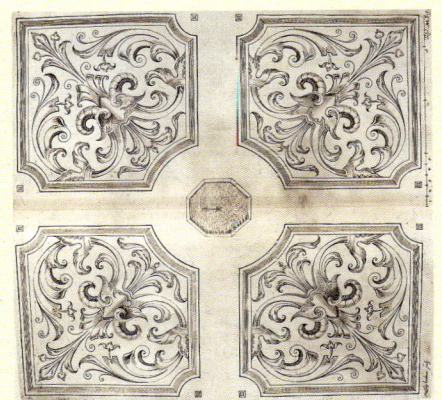

年になってからのことである。ここでは、王室の庭師アンドレ・モレ(149ページ参照)がアンリ4世を説得して、新しい矮性のツゲ *Buxus sempervirens* 'Suffraticosa' を使ってパルテールを造った。このツゲは背が低くこぢんまりと生育する習性を持っているため、モレはしっかり刈り込んだ渦形装飾、アラベスク、パルメットでパルテールを「刺繍」することができ、それはフランス・バロック様式のパターンを特徴づけるものになった。こうした渦巻く線は、16世紀末にはヘット・ローなどのオランダの大庭園で熱心に取り入れられた。

テューダー朝のイギリスでは、ハーブやツゲの絡み合った線でできた、それほど洗練されていないノット・ガーデンが一般的だった。ノット・ガーデンが中世に起源があることはほぼ確かで、中央の井戸や噴水のまわりに配置された機能的な長方形の左右対称の花壇に取って代わった複雑なデザインのものの総称である。イギリスのものは、絨毯や布の刺繍、漆喰やストラップワーク、革製本や精巧な宝飾品に見られるような模様に重点が置かれた。1594年にトマス・ヒルが『庭師の迷宮』の中で、フランスの刺繍装飾を取り入れ、デザインの角や中央に植物のつるに似た「トレイル」を使った。

【オーストリアの渦巻き】
フランスのバロック様式の典型である複雑に渦巻いた模様は、上のオーストリアの庭園に見られるように、ほかの国々でも盛んに採用された。

【ふたつの結び目のデザイン】
このツゲ用のノット・ガーデンのパターン(右)は、1638年にイングランドで出版されたウィリアム・ローソンの『田舎の主婦の庭(*The Country Housewife's Garden*)』に掲載されたものである。ノット・ガーデンはとくに狭いところで効果的で、近年、再び人気が出てきた。ローズマリー・ヴィアリーによるバーンズリー・ハウスのデザイン(下)は、ローソンの著書とスティーヴン・ブレイクの1664年の『完全な庭師の仕事(*The Compleat Gardener's Practice*)』に見られる図面をもとにしている。

第5章 | ルネサンスの美　139

行の気まぐれの犠牲になりやすい。フランスでは、フォンテーヌブロー宮殿のようないくつかの非常に有名な庭園が、変化する習慣を反映して何度も造り直された。北ヨーロッパでは、多くの初期ルネサンスの庭園が宗教戦争で完全に破壊されるか——1648年にヴェストファーレン条約で終わった三十年戦争により、まともな状態で残ったものはわずかしかない——、さもなければのちに豪奢なフランス式のバロックのレイアウトが重ねられた。イングランドの庭園は多くが内戦のときに破壊されたが、18世紀の風景派運動の展開により、さらに多くのものが損害をこうむった。そしてこんどはフランス革命によって多くの城とその庭園が破壊と略奪にみまわれ、庭園はしばしば見捨てられ、別の様式で再建されて植え直された。

❖ フランスへの旅

フランスのシャルル8世が1494年にアラゴン人からナポリを攻略したとき、王とフランスの宮廷の人々はみな、ナポリ湾を望むポッジョレアーレのヴィラと庭園に魅了された。シャルルが「地上の楽園」と回想したように、ここはフィレンツェの建築家ジュリアーノ・ダ・マイアーノがアルフォンソ2世のためにほとんど東洋の様式で建設した華麗なものである。庭園はもはや存在しないが、無事だった16世紀初めのスケッチにもとづいた復元により、その秘密のいくつかが明かされている。アルフォンソの家庭教師のひとりである人文主義者の詩人ジョヴァンニ・ジョヴィアーノ・ポンターノは、その詩『栄華(*De splendore*)』の中で、ルネサンスの王侯の「理想の」庭園は「散歩のため、あるいは必要な場合は宴会のための」場所で、「その庭園には外国の植物や素晴らしい小木が非常に芸術的かつ適切に配置されている」と詠っている。そして、庭園は王侯の力と重要さを誇示するものでもあった。

わずか5ヶ月後にシャルルの軍隊はタペストリー、絵画、彫刻といった大量の

【フランスへの適用】

これは、フランソワ1世のお気に入りの住まいだったフォンテーヌブロー宮殿を描いた、ジャック・アンドルーエ・デュ・セルソー(142ページ参照)による1570年の図版である。フランソワは「泉の中庭」の焦点として不等辺四角形の大池を造り、さらに西のしだいに幅が狭くなる土地を「松の庭」とした。宮殿の北側の庭園は一部を堀で囲まれ、彫像で飾られた花壇のパターンが見える。この図版から、フランスの城がシンメトリーを欠いていることや、庭園を既存の壁や堀に合わせなければならなかったことがわかる。フォンテーヌブローの敷地はのちにアンリ4世により、そして17世紀に再びアンドレ・ル・ノートルにより、大きく改造されることになる。

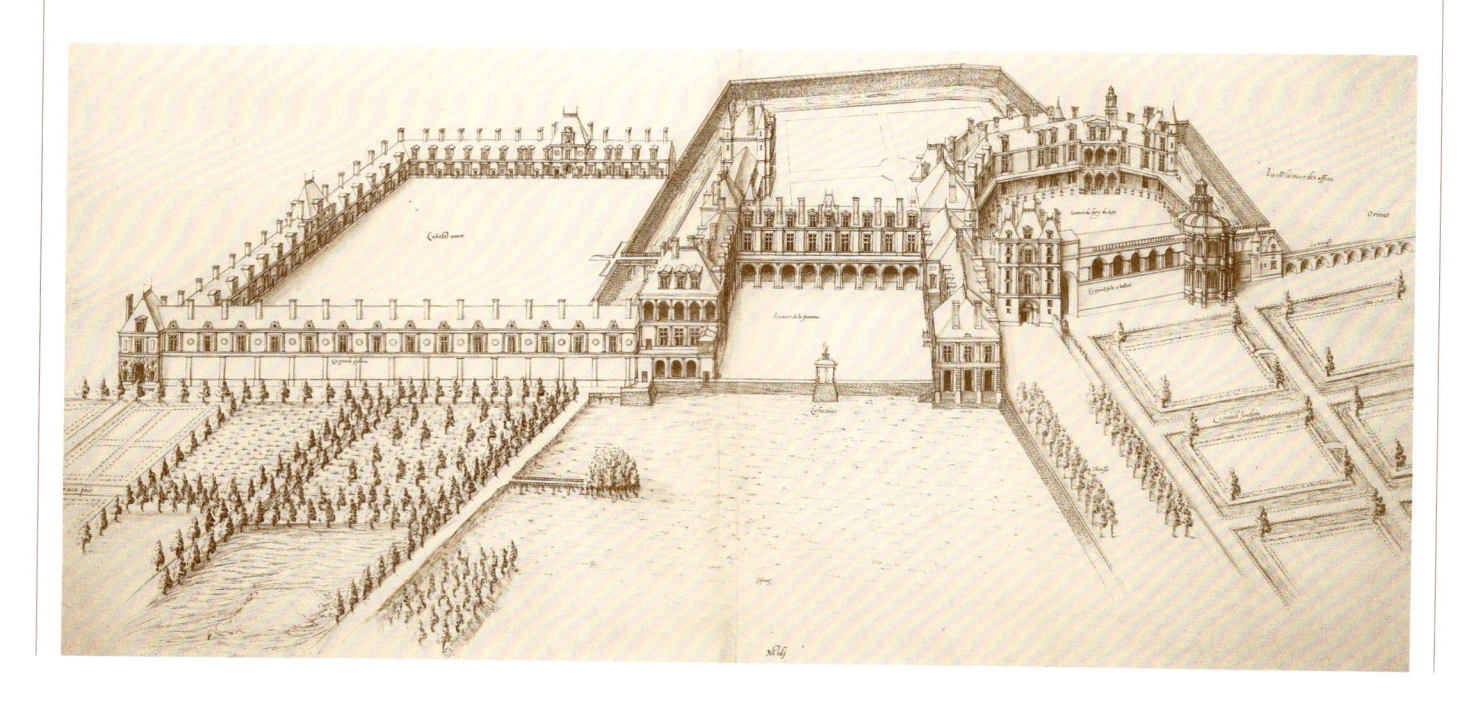

【コントロールの鍵】

ルイ14世の庭師ジャン・ド・ラ・クァンティニは、1690年に『完全なる庭師、あるいは果樹園と菜園のための手引き（*Le Parfait Jardinier ou Instruction pour les Jardins Fruitiers e Potagers*）』を出版した。この果樹栽培と剪定に関するきわめて幅広い内容の手引書は、今でも関心のある果樹栽培者にとって示唆に富んでいる。これは1693年にジョン・イーヴリンによって『完全なる庭師（*The Compleat Gard'ner*）』として英訳され、彼が果たした最後の重要な仕事となった。

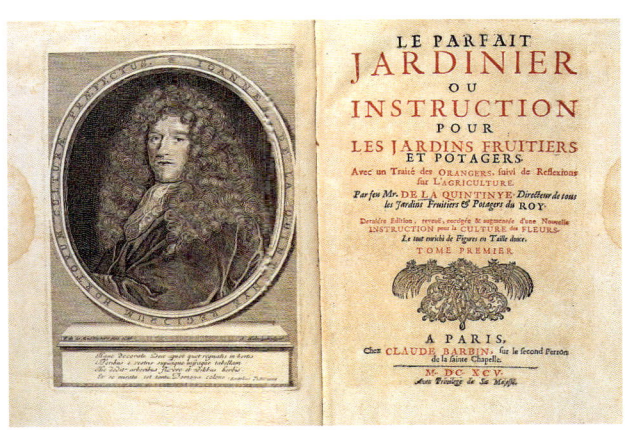

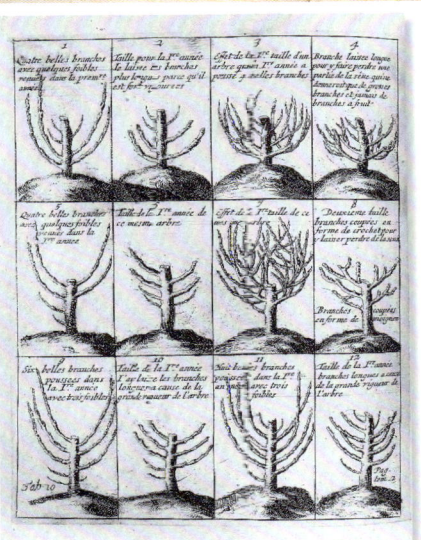

イタリアの「驚異」を持ってフランスへ帰った。そしてもっとも重要なのは、フランス人がイタリアの職人を連れ帰って、自国の城——アンボワーズ、ブロワ、ガイヨン、そのほかロワール渓谷やパリ近郊の城——を新しいイタリア様式で装飾したことである。庭園の多くは——ジャック・アンドルーエ・デュ・セルソーのスケッチ（左ページ参照）にすべて記録されている——残っているが、大部分は17世紀にかなり変えられてル・ノートル様式のパルテールになったり、のちに風景式の植栽になったりしている。シャルルの死後、新王ルイ12世（シャルルのいとこ）は、アンボワーズの建設を完了し、ブロワの先祖伝来の住まいの拡張を始めた。また、ルイはシャルルの未亡人であるアンヌ・ド・ブルターニュと結婚した。ふたりはともに植物と庭造りに関心を持ち、ジャン・ブルディションが装飾した彼女の『時禱書』は、今日、この時代の花を確認する主要な情報源となっている。

イタリアの着想をフランスで具体化した初期の設計は、既存の中世の城の不規則な形が障害になって、軸線に沿った配置や建物と庭園のゆるやかな統合ができたものはほとんどない。デュ・セルソーが描いているような新しい庭園は、城のわきの水平な平地に配置され、主要な建物とのはっきりした結びつきはなかった。アンボワーズとブロワはほとんどイタリア式の特徴を示しておらず、ポッジョレアーレの神秘的な雰囲気はまったくなかった。ブロワでは、城の西にある壁で囲まれた主庭園は、中央軸線によって10個の正方形が両側5個ずつに分けられ、平坦な幾何学的パターンに配置されている。1517年のドン・アントニオ・デ・ベアティスの記述によれば、それらは背の低い緑色の手すりで縁を囲まれ、各パターンはそれぞれ異なる植物が植えられていたという。果樹と花でいっぱいのものもあれば、馬、船、鳥の形に刈り込まれたツゲとローズマリーが植わっているものもあり、それを使って紋章や銘文、あるいは迷路が作られている場合もあった。庭園は歩廊で完全に囲まれていて、それには「馬が通れるほど広くて長く、トレリスで覆われた美しい木製の丸天井」があったという。

❖ イタリアの理論、フランスの実際

イタリアの原理は、フランスの地勢と気象条件はもちろん、ゴシック式建築に合わせて変える必要があった。よく耕された平地と谷、ブドウやオリーブの植わったテラス状の丘があるイタリアの風景と異なり、フランスの田園地帯は平坦で樹林が密生し、広葉樹の森が途切れたところに集落があり、その周辺に狭い農地があるだけだった。森はありがたくない、さらには恐ろしいものだったようだ。このことや、フランス人の自然に対する、ほとんど敵意を抱いているといってもいい態度が、庭園の発展に影響を及ぼした。17世紀、庭園は景観全体を占めるものであり、広い道が遠くの森にまで延び、自然との共鳴ではなく、自然に対する力と征服を示すものだった。アンボアーズ、ブロワ、ガイヨンの庭園は城壁で狭苦しいところに閉じ込めらるのはまぬがれたが、それでも自然界に対する不安を反映して、イタリア人が外の田園地帯を「呼び込んだ」ヴィスタ〔見通し線〕はなかった。

第5章｜ルネサンスの美

デュ・セルソーの版画
DU CERCEAU'S ENGRAVINGS

　ジャック・アンドルーエ・デュ・セルソーの版画は、16世紀のフランス庭園の現存する最良の記録であるだけでなく、人々を刺激する役割も果たした。歩廊、噴水、装飾などの要素の描写は、フランス・バロックの黄金時代から現代までずっと建築家や造園家によって手本として使われてきた。エドワード様式の凝ったトレリスの歩廊のルーツは、デュ・セルソーのスケッチにある。

　建築家で版画家のデュ・セルソー(1515生)は、1534年から1544年にかけてイタリアを旅し、ローマで古代の遺物について勉強した。帰国すると、オルレアンで版画家として成功した。1539年に彼の最初の建築の手引書を、1561年には噴水、匿亭、庭園装飾のデザインを載せた2冊目を出版した。そして『古代の記念物(Monuments Antiques)』(1560)にローマの庭園の復元図を載せた。また、そのほかの出版物に、多くがオランダ人デザイナーのフレデマン・デ・フリースの様式の庭園と、フランス語でアントルラと呼ばれるノット(結び目模様)のコレクションを載せた。彼のもっともよく知られている著作『フランスのもっともすぐれた建築(Les Plus Excellents Batiments de France)』──1567年と1579年に2巻に分けて刊行され、アンリ2世の妃であるカトリーヌ・ド・メディシスに捧げられた──は、16世紀のフランスにおける建築の発展の様子を幅広く紹介している。そして、ルイ12世のもとでのゴシックからルネサンスへの移行と、その後のアンリ2世とアンリ3世の治世での古典主義の拡大に向かう流れを示している。この時代の庭園は、イタリアの場合と同じように、城自体と直接結びついたものになった。1502年にジョルジュ・ダンボワーズの依頼で着手されたガイヨンのスケッチはデュ・セルソーの最初の作品で、これまでにない城と庭園の統一性が示されている。

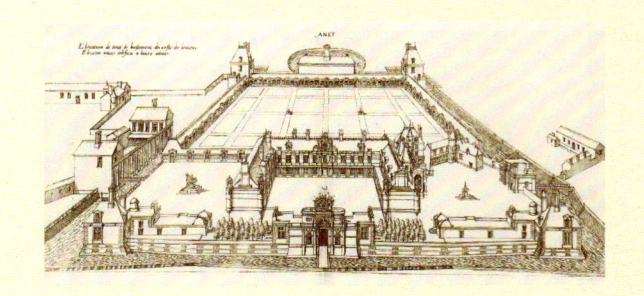

　デュ・セルソー自身による1570年代のヴェルヌイユとシャルルヴァルのふたつのデザインは、イタリアの影響をさらに強く受けている。ヴェルヌイユのために彼が考えた丘の上高くに想定された手の込んだテラスは建設されなかったが、サン＝ジェルマン＝アン＝レーの広大なテラスを先取りしていたといえるだろう。シャルルヴァル(シャルル9世のためにデザインされたルーアンの南にある狩猟用の館周辺)の主歩道の端にある長円形のスペースは2列の樹木で縁取られ、カステロのメディチ家のヴィラの庭園にある円形に植えられたイトスギに似ている。それは装飾的な形をしたパルテールとともにバロックの複雑な曲線の最初の徴候といえるが、1574年にシャルルが死亡したときも、宮殿はわずかしか建設されていなかった。

【アネの俯瞰図】
『フランスのもっともすぐれた建築』に収録されたデュ・セルソーによるこのアネのドローイングは、南から眺めたところを示している。建築家のフィリベール・ド・ロルムは、1548年から1553年にかけてアネで仕事をした。彼は、この庭園に対をなす半円形の階段の様式を取り入れたことで有名になった。

【トレリスの形】
『フランスのもっともすぐれた建築』にあるデュ・セルソーによるこの図は、モンタルジのアーケードとパーゴラを示している。このフランスのトレリスの様式は長く影響力を持ち、何世紀もの間、世界中の多数の庭園に採用された。

造園に対するフランス人の考え方は、16〜17世紀に洗練されていくにつれ、自然を従えようとするものになった。そして、高木、低木、果樹の刈り込み、シデ、ブナ、ボダイジュのパリサード(塀のように刈り込まれた生垣、アーチを有する場合もある)やベルソー(アーチ状のアーバー)といった背の高い生垣、ツゲの大パルテールの型にはまったレイアウトへと発展した。そして何年もたつ間に、整形式がフランスの庭園様式と同義語になった。また、フランス人はトピアリーと高木、低木、果樹の剪定と誘引のエキスパートとしても認められるようになった。

　フランスの一部では水がもうひとつの問題であり、ヴェルサイユではルイ14世でさえ十分には解決できず、噴水を作動することができたのは王が庭園を巡るときだけだった。イタリアの丘の急斜面にある庭園で使われたような水の施設は大部分が平坦な土地には適さなかったため、フランス人はもともとは防御のためのものだった堀を装飾的なカナルとして利用することを思いついた。それはオランダの場合のように、湿地の排水という実際的な目的にも役立った。ロワール渓谷周辺の水を使った広大なレイアウトは数百キロにもわたって景観をまるごと作り出し、ちょうど18世紀の風景庭園のパークがイギリスの田園地帯の様相を変えたのと同じように、地形を支配している。初期のカナルのひとつは長さ800メートル、幅20メートルあり、16世紀にフォンテーヌブローの西のフルーリー＝アン＝ビエールに掘られた。これに触発されたアンリ4世は、フォンテーヌブロー自体に長さ1200メートル、幅40メートルのグラン・カナルを建設した。

　イタリアの庭園建設家はアルベルティの著作や『ポリフィリウスの夢』を通して古代ローマのアイデアから着想を得ることができたが、どのようにして原理を打ち立てたかについてはほとんど記録されていない。原理に従って庭園が造られるのではなく、庭園が造られたあとの「完成物」の証拠にもとづいて理論が定式化される傾向があった。これはとくに象徴主義に重点が置かれるマニエリスムの庭園についていえることで、水力学やグロットの複雑な作品は才能あふれる人々から自然に生まれたものである。しかし、「古典的」なフランス庭園は建築理論から生まれた。早くに多数の原理が打ち立てられて、フランスにおける庭園デザインの発達にとって中心的位置を占めつづけることになる。

❖ ルールを書く

　フランソワ1世は王位につくと、イタリアの芸術家の第2次のフランス移住を促した。フランソワは1525年にパヴィーアで敗北してカール5世(神聖ローマ皇帝)によりスペインで投獄されたのち、ロワールの城を捨ててパリ近郊に住み、とりわけパリの南の森にあるフォンテーヌブローを好んだ。1526年には、プリマティッチョ、ヴィニョーラ、セバスティアーノ・セルリオといったイタリアのデザイナーや画家のイル・ロッソを雇い、彫刻や装飾への興味を満足させ、グロットを造ってイタリアのグロットに対抗した。イタリアの様式のフランス人による解釈、つまりフォンテーヌブローの松の洞窟(グロット・デ・バン)はプリマティッチョによるものとされ、フランスにおいてイタリアの様式で建てられた最初期のもののひとつである。また、(カトリーヌ・ド・メディシスのために建てられた)チュイルリーのものは、ベルナール・パリッシーによって神や女神のほか動物や爬虫類を描写した多色染めの陶器で飾

【ハイデルベルク——図上の庭園】

ハイデルベルク城のホルトゥス・パラティヌス（ファルツ選帝侯の庭）は、デュ・セルソーの孫であるサロモン・ド・コーが1618年から1621年にかけて、若きファルツ選帝侯フリードリヒ5世とそのイギリス人の花嫁でジェームズ1世の娘エリザベス・スチュアート王妃のためにデザインしたものである。アルプスより北に建てられた数少ない「イタリア式」庭園のひとつになるはずだったが完成せず、無事だったのは数年だけで三十年戦争の間に半壊してしまった。そしてルイ14世の軍との戦いの間にさらに損なわれた。今日、その壮大さを偲ばせるのはいくつかの巨大なテラスだけである。ド・コー自身は1620年に出版した著書『ホルトゥス・パラティヌス（*Hortus Palatinus*）』にこの建物のことを記録している。庭園要素として、ネッカー川の上の巨大な擁壁、生垣やパーゴラで分割されたテラス、迷路、ガゼボ〔見晴らしのよいあずまや〕、グロット、泉、寓話的な彫像などがあった。ド・コーの専門分野である水の仕掛け（160ページ参照）の壮観さと複雑さから、この短命な庭園は「世界8番目の不思議」と呼ばれた。J・フクィルによるこの図版は1620年より前に制作され、計画されたが完成しなかったものも含まれているかもしれない。

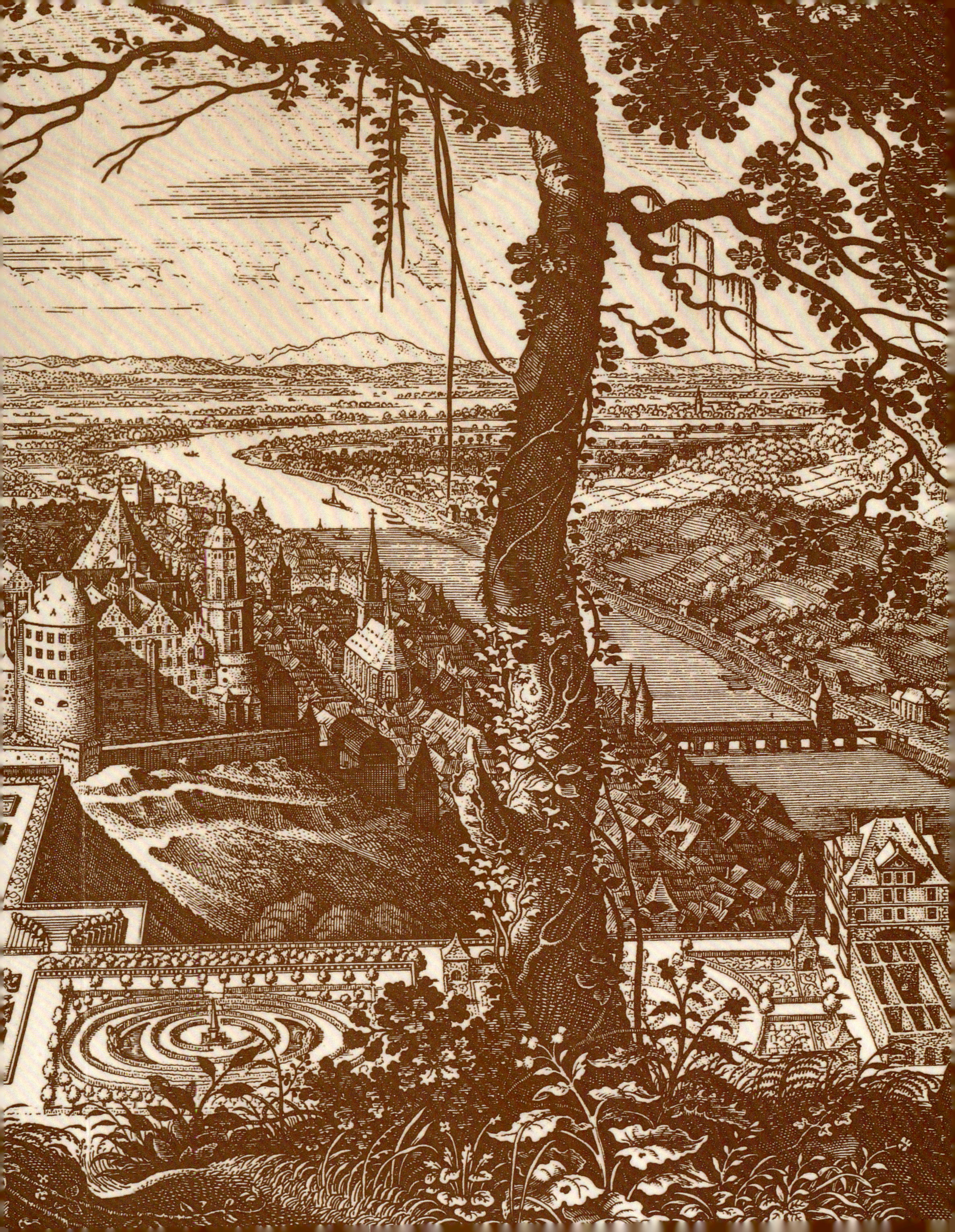

カトリーヌ・ド・メディシスの豪華絢爛な催し
CATHERINE DE' MEDICI'S EXTRAVAGANZAS

1560年にアンリ2世が死亡すると、未亡人のカトリーヌ・ド・メディシスはディアーヌ・ド・ポワチエからシュノンソー城を取り上げ（アンリは愛妾ド・ポワチエのためにこの城を手に入れた）、ヴェルサイユのボスケにおけるルイ14世の驚くべき祝宴に先んじて行われた彼女の有名な催しのために庭園を造営した。

1560年3月、彼女は息子フランソワ2世（わずか1年間王になっただけで16歳で死亡した）とその花嫁のメアリー・スチュアートのシュノンソーへの到着を祝ってキヅタの凱旋門を建て、トンネル、カビネと呼ばれる緑のあずまや、芝でできた小さな劇場、そのほか奇抜な思いつきでパークを飾った。1563年と1577年にはさらに、花火、水の饗宴、仮面劇などの催しが開かれた。

また、1564年にはフォンテーヌブローでユグノーとカトリックの間の和睦を祝う祝宴を催した。フィレンツェのウフィツィ美術館にあるヴァロワ・タペストリーにこの場面が描かれており、チュイルリー宮殿で開かれたポーランドの使節を歓迎する催しの様子も描写され、彼らは未来のアンリ3世にポーランドの王冠を授けている。パルナッソス山にいるアポロンとミューズなど、こうした祝宴のために造られた構造物はしばしば永続的なものになった。カトリーヌはフランス人に初めてシャーベットを食べさせ、のちに庭園に氷室が設けられた。

カトリーヌはフォンテーヌブローの庭園に富をつぎ込んだ。プリマティッチョを雇って、楕円形の中庭（クール・オヴァル）の北にある王の私庭全体を堀で囲み、彩色された歩廊を設け、パルテールと彫像を加えた。そのほかの追加として、牛のいる動物園と、彼女が夏に引きこもることができる酪農場の設立がある。後者は簡素にはほど遠く、主要な建物のように彩色され金色に飾られていた。

【壮観な演出】
カトリーヌはとくに庭園の贅沢な演出で記憶されており、とりわけ絢爛豪華だったのが、水上で演じられた幻想的な航海の活人画と花火である。

られた。

　1537年から1547年にかけて5巻に分けて出版されたセバスティアーノ・セルリオの『建築書(Tutte l'opere d'architectulura)』は、イタリアの理論を提示した数少ない実用書のひとつである。これはジャン・マルタンによってほとんどすぐにフランス語に翻訳され、その第4巻にはフランスで印刷されたものとしては最初の装飾的パルテールのデザインが載っている。

　1597年にフィリベール・ド・ロルムはセルリオの本に対するフランスの答えとして、『建築第一巻(Le Premier tome de l'architecture)』を発表した。リヨンで石工の親方の息子として生まれたド・ロルムは、1533年から1536年にかけてローマで(そこでセルリオに会った)古代の遺物を勉強したのち、新しいものを建設するのではなく既存の建物に合わせるために、フランスの地勢とニーズに合った自分なりの古典的建築を考え出した。熟練した技術者である彼は、革新と調和を巧みに処理する適切な原則にもとづくデザインを確立し、それは少なくとも18世紀までフランスの古典的建築の礎石となる。彼が最初に出版した本が『よい建築のための新しい工夫(Nouvelles inventions pour bien bastir et a petits frais)』(1561)である。

　父フランソワ1世の跡を継いで1547年に王位についたアンリ2世は、ド・ロルムに王室のあらゆる建物と庭園の仕事をさせた。アンリは1533年にロレンツォ・デ・メディチの娘であるカトリーヌ・ド・メディシスと結婚していたが、アンリが少なくともアネとシュノンソーのふたつの庭園の設計をド・ロルムにさせたのは愛妾のディアーヌ・ド・ポワチエのためだった。ド・ロルムはアネを、ディアーヌ・ド・ポワチエと関連のある狩りの女神ディアナを基調とする図象的構成でデザインした。アンリ2世が1599年に急死すると、1574年に3番目の息子アンリ3世が王になるまで摂政だったカトリーヌは、ド・ロルムを失業状態にして、プリマティッチョとイタリアの一派を復帰させた。

❖3つの失われた庭園について

　フランス式庭園デザインの黄金期がやってくるのは17世紀後半になってからだが、もっと早い時期にもフランスの庭園の発展において重要な位置を占める一連の庭園があった。サン=ジェルマン=アン=レー、リュクサンブール宮殿、リシュリューの各庭園は既存の城の付属物としてデザインされたのではなく、統一的な計画の一部をなし、特定の目的で建設された屋敷を補うものであった。

　現在ではサン=ジェルマン=アン=レーのかつての輝きを思わせるものはほとんど何も残っていないが、このもっともイタリア的な庭園はアンリ4世のために1593年に造られたが、それ以前にフィリベール・ド・ロルムがアンリ2世のためにアウトラインを描いていた。セーヌ川上流の80メートルの急斜面に建設され、眼下にパリに向かって曲がる川を望むパノラマが広がるこの庭園の眺めは壮観だった。エティエンヌ・デュ・ペラックによってデザインされ、8段の急なテラスが続き、16世紀のローマのベルヴェデーレの中庭とティヴォリのヴィッラ・デステの両方を連想させた。テラスにはそれまでにない刺繍のパルテールがあり、これは矮性のツゲを使って優美にカーブするアラベスクを作り、着色した土や砂で引き立たせる、クロード・モレの手法のごく初期の例のひとつである。イタリ

アの水力工学の技師で、プラトリーノで働いたことのあるフランチーニ兄弟が、自動機械を設置した。

ルイ13世もルイ14世も子ども時代の多くをサン＝ジェルマン＝アン＝レーで過ごしたが、1618年でさえグロットは修理が必要な状態にあり、大テラスは、不安定な建築のせいではなく水系を無視したことにより崩壊した。1660年以降、ルイ14世によって一部修復されたが、ル・ノートルによってデザインし直され拡張されて急斜面に2.5キロの広い遊歩道が造られた上段のテラス以外、現在ではほとんど残っていない。

マリー・ド・メディシスは1615年にリュクサンブール宮殿と庭園の造営を開始したが、ニレの並木道は1612年にはすでに植えられていた。彼女は子ども時代を過ごしたイタリアのピッティ宮殿とボボリ庭園を真似たかったのだが、場所の制限により、結局、円形劇場のような形のパルテールがコピーできたほとんど唯一の要素になった。ジョン・イーヴリンが1644年に訪れて、ボダイジュやニレ、シデの生垣がある歩道に加え、ツゲのパルテールについても、「非常に珍しいデザインで、正確に刈り込まれており、刺繍が素晴らしい効果をあげて……それは4つの正方形に分けられ、多くの円形の結び目模様があり、中心には直径が9メートル近い大理石の立派な池があった……イルカが9メートル近い高さに華やかな燭台のような水を噴き出していつまでも遊び、古代ローマの壮大さにならって建築された石の水道橋によってアルクイユから水が運ばれていた」と書いている。おそらくジャック・ボワソーがパルテールの模様を、トンマーゾ・フランチーニが水の仕掛けを担当したのだろう。

16〜17世紀の大庭園がすべて王族のものだったわけではないが、いずれも社会的地位、権力、富を象徴するものとして感銘を与えることを意図していた。森に入っていくヴィスタ、平坦な土地に伸びるかつてない規模のカナル、維持するのに膨大な労力がかかる広大な刺繍のパルテール、それらはみなフランスの虚栄の一部をなしていた。だが、そうしたものは17世紀後半に採用される構成計画の先触れにすぎなかった。ルイ13世がまだ成人していないときにフランスを統一して絶対君主制の基礎を築いたリシュリュー枢機卿(1585-1642)は、空間を総合的に構成することの長所を重視した。1630年代末には、パリにあった彼の庭園はリュクサンブールとチュイルリーの王室の庭園に次いで大きかった。トゥーレーヌにあった庭園や園地だけでなく新しいルネサンスの町もある彼の所領リシュリューは、自身の重要性を誇示し、それによって王が最高の力を持つことを示したいという枢機卿の願望を反映していた。彼の建築家ジャック・ルメルシエは、軸線をなすアプローチが屋敷の前庭を貫通するように計画し、庭園が現れると驚きが最高潮になるようにした。1631年に建設が始まり、1639年に完成した。3本の放射状のニレの並木道が円形の前庭で集まり、その一部は今日まで残っている。当時、リシュリューの庭園には、無類の美しい彫像のコレクションがあった。現在ではこ

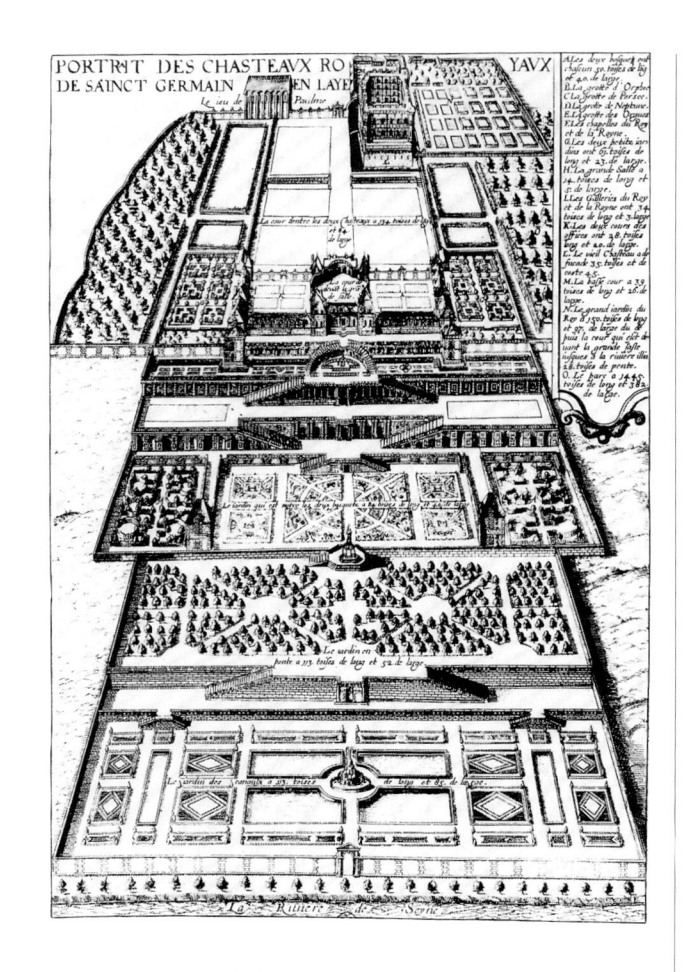

【イタリアン・コネクション】
サン＝ジェルマン＝アン＝レーはあらゆるフランスの城の中でもっともイタリア的な様式をしていた。1593年からアンリ4世のために建設され、そのテラス・ガーデンがセーヌ川へ向けて下り、フランチーニ兄弟による自動機械のあるグロットはプラトリーノのものを模倣していた。

モレ一族──王の庭師の王朝
THE MOLLETS: A DYNASTY OF ROYAL GARDENERS

モレ一族は少なくとも4代にわたって傑出した庭師を輩出し、彼らのすぐれた技巧はル・ノートルの非凡な才能に道を開く一因となった。モレ家はとりわけパルテールの植栽様式の発展にかかわり、パリとその近郊の王室のパークや庭園で働いた。まずジャック・モレがアネでオマール公のために働いたが、もっとも重要なのは彼の息子クロードと孫のアンドレである。

『図面および庭園集成（Le Theatre des Plans et Jardinages）』（死後の1652年に出版された）の著者であるクロードもアネで過ごしたが、主にアンリ4世のためにサン＝ジェルマン＝アン＝レーとそのほかの王室庭園で働いた。彼は、1582年にアネにいたときにエティエンヌ・デュ・ペラックから、ほとんど16世紀を通して使われていた異なるデザインの正方形の繰り返しではなく、単一の区画が小道で分けられた形の庭を造るよう教えられたと述べている。そして、「それはフランスで造られた最初の刺繡の区画だった」と書いている。また、「当時、……ツゲはまだめったに使われず、それは地位の高い人で自分の庭園にツゲを植えさせたいと思う人が非常に少なかったからである」とも書いている。その代わりにクロード・モレは何種類もの植物を使ったが、フランスの気候では長くは生き残れなかった。ついに1595年、アンリ4世が彼に、サン＝ジェルマン＝アン＝レーの庭園すべてにモレが自分の種苗園に集めていた新しい矮性ツゲ（Buxus sempervirens 'Suffruticosa'）を植えること、そしてフォンテーヌブローの小さな庭園にツゲを使うことを許した。これによりモレは、混植では実現がほぼ不可能な洗練された渦巻き模様や流れるような線を作り出すことができた。また、チュイルリーの庭園では普通のツゲを使ってもっと背の高い生垣を造った（のちに息子のアンドレが、もっと冷涼な気候のスウェーデンで働き、ツゲの代わりにコケモモ Vaccinium vitis-idaea を使うことを勧めた）。『図面および庭園集成』の中でクロード・モレは、パルテールのレイアウト法、アレーの間隔の取り方、ブナとシデの「塀」とパリサードの作り方について述べている。そして、背の高い刈り込んだアレー、高木の列、アーチ型のベルソー、鋭く刈った生垣をパルテールの背景として使ったときの「息抜き」の効果を強調している──それは17世紀と同様、現代のフラワー・ガーデンでも必要なことである。モレ家の庭師たち（およびル・ノートル）がいつも、大パルテールに隣接したもっとくつろいだ感じの花壇に低木を植え、球根植物と夏咲きの花を混植するよう勧めたことは、あまり認識されていない。

アンドレ・モレは、1651年にスウェーデンでクリスティナ女王のために働いていたときに書いた『庭の娯しみ』の中で、植物の栽培の実際的なことだけでなく、理論と遠近法についても論じており、その考えの多くはイタリアに由来するものである。彼は次のようにプレジャー・グラウンドの範囲を規定している。「楽しみの庭の本質は、地表にあるもの、野趣園〔ウイルダネス〕、えり抜きの高木、パリサードとアレーや歩道、そして噴水、グロットと彫像、遠景の見通し、装飾などそのほかのものにある」

アンドレ・モレは、目からもっとも遠い要素を、「近いためにより美しく見えるものより、大きな比率にするべきだ」と強調した。彼は、庭園が屋敷から遠いほど、厳格なルールで庭園要素の配列を決めるべきだと考えた。そして、城に近い「地表にあるもの」はどの「高木、パリサード、あるいはそのほかの背の高いもの」にも隠されてはいけないと述べている。さらに、刺繡のパルテールには芝のパルテールを続けるべきで、全体は中央軸線のまわりに左右対称に配置されたアレーと歩道の格子で分割するべきだとした。そして、16世紀以前はほとんど言及されなかった並木道は、屋敷のファサードに対して直角にのばすべきだとした。彼はまた、重要な役割を果たす植物としてイトスギを薦めた。フランスでボスケと呼ばれる野趣園も本質的には整形で、シデ、ボダイジュ、ブナ、フィリレア〔モクセイ科フィリレア属の常緑低木〕、あるいはセイヨウバクチノキの背の高い生垣があった。薄い木片で作られた枠の上に頭の高さに植物を誘引して形成するパリサードで日陰の歩道を作り、外側のエリアで迷路を作り出すこともあった。

アンドレ・モレは、フランスとスウェーデンのほかにイングランドで内戦より前にヘンリエッタ・マライア王妃のために働き、オランダで働いたのち、王政復古後に再びイングランドに戻って、セントジェームズ・パークについてチャールズ2世に助言した。

クロード・モレ、著書『図面および庭園集成』より。

の庭園の栄光はほとんど消えてしまったが、その広大な格子状のレイアウトの規模を一部なりとも把握することはまだ可能である。この城は1820年代に円形の中庭の壁と園亭だけを残して取り壊された。

❖ 整然とした完全さ——ル・ノートルの時代

　刈り込まれた生垣、まっすぐなアレー、幾何学的な配置を特徴とするフランスの整形庭園は、理性を用いることにより世界の知識を得ることができるとするフランスの合理主義を素晴らしい形で表現しているとして称賛された。制御され論理的なこれらフランスの庭園は、空を映す広い池で中断されながらかなたの森へ、さらには地平線へと伸びる。今日、それはフランスの造園のもっとも適切なイメージでありつづけている。（ヴェルサイユについて書いた）サン＝シモン公が述べているように、指針となる原則のひとつは「自然を制圧すること」だった。フランスの影響はヨーロッパ全土の宮廷、そして1660年の王政復古後のイギリスへ広まることになる。オランダ、ドイツ、スペイン、ロシアで、比較的簡素なイタリア様式の上にフランスの空間に関する原則と自然に対する支配の考え方が重ねられた。

　なかでも建築理論——ル・ノートルが大気遠近法を利用して目を無限に向けさせたことで全盛を極めた——がフランスで支配的な役割を果たし、植物は「整然とした」列をなして定められたパターンで庭に植わり、高木や生垣が統制のとれた線をなして幾何学的に配置された。しかし、すぐれた実務者であるル・ノートル自身は、庭園にもうひとつ別の次元、すなわち光学的錯覚にもとづくものを加えた。1709年に出版されたデザリエ・ダルジャンヴィルの『庭造りの理論と実際（*La Theorie et la Pratique du Jardinage*）』はル・ノートルが実践したことを成文化したものと一般に考えられており、そうやって当時および将来の所有者やデザイナーがそれぞれの場所で原則を利用できる手段を提供した。それは植栽についての指示や調査やテラス状に整備する技術など、主に「ハウツー」の助言を与えているが、ル・ノートルがそれによって光学的錯覚と偽の眺望といったものを考え出すもとになったデカルトの原則についての情報は比較的少ししか記載されていない。

　デカルトは、遠景はどこから見ているかによって変わるということを理解していたため、現実のあらゆる認識は固定された視点の認識にもとづく錯覚であると考えていた。ル・ノートルはこの原則に従い、庭園要素の比率を誇張して、庭園の入り口や城からの単一の視点ではなく、庭園中のさまざまな地点からの見通しにも対処した。そして、土地を造成して、庭園を巡るときにあらゆる遠景が計画したとおりに見え、訪問者をだまして庭園の比率と大きさを現実とは違うように信じさせることができるようにした。ル・ノートルの光学は大半のアマチュアのガーデナーには理解できないとしても、現代のランドスケープ・アーキテクトはみな、とくにル・ノートルの傑作ヴォー＝ル＝ヴィコントで実地に検証できる彼の理論を研究して役立てることができる。

　ルイ14世の財務卿ニコラ・フーケのために造営されたヴォーは1661年に完成し、王を主賓として催す盛大な祝宴に間に合った。しかし、城、庭園、彫像——最高の職人だけが雇われた——の豪華さはフーケに破滅をもたらすことになる。祝宴から何週間もたたないうちに彼は逮捕されてヴォーは差し押さえられ、その

【シャンティイの鏡の効果】
このアダム・ペレルによる1680年の「鏡の庭」シャンティイの眺めは、北側から描かれている。1671-72年にノネットの谷に掘られた大カナル、右手に城と腰折れ屋根のオランジェリー、池と噴水があるふたつの同じような水のパルテール、そして南へと伸びる眺望が示されている。水に影が映り眺望が操作されたシャンティイは、多くの人からル・ノートルの傑作でヴォー＝ル＝ヴィコントさえ上回る見事さだとみなされている。もともとは1570

年にデュ・セルソーがレイアウトをデザインし、1662年まではこの庭園はほとんどそのままだったが、この年にコンデ候がル・ノートルに仕事を依頼した。ル・ノートルの計画は、既存のメイン・テラスを中心とする巨大な軸線に沿って配置することにより、新たな規則性を生んだ。シャンティイの魔法は水の効果の面白さにあり、庭園内の高低によりカナルが隠されているが、噴水と彫像によって素人にもわかりやすいものになっている。

それでも池が風景を映して——イスラム庭園のように建物を2倍にするのではなく、空や雲、周囲の自然を映すことによって——見る人が知覚するものを拡大させる。

樹木や彫像は王によってヴェルサイユへ強奪されたのである。ヴォーは、20世紀初めにアシル・デュシェンヌによって修復されるまで放置されたままだった。

　ヴォーの庭園は窓から見えるように設計されていたが、現在は城の後ろ側から入るようになっていて、階段の中央から望むと、遠景の中に庭園全体が姿を現すように見える。土地が緩やかに傾斜して高くなっている地形のため、ル・ノートルは人をあざむく全景を作り出すことができた。中央の道の両側に左右対称に高木が並び、芝生、砂利道、花壇、噴水、彫像がある。壁龕(ニッチ)に彫像がある矩形の池が見え、その向こうは芝生で消失点へ向かって上っている。中央の道は池に向かってわずかに下っており、池は遠くからだと長円形に見えるが本当は円形である。そこからだとさらに横方向のカナルが姿を現すだけでなく、中央の道が低くなったところを進むが、最初の城の展望点からはこのふたつの要素は見えない。ふたつ目の池はそこに行けば長方形でなく正方形であることがわかり、壁龕にある彫像がもっとよく見え、池よりも低いところにあって、もうひとつの広い横方向のカナルによって池から隔てられており、その向こうに最後の坂がある。

　ル・ノートルはエウクレイデースの『光学(Optics)』、デカルト、線遠近法の一般法則を研究することにより成果をあげた。これらのことは、入り口の静止位置から見たときは、横切っているときの変化する眺めに比べて、知覚される高さに対して距離の効果があることを示していた。ヴォーは間隔、高さ、角度がみな注意深く調整されている。そして、正方形の池の反対側から振り返って見たとき、城が正確に水面に映るのである。

　ヴェルサイユとヴォーはフランスの庭園様式の典型であり、広大な基礎面は整形式の中央軸線の周囲に配置され、地平線上の消失点で庭園が無限のかなたに消えるように見える。しかし、ル・ノートルの仕事はヴェルサイユではそれほど成功しなかった。この庭園は規模が非常に大きく、注意をそらすものが多数散在していて、訪れた人は誰も1回ですべてを巡ることはできないだろう。強い中央軸線と遠く離れた焦点があるものの、この庭園には順路を定められるほどの一貫性はない。手始めにルイ14世自身の手による散策ガイド『ヴェルサイユ庭園案内法』

【ヴェルサイユ式の娯楽】
ジャン・コテルが描いた水劇場のボスケの眺めは、1671-74年に建設されたヴェルサイユのきわめて独創的な水のショーのひとつを示している。そのほかのボスケも大げさな噴水に依存しており、ヴェルサイユで慢性的に水が不足していたことを考えると、皮肉なことである。ルイ14世が庭を巡るときには、王が近づいてきたら庭師は先回りして噴水を起動しなければならなかったし、通り過ぎたらスイッチを切らなければならなかった。

【太陽王】
現代の人々はヴェルサイユは主にルイ14世がその力と重要性を誇示する舞台だったと判断するかもしれないが、王(ここに示すのはジャン・プティトによって描かれたもの)は純粋に庭園と植物に関心を持ち、一年中いつも花を要求した。王はプロヴァンスから耐寒性のないチューベローズを取り寄せ、それは毎年春に荷馬車で到着して花壇を芳香で満たした。

【無限への眺望［次ページ］】
1668年にピエール・パテルにより描かれたヴェルサイユの東側からの眺望は、この庭園の規模を教えてくれる。1682年にはヴェルサイユは政府の正式の所在地になっていて、当初の狩猟用の館だけでなく、祝宴のために造られたボスケを含め庭園にも手が加えられ、全体の性格が完全に変わってしまった。

が役に立つかもしれない。太陽王たる彼自身の賛美のためにデザインされたこの庭園は、多くの象徴的記念物があるにもかかわらず、彼の存在なくしてはその意味を失ってしまったようである。

❖ 太陽王の庭園で

　ヴェルサイユは、ルイ14世のヨーロッパにおける権勢が空前の強大さになった頃に建てられた。この城はもともとは父王のルイ13世が狩猟用の館として使っていたもので、ルイ14世が最初に娯楽のために使った。不運なフーケのヴォー＝ル＝ヴィコントを訪問したあと、すぐに王はヴェルサイユを同じような手の込んだ壮観な催しを開くにふさわしい場所にするよう命じた。1662年6月に1万5000人の見物人の前で実施されたカルーセル(騎馬パレード)は、王の太陽を志向する象徴主義とヴェルサイユのテーマをよく示している。結局、1668年から1671年にかけて王は城を拡張して、宮廷の主要な所在地および行政の中枢とした。王自身の私的な隠れ家はマルリーとトリアノンにあった。フーケの職人のチームを使って最初に建設されたのがオランジェリー(オレンジ栽培温室)で、それを通る南へのヴィスタがあり、1668年までこの庭園の主軸だった。オランジェリーのデザインは1682年から1688年にかけてアルドゥアン＝マンサールによって変更され、もっと広いパルテールと、「スイス人の池」と呼ばれる巨大な矩形の池が加えられた。池を掘るために雇われたスイス傭兵が、掘っている最中に発生した沼地のガスにより多数死亡したのである。

　ル・ノートルによるラトヌのパルテールには、ラトヌの泉水につながる馬蹄形のテラスがあって、西すなわち日没の眺めへと伸びる主軸の出発点となった。この西のヴィスタは池、水盤、噴水、カナルを通って地平線上のヘラクレスの柱と呼ばれるポプラの木立にまで伸び、太陽王の治世とアポロンとの関連を象徴するようになった。アポロンの泉自体は1670年に設置された。主たるヴィスタであるアレ・ロワイヤルと呼ばれるカナルは、1667年に拡張された。西に1.5キロ延び、北のトリアノンへの支流と南の動物園への支流があった。1668年から1672年にようやく完成した。

　湿地にあるヴェルサイユの立地はあまりよくなかったが、城から見えるようにデザインされたカナルが、十分な排水をする助けとなった。全体の整形的な枠組みが森を切り開いて造られ、それを抜ける2次的なアレーが切られた。この馬車道に沿って、噴水や彫像で飾られた一種の舞台装置であるボスケが、催しのための「緑の」部屋として造られた。当初、17のボスケがあった。宴会、祝祭、芝居、ダンスのための施設が、すべて一時的な「装備」として用意されたが、しだいにもっと永続的な噴水や水盤の建造物に置き換えられ、1713年までの数年で大きく変えられた。消えて久しいが、迷路はル・ノートルによって1664年から1667年にデザインされて、その後、1669年以降にデザインしなおされ、39の噴水とイソップの寓話からとった彫像が置かれた。ほかに王の愛人モンテスパン侯爵夫人が提案した沼地のボスケには、アシに囲まれた中央にある樹はすべて金属でできていて水を噴き出しており、一部は枝の先から出ていた。精巧な水仕掛けは王の自慢の種だった。しかし、水の供給はつねに不足していた。庭師たちは笛を使って、

第5章｜ルネサンスの美

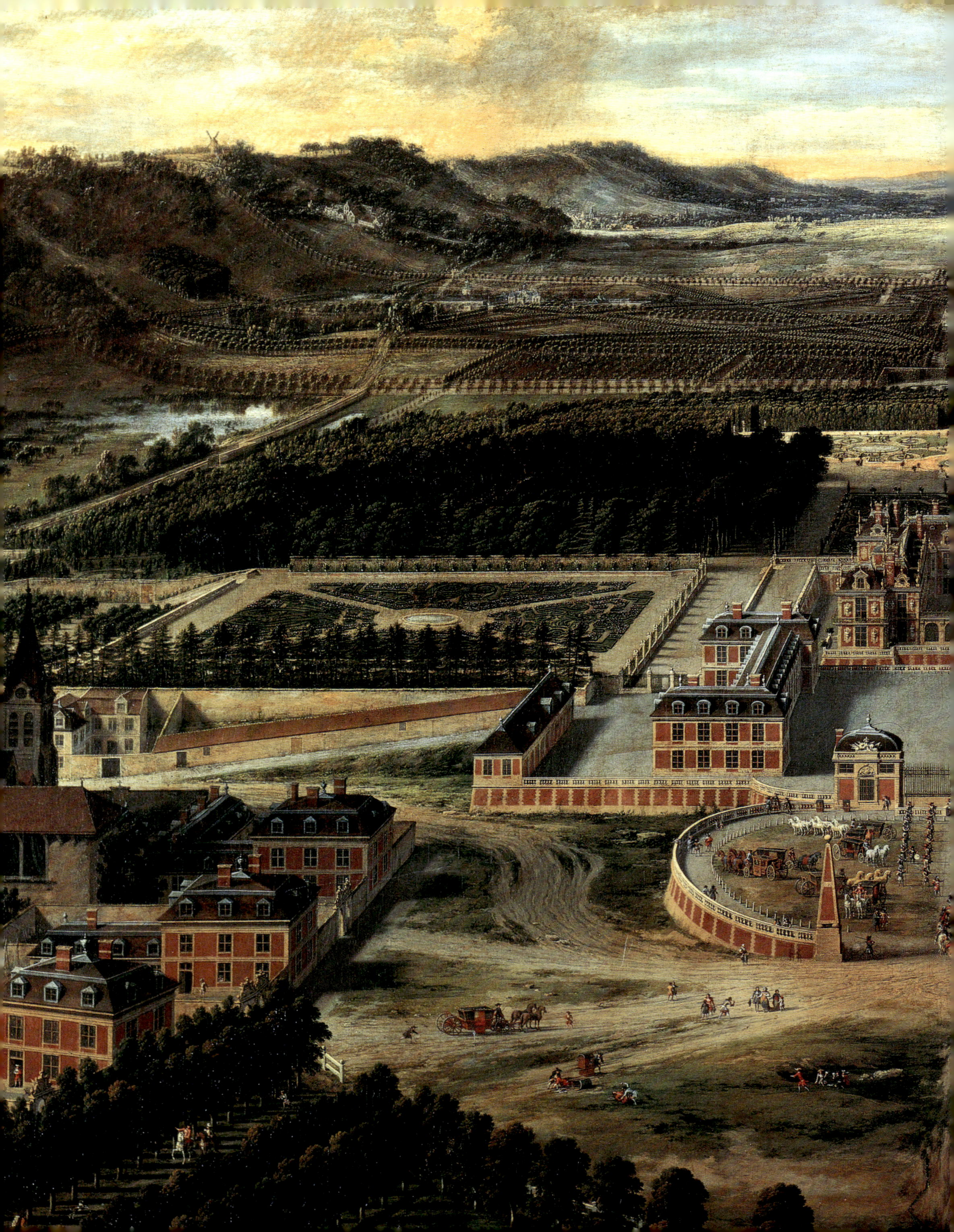

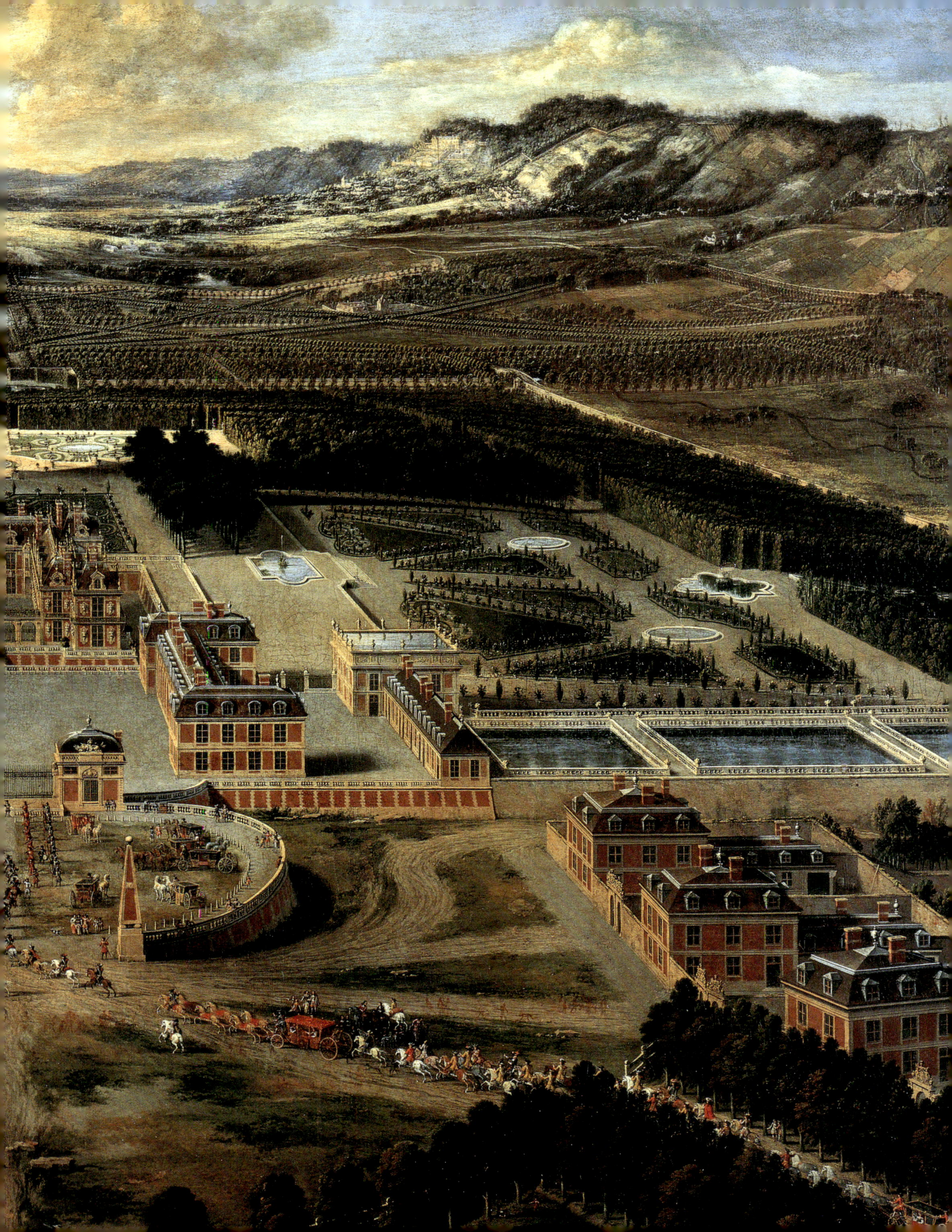

王が進むにつれて各噴水を起動させたり停止したりする必要があった。そして園地に水を運ぶには莫大な費用がかかった。セーヌ川から162メートル水を汲み上げる途方もない事業に、それぞれ直径12メートルの水車が14基といくつものポンプが使われた。

この庭園は、モレが解説した植栽のアイデアを、すべてではないにしてももっとも多く取り入れていた。パリサードやベルソーに使われた背の高いしっかり刈り込んだシデの生垣、ツゲの素晴らしい刺繍のパルテールなどがあった。花も軽視されたわけではない。ルイは花に情熱を注ぎ、植物採集をする探検家たちに植物を持ち帰ることを奨励し、まず王立庭園（1625年にパリに設立され、のちにパリ植物園になった）で、あるいは耐寒性に疑いがある場合はモンペリエで栽培させた。1629年にメキシコからもたらされたばかりのチューベローズ（Polianthes tuberosa）が、1672年にはプロヴァンスで1万株育てられ、山脈を越えて荷馬車で輸送されてヴェルサイユの庭園に供給された。ルイはル・ノートルに、「冬でも」庭に花があるように取り計らうよう求めた。そのほかにもレヴァント産の球根植物や地中海地方のもっと見慣れた植物などの花が、大トリアノン宮殿のツゲで縁取りされた花壇に植えられた。

❖ オランダのバロック様式とヘット・ローの輝き

18世紀の初めには、ヴォーやヴェルサイユに代表されるフランスのバロック様式は、ヨーロッパのほかの宮廷で模倣されることになる。各国は、この様式をそれぞれわずかずつ異なるやり方で表現した。すでにセルリオやフレデマン・デ・フリースの本などのパターン・ブックを参考にして、もっと早い時期のイタリアのアイデアを吸収していた国もあった。17世紀には、できたばかりのオランダ共和国が驚くほど豊かになり、オランダ人は外国を旅して、フランスのモレやル・ノートルの作品だけでなく、イタリアのルネサンス庭園も目にした。1685年にナントの勅令が廃止されると、多くのフランスのユグノーが国境を越えて逃げ、オランダに定住した。彼らの中に彫刻師でデザイナーのダニエル・マロがいて、ヘット・ローの開発に大きな役割を演じることになる。

オランダでは、デザインはすべて、森林がなく平坦な地形と比較的小さな地所に合わせる必要があった。ヴィスタが田園地帯まで伸び、実際の庭園の境界線を隠す、より開放的な手法がとられた。カナルに沿って並木道があって遠くを見通せるようになっており、限られた空間を装飾するために鉢植えやトピアリーが使われた。彫像や、広大なフランス式庭園から取り入れられたほとばしる噴水を初めとする水の施設は、狭い空間ではあまり成功しなかった。

1686年に発案されたヘット・ローは、17世紀後半の大規模なフランス＝オランダ様式の大庭園のひとつである。1807年から1809年の間に有名なバロック様式の沈床庭園がルイ・ナポレオンによって砂に埋められ、テラスはイギリス式風景庭園の建設のために平らにならされた。つまりヘット・ローは18世紀の自然主義の流行の犠牲になったのである。幸い、この庭園の歴史はそこで終わらない。1979年から1984年にかけて庭園も宮殿（現在は博物館になっている）も完全に修復さ

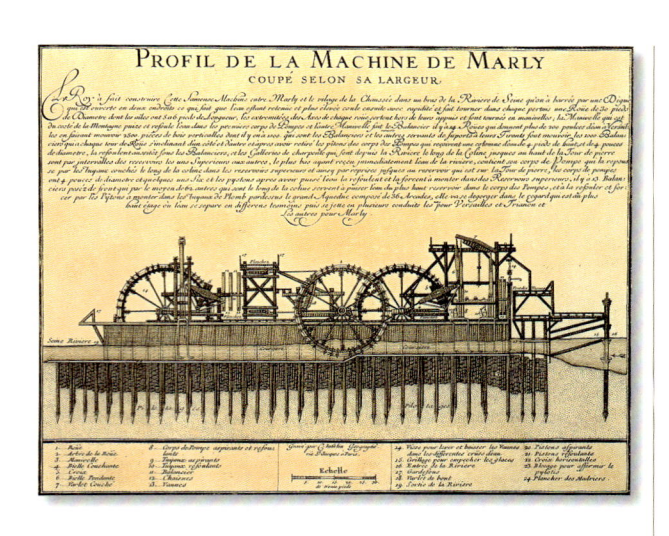

【マルリーの機械】
ヴェルサイユの庭園では、噴水を機能させるのに必要な水がつねに不足していた。ルイ14世は1679年以降、比較的私的な客は近くのマルリーでもてなしたが、そこにある一連の水車で動く機械によってセーヌ川から水を汲み上げた。ヴェルサイユの噴水に水を供給するため、水は水道橋によって丘を越えて6キロ運ばれ、その途中に3つの貯水池が掘られた。

れ、技術をつくした慎重な調査の結果、建築の詳細も植栽も復元された。それはかつてない、きわめて信頼のおける修復だった。

　この庭園はオレンジ公ウィリアムとメアリー・スチュアートのために建設され、ヤーコプ・ロマーノにより建てられた宮殿のような狩猟用の館に付属するものだった。ダニエル・マロが庭園をすべて設計し、宮殿内の装飾の細かな部分を多く担当した。庭の周囲に続く高くなったテラスが、扇形の豪華な階段でつながる下段の沈床園を囲んでいた。8枚の正方形の花壇が配置され、中央の4枚は刺繍のパルテールで、外側の花壇では中央の彫像を花が取り囲んでいた。各正方形の周囲にはプラットバンドと呼ばれるツゲで縁取られた細い花壇があって、珍しい植物の標本が1種ずつ植えられ、まるで植物園のようであった。カスケード、池、噴水の形で、その美しさとそれが出す音の両方が理由で、水はデザインの中でも重要な要素であった。王の庭は宮殿の一方の側にある王の住まいの下に位置し、王妃の庭はもう一方にあって、ここには木製のトレリスの上に誘引されたシデのトンネルがあり、フレデマン・デ・フリースの版画に描かれているものを思い出させる。

　ルネサンスとバロックの雑種ともいうべきヘット・ローのレイアウトは、終端が半円形になっているリュクサンブール庭園を思い出させる。フランス風の装飾を持つオランダ式レイアウトとみなす人もいる。当時の植物についての情報源はふたつあり、庭園の修復の際に利用された。それはヤン・ファン・デル・フルーンの1669年の『オランダの庭師』と、ウフィツィ美術館に所蔵されている写本『ホンショルレダイクの王室庭園（Codex Hortus Regius Honselaerdicnesis）』で、これにはファン・デル・フルーンが庭師をしていたときにホンショルレダイクで栽培されていた植物の挿絵が載っている。

❖ イングランドでの進展

　ここで16世紀まで戻る必要があるが、イングランドの庭園、とくに王室の庭園は主にフランスとオランダの庭園の影響を受けた。とりわけそれが顕著だったのが、フランス国王フランソワ1世を文化の面で自分のライバルとみなしていたヘンリー8世の治世である（よく知られているように、このふたりは金襴の陣で会見し、互いに相手を自分の壮麗さで圧倒しようとした）。庭造りの詳細は、多くの場合、フランス人とオランダ人の職人によってフランスおよびオランダ全土に広められ、デュ・セルローの図面、フィリベール・ド・ロルムの理論、フレデマン・デ・フリースのパターン・ブックがよく知られていた。ヘンリーの時代、イギリス人旅行者はフォンテーヌブローのフランス王家の宮廷についてよく知っていたし、イタリアからよりもフランスのガイヨンやアネの城から早く刺激を受けていた。しかし多くのイギリス人がイタリアへも旅し、そこで庭園について学んだ。1660年の王政復古後はフランスの影響が目に見えてはっきりしてきた。

　16世紀末には、教養のある国々はイタリア式庭園の思想と古代ローマにあるその起源に関心を寄せるようになっていた。そしてアルベルティ、コロンナ、セルリオ、パラーディオによるものなど、建築に関する本を読んでいた。こうした本と古典の文書が、建築物、図像的内容、庭園の娯楽についての考え方の源泉になっ

【ヘット・ローのパルテール】
1685年から1686年にかけてヤーコプ・ロマーノによりウィリアムとメアリーのために狩猟用の館として建設されたヘット・ローは、1689年以降、王宮となった。贅沢な庭園はダニエル・マロによりルネサンス様式でデザインされたが、本館の下の平坦なテラスは砂利と土に植えられた複雑なフランス式のツゲのアラベスクの刺繍のパルテールで飾られた。パルテールの周囲の細いプラットバンドは新しく導入された多年草や一年草を植えるスペースになり、何本かの直立したビャクシンの間に植えられた。

た。とくに16世紀中頃以降は、旅行者からの報告がフィレンツェとローマに建設されたばかりの寓話的な大庭園について詳しく伝えた。それでもイタリアの様式をイングランドに導入する初期の試みは断片的だった。うまく管理できるイギリス人がほとんどいないヴィッラ・デステのような規模の庭園をまるごと造るのではなく、テラス、グロット、噴水、水仕掛け、彫像群といったイタリア式庭園の要素を使って、イタリアの理念をなんとか表現しようとした。このような要素はイギリス人の想像力をかきたてたが、かならずしも庭園全体を家屋と庭の統一を基本とする新たな秩序だった眺めに改造することにはつながらなかった。完全にイタリアから着想を得た最初の庭園が現れたのはかなりあとの1631年で、ウィルトシャー州のウィルトン・ハウスがイサク・ド・コーによってペンブルック伯爵のために完全に造り直された。

　イングランドのテューダー朝とジャコビアン〔ジェームズⅠ世の治世〕の庭園には、中世の考えと姿勢がまだ残っていた。代表的な要素は紋章の記号、ノット・ガーデン、築山、噴水、オベリスク、バンケティング・ハウス、田舎やシェークスピアと関係のある古風な香り高い花やハーブの花壇である。エリザベスⅠ世をたたえて仮面劇と祝宴が催された。一般的にいって、イングランドの16～17世紀の庭園には、イタリアで生まれ整理された考え方に加えるものはほとんどなかった。しかし、イングランドの田舎や人に合わせて変えられたヨーロッパの理論のイギリス人による解釈が、18世紀の風景派運動と古典嗜好の牧歌的主題への回帰への道を準備したのである。

　大陸ヨーロッパ、とくにイタリア、フランス、オランダと異なり、1550年から1660年にかけて造られた代表的なイングランドの庭園はいずれも手がかりを残していない（ただし現在では、この欠落は最近の考古学的発見により、一部補われつつある）。この時期の庭園はたいていのものが内戦中に消えるか、ハンプトン・コートやハットフィールドのように歴史の新たな層の下にもともとの姿を隠されてしまった。そして、そのほかは18世紀の風景革命のときに消えた。しかし、これら初期の庭園の精神はタペストリー、銅版画、絵画のほか、書簡、詩、散文の中に認めることができる。だが、裕福な廷臣の新たに建てられた大邸宅を引き立たせるために造られた、当時のイタリアやフランスのものに匹敵するようになり始めたテラス、グロット、彫像、水の要素を備えた華麗な庭園の話には、比較的最近までほとんど注意が払われてこなかった。20年前、サー・ロイ・ストロングは『イングランドのルネサンス庭園』でこの不均衡を是正して、こうした庭園の広がりを探り、ほかの歴史家もこの時期に光をあてつづけている。

【ホワイトホールの図面】
このアントニス・ファン・デル・ヴィンガエルデによるテムズ川方面から見たホワイトホール宮殿の鳥瞰図は1557-62年のもので、ノット・ガーデンの中に配置された大きな噴水を中心とするグレート・ガーデンを示している。この庭園の様子が示されている1545年頃に描かれた『ヘンリー8世の家族図』からわかるように、立ち上げ花壇があり、その周囲にテューダー朝の色である緑と白に塗られた柵があって、柱の上に紋章獣がのっていた。

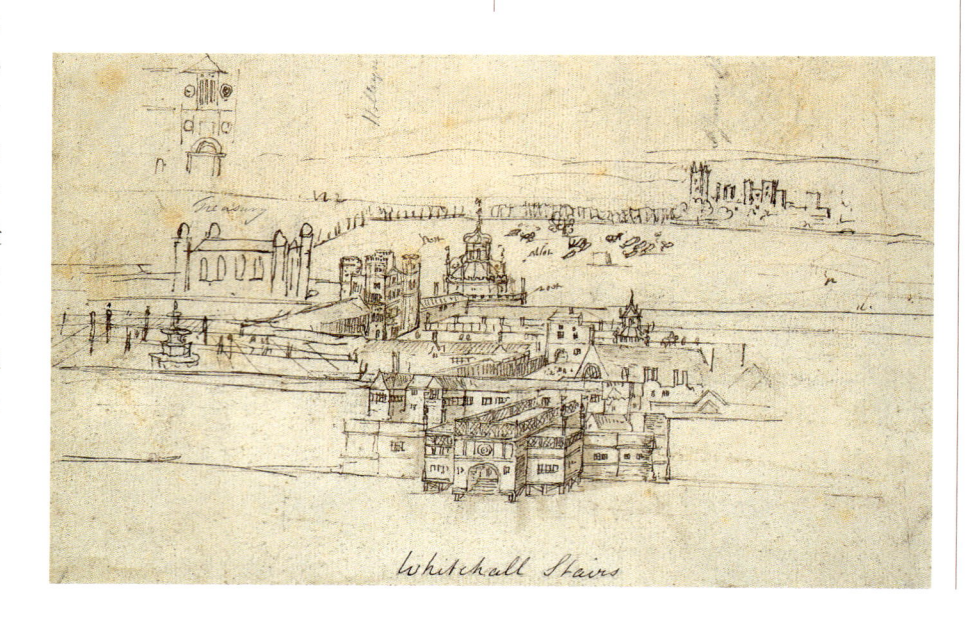

【テューダー朝の装飾】
金襴の陣でヘンリー8世の仮設宮殿の上にあったこれらの紋章獣は、テューダー朝の頃に好まれた装飾で、ホワイトホール宮殿のグレート・ガーデンなど、庭園でよく使われた。

❖ テューダー朝の庭園

　ヘンリー8世の治世で特筆すべきものは王室庭園だけで、1525年に王がウルジー枢機卿から接収したハンプトン・コート、(やはりウルジーの所有地の)ホワイトホール、サリー州のノンサッチである。まず、ヘンリーにより庭園に一連の紋章獣とともに、テューダーの重要性を伝え王室の家系を示す彩色がされた紋章が並べられた。エリザベスⅠ世の時代には、この庭園は女王の威光を象徴するものになり、多くの場合、一つひとつの花が彼女の王者の美徳のいずれかを映し出し、全体は女王を象徴するとみなされた。

　ハンプトン・コートに来た旅行者による記述は、建設から50年後の庭園を見たものでさえ、非常に生き生きとしている。ドイツ人のトマス・プラッターは、エリザベスの治世の1599年にこの庭園を訪れた。彼は内庭の正方形の区画について、赤い煉瓦の粉末と白い砂、さらには緑の芝の部分があってチェスボードのようだと述べ、続いてさまざまな姿をした奇妙なトピアリー群について次のように書いている。「男性や女性、半分人間で半分馬の姿をしている者、セイレーン、籠を抱えた少女、フランスの百合紋、優雅な狭間パターンなどがあたり一面に広がっている。これらは乾燥した細枝をより合わせて作られており……常緑の生垣用の低木でできていて、ローズマリーだけでできているものもある。どれもみな本物そっくりで、器用に楽しく絡み合わされ、混ぜられて一緒に育ててある。刈り込んで形を整え、絵のように配置されており、これに匹敵するものを見つけるのは難しいだろう」

　ヘンリー8世がフランソワⅠ世のフォンテーヌブローに対抗して1538年から1546年に建設したノンサッチ宮殿の大庭園は、メアリー・テューダーがこの宮殿をラムリー卿に売却したのちの1580年代に絶頂期を迎えた。ラムリー卿による改造によってノンサッチは庭園開発の先駆けとなり、イタリア風に改装されてイングランドで最初のマニエリスム庭園になった。この庭園は1649年以降衰退し、1680年代についに破壊されて実質的にまったく痕跡が残っていない。

　ヘンリーの王室庭園はみな片足を過去に置いたままのように思えるが、エリザベスの廷臣はフランスの宮廷と庭造りのことをよく知っていたうえ、イタリアの建築に関する論文や古典の文書をよく読んでいて、ずっと革新的だった。ノンサッチのラムリー卿の作品は、ひとつにはティブルズの作品に触発されてのことだったのかもしれない。それはハートフォードシャー州ウェア近郊にあり、バーリー卿ウィリアム・セシルが1575年に壮大な建築事業を開始し、1585年に完成した。ティブルズが大きくなるにつれ、エリザベスにとってそこは頻繁にする行なう「巡幸」で立ち寄るお気に入りの場所になった。バーリー卿はこの大庭園に階段、ロッジア、野趣園の木立で高さの変化をつけたが、庭園の各領域は独立した単位として残った。9つの正方形の庭はノット・ガーデンとして造られ、ひとつは「えり抜きの花」が植えられ、あとは紋章の結び目模様かもっと単純な「間隔や小道をおいて美しく芝生が張られたすべて草の結び目模様」だった。避暑用のあずまやに「白い大理石のローマ皇帝像が12体」あって、大陸からの訪問客にはっきりとイタリア風であると思わせるのに一役かい、おそらく愛の女神たる女王に捧げられたヴィーナスバーグと呼ばれる築山の周囲にある小さな森や迷路も同様だった。

第5章｜ルネサンスの美　159

1600年にヴァルトシュタイン男爵(モラヴィアからの来訪者で、彼の日記からこうした初期の庭園の様子がうかがえる)が、この庭園にある、油断して通りがかった人に不意に水をかけるいたずらな仕掛け、せり出した岩や「さまざまな種類の半透明の石でできた」グロット、プラトリーノのものと似た装飾的な池のすみにある木製の水車について書いている。

やはりセシルが所有し、1588年からロンドンの南の丘に建設されたウィンブルドン・ハウスには、館の前にはっきりとイタリア式のアプローチがあって、一連の前庭はふたつの大階段で分けられた階段状のテラスからなり、その下にグロットが隠されている。

❖ イタリア様式の舞台と構成

1600年以降はイタリアの影響がますますはっきりしてきた。1615年にはイニゴー・ジョーンズがアランデル卿とともにしたイタリア旅行をすでに終え、ロンドンのアランデル・ハウスを古代の彫像群の展示場所として改装しており、イタリア式の建物や景観を基調とした宮廷仮面劇のための舞台背景も製作した。庭園は、象徴的意味、その創造、芸術と自然の結合、調和した秩序を持つ人間社会の形成に対する隠喩表現を獲得した。1638年に考案されたルミナリアという宮廷仮面劇では、破壊と混乱の場面が喜びに満ちた静穏な庭に変わり、その中にヘンリエッタ・マライア王妃自身が現れ、こうして王室の存在が統治の手腕や社会的調和と結びつけられたのである。イニゴー・ジョーンズの舞台背景は製作に費用がかかったが、本物の庭園ほど高価ではなく、新しい庭園の考え方に当時の人々の目を開かせた。ジョーンズはイタリアを経験したことにより、そこで見た多くのものに似せて景色を再現した。たとえばプラトリーノのグロット、アルドブランディーニやプラトリーノにあるようなさまざまな種類のパルナッソス山、ルッカ近郊のヴィラ・ガルツォーニの最上段のテラスでほら貝を吹くファーマ〔噂の女神〕、そのほか芝居の一場面に一緒に入れられるさまざまな要素があった。

フランス人の水力学技術者サロモン・ド・コーは、弟のイサクとともに王室庭園で使えるマニエリスム的なテーマを導入した。サロモンはウェールズ公ヘンリー(ジェームズ1世の長男で1612年に18歳で死亡した)のために、サマセット・ハウス、グリニッジ宮殿、リッチモンド宮殿の構成をデザインした。1615年の著書『動力の原理(Les Raisons des Forces Mouvantes)』には、リッチモンドに計画された寄りかかる巨人の巨大な彫像のデザインが示されている。サマセット・ハウスでは、やはりプラトリーノのパルナッソスの模倣である噴泉のグロットを提案しており、自身の考えで河神たちと山のわきを流れ落ちる水を加えた。ヘンリー王子の死後、サロモンはハイデルベルクへ行き、そこでファルツ選帝侯フリードリヒ5世と彼の妃でジェームズ1世の娘であるエリザベス・スチュアートのために、ヨーロッパの庭園の中でもきわめて壮観なホルトゥス・パラティヌスを造営した。一方、イサクはイングランドで仕事を続け、ベッドフォード伯爵夫人ルーシー・ハリントンのためにムーア・パーク、そしてウィルトン・ハウスで働いた。

イングランドにおけるイタリア式造園の典型である1630年代に造られたウィルトシャー州のウィルトン・ハウスは、中央を広い歩道が通り、3つの部分に分け

【流行の中央装飾(センターピース)】
ウィルトシャー州にあるウィルトン・ハウスのスザンナの噴水は、1632年以降にイサク・ド・コーによってデザインされた。刈り込まれたツゲの刺繍のパルテールの4つの区画の中心に4つの噴水があり、そのひとつであるスザンナはニコラス・ストーンによって彫刻された。この噴水は損傷を受けているものの、今でもそこに残っている。

ド・コー兄弟

フランス人の兄弟ふたりが、ヨーロッパの庭園に多大な影響を及ぼすことになる。サロモン・ド・コー(1576-1626)はイタリアを訪れてプラトリーノの水力技術を学んだのちイングランドにやってきて、セント・ジェームズ宮殿とウィンブルドン・ハウスでジェームズ1世の妃アン・オブ・デンマークに、そしてウェールズ公ヘンリーに仕えた。彼は、あらゆる水の魔術師の中でもっとも奔放で野心的だった。彼の『動力の原理』(1615年に出版、1624年に第2版)は水を扱う「不自然な」方法についての驚くべき論文で、その多くはウィトルウィウスとアレクサンドリアのヘロンの著作にもとづくものだった。サロモンのもっとも感銘深い庭園デザインであるハイデルベルクのホルトゥス・パラティヌス(144-45ページ参照)は、戦争で破壊されてほとんど残っていない。一方、弟のイサク・ド・コーは、ウィルトン・ハウスのデザインとともにマニエリスト様式とさまざまな彼自身の水仕掛けをイギリスにもたらした。

られていた。中央に4つの「大理石の彫刻がある噴水」と片側に花壇がある4つの「刺繍された小区画」からなる最初の部分は、下側のテラスから眺めるようになっていた。第2の部分は木立とそれを抜ける歩道からなる野趣園であり、主道の両側に左右対称にバッカスとフロラの彫像が置かれている。そして外側の端に丸いパーゴラ、すなわち植物のトンネルが伸び自然なコースを流れるナダー川が木立の中を蛇行しながら横切っている。最後の部分は高いテラスの下にローマの馬場の形をした部分があって果樹で区切られ、縁に沿って「覆われたアーバー」がある。その奥では丘の斜面が森に入る小道で円形劇場のように階段状になり、マルクス・アウレリウスの騎馬像（ローマのカピトル神殿にあったオリジナルから鋳造された）で終わる。カスケードは、イタリアの水のモチーフとしてよく見られるペガソスで飾られた。テラスのアーチの下にあるグロットは黒と白の大理石で覆われ、ド・コーが導入したイタリア式の水力機械が設置されてジオッキ・ダクア（水のいたずら）が行なわれた。

❖ 水の楽しみ

魚を育て蓄えるための池は中世にはずっと修道院と俗人の地所に欠くことのできないものだったが、楽しみの源として認識されていたにもかかわらず、囲われた庭の一部としてはめったに造られなかった。しかし、フランス人が堀を改造して観賞用のカナルを造ったことに刺激されて、イギリス人も祝宴や催しの舞台とするため、あるいは空を映す鏡池の形で、水を組み入れた。レスター卿のケニルワースの堀はもともとは防御のためのものだったが、1570年代に女王の来訪のために大仕掛けなショーを催す場所に改造された。ノーサンプトンシャー州ホルデンビーでは、サー・クリストファー・ハットンが庭の池へ供給するために「同屋敷から約400メートル離れた西隣の湿地から」パイプで水を運んだ。実際、テラス状の内庭の下の幾何学的な配置も含め、ホルデンビーには多数の池があった。（やはり当時についての情報を与えてくれる記述を残している外国からの訪問者のひとりである）ポール・ヘンツナーは1598年にホルデンビーを訪れ、迷路の灌木の間の水路でボートを漕ぐ楽しさに言及している。1600年にはヴァルトシュタイン男爵が、水が3キロの距離を運ばれ、観賞用の池に入れるために重力で24段分上げられる、もっと複雑な配置について記述している。

ジャコビアン初期の庭園では水はさらに重要な要素になった。イタリアの影響を受けた噴水や手の込んだグロットが、イタリアで技術を学んだ技術者によって建設された。1608年には国王からハートフォードシャー州のハットフィールドにある新しい宮殿と交換にティブルズを差し出すよう強制されたロバート・セシルが、サロモン・ド・コーを雇って東の庭にカスケードのある噴水を設置した。ハットフィールドのデルは堀で囲まれた四角な庭園にある水のパルテールで、自然の川によって二分されてふたつの三角形になっている。訪れたフランス人ムッシュー・ド・ソルビエールは、1613年のハットフィールドでの夕べについて次の

【ウィルトンの俯瞰図】
内戦以前の時代からあるイングランドのあらゆる庭園のうちで、1631年から1635年にかけてイサク・ド・コーがデザインしたウィルトン・ハウスの庭園が、もっともイタリア的な様相を呈している。整形式の正方形のパルテールの完全なシンメトリーを破るのは、庭園を横切るナダー川の曲がりくねる線と、ある程度整然とした野趣園と木立だけである。ド・コーがウィルトンに造ったものでもっとも有名なのはグロットである。

第5章｜ルネサンスの美

ように書いている。「正餐をとった広間からは芝生が植わった区画を見渡すことができる。そこには噴水が2基設けてある。脇の方には樹檣が組んであるが……このテラスからは……豪奢な水の装飾花壇(ウォーター・パルテール)を見渡すことができる。……また庭園の給排水をおこなっている箇所では、装飾花壇を潤すために河から水を引き込む一方で、園内を流れてきた水を河に排出してもいる。ここには屋根のない小屋状の建物が立っていて、ベンチが円形に設けてある。ここに腰掛けて水面を覗くと、膨大な数の魚が行ったり来たりしているのが見える。水の透明度は抜群である。魚たちも園内の悦楽にあずかりたくて、この浅瀬までやってきたのであろうか」（ロイ・ストロング著『イングランドのルネサンス庭園』、圓月勝博・桑木野幸司訳、ありな書房)

　サー・フランシス・ベーコンは、1608年にはすでに、池を楽しみの場所に変える可能性についていとこのロバート・セシルに意見を求めていたようだ。彼は、兄の死により1601年にゴランベリーの父親の屋敷を相続した。ジェームズⅠ世が即位すると、ベーコンの政治的地位は急速に上昇したが、1621年に汚職の嫌疑をかけられ短期間だが塔に閉じ込められ、立派な経歴は終わってしまった。それから1626年に亡くなるまで、彼は著述活動に専念する。その散文的な文章の中に『庭園について』という随筆があり、それは「全能の神は初めに庭園を造った。それは本当に人間の楽しみの中で最も純粋なものである」（渡辺義雄訳、岩波書店、『ベーコン随想集』所収）という言葉で始まる。

　大英博物館にある写本に記録されているベーコンの水の庭園は、ロバート・セシルのデルと同じように正方形で、壁とテラス状の8メートル幅の歩道で囲まれ、堀の役割を果たす川の上にあって、川はもうひとつのテラスと湖につながり、中央に宴会場があった。1656年にジョン・オーブリーが言及しているが、ゴランベリーにいくつかあった池は、ベーコンが生きている間でもすでに見捨てられていたのかもしれない。『庭園について』の中でベーコンは次のように忠告している。「泉水について言えば、それは非常に美しい、さわやかなものである。ところが、池は何もかもだいなしにする。それは庭園を不健全なものにし、蚊や蛙をはびこらせる」（同上）

❖王政復古時代の庭園——フランスとオランダの影響

　1660年の王政復古で、フランスに亡命していたチャールズ2世が、ルイ14世のもとで壮麗なバロックの絶頂期に達していたフランスの造園様式を伝えた。イングランドでは、イタリアやフランスのルネサンスの理念に刺激されて生まれたそれ以前の庭園の大部分、とりわけ王室の庭園は、内戦で破壊されていた。王室の庭園造りを再開しなくてはならず、もっとも流行したのはル・ノートル様式の庭園だった。1640年にチャールズの母ヘンリエッタ・マライア王妃のためにウィンブルドン・ハウス（王妃のためにセシルから購入）の仕事をしたことのあるアンドレ・モレは、チャールズの帰還から数ヶ月のうちにロンドンに戻り、セント・ジェームズ・パークのカナルの掘削を監督し、ホワイトホールとハンプトン・コートの仕事を指導した。ハンプトン・コートの、地平線へと伸びるボダイジュの並木道のわきにあるさらに巨大なカナルが、新時代の始まりを告げた。チャールズ2世の妃になるキャサリン・オブ・ブラガンザのポルトガルからの到着を祝うために計

現代人のための随筆

サー・フランス・ベーコンの庭園はなくなってしまったが、彼の死の1年前にあたる1625年に出版された随筆『庭園について』は、今でも、テューダーやジャコビアンの庭園に崇高な雰囲気を持たせようとする試みがどのようなものだったかを教えてくれる。ノット・ガーデンについては「果実入りパイでも、これと同じくらい楽しい光景がしばしば見られる」（渡辺義雄訳、岩波書店、『ベーコン随想集』所収）、トピアリーについては「子供だまし」だとはっきり反対を表明しているが、広い通路、背の低い生垣や尖塔状に刈り込んだもの、壮麗な木製の円柱、10メートルの高さの築山に宴会場を設けることは勧めており、これらはみなティブルズ、さらにはケニルワースなどの庭園にあったものである。理想の庭園を見つける努力について、ベーコンは野バラとスイカズラ、それに野ブドウの茂みがある「自然の野趣」への賛同と、整然とした列、砂利を敷いた広い歩道、「外の野原を眺められる」築山といったものへの願望との間で揺れ動いている。ある意味、彼は、自然で「野趣あふれる」庭を造ることへの願望にそれを引き立たせる構造的枠組みを与える、まったく現代的な造園の考え方を示しているといえる。

画されたこのカナルと並木道は、新しい妃の金箔をほどこしたバルコニーからの眺めの一部をなしていた。グリニッジについては、ライバルであるフランスの壮大さに対抗する野心を持つチャールズが、ル・ノートル自身にデザインを要請する許しをルイ14世に請うた。完成することはなかったが、1662年にル・ノートルからパルテールの図面が送られてきた。それは王妃の館のすぐ裏に噴水があって、（すでに設置されていた）12段の階段が視線を導いて上の丘に、さらには頂上で消える新たなニレの並木道に向けさせるようになっていた。

その後の30年は、国のいたるところで地所の「改良」がされることになり、英国のバロック式庭園の構成は、その典型が1720年代に発表されたキップとニフの有名な鳥瞰図に示されている。ウィリアムとメアリーが即位した名誉革命ののちはオランダの影響を受けたものが流行したが、それ自体はそもそもフランスの影響を強く受けていた。その最高の例が、そこで1690年以降にチャールズ2世の野心的な計画がついに実行されたハンプトン・コートである。たいていは軸線にあたる大きな並木道が館へのアプローチからその背後の軸、さらにははるか遠くへ伸び、館の窓の下には装飾的なパルテールを囲むようにテラスがあって、その向こうに野趣園か果樹園がある、非常に整然としたフランス式のレイアウトがもっとも一般的な配置だった。グロットはしばしばテラスの中に隠された。もっともうまくいったのは、地所が広大で、秩序ある幾何学的な配置ができるような地形の場合だった。耐寒性のない植物のためのオランジェリーと、池の周囲やカナルに沿って配置された大鉢に植えられた植物は、非常にオランダ的な要素だった。グロスターシャー州にあるウェストベリー・コートの庭園は、1696年にメイナード・コルチェスターが着手し、装飾的に刈り込んだイチイの生垣に縁取られたT字型の広いカナル、ツゲに縁取られた花壇、芝生があって、今日まで残っているもうひとつの素晴らしい例である。

【チャッツワースの輝き】
ダービーシャー州にあるチャッツワースを描いたこの版画は、1707年にキップとニフによって制作されたもので、この庭園の1699年の状態を示している。レオナード・ニフ（1650-1751）はオランダ人の画家で製図家でもあり、版画家のヨハネス・キップ（1653-1722）と協力して、並木道が放射状に田園地帯へ伸びるフランス式のイギリス庭園を描いたシリーズを制作した。作品は『ブリテン図絵（*Britannia Illustrata*）』と『大ブリテン島の王宮と大邸宅（*Le Nouveau Theatre de la Grand-Bretagne*）』で発表された。チャッツワースのパークはのちに「ケイパビリティ」・ブラウンによって「自然なもの」にされたが、内側の整形庭園の多くは残り、19世紀にジョゼフ・パクストンによってさらに改良された。

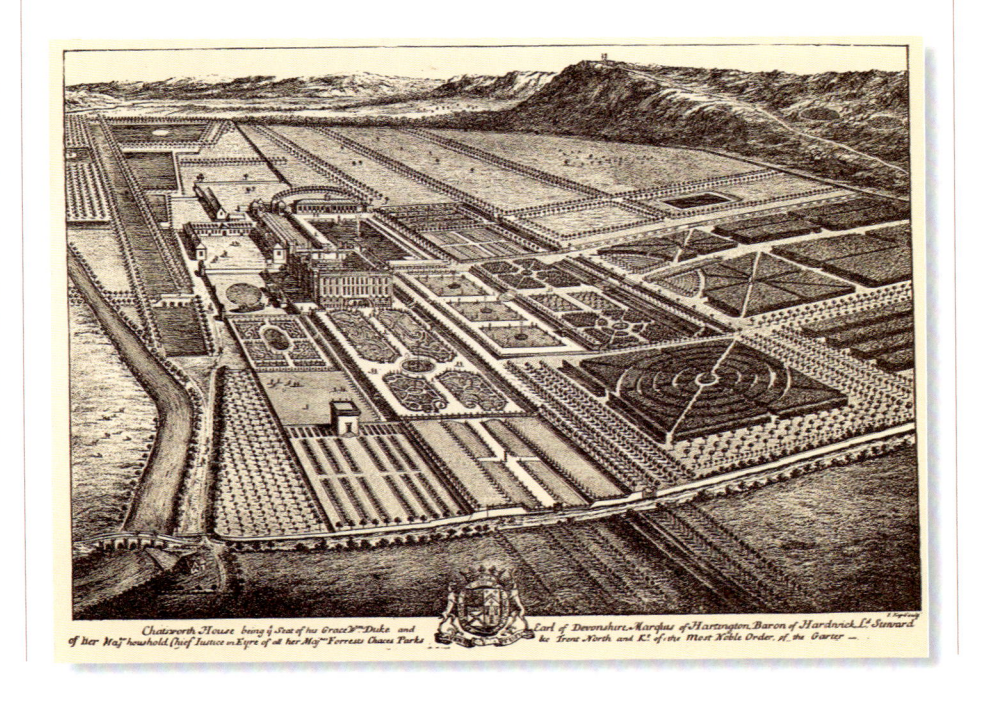

第5章 ｜ ルネサンスの美

ハンプトン・コートへの外国の影響
FOREIGN INFLUENCES AT HAMPTON COURT

ウィリアム3世とメアリー王妃はオランダからフランス＝オランダ様式を伝え、ハンプトン・コートの古い庭園に大々的に変更を加えた。ダニエル・デフォーによれば、「国王ウィリアムはハンプトン・コートに居住し、ハンプトン・コートが新しい装いをまとってわれわれが現在見ている華やかで壮麗な姿になったのは、彼の治世だった」という。この庭園はフランスとオランダの様式の相違を示していることで重要であり、流行のツゲのパルテールのための小さく区分された区域があり、もっと長いフランスの並木道のヴィスタと対照的である。オランダでは土地が不足し、網の目のように張り巡らされた運河があるため、パルテールを定められた区域に入れなければならないのに対し、フランスでは並木道を森の奥まで伸ばすのは何でもないことだったのである。

作業はふたつのまったく異なる段階からなり、第1期は1689年からメアリー王妃が亡くなった1694年までで、その後はウィリアムは落胆してふたりの共同事業だった庭園造りをする気力を失ってしまった。そして第2期は1698年のホワイトホール宮殿の火事のあとで、ウィリアムのハンプトン・コートへの関心が再び目覚めた。第1期に、サー・クリストファー・レンによる新しい東正面が、チャールズ2世が設けた最初の並木道 大運河(ロング・ウォーター)に対して斜めに植えられたボダイジュの並木道で飾られた。門はジャン・ティジュがデザインすることになる。ダニエル・マロによる新しいパルテールは広大な半円形の木々の内側にあって、刺繡のパルテールの長い渦形装飾が矮性のツゲで縁取られている。1689年のマロのスケッチで提案された池と噴水の配置は、のちに現実的でないことが証明される。オベリスクにした304本のイチイ、球にした24本のセイヨウヒイラギなど、

【権力と威信】
これは『ロンドン概観(Survey of London)』にあるヨハネス・キップによる版画の一部で、東正面を示しており、ボダイジュの並木道が放射状に広がって、中央のロング・ウォーターのまわりにパトドワ〔直訳すれば「ガチョウの足」、道路の集合点を意味するフランス語〕を作っている。

刈り込まれた常緑樹が道に沿って植えられた。1712年にようやく訪れたシーリア・ファインズは、「長いカナルがあり……ひとつ目の庭園には館の隣に大きな噴水があり、広い砂利道が交差して芝生の区画が4分割され、それはユリの花の形に刈り込まれている」と書いている。

南面の下のプリヴィー・ガーデン（内庭）は1690年に大々的に改造されたが、作業は1702年まで完了せず、1701年に川のほとりにティジュの鉄柵が設置された。1690年頃の改造で、プリヴィー・ガーデンのわきのテラスの拡張、西のテラスの古いバンケティング・ハウスと塔のクイーン・メアリーズ・バウアーへの改造などがなされた。宮殿の下の部分はオランジェリーになり、夏季にテラスに並べ柑橘と非耐寒性の植物が入れられた。また、ポンド・ガーデンにはメアリー王妃の興味深い植物のコレクションが展示された。宮殿の北には、ブッシー・パークへの新しい並木道と野趣園があり、刈り込んだ背の高い生垣の間に幾何学的な網目模様をなす小道があった。

1698年からの第2期のハンプトン・コートでは、10年前に計画されていたことの多くが完了した。王がオランジェリーから見る眺めがよくなるようにプリ

【修復された庭園】

ハンプトン・コートのプリヴィー・ガーデンの修復は、慎重な調査のうえに実施された。芝で幾何学模様が作られたガゾン・クペのデザインは、もともとはヘンリー・ワイズが計画したもので、彼はジョージ・ロンドンとともに当時のきわめて有名なデザイナーのひとりだった。

ヴィー・ガーデンは3メートル低くされ、ガゾン・クペすなわち幾何学的な形に刈って着色した土や砂利で満たした芝生が配置された。デザインしたのはヘンリー・ワイズである。庭中のパルテールが彫像で飾られた。

第5章｜ルネサンスの美　165

❖ 17世紀の紳士の庭師

　新しいイギリス庭園がかならずしもすべてバロックやオランダ式のデザインだったわけでも、キップとニフが『ブリテン図絵』に載せた地所のように華やかで仰々しいものでもなかった。なかにはかなり控え目なものもあり、寓話的な意味を持つ大きなグロットや複雑な水仕掛けを真似して人を感服させる必要はないと思う所有者はイタリアから古典的要素を取り入れた。ジョン・イーヴリンのウォットンとオルベリーの庭園（188ページ参照）、1680年から1690年にかけてデザインされたファーナム近郊にあるサー・ウィリアム・テンプルのムーア・パーク、ノーサンプトンシャー州にあったもっと簡素なキャノンズ・アシュビー（最近、ナショナルトラストにより修復された）は、テューダー朝初期の庭園と17世紀後半の豪華絢爛な庭園の間のイギリス的な趣を持ちつづけた。キャノンズ・アシュビーには高い壁の内側にシンプルなテラスがあって、門柱の間に田園地帯の眺めが見えた。トピアリーに刈り込まれたイチイが屋敷の背後の緑の区画を占め、4枚の正方形の花壇には単純な模様の花壇と日時計があって、すべてが控え目だった。

　唯一残っているムーア・パークでは、ウィリアム・テンプルがイングランドの気候に合った庭を考案し、とくに花と果物を守るために塀が築かれた。彼は、南の気候の庭園が「木陰、しばしば存在する流れる小川や噴水、眺望、彫像」を提供する涼しいオアシスとしてデザインされるのは適切なことで、それとまったく同じように、イングランド（およびオランダ）では庭園は囲われていなければならないと主張した。すでに彼は「わが国の芝生の素晴らしさと、ほとんど永久に緑であること、そして歩道の砂利」といったイングランドの特色を尊重していた。1685年に書かれたが1692年まで出版されなかった随筆『エピクロスの庭園（*Upon the Gardens of Epicurus*）』の中で、テンプルは不規則性がそれまでと異なるデザインの基礎となる可能性について、英語の庭園文学で初めてといってもよい言及をしている。「中国人はこの〔整形式の〕植栽法を蔑む。……中国人が想像力を最も用いるのは、多くの美が目を打ちながら、しかも一般人が容易に見抜ける諸部分の秩序や配置を、まったくもたない形を作ることである。われわれはこの種の美をほとんど理解しない。しかし中国人にはそれを表す特別な語があり……『シャラワジ』がすぐれて素晴らしいとか、その種の称賛の言葉を発するのである。最良のインドのガウンに付けられた刺繡、彼らの最良の屏風や陶器に描かれた絵を見る者ならばだれでも、その美がこの種の、つまり秩序のないものであることがわかるだろう」（安西信一著『イギリス風形式庭園の美学』、東京大学出版会）と書いている。そして続けて、「規則的でないことの芸術」と訳されるシャラワジは西洋人には難しすぎると忠告しており、テンプルは試してみたのかもしれない。ムーア・パークのデザインの一角に、秩序の気配がまったくない曲がりくねった歩道を持つ野趣園がある。同様に、古物収集家で著述および庭園批評家のジョン・オーブリーが何枚かの水彩画に描いている、ウィルトシャー州イーストン・ピアシーの彼自身の庭園のデザインは非常にシンプルである。

❖ 新たな景観に向かって

　17世紀後半にはイギリス人——ウィリアム・トマス、ファインズ・モリソン、

【刺繡されたシンプルさ】

現在、ロンドンのヴィクトリア・アンド・アルバート博物館の新しいブリティッシュ・ギャラリーに所蔵されているストーク・イーディス邸の刺繡のタペストリーは、17世紀後半のイギリスの整形庭園を示している。オランジェリーがシンプルなパルテールの上にそびえ、パルテールでは常緑樹がほっそりしたトピアリーに刈り込まれ、柑橘が大鉢で育てられて冬には室内に入れられ、左右対称の芝の区画を囲む細い花壇にチューリップが整然と並べられている。ほっそりしたイトスギのパリサードがこの庭をもうひとつの整形庭園から分けており、そこではちょうど1630年代のウィルトン・ハウスで見られたように、4枚のパルテールが噴水のある池を囲んでいる。

トマス・コリアットの後継者たち——が次々とイタリアを訪れ、完成の域に達したばかりのもっとも有名なイタリア式庭園だけでなく、まだ古代の遺跡とニュアンスが香るイタリアの風景全体を正しく鑑賞できるようになった。1640年代には、ジョン・レイモンドが有名な日記作者ジョン・イーヴリンのように旅をして洗練された庭園を見ることができ、うらやましく思った。ガイドブックとして書かれ、死後の1670年に出版されたリチャード・ラッセルズの『イタリア旅行記(*The Voyage of Italy*)』は、芸術教育のために学問のある指導者とともに海外に出される若い貴族の旅を表すのに、初めてグランド・ツアーという言葉を使った。ラッセルズにとって、イタリアはひとつの広大な庭園、「荘厳な宮殿と庭園の世界」だったようである。絵画と異なり庭園は完全に3次元の体験で、建築に似ているが、人工と自然の両方の側面を持つ。4つ目の次元である時間は植えて生長させるために必要で、やはり庭園にとって不可欠な要素である。そして、それとなく古典に言及するような庭園は、拡大しつつあった18世紀のイギリスの風景派運動にとって実に重要な役割を果たした。

イタリアでの経験については次章でさらに探り、何人かのごく初期の風景派運動の提唱者の旅について論じることにする。庭園の造営における自然と人工のそれぞれの役割について理解することはイギリス式風景庭園の理論に不可欠な部分になるのだが、ジョン・ディクソン・ハントなどの学者たちは、それはイタリアから吸収されたものだと指摘している。ローマとイタリアの田舎の古典的な庭園への憧れは、ウィリアム・ケントと「ケイパビリティ」・ブラウンの新時代へと受け継がれていった。

❖第6章
移動する植物
植物学者と収集家と画家
Plants on the move
BOTANISTS, COLLECTORS and ARTISTS

【花咲くキャンバス】
この花の習作は、1614年頃にジローラモ・ピーニによって描かれた。彼は描いた球根植物と多年草の名前のリストも作成しており、その多くはきわめて容易に判別できる。ピーニはほぼ同時期にもうひとつ非常によく似た絵を描いており、この2枚の花の絵だけで彼は知られている。

　ルネサンスに続いて、人々と植物の関係に大きな変化が起こった。植物が人々の庭の姿を変え始める前に、人々の生活を変え始めた。新しい職業が生まれ、植物学者が植物を研究して記述し、著述家や印刷業者が植物に関する情報を、画家が植物を描写した。収集家が植物を探し出し、種苗園主がそれを増殖させ、そして大勢の庭師が栽培し、世話をした。場合によってはこれらの役割のいくつかと医師、外交官、学者といった職業をひとりで兼ねる「ルネサンス・マン」もいた。
　あらゆる地位の収集家や植物通が植物に対する情熱に屈服した。なかには芝居のような話もあり、チューリップへの投機でオランダの一族が破産したり、プラントハンターがかなたの地で海賊や疫病に悩まされた。植物がもっと目に見えない役割を演じた場合もある。今日、ムラサキナズナ(*Aubrieta*)、フクシア(*Fuchsia*)、ロベリア(*Loberia*)、ストック(*Matthiola*)、ヤグルマハッカ(*Monarda*)、ハリエンジュ(*Robinia*)、ムラサキツユクサ(*Tradescantia*)が庭に植えられている。だが、そうした植物の名前の由来であるクロード・オーブリエ、レオンハルト・フックス、マティアス・ド・ロベール、ピエランドレア・マッティオリ、ニコラス・モナルデス、ジャン・ロバン、ジョン・トラデスカントといった画家や植物学者や収集家について、私たちは何を知っているだろう。本章では、こうした植物とかかわりのある人々について語る。

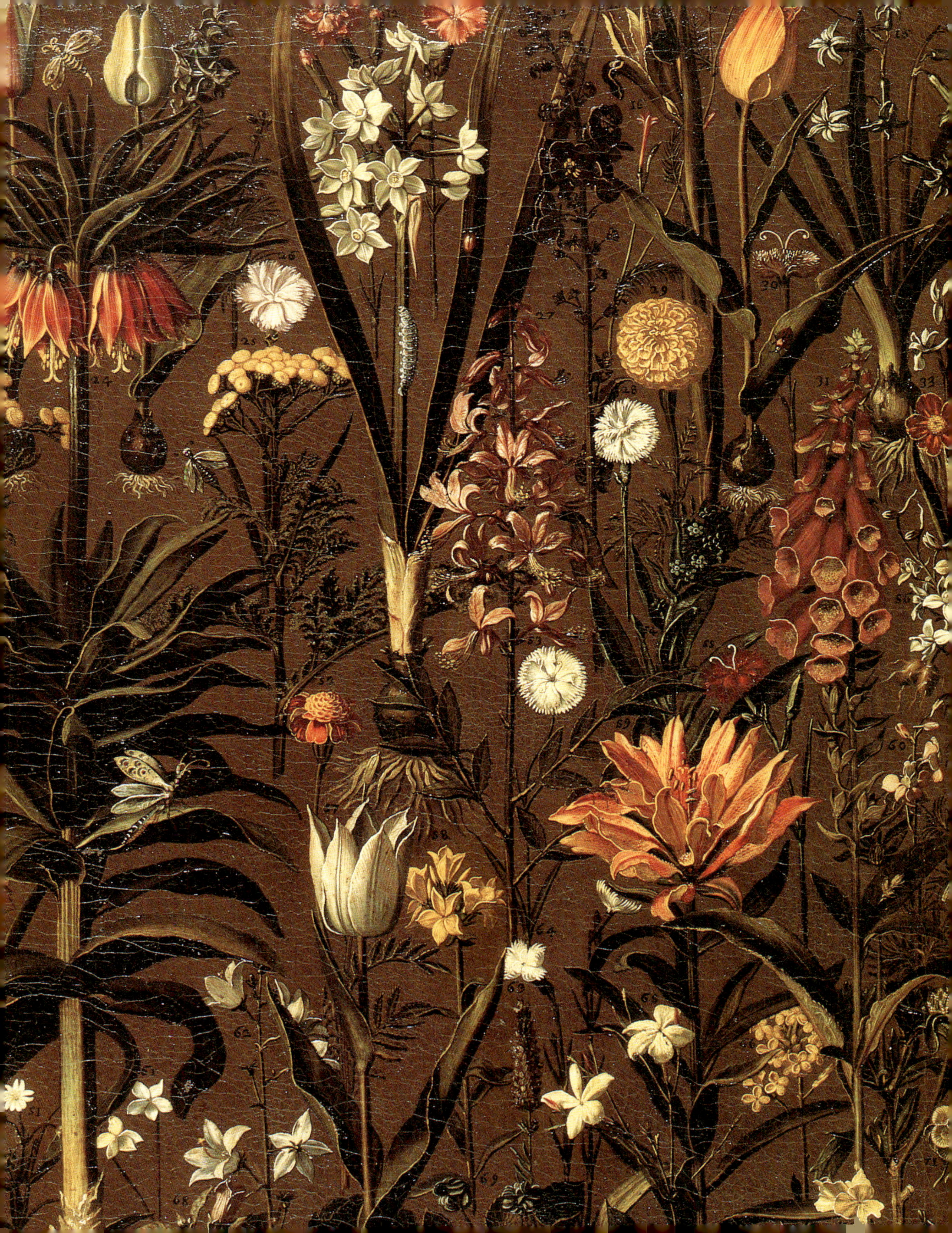

❖ 言葉を広める

　1562年の世界は、トルコから織物の荷とともに球根をいくつか受け取ったアントワープの商人が、それをタマネギだと思って料理して食べてしまうようなところだった。それは実はチューリップの球根で、西ヨーロッパの人々にとっては初めて目にするものであり、まもなく同じ重さの金と同じくらい値打ちのある商品になった。その球根を消費してしまったのは象徴的であり、このことは輸入された植物の荷に何らかの明確な用途があったことを示している（たとえばローマ人は、ユリの球根をつぶしてウオノメ用の膏薬を作った）。今なら、私たちはよく知らない植物は百科事典で調べるだろう。しかし、1500年代半ばに少ないながら入手できた植物に関する本は、植物の種類ではなく病気によって見出しがつけられた本草書だった。初期の著述家は、植物の材料としての有用性にしか注目していなかったのである。それでも新しく馴染みのない植物が、ついていくのが難しいほどの速さで登場していた。1560年代から100年のうちに、それまでの2000年間と比べて20倍もの植物が初めてヨーロッパに伝わり、新たな学問の研究対象になっただけでなく、それまでとは違う庭造りの大きな可能性を開いた。

　蔓延する無知と釣り合いをとるように、この変化する世界に欠けている知識を供給することに熱心な新しい種類の人々が増えていった。ルネサンスの探求精神に刺激された彼らは、植物を新たな視点から見始めた。医師や学者は、神聖化された先人たちの想定を疑問視し、それまでにない科学的好奇心をもって植物を観察するようになった。発明されたばかりの顕微鏡が、洪水のように流れ込んでくる新しい植物を分析し分類するのに役立った。学者の向上した科学的観察力はすでに画家たちにも認められ、彼らは植物を直接自然から描き始めた。植物学の進展とともに、植物描写の美的および技巧的側面に驚くほどの前進があった。さらに、この頃には印刷の形で図版の再生産が可能だった。本はまだ長い間、少数の特権階級のものでありつづけるが、少なくとも情報革命は始まっていた。今やどんな考えやイメージも以前よりずっと広く読者に届くようになったのである。

　植物に対する認識の仕方に起こった革命の中心地となる下地は、アルプス山脈の北、北海沿岸低地帯とライン川沿いにしっかりとできていたようである。印刷術が最初に発達したのも、一流の草花画家や植物学者が何人も活躍したのもここである。オランダが今日でもまだ花卉園芸産業の中心地であるのはおそらく偶然ではないだろう。実践的な庭造りの手引書が植え付けと管理に関する助言を与え、新しい植物を利用するため、種苗園主と園芸家の数が急速に増えて栽培技術に関する実験を行なった。1600年代には花譜（挿絵入りの植物選集）が、花や植物の一部も含めますます本物そっくりに描かれた植物の水彩画や銅版画とともに、たとえそれら（植物や図）が普通のガーデナーにすぐに利用できるわけではないにしても、知られているかぎりの植物を読者に紹介した。

　庭の様相に現実に大きな影響を及ぼしたのは、新しい植物像が浸透するよりいくらか前だった。イタリアとフランスで発展した（そして近隣の国々で模倣された）ルネサンスとバロック様式の庭園は、植物の内容よりデザインの整形性と理念を重視した。しかし、表向きはデザイン理論に支配されている場合でも、熱心な愛好家による植物収集の底流を認めることができる。新種の導入が、海外との接触を持

【ペルーからやってきたもの】
ごく初期の花譜のひとつである手書きの『カメラリウスの花譜（Camerarius Florilegium）』は、1589年に完成して以来、ほとんどずっと行方がわからなかったが、1990年代にようやく再発見された。それには16世紀後半に、医師で当時のドイツの指導的な植物学者でもあり、クルシウスの友人だったヨアヒム・カメラリウス（1534-98）が庭で生育していた植物を描いた絵が473点収められている。この花の絵の質の高さと写実性は、ベスラーの有名な『アイヒシュテットの庭園』（181-84ページ参照）の絵に匹敵する。植物の多くはヨーロッパに自生するものだが、この手稿にはチューリップ、ヨウラクユリ、フリティラリア・ペルシカ、ライラック、そしてここに示した1580年代にペルーからもたらされたノウゼンハレンなど新しく珍しいものも載っている。

【珍品の庭】

ドイツ、ウルムの町のある植物通の庭で、チューリップ、バイモ、そのほかの珍しい植物が、地中に埋められた鉢で育てられ、美術館の芸術品のようにぎっしりと列状に並べられている。ヨーゼフ・フルテンバッハはごく初期のドイツ語圏の建築家のひとりで、庭園のデザインを手がけ、著書『個人の建築（*Architectura Privata*）』には、新たに導入された植物のために特別に用意された花壇の図面が収録されている。彼の弟アブラハムは、この種の展示に適した植物約40種のリストを示している。

つあらゆる国で実施された。

❖ 新たな植物のエキスパート

　1600年には、植物の探索は使節や商人による無計画な収集に任せるのではなく、本格的な植物学者や収集家がはっきりと目的を持ってするようになっていた。探検家の本や日記に植物の到来が記録され、それまでとは違う種類の植物学者が分類して記述し、園芸家がカタログにして人々に見せた。これらの植物は、大学付属の植物園や裕福な個人の庭で世話をされ観察された。植物園は1545年以降に設立され、カタログを発行し、植物を確認しやすいように庭園での格子状の配置にもとづいて示した。植物は収集家の間で交換され、（今日のガーデナーと同じように）純粋な興味、あるいは他人より一歩先んじたいとか知られているあらゆる種類のコレクションを完成させたいという単純な衝動が動機となっていた。植物学者と植物通からなる園芸界は狭かった。大半の人はお互いによく知っていて、それぞれが植物の世界にどんな貢献をしているかを知っていたのである。植物学者たち——ごく初期の植物学者はたいてい医師としての教育を受けていた——はヨー

第6章｜植物学者と収集家と画家　　171

BESTIIS INEDOSIN
PIO ORISTUR VENIRE
QUID TIROS NOR ORIPIVER
TRLIR QUIROGRA DRUOI
IESTIR·OT·IOV·

移動する植物

【誇らしげな展示】
これはフランクフルト近郊のイトシュタインにあるナッサウ伯の城の花壇の眺めで、ヨハン・ヤコブ・ヴァルターによる1654年頃-70年の『Similacrum Scenographicum』に掲載されたものである。バシリウス・ベスラーが有名な『アイヒシュテットの庭園』のためにアイヒシュテットの司教が所有する植物をすべて記録したのと同じように、ヴァルターは花譜、すなわちイトシュタインの植物、133の花のスケッチおよび庭の眺めを記録したカタログを編纂した。

【貴重なチューリップ［左ページ］】
このふたつの美しい花は、プラハで1590年頃にルドルフ2世のためにヨーリス・ホフナーヘルが描いたものである。17世紀中頃のフランスのチューリップ取扱業者のカタログには、およそ400〜500種類が記載されている。種子から育てると、チューリップは意外な組み合わせの斑入りの花色を生じたり、ウイルスに侵された「ブリーダー」チューリップが突然、2色や3色の花を咲かせるようになることもある。これによって1630年代にオランダの「チューリップ狂」時代が始まり、こうした偶然生じる花に膨大な額の投機的な金が投資され、1637年に市場が崩壊すると多くの人が破産し借金を負うことになった。

ロッパの宮廷に雇われ、そこでは皇帝や国王が豪華絢爛な庭園だけでなく重要な科学的コレクションを所有することについても最先端にいることを望んでいた。そうでない植物学者は金持ちのパトロンから援助を受け、科学的な注釈付きの豪華な挿絵入りの本を制作することができた。

❖ 旧世界での植物の発見

クルシウスのような高名な植物学者が植物の世界に対してより科学的なアプローチをとったが、多くの冒険好きで探求的な人々も植物の探索においてそれぞれの役割を果たした。ピエール・ブロンの生涯が面白い例である。金持ちのパトロン、ル・マンのルネ・デュ・ベレーから援助を受けて、ブロンは1546年から1549年にかけてレヴァントを旅し、植物を観察し収集して、初めて見るさまざまな庭造りの様子を記録した。彼に与えられた任務は、ディオスコリデスのⅠ世紀の本草書『薬物誌』(40-41ページ参照)に載っている植物を確認することだった。ブロンはフランスでの順化に適した樹木や薬用植物の発見にも関心があった。コス島でヒポクラテスのプラタナスを感心して眺め、エジプトでパピルスを見つけ、バナナとサトウキビを見て、エジプトノイチジクの「見事な青葉」を称賛した。残念ながら、彼が集めた植物は帰りの船が海賊に襲われたときに大部分が失われてしまった。ブロンはトルコでチューリップを見て、トルコの球根をヨーロッパへ輸出する取引をしている商人の船を目にしており、それは1562年にコンスタンティノープルから織物の大きな荷物とともにアントワープの商人のもとに届いたチューリップの球根についてのクルシウスの話の正しさを裏づけているように思える（受け取った商人はそれをタマネギだと思い、何個か焼いて食べてしまった。幸い残りは庭に植えられ、もっと見分ける力のある商人によってそこから救われた）。

ディオスコリデスの植物を出発点としたブロンは、まだある程度、伝説の世界に住み、古代の科学のあいまいな推測にとらわれていた。しかし彼は、新しい種類の探求熱心な植物学者兼園芸家であり、大きく異なる生育環境からもたらされた外来植物を順化する問題に取り組んだ。たとえば耐寒性のないコルクガシ(*Quercus suber*)、トキワガシ(*Q. ilex*)、イチゴノキ(*Arbutus unedo*)をフランスにある自分の試験園で育てようとした。

100年以上のちの1700年にルイ14世が、やはりディオスコリデスの植物を探索する任務に、ジョゼフ・ピトン・トゥルヌフォール(1656-1708)を派遣した。パリの植物学教授であるトゥルヌフォールは、たんなる理論好きの植物学者ではなかった。画家のクロード・オーブリエとともにしたギリシアの島々、レヴァント、トルコの旅の話からは、疲れを知らないエネルギーと忍耐強さがうかがえる。コンスタンティノープルでふたりはエルズルムに帰るパシャ〔トルコの高官〕と一緒になり、船で黒海を通ってトレビゾンド(現在のトラブゾン)へ行った。黒海を出て雪のポントス山脈を登り、新しい土地を発見したが、そこは「多くの美しい植物であふれ、これまでに見たところとは非常に違っていて、どこから手をつけたらいいかわからないほどだった」。トゥルヌフォールはスペインでも見られる危険な雑草で

紫の花が咲くRhododendron ponticum〔シャクナゲの一種〕のほか、R. luteum(キバナツツジ)も発見したと記録しており、その香りで頭が痛くなったという。この植物はミツバチにとっては花粉源で、その蜂蜜こそが、叙事詩的な「1万人」の大行進〔クセノポンの『アナバシス』に書かれているギリシア傭兵の退却のこと〕でギリシア人が黒海に達したときに彼らを錯乱状態にしたものである。18世紀末になっても、ディオスコリデスの植物はすべてが確認されたわけではなかった。植物収集家のジョン・シブソープと画家のフェルディナント・バウアーは、1780年代にギリシアを訪れた(ごく初期の植物収集家は、発見したものを記録できるように画家を同行させた)。未開の地の旅にありがちな通常の不快な出来事のほかにマラリア、海賊、地震、イナゴの大群、腺ペストの危険に遭遇しながら旅したのち、彼らは1787年にパトラ〔ギリシアの港湾都市〕から、2000を超える植物(そのうち300が科学界に知られていない新種)のスケッチと標本とともに帰国した。シブソープが発見したものは『ギリシア植物誌』(41ページ参照)で発表された。

❖ 新世界からの植物の知らせ

ポルトガルの探検家たちが早くも1498年にマラバール海岸とインドからスパイスを持ち帰ったが、彼らの発見は庭造りにはほとんど貢献しなかった。新世界で発見され庭に植える価値のある数多くの植物をヨーロッパに伝える仕事はスペイン人に残された。16世紀には、アメリカの植物——マリーゴールド(*Tagetes*)、ペルーの驚異(marvel of Peru)と呼ばれるオシロイバナ(*Mirabilis jalapa*)、ヒマワリ、タバコ——がすでにヨーロッパで栽培されていて、まもなく東方の庭にも植えられるようになった。スペインのコンキスタドール、エルナン・コルテスからの手紙に、アステカの王の庭園の驚嘆すべき美しさと、植栽床が整然と配置された「植物園」について書かれている(283ページ参照)。

アメリカの植物について記載された最初期の出版物のひとつが、1569年と1571年に2分冊で出された。1493年生まれのセビーリャの医師ニコラス・モナルデスが書き、1577年にジョン・フランプトンが『新たに発見された世界からの喜ばしき知らせ(Joyfull Newes out of the Newe Founde Worlde)』という楽しげなタイトルで英語に翻訳し、その後、クルシウスがラテン語に翻訳した。それには海を渡った探検家から伝えられた情報をもとに、タバコ、ヒマワリ、サッサフラス、および25種類の薬用植物が記載されていた。スペインのフェリペ2世はすでに彼の新帝国にある植物の治療効果に関心を持っていて、1570年に自分の侍医フランシスコ・エルナンデスを7年間の科学的調査の旅に派遣した。その間にエルナンデスは多数のスケッチを含む7巻に及ぶ解説書を完成させている。エルナンデスは多くの植物にメキシコの言葉で名前をつけただけでなく、医療の伝統やアステカ族が造った植物園に関するさまざまな情報を伝えた。

❖ 植物を見る——画家の目

第4章で見てきたように、14世紀にはすでにペトラルカやボッカチオのような作家が自然界への興味が再び目覚めたことを証明してみせた。これを反映して、15世紀には写実的な花の絵が祈禱書の縁取りに登場し始め、庭で育っている生き

【アフリカの風変わりな植物】
1544年に初めて出版されたピエランドレア・マッティオリの『ペダニウス・ディオスコリデスの全6巻の注解』は、その後、何種類もの挿絵入りの版が出て、木版の本草書の中でもとりわけ素晴らしいものになった。ウーディネ〔イタリア北東部〕のジョルジョ・リベラーレが植物を描き、ドイツ人のヴォルフガング・マイヤーペックが木版画にした。各ページのスペースは狭くて制約されていたが、画家たちはできるだけ写実的に自然を描写した。『注解』には、大部分がギリシア原産の、ディオスコリデスが最初に示した植物の多くが載っているが、そのほかのヨーロッパの植物や新世界からもたらされたものもあり、このアロエはアフリカ原産で、この本では*Aloe sine floribus*と命名されている。

移動する植物

た花が宗教画の背景の細部に描かれるようになった。15世紀のレオナルド・ダ・ヴィンチによる花や樹木のスケッチや、1500年代初めのアルブレヒト・デューラーによる生まれ故郷のニュルンベルク近郊の野の草花の水彩画は、新たな写実主義の先駆けとなった。デューラーは自然を丹念に調べることを勧め、「自然に導かれること。自分でもっとよくできると思って自然から外れぬこと。そんなことをすれば間違った方向へ行くだろう。真の芸術は自然の中に隠されており、それを引き出すことのできる者がそれを所有できるのだから」と述べている。デューラーが草花の水彩画に正確さという新たな特質を加えたことは、その後の植物学の厳密さの先取りであったが、彼は同定の目的で個々の植物を描写していたのではない。画家や挿絵画家は、すでに長年の間に歪められた絵を模写するのではなく、美学的側面および分析的詳細に注意を払いながら野にある植物を描き始めたのである。

15世紀中頃の印刷術の発明は、知識の普及と共有に革命をもたらした。昔の本草書は手間をかけて手で写され、何世紀もの間、修道院で、あるいはアラビアの学者たちによって、ギリシア語やラテン語の文書から繰り返し書き写されたのだが、今や印刷された言葉で代えることができた。16世紀には、古い様式化された絵は、本物をもとに描かれたスケッチから制作された装飾的な白黒の木版画に取って代わられた。印刷術によりこのような挿絵の再生産が可能になり、文章と並べて載せられた。1600年代にはもっと正確で細かな表現ができるようになり、のちには手で彩色できるようになった銅版画や金属彫版画が木版画に代わって広く用いられた。100年後には、草花のドローイングは、画家と科学者の間の緊密な協力の成果である近代のボタニカル・イラストレーションという芸術になった。

【新しい写実主義】
1503年頃にニュルンベルク近郊で描かれたアルブレヒト・デューラーの水彩画『芝草』には、植物描写における新たな写実主義が示されている。この作品には、あるどんよりと曇った日に水辺に生えていた牧草、タンポポ、オオバコが細密に描かれている。

❖ 植物学と植物園の誕生

16世紀後半まで、植物のコレクションは主に医師の教材として使われていたが、しだいに植物の研究に対してより広範でより科学的なアプローチがとられるようになってきた。植物の研究者たちは、野外で調査することによって自生植物

についての知識を増やし、生きたものを補うために乾燥標本の収集を始めた。1550年には、歴史あるモンペリエ大学の医学部でギヨーム・ロンドレのもと、植物学が正式の教科になり、次々と若い医師（その中にはクルシウスのようにのちに尊敬される植物学者になった人物もいる）が研究の一環として田舎で植物を調査した。彼らのうちでも博識な者は雇われて、新たに導入された植物の分類と栽培実験をした。

フランドルの植物学者レンベルト・ドドエンス（1517-85）はドドネウスとも呼ばれ、彼の経歴は植物に対する認識の仕方と同じように著しい変化を経験している。1554年に『本草書（Cruydeboeck）』を出版したとき、彼は植物の種ではなく病名によって並べた索引をつけた。しかし、14年後の『花および花冠の本草誌（Florum et coronariumodoratarumque nollularum herbarum historia）』では、「病気の問題や治療薬としての植物にまったく留意しなかった」。これは、花を植物学の対象、そして「魂の正直な喜びと爽やかな気分」の源とみなす、最初期の科学的研究のひとつである。

ドドエンス、ロベリウス（マティアス・ド・ロベール）、クルシウスが当時の3大フランドル人植物学者だった。彼らの著作はアントワープでクリストフ・プランタンによって出版され、挿絵にはおそらく蓄えられていた共通の木版画が使われ、ドドエンスの本草書の挿絵はそれより前のレオンハルト・フックスによる『植物誌（De Historia stirpium）』ですでに発表されたものだった。優秀な植物学者であるカロルス・クルシウス（178ページ参照）は、植物を科学的かつ体系的なやり方で記述した最初の人物である。ハプスブルク家が支配するウィーンの皇室庭園での彼の地位や、ほかの植物学者や探検家との膨大な量の通信文を通して、1609年にライデンで死亡するまで、彼の研究はヨーロッパの植物学の発展において指導的役割を果たした。

たいてい大学に付属する植物園は、創設当初から、医学および植物学的調査のための研究室だった。1543年にピサに設立されたのが最初で、それから何ヶ月もたたないうちにパドヴァにもできた。その後、1545年にフィレンツェ、1567年にボローニャ、1587年にライデン、1593年にハイデルベルクとモンペリエ、1621年にオックスフォード、1626年にパリ（現在のパリ植物園）にできた。これらの植物園は、学生が医学で利用される植物について直接的な知識を得る助けにと考えられて設けられたのだが、たちまちそれ以上のものになった。海外からもたらされた馴染みのない新しい植物は、たとえそれが医学において果たすべき明確な役割を持っていなくても、すぐにそこで栽培され分類された。同時に植物の絵、ホルトゥス・シックスと呼ばれる乾燥させた植物のコレクション、そのほか自然の珍しい物が、隣接する展示室に集められた。真のルネサンス式のやり方では、自然界全体と自然史が研究の対象となり、動物も鉱物も植物も一緒に展示された。

1545年のパドヴァの図面と1621年のオックスフォードの図面を比べてみるとわかるように（180ページ参照）、新しくできた植物園は、科学の実験と教育の拠点とすることを目的とし、実際的な要求のためにデザインの美しさを犠牲にせざるをえなかった。しかし21世紀になって考えてみると、とりわけ当時の人が新しく到来したものの同定と栽培をわくわくしながら待っていたにちがいないのを思えば、確認しやすいように格子状に系統立てて植栽床が配置された（植物を属ごとに並べた）庭にも大きな魅力がある。多くの場合、複雑な幾何学的な花壇に代わって、ロー

16世紀の木版の本草書

16世紀の3冊の重要な木版の本草書の著者はみな医師で、その登場は植物の挿絵の新時代を予感させた。3冊にはいずれも詳しい説明が書かれ、挿絵画家は本物をもとに根も含め植物全体を描写した。ひとつ目の本草書は1530年代にシュトラスブルクで出版された『本草写生図譜（Herbarum Vivae Eicones）』で、文章はオットー・ブルンフェルス、挿絵はハンス・ヴァイディッツによる。次に1542年に『植物誌』がバーゼルで出版された。レオンハルト・フックスによって書かれたこの本草書には、アルブレヒト・マイヤーによるスケッチからファイト・ルドルフ・スペックレが彫版した大型の木版画が掲載された。3つ目のもっとも美しいものが、ピエランドレア・マッティオリの『ペダニウス・ディオスコリデスの全6巻の注解』で、1565年にヴェネチアで完全挿絵入りの版が初めて出版された。ジョルジョ・リベラーレとヴォルフガング・マイヤーペックが繊細な木版画を制作した。この本草書はヨーロッパの医師にとって薬用植物学の標準的な著作になり、60もの版を重ねた。描かれている新しい植物に、ライラック、セイヨウトチノキ、オーリキュラ、チョウセンアサガオ、エリンギウムなどがある。植物名がリンネ以前の命名法を反映しているため、この本には現代の読者にとっては間違いと思える箇所がある。たとえばスイセンという題がついている絵が、実際にはチューリップだったりするのである。

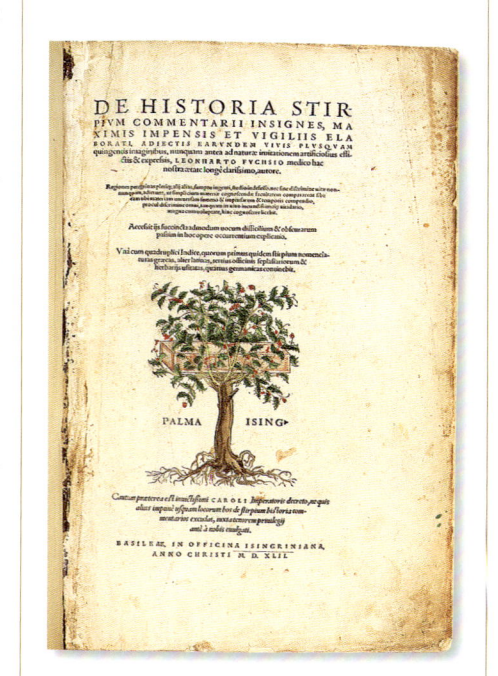

【レオンハルト・フックス［左］】
ドイツ植物学の大立物のひとりとみなされ、のちに彼にちなんでフクシアが命名されたレオンハルト・フックス(1501-66)は、1542年に『植物誌』を出版した。このラテン語の本草書(左ページ参照)は、彼が教授をしていたチュービンゲン周辺の地域に生えていた400のドイツ自生の植物を扱っている。

【ピエランドレア・マッティオリ［中］】
彼にちなんでストックの学名 *Matthiola* がつけられたマッティオリ(1501-77)は、1544年に『ペダニウス・ディオスコリデスの全6巻の注解』(174ページ参照)の初版を刊行した。これは多くの言語に翻訳され、多数の版が出て、ディオスコリデスが最初に載せた植物だけでなく、マッティオリが知っているすべての植物が掲載された。

【マティアス・ド・ロベール［右］】
彼にちなんでロベリアの名がつけられたマティアス・ド・ロベールまたはロベリウス(1538-1616)は、モンペリエで勉強し、1569年にロンドンに来た。1570-71年にピエール・プナとともに『新植物稿(*Stirpium Adversaria Nova*)』を出版し、初めて植物を葉の特徴によって異なるグループに区別した。

ホルトゥス・シックス

イタリアの植物学者ルカ・ギーニ(1490-1556)は、ボローニャとピサで教え、近代的植物標本集の前身である乾燥させた植物のコレクション、ホルトゥス・シックス〔「乾いた園」という意味のラテン語〕を最初に確立した人物である。このような標本を収集することで、年間いつの時期にも研究が可能になり、そのため「冬の園」と呼ばれることもあった。ジョン・イーヴリンは、1640年代にパドゥアの植物園を訪れた際にホルトゥス・シックスを贈られた。

マの手引書に書かれているような(そして中世の修道院の庭によくある配置に似た)中央の井戸を囲む単純な矩形が採用された。典型的な植物園は2本の交差する小道により4象限に分割されて、それぞれがさらに半分に分けられ、そこにいくつものプルウィルスと呼ばれる枕状の植栽床が設けられた。

❖ イギリスの本草学者たち

15世紀に印刷術が導入されたことにより、ヨーロッパのあらゆる学者の間でより活発に意見の交換がなされるようになったが、イギリスには16世紀にはまだ教育用の植物園ができていなかったため大陸に遅れをとったものの、ウィリアム・ターナーの『薬草名(*The Names of Herbs*)』にはギリシア語、ラテン語、英語、オランダ語、フランス語の薬草名、および本草学者と薬屋が用いる俗称が載っていて、ある程度は遅れを取り戻していた。これは英語の植物名に関する最初の権威ある著作で、1538年に出版された。医師で植物学者のターナーは、当時の宗教対立に巻き込まれて亡命し、何年も国外で過ごした。スイスの博物学者コンラート・ゲスナーと親しくなり、ボローニャのルカ・ギーニのもとで植物学を勉強した。1547年にエドワード6世が即位すると、ターナーはサマセット公爵付きの医師および司祭に任命され、公爵のサイオン・ハウスにターナーが植えた数本のクワの木が今でもまだそこに生えている。代表作である1551-68年の『新本草書(New Herball)』により、ターナーは英国の植物学の父と称されるようになった。この先駆的な著作で、彼はマンドレークの根に関する迷信(マンドレークの根の中には精霊が住んでいて、地面から引き抜いた不運な人間を殺してしまうと考えられていた)などの伝説があふれる時代に、科学で迷信を批判した。

1597年に出版されたジェラードの『本草書(*Herball*)』は、不完全で剽窃があるにもかかわらず、以来、あらゆる時代を通じてもっとも愛された英語の本草書になった。ジョン・ジェラードはロンドンで床屋医者を職業にしていたが、趣味で庭師もしていた。1596年に発行されたリストによれば、彼はホルボーンにある自分の

クルシウス――ヨーロッパ随一の植物学者
CLUSIUS: EUROPE'S LEADING BOTANIST

　カロルス・クルシウスとも呼ばれるシャルル・ド・レクリューズ(1526-1609)は、8ヶ国語を話し、法律、哲学、歴史、地図制作法、動物学、古銭学を学んだ万能のルネサンス・マンであった。クルシウスは、ディオスコリデスや大プリニウスの著作の研究ではなく、直接自分でした観察にもとづいて植物を研究する新しい学者たちの中でもとくに重要な人物である。ライデンにできたばかりの大学の植物園長として過ごした晩年に、1594年の『植物目録(*Index Stirpium*)』からわかるように、その庭園がたんにホルトゥス・メディクス(薬草園)としてではなくホルトゥス・ボタニクス(植物園)としてあらゆる植物を扱うようにした。クルシウスはつねにたんなる学者以上の人物だった。自分で植物を育て、東地中海地方から流入する新しい球根植物の管理をして花を咲かせる専門知識を有する最初の人物になった。

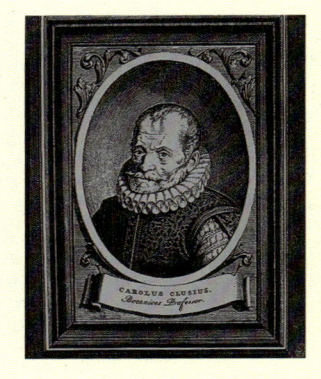

　クルシウスはモンペリエのギヨーム・ロンドレのもとで医学と博物学を学び、そこで南フランスの植物相に精通した。そしてロンドレのやり方に刺激されて、のちに植物を探してスペインとポルトガルを調査してまわり、教えられたように記録をとった。1571年にクルシウスはサッサフラス、ヒマワリ、タバコ、ジャガイモなどアメリカから来た新しい植物をいくつか入手するためにロンドンを訪れ、タバコとジャガイモの普及に大きな役割を果たした。また、ニコラス・モナルデスの『喜ばしき知らせ』をラテン語に翻訳した。1573年から、ウィーンのマクシミリアン2世から皇帝の植物園の管理を任されていた時期に、パンノニア平原(現代のハンガリー内)の植物相を調査した。1574年には、皇帝の侍医になったドドエンスもウィーンにやってきた。クルシウスは1576年にイベリアの植物相に関する『スペイン稀産植物誌(*Rariorum aliquot Stirpium per Hispanias*)』を、1583年にはパンノニアの植物相に関する本を出版した。前者の付録に、フェルデナントI世の使節としてコンスタンティノープルのスルタンのもとに派遣されたオジール・ギスラン・ド・ビュスベックから球根や種子の形で受け取ったレヴァント産の植物のリストが載っている。それにはチューリップ、アネモネ、ラナンキュラスが含まれている。トルコがウィーンを包囲してから30年しかたっていない1550年代末にすでに、スレイマン1世と神聖ローマ帝国の宮廷の間で外交関係が成立していたのである。発見された数多くの新種の植物が、ウィーンやプラハの皇室庭園だけでなく、トスカーナ大公のメディチ家の庭園やオランダなどヨーロッパ各地へもたらされた。クルシウスは東ヨーロッパ産のセイヨウバクチノキ、セイヨウトチノキ、ライラック、バイカウツギも受け取った。1587年から1593年にかけてフランクフルトを中心に活動し、友人であるヨアヒム・カメラリウスが設立し彼が当初の植物を数多く提供した植物園に関して、ヘッセン方伯ヴィルヘルム4世に助言した。

　クルシウスが1593年にライデンの植物園長の職を引き受けたとき、彼はすでに67歳になっていた。そこへ自分のチューリップをいくつか持っていったが、多くは最初の冬の間に盗まれた。単色の「ブリーダー」チューリップが花弁にたいへん人気のあった斑入りを生じる、チューリップの「ブレイキング」現象を最初に観察したひとりである。現在ではウイルスによって引き起こされることがわかっているこの特異な性質は、1634-37年のオランダの「チューリッポマニア」と呼ばれる球根への投機を引き起こすことになる。クルシウスは、1605年に『外国の動植物について(*Exoticum libri*)』を出版した。

カロルス・クルシウス

【クルシウスにちなんで命名されたチューリップ】
このイランに自生する可愛らしいチューリップの球根をクルシウスが最初に入手したのは、フィレンツェの植物愛好家マッテオ・カッチーニからだった。のちにクルシウスをたたえて *Tulipa clusiana* と命名された。

庭園で、当時のあらゆる面白い植物を育てていた。また、ロンドンのストランド地区にあったバーレー卿の庭園やハートフォードシャー州ティブルズの庭園を監督した。

　ジェラードの『本草書』の内容の多くは、ドドエンスとドドエンスの著作を一部翻訳したプリースト博士によるものだった。また、約1800点ある木版画の大半はそれ以前に使われたものだった。ジャガイモを示す図版は新しかった（出版されたものとしてはこの植物の最初のものだった）が、ヴァージニア原産であると誤った説明がなされていた。ジェラードは版木と植物についての記述を適切に組み合わせることができなかったため、マティアス・ド・ロベールが印刷屋に依頼されて植物の識別に関するジェラードの間違いを訂正した。1632年にジェラードの出版業者がロンドンの薬種商で植物学者のトマス・ジョンソンに『本草書』の新しい版の制作を依頼し、もとの文章を改善してそれにプランタンの印刷所にあった2766枚の版木を使って挿絵を入れた。

　いちおう本草学者の系譜に属する最後のイギリスの著述家が、ジョン・パーキンソン（1567-1650）である。パーキンソン自身の庭園はロンドンのロングエイカーにあった。1629年に出版された著書『日のあたる楽園、地上の楽園（*Paradisi in Sole Paradisus Terrestris*）』のタイトルは、暗にパークが楽園であるといっているのであり、著者の名前との語呂合わせにもなっている（park-in-sun）。本草書であると同時に花譜でもあるこの本は、有用植物だけを分類するのではなく、「好ましい花の園」の説明も含み、花園、菜園、果樹園用の植物にも言及している。パーキンソンは中世文化を懐かしむ調子で、一角獣は「この地域から遠く離れた広大な荒野で、ほかの獰猛な野生の獣たちとともに」生きていると説明し、有名な扉ページにはエデンの園で茎の上になっている伝説の「タタールの羊」〔植物羊、スキタイの羊とも呼ばれ、植物に羊が実のようになっている伝説の植物〕が示されている。

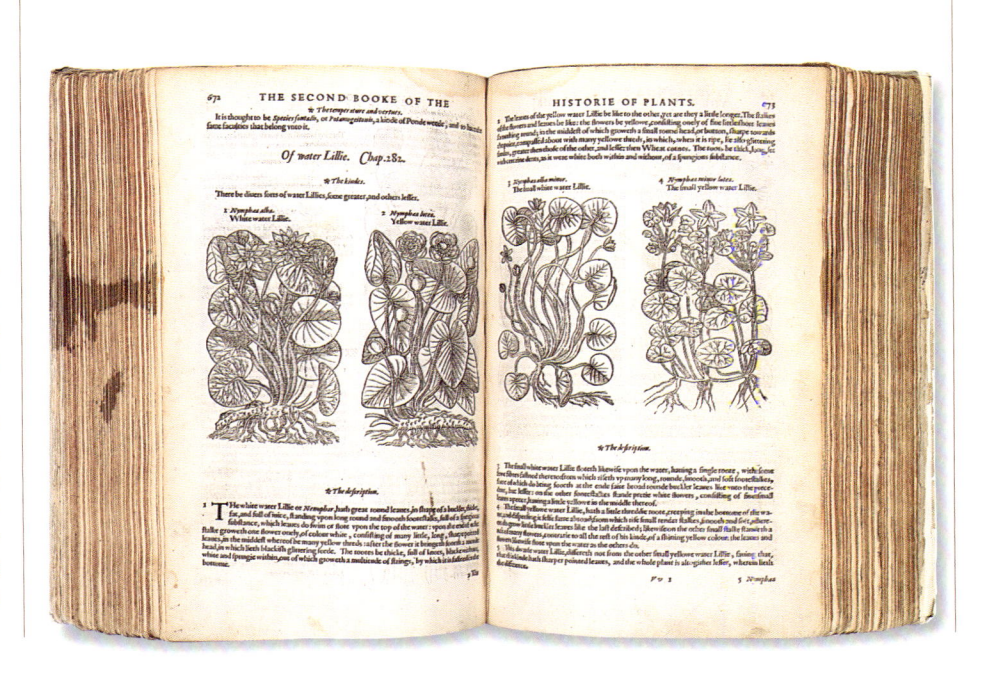

【奇妙な果物】
ジェラードはさまざまなありそうにもない伝説を信用していることがあり、とくに「ガチョウ」または「カオジロガン」の木の説明をしばしば引用した。ガチョウのなる木を自分で見たことがあると主張し、1597年の『本草書』にこの図版を載せた。

【ジェラードの初版】
ジェラードの『本草書』の木版画の挿絵は、大部分がクリストフ・プランタンがアントワープに持っていた版木によるもので、すでに植物学者のタベルナエモンタヌスが1590年の『植物図譜（*Eicones*）』で用いていた。少数の新しい木版画は、ジャガイモなど伝わってきたばかりの植物を描写したものである。ジェラードが剽窃していたにもかかわらず、『本草書』は有用な資料であり、とくにその年にイングランドでどんな植物がすでに栽培されていたかを判断するうえで参考になる。1633年のトマス・ジョンソンの版にはさらに役に立つ文章が書かれている。ここに示した植物はヨーロッパに自生する白と黄色のスイレンである。

第6章｜植物学者と収集家と画家　179

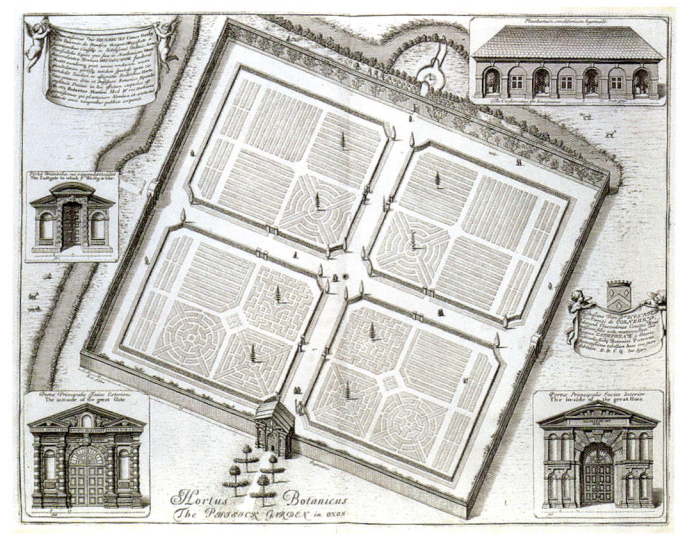

❖ **美しい花譜**

 1600年代初めに自然に忠実な美しい木版画、銅版画、彫版印刷の図版が入ったそれまでにない花譜が現れ始め、のちには手彩色されることもあった。それらはまさに新しい植物学者たちにふさわしいもので、新たに生まれた収集家やアマチュアの園芸家たちを大いに引きつけ、彼らは作品の繊細さに魅了され、その正確な描写を高く評価した。花譜は有用性の点では現代の種苗園の美しい仕上げのカタログに匹敵するものだった。昔の本草書とは違って、花譜にはほとんど説明文がなく、植物学的なことを文章で書くのではなく、それぞれの花の美しさだけを示した。17世紀初めに顕微鏡が発明されたことで、微小な現象の正確な描写にますます重きが置かれるようになった。こうした花譜は今日ではそれ自体が収集家の狙う非常に高価な品物になり、ときには何百万ポンドもの値がつくことがある。

 花譜というジャンルを始めたきわめて重要な画家のひとりがジャック・ル・モワーヌ・ド・モルグ(1530-88)で、彼はフランス人のプロテスタントであるが、フランス、イングランド、アメリカ両大陸で過ごした。1564年に、フロリダに入植地を設けようとするフランスのユグノーの遠征に記録係の画家兼地図制作者として参加した(入植地は1年後にスペイン人に壊滅させられたが、彼は逃げのびた)。残念ながら、ル・モワーヌによる北アメリカの植物の絵はひとつも残っていない。しかし、彼の花の水彩画は1586年にロンドンのブラックフライヤーズで出版された『野へのいざない(La Clef des Champs)』で不朽の名声を得ることになり、1572年以降イングランドに亡命していた彼の仕事ぶりを示している。ル・モワーヌの知られている最後の作品であるこの本は、花、動物、果物の木版画の図版が入っていて、ほかの画家たちにとって見本の役割を果たすことを意図していた。

 もっとも人気のあった花譜は、クリスピン・ファン・ド・パスの『花の園(Hortus Floridus)』である。季節ごとの章に分けて、春、夏、秋、冬の花を示してあり、細心の注意を払って制作された銅版画は画家や科学者にインスピレーションを与えた。

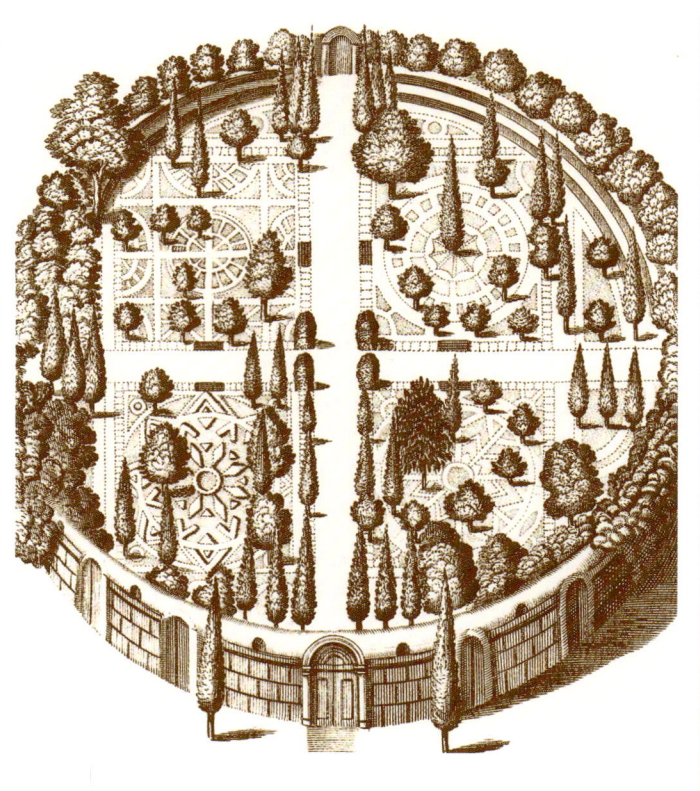

【ふたつの庭園の物語】

ヨーロッパ最古の植物園の栄誉をピサの植物園と分け合ったパドヴァ大学の植物園(上)は、医学生が生きた植物について学べるように、1545年に設立された。そのレイアウトは、数学と建築の関係を立証しており、円形の壁の中は4分円に分割されて4枚の植栽床があり、植物はまず4つの大陸ごとに分けられた。約75年後の1621年にヘンリー・ダンヴァースによって設立されたオックスフォードの植物園は、イギリス最古の植物園である。高い石塀は今でもこの庭園を囲んでおり、正門はイニゴー・ジョーンズによってデザインされた。左上の図版は1675年のデイヴィッド・ロガンの『オックスフォード図譜(Oxonia Illustrata)』のものである。最初のカタログは1648年に管理者のジェイコブ・ボバートによって発行された。1720年代にドイツ人植物学者J・J・ディレニウスに教授の職が与えられた。18世紀末には『ギリシア植物誌』で知られるジョン・シブソープがその職についた。

移動する植物

【教育の道具としての絵画】

1600年代初めにオランダの油絵に花の静物画というまったく新しいジャンルが生まれた。ヤン・ブリューゲル（1568-1625）のような画家は、花瓶に何種類もの花が華やかに生けられているのを描写した。こうした絵は自然を無視しており、描かれている植物は同じ時期には開花しないはずで、それぞれの花が開花する季節に実物をもとに描かれたのである。このような永遠の花束には同定と教育の用途があったが、もちろん植物の花以外の部位は示されていなかった。このバラ、チューリップ、ブルーベル、アネモネ、オダマキ、マリーゴールド、クロッカスの豪華な取り合わせの絵は、アンブロジウス・ボスハールト（父）（1573-1621）によって描かれたものである。

【ベスラーの傑作［次ページ］】

あらゆる花譜のうちでもっとも美しいといってもよい『アイヒシュテットの庭園』は、バシリウス・ベスラーが1613年にアイヒシュテットを領有する司教のために出版した。それには、司教が収集しアイヒシュテットの丘の上にある彼のテラス・ガーデンに植えた多数の植物が載っている。この本には季節ごとにそれぞれ代表する植物の図版が示されている。次ページに示したのは、フレンチラベンダー（*Lavandula stoechas*）の青花品種と白花品種が両脇に配されたハミズシクラメン（*Cyclamen hederifolium*）［182ページ］と、西アルプス山脈やジュラ山脈で普通に見られるオレンジ色のユリ（*Lilium bulbiferum var. croceum*）である［183ページ］。

庭の様子も描かれている。ファン・ド・パスは彫版師の家系に生まれ、1614年に『花の園』を出版したとき、まだ25歳にすぎなかった。ラテン語で書かれたこの本は、翌年英語に翻訳された。花の多く、とくに春の花は、コンスタンティノープルとその後背地からやってきたばかりの新しい種類のものだった。夏の花にはグラジオラス、アイリス、ユリ、シャクヤク、バラがあり、秋の花にはアメリカ大陸原産のカンナ、マリーゴールド、オシロイバナ、アサガオ、ヒマワリ、タバコなどがあった。

これまでに出版された花譜の中でもっとも美しいといってよいのが、1613年の『アイヒシュテットの庭園』である。これは1660年にアイヒシュテットの領主で司教でもあったヨハン・コンラート・フォン・ゲミンゲンから依頼されたもので、司教は花に通じ、アイヒシュテットの丘の上にある城をとりまく豊かなテラス・ガーデンにさまざまな種類の植物を収集していた。この庭園は薬種商のバシリウス・ベスラー（1561-1629）の監督下にあって、彼が花譜の責任者で、あらゆる植物

III.　　　　　　　　　　　　　　　I.　　　　　　　　　　　　　　II.
Spica vulgaris flor. cœruleo.　　*Cyclamen Roma-*　　　　*Spica vulgaris flor. albo.*
　　　　　　　　　　　　　　　num.

Lilium purpureum maius Do-
donei.

Scapus cum bulbo.

第6章　植物学者と収集家＝画家

の選択と目録作成を行なった。ベスラー自身も原画をいくつか描いたが、ほかにも多くの画家と彫版師がかかわった。野生種と栽培種の両方を含めた1000以上の植物（植物学上の種が600、変種が400以上）が描写された立派な花譜であり、17世紀初めの時点ですでに知られていた植物についてのきわめて貴重な情報源となった。文章の中で、ドドエンス、ド・ロベール、ボーアン、クルシウス、カメラリウスなど、さまざまな植物学者が言及されている。各図版にはいくつもの植物が装飾的に配置され、花、葉、根の図が示されている。

❖ 植物通の人々

16世紀末になると、人気のある珍しい花の国際取引が拡大し、増殖されて、比較的普通の園芸家にも入手できる植物が急速に増加した。17世紀のヨーロッパでは、非常に美しい花譜が入手可能になったことに促されて、花の咲く植物への関心が爆発的に増した。まず金持ちの庭園で育てられた希少な美しい花は、花のことに詳しい薬種商、植物学者、アマチュアの収集家、さらにはジャルディニエ・フルリスト〔「草花栽培家」を意味するフランス語〕と呼ばれるようになった収集家や栽培家の手にも入るようになった。こうした人々はイングランドではフロリストと呼ばれ、現在この言葉が意味するような切花を売る商人ではなく、園芸のあらゆる側面に熱い関心を抱く本格的な栽培家のことをいった。ジャルディニエ・フルリストの論文の多くは、各植物の原産地やその植物が必要とする気象条件や土壌の種類について知ろうとする園芸家に対して、非常に真面目に応えようとするものであった。彼らは植物の適合性も考慮し、現代のエコロジカルなガーデニングの考え方を先取りしていた。

アイデア、情報、植物が、こうした初期の熱心な人々の間で自由に交換された。フィレンツェ人のマッテオ・カッチーニ、プラハのルドルフ2世に雇われたオランダ人のエマニュエル・スウェールトはどちらも植物の貿易商で、スウェールトは1612年にフランクフルトで顧客に情報を伝えるための一種のカタログである

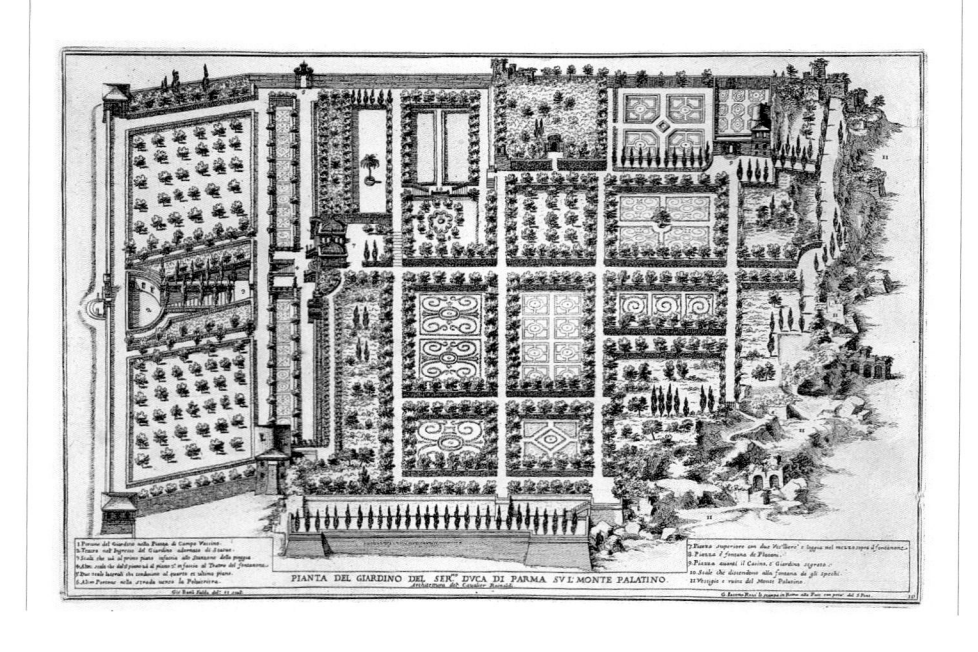

【植物の配置図】

これは1665-69年に発表されたジョヴァンニ・バッティスタ・ファルダによる版画で、ローマのファルネジアーニ庭園のレイアウトを示している。もともとは16世紀中頃に教皇パウルス3世が建築家のヴィニョーラに設計させたもので、数段のテラスがパラティヌスの丘の頂上から公会広場へと下りていく。植物のコレクションは1620年代にピエトロ・カステッリによって『ファルネジアーニ庭園の珍しい植物の正確な説明（*Horto Farnesiano Rariores Plantae Exactissime Descriptae*）』という目録にまとめられた。

トラデスカント親子と箱舟
THE TRADESCANTS AND THEIR ARK

17世紀前半のもっとも有名なイギリス人プランツマンは、王室の庭師ジョン・トラデスカント（父）(1570-1638)とその息子のジョン(1608-62)である。彼らのロンドン南部の庭園には一般に「箱舟(アーク)」と呼ばれる広く知られた博物館があり、6ペンスの料金で市民に公開されていた（これはおそらくイングランドで最初の公共の博物館だろう）。箱舟の自然史コレクションは、オックスフォードにあるアシュモレアン博物館設立のもとになった。

トラデスカント親子は代々、オートランズ・パレスで王の庭師を務め、栽培するだけでなく多くの新しい植物を導入し、海外や仲間から入手して、ほかの植物愛好家に譲ることもした。ジョン（父）は初代ソールズベリー伯ロバート・セシルの庭師でもあり、ハートフォードシャー州にあるセシルのハットフィールド・ハウスの大階段の親柱に彼の肖像が彫られている。

【父と息子】
ふたりのトラデスカントはロンドンのランベスにある聖メアリー教会に埋葬された。今日ではこの教会は、ふさわしくも庭園史博物館になっている。

1610年から1615年にかけてジョン（父）はオランダを旅し、そこでハットフィールドの庭園用にプロヴァンローズ（ガリカバラ）、サクランボ、マルメロ、セイヨウカリンのほか、選り抜きのバイモ、チューリップ、ジリフラワー（これはアラセイトウ属のストックの変種の可能性とナデシコまたはカーネーションの可能性があるが、この場合はほぼ確実に後者である）を入手した。のちに遠くロシアや北アフリカまで行き、紫のクローバーを収集した。トラデスカント親子はイングランドのヴァージニア会社の株を保有していて、会社を通して北アメリカから植物を入手した。父親が死亡した1638年に、息子のジョンは3度訪れることになるヴァージニアへの1回目の訪問をして、ほかの植物とともにユリノキ(Liriodendron tulipifera)を持ち帰った。

トラデスカント親子のプランツマン、および外来植物の栽培者としての評判は受けるに値するもので、ふたりのイングランドのガーデニングへの影響は非常に大きい。父のジョンは、1629-33年に海外から受け取った植物のリストを作成し、それを自分が持っているパーキンソンの『楽園』に記録した。1634年に彼は自身のカタログ『ジョン・トラデスカントの新庭園の植物目録(Plantarum in Horto Iohannem Tradescanti Nascentium Catalogus)』を出版し、それには7150以上の植物と多数の果樹が掲載されている。1656年に息子のジョンはさらに大きなものを出版し、これには植物についての説明がラテン語と英語で書かれていた。

【トラデスカントの宝物】
トラデスカント親子は北アメリカの植物をいくつもイギリスへ伝え、そのうちのひとつであるオオムラサキツユクサ(Tradescantia virginiana)（右、アレクサンダー・マーシャル[1625-82]によって描かれた植物の画集の一部）と、1760年頃にアンリ・ルイ・デュアメル・デュ・モンソーにより描かれたユリノキ(Liriodendron tulipifera)（左）。

第6章｜植物学者と収集家と画家

『花譜(Florilegium)』を出版した。カッチーニは1箱のデイリリー、ラナンキュラス、発見されたばかりのオシロイバナをライデンのクルシウスへ送った。また、クレタ島でTulipa clusianaを発見して、命名のためにクルシウスのもとへ送った。クルシウスはその返礼に、緑色のチューリップの絵のほか多くの球根をフィレンツェへ送った。もうひとりの偉大な博物学者ウリッセ・アルドロヴァンディはボローニャの植物園の創設者であり、30年以上にわたる当時の植物学者やプランツマンとの交通について記録し、その中には熱心なアマチュアである貴族のサークルのメンバーもいた。アルドロヴァンディは、受け取ったり送ったりした種子や植物のリストも記録している。

ルイ13世の庭師ジャン・ロバンは、17世紀前半にパリに自身のコレクションを持ち、同時代の庭師たちと情報や植物を交換した。北アメリカ北東部原産のニセアカシア(Robinia pseudoacacia)を最初に受け取ったのはジャン・ロバンかトラデスカント家の者かという問題がいまだに議論の的になっているが、この植物は1630年頃にロバンにちなんで命名された。1651年にパリの種苗園主ピエール・モランが自身の『いくつかの植物のカタログ(Catalogue de Quelques Plantes)』を出版し、その植物の多くはもともとはロバンから得たものであった。のちにセイズ・コートでジョン・イーヴリンが模倣したモランのフラワー・ガーデンには、花の形をした長円形の中央花壇があり、周囲に花びらのように一連の小さな花壇が取り囲んでいた。ここでモランは「チューリップ、アネモネ、ラナンキュラス、クロッカスなど」を育て、それらは「世界でも非常に珍しいものだったので保有していた」。

17世紀の初めにもっとも珍重されていたのは、ヒヤシンス(Hyacinthus orientalis)の変種、スイセン、アイリス、そしてとくにアネモネとチューリップだった。イタリアのセルモネータ公爵フランチェスコ・カエターニは、最後のふたつに情熱を注いだ。システルナにある彼の庭園で、灌水しやすいように低くした花壇で鉢植えにしたチューベローズを栽培した。また、コンスタンティノープル産の白いスイセン、矮性のオレンジの木、白花のエニシダも持っていた。チューリップを1万5000株持っていたが、アネモネ、とくにイタリア語で「ディ・ヴェッルート」と呼ばれる産毛で覆われた種類が一番の気に入りだった。230の異なる種類のものを2万9000株も持っていた。また、Anemone 'Sermoneta'と呼ばれる「全体が緋色と淡黄色」のものを、1659年にサー・トマス・ハンマーがシュロップシャー州の自分の庭で栽培した。

ハンマー(1612-78)は17世紀のイングランドに一握りしかいなかったアマチュア愛好家のひとりで、今日でもその植物への情熱の強さで知られている。彼は筋金入りの王党派で、内戦の数年間をフランスで過ごしたのち、ウェールズとの国境に近いベティスフィールドの自宅に帰って庭造りを再開した。フランスにいたときに多数のよい植物だけでなく栽培に関する有用なヒントも見つけたのは明らかだが、彼は庭園デザインに関する世間の風潮に流されることなく、自分の庭を保守的で機能的なやり方でレイアウトし、家のそばに矩形のチューリップ花壇を設けた。彼の植物への関心は大きく、1644年から1652年にかけて当時のあらゆるフランス人園芸家に会った。

ハンマーの考えは1659年のオリジナル原稿から書き起こされた『ガーデン・ブッ

フロリストと協会

新たに導入されたり新しく育成された植物の一部は、フロリストと呼ばれる新たな愛好家たちに育てられた。紳士階級から商人まで、社会のあらゆる階級出身のフロリストが、アネモネ、オーリキュラ、ヒヤシンス、カーネーション、ラナンキュラス、チューリップ、フランスバラといった花の細部の美しさを高く評価した。そして、フロリストたちは自分たちの協会を組織し、品評会でそれぞれ大切にしている植物を見せ合った。迫害を逃れてきたフランドル人の職工と、1685年以降にフランスから逃れてきた大半がユグノーのプロテスタントの避難民がイングランドに植物を持ち込んだのは明らかで、協会設立の一因となった。

すでに15～16世紀の時禱書の熟練した挿絵画家やすぐれた宗教画家、あるいはタペストリー制作者だったフランドル人たちは、実践的な庭造りに関しても北ヨーロッパで指導的立場にあり、亡命者や避難民になるとほかのヨーロッパ人に園芸を教えた。フランドル人の中には安全のためにネーデルラント諸州(当時はネーデルラント連邦共和国)までしか移動しなかった者もいて、そこで草花画家や園芸家になり、オランダ人とみなされた。花の愛好家の協会が1648年にゲント、1650年にブリュッセル、1651年にブルッヘで組織され、いずれも花卉栽培の守護聖人である聖ドロテアに捧げられた。聖ドロテアのギルドは18世紀になってもまだフランドルに存在した。18世紀末には、フロリストの協会は工場労働者の区分になっていて、彼らは一連の厳しいルールによって決まるひとつの完璧なものを目指して花の品種改良をし、それは普通の庭園実務の運営とはまったく別の仕事だった。

【ふたつ一組】
オーリキュラ(上)はサクラソウ科に属し、18世紀にフロリストに人気のあった花である。おそらく1700年までにユグノーによってイギリスに持ち込まれ、自然の生育地はアルプス山脈とドロミーティ山地の高標高の牧草地である。この図版はクリスピン・ド・パスの『花の園』から取ったものである。エマニュエル・スウェールトは一種のカタログである1612年の『花譜』の中で、青い花が咲くオオツルボ (Scilla peruviana) (右)をふたつ描写している。このシラー〔ツルボ属の植物〕は地中海西部から来たのだが、原産地ではなく最初にそれをオランダへ運んだ船にちなんで名づけられた。

ク (Garden Book)』に雄弁に語られているが、この本が出版されたのは1933年のことである。ハンマーは新しい球根の熱心な収集家である以外に、新しく導入された植物を収容するように自分の庭を計画したイングランドで最初の著述家であり、主としてフランスから入手したアネモネ、シクラメン、バイモ、アイリス、スイセン、チューリップといった広範囲にわたる植物のコレクションのリストを作り、それらの栽培法に言及した。たとえばチューリップについては、「球根植物の女王であり、その花は姿が非常に美しく、色がもっとも豊かで見事であり、さまざまな模様が素晴らしく」、3年ごとに掘り上げて子球から育てることと書かれている。ハンマーはチューリップを中央がわずかに高くなった花壇で栽培したが、それにより排水が改善されたにちがいない。また、鮮やかな緋色のベニバナサワギキョウ (Lobelia cardinalis) をはじめとする北アメリカ産の植物も栽培した。

高名な庭師でもあるジョン・リーは、『植物誌 (Flora)』(1665) を友人で隣人でもあるハンマーに献じた。もうひとり庭造りにかかわりのある同時代の人物がウィンブルドンの議会派の将軍ランバートで、彼もチューリップを収集していた。1655年にハンマーはランバートに「アガト・ハンマーの非常に大きな親球根を1個」与えている。この素晴らしいチューリップは緋色と白と薄

第6章 植物学者と収集家=画家

ジョン・イーヴリン────博学なプランツマン
JOHN EVELYN: ERUDITE PLANTSMAN

　17世紀後半の庭造り、庭園史、植栽に関して書いた、間違いなくもっとも重要かつ影響力の大きなイギリス人著述家がジョン・イーヴリン（1620-1705）で、彼は日記作者で樹木に通じ、翻訳家、そして1660年のロイヤル・ソサエティー創設メンバーであり、そこで重要な役割を演じつづけた。

　サリー州ウォットンで生まれ、最終的にはそこの地所を1699年に兄から継ぐことになる。イーヴリンは当時の園芸と樹木栽培の発展に指導的な役割を果たした。彼の著作には、近代的な庭園に関するあらゆる事柄についての最新の科学的で実証的な研究成果が盛り込まれていた。内戦の時期と一部重なる1642年から1647年まで海外を旅して、フランスとイタリアの庭園のことを知った。1664年の『シルヴァ──森林論（Sylva, or a Discourse of Forest Trees）』が出版された当時、森林の再生と造船用のオークの植林の推奨が最重要事項であった。この本は1世紀以上にわたって樹木に関する標準的な英語の著作でありつづけた。

　大陸へ旅する前に、イーヴリンは兄を助けてウォットンの一族の屋敷で庭園をデザインした。帰国すると彼は、神殿のあるテラス状の築山を完成した。1666年には、やはりサリー州のオルベリーの第3代アランデル伯爵のために、丘の斜面にカナル、テラス、トンネルをデザインした。ふたつの庭園はどちらも、その構図と要素にはっきりとイタリアの影響が見て取れた。イーヴリンは亡くなる頃には王政復古以来イングランドで造られていたフランス式のけばけばしい景観に反対するようになっていて、イタリアのレ

【文人】
ジョン・イーヴリンの興味は遠く広範囲に及んだ。園芸と林学以外にロンドンの大気汚染や銅版画の技術に関する本、そして同時代の人々を生き生きと描写した有名な日記を書いた。

イアウトの影響を受けた庭園の方をずっと好んでいた。

　ジョン・イーヴリンのもっとも重要かつ野心的な著作は未刊の『イギリスのエリュシオン（Elysium Britannicum）』（執筆から40年後の死亡時にもまだ完成していなかった）で、それに庭園のに関する考えと実務のあらゆる事柄を入れようとした。格調高い庭園の植栽に必要なあらゆる技術を解説しようと着手したのだが、決して実用本位の「ハウツー」マニュアルを意図せずイーヴリンのこの大事業は庭の楽しみと美点に関する哲学的な論文になっていたはずである。彼は『イギリスのエリュシオン』の一部を削除して、それを『シルヴァ』に挿入している。

　1652年にデトフォードのセイズ・コート（妻の実家で、共和制がとられていた間、差し押さえられていた）に移ると、イーヴリンは改修と植栽の大事業を開始した。彼の計画はパリのピエール・モランによる庭園を複製しようとするもので、そこへは2度訪れたことがあり、長円形の中央花壇など、植栽とデザインの両方を称賛している（186ページ参照）。

　モランがフランスの庭園の周囲に使ったようにイトスギを栽培しようとしたがうまくいかず、イーヴリンが種子から苦労して育てた多くの苗は嵐や厳しい冬で死んでしまった。彼のもっと珍しい植物の大部分は種子から育てられ、種子はパリにいる義理の父から入手することが多かった。この庭園には林園と、8本の主道が斜めに交わる標準的な樹木の「整形式」の野趣園があった。庭園のこの部分の仕上げは、テラスの歩道と、セイヨウヒイラギとメギのパリサードである。西側では広い遊歩道がバンケティング・ハウスと堀で囲まれた島の間をつなぎ、島では果物とアスパラガスが育てられた。1653年2月に彼は上弦の月のときに果樹園に木を植えており、そうすれば生育が促進されると信じられていたからである。

　イーヴリンが兄からウォットンを継いだのち、セイズ・コートはピョートル大帝に貸し出された。大帝の楽しみのひとつが、手押し車に乗って庭師に押してまわらせ、そうやってセイヨウヒイラギの生垣を損なうことだった。サー・クリストファー・レンと種苗園主のジョージ・ロンドンが調査したのち、3台の手押し車に加え、セイヨウヒイラギや果樹など破壊された多くの最上級の植物を取替える費用として55ポンドの修繕費が認められた。

い「グレデリン」(灰色がかった紫)のはっきりした3色であると、のちにジョン・リーが記述している。ハンマーは同じチューリップを友人のジョン・イーヴリンにも、(ロンドンの)デトフォードのセイズ・コートにあった彼の庭用に与えた。

プランツマンという少し違ったグループにいたのが、ヘンリー・コンプトン(1632-1713)で、伯爵の息子であり、1675年から死亡するまでロンドン主教だった。在任中、多くが北アメリカ原産の外国の高木と低木で有名なフラム・パレスの庭園を造った。ロンドン主教であるコンプトンはアメリカ大陸の管轄権を有し、聖職者の義務に植物採集を加えるよう指示した。大きな成果をあげたのがジョン・バニスターで、彼はアメリカの先住民の「魂を救う」以外に、ヴァージニア産の新種をいくつも手に入れた。

❖ 実務についての助言

どの時代についても、当時の本草書、花譜、植物のリスト、カタログから、どんな植物が入手できたかを知ることができる。その頃、役に立ったもっと実際的な手引書や園芸書は、現代の読者にとって、当時の庭園のデザインの様子、園芸に関する知識、技術の進歩について理解する助けになる貴重な資料である。一般人のための庭造り全般に関する本、つまり理屈っぽい論文ではなく実際的な手引書でもっとも古い英語の本は、トマス・ヒルが1557年から1559年にかけて書いた『いかにして庭を耕し、種をまき、庭を造るか教える、すこぶる簡潔で愉快な論文(*A most briefe and pleasaunte treatise, teachyng how to dresse, sow and set a garden*)』である。その内容の多くはコルメラなどローマの著述家をはじめとするほかの人の著作からの寄せ集めだが、実用的な提言を含んでいたため人気を博した。柵で囲まれた四角い庭園の挿絵では、中央のパターンで並ぶ花壇を広い歩道と細い小道が囲んでいる。彼の2冊目の著書である『庭師の迷宮』は、彼が死亡したのちの1577年にディディモス・マウンテンというペンネームで出版された。それには庭造りや植物についての新たな情報はほとんど含まれていないが、ヒルは当時の人々に現実的な助言をした。

【イングランドの光景】
この木版画はトマス・ヒルの『庭師の迷宮』(1577)の挿絵で、当時の典型的なレイアウトを示しているだけでなく、園芸と社交の場としての庭園も描写している。この場面では、庭師たちが当時の灌水装置の使用など日常の雑務に忙しくしている一方で、ふたりの紳士が静かな片隅で何ごとか話し合っている。

彼の本はエリザベス朝の小さな庭園の内容と管理についての考えも示しており、当時の技術の可能性と限界について理解するうえで有用な資料である。

　庭造り全般に関するイングランド北部で初めての出版物が、ウィリアム・ローソンの1618年の『新しい果樹園と庭園（A New Orchard and Garden）』である。その挿絵の中に当時の典型的なマナーハウス（荘園領主の館）のひとつが描かれており、堀と川があって庭園が6つの区画に分けられ、それぞれ異なる役割が与えられていた。トピアリー・ガーデンには本物そっくりの人や馬の姿をしたトピアリーがあって、果樹が五つ目型に植えられた果樹園や、複雑な結び目模様や単純な結び目模様の矩形の花壇、さらにはもっと単純なデザインのものもあっておそらくこれは菜園だろう。また、ウィリアム・ローソンは「花壇をバラやラベンダーなどで美しく縁取る」ことを勧めている。パーキンソンの『楽園』も実際的な事柄を扱っている。「悦楽の庭園の秩序」という第I章は、土壌の改善、アーバーと歩道のデザイン、花壇とノット・ガーデンでのその配置、そこに植えるべき花を扱っている。

❖ イングランドにおける植物の使用

　レヴァントからの、そして16～17世紀には新世界からの植物の洪水がヨーロッパに達したことで、必然的にヨーロッパの庭園は様変わりした。この時代の終わりには、新しい高木、低木、花、球根植物によって幾何学的レイアウトに異国の要素が加わり、花壇はとくにこうした植物を最大限に活かすようにデザインされた。しかし、新しい植物は主として末梢の装飾部分を添えたのであって、根本的な構造には多くの試練に耐えて気に入られたものが使われた。イタリアのビャクシン、イトスギ、*Viburnum tinus*〔ガマズミ属の常緑低木〕、ゲッケイジュ、イチイ、フィリレア、ツゲはトピアリーにされることもあったし、16世紀までは混植の生垣を作るために普通に植えられた。花壇の縁取りはツゲを含む（ただし、決してそれだけではない）ハーブの混植だった。サントリナ、ローズマリー、ギンバイカ、ヒソップも同じくらい人気があった。北ヨーロッパでは常緑樹はそれほど普通にはなく、耐寒性のないイタリアのイトスギに代えて、耐寒性のあるビャクシンとイチイが使われた。16世紀後半には、比較的洗練された庭園では生垣に単一の種類の植物を使って均一で手入れされた印象を生じさせた。イトスギとゲッケイジュはしっかり刈り込まれて暗い生垣が造られた。フランスの大庭園ではトピアリーのイチイが欠くことのできない要素であり、小枝の多いシデが生垣、柵、ベルソー用に植えられ、しばしば奇抜な先端装飾やそのほかの装飾的な形に刈り込まれた。これに対しイングランドでは、最初はイチイよりビャクシンとわずかに耐寒性が弱いゲッケイジュとフィリレアが好まれたが、17世紀にはイチイがジョン・イーヴリンによって広められ、トピアリーと生垣用に好んで使われるようになっていた。シデとセイヨウヒイラギは生長が非常に遅いが、やはり構造的要素を作るために使われた。もっとも重要なのは、前章で見てきたように、ツゲがとりわけすぐれた縁取り植物とみなされるようになったことである。

　珍しい植物の収集が、それを手に入れるために金を出せる王族、裕福な聖職者、金持ちの商人の間で流行のゲームになり、しばしば競争になった。最初、珍しいものはちょうど博物館や画廊にあるもののように、密集した列で栽培されて称賛

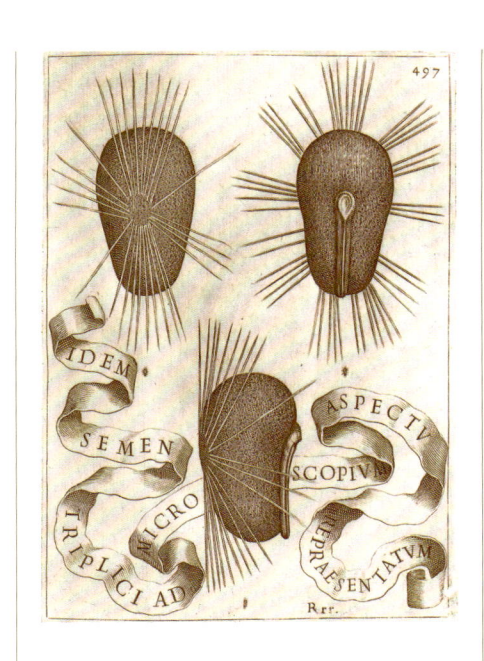

【レンズを通して見る】

これは顕微鏡を通して観察した外来種のブッソウゲ（*Hibiscus rosa-sinensis*）の種子で、1638年にローマで出版されたジョヴァンニ・バティスタ・フェラーリの『植物誌（Flora）』の図版である。17世紀初めに顕微鏡が発明されると、科学者は肉眼では見えない微小な現象を観察できるようになり、そのためずっと正確に相違点や類似点がわかるようになった。

を呼んだ。のちには花壇のような配置で並べるのが新たな習慣になった。

　1700年代になると、北アメリカ北東部からやってきた高木と低木がヨーロッパの庭園を様変わりさせることになり、それらの導入は新しい庭園様式の確立において一定の役割を果たした。この場合、自然が以前より大きな役割を占め、伝統的な生垣やトピアリーの植物の刈り込みや配置はそれほど流行しなくなった。当初、風景派運動の主唱者は馴染みのある自生の植物を使っていたが、しだいにアメリカの高木と低木に加えそのほか大陸からの外来植物を標本植物として栽培できるようになり、それらが新しいパークの雰囲気に合うことがわかった。

❖ 革新的な種苗園

　18世紀初め以降は、ロンドンの種苗園主はさまざまな新しい植物を導入することができた。それらはまず分類され、試験的に栽培したのちにようやく客を見つけることができた。種苗園主が先頭に立って、本やカタログで植物に関する知識を広めた。彼らはまた、植物分類について最新の情報を持っていなければならなかった。1725年にロンドンの一流の庭師と種苗園主20人が園芸家協会を設立した。協会は毎月会合を開き、最近導入されたものなど植物について議論し、ある程度の分類と命名に関する規制を試みた。

　新しい高木や外来植物を最大限に利用するためには、その植物について調査し、園芸学的に必要条件を明確にする必要があった。この課題(および商業的成功の見込み)に刺激されて、企業心の旺盛な種苗園主が飛びついた。主として種子から露地用および温室用の新しい植物を育てる専門家は、広大な地所だけでなくもっと狭い庭や都市の庭でも試験的に植えることを勧めた。彼らのひとりが、科学的な考え方をするロンドンの種苗園主トマス・フェアチャイルドだった。1690年にホクストンに設立されたフェアチャイルドの種苗園は果樹と外来植物で有名になり、外来植物の多くはマーク・ケイツビーによって北アメリカから送られてきたもので、彼は種苗園で働く一方で『カロライナ、フロリダ、バハマ諸島の自然誌(Natural History of Carolina, Florida and the Bahama Islands)』(296ページ参照)を執筆した。フェアチャイルドは1722年に出版した『都市の造園家(The City Gardener)』で、ロンドンの大気汚染の中でも生き延びることができる植物を薦めた。彼の種苗園で提案されたもので今日でも同じ目的にかなうものの例が雑種のモミジバスズカケノキ(Platanus × hispanica)で、当時、東洋のスズカケノキ(P. orientalis)とアメリカ大陸のアメリカスズカケノキ(P. occidentalis)との間で新たに交配されたもので、樹皮が剝がれやすく、汚染された大気の中でも生き延びる。

　種苗業者たちは当然のことながら情報伝達に熱心だった。彼らの出版物は植物の宣伝を目的としていたが、今日では当時の最新事情の記録として貴重である。園芸家協会(トマス・フェアチャイルドも会員だった)は『植物カタログ(Catelogus Plantarum)』を発行し、そのうちの一部のみが1730年に出版された。このカタログは1722年からチェルシー薬草園で働いていたフィリップ・ミラー(193ページ参照)の助けを得て編纂された。第I部は高木と低木を扱っている。やはり園芸家協会の会員である種苗園主のロバート・ファーバーとクリストファー・グレイは、フラムにあったコンプトン主教の植物コレクションの一部を彼の死後に購入し、どちらの種苗園

【フェアチャイルドのラバ】

中国人は何世紀も前から雄株の雄しべの花粉を雌株の雌しべにつけることによって植物を交配していたが、この技術と知識は西洋では知られていなかった。トマス・フェアチャイルド(1667-1729)は、植物には雄の器官と雌の器官があるという新たに発見された知識を利用して植物の雑種を育成することを可能にした最初のヨーロッパ人のひとりである。それまでは新しいものの獲得は、偶然に生じた実生苗、無性的な増殖のためのよい植物の選択、海外からの導入に依存していた。フェアチャイルドがアメリカナデシコ(Dianthus barbatus)の花粉を取って、それをカーネーション(Dianthus caryophyllus)の雌しべにつけたのが、最初の交配である。種子を集めて次のシーズンに発芽させることにより、彼は「フェアチャイルドのラバ」を作り出した。これに成功したことでフェアチャイルドは、18世紀以前に植物に有性生殖器官が備わっていることを確信するようになっていたジョン・レイ、ボローニャのマルチェロ・マルピーギ、ニーマイア・グルーを超えたのである。

第6章｜植物学者と収集家と画家　191

【癒しの庭】

ロンドンのチェルシー薬草園は、1673年に薬剤師協会により薬用植物の展示を目的に設立された。それはチェルシーのテムズ川沿いの塀で囲まれた敷地に今日でも残っている（ただし、現在はテムズ川北岸通りによって川から隔てられている）。財政難に陥り、成功したアイルランド人医師であるとともに植物収集家で慈善家でもあるサー・ハンス・スローンによって1722年に救済された。彼はチェルシーの荘園を購入し、薬草園の終身保有権も購入した。スローンは1685年にロイヤル・ソサエティーの会員に選ばれた。彼はこの庭園を薬剤師協会に年5ポンドで、ロイヤル・ソサエティーが毎年新たに栽培された植物の乾燥標本を50点受け取るという条件で貸した。フィリップ・ミラー（右ページ参照）のもとで、チェルシー薬草園はそのコレクションと植物を広く一般に利用できるようにした気前のよさで有名になった。スローン自身のコレクションは大英博物館の核になった。この1751年の絵には、矩形の整然とした植栽床（そこに植物が属ごとに配置された）と、自然主義的な新しい造園様式の曲がりくねった小道が見られる。17世紀も終わろうとする頃に植えられた2本のレバノンスギが、イングランドに植えられた記録のある最初の *Cedrus libani* である。

フィリップ・ミラーと彼の辞典

フィリップ・ミラー(1691-1771)によって編纂された『庭師の辞典(Gardener's Dictionary)』は、1731年から1768年の間に8版を重ねた。この時期に栽培植物の数は5倍に増え、北アメリカ、西インド諸島、喜望峰、シベリアでのミラー自身の貪欲な収集と彼の橋渡しによるところが大きい。彼の『辞典』は、1世代以上の植物愛好家にとっての18世紀のバイブルであり、新しい栽培植物の到来を記録し、実際的側面と美的側面の両方から助言した。ミラーは新しい植物の導入に資金を提供するために組織された組合の積極的なメンバーだった。彼と手紙をやり取りしていた人物のひとりに、フィラデルフィアのジョン・バートラムがいる。ミラーは第3版(1760年)に「ガーデン・カレンダー」を掲載した。ミラーは当初、リンネの分類法と植物の学名の二名法を受け入れることに消極的だったが、最終版ではリンネに従った。彼はその出版物により、イングランドの庭造りにおいて永遠に重要人物となった。しかし79歳で引退せざるを得なくなり、頑固で尊大になって(「彼の虚栄心が……大作によって非常に大きくなり、自分以外ものを知っている人間はいないと考えるようになった」)、翌年死亡した。ジョゼフ・ピトン・トゥルヌフォールとジョン・レイの植物学派に属し独学もしたミラーは、優秀な植物学者であっただけでなく、非常に成功した園芸家でもあり、その科学的アプローチのおかげで、まったく異なる気候の土地から来た植物を栽培することができた。

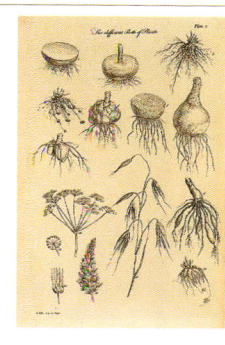

も外来植物で有名になった。ファーバーは1730年から1732年まで種苗園のカタログの形で『花の12ヶ月(Twelve Months of the Flowers)』というタイトルの一連の図版を出版し、ケンジントンゴアにある彼の種苗園はよく知られるようになった。各月にふさわしい色彩画の挿絵が入れられ、植物を識別するための手掛かりが示されていた。また、マーク・ケイツビーによって発見されたアメリカの植物を売るために編纂された、グレイの高木と低木の英語とフランス語のカタログが1737年に出版された。

❖ 北アメリカでの植物収集

ヨーロッパへの第2次の植物の大流入はアメリカからの高木と低木の流入であり、イギリスの庭園の様相を変えたという点で、16世紀の球根植物の侵入と同じくらい重要である。現在までに導入された(そしてたちまち庭園でまったくありふれたものになった)主な木本植物は、セイヨウトチノキ、ライラック、ポルトガルローレル、セイヨウバクチノキ、フィリレア、バイカウツギで、これらはすべて16世紀末には植物学者によって分類されていた。ユリノキ(Liriodendron tulipifera)とニセアカシア(Robinia pseudoacacia)がヴァージニアからやってきて、レバノンスギが17世紀にやってきた。しかし、1700年代には貴重な植物が押し寄せてきて、フィリップ・ミラーが園芸家協会のため、そして彼の『辞典』に記載するために目録を作成した。アメリカの博物学者でプラントハンターのジョン・バートラム(1699-1777)とイングランドの商人ピーター・コリンソン(1694-1768)というふたりのクエーカー教徒は、18世紀の拡大の勢いがどんなものだったかを示すよい例である。公的な地位、あるいはオックスフォード大学やケンブリッジ大学から締め出されたクエーカー教徒は自然界への近親感を増していたようで、おそらく自然を神の御業の表れとみなし、割合からいって多数の人が植物学と造園にかかわるようになった。そしてこの時期、ヨーロッパとアメリカの間で植物と通信文が盛んに交換された。

コリンソンとバートラムのつながりは1733年から1768年まで30年以上続き、その間にふたりはヨーロッパの庭園の様相を変える上で重要な役割を果たした。見本として育てられたアメリカの植物は、しだいに流行するようになっていたより「自然な」様式に容易に収まった。アメリカ北東部の森を探検したバートラムは、少なくとも200の新しい植物をイングランドへ送り、コリンソンをはじめとする何人もの受取人のもとへ届けた。コリンソンは最初はペッカムに住んでいたが、その後、ミルヒルへ移り、そこで珍しい植物の多くを栽培した。1809年にようやく発見されたコリンソンの『コリンソンの庭(Hortus collinsonianus)』により、少なくとも42の新しい植物の導入が彼によってなされたことが確認できる。バートラムは手紙で植物の自生地について生き生きと描写して、それらの栽培が成功するようにした。コリンソンはイングランドや大陸にいる仲間の博物学者たちと植物や種子を分け合った。当時の一流の分類学者——ウプサラのリンネ、ライデンのグロノヴィウス、オックスフォードのディレニウス——はみな、バートラムの植物を研究した。リンネはバートラムを「その時代のもっとも偉大な自然植物学者」と呼ぶほどだった。1765年にバートラムは、コリンソンの推薦により国王の植物学者に任命された。独学のバートラムは自身の観察に頼らなければならなかった。彼の

知識は最初はカルペパーの『イギリスの医師(English Physician)』、ターナーの初期の『本草書(Herball)』、パーキンソンの『楽園』のような当時の標準的な書物から得たものだったが、いずれもアメリカの植物の同定には参考にならなかった。やがて彼はフィリップ・ミラーの『辞典』とリンネの著作を手に入れた。北アメリカの森を苦労して徹底的に調べ、ヨーロッパ人の庭園を豊かにしたが、交換システムがうまく機能してバートラムは代わりにヨーロッパで栽培されている植物の種子を受け取った。アメリカで最初の植物園であるバートラム自身の庭園で育つ自生植物の多くが、マーク・ケイツビーの『自然誌』の彼自身による挿絵の見本になった。1736年以降、バートラムのヨーロッパ向けの種子は、フィラデルフィア近郊の彼の種苗園に植えられた母株から採集された。それらは「5ギニーの箱」に入れられて申し込み者へ向けて発送され、取引相手にはチェルシーのフィリップ・ミラー、エセックス州ソーンドンのピーター卿、サセックス州グッドウッドのリッチモンド公爵などがいた。

❖ 樹木のパトロン

18世紀に植物を導入した人々は、植物を大規模に栽培するにはまだ以前と同様にパトロンを必要としていた。バートラムの収集活動に年間10ギニーを提供していたエセックス州ソーンドンのピーター卿は、1732年から死亡する1742年までアメリカとヨーロッパ両方の樹木を栽培した。彼は熱帯植物を育てて実らせるための温室(ストーブハウス)も建てた。また、イングランドで最初に花を咲かせたヤブツバキ(Camellia japonica)は彼のものだった。風景式が新しく始まったばかりの時代だったが、ピーターは「規則的な不規則性」(209ページ参照)の考えを示したバティ・ラングリーの『新造園原理(New Principles of Gardening)』(1728)を研究した。非常に秩序立った配置の中に、蛇行した小道が森の中をもっとあてどなく続いている場合もあり、それはアメリカの低木や高木にとって完璧な設定だった。ピーター卿は、自分のオクタゴン・プランテーションで、バートラムから種子の形で受け取ったアメリカの植物だけを栽培した。ピーター・コリンソンがソーンドンには高木と低木が混植されていると書いており、1740年から1742年にかけて「約1万本のアメリカの植物に約2万本のヨーロッパの植物と数本のアジアの植物」が混植されたという。また、別のところでコリンソンは、膨大な量の植物の流入によりイングランドは「ひっくり返

【完璧の極み】
最高の植物画家ゲオルク・ディオニシウス・エーレットによるザクロの花と果実の絵。1840年代にウォードの箱が発明される以前も、植物は高度な技術を用いて輸送されていた。フィリップ・ミラーは「オレンジ、ジャスミン、ケーパー、オリーヴ、ザクロが毎年イタリアから運ばれ、うまく管理すれば、3〜4ヶ月海上にあっても耐えられずに不成功に終わるのはごくわずかである」と述べている。

リンネと植物の命名法
LINNAEUS AND THE NAMING OF PLANTS

のちにリンネウスとも呼ばれたカール・フォン・リンネ(1707-78)は、18世紀の植物学において指導的な立場を占めた。母国スウェーデンのウプサラで医師としての教育を受けたのち、しばらく北ヨーロッパを旅してまわり、当時の著名な植物学者たちと会った。また、初期のふたつの著書『自然の体系(Systema Naturae)』(1735)と『クリフォード氏庭園誌(Hortus Cliffortianus)』(1738)(ハールレムの庭園に外来植物の驚くべきコレクションと野生動物園を持つオランダ東インド会社の重役、ジョージ・クリフォードのために作成)を出版した。この時期すでにリンネは自然界を整然としたグループに整理する欲求に突き動かされて、植物、動物、鉱物の分類と命名についての彼のアイデアをもとに検討をしていた。1736年にイングランドを訪れたが、1741年にはウプサラの自然史の教授としてスウェーデンに戻った。

リンネが植物の分類法を考案するまで、植物学者たちは特定の分類法を理論的に正当とみなすことのできる類似性の原則を確立しようと苦労していた。イタリア人のアンドレア・チェザルピーノ(1524-1603)の著作に続いて、イギリスの博物学者ジョン・レイの『一般植物誌(Historia Plantarum Generalis)』が1704年に出版され、これには植物の雌雄性についての仮説の探求と説明が示されている。これは、リンネをはじめとするのちの植物学者たちにとって、それぞれの仮説の理論的根拠の一部になった。

リンネの植物の生殖器官にもとづく分類体系は、花に認められる雄しべと雌しべの柱頭の数によるもので

【名前の力】
ここに結婚式の晴れ着姿で描かれているリンネは、世界中の植物学者や園芸家が同じ言葉を話せるようにした。

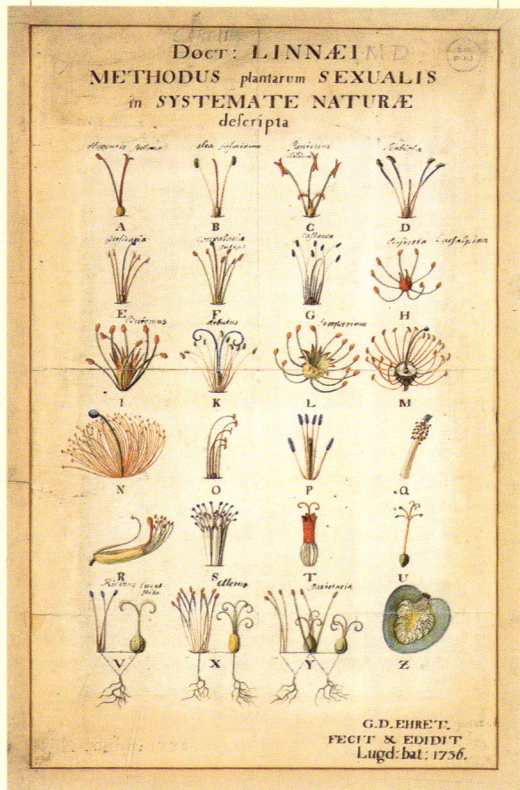

【さらに細かい詳細】
植物の生殖器官にもとづく分類体系を説明するエーレットの水彩画によるこの図版は、リンネの『自然の体系』で発表された。

あった。この分類体系は19世紀初めにジュシューとド・カンドルによって導入されたもっと自然な体系に取って代わられたが、それまで使われていた冗長で多数の語で記述するやり方に代えて植物と動物を2語で命名するリンネの二名法は革命的だった。

リンネのきわめて重要な業績は、当時知られていたあらゆる植物を区別して命名する方法を提示したことである。普遍的なラテン語を基本とする植物学の用語で属と種によって植物を命名するやり方は、あらゆる分野にわたって、植物学者や園芸家たちに共通の俵を与えている。1753年に『植物の種(Species Plantarum)』として初めて出版された著作は、その後のあらゆる植物の命名の出発点になった。1753年より前に発表された植物名は、リンネかその後の植物学者によって採用されないかぎり、近代的学名とみなされない。

1783年に(のちにジョン・シブソープの『ギリシア植物誌』を編集することになる)ジェームズ・エドワード・スミスが、ソーホー・スクエアでサー・ジョゼフ・バンクスと朝食をとっていたとき、バンクスはあの有名なスウェーデンの博物学者のものだったコレクションと蔵書を1000ギニーですべて提供するがどうかという手紙を受け取った。コレクションを購入したのはスミスで、のちにそれが1788年に設立されたロンドンのリンネ協会の核になった。現在、リンネ協会はバーリントン・ハウスのロイヤル・アカデミーと同じ中庭を囲む棟に入っており、今でも活発に活動している。

第6章 | 植物学者と収集家と画家

移動する植物

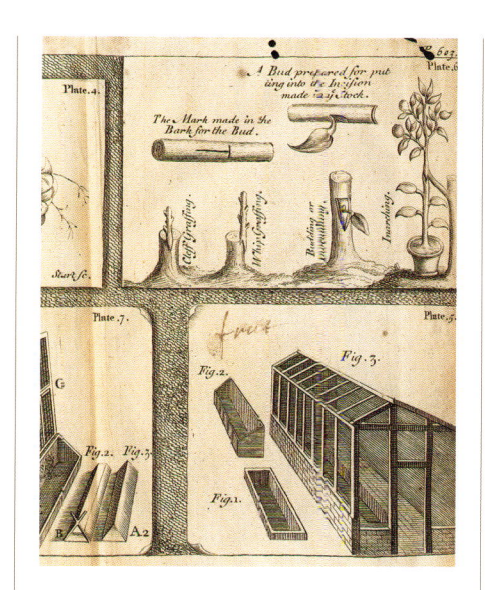

【コントロールの程度】
エセックス州ソーンドンにあった温室(ストーブハウス)により、ピーター卿はさまざまな温度を維持することができるようになった。それは、リチャード・ブラッドリーの『植栽と造園の新たな改善点(New Improvements of Planting and Gardening)』(1717)のこの挿絵に示されているものと同じような構造をしていた。ブラッドリーはのちにケンブリッジの植物学の教授になった。

【ローズベイとローレル［左ページ］】
マウンテンローレルと呼ばれるヘソバアメリカシャクナゲ(Kalmia angustifolia)とともに描かれた、ローズベイとも呼ばれるアメリカ原産のシャクナゲ(Rhododendron catawbiense)は、マーク・ケイツビーとエーレットの共同作品だったようである。ケイツビーの大作『カロライナ、フロリダ、バハマ諸島の自然誌』は北アメリカのイギリス植民地の植物と動物に関する最初の重要な報告で、1747年にようやく完成した。

されてアメリカが移植」されているのではないかと述べており、18世紀後半には風景庭園の姿は変わりつつあり、特別に調整された土壌を用いるアメリカ庭園の設立が奨励されていた。また、バートラムの自生地についての綿密な記述により、適切な条件を作り出すための十分な指示が与えられた。

ピーター卿の死後も樹木の収集熱は続き、ベッドフォード公爵がフィリップ・ミラーを雇ってソーンドンの数千本の樹木の値を見積もらせた。彼はウォウバーンに植えるのに適したものを購入し、そこは酸性土壌だったので、バルサムモミやヴァージニア・リギダマツなどの針葉樹を含め多くの「アメリカン」がうまく育った。1760年代には種苗園が種子の取引を扱うようになり、種子が大量にヨーロッパの国々へ送られていたが、多くがまだ発芽や栽培が難しかった。多くの北アメリカ産の高木が、比較的穏やかな気候のイギリスより、暑さや寒さが極端な大陸の気候でよく成長した。

リッチモンド公爵はアメリカ樹の森と常緑樹の木立と何本かの美しいモクレンを持っていた。リチャード・ピーコックは、公爵のグッドウッドのパークについて、異なる30種類のオークと、400本のアメリカの高木および低木があると書いている。リッチモンド公爵がバートラムから種子を手に入れたようにアーガイル公爵はミドルセックスのホイットンにある自分の地所用に種子や植物をマーク・ケイツビーから入手していたのかもしれない。1748年にアメリカのマツ、モミ、イトスギ、ベイスギ、そのほかアメリカ原産の多くの植物がそこに定着していたのは確かで、フィンランド人の植物学者ペール・カルムによって記述されている。1761年に公爵が死亡すると、甥のビュート卿によって樹木の多くがキュー・ハウスの庭園へ移され、王立植物園のコレクションの核になった。

1785年にルイ16世によって北アメリカに派遣されたアンドレ・ミショー(1746-1803)の(外交用語でいえば)ミッションは、造船で使い尽くされたフランスの森に補充するためにフランスで順化させるのに適した樹木を見つけることに加え、新しい果樹の変種と庭園用の観賞植物をもたらすことだった。また、王立庭園(革命でパリ植物園と名称が変わった)のための植物標本を用意することにもなっていた。ミショーは以前にイングランドを巡ったことがあり、アメリカからやってきた新しい植物に感銘を受けていた。1786年春にアメリカに行ったときに最初に訪れたのはジョン・バートラムの庭園だった。ミショーはつねに資金不足に陥っていて、とくにフランス革命の数年間はひどかったが、彼の最優先事項は種子を発芽させて帰国の長い航海に耐えられるようになるまで植物を育てることのできる種苗園を設けることだった。ミショーはこれをニューヨーク郊外のホーボーケンと、サウスカロライナ州チャールストンで実行した。しかし残念ながら、彼がフランスに送った植物の多くは無視され、バスティーユ陥落後の混乱期に失われてしまった。ミショーはアメリカへの外国の植物の輸入もした。日本のツバキ——サウスカロライナ州のミドルトン・プレイスにあるツバキの古木は、ミショーが導入したものだと考えられている——とキバナツツジ(Rhododendron luteum)を導入している。『アメリカのオーク(Histoire de Chenes de l'Amerique)』として出版されたオークに関する研究論文と、その種のものでは最初の『北アメリカ植物誌(Flora Boreali-Americana)』は、どちらもピエール=ジョゼフ・ルドゥーテによる挿絵が入り、ミショーの死後、

第6章 | 植物学者と収集家と画家

植物の輸送
PLANT TRANSPORT

【ウォードの箱[上]とその発明者[下]】
1833年にナサニエル・バグショー・ウォード博士がミニチュアの温室をふたつ作り、シダと草と花の咲く植物を入れて、船でオーストラリアへ送った。4ヶ月後にシドニーに到着し、そこでパイオニアの植物のひとつであるサクラソウはそのガラスの家を守らなければならないほどの関心を呼んだ。イギリスへの帰国の旅にはオーストラリア固有の植物が「ウォードの箱」に入れられ、「きわめて健康で元気な状態で」到着した。ウォード博士は1868年まで生き、その頃には彼の箱は、前の世紀にとられたどんな戦略よりも多くの新しい園芸植物をヨーロッパへ導入する手段になっていた。

貴重な発見物を適当な港へ送っても、ヴィクトリア朝以前の植物収集者の任務は完了にはほど遠く、それは長い航海を生き延びる植物がごく一部にすぎなかったからである。どんなに巧みに梱包しても、細心の注意を払って光と水の必要条件を満たしてやっても、成長中の植物は海水のしぶきや温度の変動に対して脆弱だった。悪名高いバウンティ号がタヒチから西インド諸島へ1000本余りのパンノキの苗木を運んでいて反乱が起こったとき、反乱者がまずしたことのひとつが植物を海に投げ捨てることだった。乗組員にとって「ブレッドフルーツ」・ブライ船長の貴重な積荷である植物の世話はうんざりする仕事だった。パンノキの苗木はデッキの下のラックに入った鉢に植えられていて、デッキの上でひとしきり光と空気にあたって戻ってきたら、必ず葉を淡水を含ませた海綿で拭かなければならなかったのである。

水夫にとっても長距離を輸送される植物にとってもことをずっと容易にしたウォードの箱は、思いがけない幸運から発明された。1829年にロンドンの医師で熱心な博物学者のナサニエル・バグショー・ウォードは、スズメガの蛹をガラス瓶の湿った土の中に入れて密閉した。当然、ガが現れたが、もっと興味深いのは、芽生えた草とシダも現れたことだった。瓶の中に閉じ込められた植物が新鮮な空気も水もないのに3年以上も盛んに成長しつづけたため、ウォード博士はガラス瓶が自己充足的な微気候として機能していることに気づいた。植物が蒸散した水が草の上で凝結して水滴になり、夜に土の上に落ちてそこで植物の根によって再び吸収されたのである。

1840年代にはウォードの箱は植物の長距離輸送の手段として採用され、その発明者はあらゆる国でたたえられた。チャ、ゴム、キニーネといった植物の移動により産業と帝国は非常に大きな影響を受けたが、庭園も恩恵をこうむった。

【将来への投資[左]】
イギリスの王立植物園の種子バンクに新しく到着したもの。航空輸送は、長い航海の時代に比べて生存可能性に対するリスクが小さい状態で種子を移動できることを意味する。船で運ばれていた当時は、種子は蜜蠟を塗って蠟引きの綿布と紙で包むか、「瓶詰め」にして塩の箱に入れた。

【工夫された運搬用具[上および左下]】
ウォードのガラス箱が出現する前は、植物を輸送し塩水の害から守るために、植物収集家はさまざまな装置や資材を用いた。18世紀のフランスの植物収集家ラ・ペルーズ伯ジャン＝フランソワ・ド・ガローは、手に入れた植物のために独創的な形をしたバスケット(上)をハチの巣箱のような収納箱(左下)に入れて保管した。

【うまく旅したチューリップ[右]】
17世紀初め、北ヨーロッパではトルコからやってきたチューリップはもっとも珍しく魅惑的な花だった。このような贅沢な輸入品を新たな場所へ貴重な茎や花を傷つけずに運ぶため、ある企業心に富んだフランスの製造業者がこの「必須の器具」を提案した。

【水晶宮のためのヤシ[下]】
1854年にロンドンのイースト・エンドにあるロッディジーズ種苗園から、ロンドン南部の水晶宮まで、32頭の馬が巨大なヤシの木を引いた。素晴らしいベニラタンヤシ(*Latania borbonica*)は、幼木時代をフォンテーヌブローにあったフランス皇后ジョセフィーヌの外来植物コレクションの中で過ごした。路上で1日過ごしたのち、日が暮れてから水晶宮にたどりついた。

息子によって印刷されて日の目を見た。

❖ 東洋の豊かな植物

　アメリカの植物がヨーロッパに流入しただけでなく、18世紀にはそのほかの国々からの外来植物の導入も格段に増加した。1770年代には植物園から正式の収集人が派遣され、熱心な個人から支援を受けた。ガーデナーは今日の庭にある植物の名前の中に彼らの多くを認めることができるだろう。スウェーデンの医師でリンネの弟子のカール・ペーテル・ツュンベリー(1743-1828)は、オランダ東インド会社の職員として日本へなんとかして入国するためにオランダから南アフリカへ渡り、そこで植物採集をしてオランダ語を磨きながら4年間過ごした。日出ずる国に足がかりを持っているのはオランダ人だけだったのである。彼は種子、球根、植物標本をアムステルダム、ライデン、スウェーデンへ送った。

　サー・ジョゼフ・バンクスは、スコットランド人の庭師フランシス・マッソン(1741-1806)を選んで南アフリカへ行かせ、キューの王立植物園のコレクションを増やした。マッソンは、2度目の探検の航海に出発するキャプテン・クックとともにケープへ渡った。マッソンへの報酬は100ポンドで、帰国したときにのみ支払われることになっており、さらに経費として200ポンドが支給された。彼にはそれだけの金額を払う価値が十分にあった。マッソンはまず、気まぐれで自信過剰のツュンベリーとともに旅をした。マッソンがキューへ送った植物のリストは最終的にはツュンベリーが収集したものよりはるかに多く、ペラルゴニウム、ヒース、ハゴロモギク、ロベリアなどがあった。

　ツュンベリーは南アフリカから日本へ向けて出発し、8月に南西の季節風で行って11月に北東の季節風で帰るオランダの貿易船で旅をした。医師である彼は、長崎の港の沖にある出島の商館に医師として加わったが、そこは80年前にエンゲルベルト・ケンペルが同じ職についていたところである(370ページ参照)。1712年に出版されたケンペルの『廻国奇観(*Amoenitates Exoticae*)』の第5章では、ヨーロッパの読者にそれまで知られていなかった膨大な数の高木、低木、花が紹介されている。ツュンベリーは全般的観察者ではなく、もっぱら植物学者であったが、それでも1784年の彼の『日本植物誌(*Flora Japonica*)』にはケンペルの本の衝撃のようなものは何もなかった。ドイツのヴュルツブルク出身のフィリップ・フランツ・フォン・シーボルト(1791-1866)も、50年後にやはりオランダ東インド会社の商館医になったが、そのときには植物採集と収集の機会はずっと多かった。

　あまりよく知られていないのがイエズス会の宣教師として働いている場合が多かったフランス人の植物収集者で、何人かが17〜18世紀に中国で活動した。中国に達するのに2年かかった北京ミッションと呼ばれる遠征は、イエズス会士の一団——ギュイ・タシャール、ルイ・ル・コント、ダントルコール神父、ドミニク・パランナン、ピエール・ダンカルヴィーユ——で構成されていた。パランナンは中国皇帝の中国東北部への旅に同行し、シナフジ(*Wisteria sinensis*)の美しい藤色の花について記述している。しかしそれがヨーロッパに届いたのは次の世紀になってからである。ダンカルヴィーユは1740年から1756年まで中国にいた間に、ニワウルシ(*Ailanthus altissima*)、コノテガシワ、エゾギクを種子から育てることに成功し

【海を渡ったアメリカの植物】

北アメリカの植物は深い酸性の壌土を必要とするものが非常に多く、それらの植物および似たような条件を要求する植物が一緒に生育できる特別な植栽床を準備するのが習慣になった。野趣園（ウィルダネス）、低木園（シュラバリー）、林地の小道など、どう呼ばれようが、広い地所の中にモクレンとハナミズキのための場所が別に用意され、カルミアとシャクナゲが森の樹冠の下に植えられ、ユリノキ、ヌマスギ、フウと組み合わせられることもある。ピーター卿の北アメリカの叢林（シケット）や1740年代のリッチモンド公爵のアメリカン・ウッドは、このことの理解の表れだったのかもしれないが、たんにアメリカの植物の百科事典的コレクションだったのかもしれない。そののち18世紀末にアメリカン・ガーデンという言葉が一般に使われるようになって、それはしだいに拡大されて植栽の下層も含むようになり、そこにはシダ植物、アツモリソウ、アメリカイワナシ(*Epigaea repens*)、そのほか森林に生える小型の植物が半日陰の豊かな黒い芝生のような土壌で繁茂していた。世紀が変わるころには、ハンフリー・レプトンが計画の多くにアメリカン・ガーデンを加えていった。フォントヒル・アビー(上)にウィリアム・ベックフォードがアメリカン・プランテーション(この絵はジェームズ・ストアラーによる)を造り、1822年にJ・C・ラウドンが彼の『園芸百科事典』の中で論じている。

サー・ジョゼフ・バンクスとキュー植物園
SIR JOSEPH BANKS AND KEW GARDENS

裕福な博物学者で探検家でもあり、1772年から死亡するまでロイヤル・ソサエティーの会長を務め、造園家や植物収集家、植物学者を支援したサー・ジョゼフ・バンクス（1743-1820）は、40年以上にわたってイギリスの園芸界におけるもっとも重要な人物であり、国際的にもよく知られていた。ジョージ3世の科学顧問だった彼は、（1771年から死亡するまで）キューの王立植物園の非公式の園長であり、収集者を派遣して、とくに観賞用植物と商業目的の植物を探させた。

バンクスは25歳の若者のとき、キャプテン・クックのエンデバー号での世界一周の航海に、科学者チームをひき連れて同行した。チームの中に、リンネの弟子だがそのときは初期段階の大英博物館で助手をしていたダニエル・ソランダーと、バンクスが以前にしたニューファンドランドとアイスランドの探検のあとで彼の依頼で標本の絵を描いたことがある記録画家のシドニー・パーキンソンがいた。クックの航海の第1の目的は、1769年6月に起こる予定の金星の太陽面通過をタヒチなどの南半球の地点で観測することだった。第2の目的は、バンクスが博物学者として指導的な役割を果たすことになる、南太平洋にある大きな南の大陸の探検だった。ニュージーランドとオーストラリアの東海岸、とくにボタニー湾、そしてグレート・バリア・リーフを訪れ、探検は大成功を収めた。持ち帰ったオーストラリアの植物には、バンクスをたたえて命名されたバンクシア、ブラシノキ

【キューの風景】
リッチモンド庭園との合併の前に、キュー・ハウスの庭園にはすでにウィリアム・チェインバーズによる建造物がいくつかあり、1763年のこの風景に見られるように、有名な伝のパゴダもあった。

ジョシュア・レノルズによるバンクスの肖像画

(*Callistemon*)、ニュージーランドアサとも呼ばれるマオラン（*Phormium tenax*）などがある。しかし人命の点ではこの航海は悲惨な結果に終わり、バンクスは8人のチームのうちパーキンソンを含め6人を失い、彼らはみなさまざまな致命的な病気の犠牲になった。バンクスはパーキンソンのスケッチを完成させ、550点の図版から制作された版画にソランダーによって書かれた文章をつけた。それがようやく出版されたのは1973年になってからである。

バンクスは、ジョージ3世がふたつの隣接する地所を統合したことで生まれたキューの王立植物園の発展に重要な役割を演じた。リッチモンド庭園は1760年以降に「ケイパビリティ」・ブラウンによって国王のために修景されていたが、キュー・ハウスの庭園はオーガスタ皇太子妃のために造られたものである。1771年に彼女が亡くなると、ジョージ3世はこのふたつを合併した。キュー・ハウスの庭園にはすでにウィリアム・エイトンが監督する小さな植物園があった。国王はバンクスを招いて非公式の園芸顧問にしたが、エイトンはそのまま管理者としてキューに残った。そこに生育している5600種を列挙したエイトンの1789年のカタログ『キュー植物園（*Hortus Kewensis*）』は、イギリスへの植物の導入時期を確定するうえでもっとも有用な文献である。

やはりウィリアムという名のエイトンの息子は1793年からキューで働き、1804年にハチャード書店へ集まって園芸の向上のための協会〔ロンドン園芸協会〕を創設した7人のうちのひとりであり、それは1861年に王立園芸協会になった。バンクスの死後、キューは衰退したが、1841年にサー・ウィリアム・フッカーが園長となり、国立の科学および園芸の本格的な研究機関として復活した。

皇后とその画家
AN EMPRESS AND HER ARTIST

　ピエール＝ジョゼフ・ルドゥーテ(1759-1840)はおそらくもっとも有名な植物挿絵画家で、ニコラウス・フォン・ジャカンとともに、栽培されている植物をとくに体系なしに集めたものを大判で提示する花譜の、最後の偉大な制作者である。ベルギーのアルデンヌ出身のルドゥーテは、1782年からパリの王立庭園で花を描き始めてヘラルト・ファン・スパンドンクに師事し、フランスのアマチュア植物学者シャルル＝ルイ・レリティエ・ド・ブリュテルに触発されて植物の描写に対する科学的態度を身につけた。王室から支援を受けていたにもかかわらず革命を生き延びたルドゥーテは、1796年にナポレオン・ボナパルトと結婚していた(皇后になったのは1804年)ジョゼフィーヌ・ボアルネのために働いて、名声の頂点に達した。ジョゼフィーヌは1798年にマルメゾン城を手に入れた。彼女は庭造りに熱心で、エティエンヌ・ピエール・ヴァントナ(1757-1808)を彼が亡くなるまで自分付きの植物学者とし(死後はエメ・ボンプランが継いだ)、ルドゥーテを彼女のコレクションを記録する植物画家として雇った。

　ジョゼフィーヌの植物好きは気まぐれをはるかに通り越して、庭園に植える植物を手に入れるためや——球根1個に3000フランも出した——自分の植物を描かせるために巨額の金を費やした。オーストラリア、ニュージーランド、南アフリカからやってきたばかりの耐寒性のない植物など、フランスにとって新しい多くの外来種が温室で順化される一方で、アジアやアメリカ大陸産のもっと耐寒性のある高木や低木がヨーロッパの自生種とともに庭園に植えられた。ジョゼフィーヌのバラのコレクションは、カッセルのヴィルヘルムスヘーエにあるドイツのバラ園と種苗園(1776年以降に方伯フリードリヒ2世が設立)からもたらされたものである。彼女はごく初期にダリアを栽培した人々のひとりで(マドリードの植物園ですでに栽培されていた)、エメ・ボンプランとアレクサンダー・フォン・フンボルトを通してメキシコから直接、新しい変種の種子を受け取った。

　革命前にトマス・ブレイキーによってパリに設けられたバガテーユのイギリス式庭園の影響を受けて、ジョゼフィーヌは木立とよく繁茂した芝生に神殿、池、素朴な橋が点在するロマンチックなジャルダン・アングレ(イギリス式庭園)を好むようになった。ルイ・ベルトールがマルメゾンでの彼女のデザイナーだった。ナポレオン戦争の間も、ジェームズ・リーとルイス・ケネディというふたりのロンドンの栽培家が、ハマースミスにある彼らのヴィニヤード・ナーサリーから多くの新たな外来種をジョゼフィーヌに供給しつづけた。ケネディは、彼と彼が運ぶすべての植物が封鎖を通過できる特別なパスポートさえ発行してもらっていた。離婚後、ナポレオンはジョゼフィーヌの「イギリスの」植物の多くを根こそぎにしたが、新しい皇后マリー＝ルイーズも庭造りに興味を示した。

　1814年にジョゼフィーヌが死亡したのちに完成したルドゥーテの『バラ図譜(*Les Roses*)』(1817-24)が彼のもっとも有名な作品だが、『ユリ科植物図譜(*Les Liliacees*)』(1802-16)のほうが豪華である。水彩で描かれ、点刻法と多色刷りを用いて複製されたこの画集は8巻に分けて出版され、508点の見事な図版が掲載されている。

> 【ジョゼフィーヌの花】
> この見事な *Amaryllis josephinae* は皇后にちなんで命名され、ピエール＝ジョゼフ・ルドゥーテが『ユリ科植物図譜』のために描いた508点の図版のひとつである。

た。リンネの弟子のペール・オスベックは1751年から1752年まで広東(広州)で植物を収集したが、3年たたないうちに中国は外国人に対しほとんど門戸を閉ざしてしまった。1792年にマカートニー卿が使節に任命されて北京の宮廷に派遣され、関係改善を試みた。彼はアマチュアの植物研究家ジョージ・ストートンを副官として同行させた。彼らが持ち帰った植物の中に、常緑のカカヤンバラ(Rosa bracteata)がある。

❖ 園芸雑誌の創刊

本章の物語は、ひとつのメディア革命——印刷術の発明——で始まり、もうひとつの重要な変化であるガーデニング・ジャーナリズムの興隆で幕を閉じる。19世紀以後の定期刊行物の急増は、国民の読む能力の全体的な向上と、庭造りに関していえば園芸情報のマスマーケットの拡大で特徴づけられる。

イングランドにおいてもっとも面白く長く続いた出版物は『ボタニカル・マガジン(The Botanical Magazine: Or Flower Garden Displayed)』である。その創刊号は、1787年に傑出した博物学者で自ら植物園を所有するウィリアム・カーティス(1746-99)によって制作された。そして「露地、温室、ストーブ〔人工熱による温室のこと〕で栽培されるもっとも美しい外来植物」を挿絵で示し、解説して、その栽培についての情報を伝えると宣言した。多くの変化を経たのち、それは今日でもまだ『カーティス・ボタニカル・マガジン(Curtis's Botanical Magazine)』の名称で発行されている。図版はつねに生きた植物をもとに制作され、「彩色に不完全なところがあったとしても許される」くらいに厳密に彩色された。その登場は、少なからぬ数のきわめて影響力の強い一般向けおよび専門の雑誌の始まりを意味し、そうした雑誌は19世紀の間に数を増やしていくことになる。ウィリアム・カーティスはロンドン周辺に生えている野生植物の研究もして、『ロンドン植物誌(Flora Londonensis)』の最初の2部を1770年と1787年に制作したが、損失を計上した。一般の人々がほとんど興味を持っていないことに気づいた彼はこの計画を断念し、すでに彼の雑誌を講読していた園芸家にもっとアピールする贅沢な外来植物を解説することにした。カーティスの存命中、『ボタニカル・マガジン』は毎月刊行されて2000部が各冊1シリングで販売され、彼が「楽に」暮らせるだけの利益を上げた。図版の多くは植物学者で画家のジェームズ・サワビィと、シデナム・エドワーズによるものであった。エドワーズは1815年にライバル雑誌の『ボタニカル・レジスター(The Botanical Register)』を始めた。サワビィのほうは、1790年から1814年にかけて36巻に分けて刊行された2500枚の図版を掲載した野心的な作品、完全版『イギリス産植物図譜(English Botany)』を編纂した。

19世紀が進むにつれ、印刷機がさらに高速になっていった。第8章で見ていくように、ジョン・クラウディウス・ラウドンが、大きく数を増やした新しい富裕な読者層にアピールするよう工夫された多数の園芸雑誌や本を生み出して園芸出版の帝国を築くまで、そう長くはかからなかった。

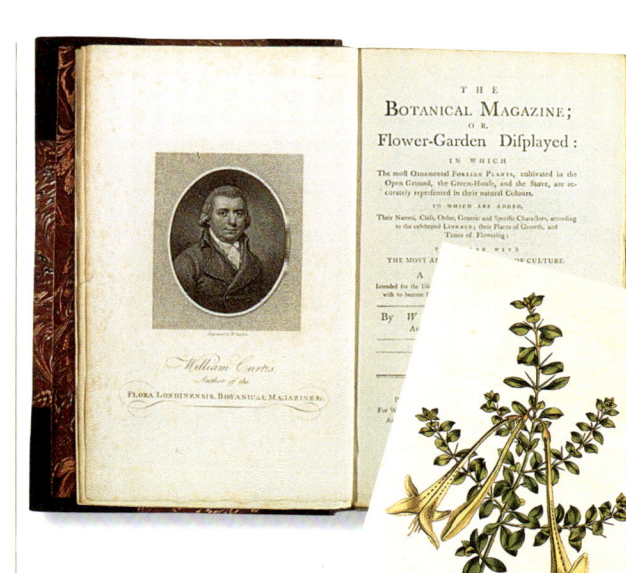

【影響力のある雑誌】
マーク・ケイツビーにちなんでCatesbaea spinosaと命名された植物はリリーソーンとも呼ばれ、この図版はシデナム・エドワーズによって描かれ、1790年にウィリアム・カーティスの『ボタニカル・マガジン』で発表されたものである。1787年に創刊されたこの雑誌の扉ページにはカーティスの肖像画があり(上)、もっとも長く続いた出版物のひとつとなって、その後2世紀にわたって外国から導入されたばかりの植物を挿絵で紹介した。

第6章｜植物学者と収集家と画家

❖ 第7章
自然派革命
イギリス式風景庭園
A Natural revolution
THE ENGLISH LANDSCAPE GARDEN

【楽しみへのまなざし】
これはバッキンガムシャー州にあるウェスト・ワイコム・パークの眺めで、1752年頃にウィリアム・ハンナンによって描かれた。サー・フランシス・ダッシュウッドが1739年に始めたこの土地に対する最初の改良の成果を示しており、それは新しい風景の最初期のもののひとつである。川がせき止められて「ロココ」様式のカスケードと湖ができている。

　次に18世紀のイギリスに注目するのは、この時期、ただひとつの様式――イギリス式風景庭園の様式――が支配的になるからである。その草で覆われた草原、曲がりくねった湖、穏やかな輪郭の丘、そして巧みに配置された木立はまさにイギリスらしさの見本であり、「本物」の田園地帯とほとんど区別がつかない。そして多くの人にとって、この様式を代表する最高傑作は、ただひとりのデザイナー、ランスロット・「ケイパビリティ」・ブラウンの作品である。

　しかし、ブラウンにも批判者がいなかったわけではない。庭園が厳密にどれだけ絵画に似ているべきか、あるいは似ていてはならないかという問題が、熱く激しい議論を引き起こした。風景派運動のルーツのすべてがイギリスにあるわけではない。それはむしろメソポタミアの狩猟園、ノルマン朝イングランドの鹿苑、古代ローマやルネサンス期のイタリアの庭園にある。そして、農業、科学、あるいは哲学的、政治的思想に大きな変化が起こるにつれて別の影響が生じた。

　こうした異質な要素から、18世紀の造園家は芸術表現の一形態を生み出し、それはいつまでも影響を及ぼした。彼らは庭園デザインに西洋にとってまったく新しい自然主義を導入し、「風景造園家(ランドスケープ・ガーデナー)」という言葉を新たに加え、間接的に私たちに公園(パブリック・パーク)を与えてくれた。18世紀の地主の誰にも邪魔されない私的な場所だったところが、今日では都市住民の緑の息抜きの場になっているのである。

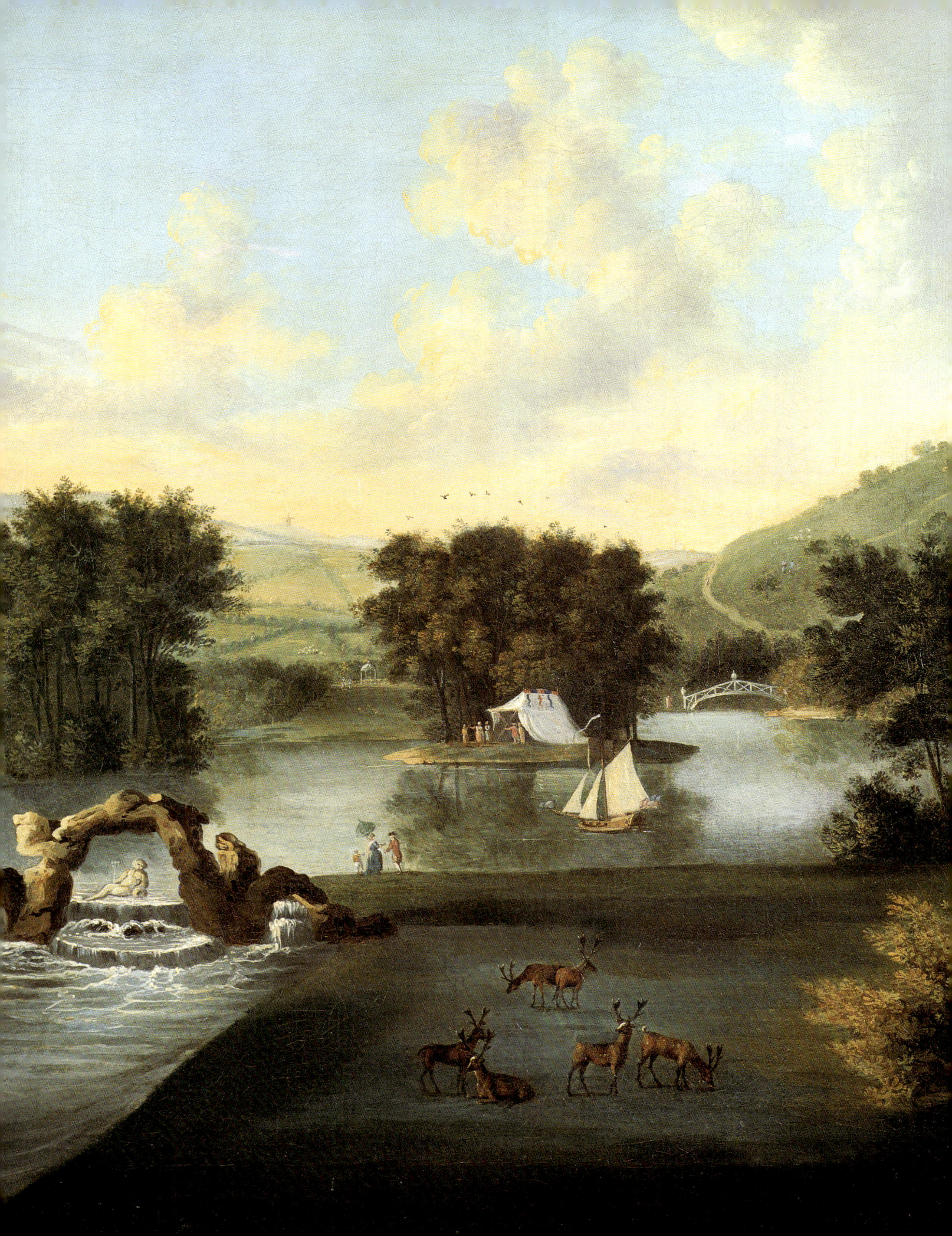

❖ 最初の喝采と正しい格言

　18世紀初めにはまだ整形庭園が支配的だった。イギリスのこの様式の代表的人物はジョージ・ロンドンとヘンリー・ワイズである。ロンドンはこの時代、きわめて人気のあるデザイナーのひとりで、ワイズはついにはアン女王付きの庭師頭になった。彼らは図面を引いただけでなく、当時流行の庭園を造るのに必要な植物も供給した。何年もの間、共同で運営したブロンプトン・パーク・ナーサリーで、ニフとキップによる鳥瞰図（163ページ参照）に描かれている放射状の大並木道用のニレ、ボダイジュ、セイヨウトチノキ、正確に刈り込まれたアレーや誇張された形のトピアリーに欠かせないイチイ、シデ、セイヨウヒイラギ、パルテールや花壇の縁取り用のツゲを栽培した。また、今日の庭を芳香で満たしている甘い香りのブロンプトン・ストックを育成した。

　この造園様式とその厳格なルールは、よく知られているようにジョゼフ・アディソンがスペクテイター紙上のエッセーで、アレグザンダー・ポープがガーディアン紙で皮肉っている。アディソンは「想像力の快」というエッセーで、直線と奇抜なトピアリーを批判し、パークは田舎の景色と統合できるのではないかと主張して、「私としては、そのように切ったり刈り込んだりして数学の図形のようになったものより、大枝や小枝が青々と茂り広がっている樹木を見上げていたいものだ。そしてどんな完成されたパルテールの小さな迷路よりも、花咲く果樹園の方が無限の喜びを与えてくれると思わずにはおれない」と述べている。

　1713年のガーディアン紙でポープは、「飾らない自然の好ましい簡素さ」に戻るよう促し、彼の想像上のトピアリー販売カタログ「ある著名な町の庭師が処分する予定の緑のカタログ」に、彼が自然の形態の虐待とみなすものを嘲笑して、「イチイのアダムとイヴ、大嵐で知恵の樹が倒れたためアダムは少し傷んでおります……ツゲの聖ジョージ、槍の長さが少し足りませんが4月にはドラゴンを突ける状態になるでしょう……1対の巨人、発育が悪いので大特価」と書いた。

　1719年にポープはリッチモンド・ロッジの新しい庭園についてプリンセス・オブ・ウェールズに助言していたのだが、これについて1728年に、オックスフォードの詩の教授で風景庭園の造園についても執筆活動をしているジョゼフ・スペンスに宛てた手紙の中で書いている。手紙の中でポープは、彼の考えについてさらに詳しく、「庭をレイアウトする場合、最初に考慮すべきもっとも重要なことはその場所のゲニウスであり」、それがどの長所を高めるべきでどの欠陥を直すべきかを明らかにしてくれると述べている〔ゲニウスには守り神（この場合は地霊）と気風（土地の特質）の両方の意味がある〕。

　ポープは詩の中でつねに自然の風景に対する敏感さを表現していた。そして、「あらゆる庭造りは風景画を描くことであり、風景をとどめるという点で同じである」と考えていた。バーリントン卿やウィリアム・ケント、そのほか風景派運動を進めた人々の友人であったポープは、この運動が取り入れた多くのアイデアのもとになるインスピレーションを与えた人物である。「庭造りは……詩より神の御業に近い」という彼の基本的信条は、1世紀前のフランシス・ベーコンの「全能の神は初めに庭園を造った」と同じことをいっている。1731年には、当時、（ケントとともに）チズィックの自分の庭園の第3段階に着手していたバーリントンに宛てた『書

【ポープの知恵】
詩人で皮肉屋のアレグザンダー・ポープは、18世紀初めの自然に対する態度を変えることに熱心で、庭造りの様式にきわめて大きな影響を及ぼした。ポープの有名な金言、「すべからく自然が忘れられぬようにせよ……すべからくその場所のゲニウスに伺いを立てよ」は、その後のあらゆる環境計画の基本となる。ポープがテムズ河畔の自分の庭に造ったグロットの絵をウィリアム・ケントが描き、ポープが翻訳したホメロスの『オデュッセイア』の中でカリプソの洞窟の挿絵に使われた。

簡詩(Epistle)』の中で、ポープは18世紀の残りの期間、基本的ルールとすべきことは何かを示して、「すべからく自然が忘れられぬようにせよ」と書いている。そしてこの詩人は次のように続けた。

> すべからくその場所のゲニウスに伺いを立てよ。
> さすれば水を上げるべきか落とすべきか、
> 大望を抱く丘が天までそびえるのを助けるべきか、
> 谷を掘って円形の劇場にするべきか教えてくれる。
> 田園を呼び入れ、林間の空き地を捕らえ、
> 依存のない森と一緒になって、木陰ごとに変化をつけ、
> 意図して線を切断するかと思えば、しかるべき方向に向ける。
> あなたが植えるときには色を塗り、あなたが作業するときにはデザインしてくれる。

❖ 自然の再発見

アディソンとポープの皮肉は、フランスの整形式が極端に表れていることに対する反対表明である。フランスとの長引く戦争がおそらくイギリスにおける厳格なフランス式に対する全般的な嫌悪を生んだのだろうが、それと同時に政治や芸術のより自由主義的な姿勢が庭園についての新しい自由な考え方を促し、それに

【詩人のデザイン】
テムズ河畔にあったトゥイックナムの自分の庭園でアレグザンダー・ポープは、庭師のジョン・サールによる上の図面に示されているように、中心部の整形式の要素と外側のもっと自然な要素を組み合わせた。ウィリアム・ケントによる庭園の絵(左)には、虹の端に神々がいて犠牲の祭壇とホメロスの胸像がある古典的な場面が示されている。仕上げにポープの犬のバウンスと腕をポープにまわしたケント自身が描かれている。

第7章 | イギリス式風景庭園

【チズィックの変貌の時代［上］】
チズィック・ハウスの庭園はおそらく、1725年にバーリントン卿がパラーディオ様式のヴィラを建てるより前の1716年にすでにチャールズ・ブリッジマンが取り組んでいた。のちに1731年からアレグザンダー・ポープとウィリアム・ケントの両人がその開発に大きな影響を及ぼし、ケントは以前の整形式のレイアウトを修正した。彼は既存のカナルの直線をやわらげてもっと自然に見える湖を造り、その奥にロマンチックなカスケードをデザインした。このピーター・ライスブラックによって描かれた眺めは、バーリントンが並木道が3方向に伸びる道の分岐点に木立を背景として密集した生垣を植えた、初期の段階を示している。焦点として、1716年にすでに建てられていたドームのある神殿、3階建てのバーニョ〔公衆浴場を意味するイタリア語だが、この場合はカジノ（娯楽室がある建物）のこと〕、ペリシテ人を殺すサムソンの彫像がある。この眺めは1733年には大きく変えられ、サムソンがなくなり、第3の並木道を通してラスティック・ハウスのアーチが見えるようになった。

【不規則な配置［右ページ］】
すでに、アディソンとポープ以外にも新しい造園家を励ます声が上がっていた。バティ・ラングリーとスティーヴン・スウィッツァーの両人は、庭園理論に「不規則性」の概念を導入した。ラングリー（1696-1751）は建築家としてだけでなく庭園デザイナーとしても仕事をしたが、むしろ多くの著書によってよく知られており、ここに示した図面はそのひとつ『新造園原理（*New Principles of Gardening*）』（1728）から取ったものである。彼は、庭園は「規則的な不規則性で構成されるべき」だと考え、「くだらない花の結び目模様でふくらませた……堅苦し

自然派革命

よって自然は探求し、尊重し、研究すべき喜びとみなされるようになった。

　早くも1681年にジョン・ワーリッジは『庭造りの技(The Art of Gardening)』の中で、整形式のパルテールの植栽への独創性のない追従によって、多くの美しい植物が庭造りに浪費されるのを嘆いている。そして1692年にはサー・ウィリアム・テンプルが『エピクロスの庭園』の中で、不規則な非整形の様式のアイデアを論じた。彼は中国へ行ったことはなかったが、このより自由な様子を、中国のシャラワジ(テンプル自身の造語)が示すものであり、シャラワジの状態では「美はすばらしく、目を打つが、普通に気づかれるような諸部分の秩序や配置を持たない」と説明している。そして1700年には、ティモシー・ナースがカントリーハウスに関する著書『喜ばしき田園(Campania Felix)』の中で、遠くに川があり、開けた眺望が丘陵で終わる、地面がゆるやかに上っている地所を薦めている。そして、土手や小山に野生の草花を植え、低木の野趣園(ウィルダネス)を造ることについて語っている。

　第3代シャフツベリー伯爵アントニー・アシュリー・クーパーは実際的なことはあまり考慮せず、詩の形で自然への熱意を表現し、それは100年後のワーズワースの詩を思わせ、次のように美的評価と道徳を結びつけた。「私はもはや、自然のものを求めて私の中で湧き起こる情熱に抗おうとは思わない。そこでは技巧も人間の奇抜な着想や気まぐれも、その原初の状態を妨げてその純粋な秩序を損なってはいない」

　フランスの整形主義と決別したいという欲求が1720年代から1730年代にかけての変化の速度を速めたが、自然と協力するという考え方は、しばしば非整形の様式が幾何学的レイアウトと組み合わされた17世紀のイタリアにまでさかのぼることができる。自然主義への願望も、振り返ると牧歌的な田舎暮らしに引きこもることを重視した古代ローマとローマ人の思想に見ることができる。

　この教養ある若いイギリス貴族──いつか自分の地所を「改良」したいと思っている典型的な地主──は、ウェルギリウスの『農耕詩』の牧歌的なテーマと田舎の生活を称賛する小プリニウスの書簡(47ページ参照)に精通していた。そしてオウィディウスの作品についての知識を持っていたため、グランド・ツアーで訪れたルネサンスのヴィラの庭園に含まれている寓話的メッセージをすべて解読すること

い規則的な庭園」を痛烈に批判した。彼はまた、手の込んだフランスの刺繍のパルテールを、イギリスの気候には適さず、芝のパルテールに替えるのが一番よいと考えた。

ができた。この教育の総仕上げで、彼はイタリアの風景を見た。そしてここから、それは小さな一歩ではあったが、イングランドのもっと緑豊かな環境に同じような風景を生み出す可能性を追求する歩みが始まったのである。イタリアに滞在していたウィリアム・ケントとバーリントン卿が1719年に帰国したとき、ふたりは幾何学と直線を分解してもっと感覚に訴える曲線にするつもりになっていた。1年後、マッテオ・リパ神父が中国から持ち帰った中国式庭園の版画集がバーリントンの所有となった──現在ではこの版画集は大英博物館にある。この中に、テンプルのいうシャラワジの原型を認めることができる。

❖自然派の躍進

大まかに一般化すれば、18世紀の風景庭園の造園の進展は3つの段階に分けられる。1720年代から1740年代までの初期の革新者はチャールズ・ブリッジマンとウィリアム・ケントで、ケントはアレグザンダー・ポープから多大な影響を受けていた。ブリッジマンの庭園とケントの庭園には整形と非整形の要素が混在し、田園地帯に向けて眺望が開けていた。とくにケントのデザインでは、彫像、神殿、園亭、そのほかの庭園建築物はなくてはならない要素だった。

第2段階はランスロット・「ケイパビリティ」・ブラウンとその支持者が主導した時期で、彼らの主要な傑作は1750年から1780年代にかけて造られた。多くの目利きにとって、ブラウンのパークの簡素な美は、イギリスの風景庭園の様式を集約するものである。草、高木、空、風景を映す水がその重要な要素だった。こうした「緑の」庭園は、もはや家屋の補助的な建築システムとみなされることはなく、家屋の壁から全体の風景へと流れるように広がった。土地は自然な輪郭に成

【緑の彫刻】

これは1750年頃に描かれた、サリー州にあるクレアモントの円形劇場と湖で、画家の名前は不明である。1720年代にチャールズ・ブリッジマンがニューカッスル公爵のために形の整った驚くような円形劇場をデザインした。最近、ナショナルトラストによって復元され、フランスの整形式と「ケイパビリティ」・ブラウンの滑らかな広がりという両極端の様式の移行期にデザインしたブリッジマンが、幾何学的配置に風景の広大な眺望を組み合わせた様子がわかる。また、近代的な土木機械の助けを借りずに、急斜面の草地を正確にテラスに造形した彼のすぐれた技術も証明されている。1750年にケントは、ブリッジマンによる円形の湖の外形をやわらげて、島の神殿とグロットを加えた。

ストウでの政治的表明
A POLITICAL MANIFESTO AT STOWE

18世紀の庭園はしばしば当時の政治、詩、絵画と直接的なつながりを有していた。とりわけストウの庭園においてそれが顕著で、この庭園を造ったコバム卿とホイッグ党の首相サー・ロバート・ウォルポールとの関係を理解せずしてこの庭園の意味を完全に把握することはできない。熱烈なホイッグ党支持者でハノーバー王家の王を支持するコバムは、1733年にウォルポールおよびジョージ2世と仲たがいした。彼は積極的な政治活動から退いて、ホイッグ党の政府に批判的な派閥に属した。今日なら政治に関する辛辣な日記を書くかもしれないが、そうする代わりにコバムは、バッキンガムシャー州の庭園をウォルポールの政治倫理の欠点とみなしたものに注意を引くため、そして自身のホイッグ党員としての政見を発表するための場所として使うことにした。彼は湖を8つばかりと神殿を36造り、彫像と胸像を約90注文した。何

イギリスの偉人たちの神殿

人かの人物の像は、とくに刺のある意見を表明するようにデザインされた。そして、廃墟のように造られた「現代の徳の神殿」の中に頭のない彫像を置いて、政界の現状を表現した。

ストウを造るのにかかった30年以上の歳月が経過する間に、歴代のデザイナーたちがさまざまなアイデアを出した。コバムは1714年に庭園の造営に着手し、サー・ジョン・ヴァンブラとチャールズ・ブリッジマンを雇ったが、様式の展開に関しては自分でしっかりと支配権を握っていた。1734年に積極的な政治活動から引退したのち、自然主義的な改良のためにウィリアム・ケントを呼んだ。そして1741年に庭師頭に任命された「ケイパビリティ」・ブラウンは、コバムの死後まで、10年間それを続けた。

ストウにあるいくつもの神殿、イギリスの偉人たちの神殿(ホイッグ党の英雄を集めた)、パラーディオ橋、エリュシオンの野、ギリシアの谷は素晴らしいが容易には理解されず、ガイドもちゃんとした背景知識もなければ、この庭園のあまりの複雑さに迷子になってしまったかのような気持ちになるかもしれない。しかしそれは、美しい建物、滑らかな草原、そびえ立つ植林地が一連の魅惑的な風景画を見せてくれることで救われている。

1733年頃にJ・リゴーによって描かれたロトンダ(円形神殿)

第7章 | イギリス式風景庭園

形され、蛇行する深い谷に湖や川から水が供給された。ハンフリー・レプトンは1788年から1818年までブラウン派の風景を造りつづけたが、家屋の周囲に再び花壇を導入した。

その一方で、初期段階でブリッジマンとケントがチズィック、ストウ、ラウシャムに導入したアイデアは、第3の段階であるピクチャレスク運動に大きな影響を及ぼした。「ピクチャレスク」の擁護者たちはブラウンやレプトンの退屈さを批判し、非対称性、遠くの原野や山、勢いよく流れる奔流、崩れかけた廃墟で特徴づけられる、本物のロマンチックな野趣を求めた。

18世紀の大庭園で単純にどれかひとつの段階に属していたものはほとんどない。多くの場合、地所は次々と「改良」が加えられ、それぞれがそれとわかるしるしを残した。クレアモントではブリッジマンからケント、そしてブラウンへと引き継がれ、同じ3人がストウでも連続して働き、その一方でレプトンが何度も呼ばれてブラウンが造ったパークの改造について助言し提案した。

❖ 改良者の登場

裕福なパトロンのために働いたチャールズ・ブリッジマンとウィリアム・ケントは、より整形的でないやり方の最初の主唱者——ポープのいう「その場所のゲニウス」に伺いを立てた最初の人——だった。ブリッジマンは著述家ではなく実践家で、世紀の変わり目にニフとキップが描いたような幾何学的レイアウトと放射状の並木道からケントのもっと自由な景観への移行期に、非常に重要な役割を果たした。ブリッジマンが初めて脚光を浴びたのは、ジョージ・ロンドンとヘンリー・ワイズのもとで働いていた1709年のことだった。1714年にはすでにコバム卿とともにストウのコバムによる改造にかかわっていて、そこにハーハーを設け、1720年にはケンブリッジシャー州でオックスフォード伯爵のためにウィンポール・ホールでも仕事をした。1728年にワイズが引退すると、ブリッジマンはジョージ2世とキャロライン王妃の王室付き庭師になり、それは1738年に死亡するまで続いた。

しかし、ホラス・ウォルポール（造園および建築の能弁な評論家で、首相のロバート・ウォルポールの息子）がイギリス式風景庭園の伝統の基礎を築いた人物だとしたのは、ウィリアム・ケントである。1750年から1770年にかけて書いた随筆『現代の造園について (On Modern Gardening)』の中で、ウォルポールはケントについて、「彼は柵を飛び越え、自然のすべてが庭園であることを悟った」と述べている。1720年代から1730年代にかけて、庭園の主要部分のデザインはその体系化された整形性を保持していたが、それまでの数年、しばしば外側部分に導入されていた左右対称の「野趣園(ウイルダネス)」は、曲線や曲がりくねった小道に取って代わられた。しかし、1738年にオックスフォードシャー州のラウシャムで、「地所全体を一種の庭園にする」というアディソンの考えを解釈し表現しようとしていたケントは、周囲の田園風景を呼び入れようというポープの提案を採用した。

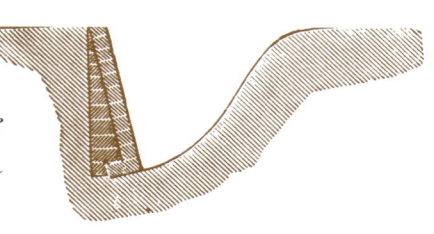

【ハーハーの意義[左]】
沈められた塀と溝でできたハーハーは、自然主義的なパークの発展にとって非常に重要な役割を果たした。屋敷を囲むプレジャー・グラウンドの端に造られたハーハーは見えない障壁になって牛や羊が放牧地から入ってこないようにするが、それでもなお屋敷からパーク、パークから遠くの田園地帯への眺望がさえぎられないようにできる。それはプレジャー・グラウンド、パーク、そして風

【絵画に描かれた風景 [上]】

18世紀の造園家が着想を求めているときに目を向けたのが、クロード・ロランやニコラ・プッサンのような画家の油絵だった。このプッサンの1648年頃の絵画『泉水で足を洗う男のいる風景』に見られるような、かなたの丘、木立、古代の遺跡の理想郷(アルカディア)的風景は、ちょうど造園家たちが真似たがる類のロマンチックな構成を描いていた。ウィルトシャー州のスタウアヘッドの風景庭園を造った

ヘンリー・ホーア自身、プッサンの絵を2点所有していたことは特筆すべきである。プッサンのもっとも有名な絵画『アルカディアの牧人たち』の一部は、1750年代初めにデザイナーのトーマス・ライトにより、スタッフォードシャー州のシャグボローにある牧人のモニュメントに大理石のレリーフとして組み込まれた。

景が継ぎ目なしにひとつになることを意味する。ハーハーの起源はおそらくフランスにある。一般にチャールズ・ブリッジマンがハーハーを導入したとされているが、実際には1689年にすでにカンブリア州のレヴンズ・ホールにハーハーが設けられていた。

❖ ウィリアム・ケントの作品

　画家で建築家、そして舞台および景観のデザイナーであるウィリアム・ケント（1685-1748）は、ヨークシャーの貧しい家庭の出身である。馬車の塗装職人の徒弟として働いているときに何人かの裕福なパトロンから才能を認められ、彼らの援助を受けて1710年にローマへ行って絵を学んだ。約9年滞在してイタリアのほかの都市も訪れ、その間にバーリントン卿に紹介された。1719年に帰国すると、バーリントン卿はケントのパトロンになり、1731年にはケントを雇ってチズィックの自分の庭園——すでにカナルと放射状の並木道が配置されていた（208ページ参照）——をもっと自然主義的な様式にデザインし直させた。ケントはほかにもクレアモント、ラウシャム、ストウのデザインなど、いくつもの広く知られているデザインを手がけた。

　ケントは画家としては成功しなかったが、視覚的な才能と空間の理解を活かして、当時の一流庭園デザイナーになり、徐々に庭園をあらゆる整形の痕跡から解放した。彼は友人のアレグザンダー・ポープの「あらゆる庭造りは風景画を描くことだ」という言葉をさらに膨らませて、光と影と建築で3次元の絵画を作った。つまり、クロード・ロランやニコラ・プッサンのような画家の理想化されたロマンチックな風景にできるだけ似せて庭園を造ったのである。ケントの生涯を通じて、風景も建物もその提案のスケッチは、イタリアにいたときに彼がいかに影響を受けたかを示している。ラウシャムのカスケードは、ヴィッラ・バルバリーゴ・ピッツォーニ・アルデマーニの庭園にあったヴァルサンツィビオのカスケードから着想を得たようである。

　オックスフォードシャー州のチャーウェル川のほとりにあるラウシャムには、ケントの傑作、彼のもっとも完成され、よく知られた作品が残っており、屋敷も庭園もまだ彼が残したほとんどそのままである。彼は1737年から1741年にかけて（そしておそらく、1730年代前半もまだストウの仕事をしながら）ここで仕事をした。ホラス・ウォルポールはここをケントの「もっとも魅力ある」庭園としてストウより好み、「この庭園は小さなダフネ、想像できるもっとも気持ちのよい小さな木立、小川、林間の空き地、柱廊、カスケード、川、すべての景色が完全に古典的である」と述べて、そのほどほどの規模に注目している。

　ケントはラウシャムの小さく扱いにくい空間で大きな多様性を実現した。舞台デザインの才能を活かしてさまざまな眺めを操作した結果、その牧歌的な谷全体に調和した趣があり、連続的なヴィスタが川を横切って周囲の野原や生垣へと伸びている。川向こうにあるアイキャッチャーの廃墟になった神殿風の粉引き小屋が、焦点の役割を果たした。川の上のテラスは滑らかにくぼんだ斜面をなし、そこにはシーメーカーズ作の馬を襲うライオンの大理石像が置かれた。森の散策路と空き地はそれぞれ不意に現れて驚かすように計算された建物で終わる。見上げても決して見えないが斜めに近づいていくプラエネステと呼ばれる巨大なアーケードは、ケントの最高傑作である。森の中にあるコールド・バスと八角池が水源となっている細い石造りの水路（リル）が大池まで曲がりながら下り、この種の曲がりくねったコースは18世紀の景観でありふれたものになる。1720年代にブリッジマンがラウシャムで仕事をして、この庭園の基本骨格となる池、アレー、劇場、

焦点としてのアイキャッチャー

ウィリアム・ケントがラウシャムの向かいの草原の中に建てたファサードは、アイキャッチャーと呼ばれる建築上の工夫の好例である。たいていシルエットが見え、庭園の境界に置かれることが多いアイキャッチャーは、とくに田園風景に目を向けさせ、庭園とその向こうの自然の風景の区別をあいまいにするために使われる。

曲がりくねった歩道を造ったが、今日、確固として支配しているのは、ケントが重ねた全般的にやわらげる効果である。ブリッジマンの整形的な水槽は、不自然でない素朴なカスケードでつながった池の鎖にされた。

❖ ケントの影響

　ケントの考え方はまもなくほかの造園家たちに影響を及ぼし始め、1740年代には庭園デザインに新たな一歩をしるす4つのイギリス式庭園がすでに造営中で、そうした刺激を受けた所有者はそれぞれ自身の強い個人的好みと感性に従って庭を造った。スタウアヘッド（219ページ参照）のヘンリー・ホーア、ペインズヒル（234ページ参照）のチャールズ・ハミルトン、ウォーバーン・ファームのフィリップ・サウスコート、レゾウズ（232ページ参照）の詩人ウィリアム・シェンストンはみな、それぞれ異なるやり方で、もっと自然なアプローチの開発についての新たな考え方と世紀末の「ピクチャレスク」の理想への進化をもたらした。スタウアヘッドのデザインはひとつの物語しか語らないが、それはここを造ったヘンリー・ホーアの生涯をあるローマの英雄の生涯と絡み合わせる物語である。ペインズヒルに文学的筋立てはないが、所有者であるチャールズ・ハミルトンが植物に特別な関心を寄せていたことがわかる。そしてウォーバーン・ファームとレゾウズでは、フィリップ・サウスコートとウィリアム・シェンストンが風景とプレジャー・ガーデンと農場の混合物である装飾農園を造ったという点で、同時代の大多数の人々とは違う道をたどった。このかならずしもあまり実際的ではない組み合わせは、大陸の多数の庭園に影響を及ぼすことになる。18世紀の遺産でもっともよく残っているのは、滑らかな草地と高木が際立つ風景園（ランドスケープ・パーク）だが、本章の後半で見ていくように、花と低木も決して景色から排除されたわけではない。それどころか、今やアメリカ大陸からやってくる新しく発見された植物は特別な注目を受けるにふさわしく、ペインズヒルのような一部の庭園にとくにそうした植物を植えるためにデザインされた。

❖ 改良され完成された自然

　18世紀中頃にはすでに幾何学的アウトラインが徐々にやわらげられて、あらゆる整形とシンメトリーが消えた新たな理想に変えられていた。自然は「改良」され、新しい風景庭園でもすぐれたものは自然の景色によく似ていて、完全ではないにしてもほとんど区別できないほどだった。

【ラウシャムの傑作［下および次ページ］】
ウィリアム・ケントはラウシャムで彼の最高傑作をいくつか造った。ここでケントは、やや整形的なブリッジマンの風景に、彼自身のもっと自然なヴィスタを導入した。今日、この庭園はほとんどケントが残したままの姿にある。森の高いところにある八角池から下る曲がりくねったリルがヴィーナスの谷に水を供給する。この谷は、この庭園の焦点であるプラエネステと呼ばれる7つのアーチがある石造りのアーケード（次ページ）から見渡すことができる。

第7章｜イギリス式風景庭園　215

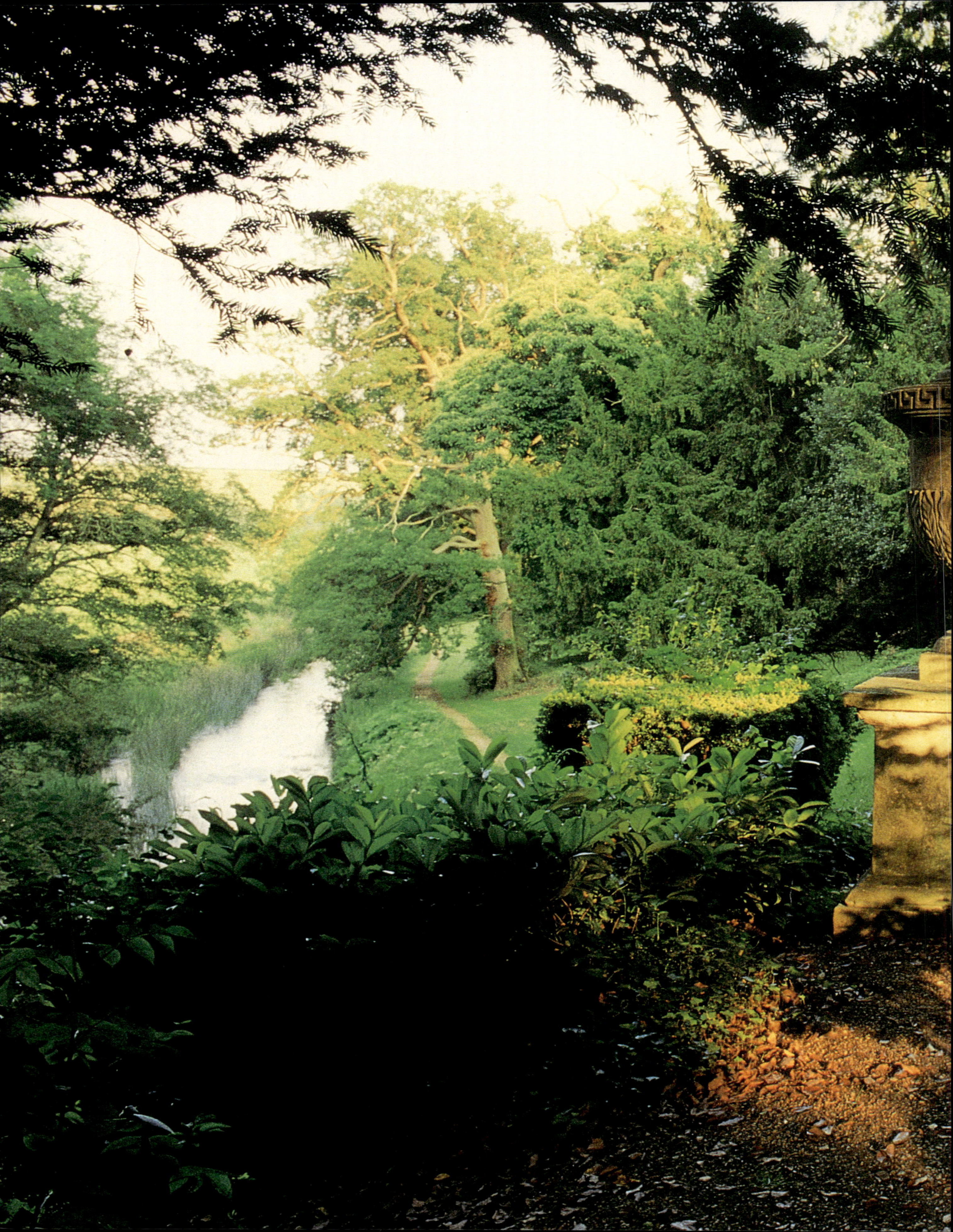

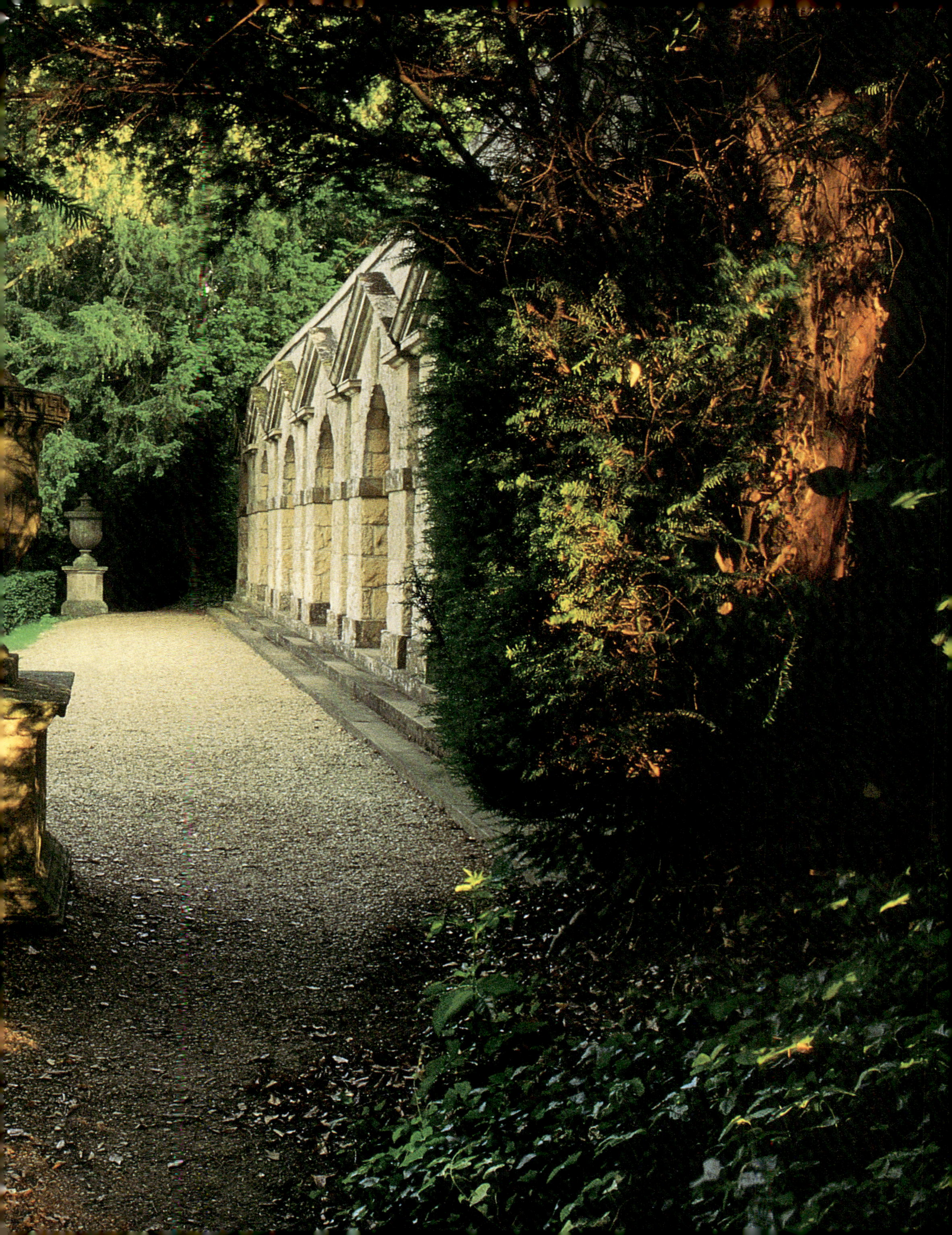

1750年代から1780年代にかけての風景派運動のもっとも有名な実践者であるランスロット・「ケイパビリティ」・ブラウンは、自然の役割をさらに強調した。地所を境界の森で囲むことにより、パークを波うつ緑の牧草地、地形に沿って広がる土地、湾曲した湖や谷を曲がりくねって流れる川、空に輪郭が映える雄大な高木の木立がある私的な聖域に変えることができた。ある古い地所では、ブラウンは屋敷のまわりにある従来の庭園を取り壊し、フランス式の並木道の線を絶って叢林にした。花と実用本位の菜園はパークを見渡す景色から姿を消した。ブラウンの手にかかると、こうした理想郷のような風景は、自然と人工のそれぞれの役割をほとんど区別できないほどの理想の完璧な複製になった。今日、残っている18世紀のパークはあまりによくイギリスの田園地帯と調和していて、自然の「完成」におけるデザイナーの役割はほとんど見えなくなってしまった。こうした牧歌的な田園風景は、人間の自然との関係および相互依存性を強調し、気分や感情を刺激するように計画されていて、18世紀の合理主義の縮図とみなされることが多い。

　風景派運動の進展と時を同じくして囲い込み法が可決された。共有地の専有と囲い込み、そしてより総合的な土地利用ができるようになったことで、地主は自分の地所を整理して新しい風景の理想を開拓することが（そして新しい耕作方法を利用してもっと儲かる地所経営をすることも）可能になった。そして、そうすることで彼らはイングランドの様相を変えた。ときには、自分だけのエリュシオンが欲しいという地主の願望を満たすために、村がまるごと移動させられることもあった。囲い込みの直接的な結果である社会的、経済的問題を嘆くオリヴァー・ゴールドスミスの『廃村（The Deserted Village）』は、そのような地主を改良者ではなくすべての生活手段の破壊者として描いている。「甘美なるオウバーン、この平野でもっとも美しい村」の運命に、彼の姿勢が要約されている。

　　その楽しさは失われ、あらゆる魅力は消えてしまった。
　　木陰のあずまやに見えるのは圧制者の手、
　　荒廃があらゆる緑を悲しませる……
　　悲しみに沈む農夫がみすぼらしい一隊を率いて歩く。
　　そして彼が力尽きて倒れても、手を貸す腕はひとつもなく、
　　土地は花を咲かせる——庭園と墓に。

　ゴールドスミスの「甘美なるオウバーン」は、おそらくオックスフォード近郊のテムズ河畔のニューナム・コートニーのことであろう。初代ハーコート伯爵が1756年に新しいパラーディオ様式のヴィラを建設したのちに1マイル（約1.6キロ）移動させた村で、川沿いの美しい眺望に恵まれ、遠くにオックスフォードの尖塔が見えた（18世紀後半にニューナムに取り入れられた花壇は、プレジャー・ガーデンと風景庭園を組み合わせた庭園の例として傑出したものとなった、237ページ参照）。

❖ ブラウンの才能の力

　あらゆるイギリスの風景デザイナーの中でもっとも有名な人物はランスロット・

囲い込みの影響

前の世紀にすでに始まっていた共有地の囲い込みは、18世紀の間に勢いを強めた。1730年から1820年の間に約3500の別個の法案が議会を通過した。囲い込みは、土地を持たず自立できない農業労働者という新たな下層階級と、大きな社会的損失と不安定を生み出した。しかしそれは、急速に増加する人口のために食糧供給を大きく増やす改良された新しい農法の導入が可能になったことを意味した。囲い込みは新たな風景園の造成を容易にしたが、多くの場合、ほとんど役に立たない野原や生産性の低い土地を使うことが可能だった。

スタウアヘッドのウェルギリウス風の設定
STOURHEAD'S VIRGILIAN SETTING

　銀行家のヘンリー・ホーアは、1745年から1783年にかけてウィルトシャー州のスタウアヘッドに寓話的な庭園を造った。ウェルギリウスの叙事詩『アエネーイス』から着想を得て、スタウアヘッドはアイネイアスとトロイアの生き残りと彼らのローマへの航海の物語を表現している。ホーアはメッセージを伝えるため、ケントの回遊路の考えを発展させて、歩いていると注意深く工夫された湖の向こうの一連の景色の中に「事件」——神殿、グロット、隠者の住処、橋——が順番に現れるようにした。

　アイネイアスが冥府へ降りていったエピソードをたどる建造物やヘラクレスなどの彫像は、喜びか善行かの選択を象徴している。しかしそれらは、家庭生活、愛、死、死に対する勝利といったテーマとして読み取ることもでき、ホーア自身の人生に起こったことを思い出させる。この庭園を造る前に彼は短期間のうちにふたりの妻、母親、何人もの子どもを失っており、1752年には21歳の長男ヘンリーのナポリでの死という最後の打撃がやってきた。

　不規則な形をした中央の湖は、もともとは白亜質の丘陵の下の深い谷の端をせき止めて造ったもので、クロードの絵画風に神殿や高木や斜面にある森が映るように計画された。庭めぐりは湖の上の高いところに設置されたアポロの神殿で最高潮に達し、そのドームは午後に陽光を受けるようになっていた。この神殿から湖の周囲の道程全体が見えるようになり、アイネイアスの苦闘だけでなく人の人生の旅も表現している。

　ホーアは自ら述べているように、早くから「本を調べその知識を追求するという、唯一、紳士を庶民と区別する」習慣を身につけ、ヨーロッパを広く旅し、バーリントン卿の友人でもあり、彼を通してケントの修景活動を知った。ホーアはケントのもとで仕事を始めた建築家のヘンリ・フリッツクロフトのパトロンになり、アポロの神殿も含めスタウアヘッドの建物の多くをフリッツクロフトがデザインした。

　今日では、19世紀に加えられたアメリカ北西部産の背が高く暗い針葉樹やシャクナゲのコレクションがあって、森はさらに密生し、回遊路の不意打ちの要素を強めている。当時は主として落葉樹の森で、その下にセイヨウバクチノキが植えられていても、必要な密度が得られるまでに何年もかかったはずである。

　ホーアの個人的な構想は30年以上かけて形にされ、どのレベルでも楽しめる傑作を作り出した。ホラス・ウォルポールはスタウアヘッドのことを「世界でも有数のピクチャレスクな光景」だと書いている。ホーア自身が生きていた時代にも目利きが群れをなして見に来たが、その中には画家のコプルストン・ウォー・バムフィルドやスウェーデンの景観デザイナー、フレデリック・マグナス・パイパーもいた。彼らはさらに、バムフィルドはサマセット州のヘスタクームにジョージ王朝時代風のプレジャー・ガーデン（最近修復され、その隣にはのちのラティエンズとジークルによる整形式のデザインがある）、パイパーはストックホルムのハーガ・パークとドロットニングホルムでそれぞれ独自の景観を作り出した。のちにターナーもコンスタブルもスタウアヘッドの風景を描いた。

　スタウアヘッドの造営が行なわれたのは、ケントが衰え（1748没、「ケイパビリティ」・ブラウンがその穏やかな構成計画で自然派革命を指導していた時期までである。ホーアが亡くなったときには、もっと大げさなゴシックの雰囲気を持つピクチャレスクの運動が勢いを得ていた。

【完璧な構成】
不明の画家が描いたこのスタウアヘッドの最高の眺めには、パンテオン（右）、パラーディオ橋、そしてこの庭園をめぐる際のクライマックスであるアポロの神殿が示されている。

第7章 ｜ イギリス式風景庭園

【入り口が語ること[下]】
ストウのドーリア式アーチは、エリュシオンの野への正式の入り口で、パラーディオ橋の眺めを縁取っていた。また、この門は1770年にジョージ3世の叔母にあたるアメリア王女をたたえて建てられ、王女を喜ばせた。「その週最高の楽しみ、少なくとも王女にとってそうだったものは……彼女をたたえて建てられた、あらゆるピクチャレスクな場所のうちでもっとも魅惑的な場所に建てられたアーチ」だったという。

【静かな眺望[右]】
スタウアヘッドのパンテオンは、屋敷に近い丘の中腹からの「眺望」の焦点になるようデザインされた。それは、この庭園の創設者で所有者のヘンリー・ホーアが「完璧な模範」とみなした、ローマにあるオリジナルのパンテオンへのオマージュである。スタウアヘッドの建造物や彫刻は、古代ローマの芸術と美点をたたえる「計画」に貢献している。

【サンスーシの中国趣味(シノワズリ)[右]】
18世紀のヨーロッパにおいて、庭のパゴダや園亭でもっとも楽しまれた贅沢品は茶と陶器だった。ポツダムのサンスーシにあるフリードリヒ大王の太鼓形のティーハウスは、話したり楽器を演奏したりする実物大の「中国人」によって命を吹き込まれる。それはフリードリヒの姉と妹の羨望の的となり、彼女たちは夫の王を説得して自分のところ——ドイツのバイロイト、スウェーデンのドロットニングホルム——にもティーハウスを建てさせた。

【ピクチャレスクな格子仕立て[左]】
当時のパターン・ブックでは、デザイナーが想像力を自由にめぐらせることができた。これは1758年の宴会場のアイデアで、中国風とゴシック風の文化が融合したもののようである。

自然派革命

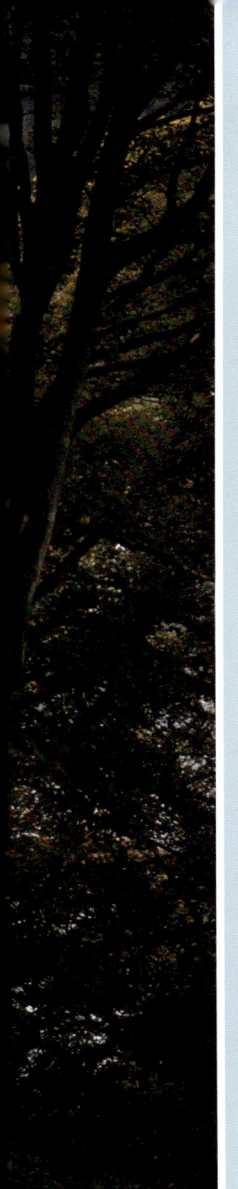

喜びの神殿
TEMPLES OF DELIGHT

　風景庭園はアイキャッチャーになるえり抜きの建築物がなければ完成ではなかった。「生きた絵」に、神殿、オベリスク、橋、パゴダ、グロット、廃墟が趣と面白味を添えた。ハワード城ではそうしたものが風景のいたるところに広くばらまかれた。ストウ、ラウシャム、スタウアヘッドでは、回遊路上にある各舞台を特徴づけるものとなった。ペインズヒルでは、チャールズ・ハミルトンが巨大なグロット(133ページ参照)はもちろん、ローマ式の霊廟、風変わりなことで知られるトルコのテント、バッカスの神殿、隠者の住処を楽しみ、客たちをもてなした。スタウアヘッドの回遊路は、再建された中世の市場十字〔市場が開かれている場所に建てられた十字架〕、フロラの神殿、グロット、パラーディオ橋、素朴なコティッジ、アポロの神殿によって活気を与えられた。これらの建造物は焦点であり、貴族のプレジャー・ガーデンの自己充足的な世界の舞台装置であった。そして個人的な哲学、歴史、文学、神話的なテーマが込められていた。ストウの40余りの建造物を依頼するにあたり、コバム子爵は自分でも楽しみ、一族の座右の銘である*Templa quam delicta*すなわち「神殿はなんと喜びを与えてくれることか！」に従った。

　18世紀の初めからイングランドでは奇抜な格子仕立てやさっと掃いたような屋根の輪郭を持つエキゾティックな中国風の園亭やパゴダが人気を得たが、ドイツやフランスで中国趣味(シノワズリ)(342-43ページ参照)が流行し始めたのは18世紀中頃からである。本物についての直接的な情報がほとんどなかったため、形と機能の点で極東のテーマに関するヨーロッパの認識のずれはひどいものだった。中国では、園亭はアイキャッチャーやおもちゃの家としてデザインされはしなかった。学者の園亭は図書室と書斎であり、そのほかの庭の建物は音楽、将棋、詩、瞑想などの活動のために造られたのである。

【フォリーの建物［上および下］】
日陰と避難所を提供する以外に、この贅沢に樹木に囲まれたドイツの神殿(上)のような建物は、身分の高い人を楽しませるために使われた。目的が崇高な思想や道徳的教示ではなく楽しみなら、フォリー〔実用的な用途のない庭園建造物のこと〕は長持ちするように造る必要はなかった。スウェーデンの王妃の最初の「中国風」園亭であるドロットニングホルムのシーナ・スロットは木製だった(そしてスウェーデンの宮廷で非常に人気があったため、永久的な煉瓦と石の園亭に取り替えられた)。18世紀のトルコ風テントの多くはカンバス製だった。チェルシー・フラワー・ショーのためにトム・スチュアート＝スミスがデザインしたこのしゃれたテント(下)は、この遊び心のある伝統に従っており、現在はハートフォードシャー州の彼自身の庭園でアーチ門として使われている。

「ケイパビリティ」・ブラウンであることは確かで、よく知られているように、地所を調査してはその可能性つまり「ケイパビリティ」を評価する習慣があったことからそのあだ名がつけられた。ブラウンは生きているうちに世間に認められたという点で珍しい存在であり、『現代の造園について』の中でホラス・ウォルポールから「非常に有能な巨匠」でウィリアム・ケントの後継者にふさわしいとたたえられた。実際、彼の作品（および彼と同時代の人々の作品）は自然の影響の再現を非常にうまくやったため、イングランドの田舎の景色のどれだけがこうした18世紀のデザインによるものなのか理解されたのは最近になってからのことである。サー・ウィリアム・チェインバーズは1772年に、ブラウンの庭園が「普通の野原とほとんど変わらず、その多くのもので自然が非常に厳密に模倣されている」と不満を述べている。

意図して牧歌的で、繰り返しが多く、もしかすると少し退屈なブラウンのパークは、文学的寓意や寓話に依存していなかった。その代わりに、大規模な仕事をする彼の理想は、エドマンド・バークが『崇高と美の観念の起源』(1757)で定義しているような美の感覚を生み出す要素を維持しながら、自然の粗雑な部分を改良してどんな不完全さも消し去ることだった。ブラウンの風景は、何らかの種類の視覚的興奮を喚起するというより、穏やかな静けさを誘う。

ブラウンのもっとも注目すべき成果のひとつが、後世のために植物を植えることができたという点である。彼は若い頃からすでに、イングランド各地でパークを再編成するときに、彼の「環状、群生、点在」の植え方になくてはならないブナ、オーク、クリを植えていた。ブラウンが植えたものの大半はおそらく高さ1〜1.2メートルで掘り上げられた若木だっただろうから、彼が生きている間はこれらの風景にはある程度のぎこちなさがあったにちがいない。これらの樹木はウシやヒツジ、シカから守るために柵を設ける必要があったろうし、30年後ですら、彼の野望がかなったとはいいがたかっただろう。こうした樹木の多くはのちに取り除くことになる軟材の針葉樹で「保育」される場合が多く、成熟するまでに200年以上かかった。

生きている間にブラウンを中傷する人はほとんどいなかったが、死後、すぐに彼の評判は輝きを失った。下手な模倣者たちがブラウンの原則の評判を落とし始めたのである。ブラウンの「才能の力」を擁護したのは、彼の後継者であるハンフリー・レプトンだけで、批判者のほとんどがブラウンのパークが成熟するのに必要な時間の尺度を認識していなかった。1790年代には、ピクチャレスクの信奉者たちが指揮する嘲笑と中傷の宣伝により、風景が「完璧に組み立てられている」という理由でブラウンとハンフリー・レプトンは攻撃された。サー・ユーヴデイル・プライスとリチャード・ペイン・ナイトは、多様性によって生気を与えられた一枚の絵を生み出す建物と風景の関係の重要性を力説し、刺激が欠けているとしてブラウンの作品を批判した。

❖ レプトンとレッド・ブック

ブラウンの死後、自分は「風景造園家（ランドスケープ・ガーデナー）」だと主張した最初の人物であるハンフリー・レプトン(1752-1818)は、ブラウンの後継者として広く認められた（そしてい

【園芸家の非難合戦】
「ケイパビリティ」・ブラウンの存命中に彼を批判した中心的人物は建築家のサー・ウィリアム・チェインバーズ（上）だった。1750年代後半にチェインバーズ(1723-96)は建築監査官、そしてロイヤル・アカデミーの収入役に就任したが、今日ではむしろキューにあるパゴダ（343ページ参照）のような建築物でよく知られている。チェインバーズは、内容の多様性や心を刺激しそうな要素に欠けているとしてブラウンの作品を批判した。そして、ブラウンの「普通の草地」について、想像力がないと責め——ブラウンに古典の教養がないとあからさまなほのめかしをして——、「小さな草やいくつかのアメリカの雑草に場所をあけるために、森がまるごと一掃された」と決めつけた。ホラス・ウォルポールと詩人のウィリアム・メイソンの両人はブラウンのために反論し、メイソンは風刺の効いた『サー・ウィリアム・チェインバーズへの英雄的書簡（An Heroic Epistle to Sir William Chambers）』でチェインバーズの仕事の品性そのものを攻撃した。

【ブレニムのブラウン[224-225ページ]】
「ケイパビリティ」・ブラウンはオックスフォードシャー州にあるブレニム・パレスでヴァンブラが架けた橋を残したが、グライム川をせき止めて、橋のところでくびれてつながるふたつの広大な湖を作り出した。

ランスロット・「ケイパビリティ」・ブラウン
LANCELOT 'CAPABILITY' BROWN

ランスロット・ブラウンは1716年にノーサンバーランド州のカークハール村で生まれた。16歳のときの初めての仕事はカークハール・タワーでの仕事で、そこではサー・ウィリアム・ローレンが地所の「植栽と囲い地」に大々的な改良を加えていた。そこでブラウンは農業、排水、農地造成の新しい方法を用い、新しく導入された高木や低木を栽培できる進んだ考えを持つ雇い主のもとで、彼を有名にすることになる職業を始めた。若いわりにはかなりの権限を与えられたようで、輪郭の形成、湖の造成、成木の移植をすべて大規模に行なうための眼識を育てる機会を得た。おそらくノーサンバーランド州の丘や谷の自然の美が、彼の開発途上にある審美眼の形成に大きな影響を与えたのだろう。

「ケイパビリティ」・ブラウン、1770-75

1739年に南へ移り、いくつか地所を訪問して雇い主から任されたことを遂行した。2年後にストウの庭師頭の職を見つけ、ウィリアム・ケントのもとでコバム卿のために働いた（チャールズ・ブリッジマンはその前年に死亡していた）。ここでブラウンはギリシアの谷で次に行なわれる拡張を担当することになり、1万7600立米の土の除去とブリッジマンが造ったテラスの取り壊し、南の芝生の造成を監督した。コバムの信頼を得たブラウンは全体の現場監督になり、修景だけでなく建設の工事も担当し、ストウの図書室で建築関係の著作を読んで勉強した。ブラウンはコバムの死から2年たった1751年までストウにいたが、すでにそれ以前からほかの依頼を引き受けるようになっていた。

1750年代には、ブラウンはイングランドの最大級のパークの多くを造り直すようになっていた。クルーム・コートでは修景だけでなく新しい屋敷の建設も相談され、「島にあるあらゆるものと同じくらいどうしようもない地点」といわれていたところにグロットと湖を造ったときには、彼の能力の高さが証明された。その後の数年に受けた依頼には、ペットワース、バーリー、ロングリート、ボーウッド、サイオン・ハウスなどがある。なかには作業が20年も続いた事業もある。1760年代にブラウンは、ブレニムの800ヘクタールと、チャッツワースのパルテールとパークを再編成した。ブラウンは残りの生涯、私有地の改良を続け、クレアモントやフィッシャーウィックでしたように、ときおり建設や改築にも携わった。1764年にハンプトン・コートの庭師頭になって、ある程度、王室から認知されるようになり、この仕事によって敷地内に自分と家族のための家を構えることができた。1770年代にはバーリントン・ホール、シェフィールド・パーク、ディッチリー・ホールで仕事をした。

彼のパークにはいつも需要があったが、建築に関する技能を独学で学んだブラウンは、とくに構成が風景と装飾的な建物の統一性に左右されるときに重要な、一体的なサービスを顧客に提供することができた。

ブラウンは1783年2月に多くの友人に悲しまれながら亡くなった。自力でたたき上げた驚くべき人物である彼は、「機知と知識と非常な誠実さ」を持つと書かれ、「一緒にいて好ましく楽しい人物だが、仕事においては天才」といわれた。30年間、イングランドの風景に関する仕事をしたのちに、1000ポンドでアイルランドへ来ないかという申し出がレンスター公爵からあったが、「まだイングランドですることがある」という理由を言い訳に断ることができた。ヴィクトリア朝になって、ブラウンのパークが成熟した頃には、それを造った人物はほとんど忘れ去られ、彼の名前と業績が再び注目を集めるようになるのは20世紀になってからのことである。

【森の背景】
1758年にブラウンが最初に仕事をしたハーウッド・ハウスにある神殿は、ここにあるようにロマンチックに木々で縁取られている。この絵は1798年頃にトマス・ガーティンが描いたものである。

第7章 | イギリス式風景庭園

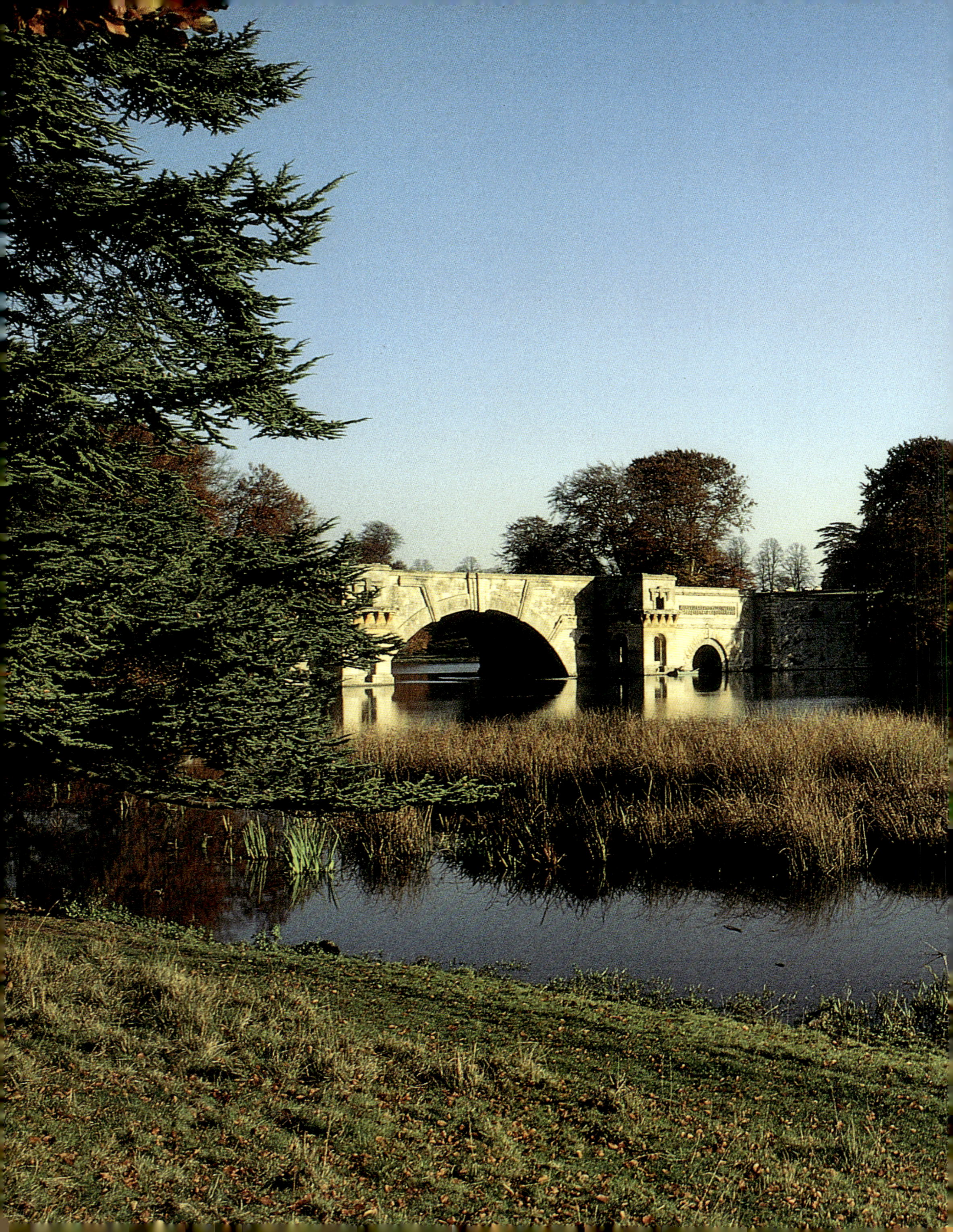

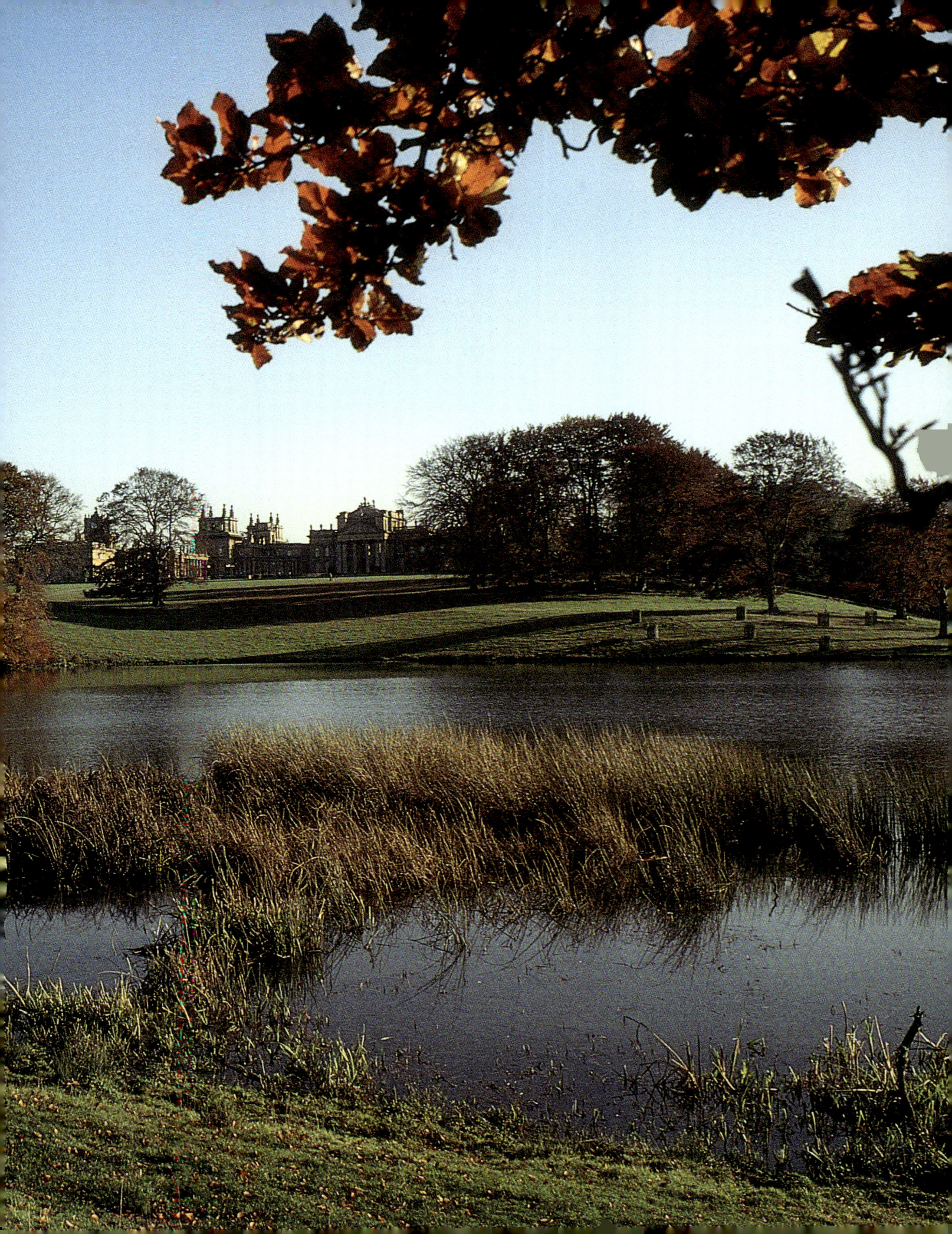

くつかの点で19世紀に起こる整形式への回帰のための地ならしをした)。1790年代までに彼はイングランド中の50以上の田舎の地所で仕事をして、ブラウンと同時代の人物でかなう者が誰もいないほどだった。コーク家(1788-89年にホルカム・ホール)、ポートランド公爵(1789年にウェルベック・アビー、1790年にバルストロード)、ベッドフォード公爵(1806年にウォウバーン・アビー、1811年にエンドスレイ)などの地主に雇われた。

　レプトンはほかのさまざまな仕事をして失敗したのち、1788年に36歳で新しい職業についた。彼がデザインを始めたのはブラウンが始めた歳より1歳上で、ブラウンがカークハールやストウでしたような実践的な見習い期間を得ていなかった。レプトンは当時の画家や著述家たちの作品による美的感覚の原則の勉強や、若い頃に見た風景に頼るしかなかった。ちょうどノーサンバーランド州の丘陵がブラウンに影響を及ぼしたように、広い空とはるかな眺望を持つイースト・アングリアの田園地帯がレプトンの想像力の重要な部分を占めつづけることになる。彼は技術的な資格を何も持っていなかったが、ライバルたちの大多数(およびブラウン)に比べてスケッチと彩色の能力という大きな強みを持っていて、それによって想像力を使って視覚化の効果を上げることができた。ブラウンよりよい教育を受けていたレプトンは、有能な著述家でもあった。また、彼は生涯で約330の庭園で助言をしている。最初は庭園は主に大地主のものだったが、1800年代の初めには、新しい階級であるにわか成金、すなわち比較的限られた規模の地所を持つ郊外のヴィラの所有者を顧客とし、この郊外のヴィラについては1820年代に造園の権威、ジョン・クラウディウス・ラウドンが記述している。ラウドンは1806年に真っ先にレプトンを批判したひとりだが、1840年に風景庭園の造園に関する5つの主要著書を再発行して、どちらかというと無名の状態から彼を救い出した。

　レプトンは最初の依頼のためにプロの測量士を使い、製図家から転じた建築家であるノリッジのウィリアム・ウィルキンスと仕事上の関係を結んだ。ブラウンと違い、レプトンは請負契約をせずに1日ごとの報酬(ジェーン・オースティンが『マンスフィールド・パーク』に書いているように1790年は5ギニーで、家での図面作成は2ギニーだった)と経費を請求した。しかし、フランスとの戦争勃発後のインフレと増税により、すぐに料金を値上げしなければならなかった。仕事が何年も続いた一部のクライアントからは年俸を受け取ったが、これが彼にとって有利に働くことはあまりなかった。1794年から1799年まで建築家のジョン・ナッシュと業務提携し、ふたりは1796年に最初の共同事業をコーシャム・コートで実施した。レプトンとナッシュは個別にも仕事を続け、レプトンの上のふたりの息子ジョンとジョージはどちらもときどきナッシュの助手として働いた。

　新たな職業についた当時のレプトンの財務状況の詳細を読んでみると興味深く、セット料金の課金や実施する仕事の割合の問題は今日のデザイナーとほとんど違わない。19世紀になって最初の数年、彼の収益力は落ち、1811年からはさらに馬車の事故で受けた障害に苦しんだ。怪我をして、残りの人生、歩行がかなり難しくなったのである。

　レプトンのデザインの仕事で重要なのが、有名なレッド・ブックの作成である。それは依頼主ごとに用意され、彼が提案した改良の前と後の地所の眺めが示され、

【記憶されるレプトン】
19世紀の著述家J・C・ラウドンは、最初はハンフリー・レプトンの称賛者ではなかった。しかし、のちにはレプトンのアイデアを高く評価するようになり、次のように書いている。「彼の田舎生活の一番の楽しみといってもよい景色の美しさを改良するためにあの自然の風情を利用することができるのではないかという考えは、ある夜、心配事で眠れなかったときに彼の心に浮かんだ。この計画は最初、浮かんだときにはほとんど夢のように漠然として不確かだったようだが、明るくなる頃にはもっとしっかりしたものになり、彼はその実行の可能性について思いをめぐらしていた。いつもの決断の素早さで、翌朝、彼は起き上がると、生き生きとした決意のエネルギーをもって、その日はずっとこの王国のあらゆる地域にいるさまざまな知人に宛てて『風景造園家』になるつもりだと説明する手紙を書いて過ごした。そして彼は、一瞬たりとも無駄にせず、そのような職業の実際的な目的にも必要な技術的知識の収集に専念した」

繊細な水彩で色が塗られている。そして、重ねたり折り畳んだりした紙をめくると完成時の変化がわかるようになっており、絵にはちょっとした文章が添えられている。赤いモロッコ革で製本されたこの美しい本を顧客は飾ることも多く、レプトンの仕事のよい宣伝になった。また、今日でも参考にできる素晴らしい記録でもある。しかし、その制作に金がかかるため、レプトンはこの本を有料にする必要があり、コーンウォール州のアントニー・ハウスの傑作は31ポンドになった。

❖ レプトンの仕事の流儀

1790年代にはレプトンは、周囲の田園地帯に溶け込むように調和して見えるパークをデザインするという点で、ブラウンのやり方を踏襲していた。ブラウンが造った風景にかかわる仕事をするよう呼ばれたとき、たいてい限定的な変更しか加えなかったし、ブラウンが見せるための主要な樹木が育てば一部の樹木は切り倒すつもりだったことを理解していた。場合によってはレプトンは、もっと早い時期からあった並木道をそのまま残すことさえあった。ブラウンが植えてから30年たっていたヨークシャーのハーウッドで1800年にしたように、新しい馬車道と門のデザインだけにとどめたこともある。レプトンが得意としていたもののひとつが曲がりくねった車道で、門を入るとすぐに屋敷がちらりと見え、それから遠回りして、最後の到着の瞬間まで丘や木々でその邸宅が隠されるようになっていた。これには劇的な効果があり、所有地を実際より広く見せた。ブラウンの

【改良前と改良後】
レプトンの人の心をとらえるスケッチは、彼のデザインに次元をまるごとひとつ追加した。第6代ベッドフォード公爵からの依頼のひとつであるウォウバーン・アビーのレッド・ブックには、レプトンが提案した改良前の西側の景色（上）と、見る人が紙をめくるとわかるようになっている改良後の景色（左）が示されている。レプトンは生涯の最後の10年間、この公爵のために働いた。

丘の上の植林地と違ってレプトンの木立は斜面をカスケードのように下り、高木の下に植えられた低木の茂みでそれはますます濃く見えた。

　遠くのパークの土地についてはブラウンのやり方に従っていたが、レプトンは屋敷と敷地との間に整然としたつながりが必要だと考え、正面玄関まで草が達するのを許さず、しばしばテラスを導入した。また、依頼主が家の近くに装飾的な庭を欲しがることがあるのを知っていて、アメリカやそのほかの土地からやってきたばかりの多くの新しい導入種も含め、花やそのほかの観賞植物を育てる領域を設けた。ウォウバーン・アビーではベッドフォード公爵のために、花の回廊、バラ園、アメリカン・ガーデン、チャイニーズ・ガーデン、動物園を配置した。レプトンの末期の依頼のひとつが、やはりこの公爵のための、デヴォン州タヴィストック近郊のエンドスレイでの仕事だった。ここで彼は、1810年にジェフリー・ワイアットヴィルが建てた狩猟小屋である装飾コティッジの周辺の美しいタマー川の谷間を修景した。不規則な建物が馬蹄形に並ぶワイアットヴィルによるデザインは、多くの窓から気持ちのよい風景が眺められるように計画されていた。健康状態が悪化したため、レプトンは現場をほとんど訪れず、1815年も終わる頃に完成したレッド・ブックが最後のレッド・ブックになった。それにはコティッジの眺めが示されており、ワイアットヴィルによる子どもたちの庭の魅力的なデザインもあって、レプトンはそれに、ボートを浮かべて走らせることができる、縁を高くした池を加えるよう計画した。ワイアットヴィルのデザインの背後にあるコンセプトを理解していたレプトンは、川や反対側の土手にある新しい林地への眺めを隠すおそれがあるため、コティッジの前には何も植えないように努めた。また、穏やかにしすぎてこの地のピクチャレスクな雰囲気を損なわないように注

【目的の調和】

ノーフォーク州のシェリンガム・パークの海辺の景色と森に触発されて、レプトンは彼のもっとも心地よい風景といってよいものを作り出した。彼は1812年に1冊のレッド・ブックを作成している。レプトンは正式な教育を受けたことも経験もなかったが、絶大な自信を持って次のように書いている。「相談を受けたどの場所についても、自分はほとんどすぐにそこを改良する方法がわかるという特別な能力に恵まれていることに気づいた」

【復活したエンドスレイ】
末期に依頼されたもののひとつであるデヴォン州のエンドスレイで、レプトンは1814年に第6代ベッドフォード公爵のためにタマー川の渓谷を修景した。レッド・ブックに、ロマンチックな風景と広いテラスの歩道と温室があるレプトンの「改良」版が示されている。この写真は、最近、修復された現在のテラスの様子である。

意した。川に渡された踏み石の堰は馬車が渡る場所になり、かなたのコティッジの煙突から立ち上る煙が景色に適度にピクチャレスクな動きを与えた。計画には整形式の芝生も含まれ、石切り場とグロット、「冬の庭(ウインター・ガーデン)」すなわち耐寒性のない植物を守るためのガラス温室を見通す東のヴィスタが生まれた。

1813年、ジェームズ・ワイアットがブリッジウォーター伯爵のためにゴシック式の大建築を建てていたバッキンガムシャー州のアシュリッジ・パークでは、レプトンは屋敷の南側のプレジャー・グラウンド〔イギリス式風景庭園において 外側のパークに対し屋敷のそばのエリアをいう〕についてバラ園を含む複雑な10の庭を提案するにとどめて満足した。彼は、『風景造園の理論と実践に関する断片集(Fragments on the Theory and Practice of Landscape Gardening)』(1816)の中で、熱意を込めて次のように書いている。「相談を受けてきたあらゆることの中で、この庭園の計画ほど私の興味をかきたてたものは少ない……それは、年をとり力も衰えてもはや風景についてこれ以上大規模な計画を実行することはできない私の愛する末っ子である。私は喜んで私の視界を、付属するかなたの景色から独立した庭の狭い範囲内に縮小した」

❖ ピクチャレスクをめぐる論争

ハンフリー・レプトンが「ケイパビリティ」・ブラウンの後継者として登場した当時、ブラウンの30年に及ぶ造園様式の支配に対する反応は新たなピークに達していた。ブラウンの批判者は、彼の風景の滑らかさと単調さに対して不賛成の意を表明し、その土地を特徴づける「野性味」に城の廃墟や崩れかけた僧院でアクセントをつける、絵のような美しさ(ピクチャレスク)の原理を適用するよう求めた。純粋主義者は、風景を絵画に似せるのではなく、画家をたちまち魅了するようなロマンチックかつ厳しい側面も持たせるべきだと要求した。

18世紀前期に「場所づくり」の「従順」と「野性」の各側面の長所と短所について多くの議論がなされたが、ピクチャレスクという言葉が(自然の不規則性と大胆な荒々しさを欠くブラウンの構成とまったく異なる)自然が手を入れられていない状態で見られる景色が有する特定の視覚的特性としっかり結びつけられるようになったのは、1789年に聖職者のウィリアム・ギルピンが『ピクチャレスク美に関する所見(Observations Relative to Picturesque Beauty)』を出版してからのことである。ただし、エドマンド・バークの『崇高と美の観念の起源』で解釈されたロマンチックや崇高といった言葉がすでに、人の助けが入っていない自然の姿をさしていた。ブラウンが影響力を失うと、ピクチャレスクの動きが勢いを増した。レプトンが『造園のためのスケッチとヒント集(Sketches and Hints on Landscape Gardening)』(1795年出版)を準備していると、

第7章 | イギリス式風景庭園

それに刺激されてリチャード・ペイン・ナイトがユーヴデイル・プライスに宛てた説教じみた詩『風景 (The Landscape)』の形で攻撃した。続いてプライスが『ピクチャレスク論 (Essays on the Picturesque)』を発表した。どちらも1794年に出版され、レプトンには自身の本に嫌味な返答を入れる時間があった。ナイトもプライスも、それぞれヘレフォードシャー州にあるダウントンとフォックスレイの自らの地所を改良した。ナイトはパラーディオ様式のダウントンにゴシック様式の塔と胸壁を加え、渦巻く水の上にかぶさるように節くれだった高木を植え、荒々しい岩を転がしてピクチャレスクの理想を実現した。それは純粋な野生の光景とはとてもいえないが、画家を魅了するものであった。ピクチャレスクの信奉者にとっては、ギリシアの復興、中国風、トルコ風、テューダー、ゴシックといったほとんどあらゆる時代や様式の多様性、動き、シンメトリー、建築物で構成に趣を添えることが可能だった。

　ブラウンとレプトンに対する批判の矛先は主にブラウンに向けられ、その柔らかにうねる緑の斜面と手入れされた植林地は、ピクチャレスクの支持者から、彼らが好ましいとして大いに称賛するほとんどグロテスクともいえる特徴を持つ外見をまったく欠いていたため「偽の美」だとして嫌悪された。これに対してレプトンは、風景は絵画を目的としてレイアウトするのではなく、楽しみと利用のため

【飼いならされていない自然】
イタリアのロマン派の画家サルヴァトール・ローザ (1615-73) のこの野性的で荒涼とした光景は、ピクチャレスク運動の支持者の好みを完璧に表現している。彼らはブラウンやレプトンのおとなしい風景の穏やかさよりも、崩れかけた廃墟、苔むしたテラス、手入れされていない森のほうを好んだ。ここに示したローザの絵には『数人の人物と水浴する人のいる山の風景』という題がついている。

に構成するべきだと強調した。彼は、ロマンチックな風景のピクチャレスクなところを十分高く評価していたが、技巧をもって干渉しすぎて損なってはならないと思っていた。そして流行遅れとなった建物を破壊することも見せかけの廃墟を建てることもなかったが、地所の労働者のためのピクチャレスクなコティッジは容認した。

　ピクチャレスクをめぐる論争は雑誌や評論に取り上げられ、さらに何年も続く活発な議論の対象になり、レプトンは1803年の『風景造園の理論と実践についての考察 (*Observaion on the Theory and Practice of Landscape Gardening*)』でも1806年の『風景造園に関する趣味の変化についての研究 (*An Inquiry into the Changes of Taste in Landscape Gardening*)』でも、ブラウンと自身の擁護に戻った。1804年、まだ若かったJ・C・ラウドンは、レプトンを切り捨ててナイトとプライスに賛成し、レプトンの風景庭園は「幼稚」で「こぎれい」だと意見を述べた。しかしのちには、1826年から『ガーデナーズ・マガジン (*The Gardener's Magazine*)』の編集者としてラウドンは、レプトンの作品の質と18世紀の造園への貢献を高く評価するようになった。1840年にはレプトンの著書を出版して、ラウドンが最初に分析し記述した「ガーデネスク」様式(249ページ参照)の旗振り役のひとりになってレプトンを称賛した。

❖ 花の装飾と多様性

　前の時代の囲われたフラワー・ガーデンの多くは18世紀の間に掘り返されたり上に芝が植えられたりして消えてしまったが、イングランドの風景園には花がないという考えはほとんど神話である。マーク・レアドやフィオナ・コウェルのような庭園史家による最近の先駆的な研究のおかげで、別の像が浮かび上がっているのである。18世紀にもシュラバリー〔低木を中心とする植え込み〕やフラワー・ガーデンが残っていただけでなく、「ケイパビリティ」・ブラウンを含め、デザイナーたちはそうしたものを継続して組み込んでいた。そしてアメリカそのほかから来

【ピクチャレスクな眺め】
ピクチャレスクの主唱者であるリチャード・ペイン・ナイトは、1796年に隣人であるユーヴデイル・プライスに宛てて書いた『風景』という詩を発表した。その中でナイトはブラウンとレプトンの一派を攻撃し、自分自身の理想の風景がどんなものかを示した。この版画には、荒々しさ、急な変化、不規則性というピクチャレスクの3つの基本的な特徴が表れている。

装飾農園の一風変わった魅力
THE ECCENTRIC CHARMS OF THE FERME ORNÉE

早くも1715年には造園ライターであるスティーヴン・スウィッツァーが、地所の有用で収益を上げられる部分ともっぱら楽しみのために使われる部分の融合を提案している。ヨーロッパ全土でフェルメ・オルネと呼ばれるようになった「装飾農園」は、この考え方にスタウアヘッドで使われているような周囲の散策路を組み合わせた様式である。

最初の装飾農園は、サリー州チャーツィー近郊にあるウォーバーン・ファームのフィリップ・サウスコートの装飾農園である。ここで彼は、1735年に所有する地所の4分の1たらずの範囲だけに遊歩道を造り、あとのもっと広い部分は農業のために残した。この遊歩道自体が完全な庭園になり、花が咲く低木が植林地を飾り、生垣に囲われた中で花が咲いた。田舎の仕事のための農場をひとつの風景に変えた先駆者であるサウスコートは、農場の建物を遊歩道に組み込んだだけでなく、牧草地と耕作地への内向きの眺めとウィンザーとテムズ川への外向きの眺めが見られるようにした。サウスコートは友人のジョゼフ・スペンスから助言を受けて洗練された植栽計画を立て、それは暗い常緑樹ともっと明るい色調の落葉低木や高木で距離と大きさをコントロールできることを彼がよく理解していたことを示している。

ウォーバーン・ファームに触発された詩人のウィリアム・シェンストンは、ウォリックシャー州のレゾウズで装飾農園を造り、1743年から1763年に亡くなるまで造営に取り組んだ。規模は60ヘクタールに満たなかったが、地形が非常に多様で、樹木の茂った谷、急流、丘があって、地元のクリント丘陵やリーキンの丘を望むことができた。シェンストンは一風変わった人物で農夫の仕事にはあまり気乗りがせず、年に300ポンドの収入しかなかったが、所有地を完全な風景に変えることができた。それは彼自身のどちらかというと大げさな詩の私的な具現化であり、そこでは哀愁を帯びた牧歌的な風景を背景に彼の空想の森のニンフが楽しく過ごしているのを想像できる。客たちは指示された順路を進む間に、グロット、橋、隠者の住処、カスケード、滝、廃墟になった小修道院を見せられた。そして、ラテン語の銘文が古典との関連を思い起こさせるのだった（今日、イアン・ハミルトン・フィンレイのリトル・スパルタでなされているのと似ている、445ページ参照）。

ウィリアム・シェンストンは、ヘンリー・ホーア（同時期にスタウアヘッドを造営していた）と同じように、文学的関連づけが支配する図象性の強い計画を支持していたが、彼の創造物はそれ自体、独創性を有していた。彼の豊かな想像力の成果は友人や旅行者をひどく驚かせることもあるが、彼は自分は自然の風景を崇拝しているだけだと考えていた。ジョンソン博士（サミュエル・ジョンソン）によれば、レゾウズは「一流人たちからうらやましがられ、造園の心得のある者の称賛の的であり、旅行者が訪れ、デザイナーが真似する場所」になったという。つねに資金不足の制約を受けていたシェンストンが造った人工物はしばしば間に合わせのもので、多くはこの詩人の死から10年たたないうちに崩壊してしまった。

18世紀末には装飾農園という言葉は拡張されて、特別にデザインされた装飾的な農場建造物も含むようになった。アンハルト＝デッサウ侯（フランツ侯）は、今では庭園王国（ガルテンライヒ）と呼ばれているデッサウのヴェルリッツの地所全体を風景式にレイアウトし、園地に農業エリアを設けてふさわしい建物を建て、大規模な装飾農園を造った。同様に18世紀末にはプラハの北のヴェルトルシで、ホテク伯爵がヴルタヴァ川の屈曲部にある農場にいくつかの建物と記念物を鎖状に建て、それぞれの建物は野原や森を通る遊歩道の焦点になっている。

レゾウズの田園風景

ヴェルリッツの装飾

自然派革命

た新しい外来植物が、ハーハーの内側および外側で園地の植栽に加えられるか、ウォーバーン・ファームやレゾウズなどの装飾農園のように注意深く工夫された回遊路の周囲に全構成が配置されたところでは道に沿って植えられた。

大規模な風景園が現代の公共公園のモデルになる一方で、こうしたもっとこぢんまりした、新たにやってきた植物と従来の植物を組み合わせた18世紀の植栽は、とくにあまり広くない土地に低木や多年草や球根植物を混植した花壇やボーダーを造る現代のガーデナーの興味を引いている。

草を食う家畜からハーハーで守られたプレジャー・グラウンドでは、花の咲く低木や草花が重要な要素になった。庭園のこのエリアは、北アメリカの東部から18世紀中頃にやってきた森林の日陰を好む植物の多くにふさわしい生育場所になった。アメリカヒトツバタゴ（*Chionanthus virginicus*）、ハナミズキ、シャクナゲなど、ジョン・バートラムがピーター・コリンソン（193ページ参照）を通してもたらし、種苗園で入手できるようになった外来種がその例である。夏にはシュラバリーが家のそばに日陰の散歩道を作り、砂利と芝生の退屈な平地の単調さを紛らわせる役割を果たした。パルテールがしだいに並木道と芝生に変えられてパークを十分に眺められるようになると、シュラバリーは家屋のわきにやられるか、回遊路で花とともに見いだされるものとしてデザインされた。18世紀末には、バッキンガムシャー州のハートウェルとオックスフォードシャー州のニューナム・パークは、それぞれ独特の様式の花壇の植栽で有名になっていたが、エセックス州のオードリー・エンドやサリー州のディープディーンでは再びフラワー・ガーデンが屋敷の窓の下に造られた。

屋敷の周囲のプレジャー・グラウンドには刈り込んだ芝生（草刈り鎌で刈るか羊に食わせた）、観賞用の高木や低木があって、しばしば花の咲く多年草も植えられ──ハンフリー・レプトンが「装飾されたこぎれいさ」と呼ぶようになるもの──、パーク自体に欠けているさまざまなものを提供した。

❖ シュラバリーの登場

1822年にJ・C・ラウドンは『園芸百科事典』の中でシュラバリーを次のように定義している。「シュラバリーすなわち低木の庭とは、香りのよさで高く評価される低木を、主に装飾目的の高木やいくつかの草花と組み合わせて展示するための場所といえる。近代的なシュラバリーの形態に、一般に曲がりくねったボーダー、つまり道に沿って幅が不規則な細長い用地があり、手前の草本植物と一番背の低い低木から始まって、後ろへ行くにつれて茂みが徐々に立ち上がり、やはり徐々に移り変わって美しい高木で終わる」と書いている。ほかの同時代の人々も、たとえばヘンリー・フィリップスは『花木（*Sylve Florifera*）』（下記参照）で、ウィリアム・コベットは『イギリスの造園家（*The English Gardener*）』（1829）でシュラバリーのデザインに力を入れている。

自然な様式が発達するにつれ、シュラバリーや野趣園の植栽は、常緑低木と落葉低木の区画がしっかり分離されたものから混合されてコントラストを生じるものまで、さまざまなパター

【家庭の楽しみ】

これはハンフリー・レプトンの『風景造園の理論と実践に関する断片集』（1816）の「庭造りの贅沢」という題の挿絵で、事故後の車椅子に乗ったレプトン自身を描いているのはほぼ間違いない。おそらく比較的珍しい外来種のための立ち上げ花壇、アーチ状の枠に作ったパーゴラ、そしてさまざまな作業は、レプトンの比較的こぢんまりとした個人的な庭への関心を表している。『断片集』を書いた頃、彼は「パークや森、風景や遠くの眺望」の要請に対応するより、家や庭の改良のほうがずっと楽しいことを認めている。彼はプレジャー・グラウンドと菜園（キッチンガーデン）を一体とすることを勧め、とくに「木陰のアレーを作るための歩道を覆うアーチ状の枠に這わせたエスパリエ、あるいはリンゴ、セイヨウナシ、スモモの実が手の届くところにぶら下がっているのが見えるベルソー」に果樹を仕立てることを推奨した。

ペインズヒルの心と気持ちのための植栽
PLANTING FOR MIND AND MOOD AT PAINSHILL

サリー州ペインズヒルの最近修復された風景園は、アバコーン伯爵の末息子で1738年にイタリアへの2度目のグランド・ツアーから帰ってきたチャールズ・ハミルトンによって考案された。小説家のサミュエル・リチャードソンは、この不毛の荒れ果てた土地について、あまりにやせているためヒースとエニシダ以外、何も育たないと書いた。ハミルトンはヒースを焼き、カブを栽培して羊に食べさせ、代わりに羊に糞をさせることで土地を改良した。彼は40ヘクタールの庭（森を含む地所全体はその2倍の面積があった）で働きつづけ、新しい庭園施設を設置したが、ついに資金がつきて1773年に売却せざるをえなくなった。

ストウやヘンリー・ホーアの当時のスタウアヘッドとは違って、ペインズヒルには寓話的あるいは文学的な計画はなかった。そうではなく、それぞれ異る感情に訴え、さまざまな気持ちを生じさせる、つながりのない事件やエピソードの寄せ集めである。これらの施設は、森と花の咲くシュラバリーを抜ける曲がりくねった小道によってつなぎ合わされている。この庭園の回遊は、モール川から5メートル水を汲み上げる巧妙な機械装置で生まれた湖によってほとんど決まって

復元されたトルコのテント

いた。多くがおそらくハミルトン自身によってデザインされた想像力に富む建物以外には、ペインズヒルが面白いのは、ハミルトンが早くからアメリカ原産の外来植物を使用したこと、シュラバリーの植栽法、植物と雰囲気の調和にある。暗いイチイが霊廟へのアプローチに使われて陰気な雰囲気を出し、マツが山の斜面の野性味を引き出し、野性的な森と対照的に滑らかな芝生が広がるエリュシオンの野に花壇が牧歌的な光景をもたらした。わずかに草が生えた斜面に建てられたゴシック神殿は、1768年にサー・アーサー・ヤングから「明るさの点でこの神殿をしのぐ建物は少ない」と称賛された。そのほかの装飾や建物は、暗い林間の空き地に離して設けられ、遠くから見通したときに見えたり、やってきた人の前にふいに現れて驚かせたりした。

最初、ハミルトンの関心は主に園芸的なものだったようだ。新しく伝えられた北アメリカの植物をできるだけ多くこの地の酸性土壌に植えるため、彼は既存の森を切り開いた。1837年にラウドンが訪れたとき、彼は目立つように独立して植えられた樹木を見て、「木々の中には……素晴らしい銀色のシーダー〔コロラドビャクシンのこと〕、カイガンマツ、そのほかのマツ、アメリカのオーク、コルクガシ、モチノキ、アメリカスマミズキ、ユリノキ、アカシア、落葉性のイトスギ〔ラクウショウのこと〕、ロンバルディポプラ、そのほかのポプラがあり……イングランドに最初に導入されたシャクナゲやアザレアもいくつかある」と称賛した。現在では、庭園史家のマーク・レアドの助けを借りて修復された円形劇場には、詩人ジョゼフ・スペンスが勧めたように、常緑および落葉性の低木が徐々に高さが変わるように並べられている。エリュシオンの野には、レアドが長円形の花壇を導入した。サー・ジョン・パーネルは1763年の彼の雑誌に、それは「群生する花の咲く低木と気持ちのよい高木と草花で美しく飾られていた」と書いている。パークの西側部分でハミルトンは試みにもっと野趣あふれる植栽をして、ウォルポールが述べたように「多くのマツとモミ、少数のカバノキ、そして荒涼とした山地にあるような高木からなる高山の光景」を作り出した。

ハミルトンは離れたところにある隠者小屋に隠者を住まわせたが、条件が面倒すぎて数週間しか続かなかった。ペインズヒルでもっとも目立つ建物だったバッカスの神殿は跡形もないし、ドーリア式神殿も基礎以外は失われてしまったが、トルコのテントはスウェーデンの庭園デザイナー、F・M・パイパーが1779年に制作したスケッチに従って復元された。ペインズヒル・トラストはこの並はずれた風景をさらに修復することを計画している。

ゴシック神殿

湖のあるペインズヒルの眺め

第 7 章 ｜ イギリス式風景庭園

ンを呈するようになった。シュラバリーは最初は「プランテーション」や「ボーダー」と呼ばれ、1770年になってもトマス・ウェイトリーに低木の「シケット」や「グループ」と呼ばれ、シュラバリーという言葉自体は18世紀のそれよりあとの時期まで使われなかった。幾何学性がない以外に、昔の野趣園との主な違いはその開放性であり、フランス式庭園で流行した生垣で囲まれた場所ではない。1740年代にラウシャムでケントが、70年以上のちの1823年に出版された『花木(*Sylva Florifera: The Shrubbery Historically and Botanically Treated*)』でヘンリー・フィリップスが提案しているとおりに、イチイ、セイヨウヒイラギ、ライラック、バラをみな一緒に混植する手法を用いたが、ほかの造園家たちは18世紀末までさまざまなやり方をしていた。ウィリアム・チェインバーズが『東洋の造園に関する論文(*Dissertation on Oriental Gardening*)』の中で、多すぎる新しい外来種の品種を手当たりしだいに植えるのではなく、ふさわしい大きさ、習性、葉を持つ高木や低木を選ぶことが重要であると強調した。また、高木や低木が異なる条件を要求することも重視して、「多くは……湿度が低い条件でよく生育する。多くは丘陵や山地に生えるが、肥沃な土壌を必要とするものもある。しかし、粘土、砂、さらには岩の間、そして水中でのみよく生長するものもある。日当たりのよい条件が必要なものもあれば、日陰が必要なものもある」と書いている。

　概してイギリス人は温和な気候という利点に恵まれていて、異なる植物をあまりに多くの種類育てようとするため、ヘンリー・フィリップスは「シュラバリーは宮中服や舞台衣装を飾るように全体的な効果を得るために植えるべきで、特別な部分的表現のために植えるべきではない」と述べている。ドイツの景観デザイナー、フリードリッヒ・ルードヴィヒ・フォン・シュケル(1750-1823)はイングランドを訪れて、イギリスの造園家の優柔不断さについて「不釣合いなほど多くの材料に囲まれて、まずどれを使えばいいかわからないでいる。ひとつ選んでも別のものに引かれると、もう選べない。3つ目、4つ目と続く。どの高木、そしてどの低木も、それを薦めるべき何らかの特別な魅力を持っている。そしてついにはどれも失いたくなくて全部にしがみつく。……かくしてイギリス人の庭は脈絡のない美のまったくの混沌となる」と意見を述べている。そして、1820年代から1830年代にかけ

モクレン

　大きな花が咲く常緑のタイサンボク(*Magnolia grandiflora*)(ここに示す絵はゲオルク・ディオニシウス・エーレットによる)は、モクレン属の中でも最大級のものである。1734年に北アメリカからヨーロッパにやってきたこの植物は、クエーカー教徒の偉大な旅行家で植物収集家でもあるジョン・バートラム(193ページ参照)によってサウスカロライナで発見された。バートラムはそれをペッカムにいる、やはりクエーカー教徒でロンドンの収集家ピーター・コリンソンに渡した。原産地の南部諸州ではブル・ベイあるいはローレル・マグノリアと呼ばれている。

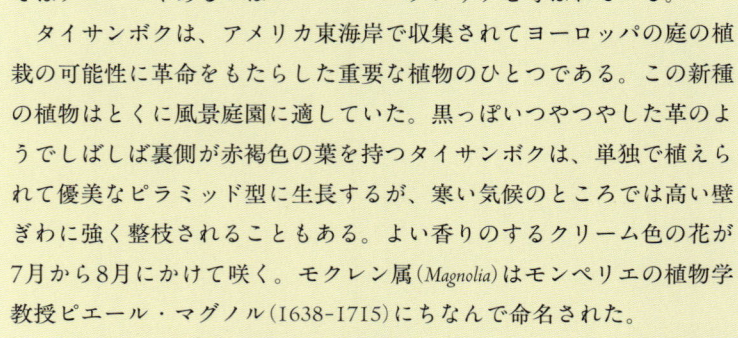

　タイサンボクは、アメリカ東海岸で収集されてヨーロッパの庭の植栽の可能性に革命をもたらした重要な植物のひとつである。この新種の植物はとくに風景庭園に適していた。黒っぽいつやつやした革のようでしばしば裏側が赤褐色の葉を持つタイサンボクは、単独で植えられて優美なピラミッド型に生長するが、寒い気候のところでは高い壁ぎわに強く整枝されることもある。よい香りのするクリーム色の花が7月から8月にかけて咲く。モクレン属(*Magnolia*)はモンペリエの植物学教授ピエール・マグノル(1638-1715)にちなんで命名された。

　タイサンボクがヨーロッパで最初に咲いたのは、フラム〔ロンドン南西部〕のサー・チャールズ・ウェージャー海軍卿の庭においてで、1737年のことである。画家のエーレットは、固く閉じた蕾が膨らんで満開になるまでを観察するために、毎日、チェルシーから約5キロの距離を通ったと書いている。そして「完全な植物学の研究報告を発表するために、そのあらゆる部分をスケッチした」。エーレットはこの絵をパトロンであるニュルンベルクのクリストフ・ヤコブ・トリューに送り、彼がそれに関する報告を『コメルキウム・リテラリウム(*Commercium Litterarium*)』(1738)という科学雑誌に発表して、ゲッケイジュの葉を持つユリノキあるいは*Laurus carolina*と呼ばれ、ドイツで開花したことがあると述べている。

Magnolia grandiflora

自然派革命

て新たに導入された「ガーデネスク」の構成計画(249-51ページ参照)で、(好ましい気候によって助長された)過剰な多様性に対するイギリス人の願望は新たな深みにはまることになる。

　1800年代には、基本的にシュラバリーの構成は2種類あるとラウドンが明確に規定している。ひとつはもっとも高いものが背後にくるように低木と高木の層が並べて植えられる「混合」あるいは「共通的」な手法であり、もうひとつは同じ種や変種がかたまりで植えられて強い効果を生み、この種の集団化が植栽全体で繰り返される「選択」あるいは「集団化」の手法である。多年草が低木の前に植えられ、混合の手法で混植されるか、集団化の手法で1種類がかためられて植えられた。明らかに庭の規模によってどの方法を使うべきかが決まり、広いプレジャー・グラウンドがかたまりの効果にもっとも適しており、小さな庭に混合の多様性を必要とした。ウィリアム・コベットは『イギリスの造園家』で後ろ側の背の高い高木から前側の小さな低木までのグラデーションが普通に行なわれていたと記述しているが、建築家のジョン・ナッシュはもっとかたまりにするやり方を試みた。すでにイギリス式をシレジア地方の自分の地所に導入し、レプトンの信奉者だったピュックラー゠ムスカウ侯は、1826年にイングランドを訪れたときにリージェンツ・パークとセント・ジェームズ・パークにあったナッシュの作品を調査した。彼は低木が密生するかたまりについて、草をなくし、むき出しの地面をすべて隠すことができると意見を述べている。そしてのちに、こうしたアイデアを1834年に出版した自身の『風景庭園に関するヒント (*Andeutungen uber Landschaftsgartnerei*)』に盛り込んだ。

❖ 変わりゆく花壇の運命

　花のあるシュラバリーとは異なり、18世紀の花壇の植栽に関する証拠は、主にこの世紀の最後の四半世紀に造られた3つの庭園——オードリー・エンド、ニューナム・パーク、ハートウェル——のもので、多くの場合屋敷のそばの花壇が、18世紀を通じて存在しつづけたのは明らかである。1750年には花壇は屋敷の窓の下よりも、屋敷の一方の側に設置されたり回遊路上のほかから離れた独立した庭に設けられたりすることのほうが多かった。土地が非常に限られている市街地の庭園では、この時期を通じて幾何学的花壇の何らかの軸を持つ配置が用いられつづけた。

　ハートウェル、ニューナム、オードリー・エンドが非常によく知られているのは、文書がよく書き残されているからである。使われた植物のいくつかを図面、レイアウトの説明、当時の絵画で確認することができる。ニューナムのエリゼーのフラワー・ガーデン(オリヴァー・ゴールドスミスが『廃村』で初代伯爵のパークを造るためにもともとあった村が除かれたことを嘆いて間もない、1770年代初めに開設された)は、自然への愛を表明したジャン゠ジャック・ルソーの哲学的著作の影響を受けていた。これは第2代伯爵ハーコート卿と詩人のウィリアム・メイソンにより、卿が称号を継ぐ前に計画され植栽された。そしてメイソンの詩によって記憶され、ポール・サンドビーによる1777年の2点の水彩画に描かれている(当時の人々は版画の形で入手できた)。このフラワー・ガーデンは密生したシュラバリーに囲まれ、庭園のほかの

【ハートウェルの植栽環】

ハートウェル・ハウスの円形の花壇の詳しい植栽計画（左）は1799年の16枚の図面のひとつであり、現在はボドリアン図書館にある。レディー・エリザベス・リーによってレイアウトされたこの庭園は、ニューナム・パークのフラワー・ガーデンの影響を受けている。この図面によれば、36の異なる種類の花が4重の同心円に並べられ、中心にフロックスとヒマワリという比較的背の高い植物が植えられた。

【ニューナムの回遊路】

ニューナム・パーク──ハーコート卿（この称号を継ぐ前）と詩人のウィリアム・メイソンの作──の当初の花壇が示されているこの図面は、1785年のものである。絵には庭園全体の進展の様子が示されており、芝生のあちこちに花壇が設けられ、一連の建築物と彫刻が回遊路に沿って点在している。

部分から切り離された非整形的な左右対称でない空間として造られたが、主要な花壇はフロラの神殿へと視線を向ける軸線の周囲に配置された。ツゲ、ナデシコ、あるいはハマカンザシで縁取られた花壇は円形、長円形、さらには不規則な形をしていて、芝生の中に低木が何本か点在していた。開設から10年近くたった1785年の図面（次ページ参照）を見ると、回遊路、花壇（当時は「クランプ」と呼ばれていた）が点在する芝生、惜しみなく並べられた建築物と彫刻が、ルソーの思想にもとづいた詩的で道徳的な意図を表現するように配置され、「地上界」にエデンの園とホメロスのエリュシオンの野を呼び出した。図の記号からわかるように、低木と草花は別々のところに植えられ、主要なシュラバリーの前に花はない。

　1778年に父親が死亡すると、ハーコート卿はルソーの胸像など、いくつか変更を加えた。1794年の新しい全体図があるが、比較的小さなクランプがいくつかまとめられて、数は減ったがより大きな植栽スペースになったことや、植物が花壇の縁にあふれてますます非整形になったことを除き、最初のものとほとんど違わない。花壇の植栽は、サンドビーがその眺めを絵に描いていたのと同時期に出版された、ナサニエル・スウィンドンの『美しい展示植物(The Beauties of Flora Display'd)』で勧められていることと一致しており、「もっとも背の低い植物が前側に置かれ、端からしだいに高くなって、温室に置かれた植物、あるいは劇場の席のような外観を呈し、さまざまに変化する色が非常に好ましく魅力的な効果を出す」、いわば「劇場のような」植栽だった。

　エセックス州オードリー・エンド（ここの園地はほとんどが「ケイパビリティ」・ブラウンによって修景された）のエリュシオンの庭園は、屋敷からいくぶん離れたところにあ

238　自然派革命

【離宮の提案】
これはブライトンにあるロイヤル・パヴィリオンのハンフリー・レプトンによるデザインで、もともとは彼の1806年のレッド・ブックにあったものである（現在はウィンザーのロイヤル・コレクションのひとつになっている）。この離宮のレプトンによる建築デザインは実質的にすべてトマス・ダニエルの『東方の風景（*Orient Scenery*）』で描写された建物をもとにしており、「ゴシック」や「ギリシア風」の姿をしたふさわしい花が添えられた。しかし、このデザインが実施されることはなかった。レプトンが大いに失望したことには、この仕事は最終的にジョン・ナッシュに依頼され、彼の花壇には新しい東洋の外来植物と少しだけだがアメリカの植物がかためて植えられた。

【ポーランドの植栽】
このポーランドの花壇の植栽計画は1808年のものである。ハートウェルとニューナム・パークのものと非常によく似た植栽パターンを持つイギリス式の庭園を示しているが、常緑低木、ツルニチニチソウ、ビャクシンとバラやタチアオイが混植されていて、冬にはかなり違った姿になるはずである。

る森の中に隠されている。1780年にリチャード・ウッズによってレイアウトされ、10年たたないうちにプラシド・コロンバニによってデザインと植栽が改良されたこの庭園は、1788年にウィリアム・トムキンスが絵に描いている。2点の絵は三日月形をした非整形のカナルを異なる方角から描いており、ひとつは黄昏の光の中で北側のロバート・アダムがデザインしたパラーディオ様式のティーハウス、もうひとつは午前半ばに南側のウッズがデザインしたカスケードの方を向いて描かれている。トムキンスが描写したように、この庭園にはシュラバリーが取り巻く落ち着いた光景が広がり、手前に花が植えられ、訪問者が砂利の敷かれた回遊路を散策し、静かな水に白鳥が浮かぶ。エキゾティックな鉢植え植物を背景にした青と白のテントが南の眺めの呼び物で、おそらく屋敷へ歩いて戻る前にお茶を飲む場所であり、目隠しになっているシュラバリーの上に屋敷の塔が見える。

第2代ハーコート卿の妹であるレディー・エリザベス・リーが造ったバッキンガムシャー州のハートウェル・ハウスの庭園は、その着想の多くを──そして植物の多くも──ニューナム・パークから得ている。16枚の花壇の1799年以降の詳しい図面が、オックスフォードのボドリアン図書館で見つかっている。各花壇は一種の同心円配置を呈しており、中央に比較的背の高い植物があって、インゲンマメやトマトもある構成計画になっている（おそらく、今日の小さな庭で私たちが楽しんでいるような、観賞用植物と野菜の混植だったのだろう）。レディー・エリザベスは園芸家の家庭に嫁いでいた。夫の父親が建築物のような生垣と放射状のアレーのある構成計画を導入し、1738年にバルタザール・ネボットが絵に描いている。また、サー・ウィリアム自身、1759年に結婚する前にリチャード・ウッズから花の咲く低木のコレクションを取り寄せている。しかし、サー・ウィリアムは1799年に亡くなり、屋敷の窓の下に設けられた新しい花壇を導入し世話したのはレディー・エリザベスで、それは彼女が亡くなる1811年まで続いた。

❖ 海外のイギリス式庭園

18世紀末には、ロングリートやブレニムのようなイギリスの大規模なパーク

第7章｜イギリス式風景庭園　239

パヴロフスクでのロシア的解釈
A RUSSIAN INTERPRETATION AT PAVLOVSK

サンクトペテルブルク近郊にあるパヴロフスク宮殿は、エカテリーナ大帝の義理の娘でパーヴェルⅠ世（1796年にロシア皇帝に即位）の妻となったマリア・フョードロヴナのために1780年代に建てられた。600ヘクタールあるパークの上の高台に立つこの宮殿の古典的なデザインはチャールズ・キャメロンによるものだが、パーヴェルが皇帝になったあとにヴィンセンツォ・ブレンナにより改修された。キャメロンは屋敷のそばの庭園を整形式にレイアウトし、スラヴャンカ川の谷の樹木に覆われた斜面に沿ってイギリス式庭園も造成した。キャメロンは古典的な建物——ドームとドリス式の柱を持つロトンダ、友情の神殿、アポロの列柱廊（現在はピクチャレスクの廃墟となっている）——を建て、スタウアヘッドのようにアポロが谷と木立を守る神聖な場所というパークのテーマを展開した。

皇妃自身はもっと素朴な土地特有の建物に感傷的な好みを感じていて、藁葺き屋根の酪農場、隠者の庵、炭焼き小屋が追加された。川辺のピール・タワーも藁葺きで、廃墟に見えるように塗られた。

熱心な植物愛好家の皇妃は、40年にわたってこの庭園の植物の発展に尽力した。ブレンナによる改修にはオールド・シルヴィアと呼ばれる中央の開けた場所の造成も含まれ、そこにはアポロの彫像があり、12本の道が放射状に出ている。ブレンナはこの空き地の周囲の放射状に出る乗馬道と乗馬道の間の空間に、マーキュリー、ヴィーナス、フロラ、9体のミューズの像を配置した。1820年代には、イタリアの舞台デザイナーであるピエトロ・ゴンザーガがホワイト・バーチズと呼ばれる区域を、劇場のような高木群があってその少し後ろに木々が両脇に衝立のように並ぶ（舞台のそでの役割を果たした）、ロシア北部の草原と森林の風景を理想化したものに修景した。ゴンザーガは古い閲兵場も加え、そこに水の要素を導入して、調和の取れた形や色、雰囲気になるように高木群を組み合わせた。

友情の神殿

や、ストウ、ラウシャム、ペインズヒル、スタウアヘッドのもっと知的かつ文学的なレイアウトがヨーロッパで手本にされるようになり、新たにジャルダン・アングレまたはジャルダン・アングロ＝シノワ、エングリシュ・ガルテン、ジャルディーノ・イングレーゼと訳された〔それぞれ「イギリス式庭園」を意味するフランス語、ドイツ語、イタリア語〕。イギリス式風景庭園が外国で適応できたかというと、すべて完全にうまくいったわけではなく、それは母国での成功の多くが気候と地形によるものだったことの証である。大陸版イギリス式庭園はしばしばその効果をオリジナルの異国風だが淡い影に頼り、場合によっては既存のバロックのレイアウトの拡張としかみなされなかった。多くの点でイギリス的な理想がもっとも認められるのは、19世紀後半の公園としての解釈、スティル・ペイザジェ〔フランス語で

「風景式」の意）である。

　スウェーデンやロシアのような遠く離れた国々の君主たちは、なだらかな芝生、木立、地形に沿ってできた谷、湾曲した湖、神殿、フォリー（とくにトルコ風のテントと中国風のティーハウス）といった新しいイギリスの様式を強く求めた。エカテリーナ大帝は熱心な愛好者で、1772年にヴォルテールに宛てて「私は今、イギリス式の庭園に夢中です」と書いている。そのほかの人々も、ヨーロッパ全土で、もっと荘厳な要素のことは忘れ、しばしばかなり狭いスペースで、どちらかというとピクチャレスクの美学に近い曲がりくねった小道、橋、廃墟になった建物をしきりに造った。ルソー、ゲーテ、トマス・ジェファソン（1785年にイギリスのパークを訪れた）、ドイツのヴェルリッツの領主アンハルト＝デッサウ侯（フランツ侯）、シレジアのピュックラー＝ムスカウ侯など、著述家や政治家がこぞってイギリスのパークのような大きな庭園の建設を奨励した。皇后ジョゼフィーヌのマルメゾン（202ページ参照）やナポリのカゼルタのイギリス式庭園にあるような、植物コレクションの場として計画された形式ばらない庭園が非常に成功する場合もあった。

　フランス自体の庭園ライターの多くは、もっと整形的なフランスの庭園要素の対照物として、ある程度不規則なデザインを受け入れ、バティ・ラングリーが描いたものとそうひどく違わないレイアウトを推奨した。ジャン＝マリー・モレルは1776年の『庭園の理論（*Théorie des Jardins*)』の中でさらに先を行き、とくに田舎の庭園について自然主義的なデザインを強く勧めたが、町の庭園と公共の空間についてはある程度幾何学的であることの利点を認めた。しかし、フランスにあるイギリス式庭園のいくつかは「ケイパビリティ」・ブラウンが意図したものの拙劣な模倣であり、高木を植えることや広々とした風景は重視されなかった。

　ル・ノートル様式の整形庭園（ジャルダン・レギュリエ）の対極と解釈された最初のジャルダン・アングレは、歴史学者で哲学者のモンテスキュー男爵によって1731年からジロンド県のラ・ブレードに造られた。彼は1729年にイングランドを訪れたが、彼のデザインは既存の庭園の影響ではなくアイデアのやりとりの結果生まれたにちがいない。たとえばケントによるチズィックの「改良」が始まったのは1731年を過ぎてからなのである。ラ・ブレードでモンテスキューは草地を堀の外まで広げて農地を横切るヴィスタを開き、風景の中で城を焦点とした。

　イギリスとフランスは18世紀の大半、戦争をしていたため、情報が間接的なものになりがちだった。しかし、一部の偏見にとらわれないフランス人は、イングランドにおける農業技術の発達を称賛し、社会秩序の基盤として土地が重要であることを理解していた。そのような人物のひとりが親英派のジラルダン侯爵で、彼は1763年にイングランドを訪れ、ウィリアム・シェンストンのレゾウズを見てまわった。オワーズ県のエルムノンヴィルに1766年から1776年にかけて造られたジラルダンのパークは完全に自然主義で、さまざまな建造物が多数組み込まれ、そのひとつがイル・デ・プープリエ（ポプラの島）にあるルソーの石室である。シャルトル公爵はルイ・カロージュを雇って1770年代にパリ郊外にパルク・モンソーを造り、そのピクチャレスクな風景は装飾と華やかな建物であふれていた。スコットランド人の風景造園家トマス・ブレイキー（1758-1838）がフランス革命直前にレイアウトをやり直し、並はずれた都市計画者であるオスマンが大通りを建設して、

この都市の広大な土地を再編成していた1860年代に、公共の公園になった。ブレイキーは1775年にアルトワ伯（未来のシャルル10世）のためにブローニュの森にあるバガテル庭園もデザインし、建築家のF-J・ベランジェとともに仕事をした。最初期のジャルダン・アングレのひとつであるこの庭園は、岩群とカスケードで飾られたピクチャレスクな光景で構成されている（このパークはその後、ナポレオンの所有になったのち、1815年にシャルル10世となったアルトワ伯に返還された）。そして1835年にあるイギリス人が取得して1905年にパリに売却し、それよりのちにJ・C・N・フォルスティエによるデザインの壮麗なバラ園が設けられた。

1770年代にフランス人の解釈によって造るのが奨励されたのは、主に小規模なイギリス式庭園で、しばしば既存の整形式のレイアウトに付属し、多すぎるほどの異国風の建物、廃墟、岩——金持ちの空想の産物——が曲がりくねった道でつながっているのが特徴だった。こうした庭園はジャルダン・アングロ＝シノワと呼ばれることが多く、それはイギリス式庭園が中国の庭園にそっくりだとする当時の文献により、そう信じられていたためである。フランス人は1743年以来、イエズス会のアティレ神父の中国の皇帝の庭園に関する報告（341ページ参照）をよく知っていたし、チェインバーズの『論文(Dissertation)』や、トマス・ウェイトリーによるそこからの引用を読んだ。イギリス式風景庭園の概念はすべて中国から来ているとフランス人に思わせるには、それで十分だったのである。おそらく彼らは自分たちが称賛するものをイギリス人が考え出すことなどできないと思いたかったのだろうし、園亭やグロット、曲がりくねった道、蛇行する川、動物園、養魚場についてのアティレの記述は、この様式が中国に由来することを裏づけるものに思えたのである。

❖ 風景派運動の遺産

イングランドでは19世紀を通じて私的な理想郷（アルカディア）が造られつづけた。それは、急速に拡大し産業汚染が進む都市における公共のレクリエーションの場としてのパークと共同墓地という発想が生まれるきっかけになった。1843年にジョゼフ・

【アルカディアのヴァイマル】

ドイツ、ヴァイマルのヨハン・ヴォルフガング・フォン・ゲーテのガルテン・ハウスの眺め。当時のほかの作家たちと同様、ゲーテはイギリス式のパークの自由さとその自然界との関係に刺激を受けた。そして、ヴェルリッツを訪問して感激したことがきっかけで1777-78年にヴァイマルにパルク・アン・デア・イルム（イルム川公園）を造り、それがこんどはピュックラー＝ムスカウ侯を触発した。1776年から6年間ゲーテが住んだアルカディアの谷の縁にある家は、修復され、彼が栽培したり作品の中で言及したりしたバラや多年草が植えられている。ゲーテは1786年にイタリアにいたときに、パドヴァの植物園で初めて扇形の葉を持つヤシ *Chamaerops humilis*（チャボトウジュロ）を見て、自然の進化への関心を強め、これが彼の「原植物」の探索の始まりとなった。

パクストンがエドワード・ケンプとともにデザインしたバーケンヘッド・パークはフレデリック・ロー・オルムステッドを刺激して、ニューヨークのセントラル・パークの斬新な計画を提示させることになる。そのルーツを中東の古代の狩猟園に加え、イングランドのノルマン人の森林、古代ローマとルネサンス期のイタリアの古典的庭園に持つイギリス式風景庭園は、模倣され、修正され、適合させられ、そしてときには誤解されたが、ひとつの芸術形態として世界的に認められ、おそらくイギリスが芸術界になした最大の貢献だろう。今日、田園地帯の本質的な「イギリスらしさ」のように思えるものは、実は自然を型にはめて改変して農業をやりやすくした人工の風景であり、18世紀のパークは目を楽しませるだけでなく、心が自然のリズムに合わせて調和するようにデザインされた安らぎの場所だった。

歴史的主題としての18世紀の風景園という「着想」は、その起源とニュアンスの探求のほうがそれが生み出したものよりも重要になるほど、強調されすぎたのかもしれない。その知的起源が何であろうと、最良の例が自ら語ってくれる。重要なのはそれらが呼び起こす感情である。イギリス式パークは静穏という時間を超越した特質を持っており、その基本要素である草、水、樹木、空、建物が一連の自然主義的な絵を生み出す。自然はできるだけ魅力的になるように刈り込まれ整えられた。「ケイパビリティ」・ブラウンの支持者とピクチャレスクのロマンチシズムの唱道者のわかりにくい議論と両者の区別は、今となってはあまり重要ではないように思える。ヨーロッパで中国についてよく知られるようになり、ほとんど偶然だがイギリスの様式が詩および風景画という中国の造園の理想と共通のルーツを持ち、自然が目を通してだけでなく心を通して見られているということが明らかになると、中国の影響の問題も消えてしまった。

その本当の起源が何であろうと、風景派運動は庭園理論に革命をもたらした。ごく最近まで歴史学者たちは、西洋の庭園の発達史を18世紀にふたつの系統に分かれて一様な発展をしたとみなす傾向があった。ひとつは完全な整形式で、主としてフランスとイタリアに起源を持ち、人工が自然を支配する。もうひとつは非整形式で、イギリス式風景庭園に代表され、そこでは自然が主導的役割を果たす。この相反する庭園理論はしばしば、ほとんど相互に排他的な様式として単純化されて受け止められてきた。しかし現実にはそれは無意味である。たいていの庭園は整形と非整形の要素を含んでいて両者は補完し合っており、きわめて整形性の強い庭園も外側の区域の曲がりくねった道から恩恵をこうむっているし、きわめて自然主義的な風景も屋敷のそばのいくつかの建築要素によって改善されている。

18世紀の発展は造園の目的と手段の再評価——ほかの技術との関係でのその機能と意義についての新たな評価——につながった。それまでは庭園のデザインは主に屋敷を建築的に支えるものとして存在していた。しかし、整形の伝統からの論理的展開の結果というより、それに対する反動として新たな動きが起こったのである。

【ルソーをしのんで】
イル・デ・プープリエ(ポプラの島)にある思想家ジャン=ジャック・ルソーの墓は、フランスのジラルダン侯爵のエルムノンヴィル庭園の呼び物として有名になり、のちにはドイツのヴェルリッツで模倣された。ジラルダンはこの庭園を造るにあたり、詩人で造園家のウィリアム・シェンストンによるレゾウズ(232ページ参照)の構想をもとにしたが、彼に真に影響を与えたのはルソーだった。ルソーの遺体はフランス革命のときに掘り起こされてパリのパンテオンに埋葬し直された。しかし、半円形に並ぶロンバルディポプラに守られたこの墓には、今でも「自然と真理の人、ここに眠る」という銘文が記されている。

◆ 第8章
珍奇、発明、リバイバル
折衷主義の19世紀
Novelties, inventions and revivals
THE ECLECTIC 19th CENTURY

【イタリア風】
このE・アドヴェノ・ブルックによって描かれたトレンサム・ホールは、1857年に『イングランドの庭園 (*Gardens of England*)』で発表されたものである。サー・チャールズ・バリーが1840年に広大なイタリア風の屋敷に付属するこの庭園を開き、広いテラスと遠くの湖を造ってヴェネツィアからゴンドラを運び、船頭も連れてきた。

　19世紀のヨーロッパの園芸の物語は非常に広範囲にわたり、混乱しやすいため、主要ないくつかの庭園と何人かの重要な人物を選んで急激な変化と進歩の様子を示すことにより、もっとも重要な様式の傾向を明らかにするのが妥当と思われる。この時期のアメリカ両大陸とアジアの一部の園芸の発展については、あとに続く3章で論じる。

　場所と人物の次に検討する価値があり、計り知れない影響を及ぼしたもののひとつが、しだいに広く読者の手に入るようになった庭造りに関する本や雑誌の数の増加である。定期刊行物自体、その時代の歴史を物語り、庭造りの流行の変化について非常に明確な記録を提供してくれる。森や低木の植え込みに暗い色調をもたらす新しいシャクナゲや針葉樹から、耐寒性の低木や多年草のカタログ、さらには夏の明るい花壇というそれまでなかった色調まで、人々は植栽を使ってそれぞれの庭園を様変わりさせた。対照的な紫、黄、青、緋色といった色のパターンに配置された花壇は、現代人の目には派手には見えないかもしれないが、人目を引いたのは確かである。とくにこの最後の流行の背景には、ヴィクトリア朝を特徴づけるいくつかの技術革新と特殊なわざがあった。裕福な庭園の所有者の資力にまさるものはないように思えた。しかし、1870年に新たな自然主義へ向かう動きが顕著になった。このため本章では、19世紀でもこの時点までの造園家、論評者、造園様式に注目する。

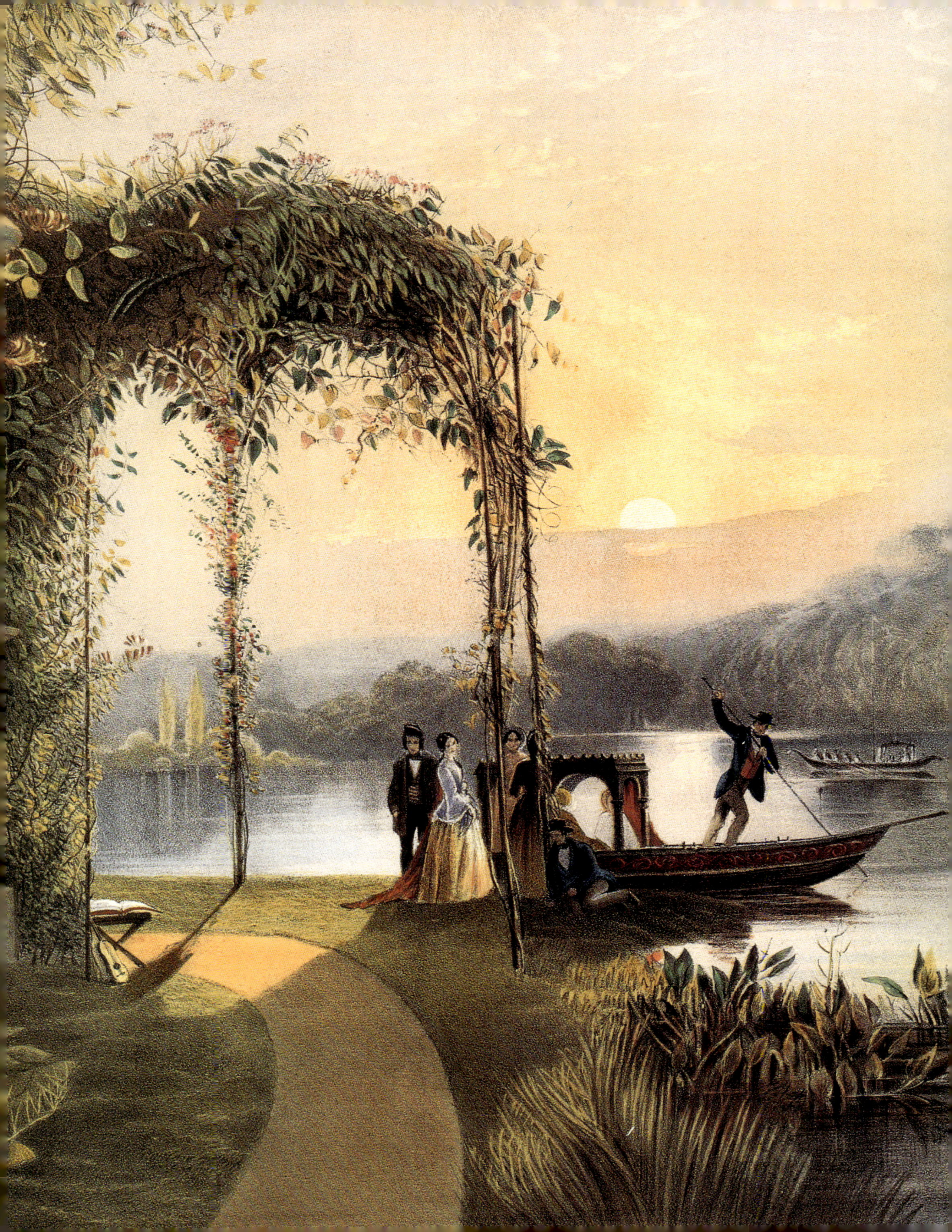

❖ 多様な様式と重要人物

19世紀、少なくとも1870年までの主要な様式は、新しいとか独創的とかいえるようなものではなかった。主に以前に考え出されたものの「改造」であり、この世紀の間中、流行は繰り返し変化した。地主と庭園所有者はときには自分で様式を設定することもあったが、たいていは専門家を雇って自分が求める効果を実現させた。大規模な庭園では、建築家のサー・チャールズ・バリーとパルテールの専門家W・A・ネスフィールドが、ルネサンスの幾何学性と建築への回帰の典型である。この整形性はしばしば18世紀の風景庭園に付加されたが、テラスの向こうのパークや湖は眺望としてそのまま残された。屋敷のそばの平坦なテラスはベディングと呼ばれる季節ごとの植物の植え替えをするのに理想的な場所で、興味を引く期間を長くするこの植え替えは、ヴィクトリアン様式の重要な部分をなしていた。

ベディングの技術と対照的にもっと折衷的なガーデネスクの動きが、比較的小規模な所有地、すなわち新たに生まれた中産階級の郊外のヴィラで盛んになった。自分自身のために植物を飾りたいという願望は「自然」派運動の延長として始まったのだが、1840年代には新しい外来種が入手できるようになったことで、それらの収集家の庭の大多数が人工的な様相を呈するようになったものの、そこではかなりの多様性と個人的な選択が可能だった。

サー・ジョゼフ・バンクス（201ページ参照）が18世紀後半の園芸界の旗手だったのと同じように、イギリスでの19世紀の動向を支配したのは2〜3人の人物、とくにジョン・クラウディス・ラウドンとサー・ジョゼフ・パクストンで、本章ではこのふたりの生涯をいくぶん詳しく見ていくことにする。ラウドンもパクストンも庭造りにきわめて大きな影響を及ぼすようになり、富は築かなかったにしても、無名のところから出世して名声を得たという点で、この時代を代表する人物である。このふたりの経歴はヴィクトリア朝の園芸の多くの重要な側面に関係しており、彼らの一代記は19世紀の庭造りの物語といってもよい。両人は庭造りに関する定期刊行物の爆発的な増加にかかわり、新旧の植物について、そして画期的な技術を使ってそれらをうまく栽培する方法について指導や助言をした。広範な著作があるもうひとりの出世した人物、ウィリアム・ロビンソンがこの世紀の第3の重要人物だが、彼が影響力を振るうようになるのが主に1870年よりあとの時期であるため、彼については第12章で論じる。

もちろん、流行にはほとんど注意を払わない、独自の個性を発達させた庭もあった。これらの庭園は、熟練した庭師のチームに支えられた裕福な所有者の興味によるものか、純粋に植物を愛好する人々によって造られたものである。後者は多くの場合、アマチュアの植物学者で、耐寒性植物の栽培を基本とする20世紀の混植の庭園構成の基礎を築いた。1830年から1850年にかけて造営され

【ガーデネスクのアプローチ[左]】
チャールズ・マッキントッシュの『実践的造園家（Practical Gardener）』（1828）の扉ページは、ジョン・クラウディス・ラウドンと同時代の人々に分析されたように、ガーデネスク様式の特徴を見事に示している。孤立した各要素、目立つように単独で植えられた草花や高木、芝生の中の円形の花壇が、乱雑であまり好ましくない印象を与えた。

【エルヴァストンのガーデン・ルーム［上］】
1840年代にダービーシャー州のエルヴァストン城で「区画化」のアイデアが試され、そこではきれいに刈り込まれた生垣のある囲い地はみなそれぞれ異なるスタイルのテーマを持ち、一風変わった名前がついていた。モン・プレジールもそのひとつで、シデのトンネル、回廊のある広場、曲がりくねった渦巻きがあり、ダニエル・マロによる17世紀のオランダのデザインを手本にしている。もうひとつの区画はアルハンブラと呼ばれたが、立ち並ぶイトスギに似せることを意図したイチイの並木以外、はっきりしたムーア風の特徴を示すものはなかった。イタリア風の庭にはアーン〔装飾的な大型の壺、本来は埋葬用の骨壺を意味する〕や壺があり、別の区画にはマツとモミの木で飾られた芝生があり、また別のところでは南アメリカから苗の形で入手できるようになったばかりのチリマツが点在していた。このようなガーデン・ルームはビダルフ・グレインジ（次ページ参照）でも造られ、それもほとんど同じくらい風変わりで、強いヴィクトリア朝風の趣を有しており、囲われた区域がそれぞれ一貫性のあるコティッジ様式の植栽と明確な色彩テーマを持つヒドコットやシシングハーストの例のような「区画化」造園の現代的解釈とは異なるものだった。ここに示したエルヴァストン城のモン・プレジールは、E・アドヴェノ・ブルックが1857年頃に描いたもので、彼の著書『イングランドの庭園』に掲載された。

第8章｜折衷主義の19世紀　247

ベイトマンの驚異の部屋
BATEMAN'S CABINET OF CURIOSITIES

スタフォードシャー州ストーク＝オン＝トレント近郊にあるビダルフ・グレインジは、ヴィクトリア朝の折衷式庭園のうちでもとくに面白いところである。所有者のジェームズ・ベイトマンは王立園芸協会の初期の会長でアマチュアの景観デザイナーであり、植物に関して広範な興味を抱くプランツマンでもあった。1850年代にビダルフで、さまざまなテーマを持つ植物に適した生育条件とピクチャレスクな舞台を用意し、今日なら「コンパートメント」と呼ばれるものに分けられたいくつもの区画の中に植物を配置した。彼はこの構成を実施するにあたり、石造物に通じた海洋画家のエドワード・クックなどから有力な支援を受けた。

チャイナと呼ばれるビダルフの一区域は、訪問者を驚かせるように注意深く構成されていた。庭園のほかの部分からトンネルによって隠されたところに中国風の聖堂、見事な石積みの眺め、廟堂、龍のパルテールがあったのである。中国の植物のコレクション——主にロバート・フォーチュンによって導入された——が非常に本物らしい雰囲気を与えた。エジプト庭園では両側に石のスフィンクスが置かれ、トピアリーのピラミッドのそばに刈り込まれた生垣の控え壁があった。シャクナゲ園、スタンペリー〔切り株や枯れ木など死んだ樹木を使った庭〕、自然主義的な植栽の谷、針葉樹園、セコイアデンドロン（*Sequoiadendron giganteum*）の並木道があって、どれもそれぞれ互いに見えないように、見事な生垣、トンネル、木々で覆われた道によって隠され、庭園が神秘的でロマンチックな雰囲気になるように計画されていた。

ベイトマンはオックスフォードのモードリン・カレッジで勉学中にランへの関心を強め——彼はランで有名になった——、創造に関する聖書の説明を考え方の違う地質学的条件と矛盾のないようにする方法に興味を持った。そして、自分の庭でさまざまな土壌条件を要求する植物を育ててそれを証明することにしたのである。また、化石を収集して並べ、大昔から各時代に生じたさまざまな岩を示し、地質学と古生物学の学生に参考にさせた。ガイドつきツアーは高度に教育的だった。

庭園デザイナーでジャーナリストのエドワード・ケンプが1856年にビダルフを訪れ、この庭園について熱意をこめて書いている。そして、「人間の好奇心あるいは好みによって発見または栽培された大植物群のほぼすべての耐寒性の種に適した快適な棲みか」を周到に用意していると称賛した。1928年以降、この庭園は荒廃してしまった。しかし、1988年にナショナルトラストが土地を取得し、わくわくするような修復事業を実施した。おそらく統一性がないため親しみやすさの点ではビダルフは魅力的でないと感じられるかもしれないが、その驚くべき多様性ゆえに壮観な光景であることには変わりない。

エジプト庭園のスフィンクス

【チャイナを望む】
中国庭園の入口のトンネルからの眺め。トンネルは、予期していない訪問者を驚かせるための工夫である。

ガーデネスクの定義

1866年にヨハン・アーサー・ニューズは、『庭園建築と風景式造園（Garden Architecture and Landscape Gardening）』で「ガーデネスク様式は、高木と低木がかたまりであろうが集団であろうが互いに決して触れないように植えられ間引かれる点で、ほかと区別される。このため近くで見ると高木や低木が一つひとつ区別できるが、遠くからだと非常に美しく見える。……壮大というより優美なのが特徴である」と書いている。この造園様式は、当時の定期刊行物に描写されJ・C・ラウドンによって説明されたように、現代の審美眼からいうと取り散らかっていて混沌としているように思えるが、植物を展示する余地があるため、デザインより植物を高く評価するあらゆる熱烈な植物愛好家の人気の的でありつづけた。

たエルヴァーソン城の庭園はきわめて風変わりな大所有地のひとつで、一方、19世紀後半に造られたブリストル近郊のビトンにある聖職者エラコームの庭園（269ページ参照）には面白い混植の庭があって、そのひとつは1900年代の流行の原型になった。1895年に出版され、植物と彼の庭造りの活動について書かれたエラコームの『グロスターシャーの庭で（In a Gloucestershire Garden）』は、その実用性と学術性から今でも名著といわれている。

そのほかに数は少ないがいくつか大きな庭園があり、それらはすべて今日でも訪れることができ、それぞれ19世紀の奇抜なところを持ち、特定の様式には従っていない。オールトン・タワーズにあるシュルーズベリー伯爵の驚くべき庭園には、どんな分類の試みも通用しない。テラスにぎっしりと植物が植えられ、多様な庭園要素の一部を隠すのを助けている。ラウドンの1836年の報告は、「テラス、建築物のような奇妙な壁、トレリスのアーバー、壺、彫像、階段、歩道、砂利道と芝道、装飾的な建物、橋、ポルティコなどがある迷宮であり、7つの金色に光るガラスのドームがついた温室の眺めが見える」と強調している。ナポレオン戦争（1800-15）中の開設当時から、オールトン・タワーズはほとんどテーマ・パークであったが、現在でもそうで、当初の庭園と建物の一部が修復されている。そして、様式と影響の奇妙な混合物をまとめたもうひとつの庭園が、ジェームズ・ベイトマンのビダルフ・グレインジ（左ページ参照）である。

❖ ガーデネスクすなわち植物中心の庭園

比較的小さな郊外のヴィラに向く、あまり構造的でない造園の考え方は、もっぱら植物を各種集めて展示することを中心とするものであった。ナポレオン戦争末期には、新たに商業で成功した裕福な中産階級が出現していた。工業都市周辺の郊外のヴィラに住むこれらの人々は、パークを造れるほど十分に広い土地を持っていなかったし、かならずしも再びルネサンス様式を導入する流れに従うこともなかった。姿勢の点では、屋敷のまわりにもっと親しみやすい庭が戻るのを歓迎

【外来種を試す】

J・C・ラウドンは著書の中で、可能なときには外国の植物、あるいは少なくともいくつかの土着の植物の珍しいものや普通でない種類を使うよう勧めた。シダレヤナギやポプラ、葉に切れ込みの入ったハンノキ〔ヨーロッパハンノキの栽培品種 Alnus glutinosa 'imperialis'〕とアメリカ種のカバノキはみな、自生種や普通の種より好まれた。この図版は1838年の『ガーデナーズ・マガジン』に掲載されたものである。

第8章｜折衷主義の19世紀

したハンフリー・レプトンの顧客に似ていた。それでも彼らは思いのままになる限られた空間で、新しい植物や園芸テクニックを使いたいと思った。彼らは、教育的な本や定期刊行物によって知識と情報を与えられた階層だった。彼らが造った庭園は、個々に鑑賞されるように展示された点在する樹木や珍しい植物と、芝生の中の花壇にあるグループ化された花のコレクション——同じような生育地の多年草と一年草——が特徴の、植物中心の庭園だった。

　19世紀も進むと、新たな要素が郊外のヴィラ・ガーデンに組み込まれた。さまざまなコンサバトリー〔装飾性の高い温室で、建物から張り出したガラスの部屋の場合もある。観賞用の温室のほかサンルームとして使われる〕や温室に加え、ヴィラ・ガーデンの庭師は手の込んだロック・ガーデン、シダ、ペラルゴニウムのピラミッドを作り、色づいた葉を効果的に使うこともあった。その結果できるデザインはまとまりのある計画の一部であることはめったになく、一般的な意図は何も表現しない極端なも

【愛国的なパルテール】

ルイス・ケネディと息子のジョージは、スコットランドのパースシャーにあるドラモンド城に、手の込んだ階段とテラスを建設した。下の平坦な区域に、左右対称の植栽パターンで飾られたセント・アンドリュー・クロス〔スコットランドの国旗〕の形をした広大なパルテールが造られた。当初はシャクナゲとヒースが植えられて「鮮やかな色彩の巨大な絨毯のよう」だった。幸い現在の植栽はもっとずっと魅力的で、群生する多年草と銀色の葉のアナファリス（ヤマハハコ属）が植わっている。

のになった。それどころか混沌を目指していることも多かった。庭造りの専門家たちは熱心に「ガーデナーの技巧——栽培されている状態の高木、低木、草花の個々の美しさ」を増進し、技術的進歩のほかガラス温室や菜園(キッチン・ガーデン)の適切な使用を促した。1820年代に当時の傾向を定義しようとして、最初にこの様式を「ガーデネスク」と呼んだのはラウドンである。

❖ 大規模な建築的庭園

あらゆる時代と同様、19世紀の庭造りの歴史は比較的大きな地所における主題の展開を強調する傾向がある。私たちは装飾的なヴィクトリアン・ガーデンを、一団の庭師に支えられ、彼らに任せられた温室群がある、ドラモンド城、クリヴデン、ボーウッドの庭園のようなイタリア風のテラスや手の込んだベディング計画の観点から考えるのに慣れている。しかし、頑丈な建築要素がパルテールの背景やパターンを決めたのと同じように、石やツゲで縁取られた花壇が季節の植栽の枠組みを与えた。熟練した庭師頭は半耐寒性の植物——海外からやってきたばかりのものの場合が多かった——を種子や挿穂から育て、デザインに豊かな色彩を添えた。そして、さらに簡素な計画は17世紀のフランスのバロック式パルテールに性格が近いツゲと色のついた砂利だけでできていた。18世紀の風景庭園が自然に対するそれまでとは違う新しい姿勢を特徴とするとすれば、1800年代に発展したデザインは建築家の造園における決定的役割を回復させた。ヴィクトリア朝の庭造りは、自然に対する人工の勝利を強調するものだった。そして、驚くほどたくさんの新たに入手できるようになった植物の鮮やかで大胆な色彩を使い、新たな手法や技術を利用しながら、19世紀の建築的庭園は過去を振り返ったのである。

❖ ラウドン——当時もっとも影響力を持っていた園芸家

ジョン・クラウディウス・ラウドン(1783-1843)は、著書や定期刊行物の中でハンフリー・レプトンとヴィクトリア朝の郊外の庭園の発展を結びつけている。ラウドンの才能は多岐にわたり、19世紀前半の流行の多くは彼の影響の直接的な結果だった。論文、百科事典、定期刊行物の執筆を通して、彼は園芸の発展の最前線にいて、読者を引きつけるために、うるさく言い、脅し、威張った態度をとった。ラウドンは新しい技術の時代の庭造りの実際的な側面をきわめてよく理解していて、温室の建設と管理も含め、園芸と農業のあらゆる事柄に通じており、知識豊富なプランツマンでもあった。

ラウドンはイングランドと大陸ヨーロッパの大庭園の大半を訪れたことがあり、庭園の発達史と当時の庭園デザインと園芸の進歩について理解していた。そして一般論をいえば、あらゆる造園家は少なくともいくらかは歴史の知識を得て、「置かれた状況、気候、環境にとって最良と考えられる」様式や流派について決めるときの参考にすべきだと勧めた。1820年代からラウドンはあるテーマを展開し、そ

【チームの写真】
庭師頭と彼が率いる庭師と助手と見習いからなるチームの任務は、大規模なヴィクトリアン・ガーデンの顕著な特徴である目もくらむような植物の配列を作り出すことだった。庭師頭は、複雑な植栽の組み合せと色彩構成の計画、技術的に進んだガラス温室や暖房システムの管理、大勢の職員の監督を行ない、給料が驚くほどよいわけではないが、ますます力を持つようになった。1830年にデヴォンシャー公爵のもとで働いていたジョゼフ・パクストンでさえ、年に70ポンドとコティッジしか受け取っていなかった。ここに示した写真は、ウェールズにあるアーシィグの庭園で働くスタッフが後世に残すために並んだところである。

ラウドン家の生活
LIFE WITH THE LOUDONS

農家の息子ジョン・クラウディス・ラウドンは、1783年にスコットランドで生まれた。14歳のとき種苗園で働き始めたが、彼の興味は庭造りにとどまらず、フランス語とイタリア語も学んだ。1803年にラウドンは南下してロンドンへ行き、そこで『公共の広場のレイアウトについて（*Observations on the Laying out of Public Squares*）』を発表して、ジャーナリストとしての職歴を開始した。これに続いて、すぐに温室に関する論文と田舎の住宅についての論文を書き、温室の論文ではリッジ・アンド・ファロー〔ガラス面を太陽光を受けやすいように傾斜させてのこぎり型の屋根にする工法〕のガラス窓を推奨し、この方法はのちにジョゼフ・パクストンによって採用された。ラウドンは弱冠23歳で権威あるリンネ協会の会員に選ばれた。

しばらくの間、ラウドンはオックスフォードシャー州の農場を賃貸していたが、1812年にそれを売って利益を得た。次に彼はヨーロッパ北部を巡る旅に出発し、何らかの形で知られている宮殿や庭園を訪れ、市民が利用できるようにパークを提供しているという点で大陸はすぐれていることをときどき記録している。第I期のヨーロッパ旅行をフランスとイタリアで終え、有名な『園芸百科事典（*Encyclopaedia of Gardening*）』(1822)の資料を集めつづけた。そして1828年に再び大陸へ渡った。2年後、ラウドンはジェーン・ウェッブと出会って結婚する。彼女はずっと年下だったが、すでに著書を出版している作家だった。夫の死後、彼女自身、多作の園芸作家になる。

ジョン・クラウディス・ラウドン

ジェーン・ラウドンの『女性のための庭造り』

ラウドンがつねに目標としていたのは知識を増やすことによって人類の状態をよりよくすることであり、その目的のために約6600万語を出版した。そもそも高潔で、カルヴァン主義的熱意を持つ彼は、雇用者も雇われた庭師も教育して、庭師の労働条件を改善する道を見つけようとした。1826年に初めて制作された『ガーデナーズ・マガジン』は、当時の国内外の園芸事情を概観し、書評や庭師のための教育的記事も掲載した。また、ラウドンが自身の個人的かつ痛烈な意見を発表する手段にもなった。賛同と批判が遠慮なく交わされ、キューの王立植物園の運営もロンドン園芸協会の「偏狭な運営システム」も激しく批判された。最初は年4回発行されたが、のちには2ヶ月ごとの発行になり、ついには毎月になって、ラウドンが亡くなる1843年まで続いた。この雑誌は競合雑誌が多数出現するまで毎号3000部以上売れ、年に750ポンドの収入をもたらした。

『園芸百科事典』はラウドンの存命中に9版を重ねた。この総合的な本は園芸のあらゆる側面を網羅している。また、歴史的内容と指導的提案の両方から見て依然として貴重な書物である。ラウドンのもうひとつの力作が『植物百科（*Encyclopaedia of Plants*）』(1829)で、出版された当初も貴重だったが、その頃に知られていた植物のリストが導入時期および産地とともに載っているため、今日でも有用である（ラウドンはジョン・リンドリーを雇って植物の説明を書かせた）。時の試練に耐えてきたラウドンの重要な著作が、8巻からなる『イギリスの樹木園と灌木園（*Arboretum et Fruticetum Britannicum*）』(1838)で、これはきわめて学術的で細部に気を配った著作である。

こうした成功にもかかわらず、人生が終わろうとする頃にはラウドンの収入は家族を支えることができず、亡くなる頃にはかろうじて生活できる程度の状態だった。ジェーンは娘のアグネスの手を借りて、女性ガーデナーのために書いた園芸書『女性のための庭造り（*Gardening for Ladies*）』、『女性のフラワー・ガーデン（*Ladyies' Flower Garden*）』4巻、『女性のための田舎必携（*The Lady's Country Companion*）』でかなりの成功をおさめた。彼女の『素人ガーデナーの暦（*Amateur Gardener's Calendar*）』は、何を避け何をすべきかの手引書で、1870年にウィリアム・ロビンソンによって改訂され、今でも簡潔な情報と助言の手本である。

れは彼の環境計画へのきわめて長く続くことになる貢献——気晴らしや自然を楽しむための公園を提唱したこと——である。大陸旅行で見たパークに衝撃を受けた彼は、拡大する都市に緑の空間を設置するよう熱心に説くようになり、その考えを共同墓地や植物のコレクションにまで広げた。18世紀のプレジャー・ガーデンが特定の人にしが開かれておらず、大衆は入れなかった時代に、ラウドンは、ニューヨークのセントラル・パークをデザインしたアメリカのフレデリック・ロー・オルムステッドのように、都市の労働者にとって不可欠な休息の場所になると考えたのである。そして1831年にバーミンガム植物園をデザインし、1839年にダービーに高木と低木の1000の異なる種と変種がある樹木園を新たに造った。

　イギリスのいくつかの地所の経営の仕方に対するラウドンの批判は地主たちの反感を招いたが、彼の助言を気にかける地主もいた。ラウドンは広く認められた権威であり、景観コンサルタントとして依頼が多数あった。若い頃、彼はもっと自然主義的な流派に属していて、ブラウンやレプトンの静かな風景を好む人々ではなくピクチャレスクの信奉者を支持していた。しかし、1815年と1819年の大陸旅行で別のやり方に目が開かされた。そして、公園の並木道やシンメトリーと秩序の美しさ、とくに母国の庭園に比べて大陸の多くの庭園にある「塵ひとつない」管理を高く評価した。

　ラウドンは『模倣について(Essai sur l'Imitation)』(1823)を読んで刺激を受けた。その中で「古典美の擁護者」カトルメール・ド・カンシーが、イギリス式風景庭園はあまりに完璧に自然の模倣をしており、したがって芸術ではないと批判し、「芸術作品として認められるべき創造物は、自然の作品と間違えられるようなものではあってはならない」と述べていた。ラウドンはしだいに造園において芸術的技巧がまさることの必要性を受け入れるようになるとともに、妥当な場合はもっと古風な幾何学的な様式に戻る方向へと動いた。ラウドンはガーデネスクの原則を定義した最初の人物であったが、彼がこの考え方を始めたのではなく、それにルールと意味を与える努力をしたのである。

　ラウドンが自身の考えをもっともよくまとめているのが、『公共の庭園と遊歩道のレイアウトについて(Remarks on Laying out Public Gardens and Promenades)』(1835)である。その中で彼は、いくつかの原則を守ることを勧めている。第1の原則は「あらゆる庭園は芸術作品」であり、その結果は決して自然自体と間違えられるものであってはならないということ。第2は「表現の統一性」の原則で、それにより彼がいわんとしたのは、ひとつの光景で目に映るものは何であろうと1枚の絵、すなわち統一された複合体でなければならないということである。第3は多様性の原則であり、おそらく彼のあらゆる主張の中でもっとも危険を伴うものだろう。そして第4は彼が関係性あるいは秩序と呼んだもので、訪問者の前で展開する風景庭園の光景の連続性である。

　『郊外の造園家(Suburban Gardener)』(1838)の中でラウドンは、郊外のヴィラにふさわしい庭園について説明し、1〜4の評点をつけた。そして、まっすぐな歩道を欠陥だ

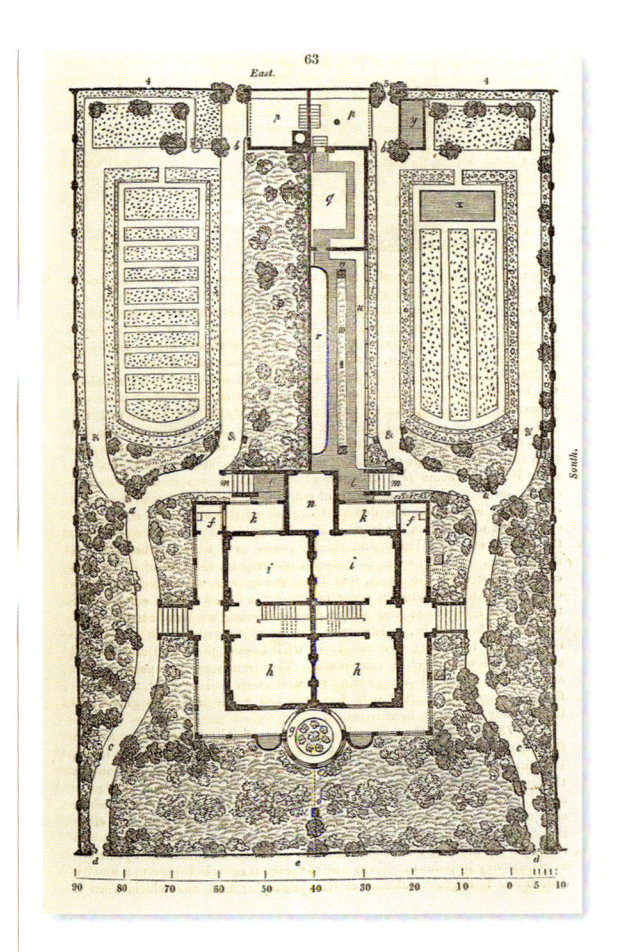

【ラウドン自身の土地】

ロンドンのベイズウォーターにあったラウドン自身の庭園ポーチェスター・テラスは、彼の趣味を反映していた。結婚前の1823年に建てられた家は仕切り壁で分けられていて横に入口があり、ラウドン一家は南側に住んだ。この庭園でもっとも目立つのは、ガラスと鉄でできたドームがあるコンサバトリーで、ツバキであふれ、建物の西側に張り出してガラス屋根のヴェランダになっていた。外来種と自生種が混在する高木と低木が密生する植え込みをカーブした道が通り抜け、アプローチから見るとひとつの庭園のような印象を与えるようになっていた。裏では、ラウドンは自分がよく知らない外来植物を試すことのできる試験圃場を造るため、地下室を掘って出た土を使って庭をかさ上げした。

第8章　折衷主義の19世紀

定期刊行物の普及
A PROLIFERATION OF PERIODICALS

　カラーの挿絵を印刷し複製する、より安価な方法が開発されたため、比較的安くより大きな版の雑誌や本が広く読者の手に入るようになった。最初は定期刊行物は園芸関係の編集者が主体となって出し、彼らは広範な情報を提供するだけでなく、激しい価格競争にふけり、ある程度の剽窃をした。しかし19世紀中頃には高い技術を持ち教育を受けた庭師頭たちが現れ、定期刊行物は彼らと同時代の人々が情報を交換し議論できる媒体となって、植物群集、色彩理論、さらには様式に関する新しい法則を規定することも多かった。

　ラウドンが1826年に『ガーデナーズ・マガジン』を刊行したとき、すでにいくつか園芸雑誌が存在していた。もっとも古いのは1787年に創刊されたウィリアム・カーティスの『ボタニカル・マガジン』で、毎月発行され、新たに栽培されるようになった植物の手彩色の版画が3枚掲載されていた(1820年代には不振に陥り、ウィリアム・J・フッカーの編集で復活した)。1815年には、ハックニーの有名なロッディジーズ種苗園が、挿絵入り月刊誌でおそらくヨーロッパ最大の膨大な植物コレクションのカタログである『ボタニカル・キャビネット(Botanical Cabinet)』を発刊した。もうひとつの出版物『ボタニック・ガーデン(Botanic Garden)』はたいした競争相手ではなかったが、ジョゼフ・パクストンの『ホーティカルチュラル・レジスター(Horticultural Register and General Magazine)』およびのちにそれを引き継いだ『パクストンの植物学雑誌(Paxton's Magazine of Botany and Register of Flowering Plants)』とはもっと競争になった。

　1840年代にはラウドンの影響力にかげりが見られ、一方で多数の出版物が発行されて、ヴィクトリア朝の人々に話題となっている情報を豊富に提供し、世の中の趨勢に影響を与えつづけた。そうした出版物には『ホーティカルチャー・ウィーク(Horticulture Week)』として続いている『ガーデナーズ・クロニクル(Gardeners' Chronicle)』(1841)、今日では王立園芸協会によって『ザ・ガーデン(The Garden)』として発行されている『ロンドン園芸協会雑誌(Journal of the Horticultural Society of London)』(1846)、1905年まで『園芸雑誌(Journal of Horticulture)』として、その後もさまざまな名前で続いた『コティッジ・ガーデナー(Cottage Gardener)』(1846-61)がある。これらの雑誌を注意して調べることにより、19世紀の庭園の発達史の全貌を明らかにすることができる。

ロンドンで最初の定期刊行物

と非難する人々を批判し、幾何学的あるいは規則的なやり方は直線で区切られた庭園にとって自然な様式であると指摘した。彼はまた、ピクチャレスクとガーデネスクの違いを、自分が見たままに表現しようとしている。ピクチャレスクは「画家が写し取りたいと思うような野生状態の自然の模倣」であり、ガーデネスクは「ある程度の世話や改良の対象で、人間の必要と願望に一致した自然の模倣」だと述べているのである。しかし、これで問題が解決するわけではなく、別のページでラウドンは説明を加えている。不規則性あるいはピクチャレスクなものはかなりの規模の敷地にもっともよく適合するのに対し、ガーデネスクは「景色を称賛する一般の人々ではなく植物学者のような人々にふさわしく、それは樹木や草花の個々の美しさ、そして芝生や歩道などの高水準の秩序と管理を見せるためにもっともうまく計算されているからである」と述べているのである。これはあまり魅力的ではない様式についての長々とした説明に思えるかもしれないが、長く――けっ

チリマツ

モンキーパズルツリーとも呼ばれる針葉樹チリマツ(*Araucaria araucana*)は、その風変わりな刺だらけの姿がヴィクトリア朝の人々に好まれた。この植物はこの南半球の属の18種のうちで唯一、冷涼な気候でも戸外で栽培できるほど耐寒性があり、ブリテン諸島で育つ数少ない南アメリカの高木のひとつである。

チリマツは1782年に、スペイン人で、同行していたもっと有名な植物学者イポリト・ルイス・ロペスを残してひとりで旅をしたフランシスコ・デンダリアレナによって最初に発見された。チリ南部の自生地では、アンデス山脈に隣接する海岸地域の比較的低い斜面にしがみつくようにして大きな森の中に生えており、高さ15～45メートルに達する。1795年に外科医で植物学者、植物収集家でもあるアーチボルド・メンジーズは、ジョージ・ヴァンクーヴァー船長とともにチリの海岸を訪れ、種子をいくつか手に入れて船上でまいた。そして母国へ持ち帰った5本の苗を、キューのサー・ジョゼフ・バンクスへ渡した。その1本がそこで1892年まで生き残り、1832年に4メートルに達したと、ラウドンが報告している。ヴィーチ商会が南アメリカに派遣した植物収集家のウィリアム・ロブが、1844年にようやくある程度の量の生育能力のある種子を手に入れた。これは、イギリスで優良な樹木をいくつか生産するためだった。当時、チリマツは田舎の大地所の多くに広く植えられ、場合によってはデヴォン州のビクトンやスコットランドのケネディ城のように並木として植えられることもあった。ビダルフでは、ジェームズ・ベイトマンがパルテールの要素として使用した。

Araucaria araucana

して永遠というわけではないが――影響を及ぼしてきた。

❖ イタリア風庭園

ガーデネスクの発展と同時に、もっと堂々たる景観の建築が優勢なデザインに戻る動きがあったのは、意外なことではない。富と拡張主義の時代にあって、構造化されたテラス、階段、噴水が、金持ちの所有者の生活様式だけでなく、前の世代には手に入らなかった無数の植物を大々的に見せるための完璧な舞台を用意した。カントリーハウスや公共の建物に合わせて修正された（そして今でも堂々たる建物に付属する庭園にしばしば採用されている）荘厳なイタリア風のやり方は、私たちが持つ古典の遺産のひとつである。ヴィクトリア朝の人々は、そのがっしりした建築要素と広いテラスを、新しい外来植物とそれを展示する彼らの技術を誇示するために使った。今日、どんなに控え目な庭園でも、同じような考え方をして、植物を使って必要な構造要素を与えることは可能である。しかし外見上、ヴィクトリア朝の人々によるそれ以前の様式の「改造」はオリジナルのものとは著しく異なっていて、「イタリア風」という言葉はあらゆる復古的な庭園を包含するようになった。様式を模倣しても、デザイナーや庭師は入手できるようになったさまざまな種類の植物を使い、新しい園芸技術と科学技術を実際に用いたため、庭園はその様式とはほとんど認められないものになった。フランスやイタリアの様式を用いようが感傷的な中世趣味に戻ろうが、ヴィクトリア朝の庭師頭たちは植物の可能性をあますことなく利用して途方もなくけばけばしい展示をした。テラスに造られた花壇の寄せ集めはオランダ庭園と呼べるかもしれないが、それと同じくらいイタリア庭園とも呼ぶことができ、ツゲで縁取られた砂利のパターンはフランス風といったほうがよかった。トピアリーとシンプルな花がある古風なイギリス式庭園が、強く中世を暗示する付属のハーブ園の中に配置されることも多かった。そのような庭園は18世紀の牧歌的な風景庭園と正反対のものだった。

カントリーハウスと公共の建物が復古主義的建築の流行の代表であった。古典主義とパラーディオ様式のヴィラはもはや外国風と軽蔑され、イギリスに新しく現れた多数の様式にはゴシック、テューダー、ジャコビアン、イタリアン、さらにはスコティッシュ・バロニアル様式があり、19世紀末には数は少ないがフラン

ス式の城まであって、それらがみな、同じようなふさわしい庭園様式の採用を促した。ばかげた例を挙げれば、16世紀のイタリアのティヴォリのヴィッラ・デステのレイアウトがイギリスのエリザベス時代の庭園の再建の手本にされたし、バッキンガムシャー州のアシュリッジのレプトンによるデザインには噴水の周囲にゴシック式の庭があるが、それ以前のどんな様式より16世紀の様式に近かった。

❖ バリーのテラス

ハンフリー・レプトンが1818年に亡くなった頃、屋敷と庭園の建設の権威者はサー・チャールズ・バリー(1795-1860)だった。バリーは1815年以降にイタリアのヴィラと庭園を見てまわり、いわゆるイタリア様式を導入、あるいは再導入した。大仰な言葉で言い換えれば、それはこの建築家の幾何学的構成計画についてのすぐれた独創性を反映しており、バリーの場合、本物についての知識を証明しただけでなく、庭師頭がその腕前を発揮するのに理想的な平坦な場所を提供した。

イタリア・ルネサンスについてのバリーの調査を反映した最初の屋敷と庭園が、サザーランド公爵のためにデザインしたスタフォードシャー州のトレンサム・ホールである。彼はここで、平坦な土地に何種類かのテラスを導入することにした。屋敷と湖の間の湿地を掘って4つの階段でつながったふたつのテラスを造った。上段には円形の噴水があり、下段には2枚の矩形のパルテールがあって、イチイとイトスギが垂直方向のアクセントを与えている。バリーは湖のほとりにバラスター付きの手すりを設け、ヴェニスのゴンドラを浮かべ船頭を連れてきてイタリア的な雰囲気を出した。マッジョーレ湖にあるベッラ島の庭園を偲ばせるバロック風の島を建設するという野心的な計画は、完成することはなかった。しかし、隅の園亭、オレンジの木に似せて刈り込まれたポルトガルローレル(*Prunus lusitanica*)、鮮やかな原色の花——青いネモフィラ、黄色のカルセオラリア、緋色のゼラニウム——が植えられた非常に長いリボン・ボーダーなど、ほかにたくさんのものがある。バリーの壮大な計画の実施に間に合うように、1841年にジョージ・フレミングが庭師頭としてやってきた。フレミングは不可欠な排水、ガラス温室のストーブ、暖房システムの管理に必要なあらゆる技術を持っていた。彼の革新的なベディング計画により、トレンサムは有名になった。青と白のワスレナグサを植えて、プレジャー・グラウンドを下って湖へと川のように曲がりくねって流れるようにしたのである。フレミングの小川は、今日でも使えそうな春の植栽法である。彼はワスレナグサを夏の花壇植物に交換して、その後の数ヶ月も

【デザインの解明】
スタフォードシャー州にあるトレンサム・ホールでサー・チャールズ・バリーはパーゴラを造ってテラスに高さと内容を与えた。それはバラ、スイカズラ、ブドウのつるで覆われ、四季を表す古典的なヘルメー(台座にのった胸像)が壁龕を飾っていた。

【クリヴデンの植栽パターン】
バッキンガムシャー州にあるクリヴデンの屋敷の下の平坦な大テラスに、バリーは大きな円形の花壇につながるくさび形のパルテールからなるふたつの帯状の花壇を造った(左)。1862年の植栽は主に一年草からなり、ヨークシャーのハーウッドでもバリーとともに働いたことのあるジョン・フレミングが実施した。フレミングは、色彩の権威になっただけでなく革新者でもあり、草地に野生の球根植物を植え、のちには熱帯植物で構成される花壇を造った。1970年代初期にナショナルトラストのためにグレアム・スチュアート・トマスにより修復された現在のクリヴデン(右ページ)のテラスでは、紫の花が咲くセージ、刈り込まれたサントリナ、セネシオ、キャットニップの優美なレイアウトに点々と円錐形のイチイのアクセントが入っている。それはフレミングの色彩あふれる花壇に比べてずっと省力的である。

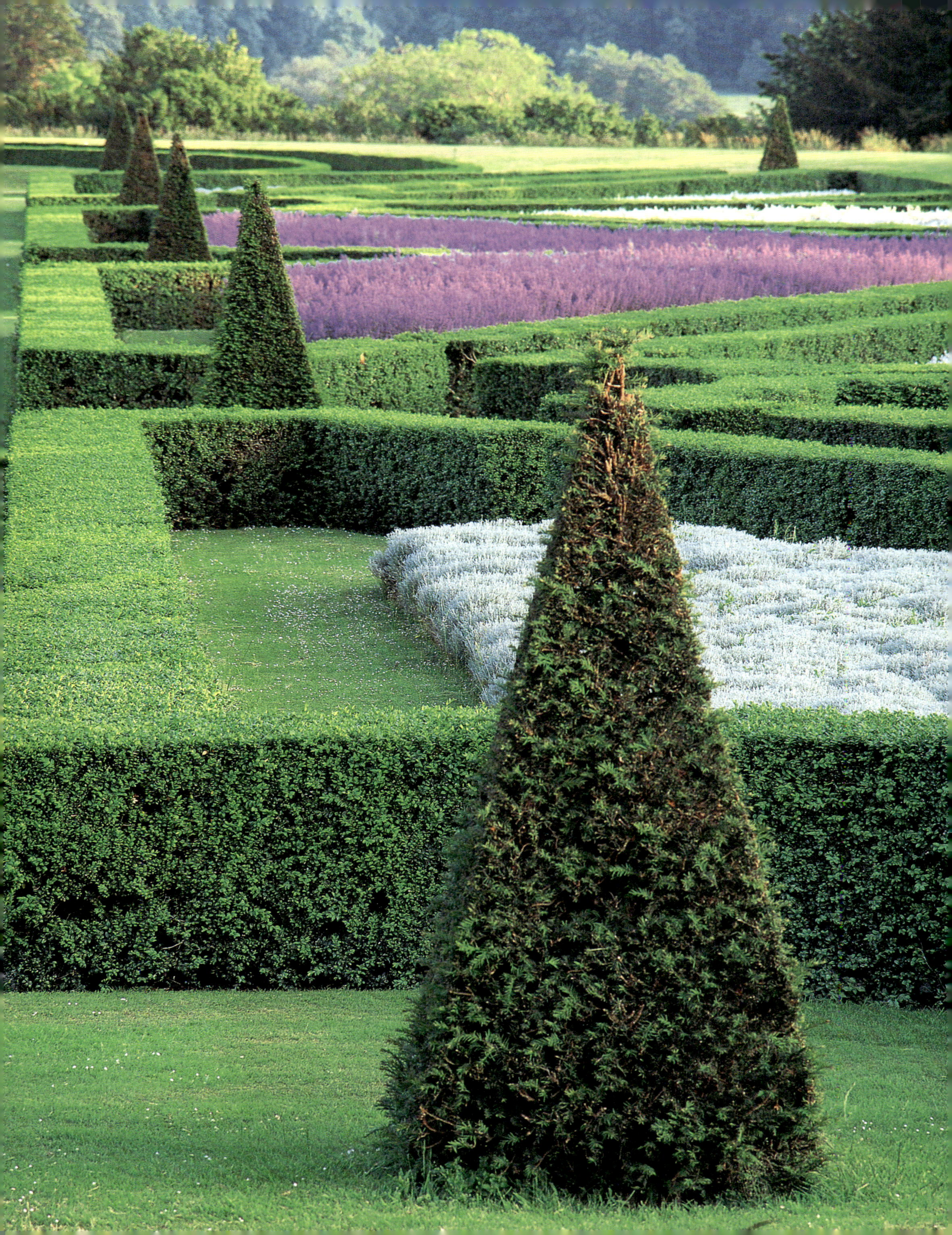

【イタリア式のボーウッド】

ウィルトシャー州にあるボーウッドのテラスは、1851年にジョージ・ケネディによってデザインし直された。彼の作品については、スコットランドのパースシャーにあるドラモンド城のところですでに触れた。様式はイタリア式であるが、最初は「フランス式」と呼ばれた。イタリアのイトスギに似せるため、非常に細いアイルランドイチイが使われ、どちらかというと平板な手の込んだパルテールと芝の区画に、バラスター付きの手すりの上に置かれた背の高いペラルゴニウムでいっぱいの壺が高さを与えている。ここに示すのは、1856年にE・アドヴェノ・ブルックによって描写されたものである。かなりシンプルになった花壇にはごく最近まで「ベディング」用のバラがあったが、現在ではデザイナーのアラベラ・レノックス＝ボイドがツゲの生垣がある花壇と群植を導入して大きく模様替えした。

同じような効果を生み出したに違いない。

バリーはバッキンガムシャー州のクリヴデンで、サザーランド公爵と公爵夫人のために再び働いており、1849年からそこで屋敷と敷地をイタリア風にするために雇われた。庭師頭——やはりフレミングといったが、このときはジョンと呼ばれる人物だった——は屋敷の下に、中央の一群のシャクナゲを囲むように印象的なパルテールを配置した。花壇はそれぞれ、刈り込んで約20センチの高さに保たれたイボタノキカトウヒで縁取られた。アネモネ、シレネ、*Limnanthes douglasii*、ワスレナグサ、チューリップなど、さらに2000本の花壇用植物が毎年、追加の装飾として使われた。1896年に、当時、クリヴデンを所有していたアスター卿が、ローマのヴィラ・ボルゲーゼから有名な17世紀のバラスター付きの手すりを手に入れ、この追加はバリーを喜ばせたにちがいない。ジョン・フレミングは、ヨーク近郊のハーウッドでも働いた。そこにバリーは南にこの地方が見渡せる、立派なバラスター付きの手すりがあるテラスを造った。フレミングはここに、テラスの上の石で縁取りした花壇にイチイ、ヒース、矮性のオークを植えて渦形装飾を作ったが、バリーがW・A・ネスフィールドと一緒に考案した「H_形の構成計画」は実行しなかった。

イプスウィッチからそう遠くないところにあるシュラブランド・パークはこの建築家が気に入っていた庭園で、ヴィクトリア朝のイタリア式庭園のもっとも重要な見本である。メイン・テラスはおよそ1.5キロある20メートルの断崖に沿って伸び、全体が連続するいくつかの庭園に分かれ、フランス式の噴水やスイス風のコティッジがあった。主軸は上の屋敷、その広大なテラスから下の段へとつながっていて、両側に刈り込まれたツゲと赤いペラルゴニウムとイトスギが並ぶ137段の仰々しい急な階段があり、ロッジアが展望所になっている三日月形の部分に通じている。上のテラスには、庭師たちにより複雑な模様をした鮮やかな一年草の区画が造られた。シュラブランド・パークの庭師頭のドナルド・ビートンは色使い（266ページ参照）と植栽計画について明確な意見を持ち、庭園ジャーナリズムにおいて説得力のある発言をするようになった。

こうした構成計画では、レモンの木の代わりに刈り込まれた壺植えのポルトガルローレルが使われ、多くが新たに南アメリカから導入された耐寒性のない一年草が大規模な花壇を造るためにガラス温室で種子や挿し穂から育てられた。細いイタリアのイトスギは巨大な建造物とは釣り合いが取れないうえ、耐寒性があまりあてにならないことが多いため、ほかの円柱状の針葉樹で置き換えられ、イタリア風を強調するために芝の区画に点々と植えて使われた。比較的うまくいったのが硬いアイルランドイチイである。

バリーはつねに屋敷が設けられる上の段ともっと遠くの園地の間に一連の舞台状の段を設け、この舞台が整形的な人工と自然の間の理想的な移行部分となった。ときには向こうのパークの風景までの眺めがさえぎられないようにするため、主要なパルテールは屋敷の下に沈ませて造られた。しかし、穏やかな田園地帯に容赦なく導入されたバリーの壮大な構成計画は、多くの場合、庭園が周匝のオリーブの林とブドウ畑から徐々に変わっていくように見えるイタリア庭園の有機的なところを捉えそこねていた。おそらく、結局のところバリーの庭園は楽しみや雰

第8章｜折衷主義の19世紀　259

囲気のためではなく感銘を与えるようにデザインされていたのだろう。

　たとえ一種の虚飾によって魅力が損なわれている──「過ぎたるは及ばざるがごとし」のよい例である──ように思えても、ヴィクトリア朝の整形庭園の途方もない広さと植物素材の種類の多さは大いに称賛に値する。ありあまる資金と技術が過剰な装飾につながった。しかし、21世紀の初めにいる人々は、19世紀中頃に使うことのできた季節の植物の驚くほどの幅広さとそれを花壇構成に採り入れることのできた庭師の一団について懐かしく振り返るかもしれない。

❖ ネスフィールドのパルテール

　ウィリアム・アンドリュー・ネスフィールド（1793-1881）は工兵および風景画家としての教育を受けた。妹が建築家のアントニー・サルヴィンと結婚してから、ネスフィールドはさまざまな擬似ゴシックのエリザベス朝あるいはルネサンス風の建物に合った庭園をデザインして、園芸家としての道を歩み始めた。彼は創作者ではなく模倣者であり、着想の多くを既存の造園に関する文献から得た。義弟のサルヴィンと同様、ネスフィールドの調査はつねに徹底していて、彼のデザインは屋敷の時代にふさわしいものだった。バリーの整形的なデザインとは異なり、ネスフィールドの作品は隣接する園地にまで広がることはなく、むしろ彼は園地に関しては自分の役割を高木の植栽とある程度の非整形を勧めることに限定した。

　1830年代からネスフィールドは屋敷のテラスに整形的なフランス式の刺繍のパルテールを復活させた。背の低いツゲ（*Buxus sempervirens* 'Suffruticosa'）とさまざまな色の砂利──17世紀のフランスでモレ一族が、あるいはオランダのヘット・ローでダニエル・マロが考案した方法を思い出させる──がしばしば彫刻をほどこした大噴水の中心に置かれた。こうした洗練された構成は、オリジナルの場合と同じように、テラスの上で楽しむためと屋敷の上の階から観賞するためにデザインされたものである。

【ネスフィールドの花の鎖】
1863年にW・A・ネスフィールドとその息子のマーカムは、ロンドンのリージェンツ・パークの中心に広いイタリア風の並木道をデザインした。この並木道はもともとは摂政皇太子（ジョージ4世）によってカールトン・ハウス・テラスからリージェント・ストリートを通ってパークへ行く歩道のために考案された未完の計画の一部だった。提案されたレイアウトにはナッシュによるテラスも含まれていた。ネスフィールドのデザインは、イタリア風の彫像が並ぶ歩道が直線的に続き、同心円状のボーダー花壇を配して色彩の鎖を作り出した。リージェンツ・パークの庭園は最近になって修復された。

1830年代の初期の仕事は、第16代シャフツベリー伯爵からの依頼で、伯爵の父親が造営したオールトン・タワーズの折衷主義の庭園を整理して巨大な「S」字型にツゲのパルテールを配置することだった。ランカシャー州のウォースリー・ホールのためのネスフィールドの構成計画では、パルテールのパターンはル・ノートルのアイデアの多くを記録したデザリエ・ダルジャンヴィルの『庭造りの理論と実際』(1709)から取られた。

　ネスフィールドは、1844年から1848年にかけてキューの王立植物園のパーム・ハウス周辺の修景を依頼されてよく知られるようになったが、その頃、パーム・ハウスはデシマス・バートンとリチャード・ターナーによるデザインで建設中だった。その後20年ほどの間、彼の助言を「この国のあらゆるところで審美眼のある紳士が求めた」と『ガーデナーズ・マガジン』に報告されている。ほぼ同時期に、彼はハーウッドのパルテールに関してサー・チャールズ・バリーに協力し、その計画は当時は実施されなかったが、最近になって実施された。1850年代にヨークシャーのグリムストンでイタリア風の庭園をデザインしたが、ネスフィールドはバロック式の大パルテールではなく、自分のパターンで展示に使う植物をさらに少なくし、エリザベス朝の庭園の象徴性に興味を持つようになった。彼は色つきの砂利と砕いた鉱物だけで隔てられたツゲで輪郭を描いた組み合わせ文字(モノグラム)を取り入れ、エリザベス朝とジャコビアン風の冬の庭園に色彩を導入した。ときには、ウェストミンスター公爵の依頼でイートン・ホールでしたときのように、砂利を彩色してツゲの非常に細い渦形装飾を引き立たせることもあった。チェシャー州にあるイートン・ホールのイースト・ガーデンでは、ネスフィールドの1852年の組み合わせ文字のデザインに何種類もの花が使われた。E・アドヴェノ・ブルックスの『イングランドの庭園(*The Gardens of England*)』に、この渦形装飾の花壇について次のように記述されている。「バーベナ、カルセオラリア、ゼラニウム、さまざまな種類の華やかな花が咲くものがあり、その豊かな色彩はこの場所にあるいくつもの要素と非常によく調和している。惜しげもないイチイの列と……球形に刈られたツゲが規則的な間隔であり、全体が石作りのバラスター付きの手すりで囲まれており、そこには一族の紋章がついた多数の盾が密集して取りつけられている」

　ヨークシャー、スキプトン近郊のブロートン・ホールでネスフィールドがデザインしたパルテール・ガーデンは、今日でも残っている。ここで1857年に彼は、自分の渦形装飾と羽のデザインを、砕いた黄色のへぎ石と砕いた赤、白、青のタイルを背景に約10センチの高さに刈った矮性のツゲを使って描いた。しかし、ネスフィールドのアイデアは逆効果になることもあった。たとえばレディー・エミリー・フォーリーの依頼で仕事をしていたストーク・イーディスでは、ツゲが鉛の毒に侵された。

　1881年に亡くなったとき、ネスフィールドはすでに忘れられた人になっており、彼の砂利とツゲのパルテールはたいてい嫌われ、プランツマンも庭師頭も花の展示を望み、新しい世代のもっと自然派の造園家たちはこの種の人工的なやり方を軽蔑した。「野生」の庭造りの唱道者であるウィリアム・ロビンソン(384ページ参照)は、自身の雑誌『ガーデン(*Garden*)』におけるネスフィールドの死についてのコメントの中で、「堅苦しくて退屈で、植物の生長や優美あるいは自然なやり方での

配置を妨げることしかできない[彼の]造園様式のまったく不満足なところ」について不平を漏らした。一年草が非常に流行していた当時、ネスフィールドのツゲと砂利の構成の簡素さと単調さは、その人気がたちまち終わる原因になった。そして復権までに100年以上待たねばならなかった。高名な庭師でジャーナリストのドナルド・ビートンは早くも1852年に、大陸では一般的でそのほうが適しているが、「湿度の高い気候で、半耐寒性で申し分ない葉を持つ植物であふれているこの地では、そのような極端なことをする必要はない」と書いている。「ケイパビリティ」・ブラウンの牧歌的だが花のない風景と同じように、ネスフィールドのバロック風の渦巻きや砂利のパルテールは、当時の植物に執着するイギリスの造園家には限られた魅力しかなかったのである。

しかし20世紀末には、ツゲと砂利のパターンのパルテールが再び流行してきた。ただし、ノーサンプトンシャー州のアシュビー城のように歴史の前例にもとづいて忠実に修復されたこともあるが、維持管理の必要性を低減することが動機で修復されることも同じくらい多くあった。維持費がかからない砂利とツゲのパターンは、現代のガーデナーの心を引きつけている。砂利を不浸透性の雑草抑制のシートの上にまけば、それによって仕事を年に1回か2回のツゲの刈り込みだけに減らすことができ、その作業は比較的未熟な人でも十分にできる。1860年代に最初に造られたアシュビー城のパルテールは、ネスフィールドのスタイルそのものだが、おそらくノーサンプトン侯爵自身のデザインだろう。イニシャルと紋章の間にペラルゴニウムとロベリアとバーベナの列があって、複雑な模様を形作っている。

ネスフィールドはパルテールを造っただけでなく、屋敷近くの景観に常緑低木が両脇にある堂々とした石段と彫刻群、そして曲がりくねった砂利道とつながる芝生を配置した。芝に点々と樹木を植えたこの半自然の風景が、私たちが今日、ヴィクトリア朝のパークやヴィラ・ガーデンといわれて思い浮かべる単調な緑のシュラバリーの着想のもとになったのかもしれない。また、ネスフィールドの構成計画は、拡張されてさらに遠くの風景を形作ることになった。このため彼の様式は整形式といってもかならずしも直線的ではなく、彼のレパートリーには迷路やボウリング・グリーン、樹木園もあって、パルテールと外側のプレジャー・ガーデンをつなぐ装置として使われた。図面に見られるように、彼の構成計画は、バティ・ラングリーの『新造園原理』(1728)に最初に示された革新的な曲がりくねった構成との明確な類似性を示しており、古い整形式の要素をすべて含む従来のレイアウトの中に多数の不規則な通路が導入された。

ネスフィールドのパルテールの構成計画はまもなく流行遅れになり、ふたつの世界大戦を生き延びたものは少ししかなかったが、彼が仕事をした大邸宅のリストを見るだけで、ネスフィールドが当時の人々の間でどれほど重要な人物だったかがわかる。フランスの17世紀の流儀だろうがテューダー朝初期の様式だろうが、ネスフィールドが用いたパターンは典拠のあるものだったが、喜んでもっと自由に植物を使い、導入されたばかりの一年草や非耐寒性のあらゆる植物で飾った。そして彼のより広い景観の中ではかなりの植物学的興味を証明し、所有者に新しく珍しい樹木を集めて樹木園を造るように勧めた。ネスフィールドは自分が

感銘を与える植栽

19世紀中頃、バッキンガムシャー州のハルトンでアルフレッド・ド・ロスチャイルドの庭師頭をしていたアーネスト・フィールドは、金持ちは「地方地主は1万、準男爵は2万、伯爵は3万、公爵は4万という具合に、ベディング用植物の目録の大きさで、自分の富を証明した」と伝えている。ロスチャイルド自身は4万1000持っていた。ロスチャイルドの地所のうち最大のウォツドン・マナーでは、大勢の庭師が一夜のうちに全構成を変更して、翌朝目覚めた訪問客を驚かせることもできた。そのような大庭園の庭師は自分で植物を生産したが、今日では人々はガーデンセンターや種苗園から植物を入手することができ(ただし種類はもっと限られている)、どんなつつましいガーデナーでも夏の展示をすることができる。

花壇導入前のムスカウの庭園

ピュックラー＝ムスカウ侯の新しい構成計画によってもたらされた変化

【転換】
ドイツの地主で風景造園家であるピュックラー＝ムスカウ侯は、1820年代にムスカウの自分の城の近くの庭園をデザインし直して、堀にかかった橋を除き、背の低い観葉植物のパターンを導入した──これは1860年代の「毛氈花壇」を予感させる。同時に、整然と直線状に並んだボダイジュの並木道から何本かを除いて、よりピクチャレスクな効果を生み出した。

作り出すことのできる強い構造を持つパターンを高く評価し、自分のパルテールを一部は屋敷内部の延長、そして一部は向こうのパークのずっとやわらかなピクチャレスクな景観、そして遠くのさらに広い自然な田園地帯へとつながる、構造的で幾何学的な前景とみなした。この整形、非整形、それから野生という庭園の古典的定式は、これまでのあらゆる時代と同様、今日でも有効である。

❖ ベディングのシステム

　サー・チャールズ・バリーのイタリア風のテラスもネスフィールドの初期のパルテールのパターンも、季節ごとのベディングに適した背の低い植物の使用の増加を促すことになった。1840年代、1850年代、1860年代には、イギリスでベディングの技術が絶頂期を迎え、石やツゲで縁取りされた花壇は、種子や挿し穂から温室で育てられた半耐寒性の一年草や非耐寒性の植物であふれ、洗練された色彩の組み合せで配置された。

　短期的効果を狙った季節ごとの植栽のアイデアには何も新しいものはなかった。16世紀以降、春咲きの球根植物は主に新世界からやってきた夏咲きの植物に取って代わられた。17世紀のイタリアでは、フランチェスコ・カエターニがチステルナにある自分の花壇でえり抜きのアネモネとラナンキュラスを育てた。そしてイングランドでは、1680年代にジョン・レイと義理の息子で聖職者のサミュエル・ギルバートが、もっと早く咲くチューリップに代えてアマランサスやオシロイバナをはじめとする多数の夏咲きの植物を使うよう勧めていた。キンギョソウはノルマン朝の時代からイングランドで栽培されていたし、マリーゴールド──*Tagetes erecta*（アフリカン・マリーゴールド）も *Tagetes patula*（フレンチ・マリーゴールド）もメキシコ原産──はパーキンソンの1629年の『楽園』に載っている。ヘンリー・ワイズは顧客の花壇をブロンプトン・パーク・ナーサリーのよい香りのするストックの系統でいっぱいにしただけでなく、一年生のハナホウキギ（*Bassia scoparia* f. *trichophylla*）と緋色のベニバナインゲンを使った。フィリップ・ミラーは18世紀の庭師たちに、冬中煙でいっぱいの暗い温室に入れられている非耐寒性の外来種を夏の展示のために花壇に出すように強く促した。ハンフリー・レプトンさえ、ブライトンのロイヤル・パヴィリオンで夏の花壇用にペラルゴニウム（喜望峰からもたらされた）を使うことを提唱した。

　ヒャクニチソウ、ダリア、ヘリオトロープはみな1800年にはヨーロッパにあったし、南アメリカのベゴニア、カルセオラリア、ペチュニア、バーベナ、そして

メキシコ産のけばけばしいサルビア (Salvia splendens) はみな1820年代後半にやってきた。ペルー原産のバーベナ Verbena chamaedrifolia は、ロンドンのあらゆるバルコニーにあると1844年にジェーン・ラウドンが伝えている。植物収集家のデイヴィッド・ダグラス (1798-1834) も庭にふさわしい植物を多数アメリカ西海岸からヨーロッパへもたらし、ロッディジーズ種苗園が目録に入れて、すぐに供給した。その中で南アメリカの国々からもたらされた一年草の色彩の鮮やかさに対抗できたのは、サンジソウ、ミゾホオズキ、青い花の咲くハゼリソウ (Phacelia tanacetifolia) といった少数のものだけである。19世紀中頃には適当な植物の数が増えて可能性がさらに広がったが、多くの非耐寒性の低木状の植物も夏に見せるために使われた。技術が改良され、1840年代にはガラス税の廃止に促されてガラス温室の使用が増し、育種の技能も向上した。また、教育的な定期刊行物に触発されて、外来種の植物を大量に生産することができ、自然に見せようとしない複雑な幾何学的構成を導入できる、新しいタイプの熱心な庭師頭が生まれていた。

冬の花壇に効果を添えるため、庭師は主に斑入りのセイヨウヒイラギ、刈り込んだツゲかフィリレア、ポルトガルローレルのトピアリーといった耐寒性の常緑低木をアオキ、コトネアスター、ミヤマシキ、ヒイラギナンテンと一緒に使った。これらの植物はすべて、永続的な構成計画に使われた。低木はしばしば大鉢に植えられて地中に埋められたが、それが冬にあると春の展示の準備の妨げになるため、かえって季節ごとの切り替えが複雑になった。

19世紀には非耐寒性または半耐寒性の植物が流行したものの、多年草がまったく無視されたわけではない。平均的な規模の庭園はすべてちゃんとした宿根草ボーダーを維持し、もっと控え目な規模の——庭師団や温室のない——庭園はおそらく流行のベディングにふけるのではなく、もっぱら多年草と、時代遅れの、春に

【毛氈花壇の大流行】

1860年代末には観葉植物が重要視されるようになり、花壇の植え替えは新たなもっと微妙な段階に入った。一部の大庭園では、エケベリア、センペルビブム、イレシネなど、さまざまな色や質感の葉を持つ矮性の亜熱帯産多肉植物が植えられて、モザイクのように手の込んだ模様が描かれた。組み合わせ文字(モノグラム)のこともあり、たとえばクリヴデンの庭師頭ジョン・フレミングはサザーランド公爵夫人ハリエットのために巨大な「HS」を描いた。抽象的な模様やもっと写実的なデザインもあった。クリスタル・パレス・パークの管理者ジョージ・トムソンは、異なる種類のチョウに見えるように配色された6枚の花壇を造った。毛氈花壇は(たとえばこの『ガーデナーズ・クロニクル』の挿絵にあるキュー植物園の1870年の植栽計画のように)平坦な印象を与えないように築山の上に造られることもあり、エンボスド(浮き彫り)、ジュエル(宝石)、タペストリー、モザイク、あるいはアーティスティック・ベディング(芸術的花壇)と呼ばれた。概して観葉植物は、花弁が風雨で傷むことの多い半耐寒性の一年草より長もちした。小型の観葉植物の多くは色彩が比較的中間色ではっきりしないため、ここ数年の原色の大流行のあとではホッとするものとして歓迎された。おそらく、毛氈花壇はとくにモットー、紋章、そのほかの象徴的なマークのレイアウトに加え、文字を表現するのにも適しているため、現在でも残っており、今日ではしばしば町の名前を記したり、花時計を作ったり、歓迎の言葉を書くのに使われている。しかし、このようなデザインの管理にはかなりの技術を要する。

土に植える一年草か外で越冬できる耐寒性の越年草で頑張っていた。展示用花壇への花の混植は人気がなかったが、斑入りの緋色のゼラニウムの間に *Verbena venosa* が植わっているドナルド・ビートンの「玉虫色の絹布」と呼ばれる構成はかなりの成功を収め、『コティッジ・ガーデナー』の1850年の号に掲載された。

1850年代には、実際に園芸にたずさわる人々は左右対称に配置されたシンプルな形の花壇を好んだ。彼らは、当時の建築家がゴシック様式のカントリーハウスに合わせてデザインした奇想を凝らしたものに必要な難しい管理や、著述家が勧める複雑に絡み合う円やアーチや輪を嫌った。最初のリボン・ボーダーはおそらく曲がりくねった小川のような印象を与えるために蛇行していたが、1850年代には遊歩道に沿って配置される傾向にあり、幾何学的な直線の印象を与えた。エンヴィル・ホールにあるもののように、リボン花壇の中には7色のひも状に並んだものもあったが、たいていは3色で、しばしば赤、白、青の愛国心を表す色が使われた。トレンサムの青と白のワスレナグサの春の「小川」で有名になったジョージ・フレミングは、リボン・ボーダーの冒険的な唱道者だった。彼は夏に見栄えのするあらゆる最新の一年草を使って、花壇の全長にわたって平行に伸びる連続した色の線を描いた。

標準的な低木とピラミッド形のペラルゴニウムも、背丈が低い同じくらいの大きさのベディング用植物の代わりにしばしば使われ、もっと矮性のベディング用交雑種のほとんどどんなものも巧みに垂直な円錐状に植えて立体的な効果を出すのに使われた。ほかに、中心に向かって土を盛り上げてピンクッションのような形の花壇を造ることでも、高さを出す効果が得られた。園芸評論家のシャーリー・ヒバードも、すでに開花している鉢植え植物を直接地面に埋めて花の時期を延ばすことを提案しており、これは連続して展示できるようにするためにどの時代にも行なわれたことにちがいない。

❖ 色彩理論

対照的な配色で同心円状に配置された紫のヘリオトロープ、黄色のカルセオラリア、青いロベリア、緋色のゼラニウムは(現代人の目にはけばけばしく映るかもしれないが)人目を引き、当時の趣味を示す典型的な例である。ガートルード・ジークルが19世紀後半に述べたように、そのような醜いやり方で使われたのは「ゼラニウムが悪いのではない」。そして実際には、多くの構成計画で色とデザインの両方に対してもっと思慮深い取り組みがなされていた。

非耐寒性の南アメリカの植物がイギリスにやってきたとき、夏の観賞植物としての使用に関する最初の実験がダブリンのフェニックス・パークで実施され、この出来事はラウドンの1826年の『ガーデナーズ・マガジン』の最初の記事のひとつとして報告されている。当初の植栽計画はのちにもっと流行した同じ種類をかためて植えるマッシングの効果を狙ったものではなく混植だったが、「マッシング」の方が自然の景色によく似ていると主張する支持者もいた。1830年代の終わりには、花壇の色彩計画はほとんど学問的な研究になっていて、ロンドン、ケンジントンのベッドフォード・ロッジでベッドフォード公爵のもとで庭師頭をしていたジョン・ケイは、花壇の中の

【花の祝宴】
このカラフルなアレンジメントは『花卉栽培雑誌(*Floricultural Magazine and Miscellany of Gardening*)』の扉ページを飾ったものである。この雑誌は1836年から1842年にかけてロバート・マーノック(ウィリアム・ロビンソンがアイルランドを去ったあと、1861年に彼にリージェンツ・パークの仕事を与えた人物)が発行した。

第8章｜折衷主義の19世紀

同色のかたまりの「清潔でシンプルで明瞭な」構想を助言することで定評があった。ケイは1838年、そして再び1850年代初めまで『ガーデナーズ・マガジン』に寄稿し、色彩は共通の色素色の調和を求めて計画するのではなく、直接的なコントラストを求めて配置し、花壇は複雑なパターンではなく単純な円にすべきだと助言した。1850年代にはスペクトル上で遠く離れた色を互いに隣に置いてコントラストを最大にすべきだということで一般に意見が一致していて、もっとも鮮やかな色合いのものが一番よく植えられていた。育種の技術が向上し、新しい植物が多数交配に利用されたため、花壇用植物は黄、紫、緋色、青、赤、白の6つの主要な色彩グループをカバーできるようになった。

　1850年代には、ドナルド・ビートンとジョン・フレミングが花壇用植物の色彩理論の第一人者になっていた。クリヴデンで毎年2000株の植物をパルテールに使うだけでなく、フレミングは早い季節にはアネモネとニオイアラセイトウ、アリッサムとデイジー、ワスレナグサとパンジー、チューリップ、ヒヤシンスとスイセンを永続的な縁取りのクロッカスとともに植えて、実験についての説明を『春と冬の庭造り (Spring and Winter Gardening)』(1864) として発表した。唯一の問題は球根の植え付けのために地面を空けておかなければならないため、秋に何もなくなることだった (今日では、プラスチックのケースやコンテナで球根をまとめて育て、低温のフレームの中で越冬させて春に常緑の花壇植物と入れ替えることで、この問題は解決されている)。1863年にフレミングは白いワスレナグサと青いパンジーのリボン状の構成を導入した。一方、シュラブランド・パークの庭師頭ビートンはカラー・シェーディング (ぼかし) を導入し、非常によく似た色の植物が列やかたまりで植えられ、互いに徐々に変わって溶け合い、とても洗練された様子になった。

　花壇と色彩理論に関するこの世代の代弁者であるビートンもフレミングも、最良の方法あるいは色の効果の良し悪しについて教条主義的な姿勢をとらず、継続的に実験することを勧めた。園芸雑誌では議論が活発に続けられ、さまざまな意見が交わされた。ドイツの詩人ゲーテの『色彩論』(1840年英訳) やフランスの科学者M・E・シュヴルールの『色彩の調和と対比の原理 (The principles of harmony and contrast of colours)』(1854年英訳) など、向上心あふれる画家にとって不可欠な参考書になった教育的な大著は、もっと純粋に理論的なものだった。まず園芸協会の副書記をして、ついには書記になったジョン・リンドリーと、『ガーデナーズ・クロニクル』の創刊者であるジョゼフ・パクストンは、園芸に適用された補色に関するシュヴルールの理論を強く支持した。ビートンはシュヴルールの研究は庭の経験のない色彩理論家による推測にすぎないと考えた。その理論は、それから花の色を切り離すことができない緑の背景の全般的効果を無視していた。残念なことに、理論家にはどの色彩構成も抽象的にしか考えることができなかったのである。実際には光、向き、影の程度、そしてもちろん大気の影響など、多くの変数を考慮しなければならなかった。イギリスの湿度の高い灰色の温和な気候では、鮮やかな色はけばけばしく見え、どぎつい太陽の光の中では消えてしまうような淡い色合いが重い空気の中で輝くことができるのである。

パクストンがしたある朝の仕事

チャッツワースに到着したときのことについてのサー・ジョゼフ・パクストンによる記述は、彼の事務的なやり方と自信がどれほどのものだったか示している。「チェスターフィールド行きの馬車でロンドンを発ち、1826年5月9日の午前4時半にチャッツワースに着いた。そんな早い時刻に誰もいるはずはなく、斜面の上の古い歩道を通って温室の入口を越え、プレジャー・グラウンドを探検し、屋敷の外側ぐるりを見た。それから菜園へ行き、外側の壁に登ってこの場所全体を眺め、男たちに6時に仕事を始めるよう指示した。その後、チャッツワースへ戻ってトマス・ウェルドンに水の仕掛けを操らせて、そのあとで人のいいグレゴリー夫人と夫人の姪と朝食をともにしに行った。姪のほうが私を気に入り、私も彼女を気に入った。こうして9時前にチャッツワースでの最初の朝の仕事を終えた」

【シュヴルールの色相環】

パリのゴブラン織りの工場で働いていたフランスの化学者ミシェル＝ウジェーヌ・シュヴルールは、ゲーテにならって色のふるまいについての自身の理論について書き、それは1839年に出版されて1854年に英語に翻訳された。染料の使用法を改良するために書いたシュヴルールは、隣接する色が互いに与える影響を研究した。彼の有名な色相環は、色の調和と同時対比についての理論を反映している。

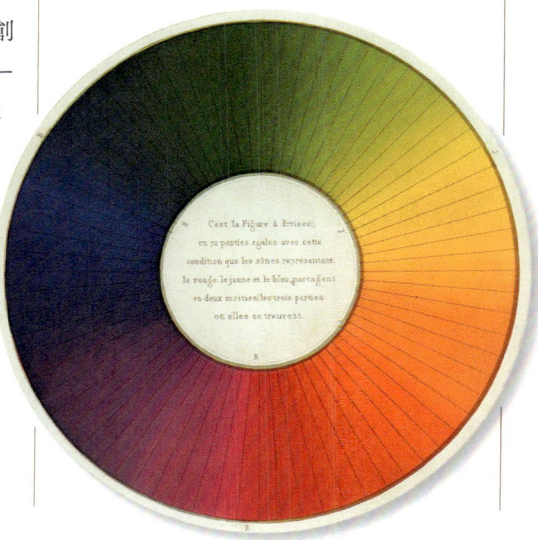

【公的働き】
サー・ジョゼフ・パクストン(1803-65)は1851年の万国博覧会に貢献してナイトに叙せられ、のちに国会議員になって首都の改善に力を尽くした。チャッツワースでの立派な働きでもっともよく記憶されているが、公園の仕事にも多数たずさわった。リバプールのプリンシズ・パーク(1842)、フレデリック・ロー・オルムステッドがニューヨークのセントラル・パークの計画を提案する前に訪れたバーケンヘッド・パーク(1843)、コヴェントリー・セメタリー(1843)、ハリファックスのピープルズ・パーク(1855)、サウスポートのヘスキス・パーク(1864)、そしてなんといってもシデナム・ヒルの水晶宮の敷地(1852-56)がある。パクストンが過労で死亡したのはほぼ間違いない。

❖ 並はずれたジョゼフ・パクストン

　サー・ジョゼフ・パクストンもやはり、ヴィクトリア朝の園芸の偉大な人物のひとりである。ラウドンと同様、彼は農家の息子だった。サリー州バトルズデンで庭師として働き始め、その後、1823年に幸運にもチズィックにある新しく開設されたロンドン園芸協会の庭園へ移ったが、その土地は第6代デヴォンシャー公爵から借りているものだった。「独身公爵」として知られるこの公爵は、2年たたないうちに23歳のパクストンをダービーシャー州のチャッツワースに招き、庭師頭にした。この庭園はそれまでの数年間、かなり放置されていたが、有能なパクストンの手にかかって新たな絶頂期を迎え、ふさわしい名声を得ることになる。

　パクストンは1858年に公爵が亡くなるまでチャッツワースにいた。そしてその間に公爵の親友となった。まったく自力で成功した教養のあるパクストンは、庭師、森林の専門家、温室設計者、ランドスケープ・アーキテクトになった。彼はロック・ガーデンをデザインし、当時、世界最高の高さに吹き上がる壮観な皇帝噴水を設計した。そして公爵のために植物収集者を派遣し、ジョン・ギブソンはビルマ原産で緋色の花が咲く神々しいヨウラクボク(*Amherstia nobilis*)を持ち帰った。これは彼に代わってカルカッタ植物園の園長ナサニエル・ウォーリッチが収集したものである。パクストンは1838年に公爵とともに外国を訪れ、その間にフランスとイタリアで多くの大庭園を見た。パクストンは1829年に造林の仕事も任され、1835年に樹木園を開設した。これは16ヘクタールあって1670の異なる標本が植えられ、科ごとに配置されていた。また、巨大なスイレン *Victoria amazonica*(オオオニバス)のためにガラス温室を建て、この植物を初めてイギリスに持ち込んだ。スイレンの葉の肋の構造から着想を得た温室のデザインは、彼がガラスと鉄と木で建設される建物に精通していたことを証明している。

　チャッツワースの庭園には、カスケードや南のパルテールの端にある大カナルなど、初代公爵によって設けられた実にすぐれた17世紀の施設があった。また、1760年以降にブラウン式の風景庭園が造成され、幸いこれら主要な要素は残っているが、見事な模様がある庭やテラス、トピアリー、並木道は一掃されてしまった。1820年代にジェフリー・ワイアットヴィルが新しい北側の翼を手がけ、屋敷の近くに再びもっと整形的で流行に沿った景観を演出するのがパクストンの仕事だった。パクストンがやってきてから「庭造りにはまった」公爵は、ワイアットヴィルに権限を与えて、マルメゾンの皇后ジョセフィーヌのコレクションから救われたオレンジの木をはじめとする耐寒性のない植物を守るための新しいオランジェリーを建てさせた。パクストンは1826年に西の庭を再建し、ブラウンによって傾斜をつけられた地面を再び平らにして、17世紀の池を復元した。そして新しいパルテールがチズィック・ハウスから着想を得た計画にそって造られた。

　1840年代にはパクストンはほかのクライアントのためにもデザインしていたが、まだチャッツワースにいた。1843年のバーケンヘッドの公園は地元住民の自由なレクリエーションのために造られたもので、強く感銘を受けたフレデリック・ロー・オルムステッドは、これから着想を得てニューヨークのセントラル・パークのデザインを提案して採用されることになる。1850年にはパクストンはガラス温室の建設に関する権威として認められていた。パクストンは1851年の万国博覧

第8章｜折衷主義の19世紀　267

会のための水晶宮(クリスタル・パレス)のデザインでもっともよく記憶されているかもしれない。彼はのちにこれでナイトの爵位を受けた。水晶宮がロンドン南東部のシデナムへ移されたのち、1852年から1856年にかけてパクストンはバロック様式の非常に大きなイタリア風テラスをデザインして、その正面(ファサード)を完成した。1852年に『ガーデナーズ・クロニクル』は、「5万本の緋色のペラルゴニウムが契約された」と報じたが、1854年の『コティッジ・ガーデナー』にはカルセオラリア、ロベリア、ペチュニア、ヴァーベナ、シラタマノキ、アリッサム、ネモフィラ、サルビア、ヘリオトロープが追加され、矮性のシャクナゲとアザレアの植栽で点々と飾られたと伝えている。湖、神殿、カスケードといったイギリス風の景観も添えられ、島の上に生きているような姿勢をとったコンクリートの恐竜が展示された。それはみな、少しやりすぎのようにも思える。

　パクストンはジャーナリストでもあった。1831年から1834年に『ホーティカルチュラル・レジスター』、1834年から1849年に『パクストンの植物学雑誌』を編集し、1841年には『ガーデナーズ・クロニクル』の創刊者のひとりになった。1854年にはコヴェントリー代表の国会議員になり、ミッドランド鉄道会社の取締役になった。パクストンは1865年に死亡し、20年前に亡くなったラウドンや、同じく1865年に亡くなった同時代のジョン・リンドリーと同様、おそらく働きすぎで疲れ果ててしまったのだろう。年月がたつにつれてますますパクストンに頼るようになっていたデヴォンシャー公爵は、その才能、管理技術、自然の美と驚異に対する熱意、実施の際の間違いのない判断で、パクストンを高く評価した。パクストンは大成功している間もずっと控え目だったようで、公爵によれば、「善意を」かきたて、「身分にかかわらず誰からも称賛され、人擦れしておらず、最初から変わらない」人物だったという。庭園とガラス温室のデザイン、およびジャーナ

【大規模に】

ジョゼフ・パクストンのチャッツワースでの傑出した成果のひとつが、1836年から1840年にかけて建設された83×37×20メートルの大コンサバトリーである。パクストンは、19世紀初めにJ・C・ラウドンが提唱したように、ガラスにリッジ・アンド・ファローの技法を用いた。のちにキューのパーム・ハウスを設計することになるデシマス・バートンが、チャッツワースのコンサバトリーの建設でパクストンの助手をしていた。このイングランド最大のガラス温室には、中の主要通路を4輪馬車が2台通ることのできる余裕があり、岩で隠された階段が上の回廊につながっていて、そこから外来種の一番高い枝も調べることができた。第I次世界大戦の間に多くの貴重な植物が寒さと放置のせいで枯れてしまい、大コンサバトリーは1920年に取り壊された。

リズムの活動を通して、パクストンはラウドンとほとんど同じくらい大きな影響を及ぼした。しかし、パクストンのほうが経歴の面では幸運で、かなり下層の生い立ちから出世して園芸の発展に長く続く影響力を持つようになり、成功したヴィクトリア朝の庭師頭を象徴する人物である。

❖ より自然な植栽に向かう流れ

　最大級の庭園のテラスで人工物が勝利しても、いつももっと自然な景色や自生のワイルド・フラワーが高く評価された。同時に、技能と審美眼を持つ洗練された庭師の集団が庭を造り、新しい植物を用いて実験した。クリヴデンではジョン・フレミングが1860年代に森の中の開けたヴィスタにブルーベル、サクラソウ、ウッドアネモネの「野生」の土手を造って、ウィリアム・ロビンソンの『野生の庭園』(*The Wild Garden*)(1870)を先取りした。19世紀の中頃、ロビンソンより10年早いシャーリー・ヒバード(1825-90)による本は基本的常識に満ち、主たる浪費である花壇の植え替えは大規模な庭園や市営の庭園だけに勧め、パルテールの必要がない環境を用意してはどうかと提案した。パルテールを持たざるをえなかった人のために、「パルテールへの植栽は、それをデザインするときと同じぐらい間違いを犯しやすい」というヒバードの言葉を引用しておこう。彼は、人目を引く原色だけを使うより、中間色を試すことを提案した。そして、「緋色のゼラニウムと黄色のカルセオラリアの型にはまった繰り返しは、この上なく低俗で悪趣味であり、よくある赤と白と青の配置は文明的な人々の芸術性を表すというより野蛮人を喜ばせる」と述べた。もちろん、のちのロビンソンと同様、ヒバードの見解は主観的で、彼は誇張するのが好きだった。ヒバードは、すでにもっと自然なやり方と耐寒性植物の使用の方向に好みが変わろうとしていたときに、当時の流行のもっとも悪いところを際立たせることにしたのである。それでも、彼の著作は人々の注意をこの問題に向けさせ、それを改革運動にするのは宣伝係たるロビンソンに任せた。

　ボーダーのレイアウトについて、ヒバードは植物や色を集団として繰り返してデザイン全体をまとまりのあるものにするよう勧めた。それはヴィクトリア朝の時代におけるのと同じくらい、現代でも適切なことに思える。これについても、とくに21世紀のガーデニングにとってもまったく重要なことを述べているため、ヒバードの言葉を引用しておこう。「耐寒性の多年草を使ったボーダーはフラワー・ガーデンの最良の要素であるが、一般に最悪のものとみなされている。うまく造り、うまく播種し、うまく管理すれば、12ヶ月のうち10ヶ月、豊富に花を見せてくれる。……ベディング・システムが過度な装飾であるのに対し、宿根草ボーダーは欠かすことのできない基本的要素である」。19世紀末にはシャーリー・ヒバードの考えはウィリアム・ロビンソンによってさらに発展させられ、ガートルード・ジーク ルによって統合されて、そのやり方にはヒバードもビートンも満足したに

【折衷的な聖職者】

　聖職者ヘンリー・ニコルソン・エラコーム(1822-1916)は、生涯の大部分をグロスターシャー州ビトンで過ごし、そこで1850年に父親を継いで牧師になった。彼は学者肌の庭師、牧師でもあるプランツマン、流行を追わず、自分のやり方で珍しい植物を集める人々のグループに属していた。多くの場合、古典の教育を受け、植物に関する知識に通じている彼らは、面白いものであふれた庭を持っていた。1890年代にはエラコームの庭は耐寒性植物の栽培に熱心な人々にとって聖地になった。彼の友人には、有名なエレン・ウィルモットやバラ栽培家のウォリー＝ドッド師がいた。エラコームの宝物のひとつがオオウイキョウ(*Ferula communis*)で、これは典型的な地中海地方のフェンネルであり、この写真では彼の頭上、4メートルまで伸びているのがわかる。

ガラスの下で
UNDER GLASS

　ガラス温室ができる前にオランジェリーがあった。オランジェリーは南向きの巨大な窓があるどちらかというと豪華で、贅沢に暖房される建物であり、北ヨーロッパの厳しい冬の間、オレンジ、レモン、ギンバイカ、ザクロ、ゲッケイジュがこの中に移された。この植物の宮殿は金持ちの冬の遊び場であり、鉢植えの観賞植物や香木を並べるための場所というだけでなく、コンサートや舞踏会のための場所でもあった。

　18世紀にヨーロッパとそれ以外の世界との間での接触が増し、植物学への関心が増したため、オランジェリーの範囲と内容が変化した。バナナ、ヤシ、ラン、よい香りのするアカシアが、温室で好まれた古い植物と競合したため、オランジェリーはガラス温室やコンサバトリーに進化した。コンサバトリーによって、イギリスの大きなカントリーハウスの応接室や書斎が庭に出ていき、庭が屋敷に入ってきた。

　ヴィクトリア朝のコンサバトリーという小さな奇跡は、工業技術によって可能になった。ガラスの下での庭造りは板ガラスの発明、効率的な温水システム、凍結と水に耐える鋳鉄によって革命がもたらされ、それを真っ先に提唱した人のひとりがジョゼフ・パクストンだった。チャッツワースの大コンサバトリーを建てたのち、続いて世間をあっと言わせた1851年の万国博覧会の会場、水晶宮（クリスタル・パレス）を設計した。5ヶ月で建てられた水晶宮は大成功で、雑誌『パンチ』は読者に「次世代のロンドンの子供がガラスの下のキュウリのように育てられなければ、私たちはがっかりするだろう」と語った。もはや板ガラスに障害になるほどの税金がかかっていなかったイギリスでは、水晶宮がきっかけになって何千という温室やコンサバトリーがより家庭規模で建設され、製造業者は当時の建築雑誌や園芸雑誌で商品を宣伝した。

【喜びの宮殿［上および下］】
万国博覧会の会場にするために建てられた水晶宮（上）はハイド・パークの最大級のニレの木でも収まるほどの高さがあったが、公共の安全については心配されていたことがあった。ガラスがロンドンに5000万羽いるスズメの糞に耐えられないとか、ヴィクトリア女王臨席の開会式での礼砲の音で窓ガラスが粉々になるだろうなどといわれたのである。用心のため、中の歩廊の部分が地上に作られて、その上で労働者が飛び跳ねてテストした。結局、万国博覧会は驚くべき大成功で、何千人もの訪問者を魅了し、ウィーン（下）も含め、世界中で博覧会とガラスで覆われた「冬の庭」が盛んになるきっかけとなった。

珍奇、発明、リバイバル

【けだるいカリフォルニアの午後[左]】
1897年のサンフランシスコと「花のコンサバトリー」が午後の陽光にきらめいている。この宮殿のようなガラス温室は、1878年にヨーロッパから運ばれてゴールデン・ゲート・パークで組み立てられた。

【避難場所[右および右下]】
19世紀中頃まで、イギリスではガラスに重い税金がかけられていたため、ガラス温室は小規模で狭い傾向にあり（右）、邸宅に付属する場合が多かった。しかし税金が廃止され、水晶宮が成功すると、すぐにガラス温室やコンサバトリーの組み立て式の部品が建築用品のカタログに登場し始めた。こうしてアマチュアの園芸家でも自分の温室で外国の非耐寒性の植物の周年栽培ができるようになった（右下）。

【新式のエデン[左]】
2001年にコーンウォール州で世界最大の温室がオープンした。粘土採掘場だったところにできたエデン・プロジェクトの主役は、バイオームと呼ばれるふたつの巨大な半球体の温室である。ヒューミッド・トロピクス・バイオームには雄大な熱帯雨林ができているのに対し、ウォーム・テンペラチャー・バイオームにぱ地中海周辺諸国、南アフリカ、カリフォルニアの植物、果樹、花がある。訪問者は蛇行する板張りの遊歩道に沿ってこのハイテク・パラダイスを巡り、わくわくしながら現在進行中の植物と人間相互の依存関係を考えさせるように計画されている。

第8章｜折衷主義の19世紀　271

ちがいない。

❖ 園芸学の出来事と専門知識

　この頃になると植物は国際的に合意された二名法で分類され、新しく入ってきたものをすぐに同定して命名したのち、増加している種苗園を通して配布できるようになった。馴染みのない植物も、その栽培上の必要条件を分析する必要があるため、植物学者は分類学者であるだけでなく、植物がどのようにして機能しているのか理解する必要があった。植物の育種は18世紀の間ずっと行き当たりばったりの仕事で、特定の特性を狙って意図的に育種するのではなく、新しい園芸雑種はたいてい偶然に実生に現れたものである。ペラルゴニウムは数少ない例外のひとつで、1714年にはすでに *Pelargonium zonale*（モンテンジクアオイ）が *P. inquinans*（テンジクアオイ）と交配されて葉に帯状の模様があるペラルゴニウムが生まれており、これが花壇用ペラルゴニウムの祖先となった。しかし、もっと科学的な取り組みが勢いを得つつあった。

　1792年の黄色のモッコウバラの導入に続いて、さらに心躍るコウシンバラの導入があった。1850年代には、それらの新しい色のものが丈夫な古いヨーロッパのバラと交配されて、年に1回のみでなく、夏の間中、繰り返し開花する四季咲き性の雑種が生まれた。18世紀のピクチャレスク（229ページ参照）のちょっとうるさい提唱者であるリチャード・ペイン・ナイトの弟のトマス・アンドルー・ナイトは初期の果樹の専門家で、改良された新しい果樹を商業利用の目的で育成した。グレゴール・メンデルがエンドウの遺伝特性に関する有名な実験を実施するよりずっと前の1795年に、ナイトは優性と劣性のふるまいの特徴に関する論文を、発足したばかりのロイヤル・ソサエティーに提出した。

❖ 巨大針葉樹を求めて

　19世紀に西洋にもたらされた高木の多くは、森林開発に使われたほかに、もともとは樹冠の広い広葉樹が主だった庭園や風景の様子を一変させる一因となった。スタウアヘッドのような定評のある既存のパークが新たな側面を持つようになり、造られたばかりの樹木園や針葉樹園はしばしば新しい針葉樹の収集を優先事項とした。19世紀を通じて多くの宣教師や探検家は博物学者でもあったが、その一方でプロのプラントハンターもいて、彼らは植物学者としての教育を受けていることも多く、植物園や種苗園、個人の依頼者から特別な指示を受けて収集に派遣された。開発中のキューの植物園が実用および科学的利用のために外国の植物を探しに世界中に探索者を送り、ロンドン園芸協会（1861年から王立園芸協会）や種苗園から派遣された人々が家や庭のための観賞植物を探していた。

　スコットランド人のデイヴィッド・ダグラスは園芸協会に雇われて人里離れたアメリカ北西部を探検したが、そこの気候はブリテン諸島と非常によく似ていて、巨大な針葉樹——マツ、モミ、カラマツ、アメリカスギ——が目立った。ロシア人の一行が1741年に探検していたが、無事にサンクトペテルブルクにたどりつくことができた「発見物」はほとんどなかった。1791年にイタリア人の船乗りアレッサンドロ・マラスピーナに率いられた、植物学者の一団を連れたスペインの探検

観葉植物の新たな流行
A NEW FASHION FOR FOLIAGE

　1840年代後半には、実験好きの庭師頭ジョージ・フレミングがすでにトレンサム・ホールで装飾的な葉を持つ植物を育てていた。1830年代にシダだけを扱う本が登場し、1840年代のウォードの箱の発明に加え、シダの耐陰性により、応接室の楽しみとして室内でシダを育てることが可能になり、そこではキヅタやコケも人気があった。戸外ではルバーブのような耐寒性の有用植物、紫から白まであらゆる色合いのケール、無地および斑入りのトウモロコシが観葉植物の面白味を加えた。

　ドイツでは1850年代にもっとエキゾティックな植物が使われていた。それは南および中央アメリカ原産の熱帯のカンナとマランタで、どちらも非常に装飾的な縞や模様の入った葉を持ち、とくに夏の花壇用に好まれた。イングランドでは1860年にドナルド・ビートンがそのような構成計画を推奨している。

　夏がもっと暑いパリでは、ジャン＝シャルル・アドルフ・アルファンと園芸家のジャン＝ピエール・バリエ＝デシャンがそれに加えてコリウス、カラジウム、ディフェンバキア、マオラン、フィロデンドロンを使うことを提案した。パルク・モンソーでは、耐寒性のない熱帯や亜熱帯の植物がその面白い葉の形や色を理由に採用された。夏の花壇ではエコロジカルな庭造りの試みはいっさいなされなかった。イングランドで「ピクチャレスク・ベディング」と呼ばれるようになった植物学的に何でもありの美しい植栽では、旱魃に耐える砂漠の植物が勝手に熱

【バッターシー・パークの熱帯植物園】
ジョン・ギブソンはパリのパルク・モンソーに対抗して、ロンドンのバッターシー・パークで熱帯や亜熱帯の観葉植物を使った。

新しく到来した外来植物に感心する

帯雨林原産の植物の仲間とみなされた。1867年にウィリアム・ロビンソンがパルク・モンソーを訪れて、斑入りのダンチク（*Arundo donax*）、宿根ロベリア（*Lobelia speciosa*）、インドゴムノキ（*Ficus elastica*）が植えられて、植物の根元が容易には信じられないほどモクセイソウで覆われた花壇を称賛した。これが折衷主義のヴィクトリア朝の庭造りであり、そこではきわめて奇異な組み合わせでも結果がピクチャレスクであるかぎり許されたのである。

　1864年にテムズ川南岸のバッターシー・パークの園長ジョン・ギブソンは、熱帯や亜熱帯の観葉植物の使用に関し、フランスに対抗してエキゾティックな効果を出すことにした。深いくぼみを持つ植栽床の縁を壊し、土を盛り上げて風よけを作り、ウィガンディアのような寒さに弱い珍しいものをほかの植物で取り囲んで守り、日光と日陰と排水を必要なだけ与えた。不規則な芝生に目立つように木生シダ（ディクソニアの品種）とヤシに似たドラセナを植え、ナス属植物とカンナの花壇をいくつか造った。

　ロビンソンは1860年代後半には3冊の本のいくつかの部分を熱帯植物の植栽の心躍る可能性にさいたが、1870年代にはギブソンが非耐寒性植物を使用するのを批判し、代わりにまったく異なる効果を生むタケ、パンパスグラス、キヅタ、バイカルハナウド（*Heracleum mantegazzianum*）のような耐寒性の種類を提案した。

隊が太平洋岸を訪れた。その植物学者のひとりであるプラハ出身のヘンケは巨大なセコイア (*Sequoia sempervirens*) の標本を集めたが、それはのちにマドリードの植物園で発芽した種子の中には含まれていなかった。アーチボルド・メンジーズもこの高木の標本を発見したが、彼もダグラスも種子を持ち帰ることはできなかった。やはり園芸協会のために働いていたドイツ人の博物学者テオドール・ハルトウェグは、ダグラスの探検から何年もたたないうちにそれを持ち込んだと主張している。しかし、ほかの人々は、この高木は1843年にロシア経由でようやくイギリスにもたらされたのだと考えている。3回の探検で得られたダグラスの戦利品には美しいダグラスモミ (*Pseudotsuga menziesii*)、ノーブルモミ (*Abies procera*)、ナガミマツ (*Pinus lambertiana*)、モントレーマツ (*P. radiata*) があり、モントレーマツは比較的暖かいカリフォルニア原産で、のちにオーストラリアの一部に帰化した。これらの高木はすべてイギリスとヨーロッパの多くの風景庭園の姿を変えることになる。

　ダグラスが伝えたものの多くはとくにブリテン諸島に適していることが判明した。また、ウェリントニアとも呼ばれるカリフォルニア原産のセコイアデンドロン (*Sequoiadendron giganteum*) が、ヴィーチの種苗園に依頼されたウィリアム・ロブによってもたらされ、ベイトマンがビダルフの並木のためにこの種苗園から1ダース12ギニーで苗木を入手したにちがいないのだが、残念ながらそれは残っていない。19世紀末には太平洋岸に自生する立ち木は伐採者による破壊に脅かされたものの、幸いなことにスコットランド人のジョン・ミューアが率いる自然保護論者たちがこの高木を公的保護下に置いた。アルゼンチンとチリ原産のチリマツ (*Araucaria araucana*) はヴィーチによって普及されるとたちまち人気を得て、多くのヴィクトリア朝の庭園にエキゾティックな雰囲気を与えた（255ページ参照）。そして、やはり太平洋岸からやってきた針葉樹で、さまざまな形で庭園で普通に見られるようになったのがローソンヒノキ (*Chamaecyparis lawsoniana*) で、その種子は1854年にエディンバラにあるローソンの種苗園に初めてもたらされた。各グループの種子から異なる形態のものが得られることも多い。レイランドヒノキ (×*Cupressocyparis leylandii*) は西海岸のさらに北に自生するヒノキ属とモントレーイトスギ (*Cupressus macrocarpa*) との属間雑種であり、1888年にウェールズで実生苗の形で発生し、ブリテン諸島でもっとも速く成長する針葉樹になった。

❖ 東洋での発見

　森林庭園は、とくにカルカッタ植物園のナサニエル・ウォーリッチがネパールのシャクナゲ *Rhododendron arboreum* の種子を黒砂糖の缶に入れて運ぶのに成功したことにより1815年に始まった、洪水のようなロドデンドロン（ツツジ属）導入の影響を受けた。まもなく大量にロドデンドロンの交配が行なわれ、多数ある落葉性アザレアの中でも最初のゲントアザレアのような変種が生まれた。酸性土壌ではロドデンドロンの実生苗がよく成長し、春には色鮮やかだが1年の大半が退屈な、新しい種類の森を作り出した。シャクナゲとアザレアはパルテールのパターンにも使われたが、大きな効果はなかった。

【外国の装い】
19世紀中頃には、スタウアヘッドの18世紀のヘンリー・ホーアによる風景は、アメリカの太平洋岸から多数導入された針葉樹の植栽によって様変わりしていた。そして20世紀になると、交配種のシャクナゲが加わった。

【枝を広げる[右ページ]】
グロスターシャー州にあるウェストンバート樹木園には高木の素晴らしいコレクションがあり、1829年からロバート・ホルフォードによって造られた。新たに輸入された北アメリカの針葉樹の多くがその後の数年間に植えられた。成熟し、現在では西洋で有数の樹木園になっている。

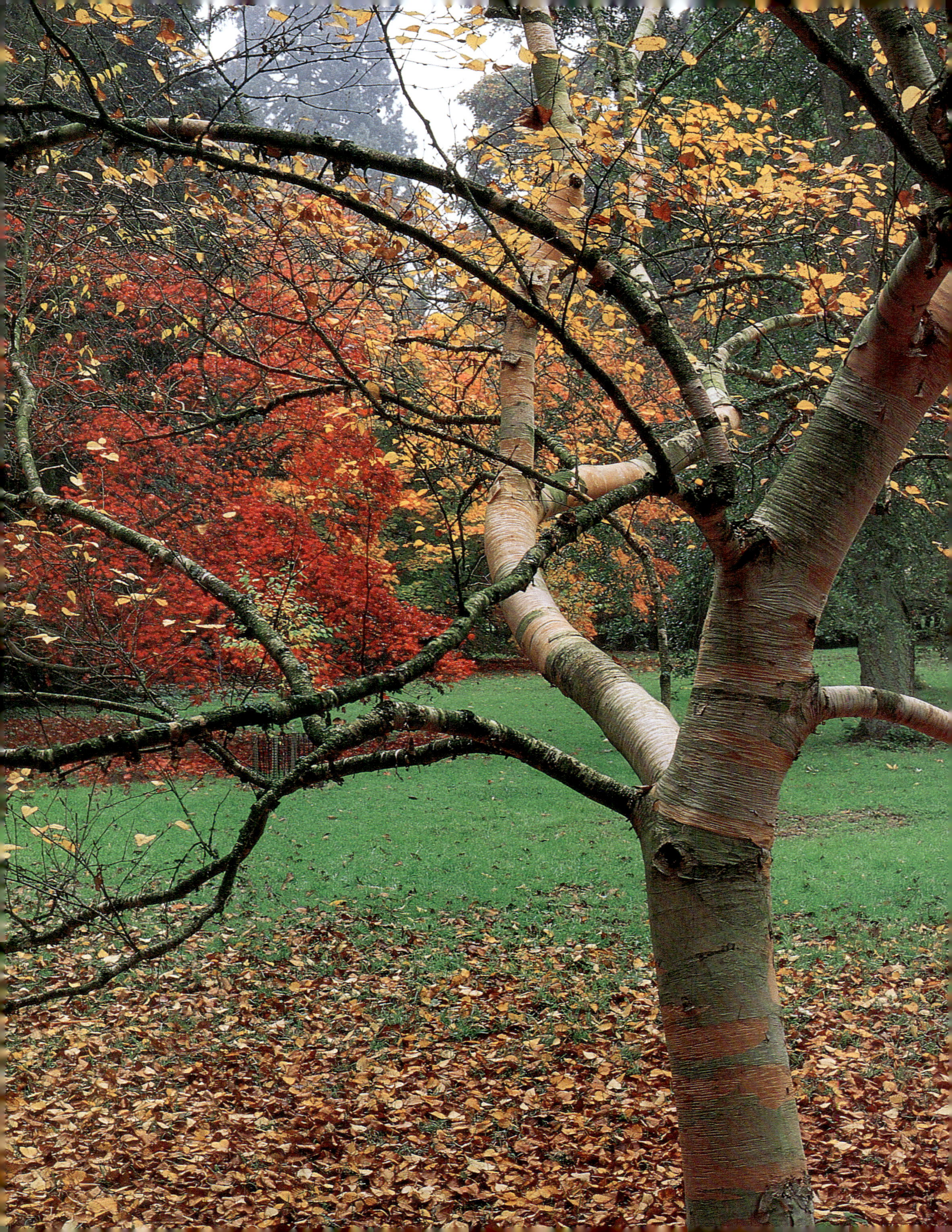

インドではイギリス東インド会社が、ヴィクトール・ジャケモンがパリ植物園のために植物を収集するのを支援した。1832年に彼が若くして死亡すると、4700の植物の生育地の説明と詳細が書かれた彼のノートがパリに戻された。1842年に中国がアヘン戦争で敗北すると、ロバート・フォーチュン（1812-80）が庭園用の耐寒性植物、可能ならブルーポピー、黄色のツバキ、八重の黄色いバラ、アザレア、ユリ、オレンジ、モモ、さまざまな種類のチャなどを集めるようにというロンドン園芸協会の指示を受けて旅した。最初のふたつは発見することができなかったが、八重の黄色いバラを種苗園で見つけた。そして1848年の2度目の探検では、東インド会社からチャの最高級の変種を入手するよう求められた。彼がこれに成功したことにより、インドのアッサム地方とシッキム地方にプランテーションを開くことが可能になったのである。19世紀後半にはチャはインドの主要な輸出品のひとつになった。フォーチュンは中国の種苗園主からも、すでに庭園で栽培されていたものも含め優良な植物を多数導入した。彼はシダレイトスギ（*Cupressus funebris*）とシロマツ（*Pinus bungeana*）のほか、冬咲きのスイカズラやジャスミン、*Rhododendron fortunei*など、多くの耐寒性の低木も見つけた。そして1860年、フォーチュンはついに日本を探検することができた。しかし、彼のスギ（*Cryptomeria japonica*）、ヒイラギナンテン、シュウメイギクといった収集物は、彼と同国人で同時期に日本で収集した有名な種苗園のジョン・グールド・ヴィーチが集めたものにはかなわなかった。ヴィーチはマツ、ヒノキ、カラマツ（*Larix kaempferi*）など17の新しい針葉樹に加え、モクレンとユリを導入することができた。

❖ 理想のすみか

最初期の樹木コレクションのひとつが、1829年に設立されたサー・ロバート・ホルフォードのウェストンバート樹木園で、幾何学的な格子状に配置され、森に放射状に伸びる馬車道があった。そののち19世紀のうちに、もっと新しい樹木園は生育地が似た植物を集めて植えることにより、理想的な自然園になった。18世紀の「アメリカン・ガーデン」（200ページ参照）がすでに、その植物の本来の生育地に似た条件を与える必要性を重視していた。今や北アメリカの西海岸やアジアからの新しい高木や低木の導入が増え、それらはさらに重要になった。酸性土壌を必要とするシャクナゲ、カエデ、モクレンが、流入したアメリカや日本の森林や湿原の植物に取り囲まれた。

1830年代と1840年代には、グラスゴーの植物学教授サー・ジョゼフ・フッカーが、スコットランドの西海岸で非耐寒性の高木や低木を栽培できる可能性があることに気がついた。そこなら、メキシコ湾流が湿潤多雨で霜が少ない完璧な条件をもたらしてくれるのである。まもなく、コーンウォール州とアイルランド西部にも新しい高木のコレクションが植えられ、のちにはフッカーのシャクナゲのコレクションの多くがぽつぽつとあるツバキとともに旺盛に生育できた。今日では、ヒマラヤのシャクナゲとモクレンが、モントレーマツとモントレーイトスギによって作られた防風林の中の、チリとニュージーランド原産の植物のそばでよく育っている。

ロック・ガーデン
THE ROCK GARDEN

　ルネサンス期の手の込んだグロットや、18世紀後半の庭園のピクチャレスクな廃墟、洞穴、アーチはみな、西洋の石造物の一種であるが、今日、私たちが知っているようなロック・ガーデンは18世紀末までは存在していなかった（中国や日本では、岩はつねに庭園のきわめて重要な要素だった）。

　1775年に植物学者のジョン・フォザギル博士により、「珍しく奇妙な植物」を探すためにトマス・ブレイキーがスイスアルプスへ派遣された。その旅は成功だった。ブレイキーは本国に種子の小包を440個送り、その中身のいくつかは1789年の時点でキューで育っていた。イングランドでは、記録のある最初の高山植物のロック・ガーデンができたのは1780年代のことで、ロンドンのチェルシー薬草園に、サー・ジョゼフ・バンクスの1780年の遠征によりアイスランドからもたらされた溶岩を使って造られた。

　ロック・ガーデンは徐々に本物そっくりになり、自然に見えるように集められた地元の岩の層が、好適な場所を求めて伸びる高山特有の根に土壌の深いポケットを提供した。しかし、自然を模倣するには別のやり方もあり、ときには風変わりな方法がとられた。

　1838年にフール・ハウスで、レディー・ブロートンが自宅の芝生の端にミニチュアでシャモニー渓谷を再現し、これに対し1842年から1848年に建設されたパクストンによるチャッツワースの壮観なロック・ガーデンは大規模で、滝や積み重なった巨大な岩があった。1850年代のビダルフ・グレインジのロック・ガーデンは、要求の厳しい高山植物に適した生育環境を与えようとするもっと純粋な試みだったが、要求される強い光と湿り気と適当な排水を達成するのは困難だった。

　1848年にはロック・ガーデンの愛好家は、本物の岩かジェームズ・プルハムのプルハマイトの石――ポートランドのセメントで荒石を覆って成形したもの――を使うことができたし、バックハウスのヨーク種苗園はロッケリー用植物専門になり始めた。

　フランク・クリスプは1900年にヘンリー近郊のフライアー・パークで、あらゆるロック・ガーデンの中でもっとも風変わりなものを造った。それはマッターホルンの縮小模型で、頂上はアラバスターの雪で覆われていた。約4000トンの石を、特別に敷設した鉄道でテムズ川流域から運搬してこなければならなかった。だが、その奇抜な外見にもかかわらず、クリスプのロック・ガーデンは高山植物の本格的な栽培を意図しており、約2500種に適した生育場所を提供した。このような植物を野生状態で育つのと同じように育てようという願望は、ロック・ガーデンに関するレジナルド・ファーラーの名著とともに、次の世紀の高山植物の栽培に影響を及ぼすことになる。

【ミニチュアのアルプス】
これはフール・ハウスのレディー・ブロートンによるロック・ガーデンで、尖った岩の塊が8メートルの高さにそびえ、灰色の石灰岩、水晶、へげ石、雪に似せるための白い大理石が使われ、J・C・ラウドンから大いに称賛された。

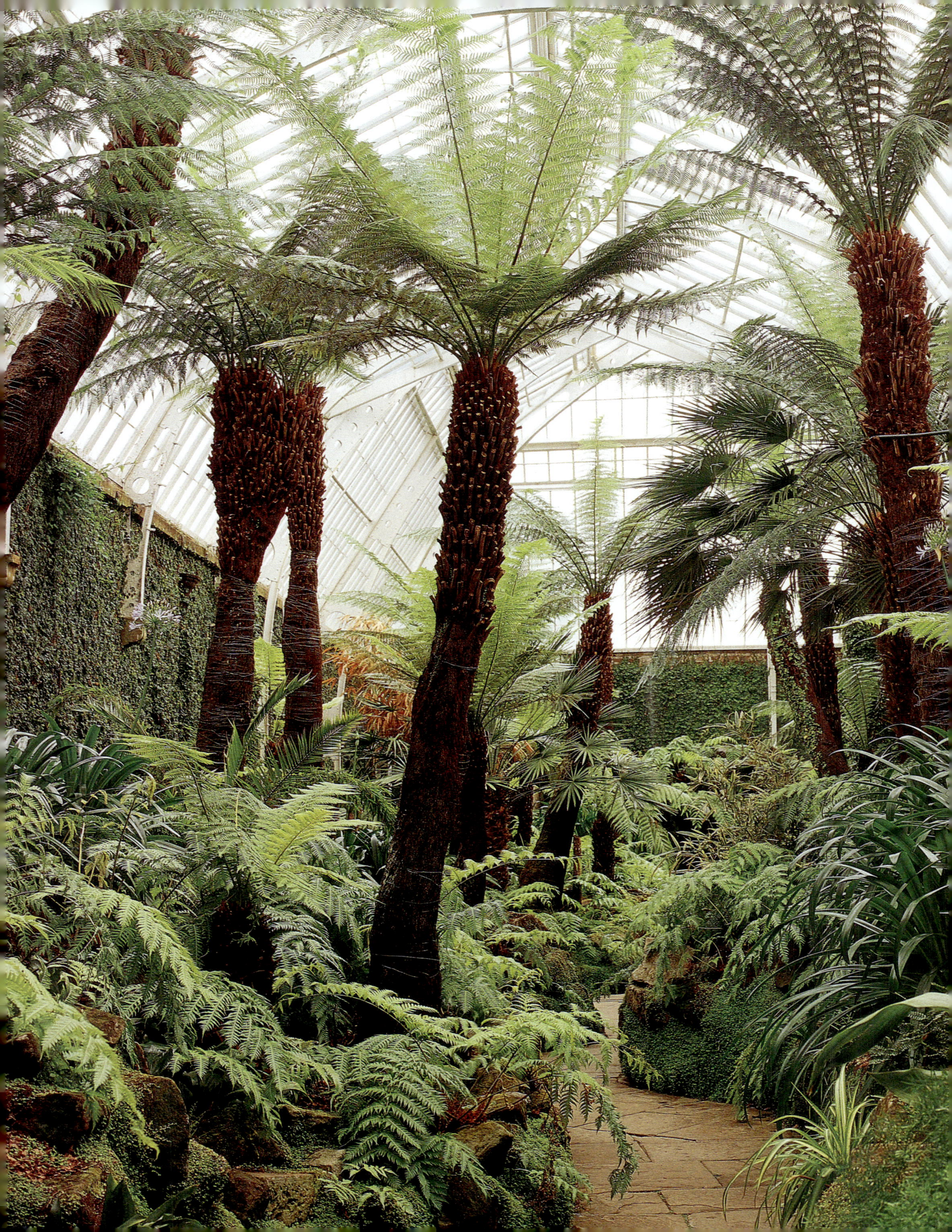

【タットンの木生シダ［左ページ］】
チェシャー州にあるタットン・パークのシダ園は、1850年代に、おそらくジョゼフ・パクストンによって建設された。最近、ナショナルトラストにより修復されて、非耐寒性植物の素晴らしいコレクションの生育場所になっており、たとえばオーストラリアとニュージーランド産の木生シダがここではクンシランとコモチシダ属 *Woodwardia radicans* の上に育っている。木生シダは初代エジャートン卿の弟、チャールズ・ランドル・エジャートン海軍大佐によって集められた。規模は多少異なるが、1840年代にウォードの箱が発明されたことで（198ページ参照）、1850年代にスモッグやそのほかの汚染からシダを守るきっちりとガラスをはめたケースの中で非耐寒性のシダを育てることが大流行し、「テリドマニア」と呼ばれた。

❖ 悪口をいわれ、のちに復活したヴィクトリア朝風

　ほかの芸術と同様、庭造りにおいても流行は移り変わる。「ケイパビリティ」・ブラウンの風景は彼の死から何年もたたないうちに、「ピクチャレスク」な面白味がないと中傷され、そしてのちにはその風景を造るために前の時代の整然とした構造の庭園が一掃されてしまったという理由で歴史家から批判された。同じようにして、ヴィクトリア朝の人工的なものは20世紀の大半の期間、ずっと非難され、そして21世紀への変わり目に行なわれた復元でようやく再び姿を現すことになる。ウォヅドンのフランス様式の城のテラスにある大パルテールは、もともとは19世紀の最後の四半世紀に造られたもので、入り組んだ美しい姿に戻されたし、オードリー・エンドでは多年草のパルテールが復元され、無数のネスフィールドの作品の復元作業が進行中である。長期にわたって放置されて草が生い茂ったヴィクトリア朝の公園が、最近はラウドン風の高木の植栽や満開の花壇への植え替え計画の信憑性のある修復のために公的な補助金を受けている。個人の土地所有者でさえ、第2次世界大戦の緊縮財政時期に放棄されたテラス、パルテール、花壇の植え替え計画を復元している。これらの庭園は訪問者から維持のためのかなりの額の寄付金を得ており、それほど市民は歴史への関心があるのである。きわめて重要な復元のひとつが、もともとはバリーとネスフィールドによってデザインされたが造られることのなかった、ハーウッド・ハウスの込み入ったテラス・パルテールである。チェシャー州のタットン・パークでの最近の修復作業には、ジョゼフ・パクストンの美しいシダの群生も含まれており、一部修復されたガーデネスクの区域には、主要な植物を引き立てる小さな花壇と、W・A・ネスフィールドのたいへん印象的なペルセウスとアンドロメダの噴水がある。

　南ロンドンにあるシデナムの大テラスは、1850年代に移築された水晶宮の周囲にジョゼフ・パクストンと彼の部下であるエドワード・ミルナーが造成したもので、現在、修復中である。ウィリアム・ロビンソンが嫌悪した、カナルとわきの噴水も含めこの広大な複合体は、おそらくヴェルサイユから着想を得たのだろう。そして1829年に修景されたラウドンのバーミンガム植物園は今でも植物学的に面白いものでいっぱいで、大衆向けの公園にするべきだというラウドンの願いがかなっている。

　20世紀後半には、ガートルード・ジークルとウィリアム・ロビンソンのもっと自然主義的で緻密な植栽の考え方で育った多くのガーデナーが、ヴィクトリア朝中期の庭園に特有の鮮やかな色彩計画を軽蔑するようになった。目利きの間では、同心円状に配置された原色の季節の花は流行遅れで、永続的で、ある程度放っておいても大丈夫な耐寒性の多年草が流行だった。ロビンソンの植栽は理に適い、経済的でもあり、冬に温室を加温する必要も年に2回植え替える必要もなくなる。だが、幸い、この数十年、信憑性のある歴史的修復や再建が実施されており、とくに夏暑く冬寒い本当の大陸性気候の地域で、季節ごとに植えるやり方についての実験に新たな関心が向けられている。バリーとネスフィールドの建築レイアウトの一部を再建するには、当時の花壇の植栽を実施する必要があった。こうした庭園への理解が増すにつれ、私たちはその人為性を軽蔑するのではなく、最良の色彩配置の美しさと色のニュアンスに対してずっと心を開くようになった。

第8章｜折衷主義の19世紀　279

❖ 第9章
園芸の新たな地平
南北アメリカ
New horizons in horticulture
THE AMERICA

【南部の美】
サウス・カロライナ州アシュレー川流域の、歴史あるマグノリア・プランテーション内にあるオーデュボン・スワンプ・ガーデンでは、自然な環境で育つラクウショウ（*Taxodium distichum*）などの南部原産の樹木がロマンチックな美しさを見せている。南北戦争以前は実り豊かな水田だったこの場所で、訪れた人は長い板張りの遊歩道を歩いて沼沢地を間近に見ることができる。

　広大な南北アメリカの庭園について話そうとすれば、現地はどんな気候なのか、という疑問が必ず浮かんでくる。ヨーロッパ人が上陸する以前にペルーではインカ族が、メキシコではアステカ族が、その土地の植物の生育条件を完全に理解し、いまだに超えられないような知識を有していた。しかし、スペイン人征服者がこのふたつの古代帝国の壮大な造園の伝統（メキシコの庭園は同時代のペルシアやムガール朝インドの庭園にまさるとも劣らない壮麗さを誇っていた）を破壊すると、すべては振り出しに戻ってしまった。イギリス、フランス、オランダ、スペイン出身の植民者はそれぞれ予想もしなかった気候と未知の植物を相手に格闘し、まず東部海岸沿いに、そしてしだいに西部へと、庭造りの場所を広げることに成功した。現在のカナダになる土地でも、園芸はだいたい同じ経緯をたどるか、この段階ではまったく存在しないかのどちらかだった。

　19世紀終わりには庭造りはアメリカ全土に広がり、アメリカ人造園家の活躍が目立つようになった。この時期のアメリカについては第12章で取り上げ、本章ではもっと早い時期のアメリカにおける庭造りの歩みに注目し、ヨーロッパから輸入されたレイアウトの理念からしだいにアメリカ独特の様式が発展していく過程や、フレデリック・ロー・オルムステッドのような先駆者に導かれて造園に対するより民主的な新しい取り組みが生まれた状況をたどっていく。その過程で、アメリカ大陸とヨーロッパとの間で行なわれた植物の大規模な交換が大西洋の両側で庭園をどのように豊かに変えていったかも明らかになる。

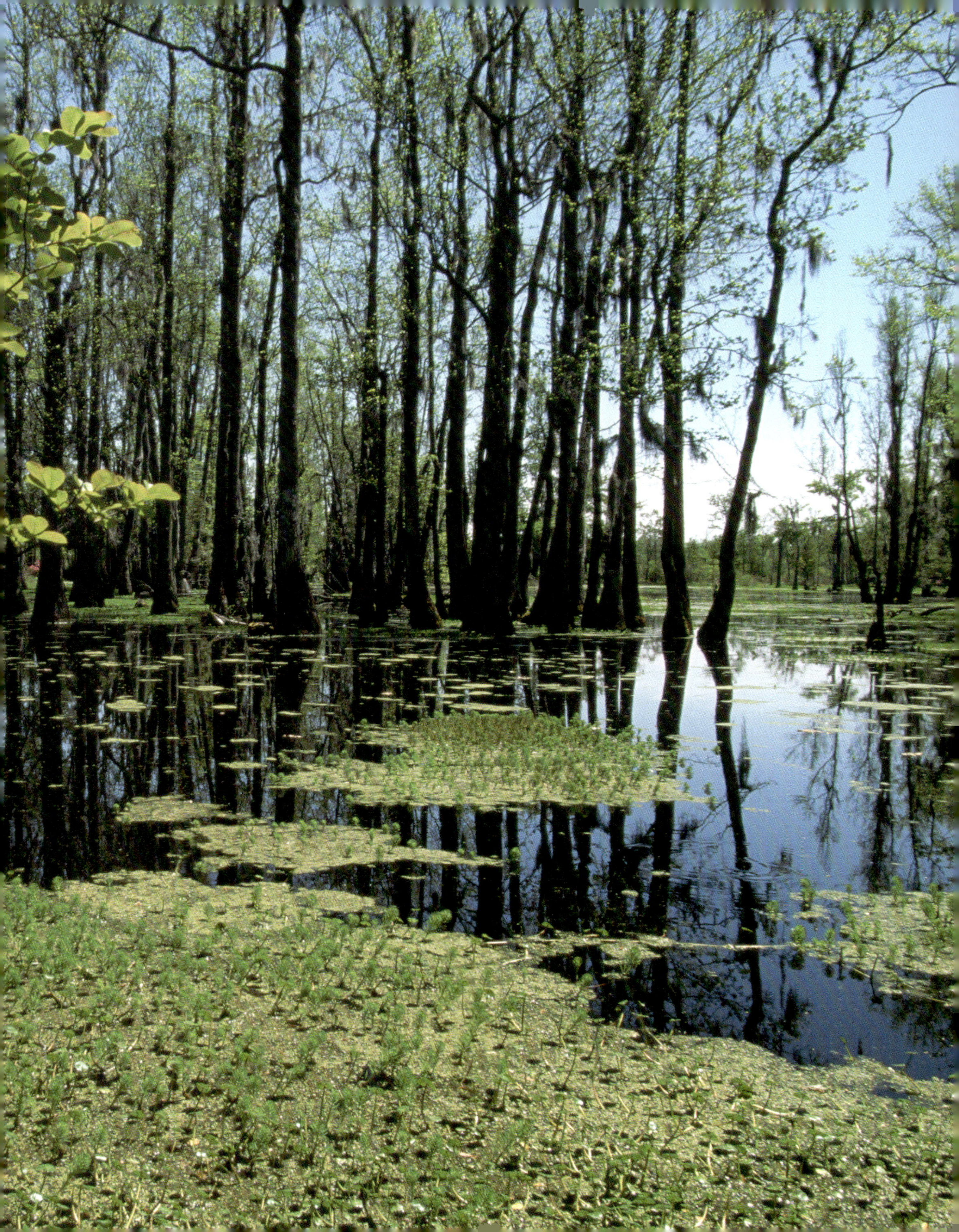

❖ アステカ族と庭園

　1519年にエルナン・コルテス率いるスペイン人に征服されるまで、アステカ族は北アメリカ大陸南部を支配し、いくつもの小国からなるアステカ王国は約20万平方キロに及んでいた。王座についていたのはアステカ王国最後の王モクテスマ2世(治世1502-20)である。アステカ族といえば戦闘と残酷な人身供犠のイメージが先立つが、美と娯楽は彼らの文化の重要な一部であり、そのことはメキシコ湾から海岸沿いに侵攻し、内陸のメキシコ高地や盆地に向かって兵を進めていくスペイン人も気づいていた。スペイン人のたどった道は熱帯植物の生い茂る地上の楽園であり、歴史家のW・H・プレスコットが描写したように、「豊かな緑の絨毯に覆われ、カカオノキと羽毛のようなヤシが影を投げかけ……群生する濃い紫のブドウのつると斑入りのサンシキヒルガオに彩られた平原がなだらかに広がる」大地だった。

　アステカ族は明らかに洗練された造園家であり、沿岸部の平原では交互に訪れる高温と多湿の気候によって多種多様な草木が生育していた。アステカ王国の首都テノチティトランに向かって進んでいるとき、スペイン人は谷(メキシコ盆地)を発見した。スペイン人によるその谷の描写に触発されて、プレスコットはさらに次のように述べている。「湖と森林、耕作された平野、光り輝く都市と陰影に富んだ丘陵からなる絵のような[谷の]風景が彼らの前に色鮮やかで豪華なパノラマのように広がり……彼らの眼下にはオーク、アメリカスズカケノキ、シーダーの雄大な森がはるか遠くに向かって伸びているのが見え、その向こうの美しい都市のただなかに……果樹園や花の咲き乱れる庭に混ざって黄色いトウモロコシ畑と高く伸びたリュウゼツランが彩りを添えている様は……まさにアステカの麗しの都ベネツィアである」

　アステカ族の独特の発明のひとつがチナンパと呼ばれる「浮島」で、周囲を山に囲まれた海抜2200メートルの台地(現在のメキシコシティーの位置)にある湖に造られた。チナンパは泥を盛り上げて造った浮島に排水路を設け、土手道でつなげて、野菜や花を育てる肥沃な菜園にしたものである。都市の内部や周辺の庭園を観察したスペイン人が指摘したとおり、造園はアステカ族の大好きな娯楽であり、社会的地位の高い職業でもあった。これらの庭園は花壇や池や水路を造るために岩を削り、土を移動して造られたが、その多くはチナンパの水路網の一部である既存の運河の周辺に建造されたようである。

　遊園は紀元1千年紀に、マヤ文明と同時代に栄えていた都市テオティワカンでまず発達したが、15世紀にはアステカ族がテノチティトランとテスココの両都市でさらに優美な遊園を造れるようになった。アステカ族の支配者や貴族は、異なる2種類の遊園を造った。ひとつはテノチティトランやテスココに近い神聖な丘陵地帯に造り上げたような壮麗な隠遁所で、もうひとつはテスココ湖に突き出た岬周辺の島々に

【湿地】
アステカ族が考案したチナンパは、現在も作物の栽培に利用されている。チナンパは泥土と水草を重ねて敷き詰め、そこに植えられた木の根によって固定されているため、小さな土地が水上に浮かんでいるように見える。

【ダリアの発見】
スペイン王フェリペ2世の侍医フランシスコ・エルナンデスは、1570年に「新世界の自然、古代、政治の歴史」の調査を命じられた。エルナンデスが残した16冊もの報告書には、アステカ族の伝統的医術や植物の栽培に関する貴重な情報が記録されている。エルナンデスによって最初に描かれ、著述された植物のなかでもっとも美しい八重のダリア(*Cocoxochitl*)(左)は、クワウーナフアック山付近に生育しているのを発見された。

ネサワルコヨトルの庭園

アステカ族の都市、テスココの君主ネサワルコヨトル(在位1430-72)は、「花の庭園と鳥小屋がたいそう気にいっていた」。17世紀の歴史家アルバ・イシュトリショチトルは、テスココに建設されたネサワルコヨトルの宮廷について次のように書いている。小道が「低木の植え込みで造られた複雑な迷宮の中を通り、庭園に出ると、そこではスギやイトスギの高い木立が浴場やしぶきを上げる噴水に影を投げかけている。池には何種類もの魚が泳ぎ、鳥小屋には華やかな羽毛の熱帯産の鳥が飼われている。生きて捕獲できない鳥や魚の多くが非常に巧みな金銀細工で表現されていたので、博物学者のエルナンデスが著作に記載するための見本になった」

ネサワルコヨトルが気に入っていた住居は、主要都市の北東にあるテスコツィンコに建設された田舎の別荘だった。その別荘は「テラス式の空中庭園の中に造られ、520段の階段があった。その多くは自然の斑岩を切り出して造られていた」。丘の頂の庭園からは、水が何キロも水路を伝って、丘と渓谷を越えたところにある貯水池に注ぎ込んでいた。貯水池の下のため池からは数え切れないほどの用水路に水が分かれて、宮殿の周囲の植え込みや花をうるおしていた。

ネサワルコヨトルのもっとも有名な庭園は、1420年代の終わりにテノチティトランで建設が始まったチャプルテペクで、記録されているアステカの遊園としては最古のものである。16世紀には沿岸の熱帯雨林原産のランがこの庭園で栽培され、広いテラスのある丘には樹木が植えられていた。

造られた狩猟と競技のための広場である。遊園には豪華な宮殿が建てられることもあり、テスコツィンコにあるような岩をくり抜いた風呂があったり、チャプルテペクで見られるように岩の表面に浅浮き彫りが刻まれたりした。そうした浅浮き彫りに、ほかのテノチティトランの支配者に並んでモクテスマ2世も肖像画を後世に残している。神殿、寺院、墓地、そして演劇を上演する場所などが設けられる場合もあった。

都市には都市にふさわしい庭園が造られた。プレスコットによれば、住宅の中には「各家屋が要塞になるように、胸壁に保護された……平らな屋上を持つものがあった。ときにはこれらの屋上は花に覆いつくされて花園のようになっているものもあったが、多くの場合、花は建物の間に配置されたテラス式庭園で栽培された」。宮殿のそばには遊園があり、そこには動物園や鳥小屋のほかに、泉水、木立、たくさんの花々を配した庭園もあった。さまざまな植物を集め、種苗園や播種床を備えた一種の植物園もあり、播種床は研究が可能なように科学的に配置されていた。これらは1545年にイタリアに設立されたヨーロッパ最古の学術植物園であるピサやパドヴァの植物園におそらく半世紀以上も先駆けて造られた、現在知られている最古の植物園のひとつと考えられている。

熟練したアステカ族の庭師は、沿岸平野の熱帯雨林原産の繊細な植物を保護し、栽培する方法を知っていたにちがいない。ダリア、ヒャクニチソウ、マリーゴールド、コスモス、トラユリ(*Tigridia pavonia*)、チューベローズ(*Polianthes tuberosa*)など、現在知られている非常に華やかな花々のいくつかはメキシコ原産である。ほかにもタバコ、ヒマワリ、オシロイバナ(*Mirabilis jalapa*)など、本来は南アメリカ原産だったがアステカ文化に取り入れられた植物がある。初期のヨーロッパ人入植者がやってきたとき、これらの植物はアメリカ先住民によってさらに北部へ持ち込まれて栽培されていた。

成長の速い原産の樹木に、メキシコ先住民の言葉でアウェウェテと呼ばれる常緑樹でヌマスギ(*T. distichum*)の近縁種であるメキシコラクウショウ(*Taxodium macronatum*)と、セコイア(*Sequoia sempervirens*)がある。どちらも低湿地の環境と高い標高でよく育ち、山肌を覆い、大きな遊園では1列に、あるいは道の両側に並木として植えられて、荘厳さを醸し出した。動物園では庭園が哺乳動物や鳥の生息環境を整えるために造られていたようで、花々は道の境界に建てられた格子に沿って植えられ、エジプトの初期の墳墓の壁画やイスラム庭園に見られるように、灌漑用の運河網に沿って直線状に配置されていた。

❖ 熱帯のワシュテペック

テスココの名君と誉れ高いネサワルコヨトルと同じ時期に同盟都市テノチティトランを支配していた王モクテスマ1世〔ネサワルコヨトルの叔父にあたる〕は、1460年代にテノチティトランから95キロ南東に位置する熱帯のモレーロス州のワシュテペックに庭園を建設した。この土地ではメキシコ盆地とは比べものにならないほど多様な植物の栽培が可能だった。丘陵地帯に10キロに及ぶ柵をめぐらし、モクテスマは川をせき止めて湖を造り、その周囲に何種類もの熱帯植物を植えた。そしてその植物の一部は、「上質な布に包まれ、根の周りに土をつけたまま、大量

に」テノチティトランに持ち込まれた。のちにコルテスはスペイン王カルロス1世（神聖ローマ皇帝カール5世）に宛てた手紙でこの庭園に触れ、「これまでに見たことがないほど美しく心の休まる庭園……園内にはあずまやや……華やかな花壇、さまざまな実をつけた数え切れないほどの樹木、ハーブや香りのよい花々が見られる」と書いている。この庭園はディアス・デル・カスティリョが1532年に著したメキシコ発見と征服の記録の中でも、「果樹園は……とても美しく……見事な建築物があり、われわれがヌエバ・エスパーニャで見たものの中でもっとも見る価値のある場所で……まぎれもなく偉大な王族の果樹園である」と描写されている。

　モクテスマ1世は1468年に、ネサワルコヨトルは1472年に亡くなった。1475年にテノチティトランを襲った地震のあと、アステカの王アシャヤカトルは貴族と住宅の所有者に再建した都市を美しい景観と庭園で飾るように奨励し、その美しさはモクテスマ2世の時代にこの地を訪れたスペイン人に称賛された。主な遊園は、大運河が流れる湿地に建てられたアシャヤカトルの宮殿近くにあった。それらの庭園は、花だけなく無数の水鳥やそのほかの鳥類、爬虫類の生息地でもあり、動物園と鳥類園の複合施設が数ヶ所に分かれて広がっていた。1499年の大洪水は、魅力ある庭園と美しい中庭の建設をむしろ促進する結果になった。

　1519年にはテノチティトランはメキシコ盆地でもっとも重要な都市になっていた。細い街路と運河が碁盤の目のように整備され、都市の北部、西部、南部は3本の広い堤道で湖岸と結ばれていた。都市の周囲を衛星のように取り巻く町は、すべて沼沢地を通る堤道で結ばれていた。テノチティトランの公共サービスと衛生管理は、16世紀のヨーロッパには肩を並べるものがないほどすぐれていた。街路ではたえず清掃と水撒きが行なわれ、夜通しかがり火がたかれていた。排泄物は残らず大きな平底船に集められ、チナンパに運ばれて肥料となった。沼沢地の西側の淡水域は、16キロに及ぶ堤防によって東側の塩水域から隔てられていた。アントニオ・デ・ソリスによるメキシコ征服の記録には、テノチティトランにあったモクテスマ2世の庭園について次のように書かれている。「これらの住居にはすべて、よく手入れされた大きな庭がある。娯楽のためのこれらの場所には果樹や食用になる植物は見当たらなかった。その種の果樹園は平民の所有物であり、君主の子弟は実用性のない楽しみを持つのがふさわしいとされていた。ほかでは見られないほど多種多様なかぐわしい花々や、家畜小屋（おそらく野生動物のための畜舎）で用いられる薬草がいたるところに植えられていた。どんな疾患や痛みにもそれを治療する植物があり、汁が飲み薬か膏薬として用いられた。アステカ族は経験に基づいて驚嘆すべき効果を上げた。病気の原因を突き止めなくても、患者の健康を取り戻すことができたのである。……これらの庭園にはすべて……多数の噴水があり、そこから湧き出る清潔で新鮮な水は、周辺の山々から水路を通じて運ばれ、湖岸からは堤道の地下水道を通じてテノチティトランに流れ込んでいた」

　コルテスは1521年にテノチティトランを包囲して陥落させ、まず湖岸の都市チャプルテペクからの水路を断ち、テノチティトランのもっとも美しい庭園の多くを破壊した。のちにスペイン人は都市を再建し、チャプルテペクをスペイン人征服者のための狩猟園に変えた。標高の高いチャプルテペクの丘の頂には副王の館が建設され、19世紀にハプスブルク家出身のメキシコ皇帝マキシミリアンの居

Flos Solis maior.

【太陽の象徴】
ヒマワリ(*Helianthus annuus*)は一般的にペルー原産と考えられているが、16世紀の終わりにはヨーロッパで栽培され、その大きな花が人気を呼んでいたようである。今日では作物としても栽培されるヒマワリは、ほとんどどこにでも見られる。上の絵は、バシリウス・ベスラーによる植物図鑑の名著『アイヒシュテットの庭園』(1613)に掲載された挿絵である(181-84ページ参照)。

城となった。1934年から共和国メキシコの大統領公邸となっていた時期もある。チャプルテペク公園はメキシコシティの大切な憩いの場のひとつであり、アステカ時代からのメキシコラクウショウが今も残っている。ネサワルコヨトルがテスコツィンコに建設した宮殿複合体は、現在では考古学的遺跡しか残されていない。コルテスはワシュテペックを自分のものにし、フランシスコ・エルナンデスが1570年にそこを訪れている。現在、ワシュテペックは行楽地になっている。ディアス・デル・カスティリョは1532年にスペイン人の侵略について述べた記録の中で、「将来どんな発見があろうと、このすばらしさにはかなうまい。ああ！ 今やそのすべては破壊され、失われて、見る影もない」と嘆いている。同時代のペルシアやムガール帝国にも匹敵するこれらの庭園は、スペイン人によって理不尽に破壊され、庭園の理念を除いては、その後の庭園の発達に何の影響も残さなかったように見える。

❖ ペルーのインカ帝国

南アメリカでは、コロンブスのアメリカ大陸到達以前に栄えていたもうひとつの高度な文明が1532年にスペイン人によって発見され、滅ぼされた。それは紀元前2500年頃から発達してきたアンデス地方の文明のひとつで、現在のペルーに栄えたインカ帝国である。初期のスペイン人の年代記には、インカ帝国の君主や高官は工夫を凝らした庭園を所有していたという記録があるが、残念ながら庭園のレイアウトや観賞植物についての詳しい記述はない。谷間や土地の灌漑が可能な砂漠地帯の小さな集落に加えて、標高およそ3816メートルのチチカカ湖周辺では集約農業が行なわれ、十分な食料を生産してこの地域の高い人口密度を支えた。山の斜面を利用した小さな段々畑では、野菜や果物のほかに、薬、避妊、染料、毒などに用いられる実用植物も栽培された。スペインの植物学者イポリト・ルイス・ロペスは1777年から1788年にかけて南アメリカを探検した際に、インカ人が用いた薬草を研究した。急斜面の段々畑は、一番下の畑は数十ヘクタールもの面積で栽培作物を育て、上の方の畑は数畝のトウモロコシしか育てられない広さに造られていた。大規模な段々畑は、局地的な気候で特定の品種がよく育つ狭い地域での生存を可能にした。

勤勉なインカ人は高原の標高の高い地域に定住し、果樹園の間にいくつも村を建て、広い庭園を造った。プレスコットは初期のスペイン人の年代記から情報を集めて、このインカ人の生活を『ペルー征服』の中で描いた。スペイン人はインカの支配者層が所有する凝った造りの庭園を発見した。庭園には水路や大小の池が配置され、それらはときには金や銀でできていたという。プレスコットはさらに、「多種多様な植物が植えられた……木立や風通しのよい庭園」や、植物が並べられた金銀製の「パルテール」についても触れている。残念ながら、スペイン人の文献からはこれ以上有益な詳しい情報を得ることはできない。

プレスコットは首都クスコに近いユカイの庭園について述べている。その庭園には銀の地下水路と金の水槽により水が導かれた。花壇には熱帯の気候では容易に育つさまざまな種類の植物や花が植えられていた。信じられないような話だが、ペルーの山々からは金が豊富に産出され、インカ人はそれを熟練した手際で加工

第9章｜南北アメリカ

フンボルトのアメリカ探検
HUMBOLDT'S AMERICAN MISSION

ドイツの男爵家に生まれたアレクサンダー・フォン・フンボルト(1769-1859)は、植物学者のエメ・ボンプランとともに、1799年にスペインからアメリカのスペイン植民地を目指す航海に出発した。フンボルトは現地の動植物の研究、観察、収集を自費で行なうように命じられたが、ちょうどその頃、植民地ではスペイン帝国に対する反発が高まろうとしていた。アンデス山脈の地理や動植物相、インカの農耕の歴史を研究しながら実り多い2年間を過ごし、さらに1年かけてメキシコ高地の調査を行なった。ボゴタでは、1760年からキニーネとマラリア治療や南アメリカの植物相を研究していた有名な植物学者ホセ・セレスティーノ・ムティスとの出会いがあった。

エクアドルのチンボラソ山とピチンチャ山というふたつの主要な火山に登ったあと、フンボルトとボンプランはペルーに向けて出発し、途中で、キトとクスコの間のインカの見事な幹線道路の舗装に用いられた斑岩を調査した。フンボルトは近くのインカ・タパユパンキの遺跡を訪れている。この遺跡には周囲の美しい景色を見晴らせる場所に一枚岩から切り出した「あずまや(サマーハウス)」があった。滅亡したインカの遺跡の中でも最高のもので、フンボルトはイギリスの風景庭園の流行に触発されてドイツで造られた18世紀のガーデン・パークを引き合いに出して、「母国にあるイギリス式庭園にもこれほどの優美さは見られない」と述べている。

アレクサンダー・フォン・フンボルト

1803年の3月、フンボルトと仲間たちはメキシコに到達し、そこで1年を過ごした。フンボルトとボンプランはメキシコからマルメゾンのジョゼフィーヌ皇后に新種のダリアの種子を送り、ボンプランは1808年に帰国してマルメゾン庭園の管理者となった。探検隊はフランスに6万種を超す植物を持ち帰った。フンボルトは1804年に、もっとも人気を博した著書『自然の景観(Aspects of Nature)』を書いた。これは旅行記や科学論文というよりは「自然史を美的に論じたもの」で、教養はあっても科学的知識のない読者のために書かれている。ガーデナーの興味を引きそうなフンボルトの言葉のひとつに、地方独特の外見を庭園に与えるには、純粋にその地方の植物にこだわる必要はなく、よく似た別の植物を使えばいいというのがある。現代の例でいえば、地中海様式の庭園にニュージーランド産のニューサイランを使うようなものである。フンボルトは、20年以上の歳月をかけて、探検旅行の成果をおよそ30冊の著書にして発表した。

したのである。

❖ 水路とグアノ

インカの芸術と技術のレベルの高さに征服者たちは目を見張った。カラハリ砂漠、ゴビ砂漠、極地など、同じように過酷な環境を生き抜いてきた人々はいるが、インカほど標高の高い場所で、高い人口密度と高度な生産性のある洗練された農業・田園社会を発達させた地域はなかった。ほとんど砂漠のような海岸地方はたいてい灌漑しなければ耕作できず、インカ人はペルシアのカナート(24ページ参照)と同じように工夫に富んだ運河と地下水路の精巧な水利システムを考案した。ときにはその水路ははるか遠くまで達し、山の斜面から少なくとも650キロ離れたところまで水を運んだ。水源は山岳地帯の自然の湖や貯水池で、途中の溜め池も水路に水を供給した。このような水路を構築するには、見事に舗装された街道を

建設するのと同じように、大がかりな土木技術を必要とした。水路に縦およそ1.5メートル、横1メートルの石板を用いて建設された。

インカ人はさまざまな肥料を利用した先駆者で、とくに海鳥の糞であるグアノを肥料として用いた。気温の季節的変化よりも日中の気温の変化が著しい気候のおかげで、インカ人は海抜の低い土地で栽培されるバナナやキャッサバ(*Manihot esculenta*)から、主食となるトウモロコシ、リュウゼツラン(*Agave americana*)、タバコまで、その土地の高度に適したさまざまな作物を栽培できた。博物学者で探検家のアレクサンダー・フォン・フンボルトは、赤道付近では低地から雪線までの間に熱帯地方から極地までの植物相の区分が垂直に再現されることに最初に気づいた人物のひとりだった。そして、インカ帝国の植物栽培はまさにその状態だった。

❖ 北アメリカ先住民

アステカやインカの人々と違って、北アメリカの先住民は基本的に狩猟採集生活を送っており、魚と狩りの獲物を中心にした食生活を果実と野菜で補っていた。彼らは植物に関する高度な知識を持ち、とくに病気の治療のために栽培する植物に詳しく、初期の植民者の強い関心を集めた。しかし、彼らの生活様式からは芸術的な遊園の構想は生まれなかった。栽培していた50種類を超える植物は食物、飲物、染料、衣類の原料となり、とくに重視されたのは薬草だった。

モチノキ科のダフーンヒイラギ(*Ilex cassine*)やヤポンノキ(*I. vomitoria*)から作られる飲物がよく飲まれ、その効能はフランス人やスペイン人の著述家に称賛された。北アメリカ北西部ではカマッシア(*Camassia*)属の球根は野菜だった。フロリダやメキシコでは初期のスペイン人宣教師が、ヨーロッパから持ち込まれたモモ、リンゴ、キュウリ、スイカの栽培の仕方を先住民に教えた。モモは暑い夏によく成長し、モモの果樹園がいたるところで見られるようになったので、初期のアメリカの植物学者はモモをアメリカ原産の果物だと思い込むほどだった。アメリカ原産のレッドマルベリー(*Morus rubra*)は広い地域で生育し、甘くて黒い実が好まれた。先住民の集落の周辺に植えられている場合も多かった。

❖ 最初のヨーロッパ人入植者

北アメリカでもっとも早くヨーロッパ人が入植した場所はフロリダで、1565年にスペイン人がセントオーガスティンに定住したのが最初である。セントオーガスティンの総督は農具、種、植物を本国から持ち込み、四半世紀後には庭園や果樹園のある新しい村を作り上げた。それらの庭園や果樹園はヨーロッパの伝統にしたがって長方形の囲いの中に配置され、柵を張り巡らして略奪者の侵入を防いでいた。さらに北に進み、現在のノース・カロライナ、サウ

【先住民の知恵】
フランシス・ドレイクの船に乗って航海した無名の画家が描いたこの先住民は、耕作のために種まきをしている。先住民は基本的に狩猟採集民だが、多くが食物、飲み物、薬を作るために植物を育てていた。やってくる開拓者に、薬用植物に関する彼らの知識におおいに助けられた。

第9章 | 南北アメリカ

ス・カロライナ、西のアラバマ州のあたりまで進出して建設された多数の伝道所では、治療用植物を栽培する似たような庭園が造られた。治療用植物は、最初はヨーロッパから運んできたものが主だったが、しだいにアメリカ先住民が治療薬として利用する植物も育てるようになった。ジョージア州の基礎を築いたジェームズ・オグルソープが1733年にサバンナに到着したとき、そこには宣教師が残したオリーブやイチジク、オレンジ、レモンのプランテーションや、スペイン人が持ち込んだモモを育てる土着の先住民の姿があった。

メイン州（当時はニューフランス）東岸では、シャンプランに率いられたフランス人入植者が1618年には庭園を造っていた。『旅行記(Les Voyages)』という本にその庭園の設計図のスケッチが載っており、家並みと当時のフランスの流行に沿った整然とした長方形の庭園が描かれている。その庭園が完成したかどうかははっきりしない。

初期の庭園では、もっとも初歩的な設計に用いられる基本要素は大西洋岸の開拓地や植民地のどこでもそっくりだった。周囲を囲まれた庭園に花壇が単純な幾何学的配置をされ、たいていは住居に隣接する柵の内側に沿って直線的に整えられた。それらの庭園の目的は主に実用的なもので、庭園の所有者は観賞のためだけに植物を育てる場所も、栽培にかけられる時間もなかったのである。植えられていたのは果樹や野菜とわずかな花で、種子や農具は本国から取り寄せられた。

新しく生まれた様式の主な違いは、その土地の気候と気風に由来するものだった。気候の過酷なニューイングランドでは、植民者は宗教的、政治的な迫害を逃れてイギリスを脱出した人々で、それぞれ信念を持つ教養のある人が多かった。スペインやフランスのイエズス会に先を越されるのを防ぐという目的があったにせよ、キリスト教を新世界に伝えるのが自分の義務だと感じている人々もいた。彼らの禁欲的な道徳の厳格な規律では、贅沢な外見や個人的な誇示は許されなかった。温暖な南部では、初期の開拓者は理想主義より利益の追求に駆り立てられていた。タバコ、インディゴ、綿花の大規模なプランテーションが発達すると、土地所有者に贅沢な遊園を造る余裕が生まれ、とくに18世紀初頭に奴隷の労働力が導入されてからは庭園造りが盛んになった。しかし、庭園の設計は依然として幾何学的なままだった。17世紀の終わりには、輸送に便利なように川沿いにプランテーションを開いた植民者は、住宅と農園の完全な複合体を発達させた。そこでは屋敷、農場、農場の建物、召使いや奴隷の住居、そして庭園が一体となってひとつの全体的な共同体を作っており、イタリアのヴィラと構想が似ていた。

いくつかの例外はあったが、記録に残っている庭園、あるいは近年の発掘で明らかになった庭園の大多数は、18世紀を通じて伝統的な幾何学的デザインを保っていた。独立戦争（1775-83）まではイギリスとの密接な交流があったため、そのアイデアを実行

【風景の中の環】
1900年頃にはすでに、環境保護論者のデザイナー、イェンス・イェンセンは中西部にアメリカ原産の植物だけを栽培する風景庭園を造っていた。イェンセンが用いた数少ない建築的特徴のひとつは地元の石で造ったインディアン・カウンシル・リングで、若者のグループがキャンプファイヤーを囲んで集まるための場所として利用される。

に移せたのはごく少数だったとしても、ヨーロッパで発達したもっと自然で不規則な庭園の最新知識があったのは確かである。18世紀の終わりには、ジョージ・ワシントンがプランテーションを所有していたジョージア州マウントヴァーノンと、トマス・ジェファソンが邸宅を建設したヴァージニア州のモンティチェロで(302-03ページ参照)新しい様式の要素が試験的に導入されたことが、記録と図面の両方の資料から明らかになっている。

❖ イギリス人植民地

イギリス人は北部のフランス人とニューヨークにいるオランダ人の間の地域に入植地を確保し、さらにチェサピーク湾の南に入植して、ヴァージニアにスペイン人の干渉が届かない拠点を建設することに成功した。北部では、新しく到着した人々は自分たちを入植者ではなく開拓者とみなしていた。彼らの目的はイギリスからの自由と独立を獲得することだったが、母国イギリスはヴァージニアの湿地に植民地を拡大し、その支配と搾取によって利益を上げたいと考えていた。

17世紀に新たに到着した人々は、作物や薬になる経済的素材を探索しながら、アメリカの未開の大地に圧倒されたにちがいない。ある人々にとっては、その植生は驚きの源だった。高木、低木、そして非常に美しい種々の花が発見され、将来の利用に備えて分類されることになる。また別の人々には、アメリカの自然は沼地、岩山、好戦的な先住民、オオカミ、蚊、ヘビだらけの「恐怖に満ちた途方もない荒野」に思えた。彼らは自然の植物は刈り取るか焼き払って、ヨーロッパから持ってきた根や種子を植えるべきだと考えた。開拓者たちは薬草を育てる先住民の技術を理解し、アメリカ固有の果樹と観賞用の植物の両方を彼らの庭に取り入れるように努めなければならなかった。イギリス出身の家庭の主婦は、すでに植物を煎じ、発酵させ、抽出する熟練した腕前を持っており、すぐに周囲にある植物を試し始めた。

新世界が先駆的な移住者にとってどのような状況だったかを示す正確な情報はほとんどない。トマス・ヘロインの『ヴァージニアの報告 (Account ... of Virginia)』、ニコラス・モナルデの『新たに発見された世界からの喜ばしき知らせ』(1577)、ウィリアム・ウッドの『ニューイングランドの将来性 (New-England's Prospect)』(1634)、そしてジョン・ジョスリンによる『ニューイングランドで発見された珍しいもの (New England's Rarities Discovered)』(1672)と『ニューイングランドへの2度の探検の記録 (An Account of Two Voyages to New England)』(1673)の2冊は、新世界について知るために現在手に入れられるもっとも有用な書物である。なかでもウッドとジョスリンの著書がとりわけ正確で、ふたりとも自分で見聞きした内容を記録しており、ジョスリンは植民地にいる兄弟を2度訪問している。

ピルグリムファーザーズと数人のオランダ人が1620年にプリマスに到着した。彼らが旧世界から持ってきた最初の種子は、厳しい冬を越した翌年の1621年3月7日にまかれた(彼らが育てたリンゴの木のうち何本かは20世紀の初めまで枯れずに残っていた)。

【村の生活の絵】
アメリカ先住民が暮らすノース・カロライナのセコトンの集落を1585年にジョン・ホワイトが描いたこの絵は、1590年にトマス・ハリオットの報告書『ヴァージニア新天地の短い真実の報告』のためにドイツ人のテオドール・ド・ブライによって銅版画にされた。この著作はウォルター・ローリー卿に捧げられ、クルシウスによってラテン語とフランス語に翻訳された。この銅版画に表現された庭園は想像によるところが多く、ホワイトが描いた現実の姿よりもヨーロッパ風である。

初期の庭園は住居に近く、白い漆喰塗りの木製の囲い柵で囲まれ、母国で見慣れた長方形の前庭や裏庭をそのまま模したものだった。ほどなく開拓者たちは木陰が欠かせないことに気づいて、家の南側にアメリカハナノキ(Acer rubrum)などの樹木を植えるようになり、それは現在まで続く伝統になっている。

マサチューセッツ湾植民地の初代知事となったジョン・ウィンスロップは、1620年代にボストン港のコナント・アイランドにガバナーズ・ガーデンとして知られる庭園を造った。1630年にはウィンスロップがブドウのほか、マルベリー、ラズベリー、スグリ、クリ、セイヨウハシバミ、クルミ、スモールナット〔ラッカセイかアメリカホドイモの一種〕、ブルーベリー、サンザシを育てていたという記録がある。ウィンスロップは、のちに最初の果樹種苗園のひとつになる近隣のジョージ・フェンウィックの果樹園に種子を提供できるほど十分な植物を栽培していた。1631年にウィンスロップは息子のジョンに、イギリスからもっと多くの種子を運んでくるように頼んだ。彼が希望したのは故郷で親しんだ昔ながらのよく知られた花で、ヨーロッパで流行していた「珍品」の新しい球根は高すぎて実験には不向きだった。ウィンスロップの庭園は大規模なものではなかったが、独特の雰囲気をたたえていて、夕方に憩いと喜びを求めて「ちょっと外に出る」場所には十分だった。

❖ ニューヨークのオランダ人

ヨーロッパでは、農業と園芸の分野におけるオランダ人の優秀さはすでに17世紀初頭から知られていた。オランダ人移民や、1685年にナントの勅令が廃止されたあとでフランスから大量に脱出したユグノーは、勤勉で堅実な労働こそが永続的な利益をもたらすと信じていた。彼らは黄金目当てのスペイン人や、タバコ栽培で手っ取り早く儲けようとするヴァージニアの入植者とは違っていた。ニューアムステルダム(現在のニューヨーク)やロングアイランドに建設された彼らの初期の入植地は、そこに住む人々の出身を反映していた。そして、オランダとさほど違わない気候は、農業と果樹栽培に適していた。

オランダ人の植民地総督ピーター・ストイフェサントは、1647年にニューアムステルダムに移住した。このとき桶に入れてオランダから持ち込んだナシが有名なストイフェサントの木で、バートレットという品種の洋ナシである(この木は現在のニューヨークのバワリー地区で1866年まで実をつけていた)。ストイフェサントの農場と庭園は40〜50人の奴隷によって素晴らしい状態に保たれた。この農園は果樹ばかりでなく花や野菜、農作物でも有名だった。植物は種子や接ぎ木によって増殖され、ハドソン川をさかのぼってはるばるオールバニーやその先まで届けられた。オランダ人は新世界に花や果樹を持ち込んだだけでなく、アメリカ固有の植物群の観賞用と経済的な価値も認識していた。1655年にアドリアン・ファン・デル・ドンクは、オランダ人が赤と白のバラのほかに数種類のナデシコ(Dianthus)、高級なチューリップ、ヨウラクユリ(Fritillaria imperialis)、アネモネ、スミレ、マリーゴールドを育てていると記録している。また、ファン・デル・ドンクは美しい土着の高木や、ヒメユリ(Lilium concolor)、赤、白、黄色の「マリトッフル」(とても甘い香りのする花だと記録されている)、何種類かのカンパニュラといったアメリカ固有の花々にも注目している。1652年にロングアイランドの北側にあるシェルターアイランドで、

【初期の記録】
1672年に出版されたジョン・ジョスリンの著書『ニューイングランドで発見された珍しいもの』の扉。ジョスリンの実際の見聞に基づいたこの本は、木の実、穀物、カボチャ、ブルーベリーのような果物のほか、多種多様なアメリカ原産の野生の花についても書かれていて、開拓者にとって有益なガイドブックとなった。ジョスリンはジェラードの『本草書』のトマス・ジョンソンによる1633年の改訂版を頼りに植物の種類を特定した。

ナサニエル・シルベスターはヨーロッパから導入したツゲ(のちにアメリカ人がアメリカツゲと呼ぶ、一般的なセイヨウツゲ Buxus sempervirens)の栽培場を開いた。これがおそらくアメリカで最初に栽培されたツゲである。シルベスターの庭園は現在も美しい姿を保っているが、そこに茂る大きなツゲの大半は、もとからあった木を近年になって植え替えたものだと思われる。

❖ 大西洋岸の庭園デザイン

植民地時代を通じて、北部大西洋岸の各州では整形式の庭園デザインが好まれた。概して農場や庭園は小さいままだった。当時の倫理観では、これ見よがしな派手さには眉をひそめる傾向があったからである。土壌は固く石ころだらけで、冬は長く、寒かった。植民者が何を栽培していたかは主に育苗家のリストから知るしかないが、それによると、商人は依然としてイギリスやオランダから取り寄せられていた球根や種子を重視していた。

18世紀の堂々としたカントリーハウスの多くが今も残っているか復元されているが、もとの庭園の姿は想像するしかない。いくつかの町では、公共広場と個人の庭園の両方がそのまま残っている。マサチューセッツ州のイプスウィッチやレキシントンの村の緑地(ビレッジ・グリーン)、そして有名なボストンやケンブリッジのコモンと呼ばれる公園は、もとは共同放牧地や地元民兵の訓練場にする予定だったが、その後の都市開発に先例を示し都市公園の全体的な概念を提示した。マサチューセッツ州セーラムの個人所有の小さな庭園ニコルズ・ガーデンは、つい最近まで2世紀以上前のものにちがいないレイアウトを保っていた。この庭園は厳格な形式を持つ典型的なもので、傾斜する庭園が長い真っ直ぐな園路で二分され、両側の区域はさらに長方形の花壇に区分けされている。

❖ ヴァージニア入植地

1600年代の終わりには、当時のイギリス人植民地の中でもっとも人口が多く繁栄していたヴァージニアで、同時代のヨーロッパの流行に基づいたいくつかの優美な庭園が造られた。しかしヴァージニアでさえ、18世紀の第2四半世紀にアフリカ人の奴隷労働力が大量に輸入されるまで、熟練した労働力の不足が発展の妨げになっていた。続く100年の間、南部は市場と贅沢品の供給を母国イギリスに頼りつづけたが、ヴァージニアの庭園デザインは、自然の魅力に目覚めたイギリスの流行をただちに反映するにはいたらなかった。

少なくともふたつの理由で、イギリスの「自然な様式」はすぐには入植者に受け入れられなかった。第1に、故郷を遠く離れた移住者は、伝統的なフランス式やオランダ式の庭園を見て昔の生活を懐かしむのを好んだ。第2に、入植者は依然として開拓者であり、荒々しい自然を抑えつけるために闘っていた。自然を手なずけることは、すなわち秩序と安全を意味し、きちんとした囲まれた庭

【提督の庭園】

植民地時代のウィリアムズバーグの庭園が1930年代に復元された。ガバナーズ・パレス(総督の館)の庭園は、刈り込まれたトピアリー、築山、ウォーター・ガーデン、枝やつるをからませて作ったアーバーのある18世紀初期のイギリス風のレイアウトに酷似している。これらの庭園は最初に野心あふれるアレクサンダー・スポッツウッドが1716年から設計に着手したもので、莫大な金額の公共資金がつぎ込まれたが、復元の手がかりになるような記述はわずかしかなく、設計図はまったく残っていない。下の写真のボールルーム・ガーデンは、南北の軸に沿って幾何学的な花壇とヤボンノキ(Ilex vomitoria)のトピアリーが整然と配置されている。著名な植物収集家のジョン・カスティス(通称ウィリアムズバーグのジョン・カスティス)と同じ時代に生きていたにもかかわらず、スポッツウッド総督は主としてデザインに興味があったようである。

第9章 │ 南北アメリカ　291

植物好きの兄弟
BROTHERS OF THE SPADE

ヴァージニア州リッチモンド近郊のウエストオーバーにあったウィリアム・バードⅠ世のプランテーションは、18世紀初めにすでに話題になっていた。ジェームズ川に臨む南向きの屋敷は、現存するアメリカ植民地時代の建物の中でも最上級のものである。1701年に描かれた図面では、ウエストオーバーには屋敷から放射状に伸びる3本の並木道があるが、庭園に関する詳細は示されていない。ウィリアム・バード2世は1705年にこの地所を引き継いで改良に着手し、1712年にここを訪れたイギリスの植物収集家で作家のマーク・ケイツビーに勧められてアメリカの植物を集めた。1714年にバードはイギリスを旅行し、ブレニム・パレスやミドルセックス州にアーガイル公爵が建設したホイットンの庭園を訪れた。

ウエストオーバーの庭園のレイアウトはほとんど知られていないが、ウィリアム・バード2世は自分の庭園哲学についてイギリスの知人に宛てた手紙に書き、その中で彼は「人が居住していない野生の森」を高く評価していることや、すぐれた風景が持つ絵画のような特質について述べた。バードが自分のアイデアをいくつか実行していたなら、ウエストオーバーはアメリカで最古のピクチャレスクな庭園になっていただろう。1720年代から、バードは義理の兄のジョン・カスティスとともに、サー・ハンス・スローンやクエーカー教徒の植物学者ピーター・コリンソン(193ページ参照)を通じてイギリスから植物を入手した。1738年に著名なアメリカのプランツマンであるジョン・バートラムは、「新しい門、砂利を敷いた散歩道、生垣、美しく枝をからませるシーダー、小さな緑の屋敷とその傍らに立つ実をつけた2、3本のオレンジの木」について書いている。

ウィリアム・バード2世とジョン・カスティス4世

富裕なジョン・カスティスが所有し、1717年から死亡するまで手入れをした1.6ヘクタールの庭園は、ウィリアムズバーグのもっとも有力な個人の庭園だったが、現在はまったく残っていない。設計図も存在しないが、カスティスが「形を整えた」高木や低木を好んでいたことから、彼の庭園は整形庭園の流れにのっとってレイアウトされたもので、かならずしも植物学的な興味とは関係なかったと考えられる。また、色彩に対するカスティスの関心はすぐれた美的センスを物語っているが、義理の弟のバードと違ってカスティスはイギリスを1716年に訪問しただけなので、理想の風景に対する何らかの好みや理解を持つようになっていたとは思えない。

カスティスもバードも植民地と母国イギリスとの植物交換を促進し、アメリカから送られたのと同じくらい数多くの植物をイギリスから受け取った。カスティスは数多くの常緑樹を植え、そのなかには数種類のモチノキやセイヨウツゲがあったが(カスティスはいわゆる矮小ツゲ *Buxus sempervirens* 'Suffruticosa' を受け取ったと南部で最初に発言している)、こうした植物に対する自分の好みは時代遅れだと認めていた。カスティスはつねに色とりどりの花を求めて、バラやチューリップなどの球根をイギリスの仲介者を通して東方から輸入していた。

カスティスの常緑樹の多くはピラミッド形や球形など装飾的な形に刈り込まれていたが、ひどい旱魃のせいで一部は1年以内に枯れてしまった。カスティスが輸入した樹木には「堂々とした幹で、あまり背の高くない……美しい縞のあるモチノキやイチイ」が含まれていたが、残念なことにピーター・コリンソンと協力するようになるまで、届いた品物は必ずしもいい状態ではなかった。「庭園用に求めたツゲはすっかり腐ってぼろぼろだった。1本の若枝も手に入らなかった。この造園家は愚か者か恥知らずのどちらかにちがいない」と1723年にカスティスは不満を述べている。

カスティスとコリンソンの間で1734年から1746年にかけて交わされた手紙から、カスティスの造園に関する意見を読みとることができる。残念ながら1737年に自分の庭園で育てている植物をカスティスがまとめたリストは失われてしまい、イギリスから彼が何を受け取ったかをすべて知ることはできない。しかし、コリンソンに宛てた手紙の中で、カスティスは自分が発送した多数のアメリカ原産の植物について論じている。

カスティスは有能な造園家で、外国産の植物の最高のコレクションを持っていることを誇りにしていた。そのうち多くはアメリカの海岸地帯で初めて栽培される植物だった。カスティスは厳しい冬や夏の日照りなど、植物を枯らす気まぐれな気候に悩まされ、イギリス産の植物はとくに暑さに弱いことに気づいた。1738年に、カスティスは午後の水やりのために「3人の黒人にたえず大きな水桶をいっぱいにさせておく」と書いている。

園は、無秩序でほとんど理解されていない自然の脅威と本質的に対照をなしていた。働き者の入植者には、自然のままのロマン主義的な美しさの美学的価値を理解し、それを造園の原理に当てはめる余裕はなかった。しかし、その一世紀が過ぎゆく間に、多くの裕福なヴァージニア紳士がイギリスを訪れ、そこでもっと不規則でピクチャレスクなデザインを目にして、アメリカに帰国したら手を加えて取り入れようと考えたかもしれない。1779年には、植民者は啓蒙主義、自由、平等の原理を十分理解し、専制や抑圧と結びついた統制のとれたデザインを捨てる準備ができたにちがいない。トマス・ジェファソンは1785年にイギリスの風景庭園を何ヶ所か訪れ、なかでもフィリップ・サウスコートがウォーバーン・ファーム（232ページ参照）に造った比較的控えめな装飾農園から着想を得て、モンティチェロの自分の農園で実行した。

　ヴァージニア植民地の州都だったウィリアムズバーグは発展を続ける州の中心地となり、アメリカで最初の観賞用の庭園と認められるものを持つことになる。1694年にイギリスの造園家ジョン・イーヴリンはアメリカ在住の交通相手に宛てた手紙の中で、「そちらでこれから建設される予定の新しい大学のためにデザインされた庭園を造り植物を植える目的で」、ジョージ・ロンドン（イギリスの著名なデザイナーで種苗園主）がハンプトン・コート宮殿から造園家のジェームズ・ロードを派遣することになったと述べている。その大学がウィリアム・アンド・メアリー大学で、建設が始まったのは翌年である。この大学の庭園のうちでも、ジェームズ川を遡ったウエストオーバー（左ページ参照）の庭園は、アメリカ原産の植物と旧世界から持ち込まれた植物に対する気候の影響を調査するための実験的な庭園として創設された。

　1700年から1704年にかけて、ヴァージニア州知事フランシス・ニコルソンはウィリアムズバーグを格子状の都市に作り上げた。この都市はフィラデルフィアとともにアメリカの都市計画の初期の例である。比較的広い所有地は町の端に配され、共有地が公共の緑地として維持された。ニコルソンの跡を継いで1711年に知事となったアレクサンダー・スポッツウッドは、洗練された幾何学的デザインで知事公邸の庭園を造営し始めた。その庭園にはテラス式の区画があって（現在は菜　園になっている）、そこから深い渓谷の中にある整形的なカナルや養魚池を見下ろすことができ、果樹園や沼沢地を見通すヴィスタがあった。建物と庭園を含む地所全体はハーハーで囲まれ、パークのような印象を与えた。テラス・ガーデンやカナルは1717年頃に完成し、この庭園は18世紀前半のアメリカの庭園の中でもとりわけ美しいものになった。この庭園は、その後、ヴァージニアのプランテーションで造られる庭園の手本となったと考えられる。

❖ 18世紀フィラデルフィアの庭園

　大西洋岸に建設されたほかの植民地でもそうだったように、もっと温暖な気候のペンシルヴェニアで最初に造られた庭園は、果樹園や農園に付随する場所にすぎなかった。それらの庭は囲われ、直線的なデザインで実用的な目的のために造られた。旅行家のアンドルー・バーナビーは1759年に、フィラデルフィアについて「ヴィラ、庭園、よく繁った果樹園」が備わっていると述べているが、植民地時

代の大半を通じて、直線的で実用本位の庭園のあり方は変わらなかった。バーナビーは1750年代終わりのイズリエル・ペンバートンの庭園に触れ、「同じような庭園にならって、遊歩道や小道のある……昔ながらの様式で設計されている」と書いているところを見ると、新しい様式が生まれつつあるという事実は認識されていたようである。

　1682年にクエーカー教徒の町としてウィリアム・ペンが創設したペンシルヴェニアは、格子状の都市として設計され、市の中央に公共公園となる4ヘクタールの広場と、「この先ずっと市民全員の安らぎと憩いの場所になるように」3.2ヘクタールの補助的な公共広場が4ヶ所に設けられた。ペンは次のように書いている。「家屋はすべて、……区画の中央に建てるようにする。そうすれば家の両側に庭園や果樹園、牧草地を設ける場所が生まれ、緑あふれるカントリー・タウンとなり……つねに衛生的でいられるだろうから」。ペンはまた、土地所有者は全員戸口の前に樹木を1本以上植えるように指示した。これは夏の強すぎる日差しを避ける木陰を作り、健康を増進するためだった。この習慣は都市中心部の開放的な公共公園とともに、新しく建設されたアメリカの多くの都市で採用された。

　キリスト友会〔クエーカーの正式名称〕は彼らの学校で「ハーブ、根、草木の性質」を教える伝統があり、ペンはクエーカー教徒にふさわしく、自分の庭園が個人的な興味のためだけでなく、ほかの人々の手本になるように願った。ペンはイギリスから造園家を呼んでペンズベリーの住居で仕事に当たらせた。ジェームズという名のこの造園家は、ペンシルヴェニアではイギリスよりも5月の植物の生長速度が速いことに気づき、「種子の発芽が速く、イギリスでは芽が出るのに14日かかる種が、ここでは6日か7日で芽を出す」と書いている。ウィリアム・ペンからの手紙には、家の正面のテラス、正面玄関から桟橋まで続くポプラ並木、果樹園や牧草地について書かれている。ペンは1684年に4000本の果樹とガリカバラを輸入しているが、これ以外にこの庭園の様子をうかがい知ることのできる情報は見つからない。

　ペンの庭園は、のちにアメリカの園芸発展の中心地となるデラウェア渓谷、シュイルキル川、ブランディワイン川の地域で初めて造られた庭園のひとつである。それから1世紀の間に、裕福なフィラデルフィア植民者の多くはこの地域にカントリーハウスを所有し、新しい景観を造るために、シュイルキル川のほとりのジョン・バートラムの種苗園のような、アメリカ原産の植物と輸入植物、そしてイギリス産の種子を供給する種苗園を必要とした。これらの庭園はおそらく、自然に近い形で木立を植えて「田園地帯を呼び込む」初期の試みによって伝統的な整形式の要素をやわらげた、抑制された混合様式だったと思われる。ペンの孫のジョン・ペンは、現在フィラデルフィア動物園となっている場所にソリチュードと呼ばれる庭園を設計した。この庭園では屋敷の近くからあらゆる整形性が排除され、家から遠くの花壇まで続くくねくねとした園路に沿って多様な自然の要素とともに景色が展開するように造られ、家と川の間に遠近感を与えるように木立が植えられた。

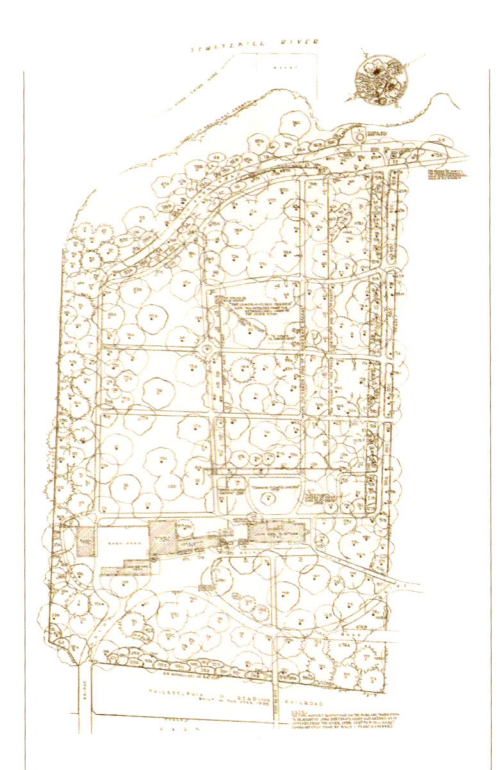

【プランツマンのパラダイス】

1699年にペンシルヴェニア州ダービーに生まれたクエーカー教徒のプラントハンター、ジョン・バートラムは、リンネの言葉を借りれば、「世界最高の植物学者」だった。バートラムがシュイルキル川のほとりに造った庭園兼種苗園（上）は、現存する北米最古の植物園になった。ガラガラヘビなどの危険も顧みず、バートラムは新しい植物を求めて30年以上の年月を北米探検に費やした。バートラムが発見した膨大な数の植物には、カバノキ、セイヨウシャクナゲ（*Rhododendron maximum*）、ウエスタンウッドリリー（*Lilium philadelphicum*）、スワンプリリー（*Lilium superbum*）、タイマツバナ（*Monarda didyma*）、リンドウ、アスター、アキノキリンソウ（*Solidago*）などがある。バートラムは友人の植物愛好家でロンドン在住のピーター・コリンソンに多数の植物を送り、交換に貴重なチューリップ、ヒヤシンス、そしてさまざまなヨーロッパ産の植物を受け取った。また、バートラムは樹木園も設立した。生態学の理論にもとづいて、植物に野生状態と同じような環境を与えようと試み、雑草に囲まれていることも多かった。

❖ 南部の植民地

　1682年には、トーマス・アッシュはサウス・カロライナ州チャールストンの庭園や、アシュリー川やクーパー川沿いのプランテーションの庭園がだんだんと「美しくなり、ハーブや、嗅覚にも視覚にも喜ばしく心地よい花、すなわちバラ、チューリップ、カーネーション、ユリなどで飾られている」と描写することができた。17世紀後半から18世紀の大半は、チャールストンの庭園に関する記述は植物や種苗園に関する話題に終始し、庭園のレイアウトについてはほとんど触れていない。これは多種多様な環境から持ち込まれた植物を栽培するのに適した気候だったことが理由と思われる。わかっているのはサウス・カロライナ植民地の初期の庭園が、ほかの場所でも主流だった「単純な」整形式の外見を守っていたということである。プランテーションの庭園の多くは、イネやインディゴを栽培する農場の一部として設計された。クーパー川沿いのクロウフィールドにあったウィリアム・ミドルトンの庭園は、1730年には単純化されたフランス様式だったが、イライザ・ルーカス・ピンクニーの描写によれば、すでに1743年には曲がりくねった遊歩道と高低差があり、野趣園や木立、築山、そしてピンクニーの言葉を借りれば古典的な趣があった。広い正方形のローンボウリング用の芝生は庭園のほかの部分より低い位置にあり、ゲッケイジュに似た葉を持つ花木（アメリカシャクナゲ、*Kalmia latifolia*）やキササゲがその周囲を囲み、「適切に配置された」養魚池があった。クロウフィールドのこの庭園は現在では跡形もないが、考古学的な発見によって、ピンクニーの記述の多くが裏付けられた。アシュリー川沿いのミドルトン・プレイスでは、1742年に完成した庭園は現在も最初の所有者ヘンリー・ミドルトンの子孫が所有しており、

【機能と美】
1742年に建設されたミドルトン・プレイスのイネのプランテーションにあるテラスと蝶の羽のように左右に広がる池は、機能している農園複合体の一部をなしている。池の水はイネ栽培のために満水にしたり排水したりされる。ヘンリー・ミドルトンのデザインしたテラスは、ジョン・エズラビーによるヨークシャーのスタッドリー・ロイヤル公園のムーン・ポンドから着想を得て造られたのかもしれない。そしてポートラック・ハウスにあるチャールズ・ジェンクスの水を表現した二重螺旋や曲線の作品は、まったく新しい精神にのっとっているように見えても、おそらくスタッドリー・ロイヤル公園やミドルトン・プレイスにルーツがあるのだろう。

【緑豊かなツゲ】
南部諸州では、いわゆるアメリカツゲ——実際にはセイヨウツゲ（*Buxus sempervirens*）——が高温下でよく成長し、ヨーロッパ風の刈り込んだ姿とはまったく異なる見事なこんもりとしたツゲの庭園が造られる。18世紀から続くツゲの庭園はいくつもあるが、そのほかの多くはツゲの庭園が流行していた時代からしばらくたってから復元されたものである。チャールズ・ジレットをはじめとするデザイナーが1920年代から60年にかけて復元に取り組み、オリジナルの神髄を捉えることに成功した。

最近になって復元されている。この庭園のデザインは整形性がややゆるやかになった18世紀風ではなく、むしろウィリアムズバーグに先例のあるウィリアム・アンド・メアリー様式に属している。中心となる邸宅は失われてしまったが、5段のテラスは左右対称の蝶の形の池に向かって下り、池のある場所で庭園は低地の水田と出会う。池の水位と潮流水車を設置した池への水の流れは、巧妙な水位管理によって維持されている。ほぼ幾何学的なこの庭園を造るために、プランテーションの100人の奴隷が「農閑期」に働いて、10年がかりで完成させた。庭園の大部分は曲線を描く川の北側に位置し、ツゲの刈込で縁取られたパルテール、ローンボウリング用の芝生、そして築山が水路で囲まれている。

　この地域で植物や種子に対する需要が高まったため、ジョン・ローソンは1701年の初めに育苗事業を始めた。イギリスの博物学者マーク・ケイツビーは1719年から1726年にかけてチャールストンを訪れ、大著『カロライナ、フロリダ、バハマ諸島の自然誌』執筆のための材料を収集した。1730年にジョン・バートラムは、地元の造園家で『造園歳時記(The Gardener's Calendar)』の著者であるマーサ・ローガン夫人と種子や植物について手紙を交している。アマチュアの植物学者ドクター・アレクサンダー・ガーデンは、1754年にチャールストン近郊で種苗園を開いた。リンネが命名した中国原産のクチナシ(ガーデニア)は、ドクター・ガーデンの名にちなんでつけられている。

　もっとも興味深い種苗園はフランス人のアンドレ・ミショーのものである。ミショーは1785年に、経済的価値のある植物、とくに再植林に適した樹木を調査してフランスに持ち帰る目的でフランス政府から派遣された。1786年にミショーはチャールストン郊外に45ヘクタールの土地を購入した。ミショーはそこでアメリカ東部を広範に旅して発見した貴重なアメリカ原産の植物を栽培したほか、ヨーロッパやさらに遠方の植物を導入した。ミドルトン・プレイスにツバキを初めて植え、アメリカの庭園にギンモクセイ(Osmanthus fragrans)、センダン(Melia azedarach)、イチョウ(Ginkgo biloba)、Azalea indicaを紹介したのはミショーだといわれている。

❖ 植物の交換

　植民者は慣れ親しんだ薬用植物やハーブの種子、有益な果樹の接ぎ穂、そして楽しみのために好きな香りのよい花の種子を少し持ってきていた。持ち込んだ植物には、ローズマリー、ラベンダー、クラリセージ、タチアオイ、ノバラなどがあった。ホソバウンラン(Linaria vulgaris)、ヒロハクサレダマ(Lysimachia species)、セイヨウタンポポ、フランスギク(Leucanthemum vulgare)、ギシギシ、ゴマノハグサ(Verbascum species)、オオヒレアザミ、さらにはサボンソウ(Saponaria officinalis)まで、動物の飼料や土に含まれて偶然持ち込まれ、外来植物となって広まり、現在では古い入植地周辺の牧草地を覆い尽くしたり、水路を塞いだりしているものもある。おそらくもっとも猛威をふるっているのはクズ(Pueraria lobata)で、1900年代に南部諸州の浸食被害を食い止めるために導入されたのだが、現在ではあまりにも繁殖しすぎてアメリカ固有の森林に被害を与えている。外来の植物

【ケイツビーの最高傑作】
ハナミズキ(Cornus florida)とマネシツグミを描いたこの絵は、マーク・ケイツビーの著書『カロライナ、フロリダ、バハマ諸島の自然誌』(1797)に掲載されたものである。イギリス人のプランツマンで収集家でもあったケイツビーは、探検旅行の記録としてアメリカのイギリス植民地の植物相と動物相を研究した素晴らしい本を出版した。完成までに20年の歳月をかけたこの本は、220点の銅版画を掲載している。そのほとんどはケイツビー自身の手によるものだが、ゲオルク・ディオニシウス・エーレットのように卓越した協力者の作品も数点含まれている。

大西洋を渡る大交換

17世紀終わりから18世紀初めにかけてウィリアムズバーグの造園家ウィリアム・バードやジョン・カスティスと、イギリスのクエーカー教徒で博物学者のピーター・コリンソンとの間で行なわれた植物の交換は、植物交易の最初の例でも、唯一の例でもなかった。ジョン・クレイトンやジョン・バニスターのような探検家や、のちにフラムのロンドン主教の公邸やコリンソン、そしてチェルシー薬草園のフィリップ・ミラー宛てにイギリスへ植物を送付していたマーク・ケイツビーのほかにも、植物は個人の手を経て行き来していた。アメリカの植物の最大の供給者は植物学者のジョン・バートラムだった。第6章で見たように、バートラムはイギリスの庭園と風景を一変させた。新しい自然風の庭園を広めるという点では、バートラムによるアメリカの植物の紹介は、シャフツベリーやミルトン、ポープといった詩人や哲学者が提唱した庭園論と同じくらい影響力があった。バートラムはまた、アメリカの造園家に土着の植物の美しさを評価するよう説得したという点でも重要な貢献をした。

の導入がもっともうまくいった例として、おそらく18世紀に持ち込まれたライラック (*Syringa vulgaris*) がある。ライラックはそれより1世紀前に西ヨーロッパにもたらされたばかりだった。ウェントワース知事はニューハンプシャーのテラスにライラックを植えた。ジョージ・ワシントンがマウントヴァーノンに植えたライラックは、ウェントワース知事のライラックを挿し木したものだといわれている。

イギリス人の数学者で天文学者のトマス・ハリオットは、ウォルター・ローリーがロアノーク島にイギリス植民地を建設するために1585年に組織した遠征（不成功に終わった）に、「地理学者」あるいは「科学顧問」として同行し、アメリカにやってきた。ハリオットはノース・カロライナとヴァージニアを旅行し、観察した内容を『ヴァージニア新天地の短い真実の報告 (A Briefe and True Report of the New Found Land of Virginia)』に記録した。ハリオットはアメリカ原産の植物に注目したばかりでなく、そのいくつかをイギリスに持ち帰り、その中にはアメリカグリ (*Castanea dentata*、現在は森林樹木としては絶滅)、ヒマワリ (*Helianthus annuus*)、トウモロコシがあったが、ヒマワリとトウモロコシはスペインではすでに知られていた。

スペイン経由でヨーロッパに持ち込まれたアメリカの植物に加えて、17世紀初めには北部のフランス人入植地からフランスに植物が入ってきた。フランス国王お抱えの薬草医、植物学者、そして造園家だったジャン・ロバンは、国王の植物コレクションのためにパリに王立庭園を造った（フランス革命後に植物園(ジャルダン・デュ・ロワ)と改称された）。ロバンは自分が採集した植物の一部をロンドンのランベスにいたジョン・トラデスカント（父）（185ページ参照）に譲った。トラデスカントはイングランドのヴァージニア会社の一員であり、会社を通して植物を手に入れていた。ロバンもトラデスカントも、ニセアカシア (*Robinia pseudoacacia*) をヨーロッパに初めて紹介したのは自分だと主張していたが、学名はロバンにちなんでつけられた。この樹木はたちまちヨーロッパに定着し、生垣の定番となった。早くから新世界の植物の種子や挿し穂がヨーロッパへ送られていたが、植民者が目の前の植物の美しさを評価するようになるには、さらに100年の歳月が必要だった。1730年代から40年代に同時代のアメリカ人にアメリカの植物相のすばらしさを伝えたのは、アメリカ初の植物学者ジョン・バートラム (1699-1777) で、彼はイギリスやヨーロッパに紹介する新しい植物を探す仕事をしていた。

植物の「大交換」は、新世界と旧世界の両方で庭園に改革をもたらした。アメリカは装飾的な庭園に適した高木や低木の種類が豊富で、野生の花は多様性と美しさでヨーロッパ原産種をはるかにしのいでいた。もっとも、何種類かの素晴らしい草原植物や北東部のアスターは、まずヨーロッパで「改良」されてから、栽培品種としてアメリカのガーデナーのもとに再導入された。一方、ヨーロッパとアジアは多彩な球根植物に恵まれ、一年を通じてその美しさを披露している。

❖ 園芸書

イギリス人開拓者が植物の名前を調べるために参照したのは、ジェラードの『本草書』(1597)や、その本のトマス・ジョンソンによる1633年度改訂版、ジョン・パーキンソンによる『日のあたる楽園、地上の楽園』(1629)、そしてパーキンソンの2冊目の著作『植物の劇場 (*Theatrum Botanicum*)』(1640) といった英語の権威ある文献

【新世界への道［上］】

アメリカの新世界は、邪悪な旧世界から脱出してもっと正しい社会を建設したいと願うヨーロッパ人を磁石のように引きつけた。インディアナ州ニューハーモニーの小さな町は、1814年にドイツの共同体主義者のグループによって設立され、10年後にはその豊かさと秩序ある美しさによって知られるようになった。勤勉で公共精神に富んだハーモニストたちの自慢は、ブドウ畑、果樹園、そして低木の茂みやブドウ、花の咲く草木で作られた迷宮だった。真の社会的調和への道と同様に、迷宮の中心への道はなかなか見つからない。最初、迷宮のゴールは円筒の丸太小屋だったが、1939年から1941年の間に簡素な石造りの聖堂に再建され、セイヨウイボタノキが同心円状に植えられた。ハーモニー会派の信者はアメリカに建設した3ヶ所の共同体に、瞑想のための迷路をひとつずつ造った。

【回復の手助け［右］】

イギリスのハートフォードシャー州にあるハットフィールド・ハウスで、19世紀に造られた広大な迷路を相談しながら進んでいく第2次世界大戦の従軍看護婦と兵士の一団。

【樹木のゴール［左］】

17世紀の生垣迷路の唯一の決まりは、迷路は課題と報酬を与えなければならないというものだった。ここに示されたオランダの迷路のデザインは両方ともゴールに1本の木が立っているだけだが、左側の迷路では、木は築山の上に立っている。ゴールにうまくたどり着いた人は、ほかの人々がまだほんの入り口あたりで苦労している面白い光景を築山の上の特等席から眺めることができるのである。

298　園芸の新たな地平

迷路
MAZES

　クモの巣のように入り組んだ線で描かれ、そのうち限られた道筋だけが中央のゴールにつながっている迷路というものは、どんな社会でもなんらかの形で登場してきた。そして西欧世界の庭園では、迷路は一般的に網目のような生垣という形をとって現れた。生垣迷路が初めて人気を得たのは、16世紀イタリアのルネサンス様式の庭園においてである。生垣迷路は限られた空間で散歩の楽しみを提供する方法であり、古典の中にすぐれたよりどころがあった。ティヴォリのヴィッラ・デステの迷路は、神話の怪物ミノタウロスの迷宮へのオマージュとして造られた。その物語では、テセウスが王女アリアドネからもらった毛糸をたどって迷宮から脱出する。フランスの生垣迷路は、この半人半牛の怪物を閉じ込める迷宮を設計したダイダロスにちなんで、デダールと呼ばれることもある。

　16～17世紀には、迷路を歩き回った人をねぎらうために、迷路の中心に椅子や木陰、水飲み場、日時計、詩的な碑文や彫刻が置かれた。ヴェルサイユ宮殿には750メートルの小道がある迷路があり、イソップ童話にちなんだ景物が35ヶ所もあったが、1775年に破壊されてしまった。どんな迷路でも、曲がりくねった先の見えない道は人生の浮き沈みを象徴していた。ドイツのアンハルト侯の迷路は正真正銘の障害物コースで、岩や洞窟、突然行き止まりになる急勾配の道が待ち受けていた。

　イギリスに現存する最古の迷路はハンプトン・コートの野趣園（ウィルダネス）と呼ばれる一角にあり、これを模した迷路が各地に作られている。この迷路は17世紀の終わりに設計されたもので、最初はシデで作られたが、その後モチノキとイチイで作り変えられた。イトスギ、ビャクシン、ライム、ツゲ、セイヨウイボタノキ、ゲッケイジュなども伝統的に好んで使用される。しかし、迷路の魅力は使われる植物よりも、壁と小道の織りなす全体的なパターンによるところが大きい。生垣が育ちにくい場所では、木材や砂、石が代わりに用いられてきたし、生垣迷路以外の迷路からも着想を得ている。迷路の本質はただ、迷路が挑戦と誘惑を象徴しなければならないということだけである。

【中国の難問［上］】
ヨーロッパ風の迷路は、18世紀の中国の皇帝、乾隆帝の広大で変化に富んだ夏の離宮、円明園に異国の楽しみをつけ加えた。円明園（340ページ参照）には数え切れないほどのテーマと場面があったので、万園の園とたたえられていた。この迷路は、当時中国の宮廷に仕えていたイエズス会士で迷路を設計したジュゼッペ・カスティリオーネの記録に残されていた。

【季節のアクセント［上］】
ケント州にあるヒーバー城の生垣迷路を雪が縁取っている。生垣迷路には多種多様な植物が選ばれてきたが、迷路の変わらない魅力は、用いられる植物よりも、壁と小道が生み出す謎によるところが大きい。

第9章｜南北アメリカ

だった。まだ迷信に左右されやすい時代で、17世紀後半にいくつも版を重ねたニコラス・カルペパーの『薬草大全(Complete Herbal)』は、占星術に関する記述が随所に織り込まれて人気があった。フランドル人の薬草学者レンベルト・ドドエンスの著書(1554)はヘンリー・ライトによって英語に翻訳され(1578)、ジェラードによって編集加筆され、プリマス植民地の基礎を築いたウィリアム・ブリュースターによってメイフラワー号で持ち込まれたと考えられる。

　トマス・ヒルの著書『庭師の迷宮』(初版1577)や、出版されたばかりのウィリアム・ローソンの著書『新しい果樹園と庭園』(1618)のような役に立つ造園の手引書を開拓者が携えていたというのはありそうなことである。ローソンの著書は、ニューイングランドの気風にはまったく適さなかったはずの壮大なデザインよりも、実用的な庭園のレイアウトを提案していた。リチャード・サーフレットはシャルル・エチエンヌとジャン・リエボーによる『農業と田舎家(L'agriculture et maison rustique)』(1564)の英語版を『田舎の農園(The Country Farm)』と題して1600年に出版し、ジョン・ウィンスロップ3世はそれを蔵書として所有していた。パーキンソンは『日のあたる楽園、地上の楽園』の中で「美しい花の庭園」を設計するように奨励し、菜園(キッチン・ガーデン)や果樹園の管理について論じている。もっと面白いジェラードの本の陰で見過ごされがちだが、パーキンソンの指摘はこの時代の規範といえるものである。1676年に出版されたラルフ・オースティンの果樹に関する論文は、果樹が盛んに栽培される国では役立ったにちがいない。セント・ジョン・ド・クレヴクールの果樹栽培に関する『アメリカ農夫の手紙(Letters from an American Farmer)』がアメリカで出版されたのは1782年になってからで、それからまずイギリスで出版された。

　ニューイングランドの開拓者も南部の植民者も、最初はイギリス人の著作に頼るほかなかったはずである。17世紀の間に造園の手引書はますます数を増やしていったが、どれも地域的な気候や極端な暑さや寒さについての経験や助言を書いていなかった。ステファン・ブレイクの『完全な庭師の仕事』(1664)やレオナルド・ミーガーの『イギリスの造園家(The English Gardener)』(1670)は、この時代の庭園デザインの流行を紹介し、ノット・ガーデンや花壇の図案を示し、果樹を植える際の注意点を述べている。自国の著作がまだ生み出されていないアメリカのような国では、住みやすい環境が整い、庭園「自慢」が生まれる余裕が出てくると、これらの本が造園の参考書として役立った。「庭園をある種の形式に均一化する」方法についてのミーガーのきわめて実用的な助言は、彼の本をどの時代の造園家にとっても便利な参考書にしている。

　アメリカの農業と畜産に関する本の中には、園芸に関する有益な情報が得られるものもあった。ジョン・アレンとエレアザール・フィリップスによる『農夫の手引き(The Husbandman's Guide)』(1710)とジャレド・エリオットの『ニューイングランドの農業に関する随想(Essays upon Field Husbandry in New England)』(1760)は、どちらもボストンで出版された。ジョン・スミスによる『利益と喜びの結合、あるいは農夫の雑誌(Profit and Pleasure United, or the Husbandman's Magazine)』は最初は1684年にロンドンで出版され

【アメリカのオダマキ】

東海岸からミシシッピ川流域、そして北のカナダまでの地域で発見されたアメリカ自生の植物の多くに、*canadensis*という小種名がつけられている。それは、この土地の大半をもともとはフランス人開拓者や罠猟師が所有していたからである。カナダオダマキ(*Aquilegia canadensis*)はジョン・トラデスカントとヴァージニア会社を通じて、1637年にジョン・トラデスカント(息子)によってヨーロッパにもたらされた。1803年のルイジアナ購入によってトマス・ジェファソンは当初フランス人が所有していた広大な土地を手に入れ、アメリカは西部への進出が可能になり、新しい植物の探索、とくに太平洋岸へのルイスとクラークの遠征につながった(304ページ参照)。

コロニアル様式の庭園と庭園考古学

南北戦争後、南部の庭園の多くは放置されて姿を消した。奴隷労働力を失って、プランテーションが経済的に成り立たなくなったのである。20世紀初めに行なわれた復元は、たいてい屋敷近くにツゲの整形式の植栽があるコロニアル・リバイバル様式を基本とするツゲの生垣の庭園をよみがえらせた。これらの庭園にはそれ自体の魅力があったし、十分な記録がない状態で復元するにはそれしか方法がなかった。近年では緻密な考古学的技術によって、アメリカの歴史的な場所を復活させ再建することがはるかに容易になった。頑丈な地層は風景や樹木の時期と詳細を明らかにし、木の柱が立てられていた穴は柵の位置の決め手となり、庭園の場所を解き明かす。そして花粉の分析によって実際の植物の種類がわかるのである。

たが、1718年にアメリカで再出版され、農業の事柄以外に果樹や植物、花の改良を扱っていた。

1770年代になっても、ジョージ・ワシントンはバティ・ラングリーの『新造園原理』(1728)を読んでいた。この本では、庭園設計の最初にデザインの「不規則性」を取り上げている。この本の出版に影響を受けて、ワシントンはマウントヴァーノンで自然主義を多少取り入れた農園を設計している。ジョン・バートラムでさえ、1730年代にとっくに時代遅れになったジェラードの『本草書』の1597年版に頼らざるを得なかった（彼はジョンソンによる1633年のすぐれた改訂版は持っていなかった）。1737年にバートラムはパーキンソンの『日のあたる楽園、地上の楽園』をジョン・ローガンから、そして18世紀を通じてもっとも愛読されたフィリップ・ミラーの『庭師の辞典』をピーター・コリンソンから受け取っている。ジョン・ランドルフの『園芸論 (Treatise on Gardening)』(1788)は、アメリカで実際に出版された最初の園芸書と考えられている。

ヴァージニア植民地総督フランシス・ニコルソンは有数の蔵書の持ち主だった。その中にはミーガーの『イギリスの造園家』や、もっと新しい本としてはジョン・イーヴリンの『シルヴァ――森林論』(1664)とイーヴリンによるラ・クァンティニの『完全なる庭師』の翻訳書、ジョン・ワーリッジの『農業体系 (Systema Agriculturae)』(1669)、モーゼス・クックの『林木の栽培、管理、改良技術 (Manner of Raising, Ordering and Improving Forrest-Trees)』(1676)、1690年発行のジョン・バニスターの『ヴァージニアの植物相と動物相に関する論説 (Treatise on the Flora and Fauna of Virginia)』があった。ミーガーの本を除いて、これらは植物の本か実用的な手引書のどちらかで、デザインのアイデアは示されていなかった。

園芸全般に関する内容を網羅したもっとも役に立つ出版物は、種苗園主のバーナード・マクマホンが書いた『アメリカ園芸歳時記 (American Gardener's Calendar)』(1806)である。この本では18ページが装飾的デザインと植栽に割かれており、その情報の多くはイギリスの造園家ハンフリー・レプトンの著作から得たもので、それをアメリカの条件に合わせて紹介している。この本はその後半世紀にわたってアメリカの造園に関する基準として尊重され、11版を重ねた。すでにイギリスの自然主義に転向していたマクマホンは、とくにアメリカ人に対して自然風庭園の原則を説いた最初の人物である。マクマホンは広々とした田舎の空間を推奨し、長い直線的な散歩道よりも、「高木、低木、そして花のさまざまな植え込みによって遮られている」曲がりくねった小道を好んだ。アイルランド移民だったマクマホンは1796年にフィラデルフィアに移住し、そこで種子の販売店を開くと、たちまち世界的な評判を獲得した。マクマホンの植物カタログは、当時のアメリカでどんな植物が栽培されていたかを知るための最高の資料である。

❖ ピクチャレスク庭園の探訪

ジョージ・ワシントンがマウントヴァーノンに造った庭園は、コロニアル風庭園の伝統様式である整形的な要素を含んでいたとはいえ、ポトマック川に向かって下る芝生の斜面には、豊かな自然の美しさを楽しむための試みが感じられる。サミュエル・ボーンがデザインした屋敷の西側の風景は、低木の植え込みを迂回

ジェファソンのモンティチェロ
JEFERSON'S MONTICELLO

　17世紀と18世紀に北アメリカで楽しみのための造園が行なわれていたことを示す証拠は、多くの場合、日記や報告書、手紙、目録、旅行記、イギリスから取り寄せる植物の注文などである。誰もが流行の様式について自分なりの基準や評価を持っていた。「よい」庭園とは、整形的で伝統的なレイアウトを意味する場合もあれば、不規則さが好まれる場合もあった。しかし、19世紀初頭には、アメリカ人は自国の田舎の美しさを評価するようになり、ピクチャレスクな要素のある庭園デザインを好意的にとらえた報告が増え、構築的な庭園は時代遅れとみなされるようになっていく。

　マウントヴァーノンに建てられたジョージ・ワシントンの邸宅がひとつの時代に属しているとすれば、モンティチェロのジェファソンの邸宅と、彼が構想したヴァージニア大学の広大なキャンパスの中庭はまた別の時代に属している。ワシントンもジェファソンも植物に関心を持っていたが、ジェファソンは植物学と園芸に対してもっと近代的な態度で取り組んだ。意欲的な建築家でもあったジェファソンは、18世紀のルネサンス・マンであった。

　イタリア語で「小さな山」を意味するモンティチェロはシャーロッツビルから6キロの距離にあり、1771年に建築が始まって、1796年と1809年に改築が施された。

トマス・ジェファソン、1789年、ジャン＝アントワーヌ・ウードン作

ジェファソンは長いテラスを造り、屋敷を中心にUの字を形作るように遊歩道を配した。このような構成によって、家の中からは実用的な建物が視野に入らないようになっている。この配地について、ジェファソンは「自然が眼下の土地をこれほど豊かに覆っている場所がほかにあるだろうか」と述べている。そしてのちにパリからの手紙の中で、「この都の華やかな賑わいよりも、モンティチェロの森と荒野、そして独立性の方が好ましい」と書いている。

　駐フランス公使を務めていた1780年代に、ジェファソンは時間を見つけてはマルリーやヴェルサイユなどのフランスの城を訪問した。シャーロッツビルに建設されたヴァージニア大学の優美なキャンパス・パビリオンの設計には、マルリーの影響が見て取れる。また、ジェファソンは1786年にイギリスへ長旅をして、新しい風景庭園を見て感銘を受けた。とくにレゾウズとウォーバーン・ファーム（232ページ参照）の庭園内を巡る控えめで工夫を凝らした遊歩道を面白がったが、どちらの庭園についてもその遊歩道の効果にはきわめて批判的だった

　ジェファソンは「ケイパビリティ」・ブラウンのパークの牧歌的な雰囲気と「変化に富んだ丘や谷」を称賛し、造園における最初の美と呼んだ。しかし、日差しのきついアメリカでは、同じように開放的な空間を再現するのは難しいのもわかっていた。「つねにほぼ真上から照りつけるヴァージニアの太陽の下では、日陰は楽園だ。それなしではどんな美しさも楽しむことはできないだろう」と述べている。そして、次のような代替案を提案している。「庭園にはできるだけ高い木を植えよう。そしてその木の性質と樹形が許す限り枝を払って、梢の上の方は枝と枝が密集して濃い影を投げかけるようにする。こうして木の下の方は枝がなく広々した森を作れば、開放的な庭園の外見に近づけるだろう」。自分の国では、「どんな雄大な庭園でも費用をかけずに造ることができる。ただ過剰なほど豊かな植物を刈り取ればいいだけだ」とジェファソンは理解していた。この見解は今日でさえアメリカの造園に影響を与え、アメリカでは多くの庭園が森を切り開いて造られている。残念ながら、ジェファソンが高く評価したはずの適正にデザインされた自然風庭園の代わりに、数本の木を切り、森の中に曲がりくねった小道を造り、多年草や低木をいくらか植えるだけの場合がときどき見られる。また、ジェファソンはイギリスの庭園には聖堂や彫像、オベリスクが多すぎ、アメリカの風景と当時の自由平等の気風にはこうした装飾品の追加はふさわしくないと感じていた。しかし1809年頃、ジェファソンは「古くからある神々しいオークの森」にゴシック風の聖堂を建築し、「薄暗い常緑樹」を点々と植え、ほかにもさまざまな雰囲気を持つ建物を導入する計画を立てていた。

　ジェファソンは土地の耕作を「神に選ばれた者の適切な務め」と考え、装飾農園の理念に関心を抱いていた。農園と野菜畑のあるモンティチェロのようなプランテーションの環境は、庭園によってその土地の自然の美しさを損なわずにうまく適合させることができた。

【アメリカのルネサンス・マン】
多彩な分野に関心を寄せていたジェファソンは、生涯にわたってイタリアの建築家パッラーディオの古典主義に傾倒し、熱心な建築家でもあった。アメリカにはまだ建築を専門に教える場がなかった時代に、ジェファソンは独学で製図を勉強した。

第 9 章 ｜ 南北アメリカ

する曲がりくねった園路に若干の妥協が見られるだけで、ワシントンのレイアウトの規則性を示している。バーナード・ラトローブは「屋敷の東側では自然が壮麗さを惜しげもなく表わし、人工的なものは自然の美しさを引きたてる以外に何も干渉していない」と述べている。ニセアカシアの木と低木が川向うの景色を縁取っていた。ラトローブは1798年にワシントンのパルテールを批判して、意見が変わったことを明確にした。「細心の注意を払ってユリの紋章の形に刈り込まれ、整えられた花壇を、私はドイツを離れて以来ここで初めて見た。これが私たちの父祖の形式主義の最後のあがきであることを祈る」。18世紀終わりには、このような整形的な要素はもはや流行遅れだったのである。

トマス・ジェファソン(302ページ参照)はアメリカの景観デザインの最先端にピクチャレスクな趣を持ち込んだが、より自然な庭園を造った最初の人物ではないにしても、それを流行させた。南部ではジョン・バートラムの息子で植物画家のウィリアム・バートラムが、ロマン主義的な風景の中の自然の豊かさを称賛した。自然についての著作の中で、彼はノース・カロライナ、サウス・カロライナ、フロリダの東部と西部を旅しており、ソローやオーデュボンの先駆けとなった。また、コールリッジやワーズワースといったロマン派詩人の創作意欲をかき立てた。父ジョンと同様、ウィリアム・バートラムもアメリカの造園家たちに影響を与え、自分の庭園の中の壮大な「手つかずの自然」を楽しむよう勧めた。身近な自然をもっと家庭向きに演出する必要があった。それはいわば庭園デザインの領域にもたらされたエデンの園だった。残念ながら18世紀にはこの機会を有効に活用した土地所有者はほとんどいなかったが、チャールストン近郊の庭園のいくつかと、とりわけ1743年に造られたマグノリア・プランテーション(281ページの写真参照)は、手を加えない自然の雰囲気を醸し出すことに成功している。

❖ ルイスとクラークの探検

1803年にトマス・ジェファソン大統領は、イギリス人探検家のメリーウェザー・ルイスとその友人のウィリアム・クラークを調査のための遠征に送り出した。探検隊はミズーリ川上流からロッキー山脈を越え、コロンビア川を下って太平洋にたどりついた。当時、この地域は毛皮商人でさえまれにしか足を踏み入れないところだった。驚くべき勇気を持って敢行されたこの遠征は伝説となった。この地域の地図を制作し、植物相と動物相に関する情報を提供するように指示されたルイスとクラークは、数々の貴重な植物を持ち帰った。そのうちのひとつであるオレゴングレープ(*Mahonia aquifolium*、ヒイラギメギ、学名は育苗家のマクマホンに敬意を表してつけられた)は何年もたたないうちに1株20ドルで販売され、オーセージオレンジ(*Maclura pomifera*、アメリカハリグワ)は19世紀に有刺鉄線が発明されるまで、原産地の中西部で刺のある垣根として利用された。ジェファソンは大西洋岸でオーセージオレンジを垣根に植えた最初の人物のひとりである。植物と種子はフィラデルフィア郊外のウッドランズ在住の植物専門家ウィリアム・ハミルトンとマクマホンに譲り渡された。*Lewisia*(スベリヒユ科レウィシア属)と*Clarkia*(アカバナ科サンジソウ属)はルイスとクラークにちなんでつけられた。

マクマホンに雇われた植物学者のフレデリック・パーシュは、これらの植物標

【南部の精神［次ページ］】

もとは綿花プランテーションの中心地だったルイジアナ州フランシスヴィル近郊にあるローズダウンの白い円柱の屋敷は、この写真のように、青々としたオースの長い並木に縁取られている。ローズダウンの庭園は、1828年に夫ダニエルとともに引っ越してきたマーサ・ターンブルによって有名になった。新婚旅行でヨーロッパを訪れた夫妻は、イタリアやフランスで数々の素晴らしい庭園を目に焼き付けて帰国した。それらの光景に触発されたマーサは、1896年に亡くなるまでの60年間を庭園造りに捧げ、日記をつけつづけた。マーサはニューヨークやフィラデルフィアの種苗園から外国産のアザレアやツバキなどの植物を取り寄せ、庭園を彫像や置物で装飾した。この庭園は南北戦争後にもとの姿を取り戻すことはなかったが、1956年にキャサリン・フォンドレン・アンダーウッドが購入し、マーサ・ターンブルの日記を手がかりに庭園を復元した。葉を茂らせるオークには1800年代初めのものも多く、整形式のバラ園には香りのよいイザヨイバラ(*Rosa roxburghii*)など古代種のバラが数多くある。モクセイ(*Osmanthus olea*)やツバキの古木には高さが10メートルになるものもある。

【太平洋への旅】

探検家のメリウェザー・ルイス(1774-1809)は、トマス・ジェファソンの命を受けて、有名なルイス・クラーク探検隊を率いた。この探検でルイスとウィリアム・クラークはロッキー山脈のミズーリ川上流に達し、コロンビア川を下って太平洋に至り、多種多様な野生の動植物を記録した。探検隊は1806年に多数の新しい植物を手にワシントンに帰還し、それらの植物はのちにフィラデルフィアにあるマクマホンの種苗園で栽培された。ルイスの肖像(下)は1806年にC・B・J・フェブレ・ド・サン=メマンが描いたもの。残念ながら、ルイスの人生は1809年10月に自殺によって悲劇的な結末を迎えた。

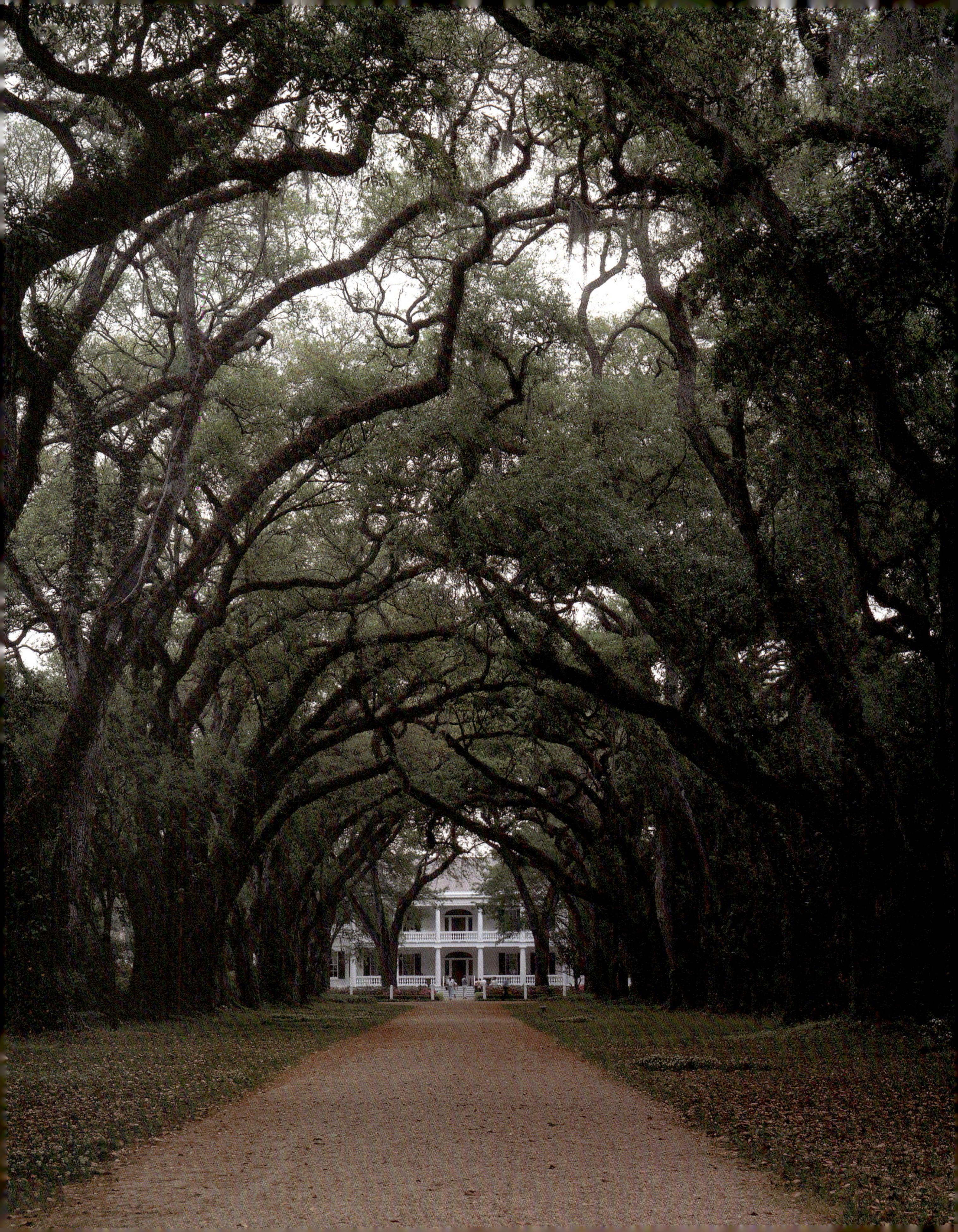

本を何点か断りもなくニューヨークのエルジン植物園に持ち込み、それからヨーロッパに持っていった。そしてルイスの植物標本集にあった13点の図版を載せ、これらの植物を初めて記載した『北アメリカ植物誌(Flora Americae Septentrionalis)』(1814)を出版した。これは植物学者が悪事を働いた数少ない例のひとつである。

❖ 植物園と種苗園

南部では奴隷所有社会が繁栄し、北部では裕福な製造業者の新階級が勃興した連邦制成立後のアメリカで、英国庭園が流行し植物の需要が増加した。それと同時に、アメリカ社会は新しく発見された植物を命名し分類できる自国の専門的な機関の設立を求めていた。そしてフィラデルフィアが科学研究の中心地になったおかげで、造園家はもう旧世界の専門知識に頼る必要がなくなった。ドクター・ベンジャミン・スミス・バートンはもっとも著名な博物学者で、アメリカの海岸地帯で生育する薬用植物の研究を生涯にわたって続けた。新興の種子業者や種苗園は拡大する産業の一翼を担い、アメリカ原産の植物だけでなく、旧世界の植物も提供できた。

18世紀にジョン・バートラムとアンドレ・ミショーの植物園や種苗園に匹敵する業績を上げていたのは、1735年にロバート・プリンスがロングアイランドのフラッシングに開いた商業的な種苗園だけだった。だが1790年には、アメリカ原産の植物もヨーロッパから来た植物も広範囲に及んだ。

ニューヨークのエルジン植物園は、現在ロックフェラーセンターがある場所を占めていた。デーヴィッド・ホサックが1801年にこの植物園を設立したとき、その土地はまったくの田舎で、1858年にセントラル・パークが計画されることになる沼地と谷の端にあった。ホサックが収集した2000種の植物はアメリカ原産と外国産の両方があったが、科学的に配置され、リンネの分類体系だかでなくフランスの植物学者ジュシューのもっと自然な分類方式にも従って分類されていた。帯状に植えられた林木と2メートルの石造りの壁が庭園を取り巻いていた。

アンドレ・パルマンティエは1824年にベルギーからニューヨークに移り住み、ブルックリンに自分の「植物園」を開いて、もっとも興味深い種苗園のひとつを設立した。この庭園にはロンドンの王立植物園キュー・ガーデンやロッディジーズ家のハックニー植物園にもひけをとらないほど多数の外国産の植物が含まれていた。パルマンティエは成功したエルジン植物園を引き継ぐように求められたが、彼は自分の植物園を始めたいと考え、自然な様式を推奨する庭園デザイン事業を興した。ブルックリンにあったパルマンティエの種苗園は、テューダー様式の築山と同じ役割を果たす「見晴らしのよい田舎風のあずまや(アーバー)」があり、周囲の田園風景を眺めることができた。パルマンティエは1830年に亡くなったが、生前の著作や庭園は若き日のアンドリュー・ジャクソン・ダウニングに影響を与え、ダウニングは風景庭園をアメリカ独特の方法で扱う最初のアメリカの著述家となった。

❖ ピクチャレスクに対するアメリカの見方

アンドリュー・ジャクソン・ダウニング(1815-52)は幅広い知識を持つ園芸家で、造園芸術に関する彼のアイデアは美しい自然の景観への称賛に基づいていた。

【美しい眺め】

1841年に出版されたアンドリュー・ジャクソン・ダウニングの著書『北アメリカに応用された風景庭園の理論と実践に関する論説』の口絵には、ハドソン川に面したブライスウッドの風景が描かれている。ダウニングはハドソン川で起きた事故によりわずか37歳で悲劇的な死を迎えたが、ジョン・クラウディウス・ラウドンの弟子として、アメリカのヴィラ所有者や造園家に自国の景色の「魅力的な眺め」を大切にし、風景の中に土着の樹木や花を用いるよう促した。ダウニングはそれぞれの建築様式に「似合う」種類の樹木を薦め、ハドソン川流域に見られる「美しいピクチャレスクな光景」のすばらしさを人々に気づかせた。

　ダウニングの著書『北アメリカに応用された風景庭園の理論と実践に関する論説(*A Treatise on the Theory and Practice of Landscape Gardening Adapted to North America*)』(1841)は大成功を収め、たちまち第6版まで印刷された。ダウニングは「家庭の改良」に対する興味を掻き立てることによって、大衆の間に高まっていた装飾庭園に対する理解とピクチャレスクへの評価を広げる気運をつかんだようである。ダウニングのもっとも魅力的な特質のひとつは、徹底した誠実さである。まるで哲学者のように、ダウニングは環境が人間の行動を大きく左右すると信じており、20世紀の社会福祉理論の先駆けとなった。ダウニングはJ・C・ラウドンが提唱したガーデネスクの原理を支持し、風景庭園を代表する「ケイパビリティ」・ブラウンとハンフリー・レプトンに対する独自の解釈に基づいて、自然風庭園の一般的な枠組みの範囲内でアメリカのヴィラ所有者のためにその原理を用いた。

　ダウニングにはいくつか批判されても仕方がない部分がある。彼のアドバイスはよく考えていない中途半端なものだったし、景観に対する考え方を示す図版は、植栽の不規則性と明白なデザインの欠如だけが目につくのだった。ダウニングは一貫して「趣味」や「趣味のよさ」というものは上流階級だけに見られるすぐれた性質であって、「教養のない一般大衆」には「見せかけの趣味」しか期待できないと述べている。おそらくダウニングの著書の内容よりも、進歩的な住居所有者の務めを新たに評価しようとする彼の情熱こそが重視されるべきなのだろう。

　しかし、ダウニングはアメリカの発展期に、自国のまぎれもないピクチャレスクな景観の美しさを評価し、住居を改良するようにアメリカ人に勧めた。ダウニングのもっとも後世に残る功績のひとつは、1850年にイギリス人建築家のカルバート・ボーをアメリカに紹介したことである。また、ウィリアム・カレン・ブライアントとともに、市民全員の利益になる公共広場を開発する目的でニューヨークに公園を造る必要性を唱えたのはダウニングである。ダウニングが水難事故で非業の死を遂げたあと、ようやく1858年にボーとフレデリック・ロー・オルムステッドの協力によって、初の「都市公園」セントラル・パークが造成されることに

オルムステッドの壮大なビジョン
OLMSTED'S BREADTH OF VISION

フレデリック・ロー・オルムステッド（1822-1903）は1858年にセントラル・パークのデザインで賞を取るまで、農夫、ジャーナリスト、出版者、旅行家などの職業を転々としてきた。彼はアメリカのもっとも著名なランドスケープ・アーキテクトで、最初の環境保護論者のひとりになるのだが、けっして単なる夢想家ではなかった。経験の積み重ねによってオルムステッドの実務の能力は成長し、セントラル・パークの建築では数千人の雇い人を管理できた。セントラル・パークの完成後、オルムステッドは建築家のカルバート・ボーとともに驚くべき数の依頼を受ける。その中にはブルックリンのプロスペクト・パークと、パーク内のロングメドウと呼ばれる広大な芝生エリアの曲線を描く中心軸、ワシントンDCの国会議事堂の敷地、ボストンの公園体系などがある。ランドスケープ・アーキテクトとしてのオルムステッドの業績には、シカゴ・ワールド・フェア（世界コロンビア博覧会）、バッファロー都市計画、治安の悪いシカゴでの1868年のリバーサイド計画などがある。リバーサイド計画は、イリノイ州を流れるデス・プレーンズ川沿いに郊外住宅地を開発する計画であった。この住宅地は格子状に計画されたゆるやかにカーブする街路のある田舎の村としてデザインされ、フランク・スコット（311ページ参照）に数年先駆けて、隣家との距離の指定、植樹義務、網の目のように広がる共有地、柵の禁止を定めた。オルムステッドはモントリオールのマウント・ロイヤル・パークの設計とそのほかの多数のカナダの公共公園に加え、カリフォルニアのパロアルトでのスタンフォード大学キャンパスの計画も行なった。カリフォルニア州のヨセミテ渓谷の保護活動に携わった人々のひとりでもある。

フレデリック・ロー・オルムステッド

オルムステッドは都市労働者のために計画された自然主義的な都市公園の理想として、18世紀イギリスの風景を採用した。これはオルムステッドが切望した社会改革のひとつの形である。彼にとってそうしたデザインは良心の十字軍の一部であり、アメリカの国立公園の原則を推進する活動によって広められた。オルムステッドが願ったのは、アメリカ市民の楽しみのために自然を保護することである。

オルムステッドが受けた最後の主要な依頼は、1888年にジョージ・ヴァンダービルトのためにノース・カロライナ州アッシュビルのビルトモア・ハウスの計画案を提出することだった。リチャード・モリス・ハントがインディアナ州特産の石灰岩を用いて広大なフランス風の館を建築し、オルムステッドはその周囲に100ヘクタールの地所と私道、樹木園を配置し、土着の高木や低木を育てるための種苗園を設置した。これは発展してビルトモア森林学校になり、ヴァンダービルトは最終的には4万8500ヘクタールを所有するようになった。

ビルトモアはオルムステッドにとって楽しい仕事のひとつだった。私的な住居だったため、仕事をしていた7年間は依頼主と理想を共有し、依頼主の底なしの資産にも助けられたからである。また、公共事業ではめったにできない細かい調整を行なうことができた。樹木園には、その土地でよく繁ると期待される高木や低木を選んで、14キロに及ぶ並木道を建設した。この地所はアメリカ南部の植物の試験場の役割も果たした。植物の多くはアメリカ原産で、希少な外国産の植物の背景として1万株のシャクナゲ (*Rhododendron maximum*) が植えられた。

通常のアプローチは5キロにわたって伸び、細心の注意を払って配置されたピクチャレスクな植栽に縁取られている。そしてアプローチは屋敷の近くで背の高いユリノキが並ぶ整形的なエスプラネード（遊歩道）に合流する。オルムステッドは様式を折衷するよりも、自然主義的な私道の植栽が不意に「きちんと整えられ、釣り合いが取れ、開放的で風通しがよく、広々として完全に人工的な中庭と屋敷」に変化する様を好んでいた。とくにオルムステッドは屋敷から遠方に置かれた彫像までの眺望が得られるようにエスプラネードの長い並木道をデザインし、西向きと南西向きのヴィスタを作った。エスプラネードの南には大きな2段のテラスがあり、その向こうに低木の植え込みと壁に囲まれた庭園がある。そしてさらに斜面を下ると自然主義的なデザインのバス釣り池があって、池は川と沼沢地につながり、はるか遠くにある館を映し出している。

1894年にしだいにオルムステッドの健康状態が悪化し、ビルトモアの仕事を辞さなければならなくなった。息子の

【整形と非整形】

上空から見たビルトモアの眺め(左)。ハントが山の尾根に建設したフレンチスタイルの屋敷に調和するように造られたオルムステッドの整形式テラスが見える。その下には壁に囲まれた凝った造りの庭園があり、屋敷内で使うために選りすぐりの果樹と野菜、装飾用の花が栽培されている。テラスと庭園との間の低木の植え込みは「細くうねる道が続く谷のような場所」で、日陰を作るために通常植えられる人目を引く高木ではなく、低木に隠された散歩道がある。

【穏やかな水面】

オルムステッドは、壁に囲まれた庭園の幾何学的なパターンが示すような整形性はめったに用いなかった。そしてビルトモアのほかの場所では、低木の植え込みや湖の周囲の木々(下)に見られるように、植栽は自然主義的で、在来種が重視されている。

リック(1870-1957)が父に代わって絵のモデルとなり、有名な肖像画家のジョン・シンガー・サージェントが完成させたオルムステッドの肖像画が、今もビルトモアに展示されている。リックはのちにフレデリック・ロー・オルムステッド・ジュニアを名乗り、義理の兄ジョン・チャールズ・オルムステッド(1852-1920)とともにボストンで事務所を開いた。そしてそれから半世紀にわたって、計画立案と景観デザインの分野で指導者としての役割を果たした。

第9章 | 南北アメリカ　309

なり、アメリカの都市計画に新しい時代が開かれた。

❖ 公共公園──都市の緑地

　初期のアメリカの入植地では町の中心に共有地が置かれる場合が多かったとはいえ、市民の安らぎと娯楽のために田舎の雰囲気を持つ空間を創造するという考えは、1850年代にはまだ珍しかった。公共公園にもっとも近い試みは1831年に造られたマサチューセッツ州ケンブリッジのマウント・オーバーン墓地の革新的なデザインで、散歩をしたりひとりになるための場所が設けられている。フィラデルフィアやサバンナのような南部の町の都市計画には、木陰を提供する木を豊富に植えた利用しやすいオープン・スペースがあった。しかし、それらは1791年にランファン少佐が着手したワシントンDCの計画に緑地が十分用意されていたのと同じで、レクリエーションのための場所というよりは、全体的な環境の一部でしかなかった。

　1851年にニューヨーク州は混雑する都市にレクリエーション空間を設ける必要性を認め、公共の目的で使用する土地の収用について定めた公園法を初めて制定した。当初の用地では狭すぎることが明らかになったため、公園法は1853年に修正され、5番街と8番街（現在のセントラル・パーク・ウエスト）の間と、59丁目から106丁目（1859年に110丁目まで拡張された）までの土地を取得する権利を認めた。このあたりは湿地と岩盤が露出する荒れ地だった。州が設置した委員会は1857年9月にフレデリック・ロー・オルムステッドを初代の指揮監督者に任命した。1ヶ月後、委員会は建設予定の公園の全体的プランを選ぶためにコンペティションを実施した。オルムステッドはイギリスの建築家カルバート・ボーと共同で、この土地の数々の問題に対処できるデザインを考案した。「芝原、プラン33」と題して匿名で行なわれた彼らのプレゼンテーションは、1858年に4月に賞を受賞した。

　オルムステッドとボーのプランには、田園風景と一段低いところに作られた道路網が描かれ、歩道と馬車道が交差する場所では歩行者はアーチの下をくぐるようになっていた。この案は1843年にジョゼフ・パクストンがイギリスのバーケン

【ニューヨークの憩いの場】
この北から見たセントラル・パークの鳥瞰図（左）は1863年にジョン・バックマンが描いたものである。上の写真は、橋のシルエットが浮かび上がる夜のセントラル・パーク。オルムステッドとボーのもっとも成功した試みのひとつは道路網で、牧歌的な風景を壊さないように低く造られた何本もの道路が公園を横切っている。この方式はニューヨーク市民に憩いと休息の場をもたらしている。それこそオルムステッドがすべての都市にあってほしいと望んだものである。イギリスの公園に強い影響を受けたオルムステッドは、風景には人々に無意識レベルで働きかける癒しの力があると信じていた。

墓地の風景

19世紀後半に都市公園ができる以前は、墓地がレクリエーションのための心地よい環境を提供していた。以前は見渡す限り広い芝生だった場所が、日陰を作る木立の間を曲がりくねった小道が通る風景に取って代わられ、記念碑はその中に隠された。こうした新しい記念公園には、その時代の最高の建築と彫像が展示されて、文化的教育的意味を加えられた。オハイオ州シンシナティのスプリング・グローブは、ロバート・ダニエルによってデザインされて1845年に設立された。この墓地はボストンのマウント・オーバーン（1831）、フィラデルフィアのローレル・ヒル（1836）、ボルチモアのグリーン・マウント（1838）をモデルに造られている。プロシア人のランドスケープ・ガーデナー、アドルフ・ストラウフは、個人の邸宅のデザインをするためにシンシナティにやってきた。当時のシンシナティはアメリカで6番目の大都市で、もっとも急速に成長をしていた。スプリング・グローブの改良を提案するにあたって、ストラウフはもとの墓地の複雑に入り組んだピクチャレスクな様式を排し、多数の流れるような線を取り入れたいと考えた。彼は徐々に各区画の所有者の「野蛮な柵囲い」と見境のない雑然とした植栽を減らすことに成功した。「花の季節が短いけばけばしいパルテール」を嫌い、ストラウフは基本的に緑の風景を損なう目立つ花壇を禁止した。広々とした芝生と堂々とした並木道を持つスプリング・グローブはたちまち墓地の風景としてモデルにしたマウント・オーバーンに勝る評価を獲得し、1875年頃にはフレデリック・ロー・オルムステッドも、風景庭園の自然主義に忠実であるという点でほかのあらゆる都会の墓地よりもスプリング・グローブが好ましいと述べている。

ヘッドに造った公園からヒントを得たもので、オルムステッドは1850年にその公園を訪れている。新しい試みとして、オルムステッドとボーはアメリカニレを片側に2列ずつ植えたモールと呼ばれる並木道を造って整然とした印象を加えている。田舎の光景が広がる一帯は、「芝生、湿地、水と荒野が入り混じって、大都会の喧騒を寄せつけない」安息の地になると考えられた。

オルムステッドは次のように書いている。「この公園のひとつの大きな目的は、夏を田舎で過ごす機会のない何十万人もの疲れた労働者に、神の御業の見本を安価に提供することである。それは、もっと過ごしやすい環境で暮らす人々が高いお金を払ってホワイトマウンテンズやアディロンダックスで1ヶ月か2ヶ月過ごすのと同じ価値を持っている」。また、オルムステッドは、この公園全体がひとつの芸術作品であり、公園の各部分が全体に貢献して、「樹木や木立、アーチや車道や歩道、公園の表面のすみずみまでが、今ある場所に目的を持って置かれている」という信念を明らかにしている。ダウニングの弟子として、オルムステッドは公共の財産に対する市民の権利を信じ、ハドソン・リバー派の絵画（382ページ参照）に表現されているような、アメリカのロマン主義と結びついたイギリスの風景の伝統の理念を熱心に信奉していた。

労働者の憩いのために田園風景を造るというオルムステッドの理想は、おそらく当時の思想をはるかに超えていたが、さまざまな障害を乗り越えて1877年にセントラル・パークは完成した。オルムステッドとボーは1870年にセントラル・パーク行政委員会を辞めたが、1年後に再び「もっと野性的な」設計プランを監督するために任用された。1875年までに、オルムステッドはウィリアム・ロビンソンの著書『野生の庭園』（386ページ参照）に触発されて、自分の下で働く庭師頭にこの本を読むように勧めている。現在ではいくつかのレクリエーション施設が追加されているが、公園はその本来の姿を保ち、忠実に、そして大切に保存されている。

❖ アメリカの前庭

オルムステッドは、都市公園の設計と、アメリカの原生自然を保存する運動の先駆者として記憶されているだけではない。オルムステッドとダウニングはどちらも、アメリカの比較的小規模な家庭の庭園風景の発達にも影響を与えている。19世紀後半に郊外の住宅所有者のために詳しく実践的なアドバイスをしたフランク・スコットなどの著述家によって、オルムステッドとダウニングのアイデアは部分的に形を変えて伝えられた。幾何学的配置によって生まれる秩序と規則性は、自然が脅威だった植民地時代には必要だったとしても、アメリカ人が庭にある種の国民的アイデンティティを求めるようになるにつれて、民主的精神とは相容れない社会的価値観の象徴だと感じる人が増えてきた。壮麗な田舎の地所の整形式レイアウトは時代遅れと見られた。フランク・スコットは郊外に住む中流階級の前庭の間の柵は排他的で非民主的だとして、柵を取り払うように勧めた。主著『郊外住宅の庭園の美化（*The Art of Beautifying Suburban Home Grounds*）』（1870）の中でスコットは、郊外が「小道や大通りや川があり、木立の間から多数の郊外の家がのぞくような」、半ば田舎で半ば都市のようになることを希望している。

スコットは生垣さえ批判して、「個人の地所を生垣で囲み、通行人にその美しさ

第9章｜南北アメリカ　311

を楽しませないようにする習慣は、旧式な庭園の悪習のひとつであり、今日ではスペインの修道院の壁に囲まれた中庭や格子のある窓と同じように愚かしく非キリスト教的で、エジプトの女性の厚いベールのようにむやみに苛立たしい」と述べている。むしろ、家々を結びつける広い芝生と木々が統一感をもたらし、曲がりくねった散歩道と一年中花の絶えない花壇が芝生にあれば、すべての家が共有するユートピアのような風景が生まれるにちがいないと考えた。アメリカの芝生のある前庭に対するスコットの強い好みは、のちのちまで大きな影響を残すことになった。それから100年以上もの間、アメリカの芝生は聖域だった。20世紀の最後の数年間に芝生がすたれたのは、水不足や環境に害を与える肥料と殺虫剤の使用禁止を基本とする一般的な環境保護の思想が広まったからにすぎない。

　アメリカ郊外の生活の一部として最初に芝生を推奨したのはオルムステッドだといえる。イリノイ州のリバーサイド住宅地の開発では、住宅所有者はそれぞれ1、2本の樹木と「隣家まで切れ目なく続く芝生」を持つことができた。芝生はもともと暖かく湿った気候で何ヘクタールもの芝原が生育するイギリスの広い私有地に見られたもので、イギリスの控えめなガーデナーにはあまりふさわしくなかったし、気候の厳しいアメリカの住宅所有者にはもっと似つかわしくなかった。

　アメリカで芝生が大衆化したのは、格子状の土地の区割りによって一軒の住宅が前庭と裏庭を持てるようになったからである。「裏庭」は個人が好きなように造ってかまわないが、前庭の芝生は視覚的な意味で公共の財産である。スコットは庭を生垣やフェンスで囲いたがる人々を、「利己的」で「隣人にふさわしくない」、「非キリスト教的」で「非民主的」な人間とまで決めつけている。これほど厳しい批評に屈せずにいられる人がいるだろうか。そんな人はきわめてまれであり、その結果、アメリカの芝生が環境に有害だと認識されるには、次の世紀の終わりまで待たなければならなかった。

❖園芸雑誌と団体の発展

　19世紀前半を通じて、アメリカでは自然に接することで得られる有益な効果が新たに意識されるようになった。自然に対するこの意識は、広大な自然の風景を理想化して描いたハドソン・リバー派の絵画のロマン主義的な見方にも表われている。庭造りが大衆化するにつれて、主に女性を対象にした雑誌や、団体や展覧会が次々に誕生し、ガーデナーの連帯感を高め、造園の可能性を広げた。

　アンドリュー・ジャクソン・ダウニングの雑誌『園芸家(*The Horticulturist*)』は、「家庭の庭」を美しくしたいと望む教養ある読者を対象に1840年代に発刊された。『アメリカのカントリー・ライフ(*Country Life in America*)』、『美しい家(*House Beautiful*)』、『家

【アーノルド樹木園】

1872年に設立されたアーノルド樹木園の目的は、ボストン周辺の屋外で栽培できる高木、低木、草本を、土着か外国産かにかかわらずあらゆるものをできるかぎり収集し、栽培し、展示することだった。植物学者であり樹木園の園長でもあったチャールズ・スプレイグ・サージェントは、フレデリック・ロー・オルムステッドに敷地の設計を依頼した。以後、この樹木園はオルムステッドの設計によるボストン周辺の公園群が作り出す「エメラルドのネックレス」の一部をなすことになる。アーノルド樹木園は、ベンジャミン・バッセイからの土地の寄贈とジェームズ・アーノルドからの10万ドルの遺贈により、開設が可能になった。この樹木園は19世紀の理想に対する記念碑である。高木と低木が生きた博物館を形成し、植栽の実際的な可能性を提示している。この樹木園の植物の多くは、イギリス人のアーネスト・ウィルソン(写真左、右はサージェント)などの有名なプラントハンターが収集したものである。1906年から1920年にかけてウィルソンは庭園にふさわしいすぐれた植物をもたらし、その多くはアジア産で、ショウキウツギ(*Kolkwizia amabilis*)、リーガルリリー(*Lilium regale*)、ツクシカイドウ(*Malus butchensis*)、ハンカチノキ(*Davidia involucrata*)、モクレンの一種(*Magnolia wilsonii*)などがある。現在この樹木園には7000種を超える高木と低木が植えられ、これまでに500種を超える観葉植物や変種を北アメリカの庭園に紹介してきた。

と庭（House and Garden）』などの後発の雑誌はすべて、やや高尚な趣味を満足させていたが、『園芸マガジン（The Magazine of Horticulture）』や『アメリカン・ガーデナーズ・マガジン（American Gardener's Magazine）』のような雑誌は、もっと実用的な面を持っていた。著名な園芸家で植物学者のチャールズ・スプレイグ・サージェントがアーノルド樹木園を通じて創刊した『庭園と森（Garden and Forest）』は、景観設計と植物学も扱って、非常に高く評価された。1827年に創立され、ペンシルヴェニアを本拠地とするペンシルヴェニア園芸協会は、1829年に第1回目の公共展覧会を実施した。この展覧会はアメリカで開かれた最初の重要なフラワーショーで、現在アメリカ唯一の権威を持つ毎年恒例の近代的なフィラデルフィア・フラワーショーの前身である。

　1805年に発行され始めたニューヨークのグラント・ソーバーンのカタログのように、種苗園のカタログは一般のガーデナーを刺激して新しい品種を試す気にさせた。ソーバーンはローリー・トッドのペンネームでガーデニング雑誌にも寄稿した。一時はアメリカでもっとも多作なガーデン・ライターだったロバート・ビューストは、エディンバラ王立植物園で技術を身につけたのち、富豪のヘンリー・プラットが所有する広大な地所レモン・ヒル（現在はフィラデルフィアのフェアモント・パークの一部）で働くために渡米した。ビューストは草花栽培者になり、バーベナの紹介や品種改良を行なったほか、ツバキやバラの栽培でも知られている。また、のちに種子販売業でも成功した。ビューストが初めて出版した『アメリカのフラワー・ガーデン名鑑（The American Flower-Garden Directory）』（1832）はガーデナーのための花の本で、具体的なアドバイスを満載したこの本は、庭造りに関心を持つ新しい社会層にとってありがたいものになった。ビューストのそのほかの出版物に、バラの本や家庭菜園の本（1852）がある。『フラワー・ガーデン——ブレックの花の本（The Flower Garden: or Breck's Book of Flowers）』（1852）もまた、有名な種子販売業者ジョゼフ・ブレックが執筆した本である。

❖ 西への広がり

　中西部では、開拓者たちがアメリカ大陸を西に向かって懸命に前進し、さらに厳しい中央草原の気候に順応するにつれて、時期の遅れはあったものの、東海岸と同じ経過をたどって庭造りが発展した。1534年から1759年までは中西部の大部分をフランス人が所有し、毛皮貿易の拠点と北部のケベックとの間の連絡を担う砦を置いていた。イギリス軍がフランス軍をケベックの戦い（1759）で破ると、フランスはミシシッピ川以西の土地を保有するだけになった。この土地は1762年にスペインに譲渡され、その後、この土地の所有権は1803年のルイジアナ購入によってナポレオンからジェファソンに正式に「売却」された。こうしてアメリカ人はロッキー山脈まで達する広大な西部の土地を思うままに領有できることになった。最初は寒暖の差の激しいグレートプレーンズの気候での庭造りは困難だったが、経済発展とともに東海岸と肩を並べるほどの庭園が造られるようになった。1800年代後半には、東部と同様に主に2種類の庭園があった。ひとつはオルムステッドの流れをくむ自然な庭園で、もうひとつは第12章で論じられるプラットと彼のルネサンス様式建築の信奉者による、もっと規則的な整形庭園である。

❖ 遥かなる西部

　カリフォルニアは1846年にアメリカの領土となった。1850年以降に西海岸に到着した造園家は、西部で発見したスペイン人の伝統よりも、その当時東海岸やヨーロッパで流行していた様式に強い影響を受けた。気候の問題に正面から取り組む造園家もいれば、気候をものともしない造園家もいて、入念に整えた庭園を好む造園家と、各地域の気候と土壌を理解しようとするオルムステッドのような造園家との間で何度も繰り返された論争がカリフォルニアでも起こった。

　初期の探検家は、ヴィクトリア朝の後継者の多くと同様、心地よく感動的なカリフォルニアの風景の中に理想郷が築けるはずだと信じていたが、気候はとうてい穏やかとはいえなかった。激しい旱魃と大雨が交互に訪れる気候では、巧みに灌漑と排水をするシステムが成功の鍵を握っていた。地形は非常に変化に富み、気候は基本的に暖かく湿った冬と乾燥した暑い夏のある地中海気候であるが、地域差も大きい。20世紀の終わりにはカリフォルニアは24の異なるガーデニング・ゾーンに分けられ、雨林、砂漠、サンタ・バーバラの小気候の温暖で豊かな緑の地域、サンフランシスコに流れ込む冷たい霧、と変化に富んでいる。

　カリフォルニアの気候の中で最初に庭造りの技術を試したのは、フランシスコ修道会のスペイン人宣教師だった。水の供給が慢性的に不足し、砂漠の民のイスラム教徒のように水を大切にする社会から来た宣教師たちは、伝統的な耕作技術におそらく多少の修正を加えて用いたのだろう。フニペロ・セラ神父はトウゴマ(*Ricinus communis*)、小麦、ブドウ、ナツメヤシの種子を携えてメキシコシティから徒歩でカリフォルニアに到達し、1769年にカリフォルニアにおける最初の伝道所であるサンディエゴ・デ・アルカラ伝道所を設立した。以後、メキシコとアリゾナ以北のカリフォルニア海岸に沿って、早足で1日歩く距離を隔てた場所に、壁に囲まれた中庭のある伝道所が次々と設けられた。伝道所の建物はスペイン・コロニアル風で、厚い日干し煉瓦の壁と傾斜してせり出す屋根があった。宣教師たちはアメリカ先住民にローマ・カトリックの信仰とヨーロッパの植物や果実を伝えるつもりだったが、まもなく先住民も固有の植物を栽培していることを知り、地元の部族からその用途の説明を聞いた。

　ここでもまず優先されたのは農業作物、果樹、オリーブ、野菜とハーブだった。1793年にカリフォルニア海岸から上陸した探検家のジョージ・ヴァンクーヴァーは、リンゴ、ナシ、プラム、イチジク、オレンジ、ブドウ、ザクロ、モモのほか、バナナ、ココナツ、サトウキビがサン・ブエナベンチュラの伝道所の庭に生育しているのを発見した。そこでは豊かな水が肥沃な土地をいっそう実り多いものにしていた。1797年に建てられたサン・フェルナンド伝道所は、3万2000本のブドウの木をスペインから輸入したことで知られ、ブランデー作りで有名になった。庭園ではコショウボク(*Schinus molle*)やキダチタバコ(*Nicotiana glauca*)、チリサケヤシ(*Jubaea chilensis*)などの南アメリカの植物に加えて、ヨーロッパから輸入された植物(多くの場合、それらの原産地はヨーロッパ以外の場所だった)も栽培されていた。また、ロサンゼルスの山岳地帯に固有のホーリーリーフチェリー(*Prunus ilicifolia*)も育てられていた。のちに、この地域はこの木の名前にちなんでハリウッドと名づけられた。

　1822年にメキシコがスペインからの独立を果たし、伝道所の広大な地所を世俗

【スペインの面影】

カリフォルニア州のサン・フアン・カピストラーノ伝道所では、独特のアーチ型装飾を施した中庭と観賞用の池がある。18世紀終わり頃に設立されたカリフォルニアでもっとも古いこのスペインの伝道所には、主に旧世界や南アメリカのスペイン植民地から運ばれてきた花、果樹、野菜が栽培されていた。イスラム庭園の影響を受けたスペイン伝統の水の利用法は、伝道所の庭園だけでなく、農村や先住民の集落でも庭園のデザインとして盛んに用いられた。庭園の多くは色鮮やかで、多くの場合、その地方と時代に合った適切な植栽で復元されたが、おそらくもともとはそのような美しさは有しておらず、主として実用的な植物が栽培されていたのだろう。

化して何千ヘクタールもの土地を牧場用地として利用できるようにすると、伝道所の庭園の多くは放置された。しかしカリフォルニアがアメリカの領土になった1846年に、ジャーナリストのエドウィン・ブライアントがサン・フェルナンド伝道所を訪れ、温暖な気候と熱帯気候の両方の果樹や植物が生育している「高い壁に囲まれたふたつの広い庭園」を見つけた。「1月にバラが咲き誇り、レモン、イチジク、オリーブが実をつけ、血のように赤いウチワサボテンの実——洋ナシに似た果実——がことのほかおいしそうに見えた」。ブライアントはまた、伝道所の外側の並木道を称賛している。「神父が植えた堂々とした木々の列——ニレやヤナギ——が木陰を投げかける広い遊歩道が……歩行者や馬車のためのきわだって美しい道路や散歩道になっている」

1850年以降に到着した造園家は、新しい故郷となるこの土地で、東海岸の理念を実現しようと意気込んでいた。現地の状況とはかかわりなく、彼らはダウニングの推奨するデザインを押しつけた。それは個々の植物の美しさを誇示するように考えられたJ・C・ラウドンのガーデネスクの手法が幅を利かせたデザインだった。なかでももっとも成功を収めたのは、温暖な気候と、亜熱帯、熱帯の国々で生育する種類を含む多種多様な植物を栽培するために豊富な水を引く手段を持っ

第9章｜南北アメリカ

ていた造園家だった。1840年代から設立され始めた種苗園はヨーロッパやアメリカ東部の園芸の中心地から新しい植物や種子を提供した。ソノマのラクリマモンティスにある芝生を敷き詰めた典型的なダウニング風の地所は、1850年にマリアーノ・ヴァレーホ将軍が創立したもので、以前の日干し煉瓦造りの屋敷はホーン岬周辺から取り寄せた木材を使ったゴシック様式のヴィラに姿を変えた。アントワーヌ・ボレルは1861年にスイスからサンフランシスコに移住した。ボレルはサンマテオの田舎の地所に一年草の花を帯状に植えつけたフランス風のリボン花壇や、繊細な多肉植物を隙間なく植えた毛氈花壇を導入してくつろぎの場所を作った。屋敷近くの芝生は広大な折衷様式の植栽の前景になった。

フレデリック・ロー・オルムステッドは、現地の状態にもっと現実的な態度で臨んだ初めての東部人だった。彼はサンフランシスコに「自然風の」都市公園を計画するために招かれた。1865年にオークランドのマウンテン・ビュー墓苑のデザインを完成させたあと、オルムステッドはゴールドラッシュの町の市長から、拡大する都市の必要を満たすプレジャー・パークを強い風の吹く土地に設計してほしいと頼まれた。残念ながら、溝状の道路と、異国趣味の森林ではなく風に強い地元特有の樹木でその土地に合った公園を造るというオルムステッドの考えは受け入れられなかった。ゴールデン・ゲート・パークと名づけられる公園の新しいプランは、5年後に環境意識の高いウィリアム・ハモンド・ホールによって完成した。ホールの後継者となったジョン・マクラーレンは公園内に新しい「自然風の」景観を作ろうと試み、多種多様な植物に合うように土壌や日当たりを調節した。砂地が動くのを食い止め、市の西側の強い風を遮るために、ホールは数千本のモントレーイトスギ、マツ、ユーカリ（*Eucalyptus globulus*）を植えた。それは予想しなかった結果を生んだ。1850年代に導入されたオーストラリア産のユーカリが、やがて周辺の田園地帯に雑草のようにはびこってしまったのである。

1888年、サンタクルズ山のふもとにあるスタンフォード大学のキャンパスで、オルムステッドは地中海風の植栽に、自生の樹木を集めた樹木園と世界の類似した環境を原産地とする樹木の植栽を合わせて、スペイン風の伝道所のようなものを作りたいと考えた。そして放置された伝道所を調査し、灌漑が必要な芝生の代わりになる植物の候補を探した。しかし、カリフォルニア州知事や上院議員を歴

ルドベキア

近年、アメリカの草原地帯に生育する多年草は、アメリカと大西洋の向こう側の国々の両方で植栽計画の新しい流行となった。コーンフラワーとも呼ばれるさまざまな種類のルドベキアはとくに人気がある。花の中心にベルベットのような黒い花芯がある多年草の*Rudbeckia fulgida*と、それより寿命が短く一年草として育てられることの多い*R. hirta*（アラゲハンゴンソウ）は、両方とも「黒い瞳のスーザン」の名で知られている。ルドベキアは中西部からやや東部寄りまでの地域が原産地で、アメリカのコーンベルトを支える深い肥沃な土壌で生育する。開けた牧草地や日の当たる森林などでよく育つ。

*Rudbeckia fulgida*も*R. hirta*も、18世紀の「大西洋間の植物の大交換」の時期にアメリカからヨーロッパにもたらされ、リンネの二名法のシステムを早くから支持していたスウェーデンの植物学者オーロフ・ルードベックとその息子にちなんで命名された（やはりルドベキア属の*R. laciniata*〈オオハンゴンソウ〉はもっと早くヨーロッパに渡り、まずパリのヴェスパシアン・ロビンが入手して1632年にロンドンのジョン・トラデスカントへ送った）。

遅咲きの*R. fulgida*が明るいオレンジ色のキクのような花なのに対し、その変種*R. fulgida* var. *sullivantii* 'Goldsturm'はもっと濃い黄色の花を咲かせる。もうひとつの変種の*R. fulgida* var. *deamii*は乾燥に強い性質を持っている。短命な*R. hirta*も含め、ルドベキアの仲間はすべて、夏の終わりまで庭園を彩るようにとくにかためて植えるのに適しており、多年草の品種はほとんど管理の手間を必要とせず、何年も花を咲かせつづける。

Rudbeckia fulgida

任していた依頼者のリーランド・スタンフォードは、オルムステッドの構想の一部しか採用しなかった。

　カリフォルニアの住人が豊かな水の供給に頼りきることの危険性に気づいたのはずっと後になってからである。19世紀の終わりには、庭園は世界中から集められた植物で満たされ、十分な灌漑が施されればそれらの植物は恵まれた気候の中で生育し、庭にはっきりと異国風の様相を与えた。ホースさえあればどんな様式の風景だろうと作り出せたのである。そうした人工的な方法で多くの外国産の植物を栽培することが、環境にどのような長期的影響を与えるかをあらためて考える人はほとんどいなかった。イギリス人の庭園ライター、A・T・ジョンソンは、オルムステッドやホールとともに環境について懸念したひとりで、パサデナ訪問のあと次のように疑問を表明している。「荒野をバラのように花盛りにしている最大の要因は、庭園や公園で惜しげもなく水をまくホースやスプリンクラーの見境のない使用である」

❖ 変化に向けて

　19世紀半ばまで、アメリカの園芸の流行はヴィクトリア朝のイギリスと大陸ヨーロッパの流行と結びついて起こっていた。その間に植物園が設立され、アメリカ原産の植物と造園の可能性に対する自覚が育ち、地盤作りができた。ダウニングの影響により、とくに郊外のヴィラの庭園にイギリス式のピクチャレスクな要素が広まり、同時に植物の展示に対するラウドンのガーデネスク様式と折衷的な姿勢も取り入れられたが、古くからある広大な庭園の多くは初期のコロニアル様式の整形的な要素を維持していた。1870年代になると、ボストンやニュージャージー郊外は富裕層の活動の場になり、世紀が変わる頃には、壮大な庭園に囲まれた豪邸がシカゴ北部のミシガン湖沿岸やデトロイトのグロスポイントに建設されるようになった。建築家のH・H・リチャードソンは、どのような時代の建築様式の屋敷でも、その歴史的背景にふさわしい庭園とともに建設することができた。

　1870年以降はアイデアや影響が世界中でますます均質化し、もはやアメリカの庭園の歴史だけを単独に語ることはできなくなった。日本が世界に対して門戸を開くと、デザインに対する東洋的な態度がとりわけアメリカに多大な影響を与え、大西洋の西と東で庭園に新しい自然主義を求める声が圧倒的な高まりを見せ、環境論争が真剣に戦わされることになった。アメリカで、そして世界各地でその論争がどのように進展しているかについては、第12章で見ていく。

◆第10章
時を超える伝統
中国の庭園
A timeless tradition
GARDENS OF CHINA

【分かちがたい結びつき】
12世紀の中国皇帝徽宗が描いた鳥と灌木。徽宗はまぎれもない才能と帝国の資金を、艮嶽と呼ばれる人工の山の建設に注ぎ込んだ。数千年もの間、中国では絵画と造園芸術は不可分の関係にあった。

　中国の庭園には、世界最古のもっとも長く続いた文明の姿が表われている。何千年もの間、中国の庭園は中国人独特の宇宙観を表現し、西洋からの訪問者をときには当惑させ、ときには喜ばせてきた。中国人は自然——風、水、山、樹木、花——をこよなく愛しているが、自然を征服しようという考えは持っていなかった。中国の庭園は宇宙の完全性の「代理を務める」ためにデザインされた空間であり、その中で自然と人はパートナーなのである。
　中国と西洋の庭園造りの伝統の一番の違いは、中国では比較的植物が重視されないという点にある。中国の庭園はとりたてて緑が多い場所ではなく、中国では庭園は植えるものではなく建てるものなのである。石と水はどちらも重要な象徴的な意味を持ち、庭園の主要な構成要素になっている。植物は付属品にすぎないが、それでも植物には文学的、芸術的、哲学的な意味が付与されている。ある種の花や木と特定の感情や季節の結びつきをつねに賛美することによって、中国の庭園は気持ちを晴れやかにし、知的な刺激を与える場となっている。中国の庭園には決まった型というものはないが、それが誇大妄想的な皇帝の伝説的な所領だろうと、学問好きな官吏のつつましい隠遁地であろうと、中国の庭園は自然の悠久のリズムを反映し確かめるようにデザインされている。

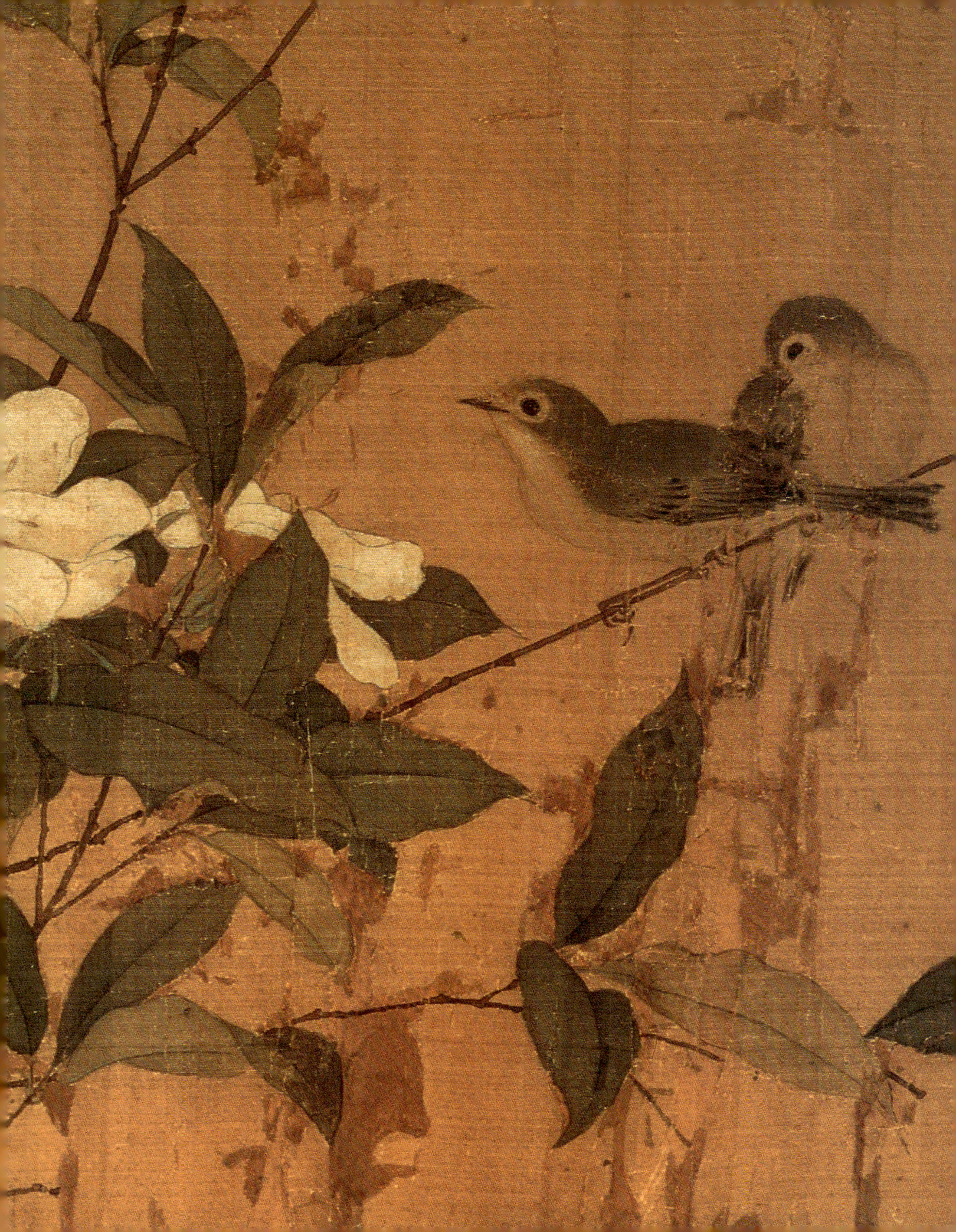

❖ 宇宙の縮図としての庭園

　チャイナという呼び方は、この国の最初の皇帝である秦の始皇帝に由来している〔秦は「チン」と発音される〕。冷酷かつきわめて有能な独裁者だった始皇帝は、前221年にはほぼ現在の中国本土に相当する帝国を設立していた。始皇帝の領土は北から南まで数千キロにわたって広がり、皇帝は咸陽（現在の西安近く）に置いた首都から霧に包まれた山々の頂を見晴らすことができた。その山々は皇帝の権威の源だった。始皇帝以前の中国の王、そしてその後のすべての中国皇帝がそうであったように、始皇帝は神聖な祖先である天からその下にある土地を統べる権限を託されたと信じていた。天は宇宙を支配し、季節を定め、人と動物に豊饒を与え、死と再生のサイクルを司っている。天の子として、皇帝はほかの人々よりも至高の祖先に近い存在であり、皇帝は支配者というよりむしろ神官だった。

　前210年頃、始皇帝は不老不死の仙人を探して帝国を巡行した。霊力を持つ仙人から永遠の若さを保つ霊薬を得ようとしたのだが、突然の死が皇帝を襲った。その頃にはすでに数十万人もの労働者が動員され、中国北部に陵墓の建設が進め

【霧に包まれた山々】
中国南部の広西省では、湖面から霧が立ち上り、そそり立つ尖峰は天に届く。中国の庭園はこのような自然の風景を縮小して再現したもので、そこでは岩が山の、池が湖の代わりである。

られていた。彼らは野球場並みの広さの坑を掘り、地下水脈の方向を変え、中央に巨大な墳墓を築いた。墳墓には大小の木々を植えて山らしく見せた。玄室は数千体もの実物大の兵士の像によって守られ、武器や軍馬、戦車まで備わっていた。それらの像は驚くべき陶製の軍隊として今も残っているが、初代皇帝が残した同じように驚異的な上林苑について知るためには、古代の記録に頼らなければならない。

先史時代には中国のふたつの大河、黄河と揚子江の流域は豊かな森林に覆われていた。集約的な農業の拡大によって、モモやナシ、スモモ、カキ、アンズなどの果物がたわわに実る森林のほとんどは縮小してしまったが、中国初期の皇帝は残された選りすぐりの太古の風景の中に林苑や庭園を造った。聖なる山々を背景に8本の川が縫い目のように流れる始皇帝の林苑は、遊園であるだけでなく、数世紀前にペルシアの丘陵地帯に存在したシュメール人やアッシリア人の大庭園と同じように狩猟園としての役割を果たしていた。始皇帝はこの風景の中に遠方の属国から貢物として差し出される希少な動植物を収集した。こうして上林苑は皇帝の領地がいかに変化に富み、富と権力がいかに大きいかを示すだけではなく、小宇宙であり宇宙の縮図となった。後世の詩人は初代皇帝の壮大な庭園の充実ぶりを次のように歌っている。

> 東の池から太陽が昇り
> 西の山々に沈む
> 園の南には
> ものみな枯れる冬のさなかも草が萌え……
> シマウマ、ヤク、バク、黒い雄牛
> 水牛、ヘラジカ、レイヨウ……
> 野牛、ゾウ、サイが暮らす。
> 北に行けば夏の盛りにも
> 大地はひび割れ、氷が張り……
> 一角獣やイノシシ
> 野生のアフリカロバやラクダ
> 野生ロバや牝馬がさまよい歩く……

始皇帝の治世に度量衡の単位や通貨、書体が統一され、万里の長城の大半が完成した。しかしこれらの業績は文化や宗教上の変革を伴っていない。最後の1世紀を除く過去2500年間、変化よりも継続が中国文明の特徴だった。始皇帝の時代より数世紀前の紀元前5世紀頃には、中国人はすでに土壌の質と標高と地下水面の相互作用を理解し、果樹園や畑の改良に役立てていたし、この専門知識を支配者の壮麗な庭園に活かす術も見つけていた。中国の遊園に関するもっとも古い記述は、前4世紀に書かれた詩の中に登場する。詩に歌われている架空の庭園は死に瀕した皇太子のもので、家臣はランの香りに満ちた空気の中で体を癒すように皇太子に勧める。小川がクジャクやハイビスカスの生垣のそばをうねるように流れている。「獣の調教」のために片側の壁が開かれた開廊や、屋根のある渡り廊下

【超自然の力】
仙人が三本足のヒキガエルの上に座っている。中国人は大昔から神仙島への憧憬を抱いてきた。神仙島は神秘的な仙人が住むといわれる楽園で、仙人は不老不死の霊薬を持つという超自然的な存在である。代々の皇帝はこの伝説を信じ、仙人が訪れることを願って湖と島のある庭園を造った。

が設けられている。宮殿の屋根の上にはバルコニーつきの園亭があり、池にはハスが今まさに花を開こうとし、見晴らしのよいテラスからは神聖な山々が一望できる。

❖ 伝説の仙人の島

　前206年に始皇帝の無能な息子が暗殺されて漢王朝が建てられ、この王朝は4世紀続くことになる。漢の支配者は始皇帝の治世の堂々たる威風を、宮殿も林苑も、その小宇宙を埋め尽くす希少な植物や動物もすべて含めて受け継いだ。しかし漢の武帝（在位前141-前87）は新しい林苑の建設においては初代皇帝をしのぎ、仙人、すなわち不死の人々の住まいを園内に設けた。

　始皇帝と同様に武帝も永遠の若さに憧れ、仙人に近づきたいと願った。この神秘的な空想上の存在は、もっとも高い西の山脈（ヒマラヤ）の最高峰や地下深い洞窟、そして東海の浮島に住むと信じられていた。仙人の住む東の島は亀に支えられ、その海岸には真珠と宝石のなる木が生え、金、銀、ヒスイでできた娯楽のための堂があると考えられていた。しかし、それらは島の住人と同様、人が近づくと霞のように消えてしまうのである。始皇帝やそのほかの君主と違って、武帝は仙人を探す旅に大金を投じるのではなく、仙人の住まいとなる神仙島の建設に莫大な資力をつぎ込んだ。仙人が特別あつらえの島の美しさを知って、コウノトリの背に乗って飛来し、不死の霊薬を少しでもさずけてくれることを願ったのである。

　武帝の林苑には築山が造られ、湖の中の島に珍しい花や薬効の高い薬草が植えられ、風変わりな形の石が置かれた。仙人の島という庭園のテーマをさらに視覚的に強調するため、大きな仙人の像が露受け鉢を捧げ持って立っていた。ここで露は気、すなわち精気を象徴している。気は宇宙の霊的な本質であり、気が立ち上って天になる。また、気は不死の霊薬の主要な成分でもある。残念ながら仙人は姿を現わさず、武帝は普通に年を取って死んだが、武帝の美しい湖と島の庭園は、一種の不死性を獲得した。仙人を呼び寄せるための武帝の工夫は、中国と日

【楽園を求めて】
16世紀の画家、文徵明（ぶんちょうめい）が、神仙島への旅を歌った8世紀の詩に着想を得て描いた風景。皇帝の命によって神仙島の探索に派遣された少なくとも1個艦隊の軍船は帰還しなかった。実在か空想かはともかく、仙人の探求は中国の画家や詩人が好む題材で、庭園の主要なテーマだった。

【象徴的なハス】
ハスは中国庭園でもっとも好まれる植物で、豊かな象徴的意味に加えて、文学や哲学との関係が深い。泥と水の中から顔を出し、水上で完璧な花を咲かせるハスは、仏教徒が物質世界の煩悩から解き放たれて精神の自由を得る解脱の生きた隠喩としての役割を果たす。

【繊細な売り物】
さまざまな鉢植えの植物をかついだ行商人を、18世紀に中国を訪れたヨーロッパ人が描いた絵。この国を訪れた初期の西洋人は、中国人の洗練された園芸の腕前に驚嘆した。

本の庭園の古典的な要素のもとになった。仙人が訪れるのを待つために生まれた湖と島の庭園の形の中に、古代の伝説が生き続けている。

歴史書によれば、武帝の庭園には2000本の植物が植えられていた。その中にはマンダリン、タケ、クチナシがあり、温暖な南部産のレイシのための温室が造られた。漢王朝の皇帝所有の皇家園林も、中国の外の世界との交流によって豊かになった。漢王朝の統治下で帝国の版図は拡大し、新しい交易路が開かれた。シルクロードもそのひとつで、オアシスからオアシスへと結びながら中央アジアを横断した。絹、漆、ヒスイが国外に運ばれ、羊毛、真珠、毛皮、スパイス、馬、ラン、ルバーブ、そして仏教僧が同じ道を逆にたどった。交易の発展に乗じて財をなした商人の袁広漢は、壮大な庭園を造った。川の流れを園内に引き入れ、そこではシカやウシ、チベット産のヤクが草を食み、頭上には南国のオウムが舞った。庭園には30メートルの高さの岩山が威容を誇り、43の立派な堂とテラスがあり、すべての建物は壁のない回廊でつながれていた。不幸にして袁広漢の金に糸目をつけない道楽は政府の不信を招き、袁広漢は皇帝の庇護を失うと同時に、庭園と命を奪われた。

❖ 植物と紙

漢の皇帝は軍事同盟国と貿易相手国に大使を送った。大使のひとりである張騫は、宮廷庭園のために新しい植物を持ち帰るように命じられた。張騫は12年間の叙事詩的な旅を終え、前126年にブドウ（*Vitis vinifera*）とアルファルファ（*Medicago sattva*）を手に帰国した。ある記録によれば、張騫は遠く地中海東部のギリシアの植民都市にまで到達したという。したがって、張騫がそのほかの植物、たとえばキュウリやイチジク、ゴマ、ザクロ、クルミなど、3世紀より前に中国に伝わっていた植物をもたらした可能性がある。チャノキはもうひとつの新しい恩恵だった。お茶を飲む習慣が中国北部に根づくまでにはもう数世紀を要したが、南部では273年に生活の楽しみとして初めて記録されている。

新しい植物や思想（仏教も含む）に加えて、漢王朝では重要な技術や進歩があった。手押し車もそうした進歩のひとつで、導入されたのはヨーロッパの庭園より1000年も早かった。漢王朝時代のもっと重要な発明は紙である。それまで使用されていたかさばる竹簡（竹でできた札）に比べれば紙ははるかに扱いやすく保存も楽だったため、百科事典、辞書、手引書などの編纂が盛んになった。当初から植物学は重要なテーマだった。中国最古の辞典である『爾雅』には300種もの植物が掲載されていた。3世紀初めに書かれたもっと

専門的な書物『南部の植物と樹木の研究(Fang Tshao Chuang)』は、中国北部では一期咲きの鉢花として栽培されるブッソウゲ(Hibiscus rosa-sinensis)のような花の性質や栽培上の注意点について詳述している。『南部の植物と樹木の研究』には、遠方のアラビアから中国にもたらされたばかりの2種類の香りのよいジャスミン(ソケイ Jasminum officinale とマツリカ J. sambac)の記録も見られる。

紙の発明後、中国の園芸書は途切れることなく発展した。野生種だけでなく栽培種にも触れ、交配結果を記録した研究書には数百種の新種の名が挙げられている。高木、果樹、低木、薬草は、古代の象徴的意味、観賞用としての価値、料理や薬としての利用法などの観点から徹底的に分類されている。しかし、この膨大な植物に関する知識の集成は、8世紀後半に印刷技術の発明によってさらに高まりを見せたものの、中国の庭園の外見に変化を及ぼすことはなかった。依然として中国の庭園の植物は、それらが連想させる象徴的、道徳的な意味と、古代において食料、薬、原材料として有用と認められた性質によって評価された。ハス、マツ、キクが中国の庭園で最初に盤石の地位を獲得したのも、この基準によるものだった。ほかの植物が枯れ果てる秋に花開くキクが庭園の観賞植物になるよりもまず長寿の薬草として珍重され、多用途で嵐でたわんでも折れないタケが高潔の象徴とされたのは偶然ではない。中庭に欠かせないマツは時を暗示していた。

❖ 陰と陽

伝統的な中国庭園に関する文献はつねに、植栽よりも水を求めて穴を掘り、岩を積み重ねることについて多くを語ってきた。それは風景を意味する中国語(山水)が山と水を表わす漢字の組み合わせでできているところにも表れている。天にも届きそうな山脈は大地の「骨」、そして河川はその「血管」になぞらえられた。中国の庭園では、世界の骨格である山脈は築山や岩石庭園という形で、「血液」である水は小川や池の形で表現され、そのふたつは相反しつつ補完しあう存在としてお互いに作用し合っている。それは、陰陽思想において陰(女性的な柔の力)と陽(男性的な剛の力)の相互作用が自然界のあらゆる出来事と人間のふるまいの根底にあると考えられているのに通じている。

中国文化のあらゆる面に、この相互に補い合う陰と陽の調和した関係が浸透し

シャクヤク

一般的な草本のセイヨウシャクヤク(Paeonia officinalis)はヨーロッパ原産で、学名はギリシア神話の癒しの神パエオンにちなんでいるが、もっと洗練されたシャクヤク(Paeonia lactiflora)と低木のボタン(Paenia suffruticosa)は中国生まれで、もともと医療用に育てられていた。シャクヤク(Paeonia lactiflora)はモンゴルの一部と中国北部、それにシベリア東部が原産地で、中国では庭園の花として何世紀も栽培されてきた。シャクヤクは唐の時代に人気が出て、シャクヤクに関する書物も増えた。1075年に王観が著した『揚州芍薬譜』には30種を超えるシャクヤクについての説明が、画家に依頼して描かせた絵とともに記載されている。

1780年代にはフランスの植物学者ピエール=マーシャル・チボがヨーロッパ人として初めてシャクヤク(P. lactiflora)について解説し、豊かな湿った土地で強い風に当てないで育てるように勧めている。チボはさまざまな色の一重、半八重、八重咲きの40種を超えるシャクヤクの美しさを描写しており、その多くは切り花用に栽培されていた。1863年には探検家のロバート・フォーチュンが天津近郊の大運河沿いにシャクヤク畑を見ており、そこでは市内の上流夫人のためにシャクヤクを栽培していた。現在では承徳の夏の離宮の庭園にシャクヤクのコレクションが育てられている。シャクヤク(P. lactiflora)は18世紀終わりにはすでに西洋で栽培されていたが、イギリスの造園家がこの花を自由に手に入れられるようになったのは、1808年にフルハムの育苗家レジナルド・ホイットリーによって広東から再導入されてからである。19世紀にはフランスの育種家が多数の新種を発表する一方で、イギリスの種苗園ケルウェイズは1884年にすでに250種を提供することができた(ケルウェイズは現在もシャクヤクの生産を専門にしている)。

【陰と陽】
16世紀の蘇州の庭園で見られるこの岩は山を表わし、硬い男性的な陽の性質を具現化している。中国庭園を完成させるためには水も必要で、水は陽とは反対で相互補完的な女性的性質の陰を表わす。

ている。絵画においては、陰と陽のバランスは光と影の関係で表現されるが、庭園においては陰陽のバランスはまず山と水で表わされ、次に繊細な花と無骨な枝の形が生み出すコントラストによってさらに強調される。3世紀に漢王朝が滅んでから数世紀にわたって続いた政治的分裂と混乱の中で、大規模な林苑の建設は下火になったが、相反しながら補完し合うふたつの原理のバランスは、官吏の小規模でもっと個人的な庭園でさらに磨きをかけられた。

❖ 文人の庭園

　漢の時代から、中国社会はエリートの役人である官吏によって支配されていた。徴税吏、公共事業の監督官、商工業の管理官、地方裁判所の裁判官、地方長官などの職に任命される前に、役人はまず孔子（前479年没）の教えを集めた古典的書物である『論語』を勉強する必要があった。孔子の哲学は宗教として語られる場合もあるが、孔子自身は自分を、教えを請う人々に天と祖先への尊敬、「気」の概念、そして相互に補完し合う陰と陽の力など、すぐれた古代の伝統を思い出させる使命を持つ教師であると考えていた。

　孔子の教えによれば、天の意志にしたがって生きようと思う人は、自分が人にしてほしいと思うように人に接しなければならない。しかしその人の行ないはすべて、父と子、兄と弟、夫と妻、そして友人同士という4つの重要な社会的関係の義務によって導かれている。これらの関係においては、目上の者は慈悲深く、目下の者は相手を敬い、従順でなければならない。孔子は自分が生きている間にこの教えが実際に活かされるのを見る機会はほとんどなかった。孔子は有力な貴族階級の子弟の家庭教師となり、より正しい社会が築かれる環境を求めて、対立する領地を渡り歩いた。

　孤独と失意の合間に、孔子は永遠に続く自然のサイクルに慰めを見出した。彼

庭園都市蘇州

605年に開通した中国の大運河は蘇州および肥沃な揚子江下流の流域と黄河を結んでいる。蘇州は米と魚、絹の取引によって繁栄し、中国の年間税収の10分の1を負担するほどだったが、それに加えてこの都市が名高かったのは、官僚になるための試験である科挙に合格する志願者の数が群を抜いて多かったためである。蘇州生まれの官吏は、任期を終え、富を築いて故郷に帰ると、造園に精を出した。この上なく優美で洗練された私邸庭園は、蘇州のエリート社会において高く評価される贅沢だった。

【陰の本質[上]】
この「中国式」庭園の光景はイギリスの壁紙の模様のために描かれた空想画で、周囲のほとんどを水に囲まれた庭園でくつろぐ人々を描いている。西洋人は中国式庭園のデザインに占める岩の存在感の大きさに当惑したが、湖や池の重要性はよく理解できた。なんといっても穏やかな水面は風景庭園の重要な構成要素だったからである。

【静と動[下]】
この丸い池はベルギー人デザイナーのジャック・ヴィルツによる作品。水面に映る光と雲の調和を妨げるものは何もない。一見平穏で落ち着いた空間に見えるが、たえず変化する空が庭園に活気と動きを与えている。

【相乗効果[右]】
造園家のフランク・カボットがケベックに造った有名な庭園レ・カトル・ヴァンの非の打ちどころのない美しさの中に立つハト小屋。この優美な3階半建ての建物はフランスの伝統的なハト小屋をモデルにして造られ、長い水鏡にその姿を映している。

【トスカーナの静謐[右下]】
トスカーナ地方のルッカ近郊に17世紀に建てられたヴィッラ・ガルツォーニにある古い池の穏やかな水面にスイレンが浮かんでいる。スイレンは噴水の水しぶきでたえず波立つ場所では育たず、静かな水面でしか繁茂しない。

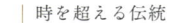

穏やかな水面
STILL WATERS

　中国の庭園において水のある風景は、たとえ人工的なものでも自然な水らしく見え、自然な水らしく動くようにデザインされた。なぜなら中国では水はあらゆる純粋で高貴なものを暗示しているからである。水は賢者のようにおのれの道を流れ、おのれにふさわしい高さを求め、まったく自然のままにふるまう。女性的な生命の力である陰が凝縮したものが水であり、小川や池や湖は陰陽のバランスも欠かせない要素でもあった。山々と水、明と暗、柔と剛、静と動が織りなす陰陽のバランスは、中国の庭園のいたるところに見られる。

　イスラム庭園や西洋の庭園ではまったく別の環境的、宇宙論的な関心が持たれているが、それでも水は似た位置を占めている。庭園を造る社会であればどこでも、水路の表面に揺らめく光の魔法、そしてハスやスイレンに覆われた池の静謐さに引きつけられずにいられないようである。日本の水のない禅庭園でさえ、瞑想と沈思を促す水の力は、石の「川」と砂の「海」によって引き出される。もっと散文的にいえば、水は小さな空間を大きく見せ、風景を無限に見せる。

　しかし、湖や池、水路から得られる恩恵は、禁欲的で哲学的なものばかりではない。庭園に水の領域を加える際、昔の庭園の所有者たちは水浴、舟遊び、花火の楽しさも考えていたのである。ヴェルサイユの大運河(グラン・カナル)はフランス国王ルイ14世の宮廷のために造られた劇場であり、遊び場だった。ミニチュアサイズの軍艦や司令官艇からなる艦隊が常駐し(そのうち1隻は宮廷楽団専用だった)、廷臣たちが乗るゴンドラも用意されていた。明りの灯された岸辺を眺めながら船旅を楽しんだあとは、美しく照らし出される庭園をそぞろ歩く。イタリア出身のゴンドラの船頭たちは運河のほとりに家をあてがわれ、その場所は今もリトル・ベニスと呼ばれている。

【水面のアーチ[上]】
パキスタンの都市ラホールにあるシャリマー庭園で、17世紀に造られた園亭のアーチのある回廊と欄干が池に映っている。水、そして水に映る風景は、ムガール帝国の代々の皇帝が建設した庭園では欠かせないテーマだった。なかでもシャリマー庭園は当時の姿をもっともよく残している。

【はるかな眺め[上]】
銀箔を広げたようなこの池はイギリスのデザイナー、デーヴィッド・ヒックスが造ったものである。頭上の空の果てしない空洞を「収めて」いる。

第10章 | 中国の庭園　327

の教えは、山河の風景は人生を高め、寿命さえ延びるほどの喜びの源だと教えの中で繰り返したたえている。「知者は水を楽しみ、仁者は山を楽しむ。知者は動き、仁者は静かなり。知者は楽しみ、仁者は寿(いのちなが)し」(孔子『論語』6.23)(『論語』、貝塚茂樹訳、中央公論社、『世界の名著3』所収)。

　中国の庭園史にとって幸いなことに、孔子は正しい行ないに関する自分の教えと、古代のもうひとりの賢者で道教の創始者である老子(前604-前517)の名状しがたい神秘主義との間になんの矛盾も見出さなかった。道(タオ)、すなわち宇宙を統べる秩序や原理は、「気」の概念を補足するものである。道は存在するすべての人やものを貫き、包み込んでいて、あらゆる生命と美の源である。道は特定の儀式や行動に集約されることはない。なぜなら自然と同様に、「それは行なわずして行なう」ものだからであり、道と一体となることは、恐れと不安をなくすことだからである。自宅の庭園で自然の力と形を支配し制圧しようと試みるのではなく、それらを賛美し、調和させようとさえすることで、中国の教養人は道と一体になろうとした。

　孔子と道教の教えの対照性は、官吏の住居と庭園の対比になぞらえられる。住居の正面の構えは整然として部屋と中庭は秩序正しく並んでいるのに対し、園(ユアン)では曲がりくねった園路や岩、池、木陰になったあずまやなどが、明らかな自然らしさを醸し出している。しかし、こうした二元論を主張するだけでは、孔子と道教の哲学が中国庭園で重なっている部分を無視することになるだろう。ランがそのいい例である。ランの微妙だが強い香りは「行なわずして行なう」のであり、それは道に通じるが、その茎や花の完全さは孔子の唱える勤勉さの結実を表わしてもいた。同様に、ある伝説の貧しい文人が紙の代わりにバショウの葉を用いたという理由から、バショウの木は孔子の唱える自己修練の象徴になった。しかし、雨の中、庭にたたずんでいるとき、下級役人で造園家でもあったこの文人の道教信者としての側面は、亜熱帯性のバショウの木のとりわけ大きな葉に雨粒が立てるぱらぱらという音を高く評価するのだった。

　町中の庭園にいるときは、官吏は職務を果たしながらも平穏な気持ちでいることができた。そのような庭園は、その家の女性たちが眺められる唯一の風景だった。社会的習慣と、のちには纏足の習慣によって行動を制限されていた官吏の夫人たちは、「自然の中で」好きなように自然と交わることはできなかった。田舎の別荘の小型の庭園「宇宙」の中では、知識人や役人は漢王朝滅亡後の不安定な体制がもたらす陰謀や危険を忘れていられた。こうして数年間の煩わしい勤めを終えて故郷の邸宅の自由な生活に戻った詩人の陶淵明(365-427)は、次のように歌った。

　　荒を南野の際に開かんとし
　　拙を守って園田に帰る……
　　久しく樊籠の裏に在りしも、
　　復た自然に返るを得たり
　　(「帰園田居　其一」、松枝茂夫・和田武司訳注、岩波書店、『陶淵明全集(上)』所収)

　同様に、偉大な学者で造園家でもあった司馬光(しばこう)(1019-89)は洛陽の庭園を楽しん

【空想の楽しみ】
雲を頂く山の中で、道教の隠者(上)は不老不死と精神の純粋さを得たいと願った。日々の仕事や家族を置き去りにできない人々は田舎に出かけ、庭園に包み込まれている小宇宙的な風景で代用するしかなかった。

【家庭の事情】
出世した官吏や有力な役人、高貴な家族の所有する都市の庭園（右）には、驚くほどたくさんの建物が建てられていた。裕福な家庭では引退した召使いや貧しい親戚、正妻以外の妻や妾を住まわせる別棟のほかに、お抱えの学者や家庭教師のための書庫や書斎、そして賢者や詩人のための田舎風の小屋が立ち並んでいた。持ち運びできる火鉢のおかげで、中国の庭園の建物には汎用性があった。それらの建物の部屋は食事や睡眠、くつろぎのために使えたし、ひとりでいるときも人をもてなすときも、詩作にも瞑想にも、家族団欒にも使うことができた。

【哲学的な探求】
「学者の庵」は中国の造園の歴史の中では定着した建造物だった。そのほかの園亭は音楽や将棋、詩吟など特定の知的な催しのために建てられた。

でいた。司馬光が書斎にしていた園亭は周囲をアオギリ（*Firmiara simplex*）に囲まれていた。アオギリは伝説の鳳凰が好んで止まる木である。庭の養魚池はトラの爪の形に掘られ、自慢の釣り小屋は竹を組んで造ったもので、どちらも司馬光自身の手作りだった。司馬光は自分の庭園を「独楽園」と命名し、この庭がどれほど気分を爽快にしてくれるか書いている。学問に倦むと彼は庭園に出て釣りをし、花や

薬草の世話をして、「どこへでも好きなところに視線をさまよわせた」。

❖ 仏教徒の隠遁生活

　3世紀半にわたって短命な王朝が次々と入れ替わったあと、6世紀の終わりに隋が成立して中国に再び統一と繁栄がやってきた。隋の第2代皇帝である煬帝は黄河流域の洛陽に都を置き、「千の眺望と、人の世には匹敵するものがない変化に富んだ美しさ」を持った風景に莫大な資金を費やした。それぞれ庭園を持つ16の水上宮殿が、9.5キロの長い湖にその姿を映していた。外国産の希少な植物や成木が並ぶ小宇宙のほかに神仙島があり、水上に浮かぶボートに乗ったからくり仕掛けの人形が中国の歴史をテーマに人形劇を演じた。煬帝の西苑を建設するのに100万人が動員されたといわれ、冬のカエデは葉が落ちると絹でできた葉で飾られ、夏のハスの花は人工的に大きくされた。この庭園には日本の使節の小野妹子が訪れ、日本の造園文化の発達に多大な影響を及ぼした(353-354ページ参照)。しかし、西苑の建設には煬帝の臣民が支払える以上の費用がかかった。煬帝が税を引き上げたあと、彼は暗殺され、歳入を食いつぶしていた西苑は破壊された。

　煬帝を暗殺した李淵は唐王朝を開き、初代皇帝になった。以後200年以上にわたる唐王朝の繁栄は、女性として中国で初めて天子の位についた則天武后に負うところが大きい。則天武后は14歳のときに唐の第2代皇帝太宗の愛妾として宮廷にやってきた。太宗は649年に亡くなったが、後継者の高宗は則天武后を寵愛し、宮中にとどまることを許した。武后が高宗の跡継ぎとなる息子を生むと、皇后の称号が与えられた。武后は宮中で30年間権勢をふるったのち、683年に自分の息子を退けて自ら天子となって支配し、82歳でようやく退位させられた。

　則天武后は仏教に深く帰依し、仏教の僧院を積極的に援助した(武后の支援を受けた仏僧は、釈迦仏の次にこの世に現れる未来仏である弥勒菩薩は女性の姿で現れると予言する文書を捏造した)。その治世の末期に、武后は信仰にしたがって朝廷をまるごと長安から96キロ北に離れた陝西の山林の無防備な仏教徒の隠遁地に移した。則天武后は中国史上稀に見る人物であり、廷臣たちは草庵に寝起きする生活に不満を漏らした

【詩人の邸宅】
8世紀に描かれた輞川図を16世紀に転写した絵巻。輞川図は唐代に大きな影響を残した詩人で画家の王維が田舎の邸宅を描いたもので、この地所には本宅のほかに、多数の小さな建造物が建てられていた。その中には眺めのいい露台つきの園亭や、花盛りの果樹に半ば隠れた「圧舎」家があった。

が、仏教徒の簡素な生活に憧れたのは武后ひとりだけではなかった。

1世紀から古代中国の道教と儒教の思想は仏教と融合し、7世紀にはその思想は中国文化のあらゆる面に浸透していた。山間部の修行場で、また都市の林苑で、仏教僧は瞑想の場、そして「世俗の塵芥」から逃れる場所を確保し、あるいは創造した。森羅万象はひとつであるという仏教徒の考えは、道教の宇宙と一体の思想を補足し、自然全般、とくに植物に対する中国人の見方に精神的な深みを加えた（道教の信者の中には、教祖の老子は前7世紀に中国を出てインドへ渡り、歴史上の仏陀になったという説を信じる人もいた）。偉大な芸術家の王維（701-761）は敬虔な仏教徒だった。彼は、絹の巻物に描かれた墨の色調で、深み、手触り、雰囲気まで表現する絵画の様式の創始者でもある。田園風の庭園を描いた絵巻物は唐代芸術の代表作であり、それから長い間繰り返し模倣されてきた。王維は中国の仏教徒が感じている自然に対する名状しがたい喜びを表現した。

❖ 愛と死、そして唐の滅亡

芸術家の王維が少年の頃、玄宗が天子の座についた。玄宗は芸術と文学、そして寵姫である楊貴妃をこよなく愛する寛大で教養のある人物だった。楊貴妃とその姉妹の慰めと喜びのために、玄宗は首都、長安に豪華な庭園と宮殿を造営した。玄宗は楊貴妃が大理石の浴槽で湯浴みしているときに秘密ののぞき穴からのぞいていたといわれ、瑠璃の「島山」を造り、その周りを侍女がビャクダンに漆を塗った小舟を漕いだとも伝えられている。しかし、長安はつねに西部と北西部からの外敵の侵入にさらされ、755年には安史の乱に乗じてチベット族の軍隊が侵攻してきた。玄宗に仕える将軍たちは長安の弱体化の原因として楊貴妃を責め、朝廷の逃亡中に玄宗に迫って楊貴妃を殺させた。

唐王朝の皇帝たちのもとで中国は栄えた。運河網が築かれ、印刷技術が発明され、あらゆる芸術が盛んになった。中国文化は各地に広まり、隣国の韓国や日本に強い影響を与えた。しかし経済が衰え、領土が失われるにつれて、仏教に対する弾圧が起こった。845年に中国古来の宗教以外は法律で禁止され、豊かだが非

【詩を描く】
中国中部の陝西省にあった王維の有名な輞川荘の庭園は湖と森、丘陵と小川のある穏やかな風景をしていた。8世紀に描かれたオリジナルの絵巻は、区分けされた空間の一つひとつが庭園の特定の向きや特徴に焦点を当て、輞川荘を題材にした王維の詩の一節に対応している。

生産的な僧院や尼僧院は没収された。だが、こうした政策もむなしく、907年に唐王朝は滅んだ。そして、ある詩人が「風にあおられるろうそくの火のように国がおこっては消えた」と嘆いたように、5つの王朝が次々と興亡した五代と呼ばれる時代が50年続く。続いて960年に新しい宋王朝が成立し、宋の皇帝は中国庭園の黄金時代を築いていく。

❖ 難攻不落の山

宋王朝は北宋と南宋のふたつの時期に分けられる。北宋時代（960-1127）、帝国の首都は黄河に面した開封に置かれた。宋の皇帝徽宗は才能ある画家で、自然への情熱を驚くべき庭園に注ぎ込んだ。開封に造られた徽宗の庭園は由緒ある宮廷庭園の要素を備えていた。神仙島や、帝国中から集められた動植物、宮殿で供される食べ物を栽培する果樹園や畑、道教や仏教の信徒のための「田舎風の」区域などがあったが、面積の点でいえば、徽宗の庭園は過去の宮廷の基準から見てとくに広いわけではなかった。特筆すべきは前例のない規模の人工の山の風景で、徽宗の庭園はその中に造られた。

岩と石を集めて造ったこの庭園は艮嶽（こんがく）（難攻不落の山）と呼ばれた。いくつかある峰のうちもっとも高いものは周囲の平野から60メートルを超える高さにそびえ、峰と峰の間はうっそうと植物が植えられた深い谷になっていた。ふもとの丘陵地帯には池や小川、水門のある滝が配置されていた。艮嶽の険しい斜面に建てられた書庫や萼緑華堂などの建物に行くには曲がりくねった石段を上る必要があり、あたりは一面珍しい形の岩だらけだった。角や爪、くちばしや鼻があるように見える岩や、マツの木のように見える岩、形や手触りが感情やアイデアを掻き立てて伝説や詩を思い起こさせるような岩があった。漢の時代から、岩の形や手触りは中国人にとって非常に重要で、珍しい岩は外国から皇帝への献上品として非常に喜ばれた。岩は強い陽の力を持ち、聖なる山々を連想させるだけでなく、道教の思想では天候と水と時間の融合を具現化するものだと考えられた。宋代に岩の魅力は熱狂にまで達し、有名な岩愛好家のひとりで詩人で書家の米芾（べいふつ）は、毎朝貴重な岩におじぎをし、「兄上」と呼びかけたといわれている。

【皇帝の画筆】
12世紀に造営された艮嶽の堂々たる山の風景は、徽宗の誇りであり破滅の原因でもあったが、現在は何も残っていない。しかし徽宗によって描かれたこの絵は、この不運な宋の皇帝の自然に対する愛と画家としてのたぐいまれな才能の証として今も残されている。

【受け継がれる遺産】
上海の豫園は16世紀に造られた精妙な庭園で、その名は「年老いた親を楽しませる」という意味がある。豫園でもっとも目を引く岩は、艮嶽の廃墟から運び出されたといわれている。

　徽宗は宦官の朱勔に命じて帝国で最高の岩を探して届けさせた。そのいくつかは蘇州の太湖で産出する石で、太湖石と呼ばれるこの岩は水の浸食作用を受けた石灰岩で、もっとも高価で人気があった。そのほかの奇岩の中には庭園の持ち主から徴収された岩もあった。岩を運ぶ荷船で運河の通常の交通が妨げられるほどだった。人の身ぶりや姿を思わせる岩に金でそれぞれの「名前」が彫り込まれ、林苑まで続く皇帝の馬車道に飾られた。

　しかし、岩に対する徽宗の興味は鑑賞だけにとどまらなかった。艮嶽の建築を始める前に徽宗は、跡継ぎの男子を授からない原因を風水師に尋ねた。風水師は気の流れが首都の形と方角にどのように影響されているか判断しなければならなかった。悪い気の流れはまっすぐ移動すると考えられていたので、中国の宮廷の入り口は魔除けの神獣で守られていた。よい気の流れに理想的な場所は、南向きの乾いた土地にある丘の中腹（丘全体の高さの3分の2まで登ったところ）で、東と西にそれより低い丘があり、豊富に水をたたえた池がある地形とされた。徽宗が相談した風水師によれば、男児の誕生を望む人間にとって首都、開封は起伏がなさすぎ、方角も北東に偏っていたので、より適切な地形を持つ艮嶽の建設が始められたのである。

　まもなく徽宗は男児を得たが、徽宗の庭園は国家を経済破綻に追い込んだ。1126年に首都、開封が遊牧民族によって侵略されると、朝廷はこぞって南へ逃亡せざるを得なかった。徽宗は侵略軍の捕虜となって最期を迎えた。残された人々は艮嶽を破壊し、貴重なタケや樹木を薪代わりに燃やした。

❖ 杭州の庭園

　北宋が滅んだのち、朝廷は杭州に置かれた。揚子江の河口と人工的に改良工事を施された巨大な西湖に挟まれたこの都市は、運河と橋の町といってよく、樹木に覆われた丘陵地帯が西部と南部に控えている。ここで南宋の皇帝は、洗練と優雅の極みを尽くした社会に君臨した。ヤナギに縁取られた西湖の湖畔に豪奢な邸

風水

　「風水」は文字通り「風」と「水」を意味している。簡単にいえば、風水はある場所に流れる「気」を読みとる古代中国の技である。気が望ましい状態にあるかどうかは、その場所の方位や起伏、水までの距離、そして中心となる物の形によって左右される。風水でいえば、理想的な庭園は南向きの丘の中腹にあり、東西にその丘より低い傾斜地があって、丘のふもとによいエネルギーをためておく場所になる池があるところである。伝統的な中国の庭園で、この条件を満たした理想の場所にあるものはほとんどないが、どの庭園も塀を張り巡らして、好ましい気の力を内部にとどめている。悪い気の流れはまっすぐに移動すると考えられているので、曲がりくねった壁や道が造られたり、中庭の入り口近くには魔除けの衝立が置かれたりした。中国の庭園の魅力的な特徴の多くは、風水の術がもとになっている。

宅や庭園が散在していたが、それらが記憶されているのは岩石庭園の規模や建設で犠牲になった人命の多さによってではない。西湖の水面で光ともやの織りなす風景は、宋の画家が描いた幽玄な山水画にその姿をとどめているのである。

中国では造園芸術と絵画が分かちがたく結びついていた。造園家は同時に画家であり、また学者、書家、詩人でもあった。彼らの作品は自然に対するのと同じ鑑賞眼と感覚で制作され、評価された。したがって、庭園風景の岩や樹木の向こうに立つ白い壁は、絵に描かれた風景の背景となる無地の絹地に等しい。宋時代の中国文化は山水画を発達させたが、そこでは人物は周囲の壮大な風景の中でごく小さく描かれている。自然の静けさと荘重さに対するこの感覚は、一羽の鳥や一輪の花、そして静かな河岸や山の風景を描いた『漁村夕照』、『静聴松風図』、『山市晴嵐』などの細密画によっていっそう抑制された形で引き出されている。宋王朝の滅亡後も、この風景画の伝統は王蒙(おうもう)(1385没)、呉鎮(ごちん)(1354没)、黄公望(こうこうぼう)(1354没)、倪瓚(げいさん)(1301-74)などの水墨画の大家によって長く受け継がれた。また、倪瓚は蘇州に獅子林園と呼ばれる庭園を開いたことでも知られている。18世紀ヨーロッパの庭園が古典に起源を持っていたように、古い中国の庭園もまた、中国の文学や哲学と深いつながりを持っていた。

手がける作品が平面であれ立体であれ、芸術家にとって杭州という土地は、今も昔も世界でもっとも想像力を掻き立てる風景を持つ。モンゴル軍が杭州を蹂躙したあとでこの都市を訪れたマルコ・ポーロは、西湖について語りながら「パラダイス」という言葉を繰り返し使っている。そして「実際にこの湖を船で行けば、陸上で味わうよりはるかに心躍る楽しさを経験できる。というのも、湖の片側は端から端まで都市が広がり、船上の客は離れたところから都市の美しさと威容を余すところなく眺められるからである。湖岸に向かって傾斜した土地を数え切れないほどの宮殿や寺院、僧院、庭園、高く伸びた木々が埋め尽くしている」と述べている。数世紀ののち、清の乾隆帝(在位1736-95)は母の60歳の誕生日を祝って北京近郊の頤和園(いわえん)に杭州の風景を再現させた。

❖ 古いテーマにもとづく新しい庭園

1279年にチンギス・ハンの率いるモンゴルの騎馬兵が万里の長城を越えて侵攻し、宋王朝の支配は終わったが、中国文化と中国の造園の伝統は深く根づいており、支配者が交代しても途絶えることはなかった。モンゴル人はすぐに自分たちの王朝を樹立し、元と称した。帝国の首都は万里の長城のすぐ内側の北京に置かれた。この都市は中国の最北端の地域にあって気候に馴染みがあり、彼らが住み慣れたステップ地帯に近かったからである。

マルコ・ポーロが北京を訪れたと主張する時期には、チンギス・ハンの孫のフビライ・ハンが帝位についていた。遊牧民出身の支配者であれば当然のことだが、フビライの宮廷庭園はこれまでの皇帝の庭園よりもはるかに緑が多く、岩は少なめだった。掘り起こした木を、まだ根に土がついたままの状態で現場までゾウに運ばせ、拡張した自然

【展開する庭園】
蘇州の庭園にある、壁をくりぬいて作った「月洞門」。壁の向こうの中庭をのぞかせ、訪れた人をさらに奥へと誘う。古い中国の庭園では、風景絵巻のように次々と見るべきものが展開するようにデザインされ、鮮やかな色彩よりも光と影のコントラストが重視される。

【山々の淡い眺め】
16世紀の画家唐寅(とういん)によるこの作品は『山中に不死を夢見る』と題され、ほとんど色を使わずに描かれている。古い中国の庭園と同様に、古典的な中国の風景画では色はあまり重視されなかった。それどころか、「気」を見つめる目にとって強い色彩は邪魔でしかなかったのである。

【本質的な要素】
下の絵は、8世紀の画家王維の『桃源行』を題材にして16世紀に描かれたものである。王維のオリジナルの絵巻の持つ明るい精妙さに触発されて、何世代もの中国の画家が山肌のひだや雲や岩の裂け目の形など、風景の形や表面の手触りの表現に力を注いだ。

な湖の岸に植え替えた。「海」に見立てられたこの湖の中心には、石灰岩ではなく瑠璃で飾られた島があった。マルコ・ポーロはこの庭園について、「あまりに緑が濃く、木々も岩もみな同じようにこれ以上ないほど緑で、ほかの色は目に入らない」と述べている。フビライがもっと北方の開平府(のちに上都と改称)に造った狩猟園は、今では跡形も残っていないが、イギリスの詩人コールリッジはこの都から着想を得て歓楽の都ザナドゥを詩に歌ったといわれている。また、北京の北海公園は今では公共公園になっているが、この中にある人工の山はフビライの治世のものと伝えられている。

しかし代々の汗(ハン)(君主)のもとで元は安定せず、1368年に新たな中国の王朝、明が成立した。明の皇帝は漢、唐、宋の各王朝の偉大な皇帝を手本としたが、帝国の首都は北京に置いたままにした。北京には世界一壮麗な宮殿である紫禁城が建設され、北京の西に広がる人造湖は、園亭や樹木、ごつごつした岩の「海岸」で飾られた。

明の時代には書物の印刷と研究をはじめ、あらゆる芸術が盛んになった。オランダ商人がヨーロッパに運び込んだ明朝中国の磁器を通じて、西洋は初めてパゴ

ダやひとり乗りの担ぎかごであるパランキーン、そしてシャクヤクなどのある国の様子を目にしたのである。しかし、磁器に描かれたのどかな風景は現実と一致しておらず、17世紀半ばに中国は再び動乱に陥り、1644年に清が成立して、1911年まで中国を支配することになる。

❖ 都市の喧騒の中の静寂

　王朝が興亡を繰り返している間も、中国の造園の理想は官吏や豪商の私邸庭園の中で表現され、洗練されつづけていた。私邸庭園の利点は、1634年に出版された古典的な造園技術書『園冶（えんや）』の中で、次のように書かれている。「このようにして騒々しい都市のただなかで静寂を得られるのに、目の前にあるその場所を無視してもっと遠くの場所を求める必要があるだろうか。いくらか時間の余裕ができればすぐ庭園におもむき、友人と手に手を携えて逍遥できるのだ」。このささやかな空間は、多くの場合、広さがせいぜい0.4ヘクタール程度しかなかったが、その中に長い伝統を持つ意味や象徴が包含され、共鳴し合っていた。これらの庭園は、「己が身のうちに真実があれば、それは真実になる」という『園冶』の金言を具現化したものである。

　ひとつひとつの庭園は宇宙の縮図とみなされ、以前と同様に岩や水がその主要な構成要素となって、その上に植物と樹木によって季節のリズムが加えられた。高低、明暗、そして狭い回廊の先の広い空間のように、対照的なものを並べておくことによって、無限を感じさせる演出が行なわれた。次々と移り変わる眺望はさながら風景絵巻のように展開し、来訪者はその中を散策するか決められた場所に立ち止まって庭園を観賞することができた。庭園内の壁のある廊（渡り廊下）（ラン）に設けられた窓や園亭（テイン）が、こうした決められた観賞地点の役割を果たした。亭とは本来は旅行者の休息所を意味する言葉で、園亭がなければどんな庭園も完全とはいえなかった。

　中国庭園を訪れた初期の西洋人は、まず建物の数の多さと多様性に驚嘆した。これらの建造物には古典的な漢詩や山水画、寓話から注意深く選ばれた建物名や引用句、出典が刻まれ、中国の教養ある特権階級の間でヨーロッパにおけるギリシアやローマの古典と同じ役割を果たした。

　江蘇省太倉の学者で1580年代の文壇と文化人を代表した王世貞は、弇山（せいてい）と名づけた自分の庭園について次のように語っている。「庭園内には3つの山、ひとつの山脈、ふたつの仏教寺院、5つの塔、3つの堂、4つの書斎、ひとつの副堂、10の園亭、ひとつの長い回廊、ふたつの石橋、6つの木造の橋、5つの石畳の渡り廊下、4つの洞窟、4組の池と早瀬、酒杯を流すためのふたつの水路がある。多様な岩の崖と急流の数は両手の指を折っても足りず、タケ、樹木、花、香草や薬草の種類は数えきれないほどである」。庭園全体はおよそ7ヘクタールの面積があった。

　王世貞の「酒杯を流すためのふたつの水路」は、中国庭園が「都市の喧騒の中の静寂」であると同時に、宴や園遊会のための場であったという事実を思い起こさせる。このような水路や小川は、

『園冶』

造園に関する専門書の古典である『園冶』は、1631年から1634年の間に明朝の芸術家で風景デザイナーの計成によって書かれた。3巻からなるこの書物には、築山の造営の方法、建物や回廊のデザインと装飾、岩や場所の選び方について、内容豊富に詳細が述べられている。だが、植物よりも建物に重きを置く中国の伝統に合わせて、『園冶』には植物の栽培に関する記述はほとんど見られない。千年の風景画の伝統を通じて鑑賞眼を養った計成は、画家として、実際の風景とともに岩や水、タケを配して造られる庭園も評価していた。夜明けから日暮れにかけて、あるいは季節を通じて移り変わる光や雰囲気を持つ庭園は、あたかも3次元の絵の中を歩くように□に入って散策できる絵巻物になった。

【図案の意味】

18世紀イギリスの建具師の手引書に描かれた中国風の格子。伝統的な中国庭園の景物が持つ形や図案にはとても興味深い名前が与えられている。欄干には「ひび割れた氷」の模様があるし、園路は「遊んでいる猫」のように曲がりくねっているものがある。一方、1ヶ所にまとめて建てられた5つの園亭は、5本指の龍の鉤爪に見立てられる。

【コントラストと幻想】

塀を四葉の形にくり抜いたこの窓は蘇州の庭園のものである。窓は塀の向こう側の景観を額縁のように切り取って見せる。これらの窓は「漏窓」と呼ばれ、風景が見え隠れする効果を高めるようにデザインされている場合もある。高低、光と闇のコントラスト、そして遊び心のある自然風なデザインの園路や柵、漆喰仕上げによって、狭い空間が無限の広がりを持つようになる。

庭園で楽しむ人気のある遊びの場になった。参会者は庭園に座り、詩歌を詠み、その間に近くの流れに酒杯が流される。杯が流れ去ってしまう前に詩ができなかった客はその杯を飲み干すという遊びで親睦を深めた。

❖ ミニチュアの楽しみ

　造園の楽しみは裕福で時間の余裕がある人々だけのものではなかった。盆景と呼ばれる、小さな鉢や桶の中に作られる風景を眺めて、生活に追われる貧しい人々も「山水」に親しむことができた。盆景は中国式の盆栽で、単独で、あるいは石や水とともにミニチュアの風景の中で育てられる植物を指している。文人や官吏は机の上に盆景を載せていたし、寺院や公共の建物の入り口の前に置かれている場合も多かった。

　19世紀の作家沈復（しんぷく）は、名園で知られる都市、蘇州に暮らしていた。貧しかったために自分の庭園を持つ余裕はなかったが、友人や親類の庭園のデザインや世話をして楽しんでいた。「庭園や園亭、曲がりくねった道、築山の岩や花の配置にお

いては、大に小を、小に大を、虚に実を、実に虚を感じさせるように心がけるべきである」と沈復は述べている。沈復は愛する妻を田舎の散策に伴えないのを残念に思っていた。沈復の妻は夫が山中にある一族の墓から持ち帰ったきれいな黄色い玉石を中心に盆景を作ろうと考えた。そこでふたりは黄色の小石の中から形に面白みのないものを選んで粉々に砕き、パテで固めて、できあがった「山」を長方形の皿に置いた。そして皿のあいた部分に川底の泥を詰めてウキクサを植え、石で築いた山の頂上にアサガオを植えた。「秋半ばにはアサガオは岩肌を伝うフジのように山全体に広がり、真っ赤な花を咲かせた。白いウキクサも花開き、心を赤と白の間にさまよわせていると、まるで神仙島を訪れているような境地だった」

あるとき、沈復は大事にしていたランが枯れているのを見て心を痛めた。以前、競争相手のラン愛好家に挿し穂をねだられて断ったことがあり、その人物がランに熱湯をかけたのだった。中国の身分の高い造園家が夢中になり、知識を競い合う鉢花は、ランばかりではなかった。シャクヤクやキクも鉢植えで育てられ、庭園の端やテラスに美しく並べられて、人々はそれらが成長する姿を眺め、季節や文学と関連づけて楽しんだ。

❖ 東西の交流

官吏や文人が都市や田舎に牧歌的な庭園を造ったのに対し、清の皇帝はもっと雄大なデザインを求めた。元王朝を建てたモンゴル族の支配者と同様、清の皇帝は北方民族出身の軍人支配者であり、年に1回父祖の地に詣でて、北京から北西に240キロ離れた承徳にある壮大な離宮と庭園に滞在するのを習慣にしていた。しかし、清の支配者は中国文化を変えることはなかったし、中国庭園は相変わらず芸術と美と自然に関する古来の考えを表現しつづけた。ただし18世紀半ばに一時期、はっきりした外国の影響が中国の宮廷庭園に及んだ。それは清の皇帝にふさわしい壮麗なフランス国王の遊園、ヴェルサイユの影響である。

【植物の役割】
植木鉢や盆で育てられ、テラスの端や欄干に沿って並べられている花や観葉植物は、伝統的な中国庭園においては主要な構成要素というよりも装飾品である。

網師園
THE GARDEN OF THE MASTER OF THE FISHING NETS

　網師園は上海から75キロほど東に離れたのどかな都市、蘇州のきわめて古い有名な私邸庭園のひとつである。高い白壁に隠され、広さは0.5ヘクタールほどしかないが、中に入ればそれぞれまったく雰囲気の異なる10を超える中庭が迷宮のように配置されている。それらの中庭には角を曲がると「消える」ものや、通り抜けられるところもあったが、それ以外は居心地のよい袋小路になっていた。

　光と影、高いものと低いもの、落ちついたものと活気のあるもの——網師園にはいたるところに対照の妙がある。園の中心には湖のような池があり、この池の巧みに計算された不規則な形によって、一目で庭園全体を眺め渡すことはできず、池のまわりには接客用の堂と、観賞と休憩を兼ねた日よけのついた場所が造られている。

　網師園は800年の歴史がある庭園だが、庭園の名前が網師園となったのは18世紀のことである。当時の所有者は、庭園を好んだ清の乾隆帝の時代に役人として宮廷に出仕していた人物である。ニューヨークにあるメトロポリタン美術館に展示されている中国庭園の「明軒」は、網師園の繊細でうっとりするような中庭のひとつを忠実に再現している。

【蘇州の宝石】
800年の歴史を持つ網師園の2ヶ所の眺め。繊細でありながら見るものを飽きさせないこの庭園は、上海より内陸の都市、蘇州の名を世に知らしめる庭園の傑作である。園内の岩の多くは、蘇州からあまり遠くない太湖から運ばれてきた。

円明園
YUAN MING YUAN

　乾隆帝(在位1736-95)は景観デザインに対する情熱と、過去の皇帝たちのような恥ずべき利己的な浪費を避けたいという願いの板挟みになって苦悩した。乾隆帝は北京郊外にある夏の離宮を拡張したいという誘惑と戦っていたが、丸3年間父の喪に服したのち、厳密にいえば庭園は賢明な支配者の心の平安のために欠かせないもので、「いかなる皇帝も支配者も、謁見の場を去り、公の務めを終えたときは、そぞろ歩き、景色を眺め、心からくつろぐための庭園を持つべきである」と考えて自分を納得させた。

　円明園(円明とは「完璧な明るさ」という意味)が過去も未来も宮廷の遊園として最高傑作であれば、将来の皇帝は新しい庭園を造る手間も費用も省けるだろうというのが乾隆帝の非現実的な希望だった。ヨーロッパの人々は、乾隆帝の宮廷に仕えたイエズス会士のひとりであるアティレ神父が伝えた円明園の複雑さに驚嘆した。最盛期には2万5000ヘクタール以上の広さに及んだこの広大な「改良された」風景は、巨大な塀に囲まれ、その中に山々と渓谷、洞窟、小川、湖、島、宴会のための堂、貴重な蔵書を収めた書庫、寺院、見晴らし台、田園、小さな狩猟園、中国南部の景勝地を模した景観、動物園、練兵場があった。アティレ神父によれば、円明園の園路は「自然の造形かと思うほどおびただしい数の芸術品で飾られている」。そして「川はあるところでは広く、あるところでは狭い。蛇行しているかと思えば、まるで本当に丘陵や岩山から勢いよく流れ出たように、まっすぐ伸びている場所もある。川岸には花が咲き乱れ、積み上げた岩の隙間からも花が顔をのぞかせている様子は、まるで自然にその場所で芽吹いたかのようだ」

　皮肉なことに、乾隆帝とアティレ神父の時代の円明園は、西洋楼と名づけられた興味深い廃墟として残るのみである。この遺跡は18世紀に皇帝に仕えたイエズス会士によってヨーロッパのバロック様式で設計された大理石の建物で、当時ヨーロッパで流行していた中国趣味のシノワズリとは逆に、中国で誕生したヨーロッパ風の宮殿だった。

【外国人の見た円明園】
円明園の海安堂東面。18世紀のイエズス会士ジュゼッペ・カスティリオーネによる銅版画。円明園には200を超える園亭と堂が建てられ、そのうち約30は宮廷に仕えていたイエズス会士の協力で設計された。

【海上の娯楽】
宮廷の船上匿遊会を描いた18世紀ヨーロッパの絵画。この宮廷の遊園は現在では北海公園の一部になっており、瓊華島の頂上に立つ白塔は北京市のシンボルになっている。瓊華島とはヒスイの島という意味で、中国の宮廷の遊園としてはもっともよく保存されている。瓊華島は今も深い緑に覆われ、南の団城と見事な白大理石の橋でつながれている。

　中華帝国は従属的な朝貢使としてしか外国人を受け入れず、中国以外の宗教の優位性は想像すらしなかったため、清の宮廷に入り込んだイエズス会の会士もキリスト教への改宗者を獲得する望みはほとんどなかった。しかし、イエズス会の教養ある会士は、数学者、天文学者、地図製作者、医師、技術者、そして芸術家として中国の宮廷に受け入れられ、礼遇さえされていた。

　アティレ神父は乾隆帝(在位1736-95)の庇護を受けたイエズス会の芸術家のひとりで、神父が故郷に宛てた手紙が1749年に出版されると、ヨーロッパの読者は中国庭園の傑作である円明園(左ページ参照)の造営に関する記述を読んで興奮を覚えた。実際には円明園はいくつかの庭園の複合体であり、その広大な面積の大部分は水が占めている。北京近郊に造られたこの庭園は、宮廷庭園の由緒ある小宇宙的な構成要素のすべてを含んでいたが、今ではいくつもの小区画の中に奇妙な構造の廃墟が残っているにすぎない。西洋楼として知られるこの廃墟は、乾隆帝がイエズス会の廷臣に命じて造らせたバロック様式の大理石の大建築の遺跡である。もう一人のイエズス会士チボ神父は中国の園芸書を研究し、中国庭園における植物の歴史と象徴全体をヨーロッパ人が理解する端緒を開いて、1784年に北京で亡くなった。

　ヨーロッパの商人はイエズス会士ほど快く受け入れられたわけではなかったが、同じ時期にフランス、イギリス、オランダ、ドイツ、ポルトガルの商人がきわめて限られた貿易の便宜を与えられていた。中国製の絹や茶、綿、磁器に対する18世紀ヨーロッパの熱狂的な需要を考えると、そのような条件では明らかに不十分だった。中国人は中国語を外国人に教えることを禁止され、関税は頻繁に変わり、賄賂と汚職を招いた。ヨーロッパ諸国は北京に大使を送り、もっと有利な条件を認めるように中国にじわじわと圧力をかけ始めた。

　1782年にイギリスからマカートニー卿が全権大使として初めて公式使節団を率いて中国を訪れた。彼は母国では風景派運動の熱烈な支持者であり、宮廷庭園を見て熱狂的な反応を示し「イギリスのプレジャー・グラウンドを飾る美しい配置、見た目の楽しさ、想像のふくらみ、どれをとってもここで目にできないものはな

第10章　中国の庭園　341

シノワズリとシャラワジ
CHINOISERIE AND SHARAWADGI

18世紀ヨーロッパの「開化した」貴族や知識人は中国文化の魅力に引きつけられた。そしてこの魅力はシノワズリの流行につながっていく。シノワズリとは、哲学、芸術、思想や事物など、なんであれ「中国風」なものを指している。

この中国趣味は、裕福な家庭では磁器のティーセットや孔子や老子の古典の翻訳書という形で示された。そして庭園では曲がりくねった小川や園路、優雅な橋、仏塔や園亭などとして表われている。

オランダ人旅行家のヤン・ニューホフは1653年から1657年にかけて中国を旅行し、北京で見た何層もある築山について報告しているが、中国庭園についてヨーロッパに伝えられた初期の情報はほとんどまた聞きか、漠然とした印象にすぎなかった。17世紀後半にはヨーロッパの大庭園はきわめて幾何学的で整形的な空間だったが、その時代に文筆活動をしていたイギリスの外交官サー・ウィリアム・テンプルは、中国人は直線を軽蔑すると述べ、中国の庭園風景の非対称で不規則な美を「シャラワジ」という造語で表現した。

テンプルのいう「シャラワジ」はどんな中国語の単語にも一致しないため、学者はその由来に首をひねったが、それにもかかわらず「シャラワジ」の概念は有力なイギリス人造園家、とりわけスティーヴン・スウィッツァーやアレグザンダー・ポープの心を動かした。スウィッツァーは「シャラワジ」を実用的な自然主義的デザインに移し替えた最初の職業造園家であり、一方ポープはトゥイックナムの自分の庭園に「心地よい複雑さ」と「巧妙な野生」という中国様式の原則を取り入れた。

数十年後、中国庭園の最初の詳細な目撃にもとづく描写——アティレ神父による円明園の記述——が、流行に敏感なヨーロッパ人の耳目をさらった。さらに中国の風景デザインの原則を解釈して実際に取り入れたのは建築家のサー・ウィリアム・チェインバーズで、彼は若い頃に広東を訪れたことがあった。チェインバーズはキューにあるジョージ3世の庭園のために10層の中国風のパゴダをデザインし、1772年に有名な『東洋の造園に関する論文』を出版した。

この頃になると、風景派運動がイギリスを席巻していたため、チェインバーズは中国の造園原理に対する理解を広めながら、風景庭園のどこまでも続く空虚さに異を唱え、多様性と整形的な複雑さへの回帰を唱えるようになった。テンプルをはじめとする人々が中国人は直線や整形的な構成を軽蔑すると主張したのに対し、チェインバーズは中国人は「規則的で幾何学的な形に対する嫌悪感」をまったく持っていないと主張した。

チェインバーズのデザインはイギリスよりもドイツやフランスで熱狂的に受け入れられた。たとえばプロイセン王国のサンスーシ宮殿(220ページ参照)の敷地に立つ中国茶館は、建築当初は整形庭園の中にあった。18世紀終わりには、シノワズリ愛好家は風刺の対象になり、18世紀のアイルランド系イギリス人作家のオリヴァー・ゴールドスミスは、中国の想像上の官吏が当世風の貴族の夏の離宮のモデルが中国だと聞いて驚愕する話を書いている。

シノワズリは曲がりくねった園路や瀟洒な園亭以上のものには発展しなかった。日本庭園の苔や砂上に描かれた文様、そして禅庭園が19世紀から20世紀にかけてヨーロッパや北アメリカの庭園で独立の存在として再現されたのとは違って、独立した存在としての中国庭園が18世紀ヨーロッパの庭園に移し替えられることはなかった。

【美しい細部装飾】
18世紀終わりにドイツの庭園のために造られた中国風の廟(左)。風変わりな中国風の建物や景物は、最初にイギリスで人気を博し、風景庭園の中で効果的に用いられたが、シノワズリの流行は大陸ヨーロッパでの方が長く続いた。

【異国の中国様式】

中国風の建物が立つ一画がウィーンのラクセンブルク公園（上）に変化を与えている。一方、フランスのカタログ（右）は「アングロ・シノワ」の廟のデザインを紹介している。このふたつのデザインは、ジョルジュ・ルイ・ル・ルージュによって1776年頃に出版された『イギリス式庭園』に掲載されたものである。ヨーロッパではパターン・ブックが数多く出版され、あらゆる様式の東洋風建物、橋、門の図やアイデアがページを埋め尽くしていた。シノワズリの流行は屋内にも及び、中国風の壁紙や絨毯や椅子が流行に敏感な家庭の内装に用いられた。

【目を引くパゴダ】

1757年に、当時イギリス皇太子だったジョージ3世はウィリアム・チェインバーズにキューの王立庭園の修景を依頼した。その後チェインバーズは「アイキャッチャー」になるデザインの数々を発表した。なかでも有名なこの壮麗なパゴダは、今でもシノワズリの記念碑として立っている。

第10章 ｜ 中国の庭園　343

い。ブウラン氏やハミルトン氏に中国に接する機会があったとしたなら、彼らのとびきり素晴らしいアイデアは、今日私が堪能した豊かな中国の源泉から着想を得たにちがいないと断言していただろう」と述べている。マカートニー卿はアイルランドの植物収集家ジョージ・ストーントンとふたりの植物学者を伴っていた。彼らは常緑でつる性のカカヤンバラ(*Rosa baracteata*)や多年草のタケニグサ(*Macleaya cordata*)を含む200種を超える植物を持ち帰った。それから25年後にウィリアム・カーによって広東の庭園からモッコウバラ(*Rosa banksiae*)が入手され、植物学者ジョゼフ・バンクス卿の夫人レディー・バンクスにちなんで学名がつけられた。カーはほかにもヤマブキやオニユリ(*Lilium lancifolium*)など、数々の美しい植物を紹介している。

19世紀半ばになると中国を訪れる西洋人は増加し、鉱物資源の探査や鉄道敷設のための測量、そして新しい植物の調査を行なった。ロバート・フォーチュンは、ヨーロッパではジャパニーズ・アネモネと呼ばれるシュウメイギクや、レンギョウ、ウツギ、冬に開花するスイカズラ、3種類のガマズミを持ち帰った(小種名の *japonicum* は、実際には中国で最初に収集されてヨーロッパに渡った植物につけられている場合が多い)。フォーチュンが中国と日本で行なった精力的なプラントハンティングによって120種を超える新しい庭園植物がもたらされ、「全ヨーロッパが彼に恩義がある」といわれる。しかし、プラントハンターは中国が抱える外国人探検家や旅行者の脅威のうちでもごく小さなものにすぎなかった。中国政府の観点からいってはるかに深刻な問題は、中国の絹や香辛料、茶と引き換えにインド産のアヘンを売るイギリス商人の行動だった。

宮廷は、当時中国と西洋の唯一の交易窓口だった広東でアヘン取引を禁止しようとしたが、イギリスは1839年から1842年にかけてのアヘン戦争でこの宮廷の試みを粉砕した。戦争の結果締結された南京条約は、アヘン貿易を合法化し西洋列強に領土の割譲を認めさせる一連の「不平等条約」の最初のものになった。中国にはもはや西洋の搾取から身を守るすべがなかった。何千年も続いた中国文化は、

【湖畔のフォリー】
このたぐいまれな大理石の船は、同じようにたぐいまれな人物だった西太后により、中国海軍の資金を流用して1889年に茶亭として造られた。

ヨーロッパの経済力と軍事力の前には無力であり、宮廷庭園である円明園はまっさきに犠牲になった。乾隆帝の造った夢のような景観——数々の建物や柱廊玄関、噴水、樹木——は、中国が休戦中のイギリス人を捕虜にして虐待したという理由で、報復として1860年に英仏連合軍によって火をかけられた。

❖ 頤和園

円明園の焼失から6年後、西太后は円明園の一部を再建し、平和をもたらす決意の象徴として頤和園(「幸福な調和の庭園」の意)と名づけた。1884年から1908年にかけて中国の実質的な支配者だった西太后は、有能で意志の強い指導者だったが、同時に強欲で背徳的で無慈悲でもあり、皇帝の生母としての権力を濫用して中国の改革と近代化を阻んだ。1887年に西太后は60歳の誕生日を記念して頤和園のさらなる修復を命じ、劇場や何百メートルもある長廊、大理石でできた船の形をした茶亭などを造った。しかし、西太后が誕生祝いの庭園のために浪費した金は、中国海軍の近代化に使われるはずの資金だった。西太后は、新しい海軍兵学校の場所として頤和園を造営し、園内の湖を訓練に利用するという口実で予算を獲得したのである。西太后に仕える進歩的な臣下の間では、中国で唯一の近代的な船は大理石でできているという皮肉な冗談が交わされた。

今日では、大勢の観光客と中華人民共和国の一般市民がこの大理石の船を見物しに訪れている。ドラゴン・レディーと呼ばれた西太后が、たとえばヴィクトリア女王のように敬愛をこめて語られるようになるにはあと1世紀はかかるかもしれないが、頤和園は国定公園として大切に保存されている。

【皇太后の特権】
ある廷臣が、西太后について「他人の不幸に強い喜びを感じるのが陛下の性格だ」と述べている。西太后は庭園にも強い喜びを感じ、いくつもある宮廷の離宮を自由に移動できるように鉄道を敷設させた。

❖第11章
象徴と抑制
日本の庭園
Symbolism and restraint
JAPANESE STYLE

【冬のマント】
雪の降り積もる兼六園。もとは有力な藩主の私庭で、金沢の名高い公園として1871年から一般に公開されている。「兼六園」の名は、名園に必要とされる「宏大、幽邃、人力、蒼古、水泉、眺望」の6つを兼ね備えているという意味でつけられた。この庭園のもっとも日本的な特徴は四季折々の風景である。その美しさは植物の開花期に左右されない。

　日本の庭園が到達した独特の境地は、西洋に大きな影響を与えた。ほかのどの国民よりも日本人は造園芸術に超越的な意味を与えることに成功した。日本人は自然を自分たちとは違う「別の」何かとしてとらえたことはなく、人も自然も同じ創造物であるという感覚は、インスピレーションをかきたてる彼らの庭園史に一貫したテーマである。

　芸術や宗教上の変化だけを取り上げて日本庭園の歴史を語ることはできない。なぜなら、日本では古いものが新しいものと共存し融合することができるからである。日本庭園の傑作には時間を超越した特性があり、それらは現在形でも過去形でも表現できる。日本庭園の歴史を語るには、「神々の道」、すなわち自然に宿る古代の神々を崇める神道から始めるのがいいだろう。神々を祭る神社は日本の最初の聖地である。そして中国との関わりについて見ていくが、それは日本の輝かしい平安時代の庭園は中国文化と仏教の影響を抜きにしては理解できないからだ。しかし日本では、国外からもたらされた価値観や教えの勝利が古来の伝統の敗北を意味しなかった。神道時代の聖地はしばしば仏教的な意義を新たに帯びたが、自然に対する神道の意識は禅庭園の静謐な抑制の中でさらに高められた。造園に対する日本古来の才を発揮したどのような表現形式よりも、禅庭園は美の涵養は本質的に精神的な業であるという日本人の信念をよく体現している。

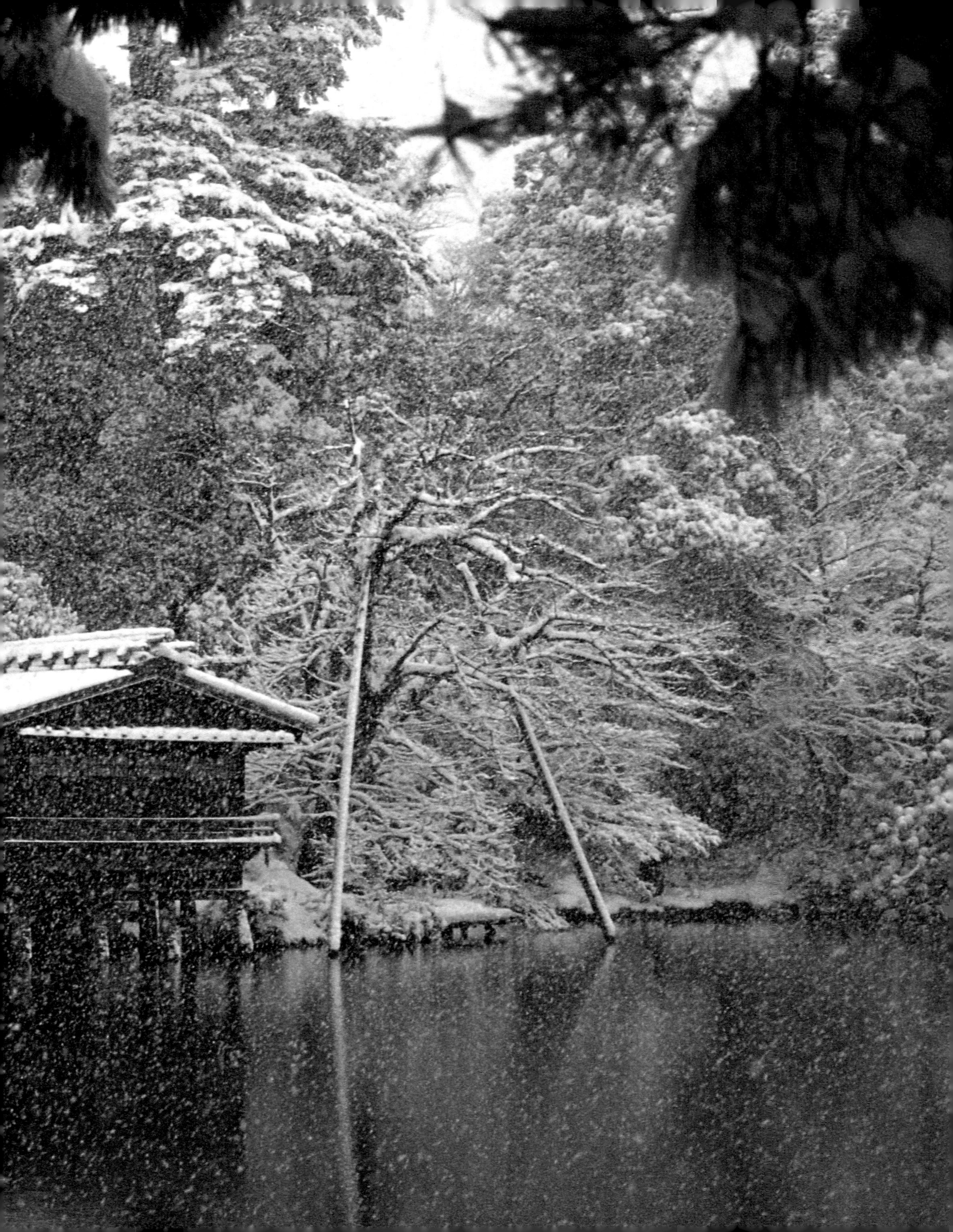

❖ 日本庭園の精髄

　石や刈り込まれた常緑低木がある池泉庭園であれ、茶庭であれ、広大な敷地の回遊式庭園であれ、ほとんど植物を植えず、水もなく、波紋を描いた白砂と石で構成された禅庭園であれ、西洋人の目にはまず日本庭園の「外観」が映る。19世紀の終わりから、この外観、すなわち様式はヨーロッパと北アメリカ中の庭園で熱心に模倣された。そうして造られた日本風庭園はそれぞれ魅力があるものの、本物とは似ても似つかないものである。なぜなら、外観と違って真の日本庭園の精神は、厳密な剪定や数少ない植物、砂と砂利と石の興味深いありさまといった形では再現できないからである。

　西洋の造園家と比べると、日本人は厳格で理解力のある剪定師である。そのため、日本では季節感のある花はあまり用いられず、一定の形に刈り込まれた常緑低木や小さな木々が、より深い抑制の感覚を伝えてくる。日本庭園の外観のもうひとつ際立った特徴は、日本が豊かな植物相を持つ国であるにもかかわらず、それぞれの庭園に植物が占める面積が比較的少ないことである。日本では、植物を集めることや珍しい植物は重視されなかった。日本の造園家は園芸家というより芸術家である。ひとつの石、1本の植物も、単体としての価値よりも全体のデザインに与える効果を考えて選ばれ、庭全体が非の打ちどころなく維持される。落ち葉は掃き清められ、砂利や砂は熊手でならされ、植物は手入れされ、樹木は剪定される。重視されるのは秩序、制御、抑制であり、それらはこの国の造園の精神の中核を占める要素である。

　日本以外の国々では、近代的庭園デザインは異なる歴史や異なる文化からアイデアやテクニック、哲学を取り入れており、日本の歴史や文化もそれに含まれている。しかし日本の庭園デザインは、日本の歴史と宗教の精髄でありつづけている。ほかのどの社会とも違って、日本では人間と自然の関係は本質的に精神的なものであり、造園は単なる園芸作業をはるかに超えたものである。日本の最古の宗教である神道、そして仏教の教えや修行から生まれるこの精神は、日本の造園のあらゆる側面を形作っている。

　静謐で簡素、そして一見したところ時を超越しているように見えるため、日本の庭園は16世紀から17世紀にかけてヨーロッパで流行した整形庭園と同じくらい不自然である。しかし、日本庭園の整然とした構成は、幾何学的対称性という観点からは理解できない。日本庭園は本質的に非幾何学的で、直線や軸線、整列線がなく、その非対称性は主要な構成要素である石、水、植物の注意深い配置の結果である。それらの構成要素は象徴的な意味を帯び、その意味を理解することによって日本の庭園デザインに対する理解が豊かになるばかりでなく、一般的な庭園の意味を深く理解することにもつながる。

❖ 石と水

　日本庭園では、石はなにげなく目にするものよりもはるかに大きな役割を担っている。日本では、古い岩がつねに尊ばれてきた。庭に古い岩があるのは、ヨーロッパの風景に古木があるのと同じ価値があるとみなされている。伝統的にもっとも望ましい石の性質は「さび」で、長年自然の作用にさらされて生じた時代を感

【精密な芸術】
高木や低木はまるで鋳型にはめて作られたかのようにきっちりと剪定される。常緑の「丸石」や「雲」や「波」は眺望を縁取り、日本庭園の整形的な構成に寄与している。

【園路をたどる】
大徳寺の禅宗寺院に向かう木陰になった入り口。大徳寺境内には、日本庭園のふたつの至宝と目される大仙院の枯山水と高桐院の優雅なカエデの庭がある。日本庭園の入り口につながる通路からは、その奥に何があるのかはほとんどわからない。

【霊妙な配置】
日本の庭園デザイナーは昔から、石の大きさ、形、質、配置に何よりも注意を払ってきた。現代の造園家、重森三玲によるこの20世紀の石の配置は、文字通りではないにしても11世紀の『作庭記』の精神を受け継ぎ、京都の東福寺で中世の方丈の庭を現代に蘇らせている。

じさせる趣のある石を意味している。京都の初期の庭園では、石は付近の川や山腹から集められたが、17世紀には、自然の中にある石だけでなく、古い庭園から有名な石を集めるのに大金が投じられるようになった。そしてのちの首都、江戸(現代の東京)の庭園は、遠方から石を取り寄せなければならなかった。ついに19世紀には「さび」のある石に驚くほどの金額が支払われるようになり、政府が布告を出して1個の石に対して支払ってもよい金額の上限を定めるほどだった。

ひとつひとつの石、あるいはいくつかの石の集まりは彫刻のように扱われるとしても、それらの大きさや形と同様に、石の配置は狙い通りの効果をあげるうえで非常に重要である。庭園デザインに関する本のうち、11世紀の日本で最初の造園書である『作庭記』には石の配置に関して17項目もの禁止事項が挙げられており、その中でもっと

第11章 | 日本の庭園

も長い間守られたのは、庭園に運び込む石は、もとの場所で向いていた方向と同じ向きに置かれなければならないというものである。高く直立した石は力強く、日本に自生する高木を思わせ、丸みを帯びた石は平安と静寂を感じさせる。本物の巨石が大地から盛り上がっているかのように見せるために、大きな石がその体積の7割も埋められる場合もある。

池泉では鶴や亀の形の石が中国の伝説にある神仙島（322ページ参照）を思わせ、「夜泊石」と呼ばれる石が島を目指して海を渡る船団に見立てられる。石を組み合わせて作る石組は、日本の山々と絶壁の風景や、波に洗われる巨岩を表わす場合もある。古くから神社や皇居前で聖域や儀式の場所を示すために用いられてきた白水晶の玉石や白砂は、禅庭園では波を象徴するために使われている。禅庭園は何よりもまず瞑想のための場所であるため、古代の神道において石や砂、あるいは砂利に与えられていた格式は、観照の対象としての性質を得て、さらに豊かになった。

現代の日本の都市では汚染と土地不足が足かせになるとはいえ、この国の多雨多湿な気候は日本の造園の伝統が水に恵まれていることを意味している。庭池の中には自然な水の景観や有名な海岸線を模したものがあるし、雲やヒョウタンの形をしたものもあれば、池の輪郭が水や心という漢字の草書体をかたどったものもある。実際に水がなくても芸術的な石の配置が乾いたカスケードを作り出し、水の流れがたった今止まったか、今まさに流れ出そうとしているかのように思わせる。

❖ 花と葉の祭典

日本人の自然好きは有名だが、この国の素晴らしい風景を見れば驚くにはあたらない。日本には豊かな森に覆われた山々、激しく流れ落ちる川、漂う霧に包まれた山肌、そして険しい絶壁や砂浜の湾のある入り組んだ海岸線がある。ウメやサクラの開花前線の北上によって長くゆったりした春の訪れが告げられ、祭りや花見が催される。6月と7月の梅雨、暑くじめじめした夏に続いて秋が訪れ、カエデやカツラ（*Cercidiphyllum japonicum*）のような落葉樹の黄金や深紅の葉に彩られる。一方、スギ（*Cryptomeria japonica*）を中心とした濃い緑の常緑樹の森には、サザンカやキンモクセイが燃え立つような色を添える。

庭石の形を補うために、樹木は整った丸い形に刈り込まれ、日本の自然の風景の背景となる山や雲、波を思いおこさせ、曲線の多い樹木の輪郭は絶え間ない動きを暗示している。ときには樹木は明確なシルエットを出すために四角い形に刈り込まれ、ツツジのような人気のある花の開花を制限する結果にもなる。伝統的

【花の雲】
上野公園のサクラが繰り広げるこの華やかな春の祭典は、20世紀初頭に撮影された手彩色写真である。東京の上野公園は今も伝統的な花見の名所として人気がある。花見の季節は2月のウメに始まり、3月のモモ、4月のサクラと続く。

な高木や低木の季節ごとの花を除けば、日本庭園は石と力強い常緑樹の形が生みだす構成の中で、夏も冬も変わらない姿を見せる。昔から好まれた植栽はほとんど日本原産のもので、マツやウメ、サクラ、カエデ、ツバキ、ツツジ、そして装飾的な塀や格子に用いられるタケが、今でも里山に生育している。しかし、春と復活の季節を告げるウメ（*Prunus mume*）は、もとは中国から渡来したものである。海岸で潮風に耐えて曲がったクロマツ（*Pinus thunbergii*）は、海辺の景観を代表するものだが、アカマツ（*Pinus densiflora*）は山腹の森林を代表する木である。マツは長寿と永遠の象徴でもある。

また、マツは古びた感じを出すために弓なりの形に仕立てることもでき、名人の手による剪定で望み通りの効果が生まれる。ウメもまた、太く節くれだった幹に新しい枝を出させるために極端に刈り込まれる。対照的に、サクラは花を愛でるために山から移し替えられ、日本の詩歌や絵画で称賛の限りを尽くされてきた木で、つねに自然のままに枝を伸ばすことが許されてきた。秋に咲くサザンカは花びらの絨毯で地面を覆う。カエデ、とくにイロハモミジ（*Acer pa'matum*）と呼ばれる樹高が低く繊細な葉をつける種類は、淡い木陰を作る。春には日に透けるような葉を茂らせ、秋になればアメリカ東部の秋の彩りにも負けない緋色と紫がかった深紅色の目もあやな光景を生む。

非常に人気のある常緑樹として、スギ、秋に芳香を漂わせるモクセイ、春に花を咲かせるサカキ、モチノキ、そしてタケがある。伝統的な花木には落葉樹のフジ、モクレン、カツラ、そして春に淡い黄色の花が咲きこぼれるヤマブキがある。伝統的な庭園を飾る草木植物はほとんどないが、中国と同様、改良されたボタンやキクが品評会のために鉢植えで育てられ、日差しや雨を避けて特別な台の上に展示される。秋の落ち葉、なかでもカエデ、そしてとりわけサクラやツバキの花びらは、装飾的な効果を狙って庭の苔や草の上に散ったままにされている場合もある。

日本人は庭園の植栽を選ぶとき、借景の原則がもっとも重要だと考える。小さい木を庭園の縁に植え、大きい木を中心付近に植えることによって遠近感が生まれ、庭園の境界の向こうにある風景が縁どられて、庭園の中に取り入れられる。日本庭園のもうひとつの重要な要素に建物がある。日本の冬は比較的過ごしやすいのに対し、夏は暑くて湿気がひどいので、家は夏を少しでも快適に過ごせるように設計されている。隙間風を防ぐよりも風通しをよくするように考えられ、西洋の家よりも開放的で外向きに作られているため、内と外との間にはるかに優れた調和が生み出されている。

【愛される象徴】
団扇に描かれた金色のキクは、秋の輝きを象徴している。この錦絵は歌川広重（1797-1858）による「四季の花尽」のために制作された版木（1843-47）から作られた多色刷り版画である。日本では、秋はキクの季節である。キクは日本の国花であり、昔から愛され、称賛されてきた。11世紀の王朝文学『源氏物語』には、キクの「心を落ち着かせる穏やかな甘い香り」についての描写がある。

【内なる外】
この古い京都の庭園を見れば、伝統的な日本建築にはほとんど壁というものがなく、内と外の境界が固定していないことがわかる。動かせる屏風やすだれ、引き戸によって、蒸し暑い夏にもさわやかな風やすがすがしい景色の恩恵を余すところなく受けられるようになっている。

❖ 神聖な風景

　日本人の自然崇拝は神道の時代までさかのぼる。その時代には山や木、川、岩や海に宿ると信じられていた精霊が、亡くなった祖先の霊と融合し、「神」として人間の生活のさまざまな問題に重要な影響を及ぼしていた。たぐいまれな古木や珍しい形や大きさの石は、内陸でも海岸沿いでも農耕社会や漁業社会の人々によって祈りと神聖な儀式の場所として大切にされた。神さびた石はそのまま自然の場所で縄を張った結界の中に置かれたが、石の中には庭園に立てて、あるいは池の中に島として配置されるものもあった。自然な池は深く掘られ、大きさも広げられて、神の宿る神島としての存在感が石に与えられた。

　もっとも重要な神道の女神は太陽神の天照大神で、皇室の伝説的な祖先でもある。神道の神話には天照大神が神社を作る土地を探す話がある。天照大神は本州東海地方の伊勢に適した土地を見つけた。そこは庭造りの神が食べ物や薬、染料になる有益な植物を栽培する庭園を開いた場所の近くで、現在でも日本でもっとも神聖な場所とされている。簡素な木造の建物が自然のままの森の中に立ち、大きな木々の間を抜ける曲がりくねった石畳の道を歩めば、山々や遠くの海が垣間見える。そのような神道の神域では、木は人と神々の間の仲介者であり、神聖な木には邪気を払う「しめ縄」と呼ばれる縄が巻かれている。日本語の「森」という言

葉は、神々の宿る場所を表わす「社」に通じ、神殿を持たない神社を意味している。

日本の神道における神社は、庭園の歴史に直接的な役割を果たしてきたとはいえない。なぜなら、神社は決して遊園とみなされたりそのように利用されたりしないからである。しかし、白砂や砂利で聖域を区別する習慣に神社の成立とともに始まり、古代の人々が風景や自然物に対して持っていた称賛の念は、6世紀の終わりからは仏教意識が加わって、さらに深まっていくのである。

❖ 中国唐王朝の影響

仏教は550年頃に日本に伝来したというのが定説になっているが、この新しい宗教が日本の政治組織の一部に根を下ろしたのは聖徳太子(574-622)の摂政時代だった。聖徳太子は若くして、仏教を普及させ中国の制度にならって日本の国家を整えるという事業に取り組んだ。聖徳太子時代の日本では、仏教と中国唐王朝の文化は切っても切れない関係にあった。中国の文字や医学、天文学、租税、政治制度、儒教や道教、中国の建築や造園の様式が、6世紀から7世紀にかけて日本に浸透した。

小野妹子は朝廷から中国の宮廷に使節として派遣され、608年に中国の学者や専門家の一団をともなって帰国した。中国の煬帝は妹子の携えた国書の冒頭に「日出ずる処の天子、書を日没する処の天子に致す」と書かれているのを読み、日本の天皇と対等な扱いに不快感を示したと伝えられている(日本という国名は日の本、すなわち太陽の源という意味である。確かに神道の神宝である玉、剣、鏡は、太陽の光をとらえて大地の豊饒を保つことができるとされている)。中国を訪れた小野妹子は、当時100万人の労働力を動員して建造中だった煬帝の壮大な庭園(330ページ参照)に感銘を受けた。そうした大事業は権力を誇示し、中国宮廷の権威を高めるもので、日本の支配者層は模範とした。710年に日本で最初の長期的な首都となる奈良の都が中国の唐の都にならって建設された。

奈良の御所や邸宅、寺院は大路で結ばれ、美しい庭園に囲まれていた。これらの庭園はほとんど跡形もないが、現存する風景画や詩歌から、唐の都、長安の庭

【神聖な神社】
聖地としての日光は、8世紀から記録に登場する。この井戸は日光の神社の境内にあり、御幣と呼ばれる白く細い紙で飾られている。神社は入念に清浄を保たれ、参拝者は手を洗い、口をすすいで身を清める。

【菊花の宴】
19世紀の偉大な芸術家である葛飾北斎(1760-1849)は、宮廷の貴婦人が菊見に出かけたときの控えめな喜びを描いている。何世紀もの間、9月9日には菊花の宴が開かれ、詩歌や行楽を楽しむ機会となり、今も五節句のひとつとして大切にされている。

園を忠実に模して造られたことがうかがえる。奈良の貴族の庭園は自然の風景を写し、必ず島のある池泉と石組を含んでいる。竜や空想上の水鳥の鷁の頭をかたどった竜頭鷁首船が園池の遊覧に使われていた。8世紀に編纂された『万葉集』には、貴族で学問もあった蘇我馬子の池泉庭園のオシドリや白いアセビを詠んだ歌がある。馬子の邸宅は蘇我氏の系統を継ぐ若い草壁皇子に継承され、草壁皇子が夭折すると、その死を悼んで「御立たしの島の荒礒を今見れば生ひざりし草生ひにけるかも」、「水伝ふ礒の浦廻の石上つつじ茂く咲く道をまたも見むかも」と詠まれている。ほかにも湖水のきらめき、水面に映る石、新緑の柳、フジの花の香りを歌った歌がある。

　仏教に深く帰依した聖徳太子は、奈良に五重の塔のある法隆寺をはじめ、いくつかの重要な寺院を建立した。しかし仏教を篤く敬う気持ちと、神道の信仰や儀式に対する継続的な支援との間に聖徳太子はなんの矛盾も感じなかった。仏教は排他的な信仰ではないのである。ほかのどの場所でもそうだったように、日本でも仏教は仏陀にしかるべき崇敬が与えられる限り、古来の神々の放棄は要求しなかった。神道の山岳信仰はしばしば仏教的な意味を帯び、山岳修行と結びつくことができた。しかし、仏教思想の影響により大規模な天皇陵の造営に代わって寺院の建造が盛んになると、8世紀の終わりには日本の社会で仏教が強大な影響力を持つようになり、僧の道鏡が皇位を狙う事件が起こるまでになった。こうした仏教勢力の強まりに危機感を抱いた朝廷は奈良の都を出ることに決め、794年に新しい首都を建設した。

❖平安京

　新しい都は平安京と名づけられた。この名前は平和と安寧の都を意味し、現在は京都の名で知られている。新しい宮殿の建造が始まる前に陰陽師が京都の地相を吉兆であると判断し、天皇陵と主要な神社の神々へ祝詞があげられた。奈良の都と同様、京都は碁盤の目のように設計されていた。京都は今も昔もふたつの川に面し、三方を緑あふれる山に囲まれ、北東を比叡山の高い峰に守られている。

　京都の大内裏には庭園を造るための十分な敷地がなかったが、遷都から数年後、広大な池泉庭園である神泉苑が造られた。天皇の新しい遊園は13ヘクタールあまりの敷地を占め、園内には園亭や小丘が造られ、カエデやヤナギ、サクラなどが植えられた。当時の人がこの庭園を称賛した次のような言葉が残されている。「この庭の美しさは神々しいほどで、どれほど眺めても飽きることはない。……立ち去る決心がつく前に、いつも日が暮れて追い帰されるようだ」。京都の古い街並みの一角に残された池以外、神泉苑の面影はもう残っていないが、同時代の天皇の離宮である嵯峨院は、同様の設計と様式で造られ、はるかによく保存されている。

　日本で初めて宮中の花見の宴を催した嵯峨天皇は、823年に譲位して嵯峨院に住まいを移した。嵯峨院内の大沢池の池畔には大覚寺と呼ばれる仏教寺院があり、今も咲き誇るサクラや優美なカエデに囲まれて立っている。20世紀に修復と保存のために大沢池の水を抜いたとき、卓越した風景デザイナーの重森三玲が池を調査する機会を得た。調査によって明らかになったのは、長年の間に池の水位が上がって島が縮小したこと、そして現在残っている岩島は直線に配置された5

【嵯峨天皇の別荘】

9世紀の嵯峨天皇は初めて宮中の花見の宴を嵯峨院で催したといわれている。嵯峨天皇は823年に譲位すると、離宮の嵯峨院に移り住んだ。京都の仏教寺院である大覚寺（写真）の境内にある大沢池と呼ばれる池は、唐王朝様式の嵯峨院の庭園の唯一の名残である。

つの伏石のひとつだということだった。大沢池のもとの湖底は粘土でしっかり固まっていて、水が漏れないようになっていた。大沢池は堤を築いて山から流れ出る川をせき止める、この時代の典型的な方法で築かれた。大沢池に注ぎ込むカスケードの土台となる石組が現在も残っている。

平安遷都から千年の間、京都は日本の都でありつづけたが、天皇の権力はしだいに名ばかりで儀礼的なものになった。866年から1160年にかけて藤原氏が天皇と姻戚関係を結んで実権を握り、重要な政治的地位を独占した。しかし、政治・軍事の面で宮廷の力が衰える一方で芸術と文化が興隆した。平安時代(794-1185)は日本文化の黄金期として知られている。庭園は平安文化の成果を構成する要素のひとつである。教養があり風雅を好む京都の貴族は、芸術の一形態、そして宮廷生活に欠かせない詩歌の延長として庭園を発展させた。周辺の野山を散策し、庭園に植える野の花を持ち帰るのは、平安時代の上流社会の重要な習慣だった。

平安時代の黄金期の庭園はもとの形では残っていないが、この時代の文学や絵画によってその姿が明らかになっている。当時の文学に、宮廷の側仕えの女性だった紫式部によって書かれた11世紀の傑作『源氏物語』がある。『戦争と平和』の倍の長さがある紫式部の不朽の名作は、ある貴公子の物語である。彼の生活と恋愛、旅、そして教養を得るための努力を描きながら、紫式部がよく知っていた平安時

代の宮廷生活を忠実に書き表し、再現している。

　平安時代の庭園に関するより実用的な情報源が、日本最古の造園書『作庭記』である。『作庭記』は11世紀の終わりに廷臣の橘 俊綱(たちばなのとしつな)によって書かれた。この本には庭園のデザインと維持管理に関する豊富な助言が含まれており、その多くは千年前と同様に現在でも通用する実用的なものである。また、奈良時代が最盛期を迎えたあと、中国の唐を手本として模倣することに熱心だった庭園デザインが純粋に日本的な芸術として変貌を遂げていく様子もわかる。今も昔も自然は造園家の最大のインスピレーションの源であるが、平安貴族は唐の様式のように自然をミニチュア化するだけでなく、自然を理想化した。そして中国の庭園風景の荒削りな岩山を再現するのではなく、自分たちを囲む風景の穏やかな曲線を模倣した。

　さらに、『作庭記』は中国の風水(333ページ参照)の考えを取り入れながら、それを日本に合うように応用して示している。中国の古典的風水で要求される必須要素の代用として樹木を植えるよう『作庭記』は提案し、川がなければ9本のヤナギを、池がなければ9本のハナズオウを、広い道ができなければ7本のカエデを、そして丘がなければ3本のヒノキを植えればよいなどと述べている。これらの提案のほか、石の配置や水路の向きなどに関する多数の情報に加えて、美的、宗教的、そして実際的な無数の問題に必要な注意を払いながら、『作庭記』は平安貴族の邸宅のレイアウトを詳しく描写している。

　平安貴族の邸宅は寝殿造りと呼ばれる様式で建設された。寝殿造りは寝殿を中心に、妻子や従者の住居となる東西の対屋(たいのや)が吹き放しの渡殿(わたどの)と呼ばれる廊下で結ばれる構造になっていた。格子状に道路が走る京都では、およそ120メートル四方の1区画が標準的な貴族の住居となり、高位の貴族に与えられる敷地はもっと広かった。神殿、渡殿、対屋に囲まれた小さな中庭は壺と呼ばれた。このような貴重な空間では、小さな庭の中に自然を縮小する必要があった。壺は砂や苔で覆われ、主人の好みに合わせて石や花木が配された。壺にフジが咲いていれば、その壺に面した対屋では装飾のモチーフとしてフジが屏風に描かれたり布製の帳に刺繍されたりした。『源氏物語』には藤壺の宮と呼ばれる高貴な女性が登場するが、その呼び名は藤壺という名の殿舎を与えられていることに由来している。貴族の住居では、主庭は寝殿のすぐ前に設けられた広場の向こうに造られた。寝殿前の広場は白砂で覆われて娯楽のために利用され、宮廷では儀式や公式行事の場となった。白砂や砂利が敷かれた前面の広場は天皇の清浄さや神聖な身分の象徴になった(現在の京都御所では、主要な儀式がとり行なわれる紫辰殿と清涼殿は1855年に再建されたもので、白砂を敷き詰めた広大な庭がそれぞれの建物の前に設けられている)。この白砂の庭は左右を数本の木で縁どられている場合もあるが、小川や丘の修景はその外側にとどめられた。公務に使用されない天皇の離宮にはこのような規則は適用されなかった。離宮の庭園は自然の風景を再現したもので、修学院離宮庭園や桂離宮庭園に今もその姿を見ることができる(371ページ参照)。

❖ 京都から鎌倉へ

　都が京都にあった平安時代は350年以上続き、11世紀から12世紀にかけて豊かな文化の発展が頂点に達した。894年以後は、衰退した唐への使節団は派遣され

物語作家の素顔

『源氏物語』の作者は紫式部という名で知られているが、紫は物語に登場する人物の名前で、式部は彼女の父親の宮廷でご役職名である。紫式部の本名は謎だが、866年から1160年にかけて実質的に日本を支配していた有力な藤原氏のあまり重要でない家系に生まれたことがわかっている。1000年頃に紫式部は朝廷から地方に派遣される地方行政官と結婚するが、わずか数年後に夫は式部とまだ幼い一人娘を残して亡くなり、紫式部は父親のつてで10代の中宮彰子に側仕えとなった。彰子が皇太后になるまでの短い宮仕えの経験が『源氏物語』の歴史的な背景をなしている。

【奥まった庭】
江戸時代の17世紀に描かれた日本の屏風絵。庭園を見下ろす広縁で逢引する恋人たちが描かれている。平安貴族の邸宅にはいくつかの殿舎があり、それぞれが独自の壺、すなわち庭の区画に面している。壺にはその殿舎に住む人の好みに応じて植物が植えられている。

なくなった。そして外国文化から隔離されていたその後の数世紀に中国の影響はしだいに薄れ、日本独自の文化が花開いた。庭園の様式と同様、建築様式も華やかさが抑えられて洗練の度合いが増し、文学では漢字を補助する新しい表音文字が使われ始めた。学者が用いる漢文ではなく日常使われる日本語で『源氏物語』が書かれたことは、日本風の文化に対する新たな自信を示す出来事である。この実り豊かな隔離の時代は、鎌倉幕府(1185-1333)が開かれて日本が中国への興味を新たにするまで続いた。

　藤原氏による摂関政治のもとで、貴族は京都の宮廷に群がっていた。結果的に各地方に生じた力の空白は、野心のある一族の頭領が埋めた。封建制のヨーロッパで封建領主が兵力を頼りに法と秩序を維持していたのに似ている。彼らのうち、エリート戦士は武士、あるいは侍と呼ばれた。「侍」という言葉は「仕える人」を意味している。1184年に平氏が陸と海の戦いで源氏に敗れた。源氏の頭領の源頼朝は征夷大将軍に任ぜられ、鎌倉を本拠として支配することに決めた。鎌倉は頼朝の領土内の都市で、教養ある洗練された京都の社会から数百キロも隔たっていた。

　東北地方を平定した頼朝は、仏教寺院の毛越寺を見た。中国様式で建てられ、時を告げる鐘楼と太鼓の両方を備えた毛越寺には、美しい平安時代の池泉庭園があり、この地域は平泉と呼ばれる。頼朝は1189年、鎌倉の松林の間に毛越寺とそ

第II章｜日本の庭園　　357

源氏物語の庭
THE GARDENS OF PRINCE GENJI

　平安時代の黄金期の庭園は、紫式部の『源氏物語』の中に生き生きと描かれている。物語の主人公である光源氏の邸宅について、紫式部は次のように書いている。「もともとからあった池や築山も、工合のわるい所にあるのは崩して造りかえ、水の流れも築山の恰好も改めて、御婦人方の御希望によって、いろいろと変った趣向でお造らせになる。例えば紫の上〔謎に包まれた『源氏物語』の著者は、主人公にとくに愛されたこの女性にちなんで紫式部と呼ばれる〕のお住まいになるはずの東南の一廓には、山を高く築き、春の花の木などを無数に植え、池の趣も格別に趣向を凝らし、御前に近い植込みには、五葉の松・紅梅・桜・藤・山吹・つつじなどのような春の観賞に適した木草を特別な用意をして植え、秋の草花もあちこちに混ぜて、かすかに見えるように植えてある」（『新装版源氏物語』、今泉忠義、講談社）

　紫の上の庭園から見える春の花盛りの島に近づくために、源氏は中国風の船を仕立てて、「中宮のお庭の南の池は、紫の上のお庭の池に通って往き来のできるようにはじめから作らせておありになるので、小山がその間にあって隔ての関に見せてはあっても、その山の出鼻を漕いで廻れば……中島の入江の岩陰に船を棹寄せて見ると、ちょっとした庭石の立て方も、まるで絵に描いたかのようだ。あちらこちらのどれも霞のかかっている木々の梢などは、いかにも錦を張り渡したように見え……池の水に影を映している山吹は、岸からこぼれて水に漬かるかのように、今がいかにも真盛りだ」（同上）

　源氏のもうひとりの恋人である秋好中宮は秋が好きだったので、中宮の庭園は「色も濃くなるはずの紅葉のいろいろを植え、澄み切った水を泉水として遠くから引き、遣水の音もいよいよ高く響くことのできるように岩を立て添え、滝を落としたりして、遥かに遠くまで秋の野原そのままの趣に作ってある」（同上）。冬の美しさを楽しむ庭園が源氏の娘の母のために造られる一方で、もうひとりの恋人である花散里の庭園は、涼しげな泉を中心に、「木々も、夏の涼しい木陰にことよせた植え方だ。御前に近い植込みには呉竹が植えてあって、その下風は涼しいに違いないだろうし、遠くにある小高い森のように繁った木立ちも奥深くて趣があり、周囲には卯の花垣根とともに山里らしく結い囲して、その内側には昔を思い出させるという花橘に撫子・薔薇・苦丹などのような、花の咲くいろいろな草を植えて、春と秋との木や草がその中に混ぜてある」（同上）

　源氏の庭園の描写全般に、詩的な構成が重視されているのが見て取れる。紫式部の恋多き主人公は、そのモデルとなった実際の平安朝の廷臣と同様に、自然を

【月夜の舟遊び】
歌川広重によるこの団扇絵は1854年頃の作品で、光源氏が寵愛する紫の上を連れて月夜の湖に船を漕ぎ出す情景が描かれている。花盛りの木に彩られた島は、紫の上の小さな壺庭から見える遠景を描いたもの。

きわめて詩的な観点から眺めており、庭園デザインもその詩的な観点を通して作られている。植物や景物は詩的でロマンチックな意味とメッセージを帯び、庭園は美とくつろぎと愛の語らいの場所であるばかりでなく、全体でひとつの詩としての役割を果たした。9月のキク、そして5月のショウブ（*Acorus calamus*）の開花は祭りと宴の機会になった。その生活様式が『源氏物語』の着想のもとになった延臣たちは非常に洗練された美を解する人々で、『源氏物語』の作品全体に愛や美に対する無常観があふれている。たとえば「菊は一面に霜のために美しく色がわりして、風に争って紅葉(もみぢ)の散り乱れるなど、いかにも趣深く見えました」(同上)とある。

【『源氏物語』の情景】
この浮世絵（上）は歌川国貞（1786-1865）による1847-52年頃の作品で、『源氏物語』の一場面を描いている。平安貴族の殿舎のように、紫式部の物語に登場する女性たちの住まいは地面より高く造られた屋根のある廊下で結ばれ、その上から池泉庭園の気持ちのいい風景や香りを味わうことができた。

【恋人の訪れ】
『源氏物語』の「夕顔」の章を描いた勝川春草の団扇絵。恋に飽きることのない源氏は新しい女性に出会い、美しい庭に招きいれられる。この貴公子のように、平安貴族は恋人のもとを夜訪れて朝立ち去った。

の庭園をモデルにした永福寺の建設を始めた。荒々しい鎌倉武士は、寺と関係がなければ庭園にはほとんど興味がなかった。

鎌倉の支配を背後で支えていたのは稲田で働く百姓だったが、表にあるのは美しいが死を招く刀だった。鎌倉幕府の支配者層は退廃的な宮廷の生活を蔑み、武士道に従い、とりわけ禅に共感していた。禅は仏教の宗派のひとつで、人間が意図的に学ぶことのできない直感や意志を高めようとする。存在と自然に対する禅的な見方は日本でよく理解され、高められたため、禅がインドに起源を持ち、中国を通って日本に伝わったことは見過ごされがちである。鎌倉時代に日本の僧が中国の僧院を訪れ、禅を学んで帰国したことから、日本に禅が広まった。禅とは瞑想を意味し、心を静める禅の儀式は単純なものに対する感受性を高めるために考案されたものだが、やがて新しい庭園様式を磨き上げていくことになる。

❖ 室町時代の芸術復興

1333年に鎌倉幕府が滅ぶと、足利尊氏が征夷大将軍に任じられた。尊氏は京都に戻り、室町で幕府を開いたので、足利氏によって支配されたこの時代は室町時代（1336-1568）と呼ばれている。室町時代は造園芸術も含めて、あらゆる芸術が栄えた時代である。足利氏の支配のもと、京都は宮廷があるだけでなく、再び政治の中心になった。足利氏が京都の北東部に建てた壮麗な邸宅は室町殿といい、敷地内に多数の桜の木が植えられていたことから、花の御所とも呼ばれている。室町幕府の支配者層は権力と富（農民に対する重税による）を手中にし、芸術の保護者であり実践者になった。彼らは詩作や書道を学び、美術品、絵画、中国産の陶器や漆器の熱心な収集家になった。

平安時代の黄金期の庭園が中国の唐の文化の影響を物語っているように、室町時代の庭園は北宋文化の影響を表わしている。モンゴル人の侵略軍が中国を荒らしまわると、宋の宮廷に仕えていた職人や芸術家は日本に逃れて保護者や弟子を得た。宋の芸術様式は、新しい庭園の様式に新たな一面をつけ加えた。

以前から絵画と造園は密接な関係にあった。9世紀の終わりには宮廷画家の巨勢金岡が風景画の様式を確立し、庭園デザインに影響を及ぼした。平安時代には、建設予定の庭園の絵を描く庭絵師と呼ばれる職業画家がいた。しかし、それまでも当時も、日本庭園は平面的な設計図に従って造るのには向いていなかった。なぜなら、日本庭園の要素はたんに外見のためだけに選ばれ配置されるものではないからである。たとえば石の形は配置と同じくらい重要である。したがって、室町時代の庭園と中国の宋の絵画との関係は絵画を真似て庭園を造るといったものではなかったが、宋の精緻な芸術に対する足利将軍の称賛の念が簡素で風雅な庭園デザインの中に反映され発展した。

京都の金閣寺（現在は鹿苑寺の名で呼ばれている）の庭園には、宋の美的価値観の影響が色濃く見られる。鹿苑寺は室町幕府3代将軍足利義満が隠棲所として1397年に建設した山荘で、義満は熱心な禅宗の保護者であり、中国文化に対する寛大な後援者でもあった。義満は鎌倉時代の公卿の別荘があった土地を譲り受け、池と寺のある庭園を改造して鹿苑寺を建てて、まったく新しい絶景を作り出した。鹿苑寺に天皇が御幸した際には、サクラが植えられ、地面には5色の砂が敷き詰めら

【銀閣寺［右ページ］】

銀閣寺は室町幕府3代将軍足利義政（1436-90）によって隠居後の山荘として建てられた。銀閣寺の庭園デザインにあたって相阿弥は、義政が称賛して足しげく訪れた西芳寺を手本にした。この庭園の造営には庭師の善阿弥も貢献していた。善阿弥は作庭に従事した身分の低い「山水河原者」だったが、庭園デザインの名人であり、絶妙な石の配置にかけては並ぶ者がいないと評された。

この庭園はふたつの部分からなっている。第1は大きな池とそのほとりに立つ銀閣で、この建物が銀閣と呼ばれるのは、実現しなかったものの、建設当初は屋根に銀箔を張る予定だったからだといわれている。石と水、植物、そして背景にある緑の山と空を背にした樹木のシルエットは、風景絵巻のように次々と景色を展開して見せる効果がある。第2の部分は銀閣前の白砂の造形で、これはおそらく江戸時代に銀閣寺の庭園が修復された際に追加されたものと考えられている。円錐台の盛り砂は富士山を表わすために取り入れられたようだ。銀沙灘と呼ばれる白砂敷きには波の形の跡がつけられている。

支配者としてよりも芸術の保護者として積極的に活躍した足利義政のもとで、古典的な日本文化は頂点に達した。芸術家、詩人、学者らが義政のまわりに集まり、自然そのものを模した非常に日本的な風景を尊ぶ庭が造られた。義政の死後、銀閣寺は禅宗の寺となり、慈照寺と呼ばれた。

れ、さざ波の模様がつけられたという。鹿苑寺によく似た情景が宋の絵画に見られ、鹿苑寺の庭園デザイナーが意図的に模倣した可能性も考えられる。室町時代には、日本の僧が美しい西湖のほとりの都市、杭州周辺の僧院を訪れているし、彼らは宋の風景画や庭園風景に含まれる意味や魅力を深く理解していた。

　3層からなる義満の楼閣はのちに寺院となった。金閣の名称は、3層に貼られた見事な金箔に由来している。3階の内装は全面金箔張りで、隠居後の将軍のための禅宗様の仏間として用いられた。2階はおそらく義満が詩歌管弦の宴に使用し、1階は住宅として用いられたと考えられる。金閣は第2次世界大戦後まで残っていたが、精神的に不安定な学僧によって放火され、焼失した。たまたま再建時に2層と3層の両方に金箔が張られたが、時とともにけばけばしさは薄れてきている。

0.2ヘクタールの鹿苑寺庭園には大きな池があり、その周囲は樹木に囲まれているが、木々の開けたところからは衣笠山の眺望が得られる。遠方に小さな木を植えることによって庭園をより広く見せ、周囲の森林に溶け込むように遠景に工夫を凝らしている。池の風景は船から楽しめるようにデザインされた。池の中に立てられた石は山々の頂を思わせる形をしている（そのひとつはあまりにも大きいため、17頭の牛に引かせて運んだという）。池に映る姿が亀を思わせる石もあり、金閣の正面には鶴島がある。島々には曲ったマツが生育している。夏には池の水面にスイレンの葉が浮かび、冬には背の高いアシが岸辺を縁取る。金閣の背後には龍門瀑がある。龍門瀑は足利義満以前のこの別荘の所有者のために造られたもので、滝の下に据えられた石が鯉を表わし、滝を登りきった鯉は龍になるという中国の故事にちなんでいる。もともとこの滝は池の縁にあったのだが、数世紀の間、池に沈泥が流れ込むにつれて池のふちが後退し、滝のある場所は現在では木陰になり、緑の苔に覆われている。金閣寺は総合芸術であり、完璧なバランスと見事な眺望を持つ庭園の傑作である。

【黄金の輝き】

金閣寺は日本でも有数の名所のひとつである。将軍足利義満の隠棲所として14世紀末に建設され、池をゆっくりと巡る舟から庭園を眺められるようになっている。金閣は義満の息子の代に寺に変えられた。金閣の名は最上階に張られた金箔に由来している。20世紀の修復時に2階にも金箔が張られた。

西芳寺の苔庭
THE MOSS GARDEN AT SAIHO-JI

京都の西芳寺の庭園には千年近い歴史がある。最初は11世紀に心という漢字の形に似た池の周囲に庭園が造られた。続いて1339年頃、禅宗の高僧で作庭家でもあった夢窓疎石（1275-1351）によって復元、改修された。夢窓疎石は夢窓国師とも呼ばれ、近くにある天龍寺庭園をデザインしたことで知られている。1.8ヘクタールの広さを持つ夢窓疎石の西芳寺庭園は回遊式庭園として造られた。この庭には境界がないように見える。中心となる池の背後には樹木の生い茂る山の斜面が立ち上がり、うっそうとした竹林は、どちらを向いても果てしなくその眺めが続くような錯覚を抱かせる。園路は濃い影に覆われているが、池は木漏れ日に照り映えている。

1443年に、朝鮮からの来訪者が、西芳寺で建設中の庭園について報告を残している。それによれば、木の枝は望みの形になるように縄で縛られ、若い木は古びて見えるように工夫されたという。また、樹形を整えるように刈込や剪定がされているとも述べており、日本の庭園史上初めて刈込が記録に登場した例となった。また、石を地面から掘り返して人工的に場所を変えたり、配置し直したりしているという記述も見られる。

西芳寺庭園は、上下2段の異なる庭園で構成されている。黄金池を中心とした下段の庭園は、平穏で桃源郷のような完璧な世界を表現している。池の周囲にはいくつかの園亭が立ち並び、かつてはその中に瑠璃殿があった。瑠璃殿は仏陀の遺骨を収める舎利殿で、数多くの重要人物の訪問を受け、将軍足利義満と義政も敬意を表し、香をたくためにここを訪れている。義満と義政の建てた金閣と銀閣（左ページおよび361ページ参照）は、この西芳寺の瑠璃殿を手本にしている。西芳寺は戦乱の世の15世紀に焼け落ち、さらにその後の洪水で破壊されてしまった。

西芳寺の上段の庭園は人間の不完全な世界の象徴である。装飾的な門をくぐって洪隠山と呼ばれるこの庭園に入ると、巨石がところどころに突き出しているのが目に入る。石組で縁どられて保護された清らかな湧水を過ぎると、名高い枯滝がある。巧みに配置された巨石は、たった今滝が流れを止めたかのように見える。今日では、この滝はあざやかな苔の「滝壺」に流れ落ちる。濃淡の異なる緑や茶色の120種を超える苔が山肌を覆い、池の岩棚を越えて「流れて」いる。北風の影響を受けにくく、常緑広葉樹の投げかける影と散り敷くカエデによって日差しからも守られて、重い粘土質のこの土地は苔の生長に絶好の環境にある。苔むした山肌と地衣類に覆われた木の幹が水面に映し出されて西芳寺に幽玄な趣を与え、さまざまな文化的背景を持つ造園家のインスピレーションの源になっている。

【静謐な緑の絨毯】
京都、西芳寺の清掃される苔庭。偶然の賜物であるこの名園の緑の斜面と地衣類に覆われた木の幹は、放置された数世紀の間に生まれた自然の造形で、世界中の造園家の想像力を掻き立てている。

現在では西芳寺の見事な苔庭は国宝級の名勝と認められているが、この庭園は意図してできあがったものではない。西芳寺が庭園を最盛期の姿で維持する財力を失い、数世紀にわたって放置されている間に、上段の庭園で木陰になった重い粘土質の土地に苔が繁殖したのである。19世紀後半に西芳寺が人気のある名園となったとき、苔庭は称賛され、偶然生まれた庭園の傑作として維持されることになった。春になると苔の緑はもっとも深みを帯びて、燃え立つようなツツジの色と強いコントラストを見せる。夏にはハスの葉が池に光彩を添える。秋には深紅や朱色のカエデの葉が、まるで魔法のようにこの比類ない庭園に一層の輝きを与える。

❖ 禅の安らぎ

　鎌倉時代から将軍は禅に傾倒し、禅宗は仏教の宗派の中でもっとも将軍の手厚い庇護を受けた。禅僧は実質的に芸術や学問、そして驚くべきことに商業に専念することを許されていた。禅僧自身が芸術家や学者、そして神秘主義者で、外国文化に接する機会をふんだんに持っていた。将軍は禅僧に中国から芸術や宗教の新たな知識だけでなく物品も持ち帰るよう奨励し、禅寺を気前よく支援した。たとえば偉大な日本の芸術家で禅僧の雪舟(1420-1506)は中国を訪れたことがある。足利氏が支配した室町時代のあとに、動乱と内戦の時代が訪れた。この乱世の時代にも、禅宗の僧院や寺は精神と芸術のオアシスとしての役割を果たした。

　有名な禅僧の絶海が述べた禅の典型的な公案では、「熟練の技は未熟なごとく」という。熟練に対するこのような考えは15～16世紀の寺や僧院の庭園に表現され、その多くが現在まで残っている。理性と感情、体と心、現実と幻想など、西洋にはものごとをふたつに分けて考える習慣があるが、禅は本質的にこうした二元論にはなじまない。しかし、西洋人にとって禅庭園を理解するには、哲学的、精神的なふたつの衝動という観点から考えるのがわかりやすい。まず、人間と自然の同一性、すなわち万物はひとつの統一的な精神に貫かれているという仏教の思想。次に、芸術や造園において、人々が瞑想し宇宙との同一性を悟ることのできるイメージや環境を作りたいという衝動がある。雪舟や相阿弥(1472-1523)のような偉大な禅の芸術家は、墨を含んだ筆のひと刷きで1枚の小さな紙に雄大な風景を写し出しているし、同様の無駄のない簡潔さは禅庭園の特徴にもなっている。

　禅の枯山水は石と砂利や砂で構成され、瞑想の手助けになるようにデザインされている。砂利と白砂は古代から受け継がれた清らかさの象徴であり、神社の境内を示すために用いられてきた。枯山水の庭園では、白砂に描かれた波の模様は海を表わしている。そこに石や苔でさらなる要素が加わり、岩島の形や方角的な配置は象徴的な意味を表わした。広縁から眺めるようにデザインされた長方形の空間は、家屋の柱によって切り取られ、その背景となる白く塗られた長い壁は山々を包む霞を表わしている。枯山水の庭園では、本物の水や植物や景色は、実際の風景を抽象化したもので置き換えられている。

　個人的な風景としての役割を持った禅庭には、植物が植えられている。このような

【瞑想を誘う紋様】
白砂と砂利は古代から清浄を表わし、禅庭では熊手で模様をつけられて瞑想を助ける役割をする。こうした静穏で抑制のきいた空間は、ていねいに手入れされ、つねに模様を描き直されて、広縁など決まった場所から静かに眺められる。風景デザイナーのマーク・ピーター・キーンによるこの京都の庭園もその一例である。

庭園では石は山を、砂に水を表わし、全体で3次元的な水墨画のような風景を形作っている。寺の中の襖には、しばしば庭園と同じ無駄のない簡素な技法で白地に黒の風景が描かれており、雪舟が画家であると同時に作庭家でもあったのは偶然ではない。平安時代の芸術家にとって庭園が詩であったのと同様に、禅僧にとって庭園は絵画だった。そして芸術作品でもあるこれらの庭園を日々手入れすることは、瞑想や自己知につながる儀式的な掃除の修行の一部になった。

❖ ふたつの永遠の庭

京都の大仙院と龍安寺(りょうあん)のふたつは、古い歴史を持つ禅寺である。大仙院は大徳寺内に16世紀に創建された塔頭寺院で、その庭園は枯山水の最高傑作とされ、第2次世界大戦後に庭園デザイナーの中根金作によって修復された。大仙院では、狭いアプローチの園路に導かれた先に簡素な風景が開けている。実際の地理的な広さに換算すればおそらく800キロにも及ぶはずのものが、85平方メートル以内に縮小されている。大きな立石(たていし)が険しい岩山を表わし、細い筋のついた石と白い砂利が表現する流れによって滝がイメージされる。小さな木や低木は石組が作り呈す山の風景に命を吹き込み、全体がひとつの3次元の風景画を作り出して、大仙院本堂の主室の襖に描かれた山水画と対をなしている。

白砂の海に浮かぶように見える石は鶴と亀を表わしている。吉祥の象徴である鶴と亀は、中国の伝説にある神仙島と結びついているが、日本ではさらに、鶴は人間の精神が飛翔する高みを、亀は人間の精神が到達しうる深さを示している。ひとつの伏石(ふせいし)は橋となり、平底船の形をした石は天界の宝船を思わせる。この宝船は神々と人の魂が仏教の悟りを求めて、あるいは伝説の神仙島に向かって船出するときに天上から地上に降り立ったのである。低木は遠景を表現するために刈り込まれている。

本堂の北面と東面のL字型の庭園は、数世紀の間に若干レイアウトに手が加えられているが、象徴と物語で人間のありさまを描き出している。庭園は本堂の四方を取り囲み、本堂の南面は長方形の空間に砂が敷き詰められただけの庭になっている。砂に平行する縞模様が描かれたこの南庭は、白砂の川が流れ込む大海を表わしている。大海の背景には高低差をつけて刈り込まれたふた筋の生垣が海と清らかさを象徴し、大海の中にはふたつの三角錐の盛り砂がある。南西の角に1本だけある6月に花の咲く木はシャラノキとも呼ばれるナツツバキで、仏陀がそ

【禅僧の美意識】
京都の大仙院の徹底して無駄を省いた庭園では、屹立した石組から白砂の川が湧き出て、川はやがてふたつの砂盛りのある大海へ注ぎ込む。質素、不均衡、非対称に価値を見いだす禅僧の美意識は、さまざまな文化領域に影響を与えてきたが、それがもっとも効果的に表現され、形をとって現れているのが、景観デザインの分野である。

の下で入滅したサラソウジュの代わりである。

　京都の龍安寺もまた、禅庭園の名園中の名園として名高い。伝承によれば、龍安寺は1488年に火事で焼失したあと、作庭家の相阿弥が有名な石庭(せきてい)の修復にかかわったとされている(雪舟は主に京都の外で活動し、のちに山口県にある常栄寺の庭園を造営した)。龍安寺は1780年に再び焼失し、庭園は1930年代まで放置されてあまり人に知られていなかった。

　寺の方丈の南面に塀とその向こうの樹木を背景として広がる庭は、方丈の広縁から眺めるためだけに造られている。白砂に熊手で砂紋を描き、清掃する修行僧のほかにはこの庭に足を踏み入れる者は誰もいない。この庭園で唯一の生物は石の基底部に生えた苔で、15個ある石は5、2、3、2、3個の5つのグループに分けて配置されている。これらの石の抽象芸術としての見どころはその形ではなく、お互いの位置的関係にある。一説によれば、石は母トラと子トラが川を渡る「虎の子渡し」の故事を表現しているといわれる。また、意識の平原や大海に浮かぶ形而上学的な山や島の峰を表わしているという説もある。ヨーロッパで印象派やモダニズムと呼ばれる芸術運動が興るより400年も前に完成した龍安寺の謎に満ちた庭園は、この庭園を題材に写真作品を発表したデーヴィッド・ホックニーをはじめ、多くの現代芸術家や庭園デザイナーに影響を与えてきた。しかし、重要なのは龍安寺の成立年代ではない。そもそも今日見られるレイアウトは、作庭当初の構想とは違っている可能性もある。龍安寺の成功の理由はその永遠性であり、瞑

【理想的な瞑想の場】
京都の龍安寺の粘土を固めた築地塀に守られた虎の子渡しの庭園は、おそらくもっともよく知られた枯山水であろう。5群に分かれて配置された石は白砂の海を漂い、それらが表わしているものが島か高峰か、あるいは虎の母子なのかは明らかでないにしても、全体として心を落ち着かせる効果がある。龍安寺の庭園をデザインしたのが誰で、どのような思想を持っていたかは知られていないが、おそらく僧であると同時に芸術家で、静かな内省にふさわしい場所を創造したいと願ったにちがいない。

狩野派の日本画

15世紀の終わり頃、日本では、中国の影響を受けた宋様式の地味な山水画から脱して、独自の風景画の伝統が発展し始めた。この豊かで日本独特の様式はヨーロッパのバロック芸術といくらか似ており、狩野派と呼ばれている。狩野派は狩野正信（1434-1530）によって始まり、その息子や孫（元信と永徳）に受け継がれて、日本画の一派として数世紀にわたって続いた。

【華麗な花】
金屏風に描かれた白いキクの花。16世紀の桃山時代は広大な庭、豪奢な織物、そして色彩豊かな障壁画の時代である。

想を助ける永続的な力である。

❖ 桃山時代

15世紀の終わりから100年続いた内戦と社会的混乱の末に、3人の偉大な戦国大名が日本に平和と安定をもたらした。その最初の人物は織田信長（1534-82）で、そのあとを継いだのが豊臣秀吉（1537-98）である。秀吉は貧しい生まれでありながら信長の最高の重臣にまで出世した。秀吉は身分の低い出自であったために将軍になれなかったという説があるが、秀吉が天下をとった桃山時代は、贅沢で華麗な彼の居城にちなんで名づけられている。桃山は、京都の南の伏見にあった秀吉の城の名である。

秀吉の全盛期には富や権力を誇示する豪壮華麗な桃山文化が花開いた。砂と石で構成される清浄な禅庭園に代わって、風景全体や3次元の山水画を表現するのではなくその存在をほのめかすように、数本の高木や低木と石を砂の中に配置した力強い庭園が好まれるようになった。色彩豊かな印象派風のこうした庭園は、狩野永徳（1573-1616）を中心とした狩野派の豪華で色鮮やかな新しい装飾画の流行と重なっている。狩野永徳は襖や屏風に金箔を張り、その上から不透明な極彩色の絵の具で描く手法を発達させた。この新しい様式の絵画は、瞑想する禅僧ではなく職業画家によって制作され、日本の新興の権力者の邸宅を飾った。同様の華麗さは、新しく発展した茶の湯と茶庭においても見られた（369ページ参照）。

室町時代以来、茶を飲むことは瞑想に先立って覚醒を促すための禅の儀式になった。茶の湯とかかわりのある、ごく初期の建物に足利将軍の銀閣寺があり、茶会はつねに室内で催され、夜に行なわれることも多かった。しかし、秀吉の保護のもとで茶の湯や茶室は本来の精神性を失い、贅沢で華美なもてなしに重きが置かれるようになった。1587年10月、秀吉は翌月に大茶会を開くと京都や大阪などの都市で告知した。貧しい農民から豪商にいたるまで招かれ、釜、茶碗、敷物を持参するように求められた。秀吉が開いたもうひとつの大規模な宴は京都の古寺、三宝院で開かれた花見で、このとき三宝院は宴にふさわしい豪華な桃山様式で修復、拡張されている。偉大な茶人であった千利休は秀吉に内向きの仕事を任される重要人物だったが、まだ解明されない理由で秀吉の寵愛を失い、切腹を命じられた。切腹は武士階級にのみ許された特権的な自害の儀式である。

❖ 江戸の繁栄

秀吉の死後、そのあとを継いで日本を支配したのは、信長のもうひとりの重臣徳川家康だった。1603年に徳川家康は将軍になり、徳川家は1868年まで日本を支配することになる。徳川家康は京都の天皇に十分な敬意を払いながらも朝廷を厳しい監視下に置き、昔の首都から北東に300キロ離れた江戸に自らの城を築いて日本を支配する根拠地とした。

江戸の村（のちに東京と改称）は1700年頃には100万人を超える人口を抱え、世界最大級の都市になった。徳川家は権力と影響力を維持し戦乱を防ぐことを最大の目標に定めていたため、敵対する可能性のある他藩にはつねに警戒の目を向けていた。すべての大名は1年おきか、場合によってはもっと頻繁に江戸に滞在するこ

とを義務づけられ、大名が江戸を離れて自分の領地に帰っている間は、その家族が人質として江戸に留まらなければならなかった。まもなく、江戸にいなければならない大名は江戸のはずれに広大な回遊式庭園を造営するようになった。京都の桂離宮庭園や修学院離宮庭園と同様、こうした風景園にはさらに居心地のよい茶庭が設けられ、もてなしに使われた。

江戸は京都ほど湧水に恵まれていなかったため、造園家は東京湾沿岸や潮の干満の影響を受ける河川の下流域に存在する開けた沼沢地を最大限に活用した。また、江戸から80キロ離れた富士山が遠くに見えるとはいえ、京都のように見事な景色を庭園の背景に利用できなかったため、徳川時代に造られた新しい庭園の多くは江戸湾内の海や行き交う舟が見える方角を向いていた。非常に印象的な庭園のひとつに、造園家の徳大寺左兵衛が作庭した小石川後楽園がある。園内には木々に覆われた築山や、島のある大きな池があった。日本の各地から集められた石が築山の斜面を飾り、飛び石や滝石組として用いられた。小石川後楽園では京都の有名な寺院の庭園が再現されたほか、絵画や文学のよく知られた場面を縮小した風景が造られた。

江戸の庭園はそれ以前の日本庭園に比べると杓子定規で、個人の解釈にゆだねられる部分が少ない。こうした画一性は、徳川将軍が仏教を抑制し、その代わりに奨励した中国の儒教の教えに従ったものである。後楽園という名称自体、「天下の憂いに先んじて憂い、天下の楽しみに後れて楽しむ」という支配者の心得を述べた儒教の格言に由来している。中国南部の杭州のロマンチックな湖畔の庭園（333ページ参照）の風景を後楽園に取り入れるときは、著名な儒学者の朱舜水の意見が参考にされた。よく模倣された円月橋の設計も朱舜水によるもので、半円を描くこの橋は水に映る姿と合わせると満月のように見える。

❖ 西洋人の来訪

徳川家康が将軍になって以来、中国の孔子（325ページ参照）の哲学にもとづいて自

【巡る楽しみ】
現在では東京で人気の公園のひとつになっている小石川後楽園は、新しく幕府が開かれた江戸で最初に造られた大名庭園のひとつである。京都の有名な寺院の庭園を再現した風景や島のある広い池泉は、園の見どころとして今も魅力を失っていない。

茶の湯
THE TEA CEREMONY OR CHA-NO-YU

　12世紀の終わり頃、中国で学んだ禅僧のひとりがチャノキの種子と茶の湯の風習を日本に持ち帰った。茶の湯とは本来、数点の飾りもの以外の装飾を排した小さな部屋に親しい者が集まり、湯を沸かし、茶を点てて飲むという行為からなる。茶室、茶道具、会話から茶庭にいたるまで、茶の湯にまつわるすべてに通じる原則は、清浄、清廉、静謐である。

　15世紀になると、喫茶の芸術は禅僧の草庵から身分の高い武士の生活様式の中心へと移行した。禅僧の村田珠光（じゅこう）（1502年に死亡）が銀閣寺（361ページ参照）の近くに建てた茶亭は4畳半で、以後すべての茶室の規範となった。簡素で塵ひとつない茶室には床の間があり、掛け軸か生け花が飾られている。茶亭の庭には石造りの水盤（手水鉢）があり、茶席に加わる客はそこで手を洗い、口をすすいでから露地を通って茶室へと進む。露地とは仏教の経典に由来する言葉で、煩悩を取り払った境地を意味している。

　現代まで連綿と続く茶の湯の創始者は千利休（1522-91）で、豊臣政権における美の判定者であり、文化の権威だった。利休の指導のもと、客が世俗の塵を洗い落として感覚を清めるための手水鉢、庭を覆う苔を守る平らな飛び石、夜の茶会で足元を照らす石灯籠などが茶の湯の要素として広く認められるようになった。ま

もなく、裕福な茶人の間で茶の湯の作法は当初の簡素さを失っていく。収集家は大金を投じて花器や掛け軸、茶碗や茶入を求めるようになり、それらは財産として受け継がれた。茶の湯の求めに応じて、焼き物や建築、そして茶庭のデザインが発達した。そして本書の関心はもちろん、茶庭の発達にある。

　荒削りな支配者の秀吉と、高い教養と審美眼を持った茶の師匠である利休との関係には、数々の滑稽な逸話がある。そのひとつに、利休の庭に朝顔が美しく咲いたと聞いて秀吉がぜひ見たいと望んだときの話がある。秀吉が利休の庭を訪れると、朝顔は一輪もなかった。しかし茶室に入ってみると、そこにはたった一輪の朝顔が生けられていた。秀吉が好むこれ見よがしな派手さは茶の湯の真の精神とは相容れないもので、利休は決してそ

【茶の湯のたしなみ】
水野年方によるこの絵は1890-1900年頃の作品で、茶亭に向かう前の待合所を清掃する婦人たちを描いている。武士やその妻は茶会の芸術と儀式を学ぶ必要があった。茶会では、簡素、清浄、静謐、沈着、沈思が重視される。こうした精神を示す言葉が「わび」で、古びて簡素な趣を大切にする境地を意味している。

の精神を見失うことはなかったのである。

　堺にある利休の自宅の庭から海はさえぎられて見えないが、茶庭の手水鉢の前にかがんだお客が顔を上げると、庭の向こうに海が垣間見えるように配置されていた。その瞬間、お客は鉢の水と海のつながりを体感し、自分と宇宙のつながりを感じるのである。

己修養、服従、勤勉といった資質の重要性を強調する儒教倫理が将軍によって奨励された。儒教は強力で安定した幕府を維持するための思想的結束力を与え、中国で明王朝が滅んだあと、徳川家は中国から逃れてきた学者を歓迎した。しかし1641年に日本は、長崎港に近い出島にいる少数のオランダ商人を除いて、外国人と外国の影響に対して実質的に門戸を閉ざしてしまった。

それより100年ほど前、日本が戦乱に明け暮れていた戦国時代に、ヨーロッパは最初は九州沖で難破したポルトガル船の船員から日本に関する直接的な情報を得ていた。1549年に最初のスペイン人イエズス会宣教師が日本に到着し、まもなくポルトガル人、オランダ人、イギリス人商人が後に続いた。しかし、キリスト教に帰依する日本人が急速に増えたため、ヨーロッパによる植民地化を恐れた徳川将軍はキリシタンを迫害し始めた。1637年から翌年にかけて起こった島原の乱で原城に籠城した3万7000人のキリスト教徒が虐殺されたのちは、江戸時代を通じてキリシタンは地下にもぐり、日本は以後2世紀にわたって鎖国を続けた。

長崎に滞在を許されたオランダ商人は、年に1度江戸の将軍に使節を送って、贈り物をするよう求められた。これは西洋人が日本の本州での生活を観察できる唯一の合法的な機会であり、なかにはさらにその機会を利用し、法を犯して日本の美しい植物をヨーロッパに紹介する者もいた。ドイツ人のエンゲルベルト・ケンペル(1651-1716)は、オランダ東インド会社の主任医師として1690年に日本を訪れ、2年間滞在した。1712年に出版されたケンペルの著書『廻国奇観』は、日本の高木や低木、そして花をヨーロッパに初めて紹介した。それらの植物は今では熱心な造園家なら誰でもよく知っているもので、アオキやシキミ、アジサイ、ロウバイ、モクレン、イチョウ、セイヨウバクチノキ、ツツジ、ボタン、30種近いツバキのほか、カノコユリ（*Lilium speciosum*）とオニユリも含まれている。また、ケンペルは日本の歴史に関する本も執筆し、この本は日本が鎖国状態だった数世紀の間、ヨーロッパ人の日本文化に対する見方を決定する主要な情報源となった。残念ながら、イギリス国王の侍医で収集家だったハンス・スローンがスイス人のヨハン・カスパル・ショイヒツエルに訳させた最初の英語訳からは、ケンペルの日本文化

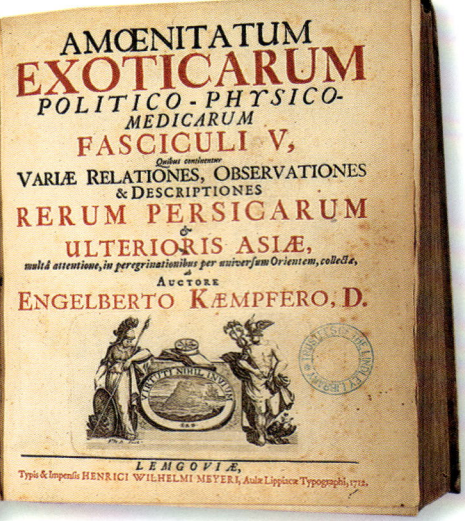

【美しい植物の宝庫】
ケンペルがアジアでの見聞をまとめ、大きな影響を与えた『廻国奇観』の中扉。1712年に出版されたこの本は、シキミやアジサイ、ツバキなど、日本の美しい植物をヨーロッパに初めて紹介した。

桂離宮庭園と修学院離宮庭園
KATSURA AND SHUGAKU-IN IMPERIAL ESTATES

桂離宮庭園と修学院離宮庭園はどちらも17世紀の皇室の庭園である。園路を巡る来訪者の眼前に景物や眺望が展開する庭園設計は、江戸時代の回遊式庭園のモデルとなった。

桂離宮庭園は、後陽成天皇の弟である智仁親王が養父の豊臣秀吉から与えられた土地に造られた。約4.5ヘクタールの広さを持ち、多数の平安貴族が遊園を所有していた桂川沿岸に位置している。1620年頃に造営が開始された桂離宮庭園の風景には、広大な池泉と、橋を越え、石組の周囲を巡る園路がある。中心となる区域は茶室で、模様を描く飛び石や手水鉢、石灯籠、田舎家風の茶亭などを配している。

一説によれば、桂離宮庭園の造営が始まったときはすでに40歳になっていた智仁親王は、親交のあった茶道指南役の小堀遠州の助言を仰いだという。1620年から1625年にかけて、桂離宮庭園ではたえまない工事が進められた。数百人の労働者が池を掘り、掘った土を盛り上げて築山を築き、「珠玉の茶亭」を建設した。

京都の北東にあたる比叡山の中腹に造られた54ヘクタールの修学院離宮庭園は、17世紀半ばに後水尾上皇（1596-1680）によって造営されて広大な景観が生まれた。この庭園では周辺の山々の峰は借景となって樹木に覆われた庭園に溶け込むとともに、特別な場所からヴィスタとして目に入る。

修学院離宮の比較的小さなこぢんまりした庭園は、きっちりと刈り込んだ低木、石橋、地表を覆う苔などが典型的な日本風の趣を見せているが、広大な風景の区域には景色を映す水面、木々に覆われた斜面、短く刈り込まれた緑の下草、庭園に溶け込む遠景などに西洋風の感覚がある。中央のなだらかな場所では段々畑でイネや野菜が栽培され、のどかな田舎風の雰囲気が感じられる。しかし修学院離宮庭園の最大の見どころは上御茶屋で、ここには御成門から入る。上御茶屋では40種の低木を刈り込んだ複数の生垣が下の水田の風景を再現し、池の西側の堤を覆い隠している。水平の段に刈り込まれた大刈込は庭園にモダニズムの興趣を添え、東京にある吉田教授の日本学士院庭園など、現代のいくつかの庭園で模倣されている。修学院離宮の立派な回遊式庭園は長年放置されていたが、現在は修復され、ていねいに管理されている。

【空間の錯覚】
17世紀に造営された京都の修学院離宮庭園は、借景の技法を実に効果的に利用している。巧みな植栽と曲がりくねった園路によって距離を遠く感じさせ、周辺の山を眺望に取り入れている。

に対する共感や感受性は失われている（現在、ケンペルの植物標本はロンドンの大英博物館に所蔵されている）。

　幸運にもケンペルは、長崎の貿易拠点から江戸の将軍の本拠地を訪問する年1回の旅に2度参加することができた。道中でケンペルは野生の花の標本を収集し、「木の皮でできた日本の古びた箱」に入れ、その中にコンパスも隠し持っていた。ケンペルは自分で植物を採集することは許されず、日本人の護衛者に頼まなければならなかった。幸いケンペルの護衛者は植物に興味があり、植物の特徴について、いつでも土地の人々に訊いてくれた。ケンペルが日本を訪れたとき、日本は5代将軍綱吉のもとでまれにみる平和と繁栄を謳歌していた。ケンペルは日本の道路や飲食店、宿屋の質の高さに感心し、それまでに旅してきたロシア、ペルシア、セイロン、バタヴィア、シャムで体験した原始的な設備と比べて好意的に書いている。

　朝廷のある古い都の京都に滞在中、ケンペルは知恩院の方丈の庭園を訪れる機会を得て、次のように書いている。「木に覆われた高い山（その斜面にはほかにもまだいくつか低木林に隠れるようにして美しい小さな寺院があり、2メートルもある石で平らにならされている）のふもとに、小さな日本風の遊園、すなわちミニチュア庭園がある。この庭園は平坦な一区画の土地を用いた狭い空間で、そこには川砂や石が敷き詰められ、芸術的に苔むした小さなすっきりした崖や、奇岩、ていねいに剪定され曲げられた木によって単調さが注意深く破られ、こぎれいな庭園に変えられている。……さまざまな装飾的な石橋のかかった狭い渓谷の中に、迷路のように人工の崖の周囲を流れる曲がりくねった浅い川があり、自然な湖らしい印象を与えている」。これが、ヨーロッパ人が初めて日本の寺の庭園を見たときの印象である。

　ケンペルは自分で見聞きした内容のほかに、現地の日本人の情報提供者から知識を得て、しばしばお礼として「ヨーロッパの酒を友好的に気前よく」ふるまった。それから80年以上のちに、もうひとりの勇気ある博物学者が日本の美しい植物を紹介してヨーロッパを魅了した。それはスウェーデン人のカール・ペーテル・ツュンベリー（1743-1828）で、ツュンベリーは1775年に出島の商館長付きの医師として日本に赴任したのだが、植物学者としての教育も受けていた。ツュンベリーの師はほかならぬリンネで、ツュンベリーは日本での業績により、このスウェーデン出身の偉大な博物学者リンネの使徒のひとりに数えられている。

　ツュンベリーの時代には、日本での外国人の移動や行動の制限はやや緩和されていた。ツュンベリーは種苗園を訪ねて、払えるだけの金を「植木鉢に植えられた世にも珍しい低木や高木」のコレクションに費やすことができた。また、出島に庭園を造ることに成功し、そこで栽培した植物をバタヴィア経由でアムステルダムの薬草園に送った。ツュンベリーが送った標本には、アスナロ（*Thujopsis dolabrata*）、観賞用のカエデ、ソテツ（*Cycas revoluta*）2株、人気のあったメギ（*Berberis thunbergii*）が含まれている。1840年代に植物運搬用のウォードの箱（198-99ページ参照）が発明されるより前の時代だったことを考えれば、これはたいした功績である。ウォードの箱が発明されて初めて、長い航海の間に植物

【新しい植物】
シーボルトの『日本植物誌』で紹介されたハウチワカエデ（*Acer japonicum*）。この本には日本人画家の描いた植物画の複製が掲載されている。ライデン植物園の種苗園は日本の植物をヨーロッパに紹介する窓口の役割を果たし、この種苗園がもたらした園芸上の影響によって、シーボルトの著書が西洋に与えた文化的影響はいっそう強まった。

ギボウシ

ギボウシはヨーロッパでは最初はフンキアという名前で知られていた。この植物は最終的には、ウィーンで皇帝の侍医をしていたオーストラリア人植物学者ニコラウス・トーマス・ホスト（1761-1834）にちなんで命名された。中国、日本、韓国、そしてロシア東部に、およそ70種のギボウシが分布し、現在では品種改良によって葉の形や質感の異なる数百もの栽培品種が生まれている。うねのある緑色で斑入りの葉が好まれて栽培されることが多いが、ギボウシの多くは香りのよい白や藤色の花を咲かせる。日本でのギボウシの栽培の歴史は長く、霧のかかるような湿度の高い荒野や、草地、湿った森林地帯などで繁茂する。ギボウシは庭の環境にも適応しやすく、大きな葉をナメクジやカタツムリから守ることができれば、高木や低木の枝の下を覆う地被植物として有用である。トウギボウシ（Hosta sieboldiana）は1876年に日本から伝わったもので、学名は勇気あるフィリップ・フランツ・フォン・シーボルトにちなんで命名された。

ギボウシの学名は非常に混乱していて、その多くが原種からではなく、日本のクローンや雑種から名づけられている。トウギボウシやその変種のH. sieboidiana var. elegansは通常は種子から育てられるが、アメリカの育種事業で原種が不明の雑種が数多く現れて、正確に分類しようとしても難しい。日本の庭園では植栽は単純なままで、用いられるギボウシは原種に近い。トウギボウシはハート形で肉厚のしわのある葉（粉を吹いた灰緑色で、上の方はほとんど青に近く、下に行くほど色が薄い）を持ち、淡い藤色から白の花を咲かせる。「フランシス・ウィリアムズ」という斑入りの品種は、とくにフラワーアレンジメントによく用いられる。H. sieboldiana var. elegansはしわの寄ったさらに大きな灰緑色の葉をつけ、ギボウシの中でもっとも美しい種類である。

Hosta sieboldiana

を枯らさずに確実に届けられるようになったのである。ツュンベリーは植物や種子を手に入れるために努力を惜しまなかったが、1784年に出版された彼の『日本植物誌（Flora Japonica）』は、ベストセラーになったケンペルの『廻国奇観』ほど華々しい注目を得ることはできなかった。

徳川時代の日本で草分けとして活躍した3人目のヨーロッパ人植物学者で収集家は、フィリップ・フランツ・フォン・シーボルト（1796-1866）である。シーボルトはドイツのバイエルン州ヴュルツブルク出身の医師で、1823年にオランダ商館付きの医師に任命されて来日した。外国人に対する規制はまだ実施されていたが、シーボルトは患者を往診するという名目で植物の探索範囲をどんどん広げていった。シーボルトは年1回のオランダ商館長の江戸参府に随行して江戸にいたとき、幕府の天文学者に頼んで日本地図を手に入れたが、それは外国人には禁制の品だった。禁制の地図の所持が露見し、かかわった天文学者や数名の仲介者は厳しい取り調べを受け、切腹した者もいた。シーボルト自身は1年以上投獄され、1829年12月に釈放されたあと、日本から追放された。

この困難な状況の中で、シーボルトは日本を離れる前になんとか植物を収めた貨物をヨーロッパへ送り、すでに出島で栽培していた485種の植物を持ち出した。シーボルトはタケ、ツツジ、ツバキ、ユリ、アジサイなど、帰国の船旅で枯れなかった80種の植物をライデン植物園に植えて種苗園を設立した。ライデン大学とヴュルツブルクにあるエコガルテンには、現在もシーボルトが集めた日本の植物のコレクションが栽培されている。シーボルトによる2巻の『日本植物誌』は、名前がわからない日本の画家が描いた絵を写して着色した図版をつけて1835年から1842年にかけて発表された。2度目の訪日でもシーボルトは幕府との間に問題を起こしたが、ノリウツギ（Hydrangea peniculata）、カイドウズミ（Malus floribunda）、ユキヤナギ（Spiraea thunbergii）、サクラの一種のタカサゴ（Prunus sieboldii）を持ち帰っている。

❖ 日本の開国

日本は200年以上の間、わずかなオランダ人と中国人を除くすべての外国人に門戸を閉ざしつづけた。しかし1853年にアメリカのペリー提督が蒸気船の軍艦4

隻を率いて江戸湾に入港し、通商と補給に関する条約の締結と、難破したアメリカの捕鯨船の乗員に対する人道的な扱いを要求した。1年後、将軍はアメリカの要求をのみ、ほどなくイギリス、フランス、オランダ、ロシアとも条約が結ばれた。

　長年ヨーロッパ人にじれったい思いをさせてきた日本の植物と庭園に手が届くようになると、植物界のゴールドラッシュが起こった。1854年の条約締結後、最初にやってきた植物収集家はアメリカ人だったが、彼らは乾燥植物標本を本国へ送っただけだった。1861年には熱意あふれるアマチュアのドクター・ジョージ・ロジャーズ・ホールが、ウォードの箱の力を借りて最初に植物を枯らさずにボストンに輸送した。ホールによって園芸家のフランシス・パークマンに委託された植物には、イチイ（*Taxus cuspidata*）、ヒノキ（*Chamaecyparis obtusa*）の園芸品種10種、シデコブシ（*Magnolia stellata*）、コブシ（*M. kobus*）、*M. halleana*、ヤマボウシ（*Cornus kousa*）、フジ（*Wisteria floribunda*）、イロハモミジ（*Acer palmatum*）などがある。これらの植物の多くは大西洋の東西で人気を博した。たとえばイチイやツゲ、そしてその園芸品種は、北アメリカの厳しい気候の中ではヨーロッパの近縁種より育てやすいことがわかった。

　1860年頃には、日本で活動する植物学者や収集家が増えてきた。エクセターを本拠地とする有名なイギリス人種苗園主の孫のジョン・グールド・ヴィーチ（1839-70）や、スコット・ロバート・フォーチュン（1812-80）は、日本で繁盛していた種苗園から苗木を入手し、それらをウォードの箱に入れて蒸気船で母国に送ることが

【日本の面影】
ウィルトシャー外ズヒール・ハウスの日本庭園。シダレヤナギと草ぶき屋根の茶亭、朱塗りの橋のあるこのイギリス式庭園は、完全とはいえないまでも、魅力的な日本庭園の雰囲気を醸し出している。

【イギリス流の解釈】
チェシャー州のタットン・パークで最近修復された日本庭園の、緑陰にたたずむ茶亭。

【蒔絵】
1900年頃作られた漆塗りの文箱に金銀蒔絵で描かれた日本庭園の入り口。漆は天然のニスの一種で、ウルシノキの樹液を採取して用いる。日本で完成の域に達した漆塗りの芸術はヨーロッパで称賛を浴びたが、試みられることはなかった。

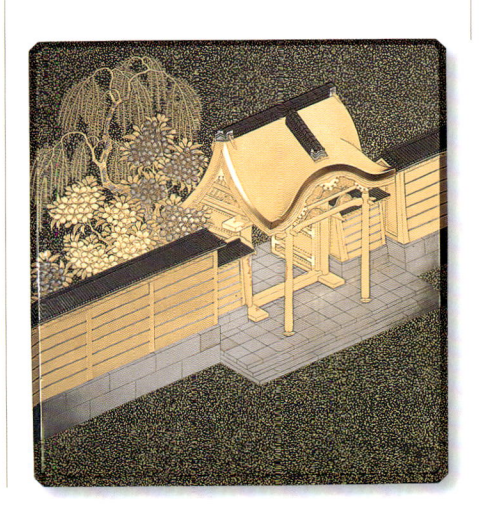

できた。また、自然界ではほぼ絶滅してしまった珍しい木の種子も寺院の庭園から入手した。同じ頃、ロシア人の植物学者カール・マキシモヴィッチは収集した植物をせっせとサンクトペテルブルクに送り、さらに多くの植物を記録していた。日本で3年半を過ごしたマキシモヴィッチは東アジアの植物に関する権威となり、サンクトペテルブルクはその科学的研究の中心地となった。

❖ 海外の日本庭園

　上記のような収集家や探検家は西洋の造園に新しい時代を開いた。19世紀後半には酸性の土壌を好む日本の植物が生育できる特別あつらえの水辺の土地がある自然主義の様式の庭園が増加した。ヨーロッパやアメリカの初期の日本風庭園の多くは、伝統的な日本庭園の要素の背景にある意味をほとんど理解せずに造られた。新しく手に入った日本の植物に夢中になるあまり、西洋の造園家は日本の庭園デザインの核となる理念、つまり、より少ない方がより豊かである、という原則を見過ごしがちだった。池と湿地のある庭園に日本風の趣を与えるため、まず石や石灯籠、漆塗りの橋や茶亭が配された。その結果できあがった庭園は、よくても日本の庭園デザインの模倣、最悪の場合は滑稽な物真似にすぎなかった。

　日本式庭園造園の先駆けとなったイギリス人の中には、本質を見抜いている人物もいた。イギリス貴族のA・B・フリーマン＝ミットフォード（のちのリーズデイル卿）は一時期東京のイギリス公使館に勤務し、グロスターシャー州バッツフォードのカントリーハウスの庭園に植えるためにタケを収集した。その庭園には石灯籠も据えられ、以後、石灯籠は外国の日本庭園には不可欠の存在になっていくが、面白いことに、日本で見た日本庭園はリーズデイル卿の個人的な好みには合わなかった。日本庭園は「こざっぱりしすぎ」て、「きわめて人工的で、無駄な労力の記念碑」であると書いている。

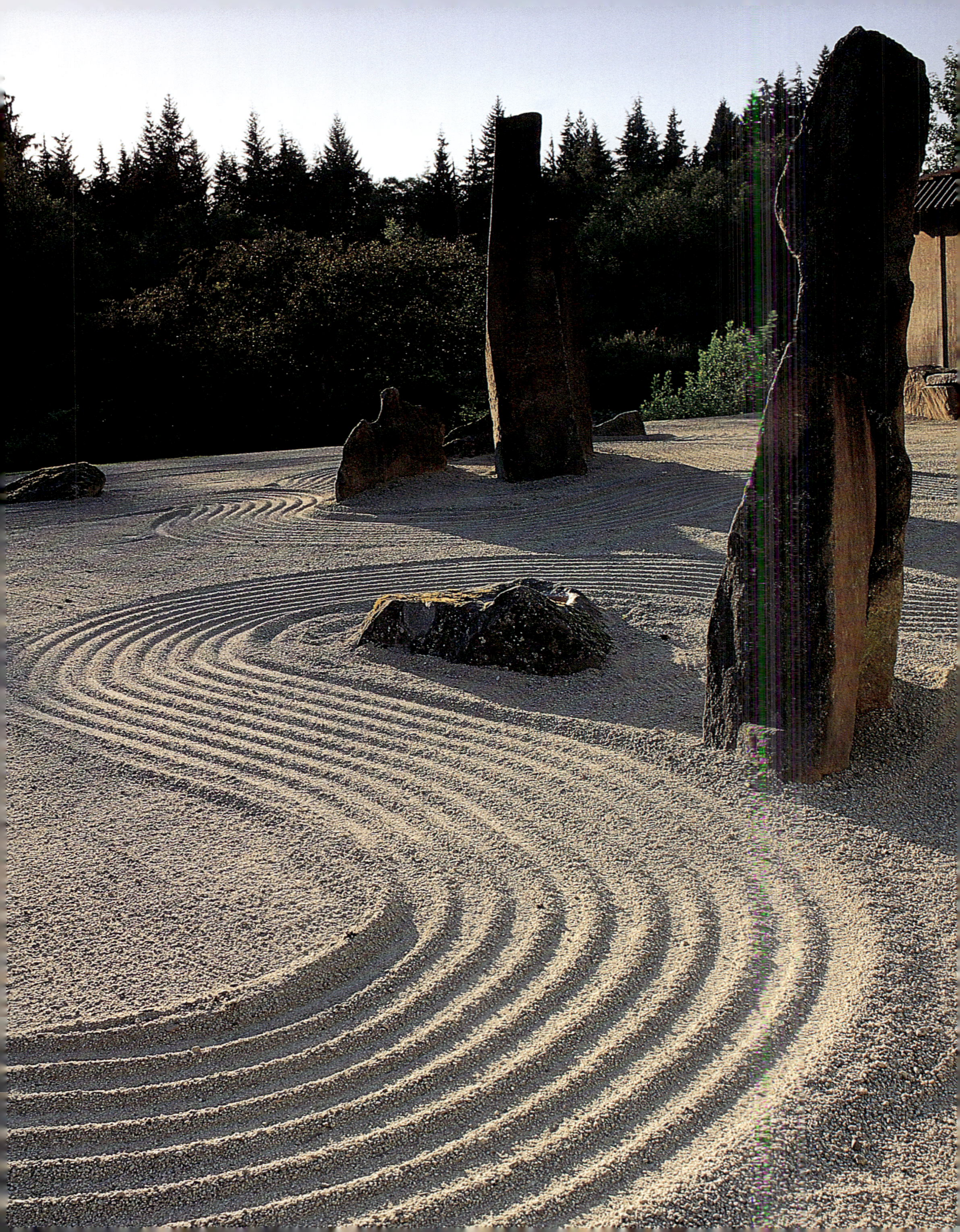

【神々しい根】
ワシントン州ベインブリッジ・アイランドにあるブローデル・リザーブ森林公園の日本風庭園では、鮮やかな緑の苔に覆われた木の根が見事な光景を作り出している。

【永遠の風景［左ページ］】
イタリアのパラッツォ、フランスのシャトー、そしてイギリスのカントリーハウスのどの風景とも違って、景観デザイナーのテリー・ウェルチがシアトルに築いた庭園のこの石と砂の光景は変化しない。そこには色あせる花も、風に舞う落ち葉もない。変化は庭を観賞する人の心と認識の中に生じるのである。

一方、ウィルトシャー州の川のほとりの牧草地にあるヒール・ハウス・ガーデンでは、やはりイギリスの元外交官ルイス・グレヴィルが、もっと本格的な日本庭園を造ろうと試みた。自然の風景を模して何本かまとめて植えられた日本のカエデや、イギリスの流れの上に弧を描く朱塗りの橋、そして日本の職人に造らせた草ぶきの茶亭がグレヴィルの庭園の自慢だった。1910年には、日本の職人の尽力でチェシャー州のタットン・パークに苔庭も造られた。苔に覆われた庭に立つ神社や半月橋、そして島の上の茶亭にカエデが影を落としている。水面は木々を映しているが、色鮮やかなツツジやサツキは典型的な日本風の形に刈り込まれてはいない。

日本人職人と日本の素材が導入されても、初期の日本風庭園は日本の作庭原理に忠実とはいえず、もっと奇想を凝らしていた。イギリスの建築評論家ローレンス・ウィーバーが1915年に述べているとおり、「ブロンズ製のコウノトリをここへ、石灯籠をあそこへと、典型的な景物をいくつか並べても日本庭園はできない。それはたんにイギリスの庭園に日本なまりで話をさせているだけである」。この言葉の真理をよく表わしたものに、自慢げな庭園の主が新しく完成した日本庭園を日本からの客に披露したときの小話がある。客は庭園を称賛し、こう言ったのだ。「このようなものは日本にはありません」

北アメリカでも初めの頃の事情は同じだった。アメリカで造られた初期の日本風庭園の多くは、博覧会や都市公園と結びついていた。外国のほかの日本庭園がそうであるように、アメリカの日本庭園は、日本風の庭園デザインと景物の寄せ集めになる傾向があった。今日では、北アメリカの都市で日本風庭園はほとんどありふれたものになり、植物園や樹木園ではアジアの植物の正確な原産地が表示されている。19世紀の終わりに裕福な市民の依頼で造られた日本庭園は、現在では定期的に一般の訪問客に公開されている。多くの場合、日本人が参加して高い技術で造られたこれらの庭は、モダニズムの影響からの一時的な解放とともに、外国の日本庭園の歴史に関する価値ある洞察を提供している。

近年になって、西洋の庭園、とくにアメリカ、カナダ、オーストラリア、そしてヨーロッパ各地の庭園に重要な影響を与えたのは、庭園を珍しい植物の展示場にするのではなく、土着の植物を活用する日本庭園の伝統である。その土地独特の自然な風景を再現するという考えは、水を節約し、除草剤や殺虫剤の不必要な使用を控えたい21世紀の環境保護論者の心をとらえた。

第2次世界大戦後は、日本風庭園は主として抽象的な砂と石の庭園になり、モダンアートとして鑑賞できる控えめで論議を呼び起こさないものになった。すでに1934年に、モダニズム思想の最先端にいたイギリスのランドスケープ・アーキテクトのクリストファー・タナードは、著書『近代的ランドスケープの庭園（*Gardens in the Modern Landscape*）』の中で、非対称的に造られた近代建築を活かすために設計され、自然との親しみを表現している現代の庭園は、京都の庭園から多くを学べるだろ

うと主張している。こうした古い日本の庭園の根本にある理念は、いったん理解されれば、現代的な技法の基礎として応用することができた。1982年に京都の庭園デザイナー中根金作は、中国系アメリカ人の建築家I・M・ペイが設計したボストン美術館の西館に接した場所に天心園を造営した。また、中根金作は1988年にワシントンのナショナルギャラリーの東館にも石と砂の小さな日本庭園を造っている。

❖ 植物の造形

1850年代に外国との間で条約が結ばれたのち、日本の情勢は危機的で不安定になった。ヨーロッパの強国による植民地化を恐れた徳川幕府は、戦艦を建造し、経済の近代化に着手したが、多くの日本人は未来に対処する方法を求めて過去を振り返るしかなかった。西の諸藩が連合して天皇の政治権力を復活させ、1867年の明治維新で徳川幕府に終止符が打たれた。16歳の睦仁天皇(1852-1912)は朝廷を江戸に移し、地名を東京と改めた。

平和と繁栄を維持する目的から徳川幕府は仏教の勢力を抑え、儒教的な慣例主義を奨励したが、日本文化全般、そしてとりわけ日本庭園のデザインは、江戸時代に停滞することなどまったくなかった。昔の技術や伝統に対する尊敬は、平安時代の造園の手引書である『作庭記』(356ページ参照)がずっと重んじられていたことや、北村援琴斎が1735年に刊行した伝統的な庭園デザインに関する著書『築山庭造伝』の人気に表れている。

日本では16世紀初めにはすでに苗木の取引が盛んに行なわれていたし、17世紀にはキクやツツジの品種改良に関する専門書が出版され、ツツジはすでに400以上の変種に名前がつけられていた。シャクヤク、アサガオ、ツバキ、サクラに関しては、外国の植物学者や園芸家が来日する以前から専門家の集団ができあがっていた。独裁的な政府と世界に門戸を閉ざした鎖国体制の下で過ごした数世紀の間に、深皿や盆にミニチュアの庭園を造る鉢庭や盆栽と呼ばれる芸術が流行した。シーボルトは樹木を矮小化する習慣を、『日本植物誌』の中で次のように描写している。「日本人は小さな木をことのほか愛する。……ウメの栽培はこの国では非常に盛んで収入のいい仕事のひとつになっている。苗木は寄せ接ぎで増やされ、この方法でシダレヤナギのように枝を垂らすウメが得られる。1826年に、ある育苗家が10センチたらずの高さの花の咲いた木を買わないかと持ちかけてきた。その木は日本人が帯につけて携帯する薬入れと同じような、小さな漆塗りの3段重ねの箱で育てられていた。一番上の段にはこのウメ、2段目には小さなエゾマツ、一番下の段には4センチにも満たないタケが植えられていた」

❖ 古来の技法、新しい素材

第2次世界大戦後、日本の庭園デザイナーはこの国に伝わる文化遺産のすばらしさに気づいたが、それに束縛を感じることはなかった。彼らは手本をそのまま写し、伝統的な規則に盲従するのではなく、想像力に富み、かつ非常に日本的な方法で新しい素材を用いようとした。1930年代の終わりに、著名な庭園デザイナーの重森三玲は昔の偉大な作庭家と現存する庭園の研究を行なった。26冊から

【ミニチュアの自然】
盆栽の傑作は、たとえばカエデなどの苗木のうち、先の細った幹と自然に曲がった枝、そして小さな葉を持つものを用いて作られる。剪定と根の成長の抑制によって木を小さく育てる芸術は、何世紀にもわたって日本で親しまれてきた。

【禅の調和】

1236年に造営された東福寺は、京都でも指折りの格式ある大寺院のひとつに数えられる。現在の境内には25の塔頭寺院があるが、かつては53もの塔頭を誇っていた。1930年代の終わりに重森三玲によって作庭された庭園のひとつが方丈の庭園で、みかず石の敷石と豊かな苔が市松模様を描く禅庭である。

なる研究成果は、計り知れない価値を持った情報とインスピレーションの宝庫である。現代の庭園に新しい活力が欠けているのを残念に思い、重森は自分で庭園のデザインを始めた。重森は彼の取り組みを『作庭記』からの引用で説明するのを好み、「作庭家は過去の積み重ねの上に立ち、依頼主の希望を考慮しなければいけないとしても、新しい作品に取り掛かるときはつねに、何かこれまでにないものを創造する努力をしなければならない」と述べている。

重森の代表作のいくつかは、『重森三玲庭園の全貌』などの作品集で見ることができる。重森の最高傑作と評される3つの庭園は、中世に京都で建造された東福寺の境内にある方丈の庭園で見ることができる。方丈の南側にある長方形の庭では、重森は一連の緑の築山を造り、庭の4分の3には立石と伏石による石組で山と島を表わしている。西庭では土地の直線的な区画を活かして低木を丈の低い市松模様に刈り込み、重森のデザインのなかでもっとも有名な北庭では、みかげ石の敷石を苔の海に並べて市松模様を作っている。

❖第12章
変革の時代
自然主義からモダニズムへ
1870-1950年
A time of change
NATURALISM TO MODERNISM 1870-1950

【レニショーの古典主義】
『造園論』の著者で一風変わった準男爵のサー・ジョージ・シットウェルは、シェフィールド近郊にあるレニショーの庭園を古典的なイタリアの風景に変えた。邸宅から下っていくテラスは、遠くに見えるブラウン様式の風景と湖を縁取っている。

　1870年は転機の年である。19世紀最後の四半世紀を迎える頃には、庭園様式の発達は大陸や文化ごとに別々に考えることはほとんどできなくなっていた。イギリス、ヨーロッパ、そしてアメリカは同じ文化的運動の影響にさらされ、庭園理念の相互交流が生じた。19世紀から20世紀への転換期には、ふたつの大陸は日本の哲学から新しい美意識と知的な刺激の影響を受けた。極東から庭園に適した耐寒性植物が新たに伝わり、ヴィクトリア様式のわざとらしさに対する反発はますます高まった。それ以来、造園は自然主義の精神を抜きにしては語れなくなったが、自然主義は国や地域によって異なる形で表れ、ときにはどう見てもおかしな見せかけの姿を示す場合もある。19世紀の終わりから20世紀半ばまでの80年間に、いまや自然が大きく変化していることが明白になった。

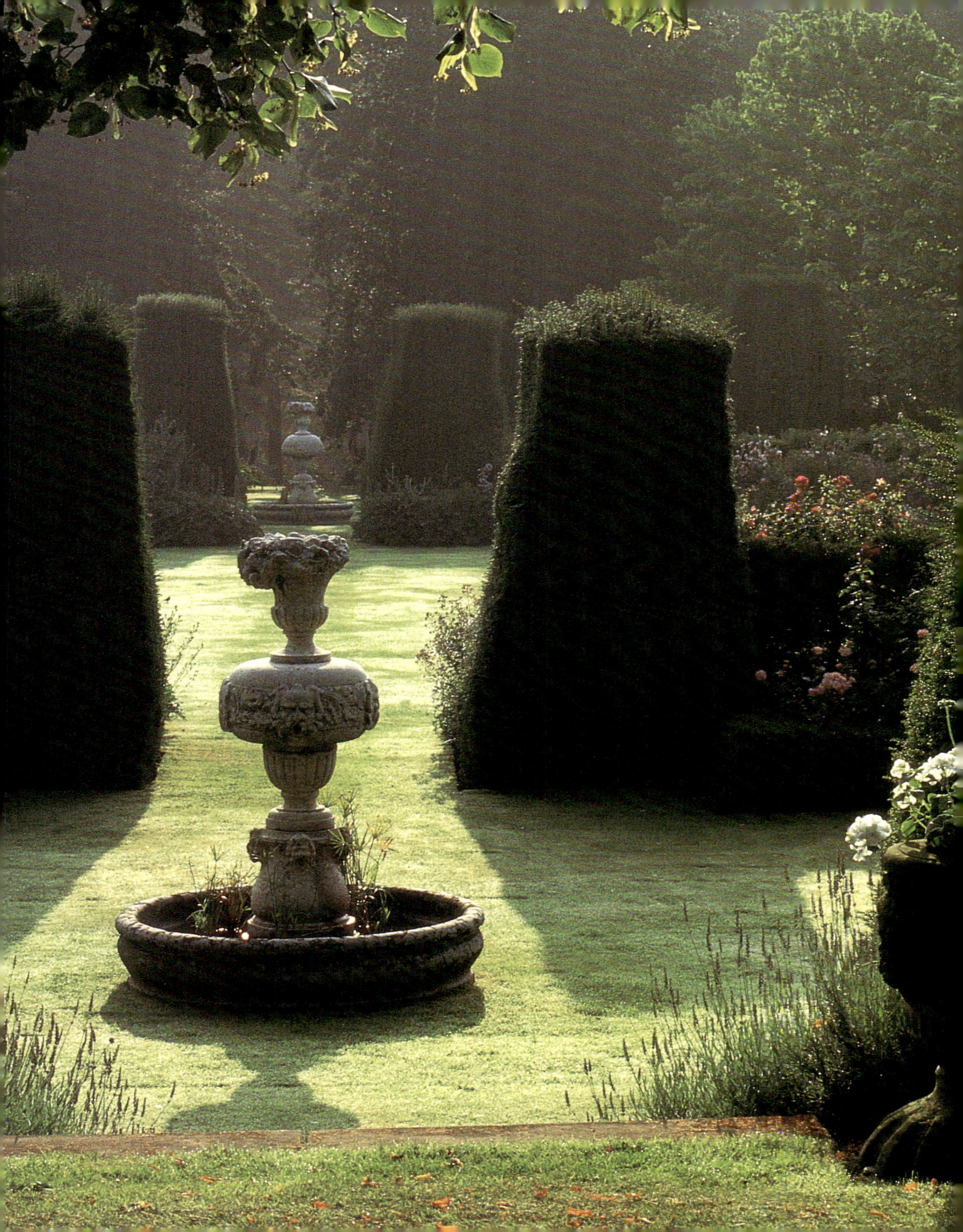

❖ 自然主義の流行

　この章の幕開けである1870年は、イギリスの園芸ジャーナリスト、ウィリアム・ロビンソンの『野生の庭園』が出版された記念すべき年である。18世紀の風景派運動に端を発し、いまだに衰えを見せないひとつの潮流の象徴的な分岐点となったのがこの本である。自然主義的な取り組みは、時間がたつにつれて植栽に対する真に生態学的な態度へと発展し、野生の中で絶滅の恐れがある植物の保護の重要性が認められ、その土地の気候や土壌の条件に合った植物を選んで植える地域独特の庭園様式が発達した。1980年代にヴォルフガング・エーメとジェームズ・ヴァン・スウェーデン（442ページ参照）によって、アメリカの大草原の植物と東アジアの草を併用する新しいアメリカの庭園様式が確立され、1990年代には多年草を植えるドイツやオランダの新しい庭園様式が生まれた。これらはすべて100年にわたる「自然主義」の歴史を通して発展したものである。21世紀を迎えた現在では、整形式の庭園でも自然風の庭園でも、実際の植栽の多くに自然主義の教訓が活かされている。過去130年ほどの間に、自然主義以外のさまざまな様式が流行し、価値ある遺産を残して消えていった。しかしそうした様式の大半は、たとえある程度整形式の要素を持つものであっても、より自由な植栽のスタイルを底流に持っている。大西洋の両岸で流行したアーツ・アンド・クラフツ運動、建築家のエドウィン・ラティエンズと造園家のガートルード・ジークルの共同作業がエドワーディアン様式のフラワー・ガーデンに及ぼした比類ない影響と現代における可能性、モダニズムの誕生と衰退、第2次世界大戦後の費用と熟練した職人の不足から生まれた有用な地被植物の流行、そしてそれと並行した混植や低木の花壇やボーダー花壇への関心の高まりは、すべてロビンソンの庭園論の流れを汲ん

【自然に対する畏敬】

トマス・コール（1801-48）による『帝国の推移──未開の状態』。イギリス生まれの画家コールはニューヨーク州に移住し、アメリカの手つかずの自然の美しさを「発見」した一群の風景画家を指すハドソン・リバー派の創始者となった。19世紀のヨーロッパにはすでに「野生」は存在しなかったが、アメリカでは、人々は自然の純粋な美しさに驚嘆し、土地に固有の土着の植物を自然主義的な方法で配することによって、自然の美しさを庭園に再現することを望んだ。荒野を探検するにつれて、アメリカ人は後世のためにそれを保存し、土着の植物をその生育地で保護する必要性をますます強く感じるようになった。

青いケシ

19世紀の終わりに発見された植物の中でもっとも印象的なもののひとつに、有名な青いケシ（*Meconopsis betonicifolia*）がある。中国の雲南省でこの花が生育しているところを、1886年にフランス人宣教師のアッベ・デラバイが最初に観察した。また、フレデリック・ベイリー大佐とジョージ・フォレストによって記録されたあと、1926年にチベット南部のタンボチェで採集されたものがフランク・キングドン・ウォードによってヨーロッパに初めて紹介された。「ふと見ると、そこには天空から青い板が落ちてきたかのように、淡い光を浴びて輝くサファイアのような青いケシが一面に咲き誇っていた」とキングドン・ウォードは最初に目撃した瞬間を描写している。キングドン・ウォードがその後氷点下4℃の環境で採集したこの花の種子は、インドで32℃の環境に耐えたのち、イギリスに向けて輸送された。それにもかかわらず、キングドン・ウォードが種子を送ったキューやエディンバラ、ウィズリーやそのほか100ヶ所の庭園で、せいぜい1ヶ月で芽が出ている。

Meconopsis betonifolia

青いケシ（*Meconopsis betonicifolia*）は酸性の土壌と高い湿度を必要とする植物だが、すぐにウィリアム・ロビンソンの推奨するワイルド・ガーデンや森林に植えられるようになった。実際、ほとんどのワイルド・ガーデンは熟練した庭師の管理を必要とし、特殊な土壌を必要とするといっても、この青いケシがそれまでの数世紀に導入されたアメリカの森林の植物の多くに比べてとくに栽培が難しいというわけではなかった。種子から育てる方が簡単なことが判明したとはいえ、見事な花はなかなか咲かなかったが、イギリスに伝わってから2年以内にキングドン・ウォードはロンドンのハイド・パークやグラスゴーのイブロックス・パークの展示用花壇に青いケシがかためて植えられているのを見ている。

メコノプシス属の植物の中で、イギリスに初めて紹介されたのはこの青いケシ（*Meconopsis betonicifolia*）ではなかった。すでに1848年にヒマラヤ原産の薄い青色の*M. simplicifolia*がイギリスで花を咲かせている。この花は、自然播種するイギリス原産の黄色やオレンジ色の花が咲くウェールズの小さな耐寒性のケシ（*M. cambrica*）と氷河期以前にメコノプシス属内で分岐したものだと考えられた。

でいる。

❖ 原生自然の価値に目覚める

ヨーロッパと北アメリカには共通の庭園の伝統があり、このふたつの地域は同じ発展の道を選んだように見えた。しかし、表面に現れた自然に対する態度には根本的な違いがあった。ヨーロッパでは、19世紀の終わりにはすでに風景は長い歴史を持ち、何世紀も人の手によって管理され、作りかえられ、本当の「野生」はもはや存在しなかった。自然を模倣した植栽の試みは、既存の田舎の不自然さを映し出する結果になった。アメリカではハドソン・リバー派などの画家のグループが広めた「原生自然」の理念は、新たな始まりの純粋な探究をイメージしていた。土着の植物を自生地で保護し、風景と全般的に共存して維持することは、現存する自然に対する夢と両立することができた。

ロビンソンと同時代のアメリカ人は、大部分はロビンソンの影響とは無関係に、やはりもっと自然なやり方で植物を用いる方法を探り、アメリカ独自の自然主義的な植栽の方法を発達させた。その方法とは、北アメリカに生育する多種多様な庭園向きの植物をアメリカ独特の植栽方式によって利用することである。スコットランド人のジョン・ミューアや偉大なアメリカの公園デザイナーのフレデリック・ロー・オルムステッドは、環境保護論者の草分けとして初めてアメリカ人に原生自然のすばらしさを気づかせ、デンマーク人のランドスケープ・アーキテクトのイェンス・イェンセンは中西部でフランク・ロイド・ライトの推進したプレーリー・スタイル（草原様式）に調和する庭園を造営した。そして、庭園デザイナーのウォーレン・マニングはその土地に適した自生植物を用いるように顧客を説得し、そのあとに続く多数の景観デザイナーや自然主義者が、自然と協働する必要性をはっきり示した。彼らは植物の保護だけでなく水の節約や汚染と病気の蔓延の防止も目標に掲げ、そうしたテーマは現代ではいっそう重要性を増している。ミューアにとってもオルムステッドにとっても、原生自然は敬虔な気持ちを引き起こす神聖さを持っていたが、同時に、自然には人の手が加わる必要があることも理解していた。

造園家のアンドリュー・ジャクソン・ダウニング（306ページ参照）の志を継いだオルムステッド自身は、イギリスの造園家ジョゼフ・パクストンがリバプール近郊のバーケンヘッドに建設した新しい公園を1850年に訪問して、都市に公共のレクリエーション空間を提供する必要性に初めて目覚めた。この経験を皮切りに、イギリス人建築家のカルバート・ボーとの協力によってニューヨークのセントラル・パークの建設を成功させて以来、彼は市民の「緑の肺」と呼ばれる都市公園のもっとも有名な提唱者となり、オルムステッドの影響は文明社会にあまねく広がった。一握りの土地所有者が広大な庭園を造営していた時代に、都市公園は公共の楽しみのために、そしてとくにアメリカでは公園風の墓地として発展した。過去100年ほどの間に、ランドスケープ・アーキテクチャには職業上の訓練だけでなく、自然保護にかかわる科学全般が必要とされるようになった。その項目は美学を含むとともに、持続可能な科学的園芸や、湿地、森林、草地などの自然環境の保護に重点が置かれている。

❖ ロビンソンの革命

多種多様な樹木と草の混植によって成り立つ魅力的な「コティッジ様式」はイングランドで生まれたが、それを広めたのはアイルランド人のウィリアム・ロビンソン（1838-1935）である。長い間イギリスのフラワー・ガーデンの父と称されてきたが、ヨーロッパではロビンソンは現在も自然主義の伝統の創始者と見なされている。生態学や生息地、植物群落などといった科学的な術語が広まる前から、ロビンソンの植栽はその庭園に適した植物を選び、自然と協働することを意味し、見た目の美的価値観にもとづいて特定の様式を押しつけるものではなかった。イギリスではガートルード・ジークル、ドイツではヴィリー・ランゲやカール・フェルスター、オランダではジャック・P・タイセイ、そしてもっと最近ではミュンヘン近郊のヴァイエンシュテファンにおけるリヒャルト・ハンゼンなど、多数の近代的造園家がロビンソンの理念をエコロジカルなやり方と調和した科学的造園法に発展させている。

庭園で自然と協働することを推奨したのはウィリアム・ロビンソンが初めてだったわけではないが、ロビンソンは著書や雑誌の中で高い志を示した。著書の『野生の庭園』は1870年に、『イギリスのフラワー・ガーデン（*English Flower Garden*）』は1833年に出版され、どちらもロビンソンの存命中に多数の版を重ねた。ロビンソン、そして彼の弟子のガートルード・ジークルがボーダー花壇の構成に用いた美学的に洗練された植栽様式のもとでは、ヴィクトリア朝後期に流行したものはむしろ前衛に思え

【グレイヴタイ・マナー［右ページ］】
ウィリアム・ロビンソンはウェスト・サセックス州に購入した自宅のグレイヴタイ・マナーで自らの庭園理論の数々を実験し、その成果を『グレイヴタイ・マナー、あるいは古いマナー・ハウスでの20年間の実験（*Gravetye Manor, or Twenty Years' Work Around an Old Manor House*）』と題して1911年に出版した。ロビンソンの庭園は、球根や耐寒性植物の順化に関する彼の考えの原型となった。景観デザイナーで園芸家のエドゥアルド・アンドレは400株の秋咲きシクラメンをフランスからロビンソンに送り、アメリカの友人はエンレイソウやアツモリソウの仲間の*Cypripedium acaule*を届けた。それらはロビンソンが必要なだけの数を集めるのが難しかった植物である。ロビンソンは耐寒性のある高木や低木の順化にも興味を持っており、それらは現在もグレイヴタイ・マナーで見ることができる（この屋敷は現在ホテルになっており、庭園は宿泊客に開放されている）。復元された庭園は、より自然な様式の庭園を奨励したロビンソンの生前の造園方法を反映している。

【アイルランド風の解釈】
アイルランドのコーク州にあるアンズ・グローヴの庭（下）はロビンソン様式の植栽で知られている。森林とウォーター・ガーデンはどちらも酸性の土壌と穏やかで湿度の高いアイルランドの気候という土地柄に適した耐寒性植物であふれている。

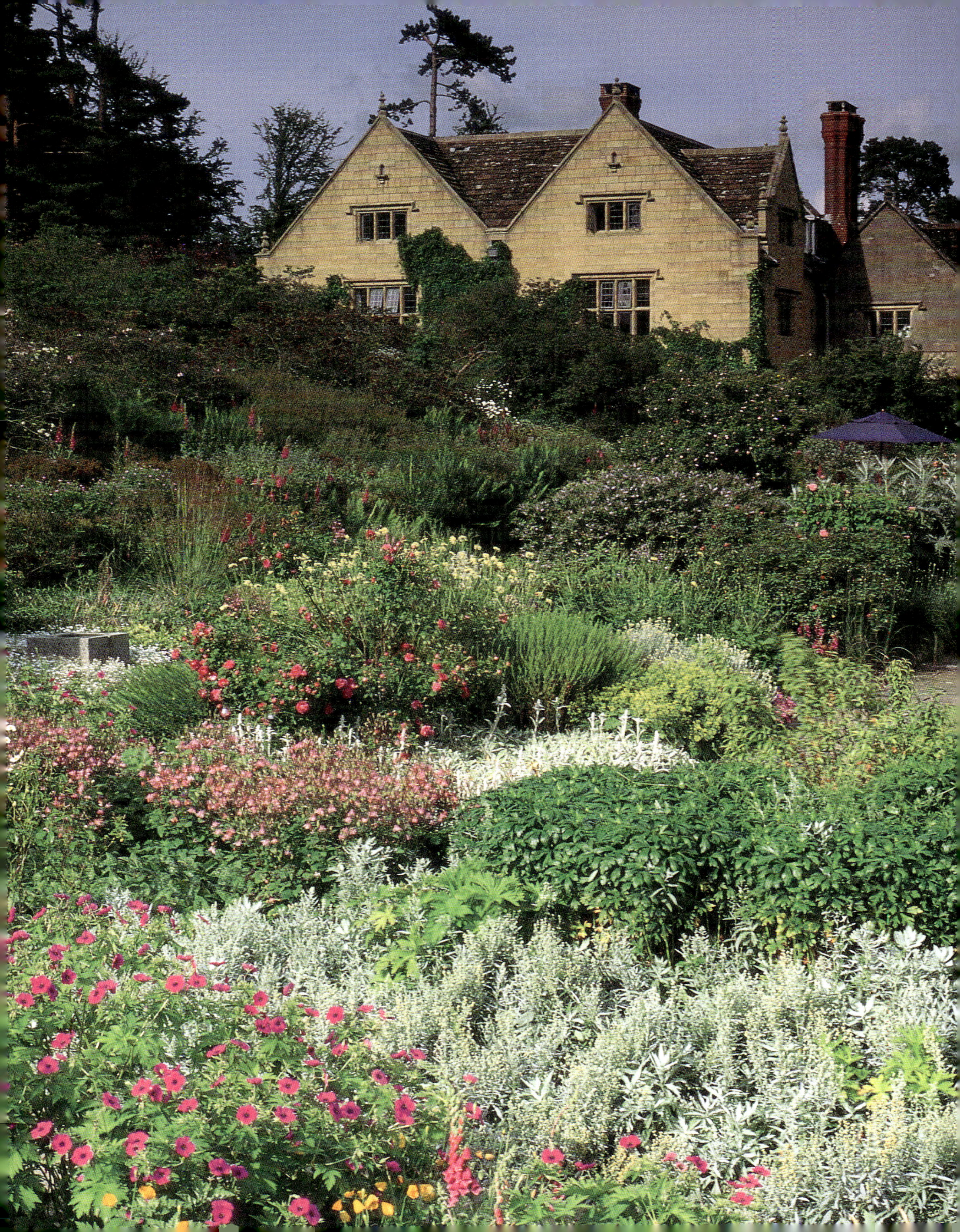

ワイルド・ガーデンのメッセージ
THE GROWING MESSAGE OF THE WILD GARDEN

ウィリアム・ロビンソンは、1870年に弱冠32歳で執筆した『野生の庭園』の中で、耐寒性植物を森林や森林の縁、そして草地にも植えることを提唱した。この1冊の短い本で、ロビンソンは造園に対する取り組みに革命を起こすことに成功した。整形式の花壇で年2回の植え替えをする大がかりで無駄な習慣を嫌う人々の間で、ロビンソンの思想は多くの共感を生んだ。シャーリー・ヒバードなど、ほかの造園書の著者がたんにボーダー花壇に耐寒性のある多年草を植えるように提案したのに対し、ロビンソンはさらに進んでまったく新しい庭園哲学を提唱したのである。「膨大な数の外国産の美しい耐寒性植物を……われわれの農園や野原や森林など、多種多様な環境に……順応させることができれば、実に魅力的な植物の美の世界が生まれるだろう」とロビンソンは述べている。残念なことに、彼の主張は誤解されていることが多い。基本的にロビンソンが提唱しているのは、色彩や季節を基準にして美的観点を満足させるために合わない環境に植物を無理やり押し込むのではなく、植物にとって快適な種類の土壌と日当たりを与えることである。

ロビンソンが土着の植物だけを植えるように主張しなかったことは特筆に値する。むしろ彼は、特定の環境でよく育つ花であれば、野生の花でも外国産の花でも使うように勧めた。「ワイルド・ガーデンの理念は、わが国の寒さに強い野生の植物と同じように耐寒性のある外国産の植物を、手間と費用をかけなくてもよく育つ場所に植えてやることである」。ロビンソンはアメリカ旅行中に見た風景を絶賛していた。「夏の終わりから秋にかけてアメリカの森林でアキノキリンソウとシオンがそろって咲いているのを目にすれば、それがまさにワイルド・ガーデンである。『ワイルド・ガーデン』が庭園にもたらす外国産の植物のさまざまな利点のひとつがそれである」

適切に理解され、実行されるならば、ロビンソンの庭園哲学は、自立し、手間をかけなくても持続し、一緒によく育つ植物を組み合わせて管理の容易な庭園を造ることだった。『イギリスのフラワー・ガーデン』と違って、『野生の庭園』には具体的な庭園デザインのアイデアが紹介されていない。しかし、この本で提案された庭園の敷地と周辺の風景が混じり合う区域のためのアイデアは、ガートルード・ジーキルがそれに従ってデザインし、現代の自然主義的な造園方法の重要な要素のひとつになっている。

スイセン、スノードロップ、ブルーベル、アネモネ、クロッカスといった春咲きの球根を草地に植え込んで順化させるアイデアを提唱した点でロビンソンは革新者であり、森林と森林の縁に植物を植えることを奨励した点では予言者だった。

『野生の庭園』は今読んでも示唆に富む本だが、鵜呑みにできない部分があるのも確かだ。たとえばロビンソンは、ワイルド・ガーデンでは「持ち主が10年間留守にして帰ってきたときは、いっそう美しさを増しているだろう」と述べている。確かに「ワイルド」ガーデンは何時間もかけて管理しなくてもいいのかもしれないが、自然の美しさを保つためには熟練した人間がたえず計画的に世話をし、手を入れる必要があるのは誰しも気づくところである。

ウィリアム・ロビンソン、1900年頃撮影

【革命的な光景】
ウィリアム・ロビンソンの著書『野生の庭園』の出版は、造園に対する新しい取り組みを宣言するものだった。アルフレッド・パーソンズによる挿絵（口絵、下）を加えて出版されたこの本は、著者が亡くなったあとも出版からほぼ70年間版を重ね続けた。

変革の時代

る。その土地に適した耐寒性植物（イギリス原産でなくてもよい）を選ぶべきだというロビンソンの主張は、アジアからもたらされた新しい植物が庭園や樹木園を豊かに彩っていた時代に、大規模な庭園に影響を与えただけでなく、一般家庭のガーデナーにも直接訴えかけた。園芸家や植物収集家にとって、手間をかけずに持続できる園芸を提唱するロビンソンのやり方は、土地の気候や土壌に適したものであるかぎり世界各地から移入された高木、低木、多年草、球根植物の混植を促すものだった。これは現在でもいわゆる自然主義的な構成の特徴となっている「レイヤード」〔単一種の植え込みではなく、植物を複雑に組み合わせて用いる〕スタイルである。また、こうした庭園の構成はもっと小規模な庭園にも容易に応用できた。

　ロビンソンの植栽方法は造園の新しい理想を体現したものになった。オルムステッドのような偉大な環境保護論者——それどころか18世紀イギリスの公園建設者とも——違って、ロビンソンは大規模な風景から特定の植物や植栽の細かな点へと関心を移した。それはまさにイェンス・イェンセンがアメリカ中西部のプレーリー・スタイル（草原様式）で実現しようとしていることでもあった。ロビンソンの理念をごく小規模な庭園に応用することにより、20世紀の造園に根本的な改革が可能になり、植物の必要とする条件に新たに目を向けられるようになり、庭園芸術が富裕層の特権ではなく広く一般に関心をもたれるようになった。

　ロビンソンは傲慢で気難しく理屈っぽい性格をしていて、同時代のそれほど力のない造園家たちの上に君臨していた。残念なことに、自分の意見に同調しない相手に対するほとんど無分別なまでの攻撃は、一時的に熱心な注目を浴びはした

【アメリカの自然主義】
アメリカ東海岸では、ヘンリー・デュポンのような芸術的造園家がロビンソンの奨励した造園方法に独自の美的解釈を加えて追究した。デラウェアのウィンタートゥールでデュポンはエキゾティックなピンクと赤のアザレアを土着のユリノキ（*Liriodendron tulipifera*）の天蓋の下に配し、青い花の咲くフロックス・ディヴァリカタ（*Phlox divaricata*）やヴァージニア・ブルーベル（*Mertensia virginica*）などのアメリカ原産の森林植物を下に植えた。

第12章｜自然主義からモダニズムへ　　387

ものの、彼の真の意図に対する歴史的な誤解を招く結果になった。100年以上たった今振り返ってみれば、論争におけるロビンソンの優位は容易に判断できるし、論争の華々しさは痛快でもある。

ロビンソンの思想の一部は美術評論家のジョン・ラスキンから、そして多くはウィリアム・モリスの思想と彼のアーツ・アンド・クラフツ運動に対する共感から生まれたもので、その熱心さは、21世紀のアメリカ人が土着の植物の栽培に傾けている情熱と同じくらい情熱的な道徳的十字軍に発展した。ロビンソンは花壇の様式の不自然さ、園芸家でない建築家に庭園デザインを任せていることなどを理由に、同時代の造園家を非難した。考えが明確になるにつれて、ロビンソンはあらゆる整形庭園に反対するようになった。ヴィクトリア朝の花壇を「パン屋の庭園」と呼んだとき、もしかしてロビンソンはフランシス・ベーコンを読んでいる途中だったのだろうか。ベーコンは1625年に、ノット・ガーデンはタルトに似ていると不満を述べていたのである。ロビンソンは「植物の彫刻」、すなわちトピアリーも嫌悪し、いくら強調しても足りないと思ったのか、「イチイを剪定するのは皮膚病のごとく美観を損ね、病と死に通じる」とまで言い放っている。確かに彼の言い分は理性的というよりも感情的な面があり、その思想もつねに首尾一貫しているとはいえない。ロビンソンは1885年にウェスト・サセックス州に堂々としたエリザベスⅠ世時代の邸宅グレイヴタイ・マナーを購入し、その庭園に見晴らし台が欲しいと考えて、邸宅の周囲の斜面にテラスを設けて構造的な花壇とパーゴラを造ったが、地所のそれ以外の場所では自然主義的な思想を反映した庭造りをした。

❖自然主義に対する批判

ウィリアム・ロビンソンの自然主義的な理念は広く共感を得ていたとはいえ、当時のすべての人が（とりわけすべての建築家が）庭園は「自然な」状態であるべきだと考えたわけではなかった。レジナルド・ブロムフィールドは著書『イングランドの整形庭園（*The Formal Garden in England*）』(1892)の中で、邸宅には整った構築的な庭が必要であると主張し、17世紀の庭園の「改良と保存」を奨励している。住居と庭園は調和のとれたひとつの単位であるべきだと主張したアーツ・アンド・クラフツ運動の唱導者に精神的に近い立場で、ブロムフィールドはデザインを重視し、植物には目を向けていない。ブロムフィールドはヴィクトリア朝の花壇の愚かしい模様も、ロビンソンとその自然主義の一派の規則性を欠いたロマンチシズムも、どちらも唾棄すべきものと考えていた。ブロムフィールドの著書は、細かい点で歴史的に不正確なところが認められるが、現在でも読むに値する内容であり、幾何学的な庭園であれば何でも見下している人々に考えを改める有益な材料を提供してくれる。この本の影響を受けて、アーツ・アンド・クラフツ庭園はあいまいだった庭園の境界線を明確にするようになった。J・D・セディングの著書『新旧の造園技術（*Garden Craft, Old and New*）』(1891)とともに、ブロムフィールドの著書はロビンソンを激怒させるに十分だった。

これらの本を自分が20年かけて築いたものに対する批判と受け取ったロビンソンは、『庭園デザインと建築家の庭園（*Garden Design and Architects' Gardens*）』に掲載した辛辣な書評で散々にこきおろし、もっともよく知られた庭園論争の口火を切った。造

【庭園建築家の視点】

レジナルド・ブロムフィールド（1846-1942）の著書で、論争の的になった『イングランドの整形庭園』にはイニゴ・トマスによる挿絵が添えられている。ブロムフィールドはスコットランドのベリック州メラーステインに壮大な庭園をデザインした。下の図はエイドリアン・ベリントンによる鳥瞰図である。ブロムフィールドの著書はデザインにおける建築家と造園家の役割についての論争を巻き起こし、ブロムフィールドの見解は自然主義の伝道師であるウィリアム・ロビンソンによって徹底的に批判された。メラーステインでブロムフィールドはル・ノートル風の壮麗なアイデアを採用し、テラス、パルテール、水を使った施設を備えた庭を造った。すべてがこの絵の通りに完成したわけではないが、湖と遠方のシェビオットヒルズまで堂々とした中央軸線が通った庭園の構成が見て取れる。

【ルネサンスの声】
ブロムフィールドの著書『イングランドの整形庭園』に挿絵をつけたイニゴ・トマスは、自身も才能あるランドスケープ・アーキテクトだった。トマスは復古主義的な庭園を好んで造り、しばしば17世紀後半から18世紀初期の庭園にならってトピアリーを用いた。彼が1891年にドーセット州アセルハンプトンでデザインした庭園(右)は空間構成が見事である。交差する眺望軸線に沿って優美な石造りの建物や沈床園がテラスや園亭から眺められる構成は、ルネサンスの庭園設計の完璧な例のように見える。しかし、比較的シンプルなトマスの設計には近代的な趣味も感じられ、草の茂った低湿地が建築的な庭園のデザインを引きたてている。1893年にアセルハンプトンが完成すると、トマスはイタリアの庭園の研究に取りかかった。

園家は舌鋒鋭いロビンソンの旗印のもとに集まり、同様に建築家は頑固なブロムフィールドを支持した。しかし、今日ふりかえって双方の論点を分析すれば、対立したふたつの派閥の間に違いはほとんどないように見える。ロビンソンが自宅の庭園で住居と庭園を結びつける建築的に構成された見晴らし台が必要だと考えたのと同様に、ブロムフィールドもセディングも、建築的な構造を重要視しているとはいえ、ヴィクトリア朝の毛氈花壇の過剰な装飾を嫌悪することにかけてはロビンソンにひけを取らなかった。彼らの論争は面白くはあるが、現在では論争そのものにはあまり意味がなかったように思える。セディングは中庸の立場をとり、建築的な枠組みと植栽の自由さの両方を奨励して、最終的に同時代の庭園様式にもっとも大きな影響を与えた。ガートルード・ジークルはその様式を好み、磨きをかけて、歴史に残るエドワーディアン・ガーデンの最高傑作を生み出した。

❖ ヨーロッパの自然主義運動

ロビンソンの思想はまもなくヨーロッパ大陸に伝わり、とくにドイツとスカンジナビア半島に広まった。1900年代に入る頃にはすでに、ドイツの庭園建築家のヴィリー・ランゲ(1864-1941)がロビンソンの思想の一部を借り、ゲーテの庭園理論やアレクサンダー・フォン・フンボルト(286ページ参照)の植物観相学までも取り入れて、倫理的な立場をとることで自然主義的な庭園の理念を発展させた〔フンボルトが提唱した植物観相学に、植物の作り出す風景が人間の感覚に与える影響を論じている〕。ランゲがとくに興味深いのは、庭園の役割は自然の保護にあるとみなしていたからで、絶滅の危機にある植物を保護するという意図まではなくても、自然に対してほとんど宗教的なまでの崇敬の念を抱いていた。現代のさらに極端な自生植物の愛好者の中に同じ傾向を見出すことができる。ランゲの解釈は、ロビンソンの耐寒性植物についての一般化した見方よりももっと厳格だった。ランゲは外国産の植物よりドイツに自生する植物を好み、庭園を周辺の風景の一部と解釈した。動植物に庭園の所有者と同じ権利を与えるランゲの「自然庭園」の概念は、のちにあた

【ヨーロッパの動向】
ドイツではカール・フェルスターが自然な植栽の理論を自宅の庭園(下)で用いるとともに、自身の種苗園を通じて「自然に見える」植物を紹介した。

第12章｜自然主義からモダニズムへ　389

かもその概念がドイツ国民の象徴であるかのように拡大解釈された。1930年代になると、この概念はユダヤ民族に対する差別のひとつの形として利用された。国家社会主義者によって、ユダヤ民族は自然保護の観念が理解できないとみなされたからである。ランゲの思想はドイツ民族のアイデンティティを求めるナチスの理想とほかの点でも一致し、森林は芸術と政治の両方にまたがるテーマとなった。自然主義に対するランゲの取り組みは政治的イデオロギーによって堕落させられたのかもしれない。ファシズムの時代にはドイツの風景の中に造られたドイツ庭園のためにドイツの植物が要求されたが、その要求は、アメリカ中西部で土着の植物の植栽を推奨したデンマーク生まれのイェンス・イェンセンの、ほとんど民族主義的ともいえる態度にいくらか通じるものがある。イェンセンは開拓の進んだアメリカの多くの地域でドイツ精神が東洋系やラテン系の様式に侵害されていると考えて、それらの様式を非難した。面白いことに、ドイツで原生自然と原生林の同一視が1930年代の全体主義的イデオロギーの一部だったとしても、アメリカでは荒野の概念は民主主義の象徴だった。しかし、こうした事情があったとしても、周辺の風景に溶け込むようにデザインされ、その土地にあった植物を植えられた庭園の原理を純粋に評価することはできる。「自然な」庭園の理念を誰が最初に生み出したかほとんど問題にならないのと同様に、自然主義庭園にまつわる以上のような理論は、今となってはどれもたいして重要ではないように見える。ドイツのカール・フェルスターやオランダのジャック・P・タイセイなど多数の造園家が、多かれ少なかれ極端なやり方であとに続いた。今日では、「自然主義的な」造園家にとってカントリー・ガーデンは一般に周辺を取り巻く風景の一部とみなされ、異質な物として注意を引くのではなく、その土地に固有の植生と一致する植栽を持っていなければならないと考えられている。

❖ アメリカの自然主義運動

19世紀後半になると、ワーズワースやエマソンによるロマン派の詩や、ウォールデンの池のほとりでの生活を綴ったソローの本の影響もあって、アメリカ人は自国の自然の風景の美しさを自覚するようになった。1840年代になると、アンドリュー・ジャクソン・ダウニングがアメリカ人に周辺の風景に適した庭園を造るように奨励し、アメリカ人のための庭園美を定義しようと試みた先駆者のひとりになった。19世紀の終わりには、庭園とは厳密には関係なかったが、環境保護運動が庭園様式の発達にかなりの影響を与えた。1900年代の初めには、ランドスケープ・アーキテクチャは完全に科学となった。そして20世紀を通じて、ランドスケープ・アーキテクチャはその土地の地形を調整し、植物を芸術的に配置する技術をはるかに超えたものに発展していく。これからの1世紀には、生態系全体を含む学問となって、地質学、地勢学、土地利用、植生、野生生物、そして気候のすべてが景観をデザインするうえで重要な要素とみなされようになるだろう。

【イデオロギー的な植栽】
20世紀には、自然な造園をめぐる議論はしばしば激しい論争になった。ドイツのヴィリー・ランゲはロビンソンのあとを継いで、政治的イデオロギーにもとづき、「自然な庭園」をまったくといっていいほど「デザインのない」存在に変えてしまった。ランゲは「芸術的自然庭園」が庭園デザインの究極の形だと考えていた。

【オランダのヘーム・パーク】
土地に固有の植物相を保護することが非常に重要な課題だったオランダでは、J・P・タイセイが自然なランドスケーピングの原理を同国の人々に教え、アムステルダム近郊のハールレムにいくつかのヘーム・パークを造った（下の写真および右ページ）。パークのデザインと設計は厳格な生態学的方針に沿って決められ、土着の植物のみが植えられた。1980年代には「生態学的な」という言葉がしばしば「自然」の同義語として用いられ、環境問題の重要性をうかがわせる。ヘーム・パークは自然に触れるための風景として教育的な役割を果たし、造園学者イアン・マクハーグ（441ページ参照）が1970年代にアメリカで広めた思想と非常に近い。しかし、ヘーム・パークの建設には個人の造園家には手の届かない広い敷地が必要になる。

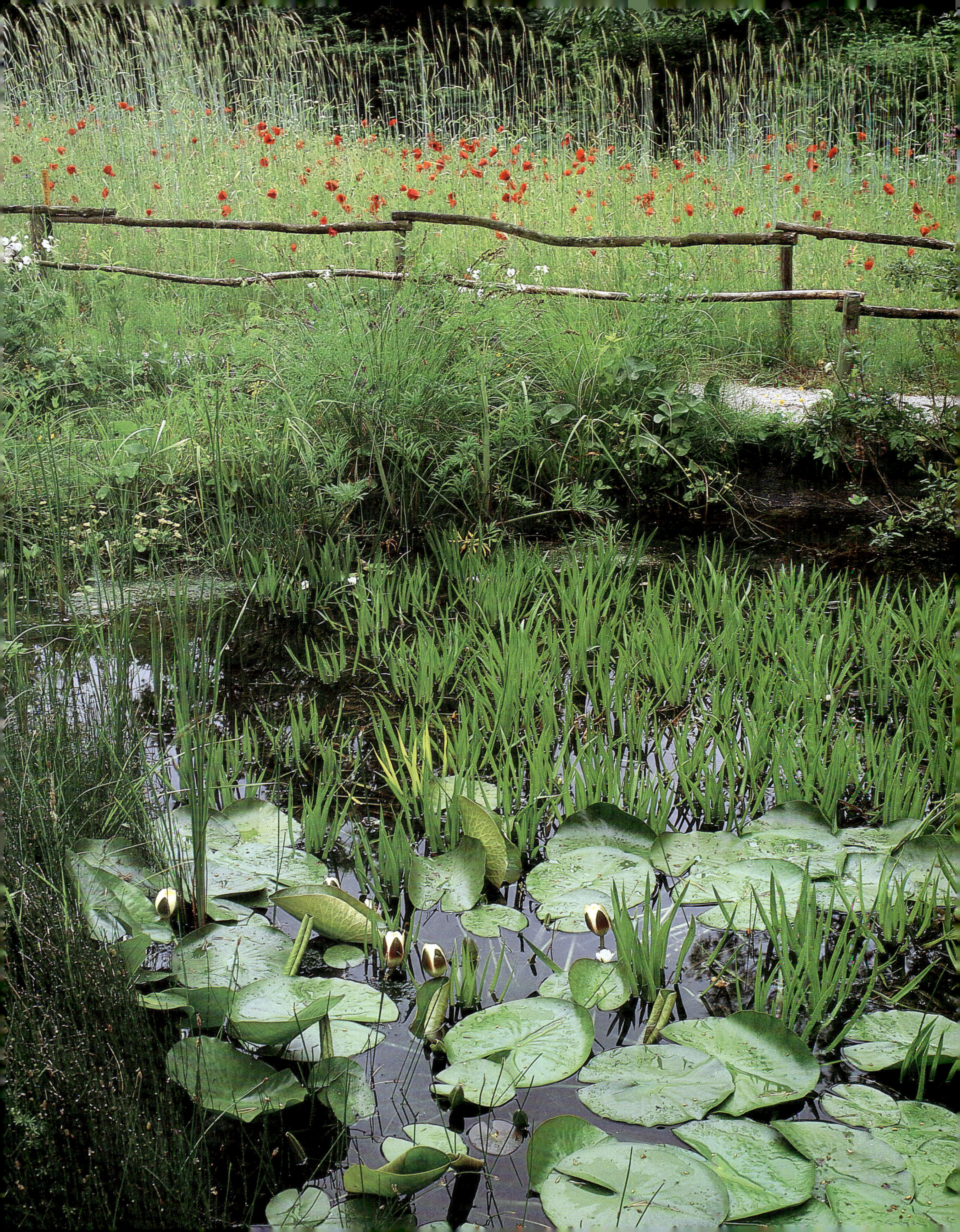

画家の視点、プラットの庭園
THE PAINTERLY VISION OF CHARLES PLATT

　チャールズ・A・プラット(1861-1933)は、もともとは主に風景画を専門とする画家であり銅版画家である。パリで5年間絵を勉強している間にイタリアを訪れている。プラットが建築家および庭園デザイナーとして仕事を始めたのは、彫刻家のオーガスタス・セント=ゴーデンスとその仲間に惹かれてニューハンプシャー州コーニッシュの芸術家の居住地に住んでいたときだった。1892年の春、プラットはフレデリック・ロー・オルムステッドの事務所で働いていた弟のウィリアムを伴って、ヴィラの庭園を研究するためにイタリアを再訪した。プラットはウィリアムを、もっと統制のとれた造園の伝統に触れさせたいと望んだのである。翌年、プラットが『ハーパーズ』誌に寄稿した記事は、1894年に加筆されて『イタリアの庭園』と題する本になった。以後、プラットには庭園デザインの仕事が引きも切らず舞い込むようになる。なかでももっとも重要な仕事は、マサチューセッツ州上院議員チャールズ・F・スプレイグがブルックリンに所有していたフォークナー・ファームのデザインで、造営は1897年に始まった。

　プラットの仕事のうちでもとくによく知られているのが、事業家のウィリアム・グウィン・メイザー(1857-1951)のためにエリー湖畔のクリーブランド近郊に建設したグウィン邸である。1906年にプラットはワシントンDCのホワイトハウスを部分的に模して邸宅を建設し、ウォーレン・マニングとの気苦労の多い協力により、11ヘクタールの地所の庭園を造営した。マニングはすでにメイザーのために仕事をしたことがあり、オルムステッド派のひとりで、非整形的な景観の重要な支持者であり、適切な場合には土着の植物を用いることに熱心だった。ただしマニングは極端な自然主義者ではなく、邸宅に面した庭園は建築的に構成される必要があると認めていた。オルムステッドと同様、マニングは自然主義的な風景は精神によい効果をもたらすと信じていた(マニングはアメリカ造園家協会の設立メンバーのひとりである)。

　プラットが設計した2ヘクタールの庭園は、ふたつの部分に分かれていた。北側には半円を描くポルティコの列柱がエリー湖をわざとらしく縁どり、複雑な階段、テラス、噴水があった。ツゲで囲われた花壇が芝生の南側と西側を区切り、東側にはワイルド・ガーデンが配置されていた。アメリカニレのおごそかな大聖堂のような並木道、細く尖った銀色のロンバルディポプラ、野生の草花のカーペットが森の中に配置されるようになったのは、マニングの影響が大きい。

　ふたりの関係はストレスと緊張に満ちたものだったが、プラットとマニングは傑作を生み出すことに成功している。住宅の敷地内に造られた幾何学的な庭園と建物の集合体は、もっと自然な区画のくつろいだ美しさを補い、整形式の部分と非整形式の部分が、互いに損なうことなくひとつの見事な風景の中に統合され得るという実例を示している。実際、自然と芸術とは協調して働くもので、その逆ではない。1914年にメイザーはプラットの整形式花壇のあまりに厳格な植栽を「やわらげる」ように、庭園デザイナーのエレン・ビドル・シップマンに依頼している。

　プラットはみずからの造園理論を解説した本を執筆しなかったが、1931年にある記事の中で自分の理念を次のように述べている。「カントリーハウス建築の根本的な真理は、家と庭園が合わさってひとつのデザインを作り上げるという点である。そのふたつは不可分なものなのだ」。プラットは景観デザインを再び芸術として確立させるという功績を残した。画家として訓練を受けたプラットは、建築と造園は風景画と同じ原理に支配されていると考えていた。その原理とは、遠近法の巧みな処理とバランスのとれた構成、そしてコンセプトの統一性である(イタリアの影響とプラットの果たした役割については、409ページでさらに詳しく述べる)。

【落ちついた幾何学的構成】
グウィン邸の庭園の整形的な部分のプラットによるデザインは、より自然主義的な区画を完全に補って、美を実現している。

土着の植物を生息地で保護することは環境保全の重要な一部になり、既存の風景を破壊するのではなく、風景と協働するようにランドスケープ・アーキテクトを教育することは、新しい生態学的な造園倫理の根幹になっている。ここで危険なのは、自然そのものが風景デザインのモデルとして考えられる唯一のものだと暗黙のうちに思い込むことだが、多くの人はそのような考えには同意しないだろう。

ロビンソンとブロムフィールドのイギリスでの論争のように、アメリカでは19世紀最後の数年間にオルムステッドによる風景デザインのイデオロギー的な枠組みと、建築家が推奨するもっと整形的なデザインへの取り組みとの間で論争が起きた。当時はオルムステッドとは別に、チャールズ・プラットの設計した庭園（左ページ参照）が同じくらい人気を博していた。この論争は現在も続く自然と芸術の議論に非常によく似ている。オルムステッドとプラットの様式は同じところから派生したもので、広大な荒野がまだ存在したアメリカで受け入れられやすい自然主義的な理想を含んでいた。アメリカの庭園様式を定義しようとするどんな試みも、庭園のある場所に依存するということがようやく理解されたのは、20世紀も終わり近くになってからだった。

❖ イェンス・イェンセンとプレーリー派

デンマーク人の移民で1880年代から中西部で活動していたイェンス・イェンセン（1860-1950）は、アメリカ人──しばしば彼自身のように到着したばかりの移民──に、なだらかに広がる草原と遠くの地平線の美しさに気づかせようと努めた。イェンセンが景観に関する自然主義に興味を持ったのは、青年時代にベルリンのエングリッシャー・ガルテンを訪れたのがきっかけだといわれている。イェンセンのアメリカの景観デザインには、広く開放的な草地と、それを縁取るように半島状に突き出した林、そして木々の間をうねるように通って森の中へ消えていく小道といった特徴があった。水平に枝を伸ばすサンザシや、野生のリンゴ、多年草など、イェンセンは大草原に土着の植物の保護に熱心だったが、家の周囲にはもっと整形的な庭園の区画を残しておく必要があることも理解し、そこにはヨーロッパ原産の植物を多く取り入れて、伝統的な植物を植えた。

中西部の日差しと未開拓の田舎の特徴を高く評価したところにイェンセンの非凡な才能がある。環境保護活動家が登場するずっと前から、イェンセンは中西部の本来の自然環境、砂丘、森林、草原、湿地を保護する必要を予見し、その土地の気候や土壌に適した植物を植える必要性をますます強く感じるようになった。1900年代の初めにはすでに水不足が問題になりつつあったのである。

イェンセンは土着の植物相の破壊をますます憂慮するようになり、イリノイ州スプリングフィールドでリンカーン・メモリアル・ガーデンを建設するために、農業や商業開発が原因で絶滅しかかっている自生の高木や低木、多年草を植栽計画に含める目的で、学生の団体を派遣してそれらの植物を集めさせている。イェンセンは

【調和のとれた風景】
デンマーク生まれのイェンス・イェンセンはアメリカ中西部で活動し、庭園環境保護論者の草分けとなった。1939年に出版された著書『シフティングス』の中で、イェンセンは造園に対する自分の態度について次のように述べている。「ランドスケーピングはまだ誕生したばかりだが、生まれながらにアウトドアの魂を与えられている。土壌と気候の条件に調和した風景が世界にはふんだんにある。原生林には天地創造の物語を読み取ることができる。……想像力に富んだ知性の持ち主がさまざまなアイデアを用いて形づくった風景は、精神的な力を持った民族に芸術の領域で真の傑作を生み出すための霊感を与えるだろう」

1913年からヘンリー・フォード夫妻の邸宅であるフェア・レーンの仕事を手掛け、1920年代から1930年代にかけて、デトロイト近郊のゴークラーズ・ポイントでエドセルとエレノア・フォード夫妻の邸宅の仕事をしていた。ヘンリー・フォード邸の仕事は、イェンセンが「夕陽の道」と呼んだ牧草地の風景に整形庭園を造るのを拒否したために物別れに終わった。イェンセンはその土地に、土着のサトウカエデ、ハナミズキ、ザイフリボク、シラカバ、サンザシを配し、下植えとしてワイルドフラワーを植えていた。

イェンセンはフォード家のような裕福な実業家のために景観をデザインするだけでなく、学校、遊び場、公園、病院、政府の建物の仕事も手掛けた。イェンセンの仕事はどれもその土地の自然と依頼主の要求を反映したものだったが、イェンセンのトレードマークとなったのは、シンボル的な植物の使用とカウンシル・リング(288ページ参照)だった。

ウィルヘルム・ミラーは1915年の著書『風景庭園におけるプレーリー精神(The Prairie Spirit in Landscape Gardening)』の中で、庭園デザインにおけるプレーリー派の運動について説明している。中西部の自然な風景の開けた眺望と平坦さを世に知らせ、シカゴのノースショア地域の険しい峡谷や森林を紹介したのはイェンセンとオシアン・コール・シモンズの功績であるとミラーは述べている。彼らのデザインは自然の文字通りの再現ではなく自然の理想化であり、その土地の風景の精神を強調していた。イェンセンは著書『シフティングス(Shiftings)』の中で、人間は決して自然を十分に模倣することはできないという見解を強調して、「自然は複製できないものである。人間には神の造った野外の世界を複製することはできない。ただ、生き生きした色調の配置の中に、神のメッセージを読み取ることができるだけである」と述べている。イェンセンより前のオルムステッドと同様に、18世紀イギリスの風景「改良家」の思想を受け継いで、イェンセンは自分の仕事を自然の景観の模倣ではなく、芸術であると主張した。近代の熱狂的土着植物愛好者の多くはイェンセンの信奉者だが、最良の仕事は模倣ではなく解釈であるというイェンセンの重要な認識を見逃している傾向がある。イェンセンが今日生きていれば、人工的な環境に植物を集めるよりも、適切な場所に草原を復活させ、野生の生息地で植物を保護することを優先しただろう。1930年代にイェンセンはドイツの庭園雑誌に寄稿して、「ドイツ様式」の庭園はラテン系や東洋系の影響を受けた庭園様式よりもアメリカの精神をよく表わしているという残念なイデオロギー的主張を展開している。

❖ アーツ・アンド・クラフツ運動の起源

アーツ・アンド・クラフツ運動は1880年代から1890年代にかけてイギリスで明確な特徴を持った様式として発達し、アメリカでは数年遅れて、より地域的な解釈のもとで発展した。イギリスにおいては、アーツ・アンド・クラフツ運動の起源はジョン・ラスキン(1819-1900)にまでさかのぼり、彼は本当に質の高いデザインは職人の想像力と技が作品の中で一体となって初めて可能になると主張し、この考えは当時主流になりつつあった大量生産の個性のない工業製品と対極をなすものだった。

【自然の眺望[右ページ]】

ウォーレン・マニングが実業家のF・A・シーバーリングのためにオハイオ州アクロンのスタン・ハイウェットにデザインした風景(1911)は、ツルニチニチソウとスズランを下に植えたカバノキの並木でよく知られている。また、森にはプラタナスの並木やアメリカ原産の植物の自然主義的な植栽もある。マニング(1860-1938)はオルムステッドの事務所で働いたあと、1896年に独立して事務所を構え、のちにフレッチャー・スティールやダン・カイリー(432、434ページ参照)を雇い入れて、オルムステッドの系譜を現代につなげた。マニングはアメリカの森林風景を中心に仕事をしていたが、岩の洞窟や段々滝など、イギリスのピクチャレスク庭園の装飾的建築物を閉鎖的な森林の内部に取り入れながら、田園風景を見通す長い眺望を確保するといったことも行なっている。マニングは幻想的なアメリカの荒野の眺めを、見慣れた果樹園や牧草地と結びつけた。

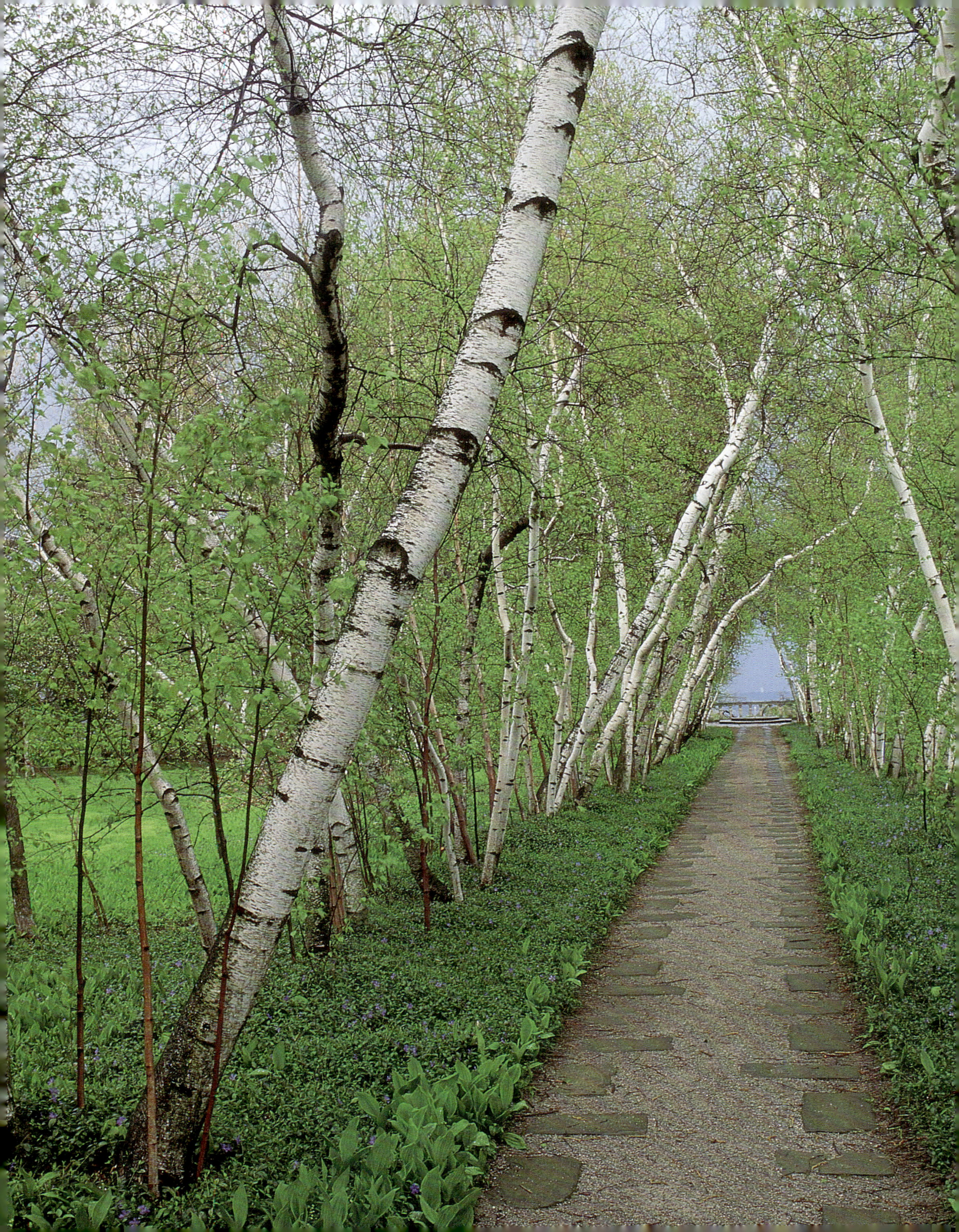

アーツ・アンド・クラフツ運動もまた、自然を手本にしていた。1838年にはすでに、ラスキンはヴィクトリア朝の花壇植物を批判し、「必要以上にいじくりまわされ、自然ではあり得ない大きさに膨れ上がり、煮たり温めたりされて虚弱に育った哀れな存在の集まり」と述べている。ラスキンの論法は19世紀の終わりにロビンソンに起因する論争と同じくらい荒っぽかった。純粋な職人技の重要性を強調したウィリアム・モリスもまた進んでロビンソンに賛同し、その時代の花壇の様式に嫌悪感を表明した。詩人、先駆的な社会主義者、染色家、織物職人、そしてデザイナーだったモリスは、あらゆる創造的な仕事は実用的な側面を持たなければならないという強い信念の持ち主でもあった。モリスはまず1859年にフィリップ・ウェッブに雇われ、理想の家の建設を目標に、ケント州の果樹園のある土地にレッド・ハウスを建てるのを手伝った。ドイツの建築家ヘルマン・ムテジウスは、レッド・ハウスについてこう語っている。「新しい芸術文化による初めての民家で……内も外もひとつの統一された全体として構想され、建設され」、その土地に特有の建築の伝統を採用することによって周囲の田園に溶け込んでいる(ムテジウスがここで述べているのは、アーツ・アンド・クラフツ運動の本質の正確な定義である)。モリスはなにもかも自然のままがいいと考えたわけではなかった。アーツ・アンド・クラフツ運動の庭園は、中世の整形庭園から着想を得ていて、昔ながらの果樹が育つ果樹園と、昔ながらの花──「トレリスに巻きついたバラ、にこ毛に覆われた柔らかな葉を茂らせ、細く高い茎にピンクやオレンジや白に花開くタチアオイ」──の花壇があった。そしてガートルード・ジーケルが、アーツ・アンド・クラフツ運動が確立したこの庭園の様式を探究し、拡大し、現代風に作り変えて、エドワーディアン・ガーデンの傑作を生むのである。

あまり感傷的でなくなった現代でさえ、過去のロマン主義的な解釈には心を動かされる。アーツ・アンド・クラフツ運動は1900年以降のあらゆる庭園の発展に大きな影響を与えてきた。耐寒性の植物を用いて自然主義的な方法で造園しようというロビンソンの主張に、決して完全に賛同したわけではなかったが、支持者たちは自然に対する崇拝とともに、ロビンソンのシンプルさ、伝統的な植物と地元産の素材を重視する手法を共有していた。さらにロビンソンの支持者は、過度の洗練によってさまざまな様式が堕落する以前の時代を郷愁とともに振り返った。ロビンソンが主張したように、植物は整然とした規則性から解放され、園路や壁を越えてあふれるように生長し、思いがけない場所に種子を落とし、建物などの構造から生まれる直線をぼかすことが奨励された。そうすれば少なくとも表面的に自然が優位に立っているように見えるからである。そしてなによりも、この様式は大半の人々にとってあらゆる規模の庭園に適しており、高い技術がなくても管理可能で、庭園の美しさが長持ちする。しかし、ロビンソンが庭園は住居の建築家の支配から脱するべきだと主張したのに対し、アーツ・アンド・クラフツ運動の実践者は、庭園はひと続きの空間が住居の周囲に広がっていくもので、理論上は住居の延長であるから、住居と庭園は全体でひとつの統一体としてデザインされるべきだと考えた。

1883年に出版した『イギリスのフラワー・ガーデン』の口絵のページで、ロビンソンはウィリアム・モリスを引用している。「あまりにも普通に見かけるもうひと

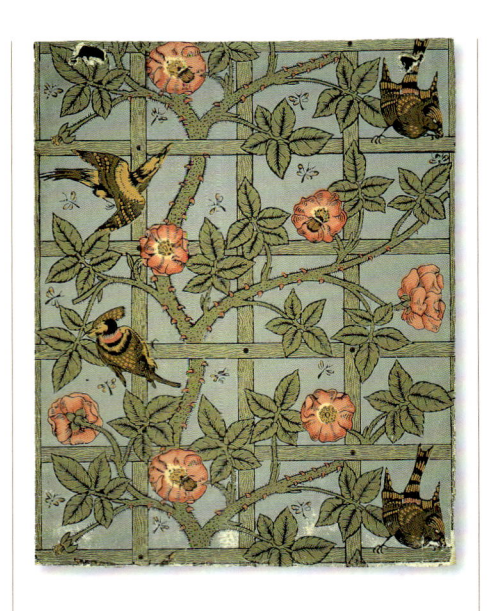

【屋外と室内】

「トレリス」と呼ばれるこの壁紙は、1864年にウィリアム・モリスが初めてデザインした3種類の壁紙のひとつである。モリスはケント州の自宅のレッド・ハウスの庭園につらえたトレリスから着想を得た。「デイジー」と「フルーツ」のふたつの模様も、自宅の庭園に植えた植物からヒントを得ている。アーツ・アンド・クラフツ運動全体は、ヨーロッパでもアメリカでも、個人的に実践されたものではあるが、その源は簡素で自然な芸術と建築に対するモリスの独自の欲求に根ざしているといえる。工業化以前の時代に対してアーツ・アンド・クラフツ運動が抱いている郷愁は、機械の導入ではなく機械を使った無味乾燥な大量生産に対する反動である。

ヨーロッパのアーツ・アンド・クラフツ庭園

アーツ・アンド・クラフツ運動はイギリス国内にとどまらず、ヨーロッパや北アメリカにも広まった。ドイツの建築家ヘルマン・ムテジウスはイギリスの建築を研究し、1907年に『田舎家と庭(*Landhaus and Garten*)』を出版した。この中でムテジウスは、「住居と庭園は一体のものであり、その主要な要素は同じ人物が考案すべきである」と述べている。

つのものは人間の知性の逸脱であって、また、そうでなければ恥ずかしげもなくそれについて皆さんに警告するようなことはしなかっただろう。それは専門的には毛氈花壇と呼ばれるものだ。これ以上言葉を重ねる必要があるだろうか。そんなことはしないでおこう。それについて考えると、まわりに誰もいないときでさえ、私はその考えの恥ずかしさに赤面してしまうほどなのだから」。モリスとその支持者は、伝統的な地元産の工芸品の利用と、父から子へと伝えられる技術にもとづいたシンプルなデザインを推奨した。その原則は広大な地所よりもこぢんまりした庭園によく当てはまった。刈り込まれた生垣、園路と昔ながらのイギリスの花があふれる花壇という18世紀以前の英国庭園のデザインの復活は、ほとんど気持ちの上だけだったとしても、自然のシンプルさにもっと親しむための景観を整えた。ヴィクトリア朝の過剰な装飾性から脱却しようとして、アーツ・アンド・クラフツ運動の熱心な推進者は、より個人的なイギリスの様式に回帰した。皮肉なことに、その様式は自然主義的な風景派運動が起こった18世紀に、いったん放棄された様式だった。

古い神話や絵画や建築、造園に表れた牧歌的な田園風景をロマン主義的に懐古することによって、アーツ・アンド・クラフツ運動は文化を解放した。ラファエル前派の絵画は、荒々しい自然を因習から解放されたある種の女性美と結びつけていた。彼らの作品は工業化以前の時代への郷愁を表現した。庭園においてアーツ・アンド・クラフツ運動のデザイナーは余計なもののないすっきりとしたロマンチックな過去に対する同様の憧れを作品に反映させた。刈り込まれた生垣と格子細工の障壁が受け入れられたのは、整形的で構築的であっても、それらが工業

【ケルムズコットのインスピレーション】
ウィリアム・モリスはレッド・ハウスを売却したあと、オックスフォードシャー州のケルムズコット・マナーに引っ越し、この田舎の別荘で1871年から1876年まで暮らした。モリスがコッツウォルズの美しさを「発見」したのはこの時期である。モリスが1892年に出版した小説『ユートピアだより』では、ケルムズコットは「その土地から」自然に生えてきたような典型的な古い屋敷の象徴として描かれている。ケルムズコットの庭園は、現在もその姿を保っているが、スタンダード仕立てのバラで縁どられた石畳のアプローチのあるきわめて整形的な庭園で、17世紀の英国庭園を思わせる。

第12章 | 自然主義からモダニズムへ

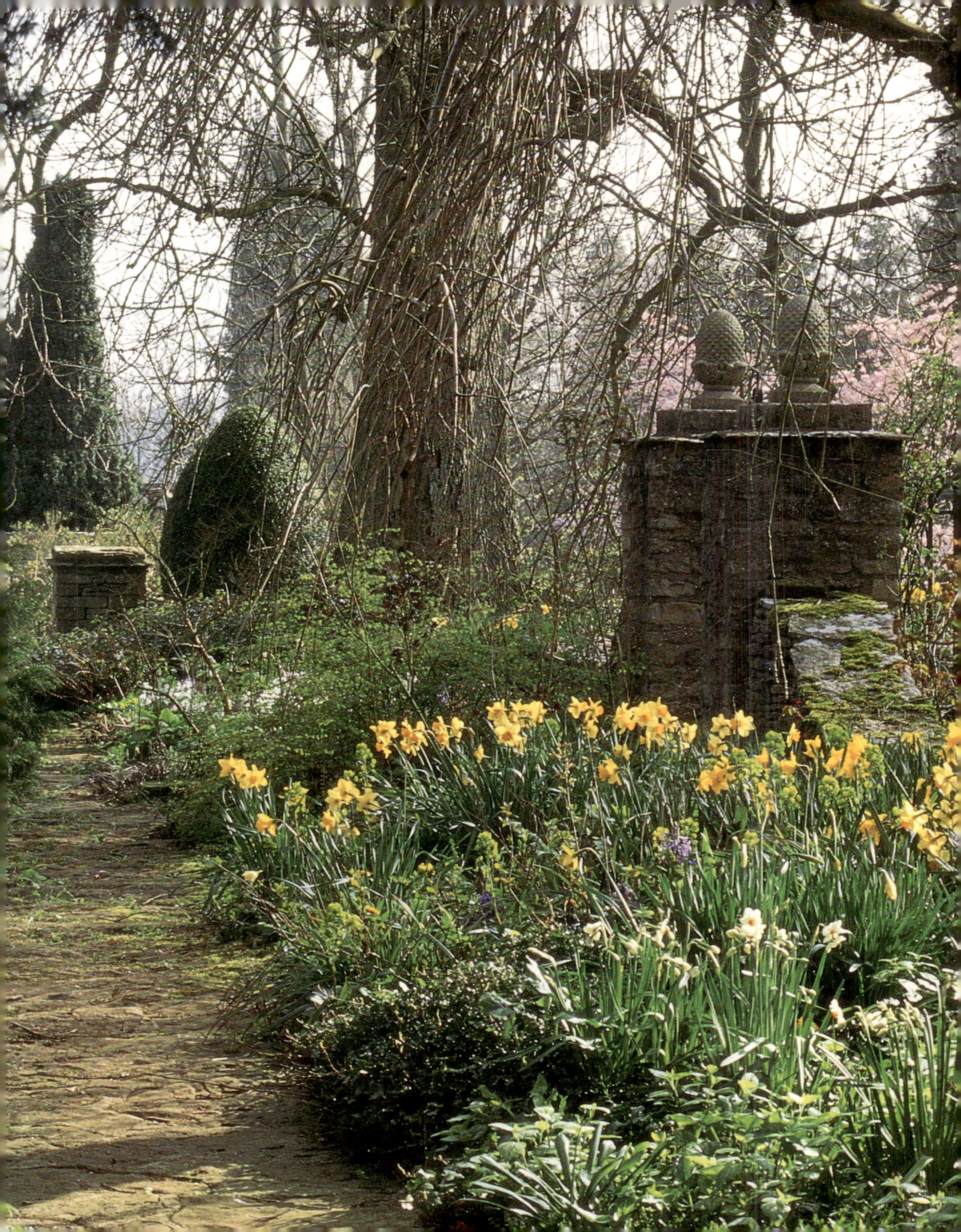

【地元の様式にならう】

グロスターシャー州サイレンセスター近郊にあるロドマートン・マナーの邸宅と庭園は、1909年から1929年まで20年の歳月をかけて、アーネスト・バーンズリー、庭師頭のウィリアム・スクルビー、そして所有者の妻のマーガレット・ビッダルフによって造られた。庭園のレイアウトはきわめて直線的で整形的であり、一連の区画、長い園路と刈り込まれたイチイの生垣、ツゲのトピアリー、そして魅力的なコティッジ様式の植栽を備えている。家も庭園も、どちらも地元に固有の様式から着想を得ている。熟練した職人の仕事によって統一感が生み出された。バーンズリーはフィリップ・ウェッブ（モリスとともにレッド・ハウスを建築した建築家）の弟子で、ウニッブもグロスターシャーのサパートンの近くに自宅を建設している。

化以前の時代に結びついているように見えるからである。エドワーディアン・ガーデンは、テラス、パーゴラ、沈床園、宿根草ボーダーなど、表面上はほとんどヴィクトリア朝の花壇と同じように建築的で幾何学的なのだが、まったく違うものとみなされた。それは実際の植栽様式が、アーツ・アンド・クラフツ運動の理想との直接的なつながりと、自然な形との調和を表現していたからである。

❖ アメリカのアーツ・アンド・クラフツ庭園

　アメリカでは、アーツ・アンド・クラフツ庭園はもっと地域的な側面を持ち、地元で手に入る素材や気候条件、そして歴史的な条件によって異なっている。イギリスと同様にアメリカでも、大量生産のために職人が自由にデザインできなくなるという工業化の弊害に端を発して、アーツ・アンド・クラフツ運動が起こった。ヨーロッパではすでに本当の野生は失われて久しく、アーツ・アンド・クラフツ運動の支持者は歴史を振り返って、適切な植栽と流行の文化に配慮しながらその土地にふさわしい庭園をデザインしていたように見える時代を回顧した。アメリカではまだヨーロッパのように文明に浸食されていない原生自然が残っていたため、アーツ・アンド・クラフツ庭園ははるかに自由に発展することができた。また、本物の職人の製品から得られる工業化以前の喜びを追求する際に、最初の植民者や西部開拓民が入手できた地元の建築素材を重要視することが可能だった。

　第I次世界大戦と1929年の大恐慌が起きるまで、豊かな黄金時代にはヨーロッパとアメリカの広大な庭園はどれもみなそっくりで、地域的な条件はほとんど無視してデザインされていた。しかしすぐれたデザイナーは自然物に対する一般の関心に促されて、もっと繊細な取り組みを行なった。イギリスのサリー州に造られたラティエンズとジークルの庭園は、古い伝統的な要素を用い、フィンランド人建築家のエリエル・サーリネンが設計したミシガン州のクランブルック・アカデミー・オブ・アートや、カリフォルニア州パサデナのチャールズとヘンリー・グリーンによる住宅のように地域的な偏りの大きい建築の庭園とは表面的にはほとんど類似性がないように見えるかもしれない。それでも、イギリスとアメリカとの間ではつねにアイデアの交換が行なわれていた。大西洋の両岸にいるアーツ・アンド・クラフツ運動のデザイナーは、雑誌によってお互いの最新の動向を知ることができた。イギリスでは『スタジオ（*The Studio*）』と『カントリー・ライフ』誌が、アメリカの『美しい家』、『ハウス・アンド・ガーデン（*House and Garden*）』、『カントリー・ライフ・イン・アメリカ（*Country Life in America*）』に相当するものだった。ラティエンズがニューデリーのムガール庭園〔イギリス統治時代のインド総督官邸と庭園〕の設計にあたって、ムガール帝国のバーブル皇帝の子孫が造った数々のイスラム庭園の偉大な伝統に回帰したデザインと素材を選んだように、アーヴィング・ギル（1870-1936）による南カリフォルニアの庭園デザインには、初期のスペイン様式のデザインの影響がうかがえる。壁に囲まれたスペイン風の伝道所の中庭は、厳しい日差しから身を守る安息所であり、砂漠の中のオアシスだった。チャールズ・ジレット（1886-1969）などヴァージニア州のデザイナーは、植民地時代のツゲの庭園から着想を得た。このツゲの庭園の様式は、大きな庭園をそれぞれ雰囲気の違ういくつもの区画に分けて造るため、敷地の規模に関係なく応用できる。ルネサンス時

【最先端の芝刈り［右］】
1830年代の発明家、エドウィン・ブディングと製造業者のジョン・フェラビーは、彼らの発明品である最初の芝刈り機を真夜中にテストしたといわれている。鋳鉄製で、操作するのは大変だったが、ふたりはそれを「楽しく有益で、健康的な運動」として"地方紳士"に売り込んだ。

【機械化される前の田舎の魅力［上］】
18世紀のパークの印象は、滑らかな芝生が広がっているかどうかによって左右された。芝刈り機が登場する以前は、芝生をきれいにしておくために、この絵のように何人かで草刈り鎌をふるうか、ヒツジやシカに草を食べさせる必要があった。上の絵はバルタザール・ネボットが描いたチズィック・ハウス。

【コートの芝［下］】
芝刈り機が使えるようになり（広告ではたいてい女性でも扱える簡単さが強調された）、テニスやゴルフのような芝生でするスポーツが盛んになると、世界中の国々で地面が様変わりした。

【緑の輪［右］】
なんといっても緑の芝生は古くからイギリスの庭園に特有の要素である。伝統と革新が融合したこの芝の迷路は、ドクター・キャサリン・スウィフトがデザインしたシュロップシャー・ガーデンの厳かな中心をなしている。

400　変革の時代

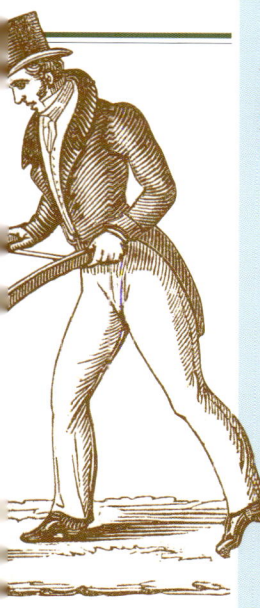

芝生の上で
ON THE LAWN

17世紀の哲学者で科学者でもあるフランシス・ベーコンは、「短く刈られた緑の芝ほど目に心地よいものはない」と述べているが、この言葉ほど広く多くの人が賛同する意見は珍しい。緑の芝はイギリスの代名詞にもなり、フランスの庭園デザイナーは芝生の庭をパルテール・ア・ラングロワーズ（イギリスの区画）と呼ぶほどだった。

18世紀イギリスの下院議員チャールズ・ハミルトンは、サリー州ペインズヒルの風景庭園で芝生を造るため、雑草を抜いて土地を「浄化」し、平らにならすことから始めた。「土地が非常に汚れている場合は、ときには5回、少なくとも4回は鋤で耕し、1回耕すごとにまぐわでならして、たいてい1年がかりできれいにした。……まぐわを入れるたびにシバムギなどの雑草が地面に掘り出されるので、それを熊手で集めて、積み重ねて燃やした」。そしてようやく手に入れられる「もっとも清潔な牧草の種子」と大量のシロツメクサの種子が、ハミルトンの土地にまかれた。

この貴族の芝生の滑らかさは、草刈り鎌を手にした人が数人とヒツジやシカの群れによって保たれた。芝刈り機を最初に発明したエドウィン・ブディングは、工場で生産されるベルベット生地のパイルをカットするために使われる機械にヒントを得て、鎌で芝を刈ったときにできる「丸い傷跡や、不揃いだったりはげてしまったりした部分」を自分の機械で減らしたいと考えた。新たに誕生した滑らかな芝生のおかげで、ゴルフやテニス、クリケット、サッカーなどの大衆スポーツが盛んになった。20世紀に入ると、スポーツのためにグラウンドに芝を育成する技術が進歩し、近年では一般的な庭園の完璧な芝生と比べても見劣りしないほどになった。環境意識の高まりによって野の花の咲く草地が一般に広まって、デイジーや苔のような「邪魔者」も受け入れられるようになった。

【庭園の中の荒地［上と下］】
芝の育成に関する知識と技術の発達によって環境問題が浮上し、「雑草」だらけの芝生があらためて評価されるようになった。イーストサセックス州のグレート・ディクスターでは、花の咲き乱れる果樹園が素晴らしい景色を披露するだけでなく、近代の農業によって絶滅しかかっている野生の草花と蝶の保護区の役割を果たしている。なかには芝生よりもそれを刈る機械に惹かれる人もいる。一般には手で押すと刃が回転する仕組みの手動芝刈り機が使われてきたが、20世紀半ばになって動力式芝刈り機が登場した。しかし、リモコンで遠隔操作できる芝刈り機は、まだ遠い未来の話のように思える。

第12章｜自然主義からモダニズムへ　401

代に近い空間の使い方によって、屋内と屋外の「部屋」はひとつの全体的なデザインの中に統一することが可能になった。グロスターシャーのヒドコットで1907年から造られ始めた、生垣で分割された小庭園（404ページ参照）がひとつの例である。そしてもうひとつの例が、第1次世界大戦中に建造されたカリフォルニアのフィロリ・ガーデン（406ページ参照）である。どちらの庭園にも明らかなイタリア風の雰囲気が漂っているが、豊かな植栽によって直線が和らげられている。

　アメリカのアーツ・アンド・クラフツ運動は、統一的な規則よりも自由な発想に基づいて、ゴシック、テューダー、スペイン風の伝道所の中庭、低地の牧場や丸太小屋など、多種多様な住宅の建築様式とともに発展した。それらの様式は、その土地の自然を尊重するという点で一致している。そして、アーツ・アンド・クラフツ運動の理念の多くが、現代のランドスケープ・アーキテクトの仕事に反映されている。家と庭園は一体であるべきだと考えられ、家は整形的な囲われた空間に接し、囲いの外には自然な風景がつながっている状態が求められた。地元産の石を使って造られた壁や階段や敷石、そして地元の砂利などの素材は、周辺の環境に庭園を溶け込ませるのに役立った。自然はインスピレーションの最高の源であり、自然の持つパターンや機能的な性質は、室内では装飾品や壁紙として、庭園では植物の選択に取り入れられた。改良の進んだ品種より昔ながらの植物を好んで使うやり方は、田舎の庭園の伝統とシンプルさの追求の象徴であり、自然に種子を落として増える植物は思いがけない効果をもたらした。花は主張しすぎない色が選ばれ、淡い色調が目立つようになり、秋に向かって色を変化させる樹木の緑や銀灰色が重視されるようになった。

【個人的な庭】
アメリカのアーツ・アンド・クラフツ運動は、地元の素材を用い、機能的なアプローチと卓越した職人技によって支えられていた。その建築はあくまでもきわめて個人的な性質を持っていた。チャールズ・サムナー・グリーンとヘンリー・メイザー・グリーンの兄弟が1907年にカリフォルニア州パサデナに建設した東洋風のガンブル邸では、住居と庭園が融合し、住居にまるでその土地から自然に成長した有機体のように見える。広く、部分的に日陰になったテラスとその上にある寝室の区画が、室内と屋外を違和感なくつなげている。庭園デザインは、山々と、さらに遠くの眺望が見渡せるカリフォルニアの風景を借景し、地元産のレンガや周辺地域の涸れ谷で採集された石で造られた壁が点景物のひとつになっている。

❖ エドワーディアン様式

　エドワーディアン・ガーデンはイギリスの庭園の最高峰であり、建築家と造園家の協力関係が頂点に達した作品だと考える人は多い。エドワーディアン様式の造園家は、空間の使い方にしばしばイタリアの影響が見られる、はっきりした構築的な軸のあるレイアウトに自然主義的な植栽を組み合わせる独特の方法を発展させた。

　1900年以降、イギリスとアメリカの両方で、はっきりした規則的な構造を作り、そこに低木、多年草、球根植物の大胆で自由な混植を施して幾何学的な線をぼかすという、整形式と非整形式の理念を組み合わせて用いる手法が中規模の庭園で好まれるようになった。テラス、沈床園、アーバー、園路、柵は、富を誇示するためでなく、簡素さを示すために配置された。現代ではコティッジ・ガーデンと呼ばれるこの様式は、19世紀の終わりにイギリスで生まれ、ウィリアム・ロビンソンとガートルード・ジークルによって洗練され、ローレンス・ジョンストンがグロスターシャーに建てたヒドコートなどの庭園に採用されている。アメリカではベアトリクス・ファーランドがこの様式を代表するひとりで、チャールズ・プラットの建築的な手法とオルムステッドの風景への愛着を融合したデザインを特徴としている。エレン・ビドル・シップマンやルイーズ・キング（フランシス・キング夫人）、ルイーズ・ビービ・ワイルダーなどの女性デザイナーは、コティッジ様式を小規模な庭園に取り入れる方法にとくに秀でていた。コティッジ様式はコンセプトを重んじるランドスケープ・アーキテクトからは放棄されたとはいえ、風景全体の創造とは対極に位置する個人的な庭園をデザインする場合は今でもイギリスの中流階級に好まれている。

❖ ラティエンズの住居、ジークルの庭園

　建築家のエドウィン・ラティエンズと造園家のガートルード・ジークルの共同作業は、エドワーディアン様式の趣味のよさの象徴であり、短命に終わったエドワーディアン様式の卓越性を示す典型的な例でもあった。建築と植栽の専門家ふたりが力を合わせて、美的な庭園の傑作が誕生した。原形をとどめている庭園はほとんどないが、ふたりの影響は今も無数の近代的庭園に活かされている。ラティエンズの繊細な技によって、整った構成、高低差のある庭、方向性のある軸線、石を用いた設計、パーゴラや池、リルが、ガートルード・ジークルの植栽計画を活かす完璧な枠組みを提供している。フラワー・ガーデンに関心がある多くの人々にとって、イギリスの立派な風景庭園は、いかに世界的に重要であっても、本当の庭園ではない。イギリスの庭園の最高傑作として記憶に残るのは、エドワーディアン様式の理想の庭園なのである。ラティエンズとジークルのパートナーシップを支えたアイデアの数々は、1900年代から『カントリー・ライフ』誌でイラストに

【牧歌的なコティッジ】

コティッジ・ガーデンの理想化は、絵画にひとつのジャンルを開き、アボット・フラー・グレイヴズの『フラワー・ガーデン』（上）や、ヘレン・アリンガムの作品などを生んだ。そうした絵画は、労働者のコティッジの入口脇に植えられたバラやタチアオイが絵の素材にうってつけのロマンチックな情景を生み出しているように、空想上の古き良き時代を懐かしむ性質がある。現実はこのようなものではなく、かつての囲い込み運動や、19世紀末の農業大不況によって多くの農業労働者が貧困化していた。しかし、コティッジ・ガーデン様式の植栽は上流から中流クラスの庭園に欠かせないテーマとなり、効果的に組み合わせられた花はある種の気取らない喜びを表現していた。コティッジ様式の人気は現在でも決して衰えていない。

時代の肖像

ほかの芸術と同様、西洋の造園においても、「エドワーディアン」といえば「黄金の午後」を一言で表わす有益な代名詞になっている。エドワード7世の治世は1901年から1910年までの10年足らずにすぎないが、この王の名を冠した様式は、長期にわたるヴィクトリア女王の治世の最後に当たるファン・ドゥ・シエークル（世紀末）の数年間から、1914年に始まり1918年に終わる第1次世界大戦前の小春日和のような平穏な日々までを含んでいるように見える。アメリカではこの安寧の時代は多くの場合、1929年まで続いた。

【ヒドコットの才能】

ローレンス・ジョンストンがグロスターシャー州に建設したヒドコット・マナーは、小区画に分けられた庭園の中でもっとも後世に強い影響を与え、シシングハースト（427ページ参照）やサマーセット州のティンティンハル・ガーデンの「生みの親」であり、20世紀の庭園デザインの象徴にもなっている。ヒドコット・マナーの生垣で区切られた小庭は、低木、バラ、シャクヤク、多年草、球根植物が控え目なコティッジ・ガーデン様式で混植され、20世紀初期のイギリスの造園の最良でもっとも繊細と考えられるあらゆるものを代表していた。アメリカ生まれのジョンストンは1907年にこの土地を購入し、庭園の建造を始めた。ヒドコットの成功は主にジョンストンの洗練された空間感覚と、庭園に区画を与える交差する軸線を設けたことによる。これらの区画はいくつかの層をなす生垣によって分割されている。ツゲで縁どられた花壇、イチイの列柱、トピアリー、直線、直角、そして円は、この庭園のイタリア的な要素を示している。この枠組の中で、ジョンストンの植栽は自由かつ豊かに繁り、珍しい植物が昔から愛された植物と競い合っている。ジョンストンの傑作のひとつがシデの生垣の下枝を払って見通しをよくした「スティルト・ガーデン」で、視線を家からスカーレット・ボーダーへと導き斜面の上の空を縁取る。ホワイト・ガーデン（右）は、もとはフロックス・ガーデンと呼ばれていた。ヒドコットはコティッジ・ガーデンの寄せ集めと称されてきたが、ジョンストンの才能によって、全体のデザイン・コンセプトが統一され、統制がとれたものになっている。

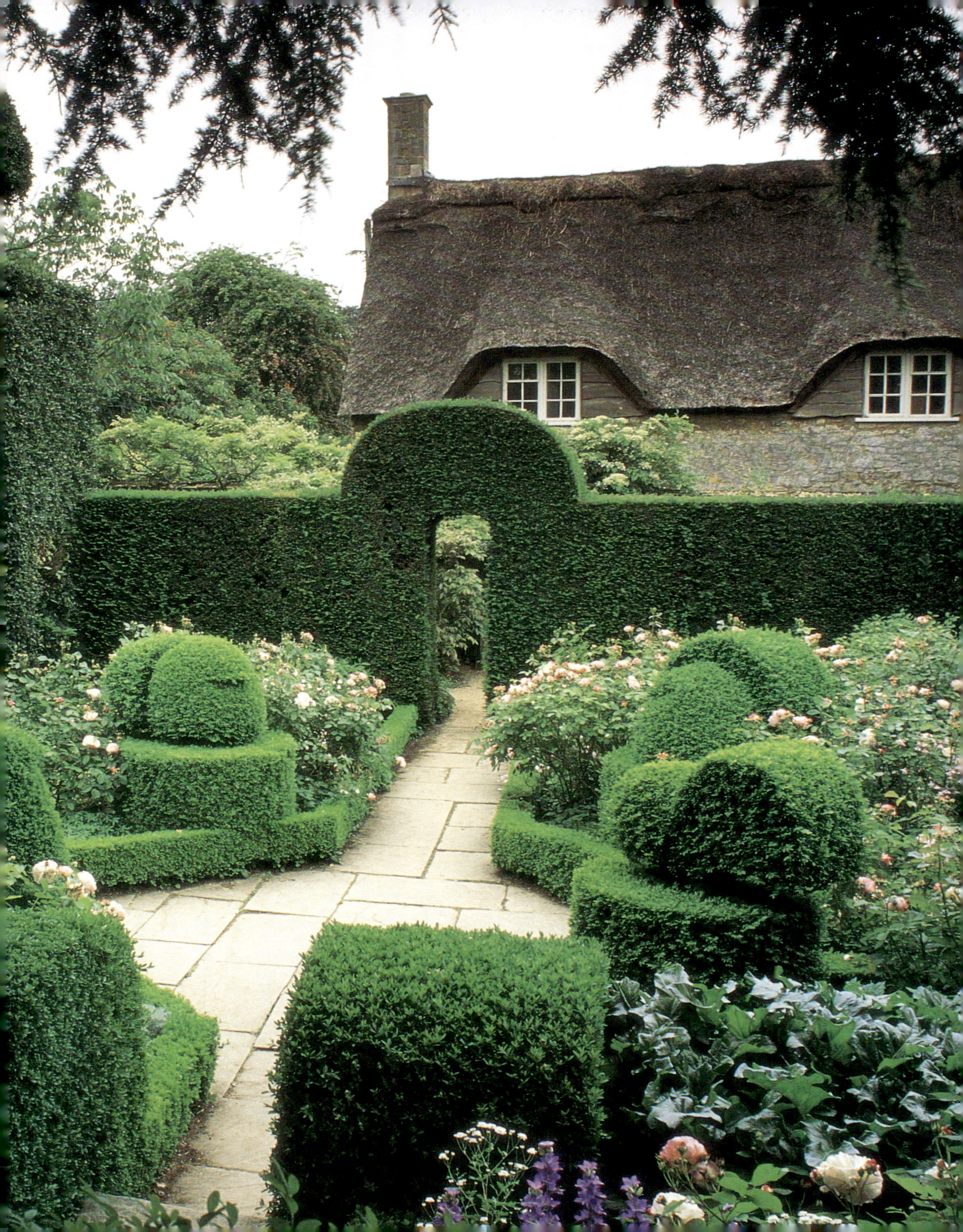

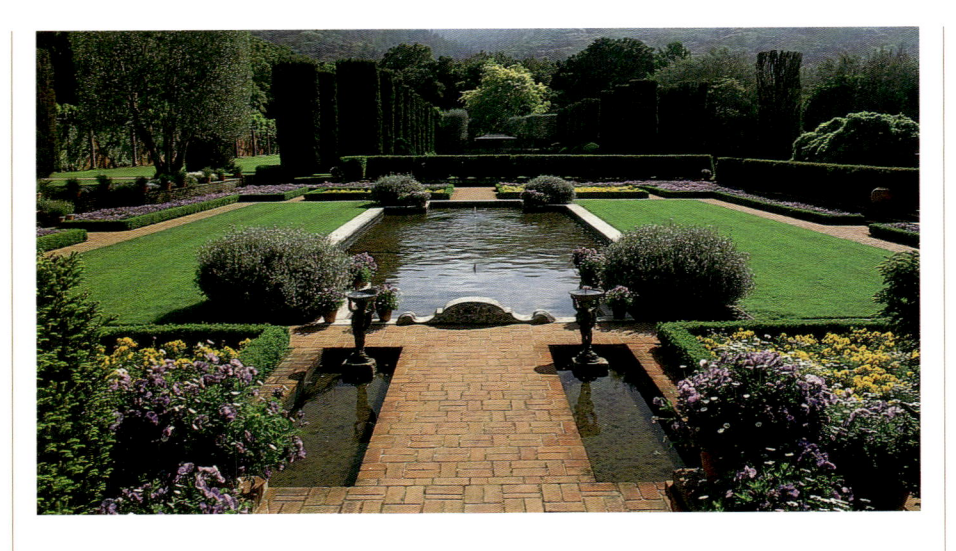

描かれ、解説が加えられて、フランスおよびイタリアのリビエラ地方からアメリカの中西部や西海岸まで、世界中で活かされている。

　ガートルード・ジークル(1843-1932)とエドウィン・ラティエンズ(1869-1944)のよく知られた創造的な協力関係は約20年間続き、その間に100を超える庭園を造った。ジークルは、45歳だった1889年の春に20歳のラティエンズに出会った。ジークルは画家を志していたが、視力が低下したために絵をあきらめ、すでに造園の仕事で認められていた。執筆はまだ始めていなかった。ラティエンズは才能ある若者だったが経験が足りず、友人からコティッジやロッジの設計をいくつか依頼されたにすぎなかった。ふたりは歴史あるサリー州の風景や田舎道や、地元産の素材に対する深い関心を共有していることを知って、たちまち意気投合した。最初からふたりは協力して働き、ラティエンズが住居を設計し、庭園のレイアウトをふたりで考え、細かな植栽はすべてジークルが担当した。彼らのもっとも重要なコンセプトのひとつがマンステッド・ウッドである。これはジークルの自宅で、すでにジークルが数年前に着手してほぼ完成に近づいていた庭園の中にラティエンズが住居を設計した。第1次世界大戦前の黄金期に当たるその後の20年間に、ラティエンズはジークルの影響下から脱してもっと大きな依頼を受けるようになるが、ラティエンズの創意あふれる石造物やパーゴラ、リルをジークルの自然主義的な植栽が和らげ、彼らの才能が融合したところに、数々の魅力ある庭園が生まれたのである。

　ジークルの植栽計画の中で昔の状態がそのまま残っているものはほとんどないが、サマーセット州のヘスタークームやハンプシャー州のアプトン・グレイでは、見事な修復が実施されている（アプトン・グレイの建築にはラティエンズは関与していない）。ジークルの造るコティッジ・ガーデンの豊かな植栽は、ジークル本人や、彼女のデザインを理解し補っていた熟練した庭師の存在なくしてはその内容と精神を保つのがきわめて難しかった。色の取り合わせ、葉や花、樹皮の質感の活かし方に対するジークルの考えは、ひとつには彼女の画家としての訓練の賜物だった。適切な植栽——ふさわしい場所にふさわしい植物——に対するジークルの主張は、彼女の園芸知識と感受性を示している。自然主義的な植栽計画と耐寒性植物の使

【カリフォルニアのオアシス】

サンフランシスコ近郊のウッドサイドにあるフィロリ・ガーデンは、周辺のカリフォルニアの風景とは別世界である。フィロリはイタリア的なコンセプトで造られ、区画化された整形的なレイアウトはヒドコットを思わせる。しかし、灌漑によって維持される緑豊かな芝生と乾燥したカリフォルニアの風景の戸の手入れの行き届いた完璧さはフィロリに砂漠のオアシスの印象を与え、人類が知っている最初の庭園の精神を受け継いでいる。庭園の中心で景色を映す池、セイヨウイチイの整形的な園路（イトスギに似た暗い木々が歩哨のように立ち並ぶ）、そしてオリーブの木はイスラム庭園を思い出させる。イスラム庭園で果物の実る果樹園が自然な要素を加えたように、花の咲く観賞用のサクラやモクレンが壁や生垣、園路の直線をぼかしている。そして、プラタナスの代わりに常緑のカリフォルニア・ライブ・オーク（*Quercus agrifolia*）の大木が陰を作っている。この庭園は金鉱王のウィリアム・ボーン夫妻のためにデザイナーのブルース・ポーターが1916年から造ったものだが、ボーン夫妻の死後、新しい所有者によって多少の変更が加えられている。ポーターはフィロリ・ガーデンのいたるところに季節の色彩があふれるようにしようと考え、ツバキ、ツツジ、ベゴニアを日陰に、チューリップやバラ、ペチュニアを日向に植えた。これらの植物は今も維持され、フィロリは北アメリカ屈指の美しい庭園のひとつに数えられている。

用には、ロビンソンの影響が見られる。ロビンソンはジークルの師で友人でもあり、彼の発行する雑誌にジークルが記事を書くこともあった。ジークルが細心の注意を払って作り上げたボーダーは、ラティエンズの設計と相互に補い合っていた。幸い、ジークルが描いたオリジナルの植栽計画の多くは、ベアトリクス・ファーランドによってカリフォルニア州バークレーに大切に保管されている（リーフポイント・コレクション所蔵）。ジークルの著書や多数の記事に記録された彼女の思想は、何世代もの造園家にインスピレーションを与えつづけている。幸運にも、建築物は時間がたってもあまり損なわれることがなく、ラティエンズの建てた住居と庭園の石造りの建物の多くは、修復が必要な状態ではあるが、今も残っている。

❖ イタリアの影響

ヨーロッパでもアメリカでも、この時代の庭園の多くはイタリア・ルネサンス様式の庭園に対する関心の復活を明確に表わしていた。ハロルド・ピートウ卿

【建築家の貢献】
エドウィン・ラティエンズ卿（アメリカの建築家フランク・ロイド・ライトと同時代の人物）は、20代で出会ったガートルード・ジークルと協力して仕事をしたことで大きな影響を受けた。ラティエンズは、住居と庭園が同じテーマを持った相互補完的なものになるように、両者のデザインは互いに絡み合っているべきだと考えた。

【ジークルのマンステッド・ウッド】
ヘレン・アリンガムはジークルのマンステッド・ウッドの庭園（右）を1900年と1902年の最盛期に訪れ、メインのボーダー花壇を描いている。このボーダーは考え抜かれており、中心付近には強い「暖色」を、両端には「寒色」の淡い水色や銀色の葉を持つ植物を配し、戸口の側面には尖った葉のユッカが植えられている。ジークル（円内の写真は80歳のときに自宅の庭園を散歩しているところ）は花の色彩——赤、黄色、オレンジ——の調和が大切だと考えていたが、青と黄色を用いてコントラストの効果を出した。ジークルは、多年草の丸みを帯びた形を相殺するように穂状花序と尖った葉を好んで用いた。ボーダーの背後の高い壁はつる植物のカーテンを支えている。現在は、建設当初の植物を使って庭園の主要部が復元されている。

第12章 | 自然主義からモダニズムへ

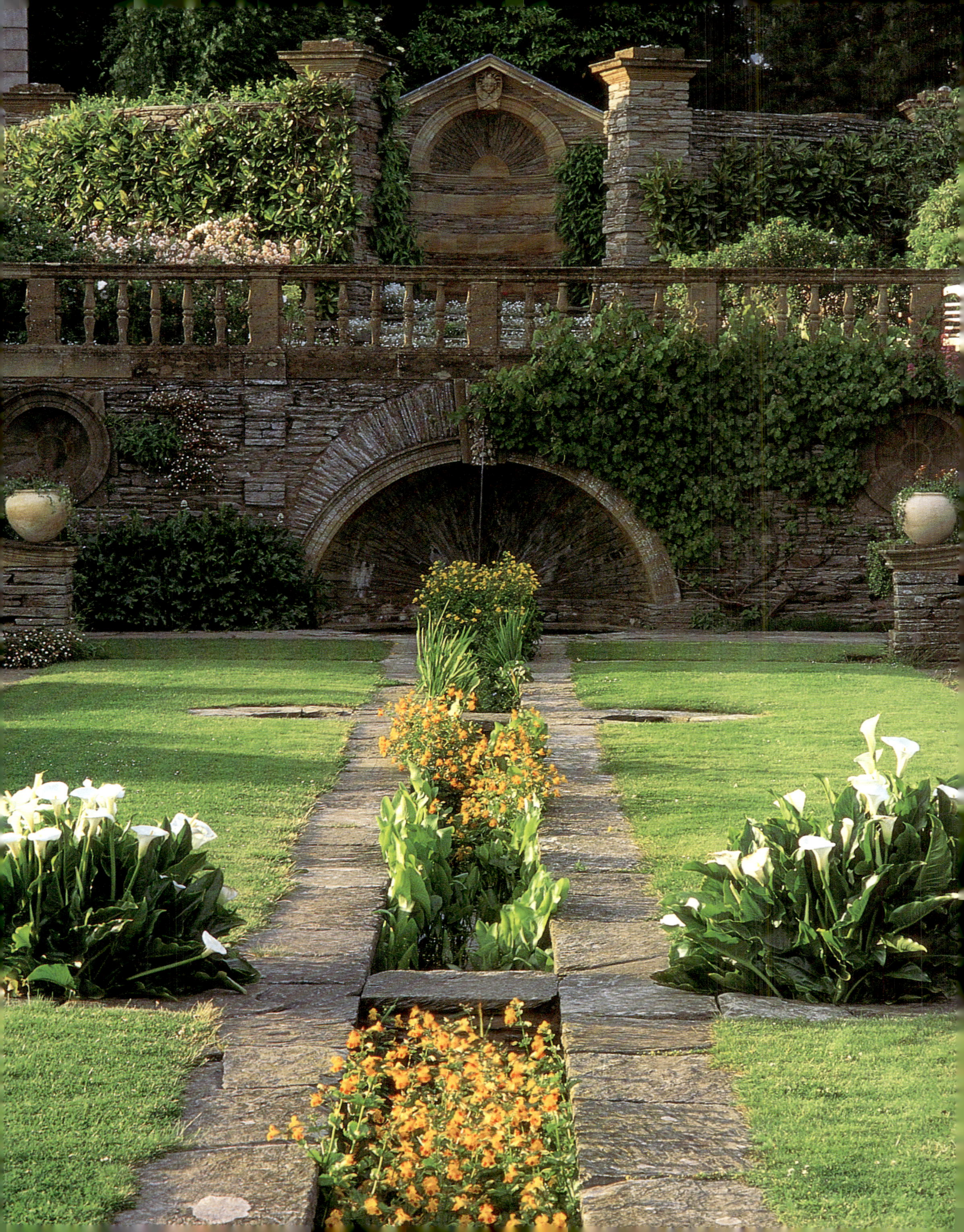

【エドワーディアンの傑作】

サマーセット州ヘスタークームの庭園をラティエンズとジークルの代表作と考える人は多い。1906年に依頼されたエドウィン・ラティエンズは、既存の醜いヴィクトリア朝の屋敷から注意をそらす複雑なデザインを考えた。テラスの下にある広い草地に、ラティエンズは"大きな平庭"と呼ばれる庭を建設した。絶妙な高低差を下って平庭に下りていくと、開けた眺望の後に閉じた眺望が現れる。平庭の両側には長いリル(左ページ)が走っていて、庭の端まで水が流れている。2本の水路は住居の石壁に半球状にうがたれたくぼみの下にある池を出発点に、パーゴラの両脇の池まで約43メートル続く。石を用いたラティエンズのデザインはおそらくヘスタークーム最大の魅力であり、ガートルード・ジークルの植栽を活かす最高の背景となった。大きな平庭では、ジークルの好んだヒマラヤユキノシタとピンクのバラやユリとの組み合わせはそれほど豪華ではない。しかし、平庭の屋敷側の石壁に沿った繊細な銀葉のボーダーはジークルらしい色使いが冴えている。ラティエンズの巨大なパーゴラ(上)は、現在ではやはりジークルの好んだつるバラ、ブドウ、スイカズラが植えられ、この庭園を代表する点景物のひとつであり、ラティエンズとジークルの長い協力関係の最高傑作になっている。

(1854-1933)はエドワーディアン・ガーデンのすぐれたデザイナーのひとりで、イギリスとフランスのリビエラ地方で活動し、1890年から1914年の間に傑作を残した。イタリアの庭園に強く傾倒し、ピートウは列柱や寺院、テラス、彫像といった建築的な点景物のある庭園をデザインした。ピートウの様式と影響は、同時代にアメリカで活動したチャールズ・プラットに匹敵するものである。どちらもイタリアに渡って、イタリアの庭園と風景の精神と優美さに対する心からの愛着を持って帰国した。そして作品の中では、庭園の中に幾何学的な小区画を作り、邸宅からまっすぐ伸びる軸線に沿ってテラスや園路、花壇を並べた。しかし、ピートウもプラットも、ヴィクトリア朝のイギリスや19世紀終わりのアメリカ東海岸の庭園に典型的な、過剰な装飾や整形的なパルテールを濫用することはなかった。ピートウがアメリカを訪れた1887年には、プラットはまだ建築家として頭角を現していなかったから、ピートウがプラットの作品について知っていたかどうかはわからない。しかし20世紀になる頃には、ピートウはおそらくプラットの著書『イタリアの庭園(*Italian Gardens*)』を読んでいたにちがいない。ピートウはすぐにその本の内容をある土地に当てはめて、その土地の特徴を活かした庭園を造った。サー・ジョージ・シットウェルもまた、イギリス北部のレニショー(380-81ページ参照)の自宅でイタリア精神そのものを表現した。シットウェルは自身の名著『造園論(*On the Making of Gardens*)』(1909)に述べた規則に従ってレニショーをデザインし、緑のイチイの生垣の囲い、18世紀の堂々とした彫像、中央の池、そしてローマ帝国のハドリアヌス帝がティヴォリに建設したヴィラの遺跡に触発されて海浜劇場を造った。

ベアトリクス・ファーランドとダンバートン・オークス
BEATRIX FARRAND AND DUMBARTON OAKS

　1872年に誕生したベアトリクス・ジョーンズ・ファーランドは、ニューヨークの古い名家の生まれである。作家のイーディス・ウォートンを叔母に持ち、同じく作家のヘンリー・ジェームズとは個人的な友人だった。同様に(仕事への影響はこちらの方が大きかったと思われるが)、1872年の設立当時からアーノルド樹木園の園長を務めていたチャールズ・スプレイグ・サージェントとも親交があった。ファーランドはサージェントから1年かけて植物に関する知識を徹底して教えられ、1895年にヨーロッパを旅行して庭園を巡った。ウィリアム・ロビンソンと彼の自宅のあるグレイヴタイで出会っており、円熟期を迎えたファーランドは、イタリア的な構想とウィリアム・ロビンソンの提唱したワイルド・ガーデンの両方を取り入れた作品を生み出すことができた。仕事を続けている間、ファーランドはサージェントから与えられた「植栽計画に合うように土地を改造するのではなく、土地に植栽計画を合わせなければならない」という助言を忘れることはなかった。

　ファーランドはアメリカの傑出したランドスケープ・ガーデナーとなり、ワシントンDCのダンバートン・オークスにあるイタリア風庭園や、プリンストン大学やイェール大学のキャンパスをデザインし、古典的なレイアウトの中に田園風の植栽を導入した。イギリスではアメリカ人の慈善家エルムハースト夫妻のためにデボン州でダーティントン・ホールの庭園を造営した。ファーランド自身の社交上のつながりから、顧客には多くの著名人が名を連ねていた。ファーランドは1899年に創立されたアメリカン・ランドスケープ・アーキテクト協会の創立者のひとりである。

　ファーランドのデザインは当初は非常に整形的だったが、アーツ・アンド・クラフツ運動の影響によって整形性が和らげられた。ファーランドがもっとも好んで利用した造園の参考書は、リバティ・ハイド・ベイリーが1900年に出版した3

【受け継がれるデザイン】
ベアトリクス・ファーランドは、スコットランドの小さな村トラクエアにある庭園の独特の屋根を持つあずまや(ガゼボ)に魅了され、ダンバートン・オークスの庭園に同じあずまやをデザインした。

巻からなる『園芸百科(Standard Encyclopaedia of Horticulture)』である。J・C・ラウドンが1822年に著した『園芸百科事典』にほぼ匹敵するこの本は、現在も読むに値する。

ファーランドの代表作として評価されている庭園のひとつに、メイン州マウント・デザート島のシール・ハーバーに造られた「アイリー」と呼ばれる別荘の庭園、アビー・アルドリッチ・ロックフェラー・ガーデンがある。ファーランドは、おそらくガートルード・ジークルの影響を受けて、この庭園に色の調和を重視して多年草を組み合わせた花壇を造ったが、森の中にスピリット・ウォークと呼ばれる園路を設けて、朝鮮から取り寄せた古い石像を並べた。この小道は土着の背の高いマツやトウヒで日差しから守られ、地域固有のコケやシダが下植えとして植えられている。入口にあたるスピリット・ウォークは、今でも訪れる人にきわめて感動的な体験を与えている。残念ながら、多年草の大半は派手な一年草に植えかえられてしまった。

1922年に造園が始まったダンバートン・オークスは、下枝を払ったアメリカシデを楕円形に植え、階段を縁取るツゲの小山や区分けされた小庭に設けられたバラ園など、建築的な特徴を含んでいる。ハーブが香る奥まった庭の日除けになる木造のアーバーは、16世紀にデュ・セルソーがモンタルジ(142ページ参照)でデザインしたトレリスから着想を得て作られている。造園を依頼したミルドレッド・バーンズ・ブリスは、植栽のひとつをこのほか気に入って、「レンギョウがふたつの斜面を大波のように流れ下り、黄金に変わる」と描写している。

多くのデザイナーと違って、ベアトリクス・ファーランドは植栽の将来的な管理のための明確な指示を残している。ファーランドが残した『ダンバートン・オークスの植物(Plant Book for Dumbarton Oaks)』は、現在は修復作業のために利用されているが、さまざまな庭園のための手引書としても役立つ。この庭園の急な階段の側面に植えたツゲの樹塊について、ファーランドは1941年に「小さく波打つツゲの樹塊が斜面を下る様子ほど美しいものはない」と書いている。アメリカを訪れるイギリス人にとって、アメリカの庭園で最初に強い印象を受けるのがツゲで造られた小山である。いわゆるアメリカツゲ(実際にはセイヨウツゲ Buxus sempervirens)は気温の高い地域では生長が速く、生垣として整えておくのが難しい。こうしてヴァージニア州の見事なコロニアル様式のツゲの庭園が生まれた。

ファーランドはマウント・デザート、

【シデの楕円】
ダンバートン・オークスの楕円形に植えた下枝を払った背の高い生垣は、おそらくローレンス・ジョンストンがヒドコット・マナーに造ったスティルト・ガーデンにヒントを得たのだろう。使われているのはカロライナシデ Carpinus caroliniana。

バー・ハーバーのリーフ・ポイントにある自宅の庭園のために基金を設立したいと考えていたが、実現しなかった。ファーランドの書いた文書はカリフォルニア大学バークレー校に保管されている。ダンバートン・オークスの大部分は、1941年にハーバード大学に寄贈された。

アイフォード・マナーの完璧さ
THE PERFECTION OF IFORD MANOR

バース近郊にあるアイフォード・マナーはハロルド・ピートウ卿の屋敷と庭園で、イギリスでもっとも美しい建物と庭園の組み合わせといってよいだろう。ピートウは1899年から1933年に亡くなるまでこの屋敷で暮らしていた。多くの点でピートウはイギリスにおけるチャールズ・プラットだった。プラットもピートウもイタリア建築に傾倒し、それを反映した庭園を造ったが、石造りのデザインの中に花と緑を配して、規則性をやわらげる効果を出した。

1892年まで建築家のアーネスト・ジョージの事務所で修業したのち、建築家からランドスケープ・アーキテクトに転じたピートウは、フランスからイタリアにかけてのリビエラ地方で世紀が変わる頃まで活動した。ピートウは建築的な整形性にある程度の自然主義的な植栽を組み合わせる抜群の手腕によって知られ、高い評価を受けるようになる。ピートウは古典的な形式を重視したにもかかわらず、ガートルード・ジークルは彼の作品を称賛し、ピートウによるさまざまなデザインのイラストを著書『庭園の装飾（Garden Ornament）』に載せ、とくにリビエラのヴィラでピートウが用いたパーゴラや吹き放しの開廊（ロッジア）を推奨している。オクスフォードシャー州のバスコット・パーク（414-15ページ参照）、エセックス州のイーストン・ロッジ、ウィルトシャー州のヒール・ハウス、アイルランド西部のガーニッシュなど、ピートウがイギリスでデザインした庭園の多くが傑作であるが、詳細を知るにはピートウの自宅だったアイフォード・マナーの庭園を見るべきだろう。

アイフォードに石灰岩で建てられたマナー・ハウスはエリザベス朝の建物だが、正面は優雅な初期ジョージアン風である。この建物はフロム川の狭い渓谷にあり、おそらく19世紀初めに植えられた枝を広げるブナの下に立っている。ピートウは屋敷の東の端から伸びる数段のテラスを造った。階段を上ると楕円形のスイレン池があり、傾斜した芝生は18世紀に造られた中央のテラスに続いている。ピートウは八角形のあずまやをこのテラスの東の端に建て、その周囲に丁寧に熊手でならした砂利を敷き、さらにその周りを旅行中に集めた彫像や遺物で飾った。西にはベローナ産のピンクの大理石製の列柱（1200年頃）のある開廊が主要な遊歩道の奥に立ち、その遊歩道の先には水源と、眼下の果樹園を見下ろす円状の石のベンチがある。

【エドワーディアン様式のテラス】
アイフォード・マナーのメイン・テラスの東端、ヴィスタの終点にある八角形のあずまや。

【計算し尽くされた石段】
庭園内のもっとも重要な見どころである屋敷の東端からテラスを見上げたところ。ピートウの空間の扱い方は傑出している。

ピートウは花が好きだったことが知られているが、アイフォードでもっとも重要な植栽は常緑低木である。モチノキ、フィリレア、ローズマリー、ショウジア、ヒノキ、ビャクシン、イチイが、急なテラスにある石造物を申し分なく引きたてている。ボーダーには葉に光沢のあるハアザミ、香りのよいハーブ、葉先の尖ったアヤメとアガパンサスが植えられている。

テラス沿いの園路の南にはトスカナ様式の列柱が立ち並び、川谷の向こうに広がる田園の景色を縁取るロマンチックな廃墟の趣を感じさせる。現在、庭園は完璧な状態で保たれている。植物の植え替えは博物館のような雰囲気にならないようにピートウの意図を汲んで注意深く行なわれ、石造部分は昔のままの輝きを保っている。

DESIGN FOR A HILLSIDE GARDEN, WINDERMERE.

【モーソンのイタリア風デザイン】

エドワーディアン様式の実践者はエドウィン・ラティエンズやガートルード・ジーキルだけではなかった。トーマス・モーソン（ハロルド・ピートウとほとんど同時代の人物）は、より個人の好みに合わせたイタリア風デザインを提案した。モーソンのすぐれた作品の多くは、古い庭園を改装する方法で造られた。イギリス北西部の湖水地方の丘陵地帯のためのこのデザインは、モーソン（1861-1933）の著書『造園の芸術と技術（The Art and Craft of Garden Making）』（1900）で発表された。1900年代の初めには、このランカシャー州出身の自称ランドスケープ・アーキテクトはかなり手広く仕事をしており、当代一流のデザイナーとみなされていた。モーソンは植物に関する知識はあったが、彼のデザインはルネサンスの建築的な庭園の外面的な再現に向かう傾向があった。このデザイン画にあるように、モーソンの好みは住居と庭園を結びつけ、テラスと急な階段を設けて、それを下った先の広い芝生から遠くの低木林や森林、丘陵が眺められるような設計だった。モーソンにはラティエンズのような石を使ったデザインの才能が欠けていたし、ロビンソンやジーキルのような自然主義的な植栽への共感もまったくなかった。

アメリカでは、チャールズ・プラットがルネサンス的な価値観を庭園デザインに復活させた。彼は世間に認められるためと、信頼に足る基準を設けるために、庭園デザイナーというまだ新しい職業に彼が持つ構造についてのすぐれたセンスを吹き込んだ。あふれんばかりの富の弊害のひとつは、原則と規則がなければ、庭園デザイナーを雇う資産家のきまぐれ次第でお粗末なデザインでもすぐれたデザインでも買われてしまうことである。プラットは19世紀後半のアメリカの（お金さえあれば）何でもありの庭園デザインに、基本的な秩序を設定した。

プラットは典型的なイタリアのヴィラが持つ視覚的な力、当時の文化的生活の中で果たした役割、建築と風景デザインの効果的な融合、室内と屋外の連結を、まずは著書の『イタリアの庭園』を通じてアメリカ人に提示した。すぐに住居と庭園デザインの依頼が来るようになり、依頼者はアメリカの生活に合わせてイタリアの理想を取り入れるようにプラットに頼んだ。プラットのデザインは、流行の自然主義的なオルムステッドのデザインとは根本的に違うもうひとつの選択肢とみなされた。プラットのデザインの魅力は、住居と庭園をひとつの総合的な構成物と考えて、さまざまな空間を連結するいくつかの眺望線のまわりに空間を配置するところにあった。プラットはカントリーハウスの時代にすでに存在した様式を、統制のとれた論理的なものに昇華し、偶然の余地を残さなかった。プラットが生んだのはイタリアの価値体系に制御されたアメリカの風景だった。住居から離れた敷地では、プラットもその後継者も牧歌的な様式を追求し、素晴らしい自然の環境を利用したピクチャレスクな庭園を造った。その様式は今でもアメリカのランドスケープ・アーキテクチャの特徴として残っている。

イーディス・ウォートンなどの作家は、イタリアの様式に対する関心をアメリカ人に持たせるのに一役買った。「アメリカの風景には前景がなく、アメリカ人の精神には背景がない」とコスモポリタンのウォートンはボストン在住の友人に宛てた手紙で手厳しく批評している。当時ウォートンはマサチューセッツ州レノックスにマウントと名づけた自分の庭園を完成させたばかりだった。ウォートンにとって、バークシャーヒルズの壮大な自然の光景は、住居近くの整形的なレイアウトが持つ統制された幾何学性とのコントラストにおいてのみ価値があるものだった。これはイタリア旅行中に得た教訓だった。1903年の春、ウォートンは汽車、馬車、そして自動車を使ってイタリアの地所を約80ヶ所視察し、マックスフィールド・パリッシュの水彩画の挿絵を入れた、『イタリアの庭園（Italian Gardens）』（1904）を出版した。ウォートンの著書はチャールズ・プラットの初期の専門的な本に華やかな魅力をつけ加え、庭園を住居と周辺の環境の両方に結びつけることの重要性をあらためて造園家に示した。

❖ モダニズム運動の始まり

建築と同様、庭園におけるモダニズム運動は、歴史的なテーマや様式に対する不満の高まりと、決まりきった庭園の形式に対する反発として生じた。モダニズム運動は、自然や田舎への愛着と、すぐれた庭園デザインの基本である"場所の感

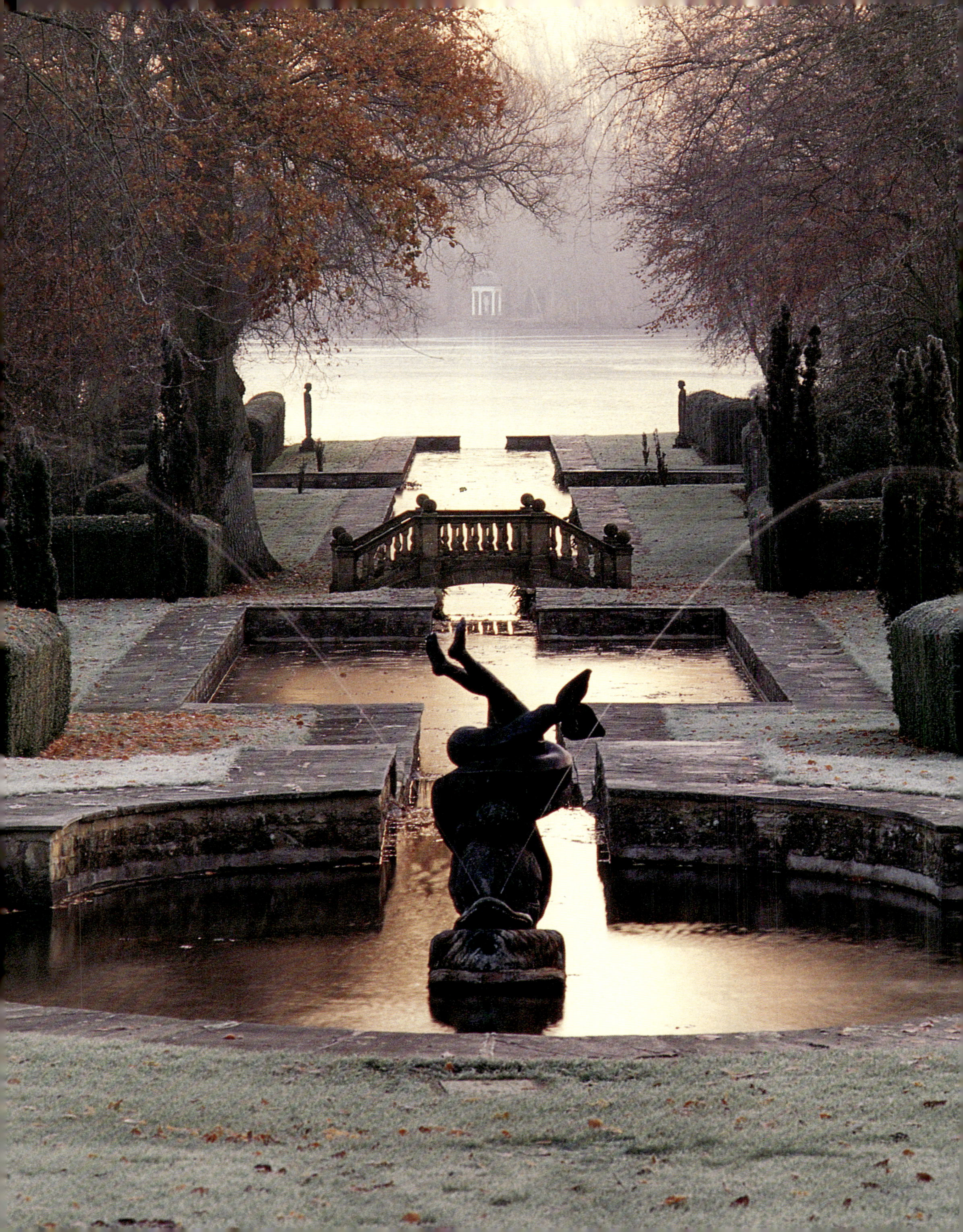

「覚」を反映する一方で、どんな形であっても伝統的な手法は拒否し、その代わりに敷地の周辺の世界にインスピレーションの源を求めた。モダニズムの庭園は、ほかの芸術——モダニズムは視覚芸術だけでなく文学や音楽にも適用された——にならって、進歩や技術と足並みを揃え、住居や隣接する建物と完全に機能的な関係を保ち、論理的な幾何学構造を持った配置として誕生した。デザインの簡素さは自然な植栽を強調することで緩和された。

モダニズム運動の牽引力となった建築家のヴァルター・グロピウスは、「芸術、産業、自然、実用性、そして快適な生活」の不可分性を信じていた。もはや様式を模倣するだけではすまされず、ものごとは最初から考えなければならなくなった。モダニズムはキュビストの立方体を風景にあてはめて空間を眺めるというようなものではなかった。モダニズムは環境デザインに全体論的な精神を与え、コンクリートとブルドーザーの時代に人間が作り出した単調さの恐怖を逃れようと努力しながら、社会的な集団と同様に、個人にとっても住みよい空間を提供することによって人々の要求をかなえた。同時に、モダニストは新しい技術と新しい素材、そして新しい空間概念をどう利用できるかという可能性の探求に打ち込んだ。クリストファー・タナードはイギリスからアメリカに移ってハーバード大学で都市計画を教えるのだが、その前の1938年に『近代的ランドスケープの庭園』を著している。この本はモダニズム運動を定義しようとした数少ない本のひとつである。タナードは、庭園は使われるためにある——それが庭園の目的である——と強調し、ポス・ロビンソン時代の豊かな半野生的様式をロマンティックで感傷的だと批判した。タナードが好んだのは日本庭園の客観性だった。しかし、当時タナードの意見に耳を貸す者はいなかった。モダニズムが理解者を得るには、まだ半世紀の間待たなければならなかったのである。第2次世界大戦後の数年間、通常の造園もランドスケープ・アーキテクチャも旧来の形式に敬意を払いつづけた。

造園の歴史的運動としては、ヨーロッパとイギリスのモダニズムは決して影響力が強かったとはいえない。1920年代と1930年代の間に可能性を開花させる機会のあったデザイナーはほとんどいないし、1939年に戦争が勃発したことによってあらゆる進歩は中断させられた。民間の依頼人は一般的に新しいものを試すには保守的すぎるか、伝統がまだ重要性を保っている古い土地を所有しているかのどちらかだった。しかし重要なのは、20世紀になって初めて庭園のデザインが真剣に分析され、議論の対象になったという事実である。皮肉なことに、過去のくびきを逃れることによって、モダニストの原理は動揺し、結局は歴史的前例へと大きく退却した。第2次世界大戦直後は熟練した造園家と彼らを雇う資金の不足から、以前なら流行の先端を行っていたはずの大規模な造園も、未来を根本的に考え直すよりもエドワーディアン・ガーデンの原理の水増しで茶を濁す例が増えた。しかし、モダニズムは初めのうちこそ独特の味わいを出せずにいたが、種子はまかれており、20世紀後半になって芽吹き、開花したのである。1945年から

【イタリアの記憶】
1904年に出版されたイーディス・ウォートンの『イタリアの庭園』には、マックスフィールド・パリッシュによる水彩画が挿絵として載せられている。ウォートンが掲載したおよそ80ヶ所の邸宅の多くは、現在も訪れることができる。チャールズ・プラットの『イタリアの庭園』を補足として出版されたウォートンの著書は、読者の想像力をとらえ、イタリア様式への新たな興味を搔き立てた。

【ムガールのテーマ[左ページ]】
ハロルド・ピートウは1904年にオクスフォードシャーのバスコット・パークに壮大なウォーター・ガーデンをデザインした。この庭園は資本家で美術収集家でもあったファリンドン卿（当時はアレクサンダー・ヘンダーソン）のために造られたもので、18世紀に造られた湖と寺院まで見渡すヴィスタを有する。池や水路はツゲやセイヨウイチイで囲まれ、全体はムガール風の雰囲気を色濃く持ち、アクバル帝とその息子のジャハーンギール帝によってカシミールのダル湖周辺に建設された庭園のいくつかに似ている。アイルランド、コークのガーニッシュ島にあるピートウ作の庭園もまた、中央にリルと眺めのいい園亭を設け、イスラム風のテーマが用いられている。

第12章 | 自然主義からモダニズムへ 415

20世紀末までの間に、少数の個人のランドスケープ・アーキテクトとアマチュア造園家がモダニズムの理念を一部取り入れて発展させ始め、現状への物足りなさをしだいに募らせていた人々の間で好意的に評価されるようになった。ますます自然主義の度合いを強める植栽と建築的なレイアウトとの組み合わせに代表されるエドワード様式の雑多さに、不満を感じる人が増えていたのである。1970年代と1980年代のラティエンズとジークルの様式の復活は、戦後の禁欲的な理念を見て育った多くの造園家に豊かな着想を与えたが、こんどは伝統に対する新たな反動を促すことになる。

1920年代と1930年代のモダニズムを理解しようとするとき、難しいのは定義を見出すことで、それは現在でも同じである。歴史的な形式を否定した結果、デザインは中途半端な状態にあった。モダニズム運動を研究する歴史家のジェーン・ブラウンは著書『モダン・ガーデン (*The Modern Garden*)』(2001) の中で有益な分析を行なっている。まず、近代的庭園というとらえどころのない名前で呼ばれる庭園は、「場所」に対する理解、そして住居と庭園と風景(ランドスケープ)、所有者の間の関係、すなわち思い出やかかわり合いを含む全体的な環境の理解が必要である。デザインは機能的でなければならず、住居と庭園と風景の関係は犯すべからざるものでなければならない。このことは伝統的なデザインの均整の取れた植物の配置よりもはるかに重要である。アイデアはほかの芸術、とりわけ建築や絵画からインスピレーションが得られ、近代的な素材、たとえばセメントやプラスチックが軽んじられることなく活用される。

❖ 近代的庭園の実践者

1940年代の終わりにフレデリック・ギバード(1908-84)はエセックス州ハーロウのニュータウンのデザインに着手し、その町はずれに自身の驚くべき庭園を造った。建築家として教育を受け、「新思想の持ち主」のひとりだったギバードは、もっとも単純な意味で庭園デザインとは絵画芸術だと信じていた。ギバードの庭園にはモダニズムにつきものの植物や点景物に対する禁欲的な態度はみじんもなかった。草の茂る低湿地へと伸びるヴィスタ、並木道の下の木漏れ日の差す木陰、近代的彫刻を照らし出すまぶしいほどの日差し、奥まった庭で視線を引きつける列柱と大きな壺があり、「渓谷に向かって流れ落ちるように続く草地が全体を統一」している。この庭園は「ピクチャレスク」の試みであり、つねに「土地の霊(ゲニウス)」の声を聞きながら、木立と眺望が自然な性質を持つように配慮されている。ある講演で、ギバードは次のような理論を展開している。「私にとって風景と庭園のデザインは町のデザインと同じように空間芸術である。ひと続きの区画、すなわち空間は、それぞれに独自の性質を持ち……空間は誰も気づかないうちにお互いに融合しあう。これらの空間のどれを選んで中に入っても、その向こうに別の空間が続いている。その構造は細胞のようなものだ。このような庭園は探検されるべきもので、

【都市計画者の視点】

ランドスケープ・アーキテクトで都市計画者のフレデリック・ギバードは、庭園デザインにモダニズムの機能的な手法を用いた。ハーロウのニュータウンの近くにギバードがデザインした彼の個人的な庭園マーシュ・レーンは、1956年から20年以上かけて造られた。広さは約2.5ヘクタールで、北に面した草地が川に向かって傾斜している。森林の中の空き地には柱と骨壺のコレクションが並んでいる(上)。それらはロンドンの大通りストランドにあったクーツ銀行の正面を飾っていたもので、ギバードが銀行の建物を近代的に改修した際に譲り受けた。細いリル(右ページ)は建築的な特徴のひとつである。来訪者は木立とヴィスタの間を自然な植栽に囲まれて容易に歩くことができる。整形的な生垣として育てられたわけではないが、イチイ、セイヨウヒイラギ、ゲッケイジュ、ツゲなどのたくさんの常緑樹が庭園を別々の空間に分け、広い場所には果樹が植えられている。現在この庭園は慈善トラストによって後世のために保存されている。

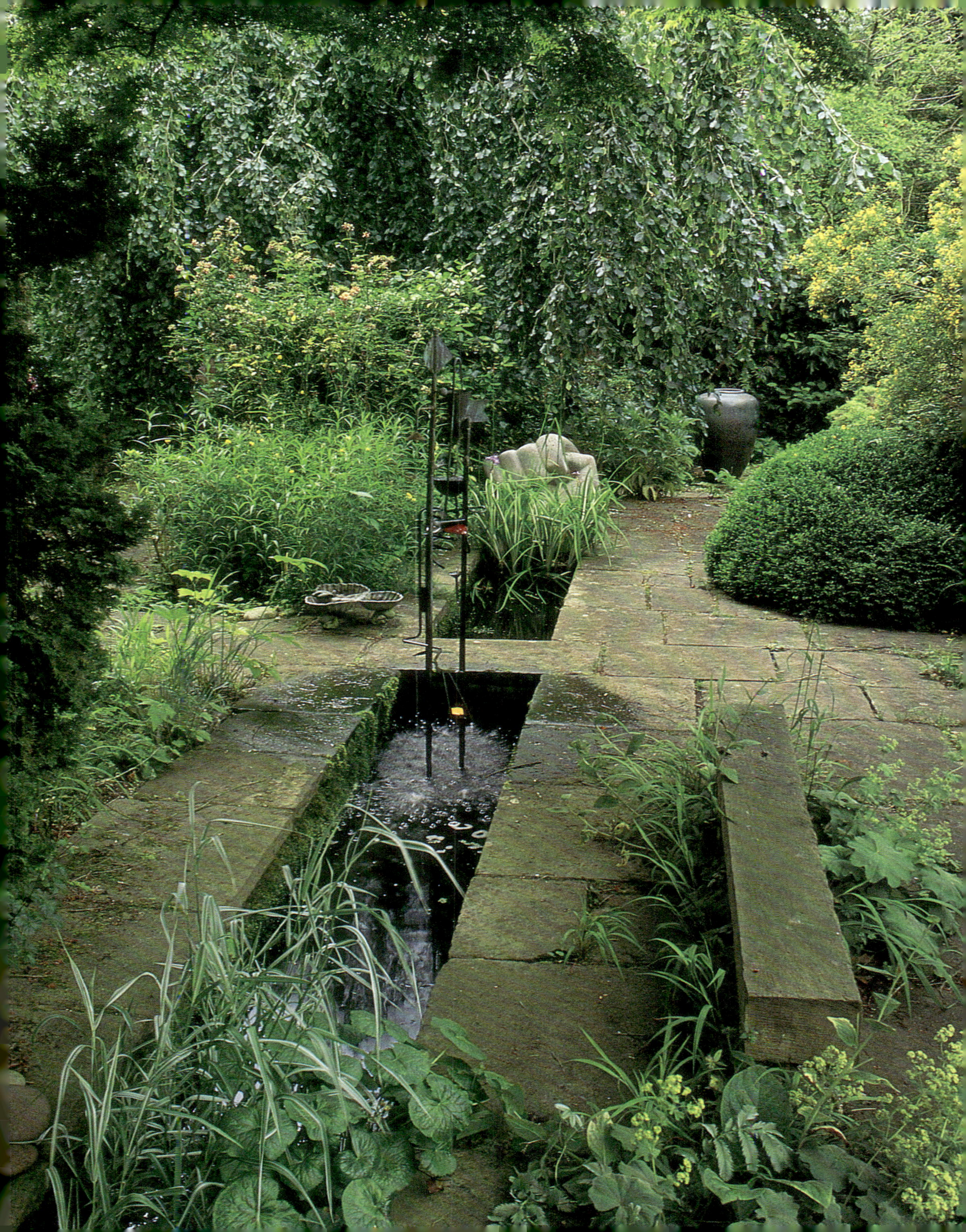

【優雅さと生態系】

オランダの卓越したデザイナーであるミン・ルイスは、デーデムズヴァールトにある父のムーアルハイム種苗園で働き、訪れる人々にさまざまな庭園を紹介する目的で、開けた芝生の周囲に25種類の小さな庭園を造った。マーシュ・ガーデンと呼ばれる沼沢地の区画では、滑り止め加工がされたリサイクルの黒いプラスチックで「飛び石」を作り、湿原植物のシンプルで自然主義的な植栽にモダニスト的なひねりを加えた。ミン・ルイスの機能的な植栽には、シルヴィア・クロー(423ページ参照)やブレンダ・コルヴィンといったデザイナーの影響がうかがえる。クローとコルヴィンはしばしばイギリスで工業用地の景観を改善するために活動した。

通り抜けるものではない」

　オランダの造園家でミン・ルイスとして知られるウィルヘルミナ・ヤコバ・ルイス(1904-98)は、デーデムズヴァールトで父の経営するロイヤル・ムーアルハイム種苗園で生まれ育った。ルイスは植物に関する卓越した知識を持ち、オランダ有数の鋭い感受性を持った庭園デザイナーに成長して、カール・フェルスターを信奉しドイツ自然主義およびオランダの近代建築を支持した。ルイスの作風はいくつかの段階に分けられる。イギリスの種苗園で働いたあと、帰国後は1927年にムーアルハイムで古典的なイギリス風ボーダー花壇をデザインした。この庭園は現在も残されている。その後デルフトでランドスケープ・アーキテクチャを学び、ジークルの影響を脱してピエト・モンドリアンの格子状の抽象画やクリストファー・タナードの著書を評価するようになる。ルイスは整然とした感じを出すことに秀で、土地を分析し、土地の性質によく注意を払って植栽の形を決めた。ムーアルハイムでは、それぞれ独立した異なる環境に適した25種類の実証庭園を造った。種苗園を訪れる客をその気にさせるように造られたこれらの庭園の多くは、広い芝生のまわりに配置されていた。円形のイエロー・ガーデンは細い煉瓦の園路が特徴で、中心的な存在である。コンテナいっぱいに植えられた植物のまわりに造られた庭園もあれば、近代彫刻の周囲に造られた庭園もある。どの庭園もただひとつのテーマに沿って造られたが、それこそが学ぶべきもっとも重要なことだろう。ルイスはしばしば正方形、あるいは長方形の植栽の区画を造り、庭園の空間に無関係な曲線を排除した。

　1980年代になってから最初は主に北アメリカで、そして20世紀の終わりにはヨーロッパで、忘れられていたモダニズムにマーサ・シュワルツが再び光を当てた。シュワルツの庭園は次の最終章で論じることにする。

第12章｜自然主義からモダニズムへ

❖第13章
やりたいことができる世界
今日そして明日
A world of opportunity
TODAY and TOMORROW

【新たな次元】
スコットランドのダンフリーズ近郊にマギー・ケジックとチャールズ・ジェンクスによって造られたこの庭園の景観は、形作られた輪郭、二重波形をした急傾斜の土塁、光を反射する湾曲した池があって、視覚に訴えてくる。だが、さらに深く読み解くと、ケジックの中国の風水への関心とジェンクスのカオス理論への傾倒がわかる。

　さて、次はどこへ向かうのだろう？　21世紀が始まると、庭造りへの関心が広まり、かつてないほどデザインの発想は多様になった。庭造りはもはや少数の者だけがすることではなく、みんなが楽しむものになった。植えられるものの種類はつねに増加しており、庭の「ハードウェア」に使える素材の幅も広がっている。しかし、これまでもしばしばあったように、本当にその時代独自の発想はほとんどない。そうではなく、それまでの時代に根を持つ発想に対して新たな解釈がなされるのである。今日のデザイナーはプラスチック、ガラス、ステンレス鋼を斬新なやり方で使用するかもしれないが、それでも16世紀のイタリアで最初に定式化された空間理論を適用し、千年以上前にイランやイラクで発達したイスラム様式のレイアウトを取り入れている。なかには、土壌や植物に頼らないやり方を工夫しなければならないような都合の悪い場所で仕事をするという課題に熱心に取り組んでいる人もいる。また、エコロジカルな側面を非常に重視している人も多くいて、彼らは19世紀から20世紀初めにかけて植物保護の先駆者たちが始めた運動を続けている。そして、心と感情を引きつけようとして、寓話的なテーマに新たなひねりを加える人々もいる。

　庭造りの歴史をしめくくる本章では、1950年代以降、私たちの庭の現在と未来の姿を形作るのを助けてきたが、そうしながらもほとんどいつも目を過去に向けてきたデザイナー、ガーデナー、ランドスケープ・アーキテクトたちの仕事を見ていく。

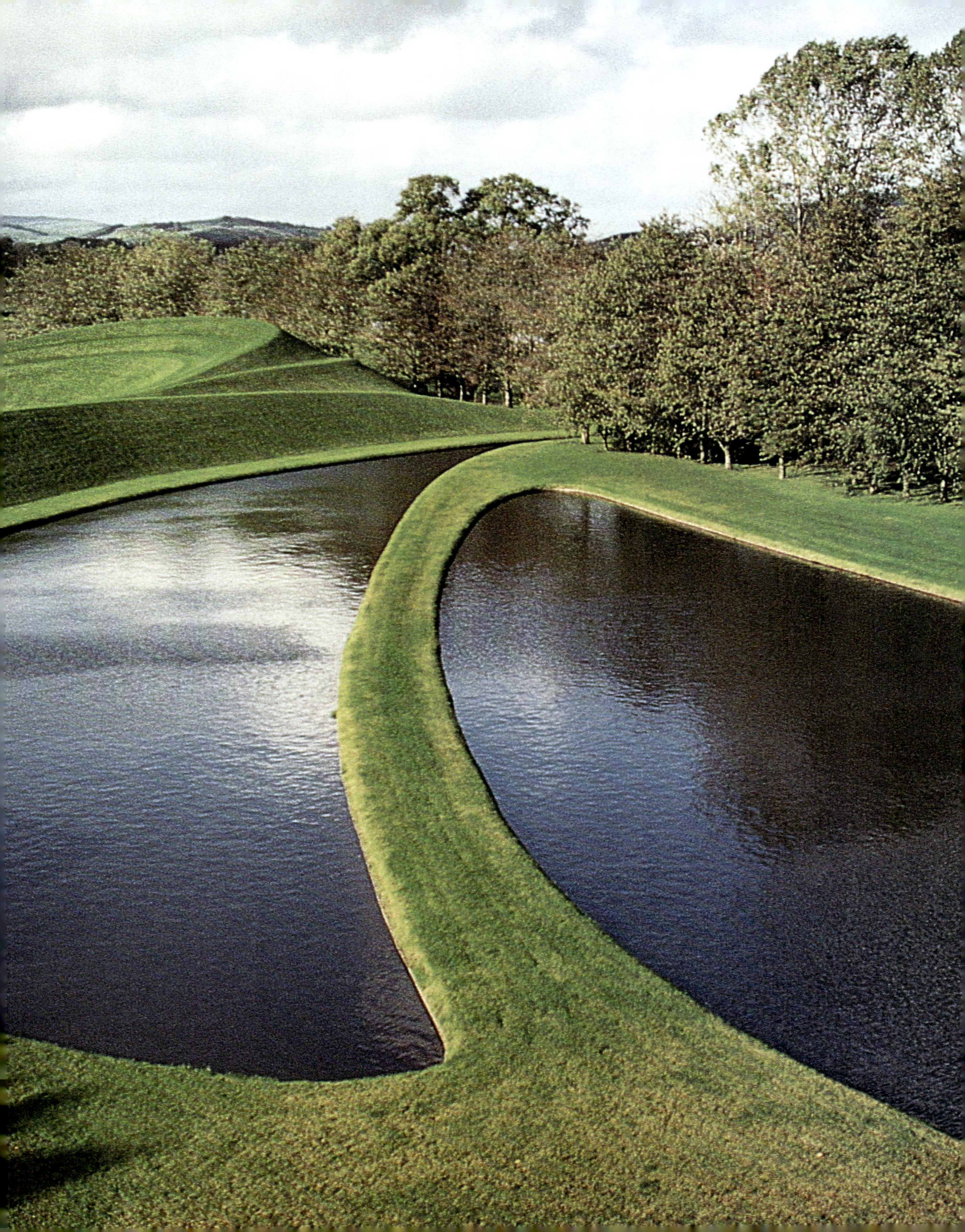

❖ 変化の動態

常に考えられてきたのは「理想」の庭、つまり自然と文化についてどのように考えるか、両者がどのように影響を及ぼしあうかということだった。庭は人間によるコントロールと「野生」の自然との均衡点である。古代、庭は最初はオアシス、隠れ家、自然の脅威あるいは略奪者や人間や動物からの避難場所であった。何世紀もの間、皇帝や王が途方もない大庭園を造って自分の力や個性を表現し、中国の漢の皇帝たちはその過程でしばしば自身あるいは国を破綻させてしまった。アッシリアの王たちの狩猟園は伝説となり、ヨーロッパが暗黒時代から脱すると、人々は模倣したがった。17世紀のルイ14世が造らせたヴェルサイユは今でも称賛の的であり、自然の自由に対する王の勝利を表現した。もっと最近では、大富豪のウィリアム・ランドルフ・ハーストがカリフォルニア州サン・シメオンにほとんど伝説といっていいものを造った。

ルネサンス期には建築家が空間の操作にたずさわり、光学を研究して規則に従った庭園を生み出して知性を満足させた。自然に幾何学と反復を適用したのである。18世紀には庭園と自然は哲学的に絡み合うようになり、本来の状態の自然を模倣する構成が生まれたが、本当はその前の時代の整形式のレイアウトと同じくらい計算され工夫されたものだった。こうした自然の景観は、19世紀に出現して今日では市民の娯楽の場になっている公園の先駆けであり、オルムステッドによるニューヨークのセントラル・パークがひとつの理想を提示している。そしてロビンソニアンの庭造りや、完全に土着の植物を植える、現代のオランダのアムステルダム周辺にあるエコロジカルなヘーム・パーク(390-91ページ参照)の「親」でもある。エドワーディアの庭園様式は構造化されたレイアウトを含んでいて、ラティエンズとジークルの庭園が例として挙げられるが、その中の植栽の多くはそれから20世紀末まで園芸の世界で想像力を支えることになる自然主義的な考え方を反映している。ランドスケープ・アーキテクトが現代のアパートや会社のビルが立ち並ぶブロックに失われた田園風景を求めてパークのような場所を作り出し、工業用地を修景すると、たいていの個人の資力を超えた大規模な景観様式が新たな命を得ることになった。

トウダイグサ

トウダイグサ属(*Euphorbia*)の植物には日あたりと乾燥を好む種だけでなく日陰と湿潤に耐える種もあり、現代のガーデナーから強い関心を寄せられている。いずれも茎から乳液を出し、とくに暑い日には、摘んだときに乳液で肌がかぶれることがある。園芸用のトウダイグサは砂漠の種類を除いてよく似ており、茎に細い葉が群生する。花自体は目立たないが、まわりに黄緑～黄色の苞葉があり、これが何週間も非常に美しく見える。きわめて美しいのが地中海産の常緑の *Euphorbia characias* で、弓なりになった茎に、褐色の目のような模様がある緑色の花の細い穂をつける。その亜種 *Euphorbia characias* subsp. *wulfenii* はさらに豪華で、同じような花だが中心が黄緑で、頭状花序全体がもっと大きい。イースト・ランブルックのマージェリー・フィッシュの庭で生まれた 'Lambrook Gold' や、もっと広く平らな頭状花を持つ 'John Tomlinson' などいくつもの品種がある。

Euphorbia characias はギリシアの博物学者テオプラストスやディオスコリデスにも知られていて、ディオスコリデスはその炎症を引き起こす濃厚な乳液のことをよく知っていた。また、大プリニウスは『博物誌』の中で、それが目に触れないようにすることと注意している。亜種の *wulfenii* は標準種に比べて背が高く、スロベニアからクロアチア、ボスニアヘルツェゴビナ、アルバニア、さらにはギリシアの一部やトルコ西部にかけて野生の状態で存在するが、栽培するとこれと *Euphorbia characias* が勝手に交雑し、分類学者を混乱させている。温帯地域の庭では短命で概して耐寒性がないが、とくに土壌の排水が悪い場合、*E. characias* はいったん定着するとそこで多数の種子を自然播種する。若いシュートからとった挿し穂も容易に発根する。このトウダイグサは独特の開花習性を持つボリュームのある華麗な植物である。冬の終わりには頭状花序は羊飼いの杖のように曲がり、時期が来て花穂が発達するときだけ花柄がまっすぐに伸びる。

Euphorbia characias

【賢人の声】

デイム・シルヴィア・クロー(1901-97)は大きな影響力を持つイギリスのランドスケープ・アーキテクトで、著書『ガーデン・デザイン』(1958)はいまだにこの問題に関する最良かつもっとも総合的な手引書といってよいだろう。彼女はいくつか個人的なデザインも手がけたが、もっと大規模な景観への関心でよく知られている。1964年から森林委員会の景観コンサルタントを務め、エセックス州のハーロウとバジルドンという新しい町や、貯水池や工場周辺の土地の修景にもかかわった。

今日、景観と庭はさまざまな公的および個人的な役割を果たし、多種多様なテーマを含んでいる。現代のデザインにはふたつの両極端のものがある。ひとつは公共の領域でのプロジェクトで、比較的広い景観にかかわることであり、ほとんど庭造りの領域外であるが、新しい視点を提供することにより、もっと小規模なプロジェクトに刺激を与える。もうひとつはこぢんまりした親しみやすい構成で、花が主体のことが多く、個人レベルで達成できる。また、コミュニティ・ガーデン、ショッピングモールの庭園、病院やホスピスのヒーリング・ガーデン、ロータリー、通りがかりの人が楽しめる窓花壇やハンギングバスケット、オーガニック・ガーデン、ワイルドライフ・ガーデン、エディブル・ガーデン(市民農園も含む)もある。とりわけ20世紀末の数年は、その場所固有の特質の理解と尊重がデザインを考えるうえでの基本になった。アレグザンダー・ポープの「すべからくその場所のゲニウスに伺いを立てよ」という助言は、歴史や地質、そして肉眼でに見えない要素にも広げることができ、デザインは景観に押しつけるものではなく、景観からデザインが生まれるのである。

ヨーロッパでもアメリカでも、庭園を訪れたりテレビ番組を見たりして、人々は立派な歴史的庭園を楽しむ。彼らは以前の所有者のより深い個人的な好みを知り、何層にも重なった歴史を理解する。イングランドでは伝統的にとくに多くの個人の庭が訪問客に紹介されてきた——1927年にはナショナル・ガーデンズ・スキームが導入された——が、大陸ヨーロッパやアメリカではごく最近までそのような習慣はなかった。オランダではいくつかの庭園が会員が、訪問できる仕組みに参加しており、アメリカでは10年前からガーデン・コンサーヴァンシーが個人の庭の公開を推進している。

1960年代には、ランドスケープ・アーキテクチャとガーデナーの普通の園芸とが異なる方向に動いているように見えた。私的空間を利用し楽しむことに対する各人の要求と、公的な景観への要求——群集のニーズ——の間のギャップが拡大したのである。ランドスケープ・アーキテクチャは、普通のガーデニングとは異なる次元にあるといえるほど専門的で技術的な問題になってしまった。

たとえ最終的には庭を関心のある一般の人々と共有するとしても、個人のガーデナーはそれぞれ異なる個人的な報いと経験を求めており、個人的な図像学的あるいは象徴的なテーマを表現できるだけでなく、どんな植物がふさわしいか、個人の好みしだいである。ごく控え目なガーデナーでも新しい植栽計画を導入し、新しい植物を使う可能性はあり、それは主にウィリアム・ロビンソンの提案に従って行ない、整形と庭園構造のあらゆる試みは自然な曲線と次々と花を咲かせる植物に押しのけられてしまった。1975年まで、所有者が造った新しい個人の庭園で幾何学的な要素が見られることはほとんどなかった。整形という言葉はめったに使われず、ボーダーの背後に直線の生垣を勧める伝統的なやり方さえ、疑いの目で見られた。アメリカではこの傾向はさらに顕著で、長く続いた。ヨーロッパの古い考え方は貴族の地主の支配の名残とみなされてますます嫌悪され、アメリカの原生自然保護(ウィルダネス)の発想を反映する庭が好まれた。

庭はそれぞれの所有者に現代社会からの逃げ場を提供した。ただし、イスラムの囲われた庭のような精神的側面はない。シルヴィア・クローが著書『ガーデン・

デザイン(Garden Design)』(1958)で述べているように、「平安とプライバシーと植物のオアシスにするのに場所が狭すぎるということはない」。しかし20世紀の最後の四半世紀には、多くの若くまあまあ裕福な所有者が、より構造化された構成を取り入れ始めた。そうすることで彼らは、グロスターシャー州のバーンズリー・ハウスで強い歴史感覚をもって庭造りをし、軸線の小道やシンメトリーを導入し、人件費の合理化にはほど遠い豊富な植栽を組み合わせたローズマリー・ヴィアリーのような才能に恵まれたデザイナーの例に従っていたのである。

　このような庭の所有者はすぐに、生垣やトピアリーの刈り込みは現代の道具を使えば比較的経験の少ないスタッフでもできるが、自然主義的な庭造りには、植物とその要求に関する深い知識に加え、絵描きの目も必要なことに気づいた。ノット・ガーデンやパルテール、直線や垂直な生垣が新たに流行した。景観のデザインにおいては過去の影響を受けずにいることは不可能で、このため必然的にどんな新しい庭園の構成にも、人があらかじめ持っているイメージにアピールする伝統的な要素がある。歴史的庭園の修復は研究の蓄積と庭園考古学の助けを受けて以前より信憑性のあるものになり、庭園や植物の歴史へのさらなる興味を掻き立て、ヴィクトリア朝後期の歴史復興主義を拡大させた。イギリスでは1965年に庭園史協会が設立され、現在、学者や関心のあるガーデナーの会員が増えている。20世紀末の数年間、多くの現代庭園が、歴史的要素と自然な植栽区域の組み合わせの上にその魅力を築いている。そして最高の庭園は、こうした要素に加え、アレグザンダー・ポープのいう土地の感覚も持っているのである。

　一方、ランドスケープ・アーキテクトは教育によって確立された一連のルールの中で仕事をした。彼らはアパートや工業用建築物のブロックの周囲の空間を、一定の予算内でどのように構成すべきかというあらかじめ考えられた枠組みに合わせなければならなかったし、彼らの園芸メニューには少数の推奨される高木と低木の下に有用な被覆植物を植えることしかなかった。サー・ジェフリー・ジェリコーはかなりのちにそれについて、サザランド・ライアルの『新しいランドスケープのデザイン(Designing New Landscapes)』(1991)への序文に、「市民公園は、教会と神殿の伝統を引き継いで、ごく普通の人の魂を静め、元気を回復させ、満足させ、心を揺さぶる潜在的な力」を持っていると書いている。残念ながら、多くの場合、環境を改善するために現在造られている心を動かす公共の作品は、楽しまれてはいるが平均的なガーデナーにはほとんどは無視され、サー・ジェフリー・ジェリコー、ダン・カイリー、ロバート・ブール・マルクス、マーサ・シュワルツなど現代のランドスケープ・アーキテクトの作品は、その道の専門家には認められているものの、プロの世界以外ではほとんど影響力を持っていない。

　もうひとつ別のスタイルの庭造りが登場してしだいに影響を及ぼすようになり、中間的な道をとって、ついには個人および社会に刺激を与えるようになった。イ

【独特のポタジェ】

20世紀の最後の四半世紀に、グロスターシャー州にあるローズマリー・ヴィアリーのバーンズリー・ハウスの庭は、歴史が強く感じられるデザイン、植栽と色彩のテーマ、さらに最近ではフランス式のポタジェ(菜園)により、庭巡りをする人々の聖地になった。また、庭とともにヴィアリーの著作は多くの人の気持ちを動かした。独学の園芸家でデザイナーのヴィアリーは、省力化の退屈さや雑草を抑える植栽を軽蔑し、そうではない心躍る庭造りを選んで弟子たちにガーデニングの楽しみを教えている。ヴィアリーの本や、彼女がクライアントのために造りイギリスにもアメリカにも残っている多くの庭は、長く彼女の非凡な才能の証明でありつづけるだろう。

ギリスと北アメリカのナショナルトラストの所有地では、もとの所有者の手にあるときに人件費の上昇と高い相続税のせいで長く放置されていた古い庭園が修復され、新たに一般の人々がしだいに多く訪れるようになり、それに応じて彼ら自身の園芸の水準も高められた。イギリスで20世紀後半にナショナルトラストによってすぐれた庭造りが促進されたことは、いくら強調してもしすぎることはないだろう。1950年代から1970年代までガーデン・アドヴァイザーのグレアム・スチュアート・トマスに見事に率いられたトラストは、合理化について教訓を与える一方で美学的に高い水準を達成した。アメリカのナショナルトラストの組織は少し異なっており、所有地は地方レベルで運営されている。

　第2次世界大戦後、金と労力の両面で経済性が非常に重視された。除草剤や改良された草刈り機など、多くの新技術の助けを借りて、かつては大勢の人間を必要としていた庭園が、かならずしも非常に面白いというわけではないが、非常に少ない人数できちんと維持できるようになった。スチュアート・トマスは、以前は庭師が3～4人雇われていた1～2ヘクタールの庭をひとりの庭師で維持できると助言することができた。すぐれた園芸家である彼は、庭造りの微妙なよさを犠牲にすることなく省力化することができた。シシングハースト（次ページ参照）とヒドコット（404ページ参照）はトラストの庭園の素晴らしい成功例で、それぞれのもとの所有者の精神と才能をそのまま伝えると同時に、毎年多くの訪問者を教育している。まだ個人の手にあった広い地所では、しばしば十分とはいいがたい経済状況となり、庭には最低限の注意しか払われなかった。しかし1980年代には所有者たちは訪問客から得る金銭的報酬で庭園を存続できることに気づき、競争で人々

【冒険的なプランツマン】

クリストファー・ロイドの所有する、イーストサセックス州にあるグレート・ディクスターの庭——そのレイアウトは1920年代にラティエンズがロイドの両親のために設計した——は、イギリスを代表する庭になった。有能なプランツマンであるロイドが力を注ぎ、活気に満ちた色彩計画で造られたディクスターの庭は、多くの訪問者によく知られているだけでなく、彼の著書や雑誌を通しても知られている。『ほどよい庭（*The Well-Tempered Garden*）』（1970）はおそらくロイドのもっとも影響力のある本で、読者に形式ばらない効果的な庭造りの実際と、目を見張るような季節の庭造りの方法を紹介している。愉快でちょっと辛辣な書き方により、彼は園芸界で愛されるようになった。ロイドの新機軸のひとつが、半耐寒性で大きな葉を持ち、人目を引く鮮やかな色合いの花が咲く熱帯植物のエリアである。

第13章｜今日そして明日　425

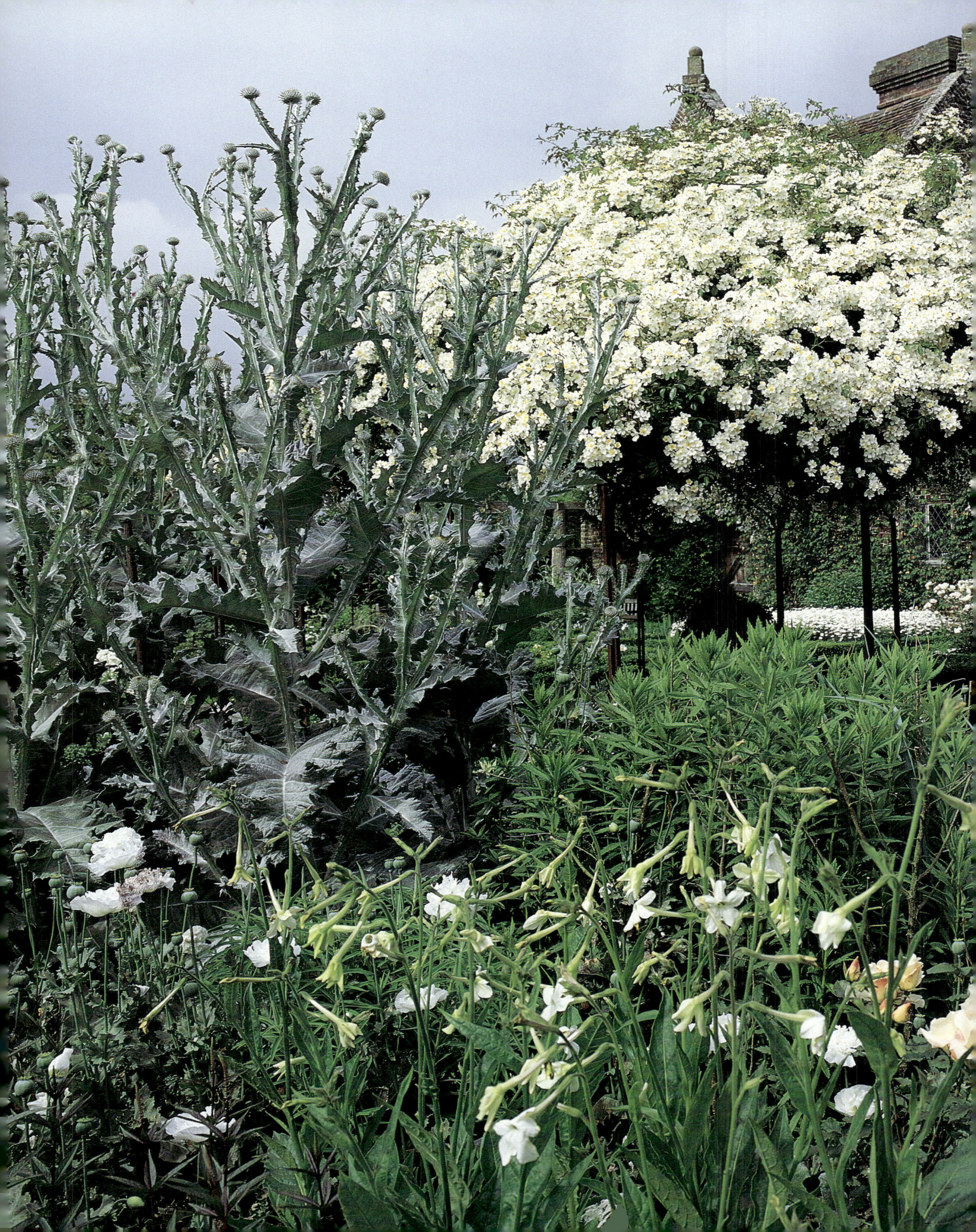

【真似できないシシングハースト】

ケント州にあるシシングハーストの庭園はヴィタ・サックヴィル＝ウェストと夫のハロルド・ニコルソンによってデザインされたが、現在はナショナルトラストが所有しており、大陸とアメリカから訪問客が押し寄せる、イングランドでもっとも有名な庭園に違いない。デザインはまったくの整形式だが、植栽は完全にコティッジ様式で、ヒドコットの庭園に非常によく似ている。高いピンクの煉瓦塀、長い軸線の歩道、枝を組んだポダイジュ、暗いイチイの生垣が、区画に分かれた形式ばらない植栽の枠組みを形成している。ヴィタ・サックヴィル＝ウエストの存命中（1892-1962）は、この庭は彼女の非整形的なやり方を反映していた。しかしもっと最近では、膨大な数の訪問者を統制しなければならないため、トラストによる構成計画はより秩序だったものになっているが、シシングハーストはその魔法の力を失っていない。とくに美しい区画がホワイト・ガーデン（左）で、もっとも目立つのが中央のアーバーの上に這っている巨大なバラ *Rosa mulliganii* であり、刈り込まれたツゲと、銀色と灰色の観葉植物が引き立てている。

第 13 章 ｜ 今日そして明日　　427

を引きつけるようになった。ナショナルトラスト庭園の素晴らしさに刺激されたこの行動は管理と園芸の面での改善につながり、その結果、世紀が交替する頃には、多くの場合、大学で教育を受けたヘッド・ガーデナーたちの助けを借りて、多くの「古い」庭園が完全に復活した。

　歴史的観点からいえば、庭園デザイナーの間でもアマチュアのガーデナーの間でも、ロビンソンとジークルの遺産から脱して、何かもっと現代的で画期的なものへ向かう方法を模索する動きが続いていたが、イギリスのエドワーディアン・ガーデンが世界の園芸に貢献したという自負もあった。1960年代から1970年代にかけて世界のほかの国々の人から、18世紀の緑のパークではなくジークルとラティエンズのコンビによる簡易版とでもいうべきものが「イギリス式庭園」とみなされるようになった。それは多くの場合、ヒドコット、シシングハースト、グレート・ディクスター、そしてのちにはバーンズリー・ハウスのように、生まれながらの空間デザインのセンスと、画家の目と、植物についての深い知識をあわせ持った豊かな発想の庭師によって造られていた。このイギリス式庭園に発想を求めてやってくる、もっと極端な大陸性気候のアメリカやヨーロッパの人々にとって、それはすべてが完璧のように見えた。シシングハーストの魅力は、ガーデン・ライターで歴史家のジェーン・ブラウンが指摘しているように、ひとつにはヴィタ・サックヴィル＝ウエストとこの場所との密接な関係によって生まれている。彼女が書いたものは彼女の造園スタイルと同じくらいあらゆるところに浸透しており、現代のどんな庭の美しい眺めより強く記憶を喚起する〔サックヴィル＝ウエストは新聞紙上にガーデニング・コラムを連載し、20世紀後半のガーデニングに大きな影響を及ぼした〕。

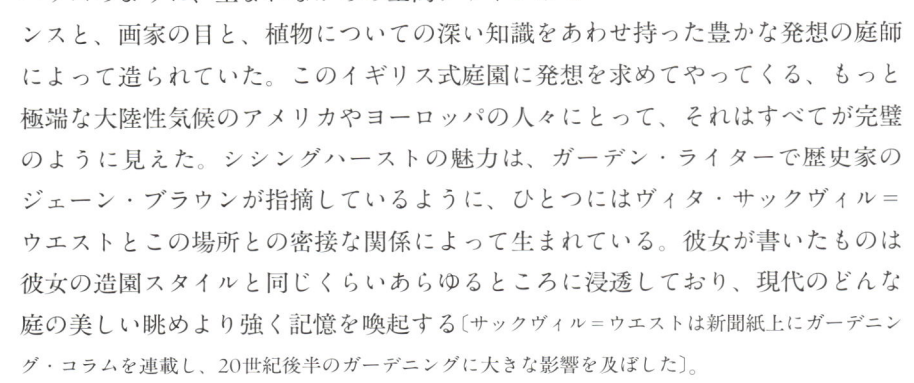

❖ ヨーロッパのデザインの巨人たち

　ヨーロッパには、20世紀末の数年に景観デザインにおいて指導力を振るった傑出した人物が多数いる。どちらもイギリス人のラッセル・ペイジ(1906-85)とサー・ジェフリー・ジェリコー(1900-96)のふたりは、20世紀が終わる前に亡くなった。ベルギー人のジャック・ヴィルツは新世紀の旗手で、現在、イギリスのノーサンバーランド州にあるアニック城の大規模な計画にかかわっている。デザインへの取り組み方という点では、これらのデザイナーはどの時代に属していてもおかしくない。彼らは未来へのメッセージを多く持っている。デザインのどんな流派にも属しておらず、彼ら自身に代わって作品が語る。

　ヨーロッパの歴史と文化が深くしみ込んだペイジ、ジェリコー、ヴィルツのデザインは、多数の軸線の見通し、彫刻のあるテラス、石造物があって、古典主義がいかに効果的か彼らが理解していることを表している。そして、彼らの作品は

【本来の棲みか】
ウェストサセックス州にあるジョン・ブルックスのデンマンズ・ガーデンは、彼のナチュラル・ガーデニングへの関心を反映している。壁で囲まれた庭の中に、その整形式のアウトラインにふさわしいボーダーではなく、高木、低木、自然播種する多年草や一年草が、形式ばらないが非常に慎重に計画された首尾一貫性を与えている。中央で、芳香を放つハーブ・ガーデンのために砂利が熱を反射する舗装に変わっている。自然播種するモウズイカのような自生植物が庭中に繰り返し植えられてデザインにまとまりを与え、さらに多くの自生種が庭を向こうの風景に溶け込ませている。現代デザイナーとして有名なジョン・ブルックスは、ヨーロッパ、アジア、南北アメリカと世界中で仕事をしており、代表的な庭園のひとつがウィスコンシン州のシカゴ植物園にあるイギリス式庭園である。

【構造化された豊かさ】
ナポリに近いイスキア島にあるラ・モルテッラ庭園で、ラッセル・ペイジがイスラム式の小さな池と細い水路のある下側の庭園をデザインし、その周囲に所有者であるレディー・スザーナ・ウォルトンが亜熱帯植物と木生シダを用いて豊かだが制御されたジャングルを生み出した。これは、才能あるクライアントが偉大なデザイナーの作品をさらに高めた素晴らしい列である。

【視覚の力】
ベルギー人のジャック・ヴィルツは、しばしば現代のアンドレ・ル・ノートルと呼ばれてきた。彼の仕事にはパリのチュイルリーなど偉大な歴史的レイアウトの復元もあるが、ヴィルツは個人および公共のクライアントのためにデザインすることが多く、強い構成的なテーマを組み入れて現代的新機軸の舞台を作ってきた。バンク・ド・ルクセンブルクでは、曲がりくねった水路が裸の木の幹の輪郭を浮き立たせている。

サー・ジェフリー・ジェリコー ── 知的な眺め
SIR GEOFFREY JELLICOE: AN INTELLECTUAL VIEW

　サー・ジェフリー・ジェリコー(1900-96)は多くの点で現代デザイナーであると同時に学者でもある。まだ若かった1923年に9ヶ月、建築協会付属建築学校の同窓生であるJ・C・シェパードとともにイタリアのルネサンス庭園を調査し測定して過ごした。彼は決して意識して特定の庭園を模倣したわけではなかったが、このときの経験から古典的デザインのプロポーションの基礎を学び、ヴィラとそれを支える庭との関係の根本的な重要性を理解した。また、その結果、著書『ルネサンスのイタリア庭園(Italian Gardens of the Renaissance)』を1925年に出版した。のちには、15世紀のイタリアで人文主義者たちが研究したように、ギリシア哲学とローマの詩人の作品がともに彼の思想と景観デザインへの新しい「宇宙的(コズミック)」なアプローチの基本要素になった。古典を読み、ルネサンスの考え方を理解したことが、どんな景観デザインについても過去を見ることによって前進することができるという揺るぎない信念につながった。彼はそれを、「過去としてではなく未来を指し示すものとして過去について熟考せよ」と表現している。

　ジェリコーが受けた最初の重要な依頼はオックスフォードシャー州にあるディッチリー・ハウスで、そこで彼は長いテラスとウォーター・ガーデンがある整形式のイタリア風の庭園を構成した。開かれた空間と閉じられた空間の間に彼が作り出した動きは、彼のデザインの多くで繰り返されているコンセプトである。彼はプロジェクトの準備段階ではルネサンスの哲学にもとづいた発想をしたが、その後、中世の寓意や20世紀の芸術に依拠した「充填」で質を高めることも多かった。バークシャー州ラニーミードにあるジェリコーのケネディ・メモリアル(1965-66)は、道沿いに思索のための腰掛けがあるシンプルな林間の空き地で、ジョン・バニヤンの『天路歴程(The pilgrim's progress)』の寓意物語を思い出させる。

　1981年からジェリコーはサリー州ギルフォード近郊にあるサットン・プレイスの16世紀の屋敷に現代庭園を組み合わせる機会を得た。彼はここに、古典的庭園の整形性、18世紀のパークの自然主義、テューダー人と現代および未来とをつなぐ助けとなる一連の「見えない」象徴的要素を導入することができた。この庭園は人類の進化と徐々に進む文明をたどり、充足を探し求める。湖の中にある大きな島と小さな島は、進化の第一歩である母と子を表現している。ジェリコーはまず、堀の中の飛び石を渡って楽園へ行く危険を伴う旅に招き、そこを通ってプラタナスの陰になった太古の苔の庭へ進むことができる。マグリットの散歩道には巨大なローマの壺がわざとランダムに置かれ、秩序の中に無秩序を生じさせている。暗い森をぬける歩道を進むと現れる、暗い池に映るベン・ニコルソンの白い壁は大望を現している。

　ジェリコーは自然ではなく、視覚と哲学に刺激を見出した。通例、もうひとりの同僚である妻のスーザンが植栽計画やそのほかの園芸上の配慮を担当した。ジェリコーは主に概念的なものに関心を持ち、のちの彼の庭園では象徴的なものを使って見る人に実際に見えるものの背後にある「考え」まで見抜くこと、目に見える計画の背後にある目に見えない考えに注意を向けることを求めた。

【ローマの英雄たち】
ドーセット州とウィルトシャー州の境にあるシャフツベリー近郊のシュート・ハウスで、ジェリコーは1969年から1988年にかけて、マイケルとアン・トリーのために、水を第1の要素とした庭園をデザインした。ナダー川が水源となっている。ここに示すはカナルの眺めで、カラーに縁取られ、正面に古代のオウィディウス、ウェルギリウス、ルクレティウスの3人の胸像がある。

歴史的庭園要素の独創性のない再現をはるかに超えたものである。彼らの作品はイギリス人の目には容易に理解できるか、少なくともひどく知的努力をしなくても理解可能である。ペイジを退けるのは簡単かもしれない。とくに彼の庭園の多くがもはや維持されていないか分割されてしまったのだから。独学の彼は、植物への愛とモダンアートと現代社会への関心以外、ほとんど何もないところから始めた。仕事に就くと、彼は教育は受けていなかったが、カット・アンド・フィル〔あるところから切り取って別のところに盛ること〕の基本である空間操作の直感的感覚を持っていたようだ。ペイジはヨーロッパとアメリカの主に裕福なクライアントのために仕事をしたが、才能豊かな伝統主義者で豊かな専門知識を持つプランツマンである彼は、フランスとイタリアの両方のルネサンス様式のデザインの基本的ルールの多くを使いながら、感性豊かで生き生きした構成を展開した。ペイジはつねに現場の自然の地形と家屋の建築様式の間に調和を成立させようとして、細かなところにかなりの注意を払った。彼の庭園の多くは彫刻的な「緑」という特性を持っているが、ペイジは多年草のボーダーを造ることにも秀でていた。当初、彼はパリで、あるインテリア・デザイナーと一緒に働き、古い所有地の周囲に新しい庭園を造っていたが、まもなくヨーロッパ全土に加えアメリカでも依頼を受けるようになった。彼が自身の遍歴について書いた著書『あるガーデナーの教育 (*The Education of a Gardener*)』(1962)は、アマチュアにとってもプロにとっても同じように、時代に関係なくきわめて刺激に満ちた告白であり、そこにある考えとヒントはどんな規模の庭にも完全に適用可能である。この本を読むことにより、ペイジの直感的な考え方の多くを知ることができる。

❖ アメリカの新しいデザイナーたち

　20世紀中頃、ヨーロッパはもはやランドスケープ・アーキテクチャの実践において指導的立場になかった。1899年にベアトリクス・ファーランド、イェンス・イェンセン、オルムステッド2世が創立委員になってアメリカン・ランドスケープ・アーキテクト協会を設立するとずっと重要な役割を果たすようになった伝統的なアメリカの教育も、第2次世界大戦の勃発まではまだ自然主義を強調するボザールの伝統にもとづいていた。そして1950年代には、現代建築との関係を発展させるという問題に対処しなければならなかった。しかし、個人の庭園や公共のスペースに関する圧倒的に面白い発想は、自分自身の直感に従う個々のランドスケープ・アーキテクトやデザイナーに依存していた。この国の大部分の地域では、どんな動機の庭造りも、寒い冬と暑くて乾燥しているか湿度の高い夏の両極端の気候によって制限されていた。ただアメリカ西海岸だけは、ヨーロッパのメキシコ湾流の影響を受ける国々とほとんど同じくらい庭造りの可能性が高く、人々は大きな出費をしなくても庭園を造ることができた。

　緑の空間のデザインと社会的側面について革新的な考えを持っていたオルムステッドは、多くのアメリカ人にとってほとんど伝説の人物であり、ヨーロッパの自然主義の伝統におけるウィリアム・ロビンソンと同じくらい重要である。オルムステッドの着想がイングランドで初めて見たパークから生まれたのと同じように、アメリカでランドスケープ・アーキテクチャを実践する人々の大半は、その

ボザールの伝統

19世紀後半のフランスで生まれたボザール様式は、1914年以前にパリのエコール・デ・ボザールで学んだ多くのアメリカ人建築家に影響を与えた。アメリカでは、この豪華に装飾された古典的な様式は多くの建物に使われただけでなく、ハーヴァードやバークレーなどの学校で庭園デザインの授業に取り入れられた。そして厳格な整形式かそれともイギリス式風景様式と解釈できるかという分析的な検討に重きが置かれた。しかし、1950年から個々のデザイナーはもはや伝統的なシンメトリーに満足せず、現代的な建築テーマやクライアントの新たな戸外の生活様式に合わせて造園様式を変え始めた。

才能の源が伝統と庭園史への関心にあるといえる。エステート・ガーデンの発展も同じようなパターンをたどった。金持ちはヨーロッパから絵画、家具、さまざまな建築様式を集めただけでなく、庭園のアイデアも輸入したのである。

❖ 西海岸——生活のための景観

　アメリカ西海岸のカリフォルニアの好適な気象条件では、現代庭園が発達して新たな階層を喜ばせた。在来の植物相についての完全な知識にもとづいたその土地固有のデザインであっても、ヒスパニックとイタリアのどちらの影響を受けた庭園を採用するかでデザインは変わり、それは個々のデザイナーの作品によく表れている。とりわけ偉大なのがトーマス・チャーチ(1902-78)で、1930年代から主にカリフォルニアで仕事をし、1950年代にはアメリカの先導的なランドスケープ・アーキテクトのひとりになっていた。彼の仕事の大半は家庭規模である。低いランチハウス風の家を庭で囲み、そこには流れるような抽象的な形のプールと厳しい景観と植栽があった。とりわけチャーチは、一年を通した環境の中でクライアントの要求を満たす、庭が家の延長として機能する新しい様式を生み出した。チャーチはバークレーとハーヴァードで教育を受けたが、それでも自分のデザイナーとしての成長は1927年の初めてのヨーロッパ旅行がきっかけだったと考えており、そのとき彼はカリフォルニアと似た気候のスペインとイタリアを訪れた。当初、チャーチの庭園にはイタリアの影響が表れていたが、1937年以降はモダンアートに夢中になり、中央軸線を捨てて複数の視点と流れるような抽象的なラインを取り入れ、キュビズムの画家を思わせるやり方で質感、色、空間、形を操作した。マイケル・ローリーは『ランドアーキテクチャ入門(*An Introduction to Landscape Architecture*)』の中で、「チャーチは、庭は始まりも終わりも持たず、家からだけでなくどんな角度から見たときでも喜びを与えるべきだという、キュビズムにもとづいた理論を打ち立てた」と述べている。チャーチは場所とクライアントの希望を尊重して全体計画の中に機能重視のエリアを含めただけでなく、熱心なプランツマンでもあり、カリフォルニアの気候でよく生育する植物を選び、こうしてデザインを完成させることができたのである。彼の『庭は人々のために(*Gardens are for People*)』(1955)は彼の思想についてはほとんど明らかにしていないが、チャーチは非常に実際的で、一人ひとりに緑のオアシスを提供するという目標を提示している。チャーチは亡くなるまでランドスケープ・アーキテクト界の長老とみなされた。

　もうひとりのカリフォルニア・スクールのデザイナーがガレット・エクボ(1910生)である。チャーチと同じようにカリフォルニアで育ったが、それほど裕福な環境ではなく、エクボは19歳のときにノルウェーのおじのところで有意義な6ヶ月を過ごし、これにより自然に対して新たな見方をするようになった。1936年に奨学金でハーヴァードへ行き、ジェームズ・ローズやダン・カイリーと同じ時期に学んだ。この3人は、ボザール様式のランドスケープ・アーキテクチャについての当時の歴史志向の授業に反発し、事実上彼らがその後の仕事の中で現代アメリカのランドスケープ・アーキテクチャを生み出した。しかし、エクボとカイリーは異なる道を歩んだ。ふたりは整形と非整形のどちらを選択するかについての主張を時代遅れで分断的だと考え、人間と自然をひとつにすることによりランドス

【**生活のためのデザイン**〔右ページ〕】

トーマス・チャーチの庭園のうちでもっとも愛されているのがエル・ノヴィレロで、1947年から1949年にかけてカリフォルニア州ソノマのドネル家のために造ったものである。そのプールと庭園の弧を描く曲線は、周囲の丘陵や下の谷の曲がりくねった塩性湿地を再現している。カリフォルニアの色鮮やかなオーク(*Quercus agrifolia*)に取り巻かれた丘の頂上に造られたこの庭園は、遠くの眺めを見ているとゆったりと空中に浮かんでいるような感じがしてくる。カリフォルニア・スタイルの先駆者であるチャーチは、現代生活のニーズに応える庭園デザインの新たな語彙を確立することにより、ハーヴァード大学で教えられたようなボザールの整形とピクチャレスクな景観アプローチという両極端の中間の道をとった。そしてとくに、戸外の生活という形式ばらないカリフォルニア・スタイルの要求を満たした。しばしば丘の急斜面の小さく不規則な空間に繰り返しとシンメトリーの時代遅れの考え方に束縛されないコンセプトでデザインし、庭園がランチハウス風の平屋や外側の自然の景色と溶け合うようにした。

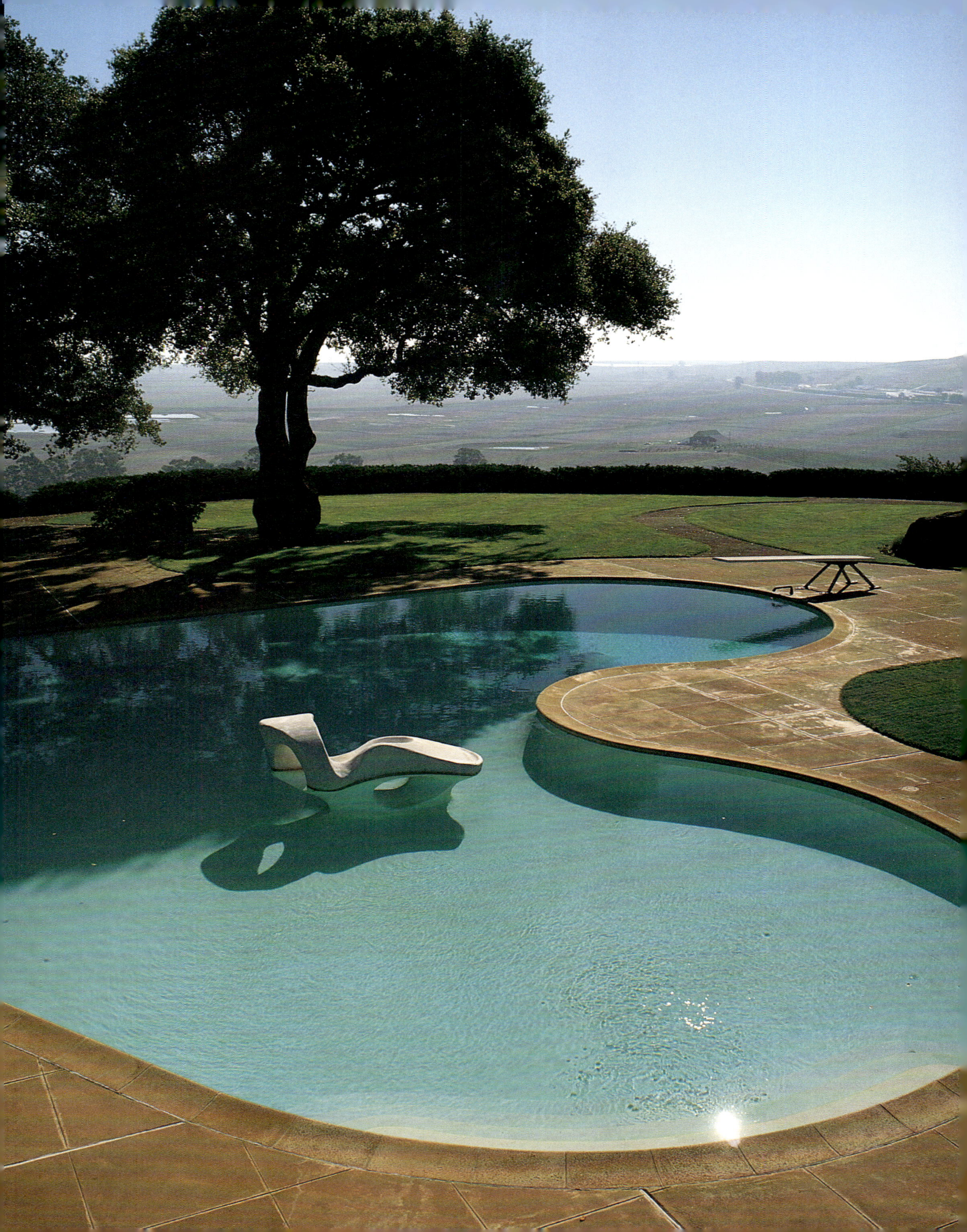

ケープ・アーキテクチャへの新たな取り組み方を考え出そうとした。ふたりは当時、ハーヴァードの建築学部で教えていたヴァルター・グロピウスからの影響、そしてドイツのバウハウス運動から大西洋を渡って吹いてくる新鮮な風の影響を受けた。エクボは、建築の秩序ある幾何学的な形と、自然の土地や植物の姿の流れるような有機的な形とを統合することの難しさを認識していて、様式の混合を勧めた。『風景のデザイン』(1950)の中で彼は自分の考え方について、「屋外と屋内は分離不可能で、両者は補完的かつ補足的であり、ひとつの扉の表と裏である。……われわれは『家屋』と『庭』のことを考えるが、たんなる家屋と庭より重要な単位としての『家』のことを考える人はあまりいない」と書いている。エクボもチャーチも、比較的裕福なクライアントにとっての庭を、スイミングプールやバーベキューのような現代の娯楽や、菜園、切花用花壇などをすべて備えた生活の場と再定義した。これまでにエクボは個人の庭を300以上デザインし、多くの都市の住宅プロジェクトやコミュニティセンターに関する仕事をしてきており、彼の関心は主に、都市のスプロール現象や移民労働者のための低価格の住宅供給のような社会問題や環境問題によって生じるデザインの課題に向けられている。

　1936年から1938年までハーヴァード大学の大学院で学んだダン・カイリーは、ボストンで生まれた(1912)が、ニューハンプシャー州の祖父母の農場で楽しい休暇を何度も過ごし、よい香りのするマツ林を探検した。ソローの『ウォールデン』の影響を強く受けたカイリーは、アメリカの風景に強い親近感と郷愁を抱いていた。ウォーレン・マニング(394ページ参照)の事務所に雇われたカイリーは、大規模なエステート・ガーデンの仕事に取り組み、しばしば自生の植物を使った。1938年にマニングが亡くなると、ワシントンDCで住宅プロジェクトに従事していたルイス・カーンのもとで働いた。そして、第2次世界大戦末期にフランスのル・ノートルによる古典的な庭園を訪れ、整形式のアレーや水鏡から、ハーヴァードでの無味乾燥な授業で予想していたよりずっと強い印象を受けた。ル・ノートルのアイデアを吸収したカイリーは、自分の現代的なデザインにグリッドを適用し、その規則性を使って自然の変化の動態と季節変化をうまく扱い、光と影を利用して高木、低木、地被植物をさらに魅力的に見せた。彼のもっとも有名な現代庭園は1957年にインディアナ州コロンバスのアーウィン・ミラー邸のために造ったもので、そこで彼は建築家のエーロ・サーリネンおよびローチとともに働いた。終点にヘンリー・ムーアの彫像があるアメリカサイカチの並木道は、庭園史においてシンボル的存在になった。

❖ 文化の影響

　あらゆるデザイナーの中で、そのアイデアが通常の庭造りに適用可能なだけでなく現代建築の要求にも適合し得る、もっとも発想豊かな人物は、おそらくブラジル人のロバート・ブール・マルクス(1909-94)、メキシコ人のルイス・バラガン(1902-88)、日系アメリカ人のイサム・ノグチ(1904-88)だろう。この高等教育を受けた教養のある3人は、それぞれのプロジェクトに深みをもたらし、神秘と美を生み出すことができた。表面的には彼らの庭園は普通の庭とはあまり関係ないように思えるかもしれないが、もっと詳しく調べるとデザインの可能性への並みは

【色彩豊かなカンバス】

ブラジル人のランドスケープ・アーキテクトであるロバート・ブール・マルクスは、1950年からオリーヴォ・ゴメスの依頼でサン・ジョゼ・ドス・カンポス〔ブラジル、サンパウロ州の都市〕の庭園をデザインし、観葉植物の抽象パターンに加え、高木と低木も組み入れて平坦な景観に変化を与えた。高木（*Schizolobium parahybum*）の列が遠景を縁取り、その幹が水面に映っている。ブール・マルクスは、一つひとつの植物が「形、色、質感、香り、要求と好みを持つ生き物であり、それぞれ個性を持つ」と述べ、植物を幾通りものやり方で演奏して異なる効果を出すことのできる楽器の音色にたとえた。

ずれた洞察、そしてとくにデザインの背後にある発想がわかってくる。3人ともそれぞれブラジル、メキシコ、日本の伝統と文化から着想を得ている。ブール・マルクスはまず自身の母国であるブラジルの植物相の美しさを理解し、その一方でドイツで絵を勉強した。そしてバラガンの発想はスペインとイタリアでアルハンブラやヴィラの庭園を訪れたことで刺激を受けた。彫刻家のノグチは一時期日本で育って教育を受け、アメリカにふさわしいが日本の哲学のニュアンスも強く持つ、融合された庭園様式を生み出すことができた。ノグチのプロジェクトの多くは、彼が庭園の本質的な骨格と考える彫ったり切ったりした石を基本としている。

　モダニスト運動のきわめて重要で大きな影響力を持つ庭園デザイナーのひとりであるブール・マルクスは、20世紀の庭園デザインにエキゾティックな雰囲気をもたらした。色とりどりの葉を持つ植物をアメーバ状に群植することによって創造した抽象「画」は、大規模なモダンアートである。彼はヴォルフガング・エーメやジェームズ・ヴァン・スウェーデンなど、ほかの多くのデザイナーに影響を与え、彼の密植された草原の植物や波打つ草の渦巻きは、アメリカのランドスケープ界に革命をもたらした。ブール・マルクスはリオデジャネイロで絵画、建築、ランドスケープ・デザインを勉強した。彼は画家の目に加え、ランドスケープ・デザインの原則に関する正しい知識と、ブラジルの植物相についての百科事典的な知識も持ち、最初の仕事はレシフェ市の公園をデザインし直すことで、そこで彼は外国の植物を在来種に替えて、ほとんどジャングルのような効果を生み出した。彼のとくに影響力のあるスタイルには対照的な色や質感が重なり合って一連の曲線をなすパターンが使われたが、1950年代には彼はもっと伝統的な幾何学的構図を実験していた。マルクスはブラジルの自然の生育環境の保存のために闘っただけでなく、ひとりの植物学者として本来の場所で植物を研究し、彼の名がつけられた新しい種をいくつも導入した。構成計画については、ブール・マルクス

は植物のために自然の生育環境に似た条件を用意することにこだわった。彼は若い頃、ベルリンのダーレム植物園の温室で意外な事実を発見した。そこには彼の母国のブラジルの驚異が要約されていて勉強にうってつけで、彼はスケッチし色を塗りながら、「人は植物のことをひと刷毛(はけ)の色と思うかもしれない……しかし人はそれが一つひとつ生きた植物であることを忘れてはならない」ことに気づいた。

同じように自分自身の国の文化と環境に関心を持ち、触発されたルイス・バラガンは、ランドスケープ・アーキテクチャについて正式の教育を受けていなかったが、芸術への興味、そしてヨーロッパ、とりわけアルハンブラのムーア人の庭園を訪れたことにより、この道に入ることとなった。バラガンのデザインは、伝統的なメキシコやスペインの建物にある、プライバシーを提供し暑い気候から守る壁で囲まれた避難場所を思わせる。彼の作品は、人間と環境の関係という生態学的なテーマを根本に持つ、建築と彫刻の統合体のように見える。

イサム・ノグチの、伝統的な日本の庭園デザインの禅的な部分への関心には、園芸的興味の余地はほとんどない。西洋の考え方を組み込んでいるが東洋的な美学もある彼の象徴的な庭園は、主に石と水で構成されている。

❖ 才能に恵まれた革新者

プロのランドスケープ・アーキテクトと庭園デザイナーが現代の定式を探し求める一方で、多くのガーデナーが様式や流行のことなど考えずに、興味を引かれるテーマを発展させつづけ、ユニークなものや非常に個人的なものを作り出した。そうした庭園にも様式はあったが、非常に個性的でありつづけた。カリフォルニア州にあるマダム・ガナ・ワルスカのロータスランドは1941年から1984年にかけて造営され、それはちょうどヴィタ・サックヴィル＝ウエストと夫のハロルド・ニコルソンがシシングハーストで彼らの楽園を拡張していた頃だった。どちらの庭園にもロビンソニアン流の自然主義の兆候が見られ、囲われた区画ごとにある型にはまった色や植物のテーマに従っている。そしてどちらの庭園でも、植物は

【日本、アメリカと出合う】

半分日本人で半分アメリカ人のイサム・ノグチは、彫刻家としてもっともよく記憶されている。彼の庭園デザインは、異なる要素を最小限しか使わない彫刻と空間の統合を達成した。芸術家としての成功と自己表現を目指す生涯の中で、彼のライフワークは日本文化とアメリカ文化の架け橋になることだった。ノグチが空間の問題を探求したのは、それが彫刻と景観デザインの両方にかかわる問題だからである。彼はかつて、「庭園を空間の彫刻と考える」ことを好み、「何か考え抜かれた物体や線が導入されたとき、スケールと意味が生まれる」と述べた。カリフォルニア州コスタ・メサにあるノグチのカリフォルニア・シナリオ（右）は1980年から1982年にかけてデザインされたもので、彼の舞台感覚を示す例であり、観照的な禅の影響も表れている。ミラーガラスが張られたオフィスビル群と空白の壁が中立の空間を生み、そこでノグチは単純な大石や、サボテンをまばらに植えた「砂漠」など、多数の要素を用いた。

【劇場の要素】
メキシコ人のルイス・バラガンはスペインのアルハンブラを訪問して影響を受け、家屋と庭を避難場所とみなした。これはペルシアやイスラムの庭で始まり、スペインの宣教師とともに西へ伝わった、壁で守られたプライバシーという古い伝統の重要な属性である。彼は画家のフェルディナン・バックから大胆な色使いを吸収し、それを塗装で一連の舞台セットを作り出す飾り気のない建築で利用し、劇場の要素をデザインに取り入れた。メキシコシティー郊外にあるサン・クリストバルの厩舎（上）は1967年から1969年にかけて造られ、家屋、スイミングプール、馬のプール、厩舎で構成され、舞台上の役者として馬丁と馬がいる。

その場所への適合性によって選ばれている。しかし、類似性はそこまでである。ロータスランドはカリフォルニアにとってさえけばけばしかった。それに対しシシングハーストはイギリスの庭園の伝統の縮図であり、エドワーディアンの輝きを個人的な探索の旅へ移し替えたもののように思える。20世紀前半にヒドコットでローレンス・ジョンストンが、イギリス、ヨーロッパ、アメリカに大きな影響を与えることになる様式を発展させた。それによって伝統主義者が焦点とその向こうの景観への軸線に沿った眺めを持つ統合された建築的枠組みを作り出すことができるようになる一方で、熱心な愛好家にとってはデザインのバランスを損ねることなしに植物への情熱に身を任せることができる隠れた区画ができた。植物の多様性だけでなく、植物のテーマと色彩計画も導入することができた。この区画化のアイデアは決して新しいものではないが、ヴィタ・サックヴィル＝ウエストとハロルド・ニコルソンが1932年に、堀とエリザベス朝風の高い塔のある、古い農場の建物の間に設けられた庭園、シシングハーストの開発を始める際には、きっとヒドコットの各囲いの中のくつろげるコティッジ様式の植栽から着想を得たのだろう。

❖ 姿勢の変化

この50年間で庭園デザインに対する姿勢が大きく変化し、園芸の補助用具が改善された。地方の比較的大きな地所は弱体化し、ガーデニングの手伝いが安定して得られず未熟なことも多かったため、小規模なガーデニングの実務が非常に深刻に受け止められだした。熟練した有償の支援者がいない中流から上流の階層にとっては、園芸のルールを理解する必要があった。しだいに多くの情報が入手で

きるようになり、ガーデンセンターは多種多様なガーデニング用品を揃えるようになった。ブリテン諸島では、ナショナルトラストとナショナルトラスト・フォー・スコットランドの庭園が高水準の維持費を確保し、増加する訪問者の数は大衆の関心がかなり大きいことを示している。よい庭園を訪れるのは、本や雑誌を読むこと、あるいはどんな学問的調査より価値があることが証明された。その副産物が多数の新しい小規模庭園であり、現代の生活に合わせて変えられたものの、何世紀もの様式と園芸スキルの経験に頼っている。

　ラジオとテレビのガーデニング番組が幅広い視聴者に届けられだした。環境への配慮も重要になった。水を節約するために自生植物の庭園とゼリスケープ・ガーデン〔Xeriscapeは乾燥地で節水しながら行なう造園法の商標〕がまずアメリカの砂漠や乾燥したカリフォルニアで開発されたが、まもなく全国に人気が広がり、大西洋を渡ってヨーロッパや地中海諸国へも広まった。顕著な効果がある除草剤や殺虫剤が導入されてガーデナーを助けたときでさえ、その使用と田園地帯の汚染に反対する強い反応があった。アメリカではとくに自生植物の庭造りがロビンソニアン・ガーデニングの拡張と位置づけられた。労働力が不足し高額になると、近代的な機械が人力に取って代わった。庭は小さくなって、大きなエステート・ガーデンに代わってそうした小さな庭園が流行を発信するようになり、教育を受けたデザイナーではなく、しばしば才能のある所有者からアイデアが出された。しかし1950年代から、（主に公共や企業の計画の仕事をすることが多い）資格を持つランドスケープ・アーキテクトの世界と、家庭の庭を計画する想像力はあるがアマチュアのデザイナーの間のギャップは広がりつづけている。

　この半世紀、再び中国西部でのプラントハンティングが政治的に可能になったことで、新たな種が導入されつづけた。極端な高温や低温でも生き延びることができ、アメリカ南東部の庭園の高温多湿という難しい条件に耐えられる栽培品種を探す、集中的な植物育種のプログラムがアメリカの専門家によって進められた。あまり好ましくないのが、茎が短く花が大きくて長もちする多年草の育種で、必然的にその植物はもともと持っていた優美さをいくらか失うことになった。1960年代初めに導入されたコンテナ栽培により、周年の植栽が可能になった。これは多くの人にとって朗報であったが、衝動的な植物の入手を助長し、将来を見越したよいデザインと適正な植栽がされなくなるという弊害をもたらした。大きな商業規模でコンテナ栽培ができる多種多様な植物が、まもなく一般の買物客にも入手できるようになった。しかし、生産ラインにあまり向かない植物は見つけるのが難しくなった。存続可能な収益をあげていないことも多いが家族経営の業者として生き残っている小さな専門的な種苗園がこのニーズを満たし、熱心な植物愛好家への供給を続けている。さらに、イギリス、ヨーロッパ、アメリカでは、毎年作成されるガイドブックに、すべての植物とその専門の供給者のリストが載っている。

【お手本】

1969年に亡くなったマージェリー・フィッシュは、サマセット州のイースト・ランブルックにコティッジ様式の庭を造り、彼女の植物コレクションには普通のものも非常に珍しいものもあって、一般の人々も彼女の種苗園から入手できた。1950年代から1960年代にかけて、この庭はその独特の形式ばらない植栽で有名になった。そして彼女の本の人気とあいまって、面白い植物とその面白い使い方を求める新しい種類のオーナー・ガーデナーの間で支持を得た。耐寒性の植物の使用という点でロビンソンの支持者であるマージェリー・フィッシュは、自分で庭造りをする、決まりきった植栽法では飽き足らない戦後世代の手本となった。

❖ 現代のアルカディア

　20世紀末の数年間は、アメリカの全面的な自生植物運動が自然主義の庭園デザインと「自生植物のみの使用」を高い倫理水準にまで押し上げた。希少で危機に瀕した野生の草花がもっともよく保存されるのはその自然の生息地であって、かならずしも小さな庭ではないという事実があるにもかかわらずである。それでも、外来の「雑草」の広がりが自生植物運動を正当化し、弾みをつけた。野生の森や草原は、少し例を挙げればクズ、ホールズ・ハニーサックル〔スノカズラの変種〕、ツルウメモドキ、ノブドウ、ノイバラ、ミソハギなど、導入植物にどんどん侵入され、それらは夏の暑さで繁茂し増殖して、生態系のバランスをひどく損なった。近縁の種の間で交雑すると遺伝的汚染につながるため、地方レベルでさえほかの地域からの「外来」植物の侵略を防ぐことが必要になった。自生植物への熱狂はやりすぎかもしれないが、アメリカの各地方独特のスタイルの発達を促してきた。また、自生植物は防除の処理をあまり必要とせず、除草剤、殺虫剤、合成肥料の使用量の削減につながった。それぞれの環境によく適応した自生植物は必要とする水も少ない。

　ヨーロッパ、とくに植物相が比較的限られているブリテン諸島では、外来の植物が非常に高く評価されていて、たいていの庭園の構成計画から完全に除かれることはなかった。ドイツでは、ヴァイエンシュテファンのリヒャルト・ハンゼン教授が主導して多年草の生育地の必須条件について詳細な実験と調査を実施し、その結果、多くの人が新しいエコロジカルな草原状のボーダーの構成に、世界中

【プランツマンの楽園】
シアトル近郊のヘロンズウッドで、植物探検家で講師、種苗園主でもあるダン・ヒンクリーは、ダグラスモミの密生する森に、家の周囲の明るい空き地に通じる庭園を造った。ヒンクリーはよい植物を見分けることのできる並はずれた目を持っていて、彼が導入したものの多くは庭に植えるのに大変ふさわしく、アメリカのガーデナーの選択肢を広げた。今日でも世界各地で新しい植物が発見されており、それを持ち帰って熱心な一般ガーデナーの手に入るようにするのは、ダン・ヒンクリーのような人々である。彼は一流の新しいアメリカのガーデナーである。人を刺激しはっきりものをいう彼は、種苗園や巡回講義で顧客に植物について実験し学ぶよう勧めている。

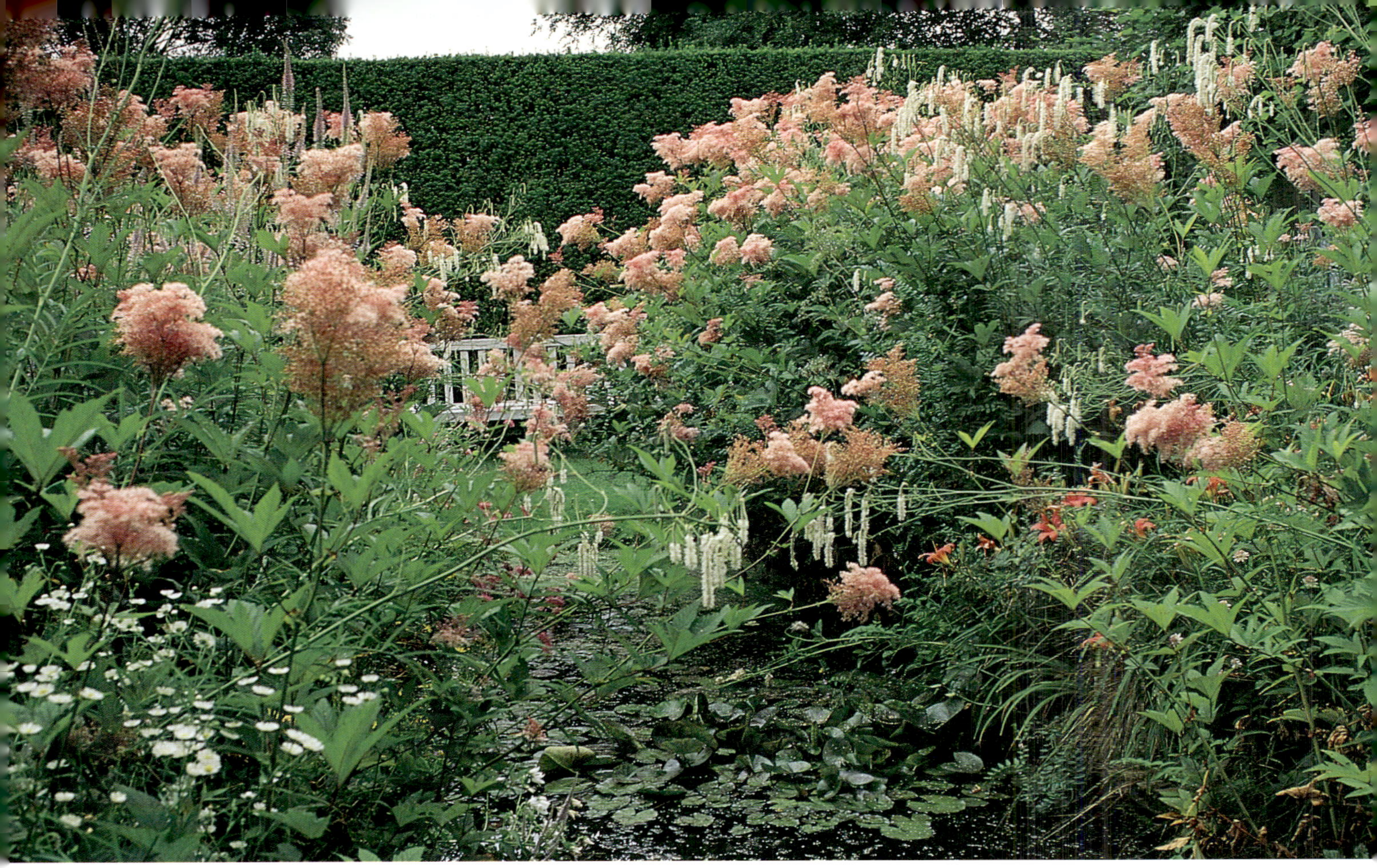

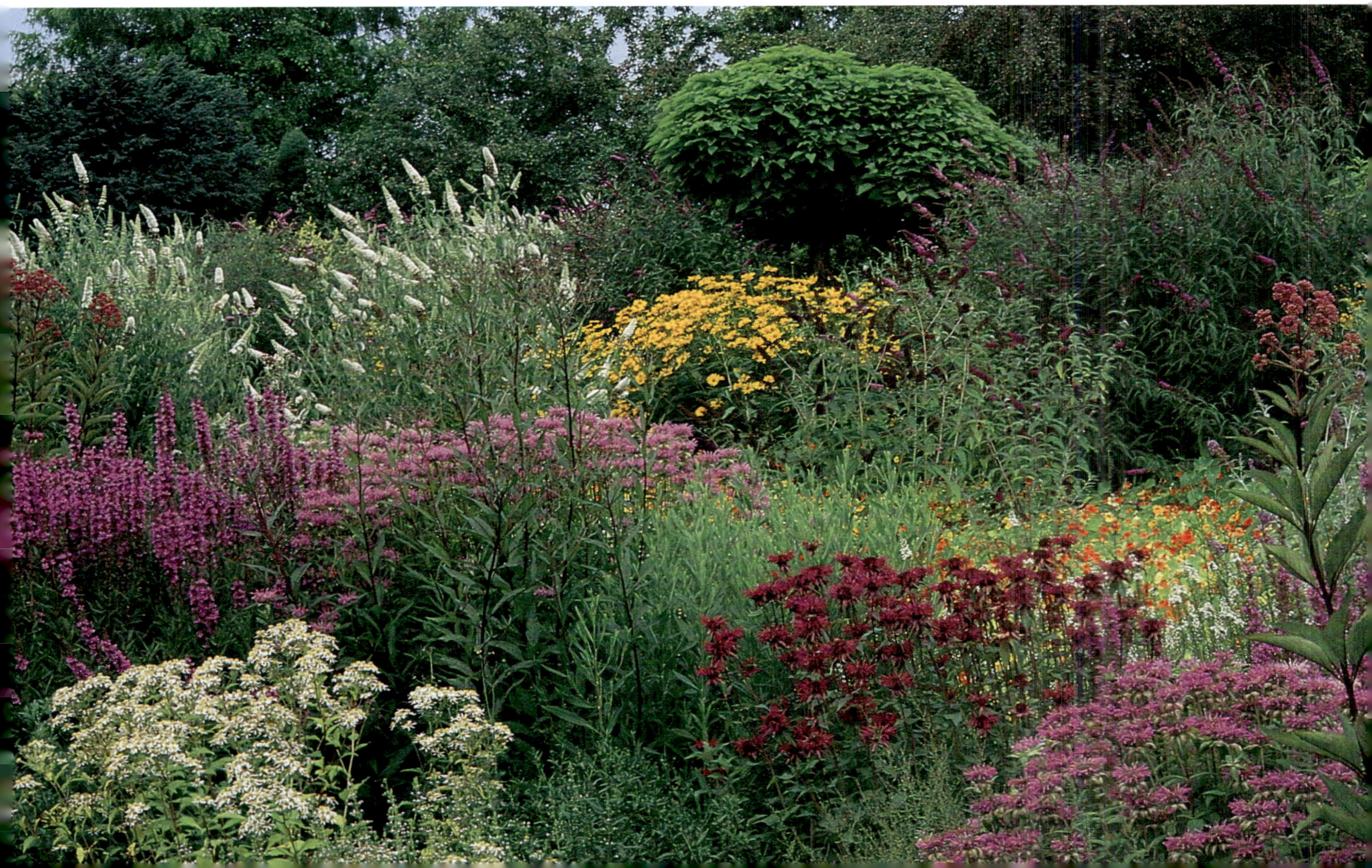

【植物で絵を描く［左ページ上］】
これはオランダ北部のルイネン近郊にあるオランダ人画家トン・テル・リンデンの庭で、ベンチと暗い水路を背の高いフィリペンデュラ(シモツケソウ属)が縁取っている。この庭園には、自然主義の雰囲気に加え、色彩構成を非常に重視する彼の姿勢が表れている。同じ色調の塊が繰り返す従来のボーダーと異なり、トン・テル・リンデンのボーダーは花と葉が織りなす色のハーモニーの抽象模様である。彼は若い頃、絵を始めたばかりのときに、アムステルダム近郊のアムステルフェーンで造られていた「自然」庭園をよく見かけていた。ガーデナーとしての彼は独自のスタイルを生み出し、防風のために植えられた暗いイチイの生垣を背景にボーダーが引き立ち、空間が一種の部屋になってその中で色が互いに溶け合い、最終的な効果にとって、植物とその葉の形が花の色と同じくらい重要である。

【社交的なボーダー［左ページ下］】
ミュンヘン近郊のフライジングにあるヴァイエンシュテファンの園芸カレッジのボーダーはとりわけ素晴らしい。土壌が植物に合うように特別に調整され、植物は土地への適合性と互いの「社交性」によって選ばれる。『多年草とその庭での生育環境』の中でリヒャルト・ハンゼン教授は、多年草とその生育場所について詳しく検討し、いつまでも続くボーダー、すなわち従来のボーダーと草原の中間的な植栽様式がどうすれば可能か示している。非常に巧みな管理によりヴァイエンシュテファンの植栽と色彩の構成は素晴らしいが、ほかの場所での実験的な庭の似たような構成で植物に関する知識が必要で毎年手を加えなければならないことが証明されており、そうしなければきわめて慎重に準備されたボーダーもすぐに駄目になってしまう。

から来たプレーリーやステップの植物を使っている。

リヒャルト・ハンゼン教授はもともとはカール・フェルスターの弟子で、ヴァイエンシュテファンで多年草の育種と生育地への植え付けについて実験していた。彼の『多年草とその庭での生育環境(Perennials and their garden habitats)』(ドイツで1981年に出版され、1993年に英語に翻訳された)は、長続きする自己保持型の植物群落を作ろうとする、多年草を使うあらゆるガーデナーのバイブルになった。ロビンソンのはるか先を行くハンゼンの庭造りは科学的で、その土地特有の共生する植物群を作り出して維持することを目指す。ハンゼンの教えは完全な自然主義ではなく、成功するには土地を操作して土壌と排水を厳密に適正な条件にし、将来の管理を最小限ですむようにすることを推奨する。植物はその「社交性」つまり近隣の植物とともに盛んに成長する能力で選択するとよい。

現在の流行は、最初はロビンソンに触発されたがフェルスターとハンゼンにより現実的な実行可能性を与えられ、耐寒性の多年草とイネ科草本が草原のようなボーダーで繁茂するもので、広く支持されている。オランダのピート・ウードルフやイギリスのダン・ピアソンのような庭園デザイナーによる仕事は、新しい心踊るやり方でこの草原のコンセプトを広げている。多くの場合、ほとんど永久に続くこうした構成は、私的なオアシスの場合よりある程度の「毛足の長さ」が受け入れられる大規模な公共の場でもっともうまくいく。

アメリカでは、影響力を持つランドスケープ・アーキテクトで学者のダレル・モリソンが、ガーデナーたちに自然を観察し、色あせていく花や種子になった頭状花序の美を観賞することを勧め、美についての新たな価値観を打ち立てた。エーメとヴァン・スウェーデンは協力して、1980年代の独自の微妙な草原のような構成のデザインを発展させつづけている。これらのアーティストは環境を操作して花で絵を描いており、それは植物の要求や管理についての正しい知識だけでなく鋭い視覚的センスを必要とする技術である。イギリスではベス・チャトウが長年の間、一部は彼女の種苗園や本を通して、先頭に立って現代のエコロジカルなコンセプトをガーデニングへ導入し、その場所にふさわしい植物を選ぶことの重要性を強調した。

❖ ランドスケープ・アーキテクトの技術

この半世紀で多くの変化があった。教育を受けて土壌、地質、地下水面などの重要な環境要因について理解した今日のランドスケープ・アーキテクトは実質的に科学者であり、美的要求を犠牲にする危険を冒しても、自然と調和した生態学的に正しい解決策を探す。また彼らは、フレデリック・ロー・オルムステッドが彼の「人々のための場所」の洞察に満ちた計画で想像もしなかったようなレベルで、社会問題に取り組まねばならない。ペンシルヴェニア大学のランドスケープ・アーキテクチャの教授イアン・マクハーグは、1970年代に「自然が尊重されるなら、デザインの各側面はおのずとうまくいく」と論じたが、これではデザインは芸術表現の一形態だと考える人々は満足しなかった。1970年代を通じて、マクハーグは学生に、景観を環境全体として見るよう教えた。1969年に出版された著書『デザイン・ウィズ・ネーチャー』は、エコロジカルな景観デザインの不変の科学的ルー

【コントロールの程度】

ワシントンDCを拠点に仕事をしているエーメとヴァン・スウニーデンの事務所は、この20年で独自のスタイルを確立した。そこでは多年草と背の高い揺れるイネ科草本が重なり合うようにして幅の広い帯状の区画に植えられている（上）。春には、同じ種類が群植された球根植物の渦巻きが同じ効果を生む。一見すると自然主義的だが、この植栽は実は非常に整然としていて管理されている。ダン・ピアソンは構成計画に合う植物を選ぶことにより、まったく異なるやり方で自然な景観を作り出し（左）、そこで彼は自然に好きなようにさせているように見える。基本的に彼は生態系が発達するのを許し、できるだけ介入しないようにして適切な植物を供給してきた。しかし、それでも、絶えず変化し進化する庭の光景を生み出すには管理する手と画家の目が必要なのは明らかである。型にはめられたエーメとヴァン・スウェーデンの庭とは異なり、ダン・ピアソンのデザインは、庭を造るということは継続的な過程であり、絶えず変化する産物を生み出すということを認識している。

【最高の植栽スキル】

イングランドのベス・チャトウとオランダのピート・ウードルフはどちらも、多年草についての高度な知識を持つ種苗生産者である。ふたりはデザインの才能も持っている。つねにガーデニングに対するエコロジカルな姿勢により課せられた制限の中で仕事をしているベス・チャトウは、エセックス州にあるグラベル・ガーデン（右）で、美の創造は植物の適切な使用と密接に連携してこそ達成できることを証明した。自然な植栽がまとまりがなく退屈だとはかぎらない。グラベル・ガーデンでは、旱魃に耐えるという理由で選ばれた植物が、乾燥した水はけのよい土壌で模様を織り成している。現在は国際的なデザイナーになっているピート・ウードルフも堂々としたイネ科植物と背の高い多年草を使った独自のスタイルを開発し（下）、この場合も同じように植物の要求を理解することが不可欠である。チャトウとウードルフはカール・フェルスターの流儀を実行し、新たなガーデナーたちが彼らに触発されてそれぞれの場所に適した植物を選ぶようになった。

【パリ式都市公園［上］】
パリ南西部のセーヌ河畔にあるアンドレ・シトロエン公園は、大陸ヨーロッパで数を増やしている想像力に富む新しいパークのひとつで、放置された工業用地に造られ、荒廃した都市部を生き返らせるのを目的としている。中央の草地のエリア周辺はアラン・プロヴォとジル・クレマンによってデザインされ、フランス人の歴史への関心を反映して、(上の写真に見られるように)ルネサンス式のカスケードとイスラム式のチャダールから発想を得た水の展示物に、活気づけるような雰囲気のフラワー・ガーデンが組み合わされている。

【心の庭［右］】
スコットランド、ラナークシャーの詩人で画家のイアン・ハミルトン・フィンレイが造ったリトル・スパルタと呼ばれる庭園は、きわめて個人的で、自然の荒涼とした景観の中の哲学者の庭であり、訪れた人は叢林から湖のほとりの荒地へと移動する。石に刻まれた引用句の解釈は見る人にまかされ、植物より柱や彫像のほうが重要性が大きい。ここはおそらく1945年以降に造られたうちでもっとも独創的な庭であり、ハミルトン・フィンレイの芸術と思想が表現されている。

ルを強調した。このルールが機能したなら、美学も機能するはずだというのである。30年以上たってもマクハーグが景観デザイン教育に取り入れた新機軸はいまだに大半が有効である。環境問題を強調することについては、オルムステッドもマクハーグのやり方に賛同しただろうが、神聖な環境のルールに従えばその結果、自然によって美しくなるという彼の断定的な主張については疑問視したかもしれない。科学としての生態学（エコロジー）は実際には自然界の複雑な関係について理解していく中で認識されるもので、エコロジカルな点からのみ規定される美学の原理がつねに機能するとはかぎらないだろう。庭造りにおいて自然と美をかならずしも同等のものとみなすことができないのと同じように、エコロジカルなルールでのみ規定される構成も洞察を欠いている可能性がある。洞察力のあるデザイナーが景観を扱うなら、申し分のないものになるだろう。

現在、ジョージア大学にいるダレル・モリソンは、アメリカのガーデナーたちに装飾的な庭造りに対する姿勢を再検討するよう促している。彼のメッセージは、自然を観察し、庭を造って自然とその資源を保護せよというものである。

❖ 古典主義者、ミニマリスト、夢想家

何世紀にもわたって庭園の様式は別の時代や文化から多くを借りてきたが、それは構造的レイアウトの細部のこともあれば、外国の要素を導入する建物やフォリーのこともあった。ダン・カイリー、サー・ジェフリー・ジェリコー、ジャック・ヴィルツ、フェルナンド・カルンチョ（448ページ参照）はみな、デザインの中にルネサンスの原則の名残を共有している。カイリーは主にル・ノートルの直線状の景観、ヴィルツとカルンチョは古代ギリシアとローマの文学の影響を受けている。しかし、これらのデザイナーはみな、ルネサンスのパターンをそのまま受け入れるのではなく、整形性の原理から直接とった要素を現代の生活にふさわしい新しいやり方で適用して使っているか使ってきた。そのデザインが最終的に整形か非整形かにかかわらず、アウトラインの図面にグリッドを重ねることにより、バランスを導入することが可能である。

モダニストや伝統と関係を絶つ彼らの試みと異なり、ミニマリストも過去にルーツを持つ。イスラムの囲われた精神性のある庭園、ルネサンスの建築家の幾何学的な立方体の空間、イサム・ノグチによって解釈された極東の観照的な宗教、あるいはメキシコ人のルイス・バラガンといった天才のいずれの影響を受けたかにかかわらず、フェルナンド・カルンチョ、マーサ・シュワルツ、クリストファー・ブラッドリー＝ホール、キャサリン・グスタフソンなどのデザイナーは土地をそれまでにないやり方で見ており、彼らの構成はランドスケープ・アーキテクチャというより「ランド・アート」に近い。整頓され、すっきりした、多くの場合、幾何学的な線、その土地特有の色彩、土着の植物、静穏な雰囲気がミニマリストのアプローチの特徴で、形と機能のバランスが完全にとれている。これらの新しいデザイナーたちは歴史志向だが、バランスのとれた生態系の維持にも配慮する。モダンな外見を持つミニマリストの庭園は過去と断絶しているように見えるが、歴史的ニュアンスの点で非常に派生的でもある。計り知れない技術的可能性があり、選択肢となる植物の種類も非常に多くあるこの時代、ミニマリストの庭園の

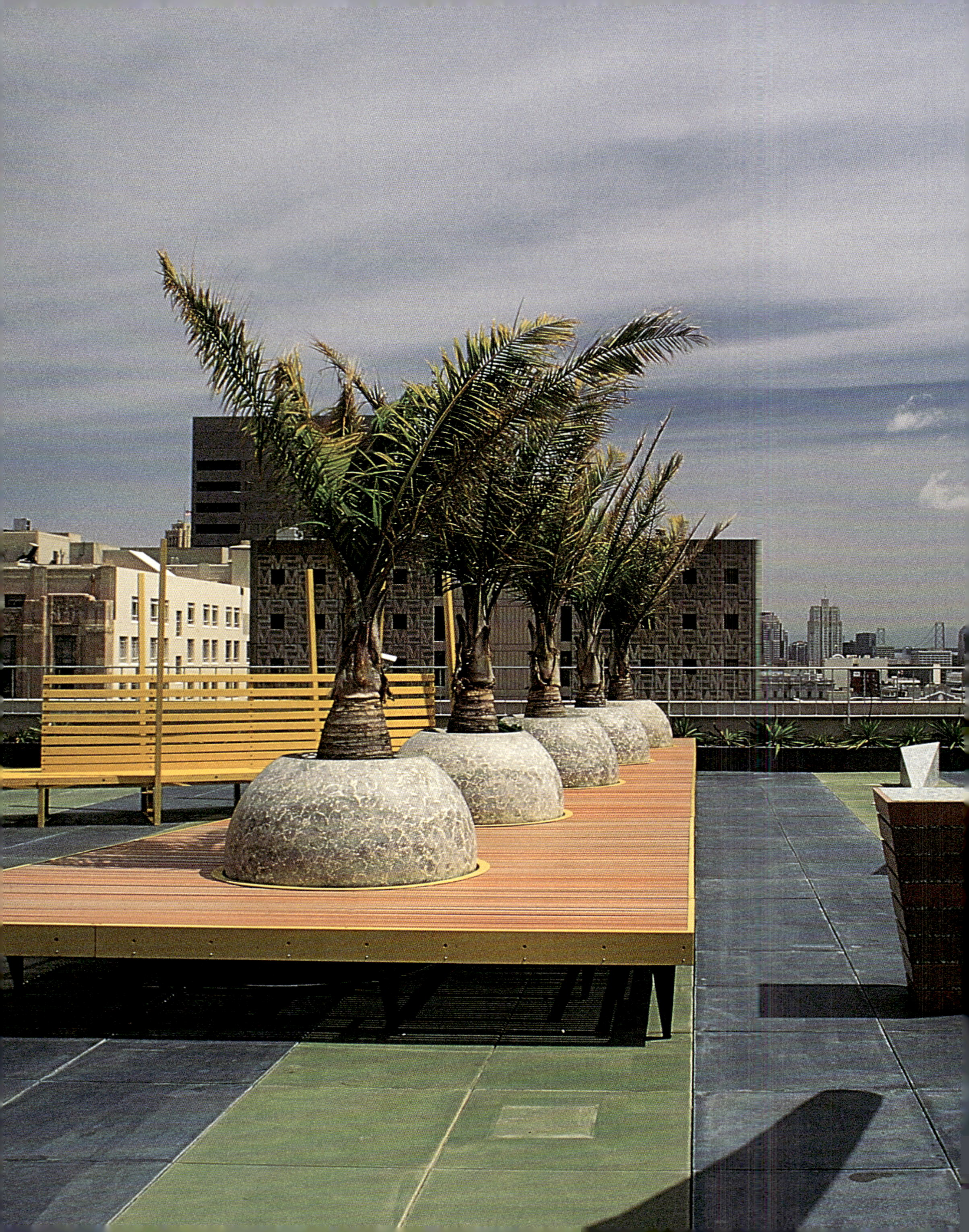

【風向き】

サンフランシスコに本拠を置くデラニー・コクラン・アンド・カスティーリョ事務所の共同事業者であるトファー・デラニーは独創的なデザイナーで、アートを使って建築と園芸の境界線を曖昧にした。アート界で育ったデラニーは過去に影響を受けている。彼女は歴史上の造園様式を考慮するだけでなく、それ以前の自然についての社会的政治的文化的認識について調べ、現代のクライアントにふさわしいものになるようにそれらを解釈し直す。そして、公共か個人かにかかわらず、それぞれの現場にその場所固有のものになる物語を持たせ、しばしば伝統的な素材と現代的な素材を組み合わせる。サンフランシスコのバンク・オブ・アメリカの従業員のために造った屋上庭園では、つる性植物で覆った球体、巨大なヤシの木、さまざまな色の吹き流しといった大胆なデザインを採用して、動きと命を生み出した。

フェルナンド・カルンチョのコムギのパルテール
FERNANDO CARUNCHO'S PARTERRES OF WHEAT

スペインのデザイナー、フェルナンド・カルンチョは、マドリード大学で古典哲学を学んでいるときにデザインをするようになった。主にスペインで仕事をする彼は、土地の歴史と農業の伝統の間の特別な関係を探ることにより着想を得たようである。彼は景観をデザインするにあたって、生産的なものにも装飾的なものにも適用でき、個々の要素をすべて統合する基本的なグリッド・システムを用いている。

銀灰色のオリーブの木立の繰り返し、コムギ畑、ほっそりした背の高いイトスギの並木道、水のパルテール（54ページ参照）でもっともよく知られているカルンチョは、大規模な景観に直線と直角を用いてデザインに基本的な清浄さをもたらし、光と影、動き、形、葉色、質感を重視し、花はほとんど考慮しない。彼は、心は幾何学的配置で安心させられることを強く求めていると信じ、彼の構成計画は、植物の形があらゆる整形的な構造を隠す人気のあるロマンチックなジークル式のイングリッシュ・ガーデンと対照的である。

カルンチョの作品はアルハンブラのムーア人の庭園とイタリアやフランスのルネサンス庭園の融合ということができ、それはとくに彼が生まれたスペインのマドリード県のアランフエスとセゴビア県のラ・グランハの王室庭園にはっきりと表れており、後者は主にルイ14世のヴェルサイユの影響を受けている。メキシコ人の建築家ルイス・バラガンからも大きな影響を受けたカルンチョは、シエナ色（黄褐色）の化粧漆喰の壁を使って空間——ルネサンス風の大きな空間——を生み出し、場合によっては壁を波打つキヅタで覆う。

スペイン北部のマス・デ・レス・ボルテスで、カルンチョは家の周囲にまったく新しい庭園を造った。そこにはコムギ畑とコイの池のパルテールがあって、常緑のオークの木立、サクランボ、リンゴ、ザクロ、イチジクの果樹園、さらさらと音を立てる竹林で囲まれている。彼は最近の著書の中で、自らこの庭園について次のように書いている。「これは農業庭園である……ここには花は——どんな花も——ふさわしくないように見える。花でいっぱいのボーダーを見たければシシングハーストへ行けばよいが、地中海地方の風景には何かまったく別のものが必要である。ここは形態と幾何学と光の庭園で……夏にはコムギが高く伸びて金色になり、広大な圃場が風に静かにそよぐ。果樹園には果物がある。秋にはブドウの収穫とコムギの刈り取り。冬には大地は耕されて種がまかれ、素晴らしい模様ができる。そして春には再びすべてが緑の海になる。コムギから小麦粉を、ブドウからワインを、オリーブから油を、木々から果実を生産することほど高貴なことがあるだろうか。ある意味、ここはプラトンの理想の純粋さをすべて持つ初めての庭園である」

【スペインの遺産】
マス・デ・レス・ボルテスでフェルナンド・カルンチョは、ルネサンスのデザインの幾何学性への強い関心に、母国スペインの農業地帯の風景への愛を融合させた。

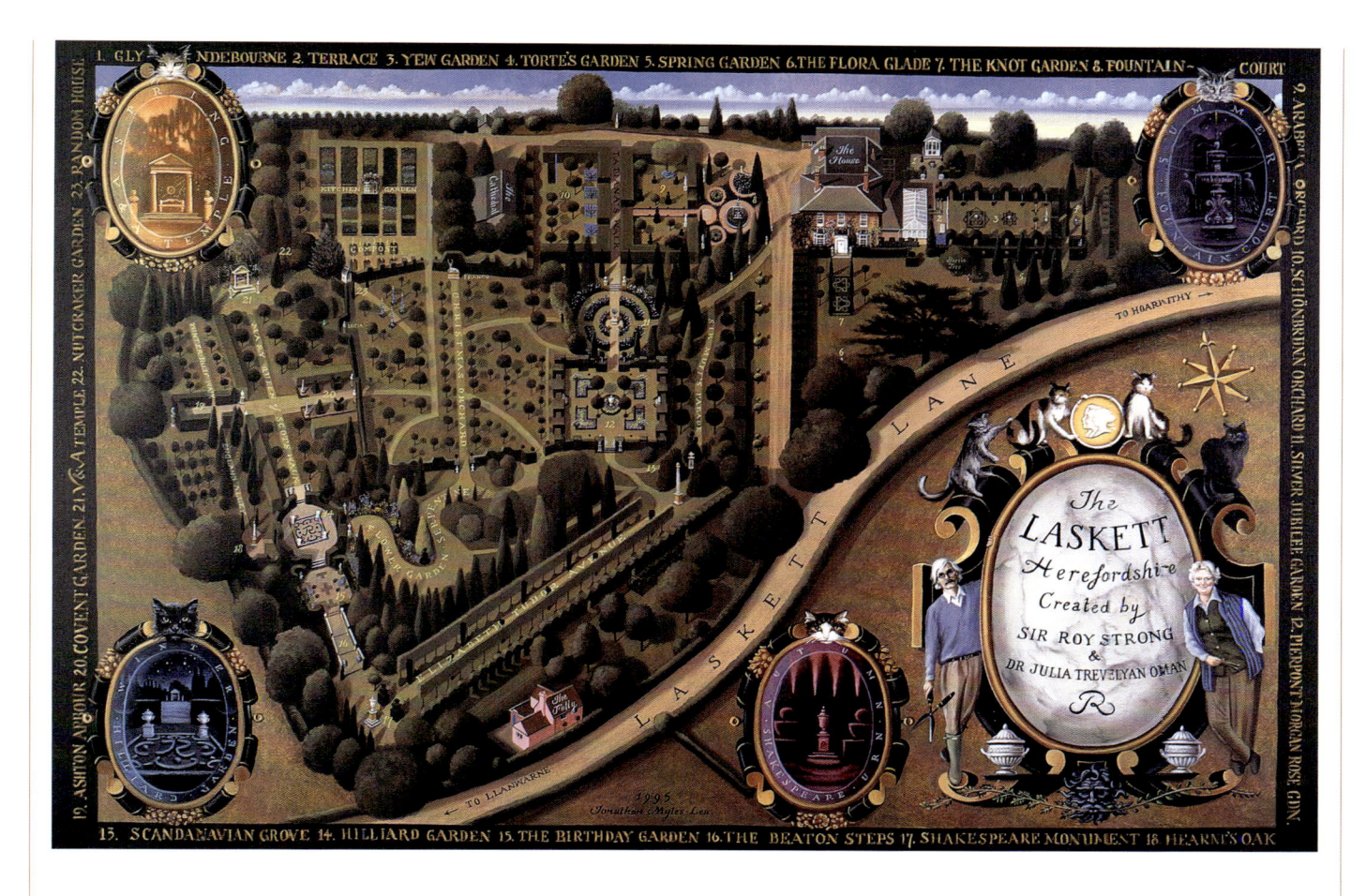

【レイアウトされた人生】

このラスケットの俯瞰図には構造と統制への執着が表れているが、サー・ロイ・ストロングと妻で舞台デザイナーのドクター・ジュリア・トレヴェリアン・オマーンの庭園には、多くの隠されたニュアンスがある。1960年代に開設されたこの庭園は自伝的庭園であり、その内容はそれぞれふたりのよく知られた人生のひとこまを記念している。たとえばヴィクトリア・アンド・アルバート神殿はサー・ロイが有名な博物館の館長だった頃のことを表している。レイアウトは非常に整形的かつ構成的だが、この庭園はふたりの植物への共通の愛を反映しており、それはクラブアップルをはじめとする果樹のコレクションから明らかである。この俯瞰図は1995年にジョナサン・マイルズ＝リーによって描かれた。

特徴は建築要素の面と植物の選択の面での抑制の力にもっともよく表れている。1959年のルートヴィヒ・ミース・ファン・デル・ローエの有名な言葉、「より少ないことは、より豊かなこと」がまったく適切に思えるのである。

しかし、1970年以降に造られたきわめてインスピレーショナルな庭園——私たちを未来に連れていってくれるようなもの——のいくつかは才能のあるオーナーガーデナーによって造られたもので、彼らは庭園史の発展の中でつねに一定の役割を果たしてきた。彼らも、プロのデザイナーと同じようにアイデアや庭園要素を過去から借りている。

ローズマリー・ヴィアリーのバーンズリー・ハウスの庭、イアン・ハミルトン・フィンレイのリトル・スパルタ、ケベックにあるフランク・カボットのレ・カトル・ヴァン、スコットランドとの境にあるチャールズ・ジェンクスの庭はみな想像力に満ちている。すべてが過去の要素を含む一方で、必然的にデザインは現代生活の現実を反映している。これら個人の庭園は、偉大なランドスケープ・アーキテクトの著作や理論と同じくらい重要で影響力を持ち、こうした庭がデザイナーがクライアントのために造る庭園より輝いて見えるのは、個人的な要素を持っているからである。

❖ 芸術としての庭

庭造りは芸術表現の一形態であるが、それでも建築や絵画のようなもっと厳密

な意味での芸術分野とはまったく異なり、時間の要素に依存する。建築家や彫刻家や画家は完成品を制作するのに対し、造園家は将来を見越して自分の計画を別の時代に投影する。庭造りはプロセスであって、かならずしも産物ではない。発展、変化、成長がかかわる庭の4次元的性質が、煉瓦やモルタルでは生み出すことができない動的な性質を庭に与える。また、庭は異なる速さで成長する。「ケイパビリティ」・ブラウンの18世紀の壮大な風景にあった木々が成熟するのには200年かかったが、短命な花壇は10年で最盛期に達し、15年後には修復作業が必要である。憧憬の的となっている20世紀後半の庭園のいくつかは、すでに修復が必要かもしれない。

　ガーデニングはビッグビジネスである。イギリスとアメリカでは毎年、巨額の金が植物と庭園関連製品に支出されているし、今ではガーデニングはトップクラスの娯楽活動になっている。それどころかうまく計画された庭はステータス・シンボルになっている。従来、歴史は大きな地所の観点から書かれ、その庭園の流行が時代ごとに評価された。しかし今日では、非常に多くのすぐれた古い庭園が公開されていて訪問でき、普通のガーデナーがより大きな構成にあこがれて自分で使えるように改変することも可能である。本、雑誌、「模様変え」と「参加型」のテレビ番組が着想を与え、ガーデンセンターにある多種多様な器材が実行の手段を供給し、コンテナに植えられた植物が即座の満足を可能にしている現代は、小さな親しみの持てる庭の時代である。

【高い理想】
クリストファー・ブラッドリー＝ホールによるこの屋上庭園では、高くなった植栽床に背の高いイネ科草本が育ち、建築物の周囲の殺風景な様子と対照的である。ブラッドリー＝ホールは仲間のデザイナーの間ではすでによく知られていたが、2000年のチェルシー・フラワー・ショーで『デイリー・テレグラフ』紙のために造った庭がこのショーのベスト・ガーデン賞を受賞すると、一般にも知られるようになった。この庭は厳しい幾何学性をもつレイアウトが強いモダニズムの魅力を持ち得ることを証明しているが、その着想はウェルギリウスの1世紀の田園詩から得られたのであり、植物は地中海地方原産のものである。

マーサ・シュワルツ——デザイナー＝扇動者
MARTHA SCHWARTZ: DESIGNER-PROVOCATEUR

揺るぎないモダニストであるマーサ・シュワルツはファンクショナル・アートの存在を信じ、現代生活は芸術的努力をする十分な理由となると考えている。ポップ・アートの影響を受けた彼女は、作品にユーモアと挑発、そして居心地のよさはないが刺激的な色彩を導入することができる。シュワルツはしばしばほとんど植物を植えることができない場所の仕事を依頼される。すると彼女は、植物を使う代わりにその場所の歴史とつながりのあるテーマを見つける。アトランタのリオ・ショッピングセンターでは、金色のプラスチックのカエルが（ルネサンスの果樹園の樹木のように）五つ目型のパターンで配置されていて、一つひとつのカエルの顔は水源である巨大な球体の方を向いており、これはヴェルサイユのラトナの泉水から着想を得たものである。テキサス州エル・パソにあるデイヴィス・ガーデンは個人のクライアントのためにデザインしたもので、色使いにバラガンの影響が表れており、一連の箱状の区画があって、その壁はピンク、紫、暗黄色の豪華な色合いの水性塗料で塗られている。

1980年代から仕事をしているシュワルツは変化に必要な触媒であったが、ほかのデザイナーから支持を得るには個人主義的で衝撃的すぎる。彼女の先駆者としての役割——おそらく今、終わろうとしている——は、ほかに取り得る造園法に対する意識を目覚めさせ、現代の庭園デザインが前進できるようにすることだった。彼女のきわめて魅力的な庭園のひとつが、陽気なウィットに満ちているが同時に厳粛でともすれば冷え冷えとしたスプライス・ガーデンで、これはマサチューセッツ州ケンブリッジのホワイトヘッド生物医学研究所のために造ったものである。この庭園はふたつの部分に分かれており、ひとつは基本的にフランス式整形庭園で、鋭い線で分けられたもう一方は日本庭園である。禅庭園の方では岩（本当はプラスチックの低木）から砂利が四方に広がり、フランス庭園の方には幾何学的な形のブロックがあって、上にひと籠のプラスチックの花が載っているものもあり、人工芝で覆われている。プラスチックの木の幹には剪定された枝のような突出部がある。

シュワルツは人々を苛立たせ、驚嘆させ、衝撃を与え、面白がらせ、教化してきた。その造園スタイルは、過去とのつながりを解放するように計算されている。

【壁の内側】
テキサス州エル・パソにあるデイヴィス・ガーデン（左）では、シュワルツは外側は地疎で内側の表面は活気に満ちたどきりとするような色に塗られた一連の壁を建て、ただの装飾として円錐形の小石の山を置いた。

【創造的な継ぎ目】
緑の壁に囲まれ緑の砂利で固定されたシュワルツによるスプライス・ガーデン（下）のデザインは、遺伝子接合（スプライシング）と人工生命の創造に関係した不吉なニュアンスを持っている。

【オーストラリアのリアリズム[右]】
オーストラリアのデザイナーであるウラディーミル・シッタは、造園において人類が必然的に干渉主義的な役割を演じることに対して強い意見を持っており、それを暴力行為とみなしている。「自然が庭の中で生き残ることが許されるとしても、それは断片にすぎない。もちろん人間が継続的にいることが庭が存在するための条件である」。シッタは何世紀も前の人間と自然の対話と庭におけるそれぞれの役割を理解しているが、デザイナーはつねに、ありふれたものあるいは普通に予想できるものから外れたものを提供すべきだと思っている。彼がシドニーのベルビュー・ヒルでデザインしたこの庭園には、あざやかな色の壁で囲われた水路によって水が供給される黒いプールがあって、広大なオーストラリアの空を映している。

【イトスギの尖塔[右ページ上]】
スペインのトレド近郊のラス・ナバスに、アラベラ・レノックス＝ボイドが要塞庭園を造った。それは丘の上の家の周囲にカスケードと八角形の池があるオアシスである。背の高いイトスギ、下にラベンダーが植わっている煙るようなオリーブの木、アイリスが、碁盤の目のようなツゲの生垣とともに庭園を周囲の田園地帯と結んでいる。レノックス＝ボイドは世界中のさまざまな気候で仕事をしており、景観を家屋や周囲の田園と関係づけるのを好み、場所についての鋭い認識と感覚を示している。

【消えないイスラムの魅力[右ページ下]】
アイルランドのダブリンにある自分の庭園に、ヘレン・ディロンは最近、中央の芝生を、細流から水が流れ込む長いカナルに変えた。モロッコ、インド、スペインのアルハンブラを訪問して影響を受けたディロンは、本書の最後を飾るデザインの例にふさわしく、砂漠のパラダイス・ガーデンに起源を持つイスラム庭園の本質を捉えている。ただし、彼女は飾り気のないアイルランドの石灰岩を使い、縁を磨いて光沢を出して非常に現代的な外観を生み出している。

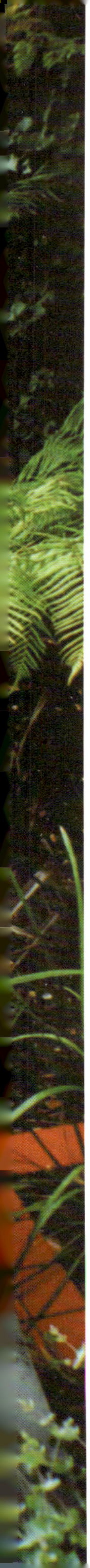
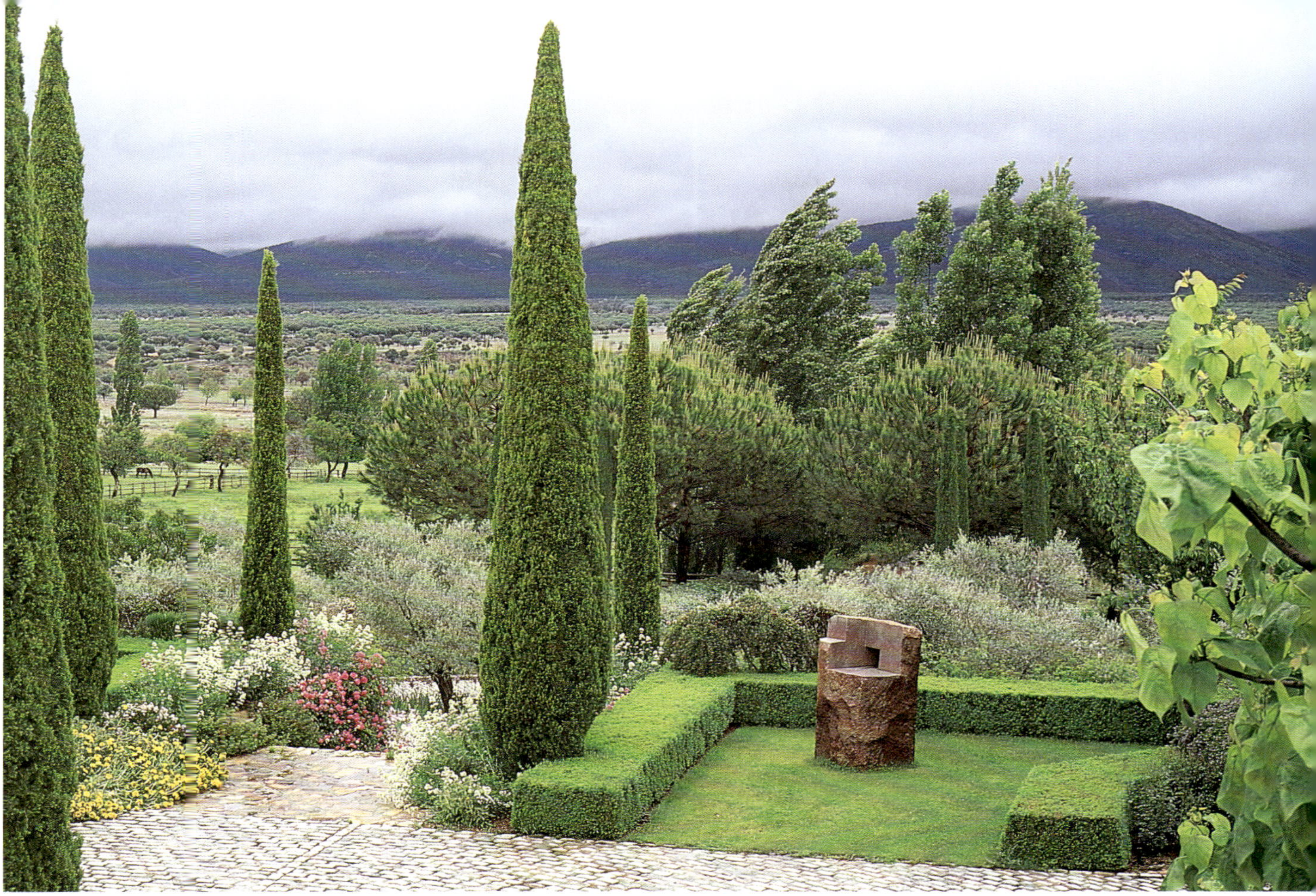
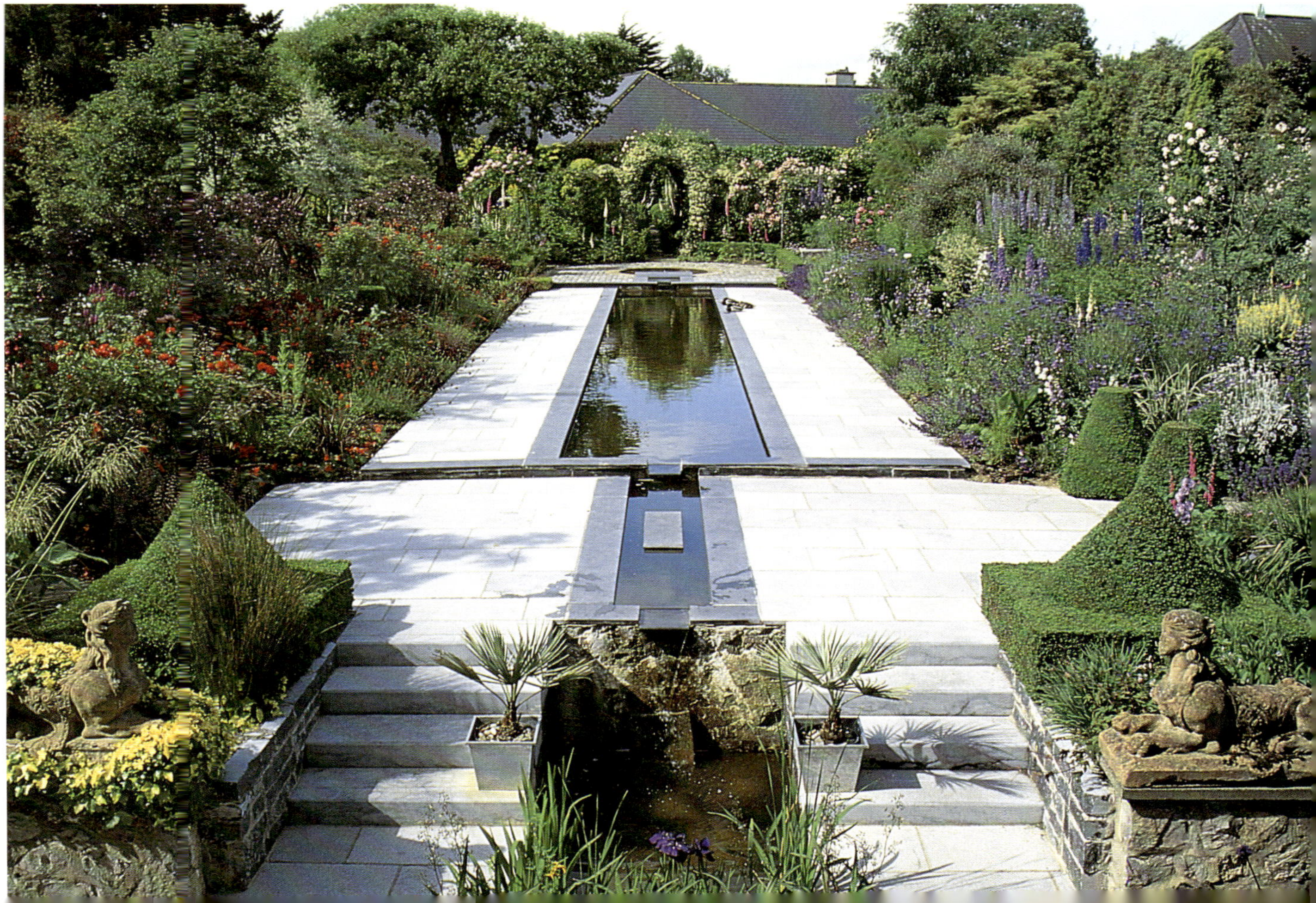

解説　庭「をめぐる」本

【日本版監修者】——高山宏

　みずからも造園家として存分のキャリアを誇りながら、造園の歴史を「文化」史へともう一段大きく開くことのできる人は、さすがに英米にもそう沢山はいない。その一、二を争う存在といえば、ロイ・ストロングと、そしてこのペネロピ・ホブハウスあたりに指を屈すべきかと思う。ロイ・ストロングの代表作はぼく自身、知己の出版社をかたらって邦訳をプロデュースしてあるので、20世紀終わりの四半世紀、人文学がヴィジュアル文化の記述に傾いていった趨勢の中で、「庭」の文化を大いにアッピールした人物として、たとえばルネサンス再評価運動の中心人物、フランセス・イェイツの鴻業の周辺での重要な人物として、知る人ぞ知るという存在であった。それほど時代と繋がった息せきった緊迫感はないが、悠々と広大な世界造園史に遊ぶ風情が魅力のホブハウス女史の仕事、それも膨大な造園関連仕事の集大成というべき大冊が一方でこうして邦訳されて、改めて「庭」とは文化にとって何たり得るのかが問われるべき契機になりそうな気配に、関係者の一人としてはわくわくする気分でいる。

　造園文化史の関係者(の一人)？　長い付合いのある作家・評論家(で、最近はタレント)の荒俣宏氏が、ある場所でぼくの紹介をするのに端的に、「比較庭園論の高山さん」といったことがあって、もっといろいろなことをやっているつもりでいた自分としては、面白い切り方をするものだといぶかしんだことがあったが、それから20年たってみて、なるほどそうだったのだ、とみずから納得している次第である。

　ぼくが英国造園史にかかわる仕事をまとめた『目の中の劇場』を世に問うたのが1985年。その後、長短、猛スピードで書き連ねた造園文化論を究極の一冊『庭の綺想学』にまとめたのが1995年。そしてそれらがもっと広く、建築文化史の重要な一部分としてそこに属していくものだという発見ということで、さらなる大括りをした書き下ろし、『カステロフィリア』が1996年。自分なりに「庭の文化史」に狂ったこの十年とは何なのか、それから四半世紀たって少しはみえてきたような気がする。問題の十年間(デケード)に先立つ十年、ぼくは当時流行していた学問各分野の専門孤立の窮状と突破の可能性という、とりとめもなく大きな問題を抱えて、インテレクチャル・ヒストリーとか、もう少し狭くヒストリー・オヴ・アイディアズ(「観念の歴史」、観念史派史学)とか呼ばれていた脱領域・超領域の試みに没頭していた。それがどういう具合に英国18世紀のふしぎな庭、造園法のテーマに転じていったのだろう。無我夢中の当時、よくは見えてはいなかったと思われるが、今ならそういう自分の学の展開は割と巧く説明がつく(ような気がする)。いわばなんとかの後知恵というたぐいだから以下笑殺していただければ良いのだが、ヒントを観念史派の創立者、アーサー・O・ラヴジョイの名著、『存在の大いなる連鎖』(1936)の有名な冒頭部分の一文に求めながら、少し述べてみたい。ラヴジョイが中世魔術哲学からライプニッツまでを通じて析出してみせたのは、調和、矛盾の協和をめがける時代相がうみだす独特の表現もろもろであった。『存在の大いなる連鎖』は、

社会運動を支える哲学に傾倒する一方で時代の要請たる脱領域的学術の仔細に一編集者として精通していた天才、故小野二郎の肝煎りで1975年、晶文社から邦訳されている。それが2013年、ちくま学芸文庫に入れられるに当り、解題を書かせてもらうのに改めて読まざるを得なくなり、開巻いきなり、ヒントとなる問題の一文が目にとびこんできて、改めて食い入るように読んだ次第である。理由あって縦割り細分化している各研究分野を敢えて超えようというのだから当然激しい論難を招き、甲論乙駁の渦中にあった大層論争的な一文だから、難解にはこだわらず読んでいただきたい。ラヴジョイが自論を、わかり易く説得できるものとして選んだ具体的なテーマが何かだけがひたすら面白く、本当に衝撃的な選択なのである。問題の文章は、こうある。

> ……このようにして（観念の）歴史家が取り出す単位観念を彼は次にそれが何等の意味を持って出現する歴史の領域のいくつかにまたがって——究極的には全部にまたがり——哲学、科学、文学、芸術、宗教または政治の別なく、追求しようとする。このような研究の前提は次のようである。或る概念、暗黙にせよそうでないにせよ或る前提、或る種の精神の癖、或る個別の命題または論——こういうものの作用は、もしこの作用の性質と歴史的役割が十分に理解されるためには、作用が出て来る人間の内省的生活のすべての面を通じたり、歴史家の能力が許す限り多くの面を通じて一貫してたどらなければならないということである。
> このような研究は、これらの領域のいくつかに共通しているものが普通に認められているよりはずっと多くあり、同じ観念が知的世界の極めて多様な領域に、時としてかなり変化した形であるが、しばしば現れるのだという信念によって支えられている。たとえば造園法は哲学とはかなり離れた話題に思われる。しかしすくなくともある一点においてそれは近代思想の真に哲学的歴史の一部となる。1730年以後フランスとドイツに急速に広まったいわゆる英国風庭園の流行は、モルネ氏および他の人々が証明するように、ロマン主義の、または「一種のロマン主義のくさびの刃の部分であった。この流行それ自身——一つには疑いもなく17世紀の過度にきちんとした造園法に対する当然な嫌悪の表現であるが——あらゆる種類の英国かぶれの一例であり、ヴォルテール、プレヴォ、ディドロおよびオランダ在住のユグノーの文筆家がこの一般的風潮を導入したのであった。しかし造園法におけるこのような好みの変化が、芸術全部における好みの変化、実に宇宙における好みの変化の始めとなることになったし、唯一の原因だと私は断定はしないにせよ前触れであり、共通原因の一つであることになった。ロマン主義と呼ばれるあの多くの面を持つものは、その一つの面を見ると、世界は英国庭園であるという信念であると言っても不正確ではなかろう。17世紀の神は、当時の庭師のように常に幾何学的な形を目ざしたのに対しロマン主義の神は、事物が野生で刈り込まれず自然のままの多様な形を豊富にもって生い茂る宇宙の神であった。不規則なものに対する好み、完全に知性化されているものに対する嫌悪、おぼろ気な遠い所に逃げ去ったものに対する渇望——これらのものは終にはヨーロッパの知的生活のあらゆる点に浸透するのであるが大規模に18世紀初頭に庭園の新しい流行という形で近代として初めて出現した。そしてこれらのものの生長と伝播のそれぞれの段階を追跡することは不可能ではない。

すごいことを言っている文章ではあるまいか。(少なくとも18世紀の)庭園の何たるかを知ろうと思えば、哲学を筆頭とする他の知的領域への関心を総動員しなければならない、哲学は庭であり、庭が哲学なのだから。ガーデナー、すべからく画工たり、そして哲学者たるべし、とは18世紀風景庭園のどんなマニュアルにも記してある銘句である。哲学者すべからくモバイル人種たるべしとも、よく書かれている。18世紀哲学者がひたすらに歩きながら思索するよう勧められているのは、庭くらい持たずに哲学者を称するなかれという金言との一セットである。ニーチェが踊る哲学者とするなら、ルソーはまちがいなく散策する哲人であった。ルソー最晩年は、エルムノンヴィルの風景庭園が彼の思索を誘引したことは、よく知られているだろう。

　さて、ひるがえってホブハウス女史の大著に目を通してみる。別段大上段に、アプローチの多彩をめざすとか、脱領域の気負いとかが宣言されているわけではない。編集工学の粋が実践されていて、のべつまくなく挿入される中小のエピソード、アネクドート、逸話、豆知識のたぐいが面白い。文と絵の考え抜かれた分配・布置の呼吸を読者は味わい、楽しむべきである。つまり、この大冊自体いろいろなタイプの庭を抱えた大きな庭という見立てがこの本を二倍も三倍も面白くするだろうということだ。ただ淡々と時系列に従って東西の庭園を遺漏なく紹介し続けるだけということなら、想像つくように(ヴィジュアルだけでも目を惹く美しい材料が一杯あるから)類書は多い。中でホブハウスが一頭地を抜いているのだとすれば、最初少々目うつりが強いられる感じで、面白いけど散漫という印象から庭を自分自身歩いているとはこういう感じなのだろうという、ふところ深い(メタな)読後感に読者を導いていくところにありそうな気がする。ホブハウスのあくまで平易でリーダブルなこのいわゆるエッセー・スタイルも英語で言うと"discursive"な文章の典型ということになる。18世紀人士が愛したこの言葉は、綴りが示しているようにコース(curs)からズレる、それるという意味である。幾通りもあり得る叙述の方法からホブハウス女史がこのスタイルを選び、そしてこういう厄介そうなページ・レイアウトを選択したことの意味は考えてみるに値する。編集工学上の便宜・啓蒙のみをめざす貧しさが決してこの本のレイアウトの真諦ではない。もう一度言う、この本自体、ホブハウス女史が我々に歩いてもらいたがっている知の庭園なのである、と。でなければ類書だらけの世界、特にこの本、という議論に絶対にならない。いわれなくてもラヴジョイ的な新しい脱領域的知性の産物なのだ。とても知的な本なのだが、さらに一段格上の、庭を歩くとは何なのかを、本を読むとは何なのかと、無碍に重ねて見せるという非常にメタな次元でも「知」的な本なので、単に庭いじりの技術史にかかわる当座の問題を処理するための参考書という以上の面白さを、こういうことを参考にして読者各自において発見していただきたい。庭「をめぐる」本、という絶妙なメタファーの、他のテーマではとても起こりにくい面白さ、を。是非！

❖

　ラヴジョイがみた脱領域の新知、すなわち総合的文化史の表現としての造園史という面白そうな「学術的」関心からばかり、たとえばぼくの庭園文化に対する入れこみは始まったのではない。20世紀末の四半世紀の、人文学にかかわる見慣れぬ新知の創発は、その過半が仏文学者澁澤龍彥と独文学者種村季弘両氏の名コンビの鋭意と着実な執筆に

発しているが、庭の文化史またしかりである。自分なりの新しい脱領域知の開拓を自分の知的「作庭術」と称していた故林達夫の薫陶もあって、澁澤は『夢の宇宙誌』以来ずっと庭、ないしは庭に通じる各種凝縮空間に対する関心をバロック、マニエリスムと名付けながら追求していたが、やはり決定打は『胡桃の中の世界』収中「東西庭園譚」。ネタ本がバルトルシャイティスの『アベラシオン』であることを、ぼくは御本人の口から聞いた。種村季弘の名作『怪物の解剖学』収中「自動人形庭園」と並んで、爾後の庭園文化考の方向を決めた名作である。ぼくもこの二つのエッセーに着想した。頼まれ仕事がひとつあって英国ゴシック小説を調べるうちに暗黒小説家が一人残らず造園趣味を持ち、それらを貫く公分母としてピクチャレスク原理というものがあることが判ってきて、長編論文「目の中の劇場」にまとめた。数年後に『目の中の劇場』という大冊を刊行したが、その表題論文である。アイディア源は現代英国を代表する建築史家デイヴィッド・ワトキンの『イングリッシュ・ヴィジョン』。これが1982年刊。1927年にクリストファー・ハッシーの『ピクチャレスク』が一度掘り起こしたのに、再び忘却の彼方に置かれていた「ピクチャレスク」とその造園法がポストモダンのモードとして再々発見された。日本ではもちろんのこと、本国英国でも18世紀「風景派運動」の研究は1980年代以降にやっと緒につくわけで、ぼくなど世界の潮流にいち早くのった、と言えば聞こえはいいが、澁澤・種村両氏、さらに加うるに中国庭園史の世界的(いや中国的)に見てさえナンバーワンと目されている中野美代子先生にたっぷり仕込まれた、庭園研究は未来の人文学の要という感覚あればこそ、と思う。中野美代子著『カスティリオーネの庭』は是非ホブハウス女史に読ませたい。大室幹雄氏による中国庭園史の大冊のインパクトも大きい。文科省が金を出して、これらの戦略的英訳をいそぐべきだ。たとえばロンドンのリアクション・ブックスがウー・ホンといった最尖鋭の中国人若手研究者に中国庭園史をかなりラディカルに書き直させているのを、中野先生にお願いして即攻日本語にしようとし、すばらしい訳本を刊行できたのに、中野氏がいつもあとがきで嘆かれるように本邦読書界での反応は芳しくはない。

バルトルシャイティスにしろ、澁澤・中野両先生にしろ扱う庭は「たのしみとしての庭」とホブハウスが前景化してやまぬ庭の美的側面である。プレジャー・ガーデン。と言う割りにはピクチャレスク・ガーデンの紛うかたなき末裔たるディズニーランド他、いわゆる「アミューズメント・パーク」に割かるべき紙数がないのは如何なものだろうか。

東雅夫氏の伝説的雑誌『幻想文学』第48号「建築幻想文学館」は『カステロフィリア』上梓直後ということで、ぼくも編集協力したが、関連テーマを事典ふうに検索できる上、参考書で日本語で読めるものの一覧表が出色である。「澁澤龍彦」の項をみると、「日本における建築幻想の展開を考える上で澁澤龍彦の与えた影響の大きさは無視できない。澁澤がどこからその資料を仕入れてきたにせよ、彼のエッセイなくしては建築幻想に触れ得なかったであろう大勢の読者がいたのである」とあり、ついでに「高山宏」の項をのぞくと「文学者の中で高山宏ほど、建築・庭といったことにこだわってきたものはいない。彼の著作には、建築幻想・幻想建築に関わるさまざまなエッセンスがちりばめられているが、著作数があまりに多いので、それらを網羅することはかなわない」云々とある。汗顔のいたりながら、1980年代、我が国の庭園文化考は、不自由なヴィジュアル素材が却って幸いして、かなり思弁的に深まっていった印象がある。その時にアートとしての庭、「たのしみのための庭」のヴィ

ジュアルをさし示してくれたアートブックで忘れがたいものはいくつかあるが、たとえばF・R・カウェル（Cowell）の『美術（ファインアート）としての庭園（Garden as a Fine Art）』。多くの絵がホブハウスの本書とかぶるが、もちろんホブハウスの図版量に比べればやはり貧困。やはり一時代昔なのだ。

2010年代になって新しいホーティカルチャー（造園哲学）の扉が開かれるか。かつてカウェルの本が果たしたヴィジュアル・アーカイヴの位置を今回占め得るとすれば、それはまちがいなくホブハウスのこの大図鑑だろう。一読、それは疑い得ない。

盟友荒俣宏はその『花の王国』一点をみるだけで、新しい時代の「比較庭園論」の雄たるはずの存在だが、会って喋っている時、一度は自分の人生の終わりに来るのは庭研究のまとめだと言い、別の折りにはそれはヴンダーカンマー（驚異博物室）探訪の総整理だと仰有った。結局は二つ同じ問題だとは思うのだが、ヴンダーカンマーの方はドイツ人文化史家のホルスト・ブレーデカンプが『古代憧憬と機械信仰』から、仲間と一緒の『デジタル・ヴンダーカンマー』にいたる一連の仕事で完全に21世紀に向けてヴァージョン・アップした。さて庭の方はやっぱりアラマタだろうなと思っていたら、同じブレーデカンプの『ライプニッツの造園革命』がたちまち邦訳さえ出来、しかも訳者あとがきで、『目の中の劇場』が全て先取りしていたのではないか、「西欧での風景表象論一般」がいまだに高山の疾走感に追いつかない」、とまで過褒していて、仰天した。庭園文化論もまた動き始めたのだろうか。その新紀元の劈頭に一大アーカイヴを提供してくれているホブハウスの意義はそう遠くない将来、第二のアラマタ、第二のタカヤマが必ずや顕彰していることだろう。材料が少ないまま、ぼくなど少し「疾走」しすぎたかもしれない。そこをゆっくりと「めぐる」ことを許してくれるホブハウスの、美しい本としての庭を渉猟して飽きることを知らぬきみ、あなたの中から、知を「たのしみ」とする新しい庭園論がうまれるのにちがいない。ホブハウスの新しいファンたる、きみ、あなたにSolvitur ambulandoというモットーをささげよう。歩クコトデ解カレルという意味である。

参考文献

本書を執筆するに当たり、以下の書籍が非常に役立った。庭造りの歴史についてさらに関心のある読者には、これらの本や雑誌を読まれることをお勧めする。

【全般】

Bazin, Germain. Paradeisos. London, 1990.
Bisgrove, Richard. The National Trust Book of the English Garden. London, 1990.
Dixon Hunt, John. Garden and Grove. London, 1986.
- Greater Perfections: the Practice of Gardening Theory. London, 2000.
Goody, Jack. The Culture of Flowers. Cambridge, 1993.
Gothein, Maria Luise. A History of Garden Art, translated by Laura Archer-Hind. New York, 1928 (reprinted 1979).
Hobhouse, Penelope. Plants in Garden History. London, 1992.
Hussey, Christopher. English Gardens and Landscapes 1700-1750. Country Life, 1967.
Jellicoe, Geoffrey and Susan; Goode, Patrick; and Lancaster, Michael, editors. The Oxford Companion to Gardens. Oxford, 1986.
Mosser, Monique; and Teyssot, Georges, editors. The History of Garden Design. London, 1991.
- Also published as The Architecture of Western Gardens. Boston, 1991.
Schama, Simon. Landscape and Memory. Vintage Press, 1996. サイモン・シャーマ、『風景と記憶』、高山宏・栂正行訳、河出書房新社、2005
Thacker, Christopher. The History of Gardens. Croom Helm, 1979.

❖雑誌──

Garden History (the journal of the Garden History Society), 1972-
Journal of Garden History, published by Taylor & Francis, 1981-1998
Studies in the History of Gardens and Designed Landscapes, Taylor & Francis, 1998-

【第1章】

Hepper, F. Nigel. Pharaoh's Flowers. London, 1990.
Jellicoe, Geoffrey and Susan. The Landscape of Man. London, 1975. ジェフリ・ジェリコー、スーザン・ジェリコー、『図説景観の世界：人類による環境形成の軌跡』、山王学訳、彰国社、1980
Mann, William. Landscape Architecture: an Illustrated History in Timelines, Sites, Plans and Biography. John Wiley and Sons, 1993.
Manniche, Lise. An Ancient Egyptian Herbal. London, 1993. リズ・マニカ、『ファラオの秘薬：古代エジプト植物誌』、八坂書房編集部訳、八坂書房、1994
Wilkinson, Alix. The Garden in Ancient Egypt. The Rubicon Press, 1998.
Xenophon. Oeconomics, translated by E.C. Marchant. London and New York, 1923. クセノフォン、『オイコノミクス：家政について』、越前谷悦子訳、リーベル出版、2010

【第2章】

Baumann, Hellmut. Greek Wild Flowers, translated by W.T. and E.R. Stearn. Herbert Press, 1993.
Blunt, Wilfrid; and Raphael, Sandra. The Illustrated Herbal. London, 1979.
Burr Thompson, Dorothy, editor. Garden Lore of Ancient Athens. American School of Classical Studies, Princeton, 1968.
Columella. On Agriculture and Trees, translated by H.B. Ash, E.S. Forster, and E.H. Heffner. London and Cambridge, Massachusetts, 1951-55.
de la Riuffinière du Prey, Pierre. The Villas of Pliny from Antiquity to Posterity. Chicago, 1994.
Farrar, Linda. Ancient Roman Gardens. Sutton Publishing, 1998.
Huxley, Anthony. An Illustrated History of Gardening. London, 1988.
MacDougall, E.B.; and Jashemski, W.F., editors. Ancient Roman Gardens. Dumbarton Oaks, Washington DC, 1981.
Pliny the Younger. *The Letters of the Younger Pliny*, translated by Betty Radice. Harmondsworth, 1967.
Raven, John. Plants and Plant Lore in Ancient Greece. Leopard's Head Press, 2001.
Virgil. *The Georgics*, translated by Robert Wells. Manchester, 1982.

❖雑誌──

Jashemski, W.F.. "The Gardens of Pompeii, Herculaneum and the Villas Destroyed by Vesuvius". Journal of Garden History, Vol. 12, No. 2, 1992.
Littlewood, A.R. "Gardens of Byzantium". Journal of Garden History, Vol. 12, No. 2, 1992.
Plant Lore of Ancient Athens, edited by Maureen Carroll-Spillecke. Journal of Garden History, Vol. 12, No. 2, April-June 1992.

【第3章】

Babur. The Babur-nama in English, translated by A.S. Beveridge. London, 1922.
Bernus-Taylor, Marthe; and others, editors. Arabesques et Jardins de Paradis: Collections Français d'Art Islamique. (Catalogue of exhibition at the Louvre, Paris, 1989-90). Paris, 1989.
Brookes, John. Gardens of Paradise. London, 1987. ジョン・ブルックス、『楽園のデザイン：イスラムの庭園文化』、神谷武夫訳、鹿島出版会、1989
Chardin, Sir John. Travels in Persia, translated by E. Lloyd. London, 1927. J・シャルダン、『ペルシア見聞記』、岡田直次訳注、平凡社、1997
Clark, Emma. Underneath Which Rivers Flow: the Symbolizm of the Islamic Garden. Prince of Wales's Institute of Architecture, 1997.
Dixon Hunt, John, editor. Garden History: Issues, Approaches, Methods: "The medieval Islamic garden: typology and hydraulics", Yasser Tabbaa. Dumbarton Oaks, Washington DC, 1992.
Foster, William. *Sir Thomas Herbert* Travels in Persia 1627-29. Routledge, 1928.
Heavenly Art, Earthly Beauty. (Catalogue of exhibition at the Nieuwe Kerk, Amsterdam, 2000). Amsterdam, 2000.
Khansari, Mehdi. The Persian Garden: Echoes of Paradise. Mage Publishers, 1998.
Koran, The. 『コーラン』、井筒俊彦訳、岩波書店 1957-1958
L. Tjion Sie Fat & E. de Jon, editors. *The Authentic Garden*: "The culture of gardens and flowers in the Ottoman Empire", Nevzat Ilhan; "The Abbasid garden in Baghdad and Samarra", Qasim Al-Sammarrai; "Botanical foundations for the restoration of Spanish-Arabic gardens", Esteban Hernandez Bermejo; "The botanic gardens in Muslim Spain 8th-16th centuries", Angel Lopez y Lopez. Clusius Foundation, 1991.
Lehrman, Jonas. Earthly Paradise. London, 1980.
MacDougall, E.B.; and Ettinghausen, R., editors. The Islamic Garden. Dumbarton Oaks, Washington DC, 1976.
MacDougall, E.B.; and Wilber, Donald N.. Persian Gardens and Garden Pavilions. Dumbarton Oaks, Washington DC, 1979.
Moynihan, Elizabeth. Paradise as a Garden in Persia and Mughal India. New York, 1979.
Olearius, Adam. Vermehrte Newe beschreibung der

Muskowitischen und Persischen. Germany, 1656.
Pavord, Anna. The Tulip. London, 1999. アンナ・パヴォード、『チューリップ：ヨーロッパを狂わせた花の歴史』、白幡節子訳、大修館書店、2001
Sackville-West, Vita. Passenger to Teheran. Hogarth Press, 1926.
Titley, Norah; and Wood, Frances. Oriental Gardens. London, 1991.

❖雑誌──

Harvey, John. "Gardening books and plant lists of Moorish Spain". Journal of Garden History, Vol. 3, No. 2, Spring 1975.
- "Turkey as a source of garden plants". Journal of Garden History, Vol. 4, No. 3, Autumn 1976.
Stronach, David. "Pasargadae". Journal of Garden History, Vol. 14, No. 1, Spring 1994.

【第4章】

Harvey, John. Medieval Gardens. Batsford, 1981.
L. Tjion Sie Fat & E. de Jon, editors. *The Authentic Garden*: "Some strip of herbage", Hans de Bruijn. Clusius Foundation, 1991.
Landsberg, Sylvia. The Medieval Garden. London, 1998.
MacDougall, E.B., editor. Medieval Gardens: "Reality and Literary Romance in the Park of Hesdin", Anne Hagopian Van Buren; "Pietro de' Crescenzi and the Medieval Garden", Robert G. Calkins; "The Medieval Monastic Garden", Paul Meyvaert. Dumbarton Oaks, Washington DC, 1986.
McLean, Theresa. *Medieval English Gardens*. Collins, 1981
Stokstad, Marilyn; and Stannard, Jerry. Gardens of the Middle Ages. (Catalogue of exhibition at the Spencer Museum of Art, Lawrence, Kansas). Lawrence, Kansas, 1983.
Strabo, Walafrid. Hortulus, translated by Raef Payne, with a commentary by Wilfrid Blunt. Pittsburgh, 1966.

【第5章】

Alberti, Leon Battista. The Ten Books of Architecture, translated by J. Leoni. London, 1755 (reprinted New York, 1986).
Batey, Mavis. Oxford Gardens. Scolar Press, 1982.
Colonna, Francesco. Hypnerotomachia Poliphili, translated by Joscelyn Godwin. London, 1999.
de Caus, Salomon. Hortus Palatinus. Frankfurt, 1624.
Dezallier d'Argenville, Antoine-Joseph. *La Théorie et la Pratique du Jardinage*. Paris 1709.
- The Theory and Practice of Gardening, translated by John James. London, 1712.
Dixon Hunt, John; and De Jong, Eric. The Anglo-Dutch Garden in the Age of William and Mary. (Catalogue of exhibition, also Journal of Garden History, No. 2 & 3, Vol. 8, 1988). London, 1988
- As editor. The Italian Garden. Cambridge, 1996.
du Cerceau, Jacques Androuet. Les plus excellents bâtiments de France. Paris, 1576-1607.
Estienne, Charles. L'Agriculture et maison rustique, translated by J. Liébault. Paris, 1570 (later editions augmented and revised by Liébault, 1586, 1598).
- *Maison Rustique or the Countrie Farme*, translated by Richard Surflet. London, 1600.
Fiennes, Celia. Illustrated Journeys 1685-1712, edited by Christopher Morris. London, 1988.
Gaunt, W., editor and translator. Lives of the Painters, Sculptors and Architects. London, 1963.
Green, David. Queen Anne. Oxford, 1956.
Gurrieri, Francesco; and Chatfield, Judith. *The Boboli Gardens*. Florence, 1972.
Harris, Walter. *A Description of the King's Royal Palace at Het Loo*. London, 1699.
Jacques, David; and van der Horst, Arend, editors. The Gardens of William and Mary. London, 1988.
Lazzaro, Claudia. Italian Renaissance Garden. Yale, 1990.
Masson, Georgina. Italian Gardens. London, 1961. - "Italian Flower Collectors' Gardens in Seventeenth Century Italy". The Italian Garden, edited by David R. Coffin. Dumbarton Oaks, Washington DC, 1972.
Strong, Roy. The Artist and the Garden. Yale, 2000.
- The Renaissance Garden in England. London, 1979. ロイ・ストロング、『イングランドのルネサンス庭園』、圓月勝博・桑木野幸司訳、ありな書房、2003
Weiss, Allen. Mirrors of Infinity: the French Formal Garden and Seventeenth Century Metaphysics. Princeton, 1995.
Woodbridge, Kenneth. Princely Gardens: the Origins and Development of the French Formal Style. London, 1986.
Whalley, Robin; and Jennings, Anne. Knot Gardens and Parterres. Barn Elms Publishing, 1998.

❖雑誌──

Andrew, Martin. "Theobalds Palace: the gardens and park". Journal of Garden History, Vol. 21, No. 2, Winter 1993.
Henderson, Paula. "Sir Francis Bacon's water gardens at Gorhambury". Garden History. Autumn 1999.

【第6章】

Arber, Agnes. Herbals: their origin and evolution. Second edition. Cambridge, 1938. アグネス・アーバー、『近代植物学の起源』、月川和雄訳、八坂書房、1990
Aymonin, Gerard. The Besler Florilegium: Plants of the Four Seasons. New York, 1987.
Barker, Nicholas. Hortus Eystettensis. London, 1994.
Besler, Basilius. Hortus Eystettensis. Nuremburg, 1613.
Chambers, Douglas. The Planters of the English Landscape Garden. Yale, 1993.
Coats, Alice. The Quest for Plants. Studio Vista, 1969. アリス・M・コーツ、『プラントハンター東洋を駆ける：日本と中国に植物を求めて』、遠山茂樹訳、八坂書房、2007
Dixon Hunt, John; and Peter Willis. The Genius of Place: the English Landscape Garden. Elek, 1975.
Evelyn, John. Sylva, or a Discourse of Forest-trees. London, 1664.
- Sylva, or a Discourse of Forest-trees, with notes by Alexander Hunter. York, 1776.
- The Diary of John Evelyn, edited by Esmond de Beer. Oxford, 1955.
Fairchild, Thomas. The City Gardener. London, 1722.
Gerard, John. The Herball or General Historie of Plants. London, 1597.
- Second edition amended by Thomas Johnson. London, 1633.
- *Leaves from Gerard's Herball*, arranged by Marcus Woodward. Second edition, London, 1931 (reprinted London, 1985).
Hanmer, Sir Thomas. The Garden Book of Sir Thomas Hanmer. London, 1933.
Henrey, Blanche. British Botanical and Horticultural Literature Before 1800. London, 1975.
Hill, Thomas. The Gardener's Labyrinth. London, 1577.
- Edited by Richard Mabey. Oxford, 1987.
Kastner, Joseph. A World of Naturalists. John Murray, 1978.
L. Tjion Sie Fat & E. de Jon, editors. The Authentic Garden: "Clusius' garden - a reconstruction". Clusius Foundation, 1991.
Lawson, William. A New Orchard and Garden. London, 1618.
- The Countrie Housewife's Garden. London, 1617.
Leapman, Michael. The Ingenious Mr Fairchild. Headline, 2000.
Leith-Ross, Prudence. The John Tradescants. London, 1984.
Mattioli, P.A.. Commentarii in sex libros Pedacii Dioscoridis. Venice, 1565.
O'Brian, Patrick. Joseph Banks: a Life. Harvill Press, 1987.
Parkinson, John. Paradisi in Sole Paradisus Terrestris. London, 1629.
Rea, John. Flora Ceres & Pomona. Second edition. London, 1976.
Rix, Martyn. The Art of Botanical Illustration.

Lutterworth Press, 1951.

Turner, William. A New Herball. London, 1551.

van de Pass, Crispin. Hortus Floridus. Utrecht, 1614 (reprinted London, 1974).

Veendorp, H.; and Bass Beekling, L.G.M.. Hortus Academicus Lugduno-Batavus 1587-1937. Leiden, 1938 (reprinted 1990).

Whittle, Tyler. The Plant Hunters. Heinemann, 1969. T.ホイットル『プラント・ハンター物語：植物を世界に求めて』、白幡洋三郎・白幡節子訳、八坂書房、1983.

❖雑誌──

Leith-Ross, Prudence. "The garden of John Evelyn at Deptford". Journal of Garden History, Vol. 25, No. 2, Winter 1997.

【第7章】

Batey, Mavis. *Alexander Pope*: the Poet and the Landscape. Barn Elms Publishing, 2000.

Cobbett, William. The English Gardener. London, 1829 (reissued 1833, reprinted Oxford, 1980).

Daniels, Stephen. *Humphry Repton*. Yale, 1999.

Dixon Hunt, John. *William Kent*. Zwemmer, 1987.

Humphry Repton: Landscape Gardener. (Catalogue of exhibition, Victoria and Albert Museum, London, 1982.)

Hussey, Christopher. Picturesque: Studies in a Point of View. F. Cass, 1967.

Jacques, David. Georgian Gardens: the Reign of Nature. London, 1983.

Laird, Mark. The Flowering of the English Landscape: English Pleasure Grounds 1720-1800. University of Pennsylvania Press, 1999.

Loudon, John Claudius. *Arboretum et Fruticetum Britannicum*. London, 1835-38.

Malins, Edward. English Landscaping and Literature. Oxford, 1966.

Pevsner, Nicolaus, editor. The Picturesque Garden and its Influence Outside the British Isles. Dumbarton Oaks, Washington DC, 1974.

Philips, Henry. *Sylva Florifera: The Shrubbery Historically and Botanically Treated*. London, 1823.

Olin, Laurie. Across the Open Field: Essays Drawn from English Landscapes. Pennsylvania, 1999.

Repton, Humphry. *Fragments on Landscape Gardening and Architecture as Connected with Rural Scenery*. 1816.

- Sketches and Hints. 1794.
- Theory and Practice. 1803.
- The Art of Landscape Gardening, reprinted Houghton Mifflin, Boston and New York, 1907.

Shaftesbury, Earl of. *The Moralists*. London, 1709.

Stroud, Dorothy. Capability Brown. London, 1975. - Humphry Repton. London, 1962.

Swinden, Nathaniel. *The Beauties of Flora Display'd*. London, 1778.

The Palladian Revival. (Catalogue of exhibition at the Royal Academy of Arts.) London, 1995.

【第8章】

Batey, Mavis; and Lambert, David. The English Garden Tour. J. Murray, 1990.

Boniface, Priscilla, editor. In Search of English Gardens. London, 1990.

Brooke, E. Adveno. *The Gardens of England*. London, 1858.

Carter, Tom. The Victorian Garden. London, 1984.

Devonshire, Deborah, Duchess of. The Garden at Chatsworth. Frances Lincoln, 1999.

Elliott, Brent. Victorian Gardens. London, 1986.

Hayden, Peter. Biddulph Grange, Staffordshire: a Victorian Garden Rediscovered. London, 1989.

Hughes, John Arthur. *Garden Architecture and Landscape Gardening*. London, 1866.

MacDougall, E.B., editor. *John Claudius* Loudon and the Early Nineteenth Century in Great Britain. Dumbarton Oaks, Washington DC, 1980.

Loudon, John Claudius. Encyclopaedia of Gardening. Third edition. London, 1825.

- The Suburban Gardener and Villa Companion. London, 1838.

Musgrave, Toby. The Plant Hunters. London, 1999.

Simo, Melanie Louise. Loudon and the Landscape. New Haven and London, 1988.

Stearn, William, editor. John Lindley: 1799-1865. London, 1998.

❖雑誌──

Laurie, Ian. "Landscape at Eaton Park". Journal of Garden History. Autumn 1985.

Ridgway, Christopher. "W.A. Nesfield". Journal of Garden History, Vol. 13, 1993.

The Gardener's Magazine. 1826-43.

【第9章】

Bartram, William. *Travels* Through North and South Carolina, Georgia, East and West Florida. Philadelphia, 1791, and London, 1792.

- Facsimile edited by Robert McCracken Peck. Salt Lake City, 1980.

Berkeley, Edmund and Dorothy Smith. The Life and Travels of John Bartram. Florida, 1982.

Birnbaum, Charles; and Karson, Robin. Pioneers of American Landscape Design. McGraw-Hill, 2000.

Botting, Douglas. Humboldt and the Cosmos. London, 1973. ダグラス・ボッティング、『フンボルト：地球学の開祖』、西川治、前田伸人訳、東洋書林、2008

Catesby, Mark. The Natural History of Carolina, Florida, and the Bahama Islands. London, 1729-47.

Downing, Andrew Jackson. A Treatise on the Theory and Practice of Landscape Gardening. Sakonnet, 1977 (first published 1841).

Griswold, Mac. Washington's Gardens at Mount Vernon: Landscape of the Inner Man. Houghton Miflin, 1999.

- With Eleanor Weller. The Golden Age of American Gardens. Harry N. Abrahams, 1992.

Harriot, Thomas. A Briefe and True Report of the New Found Land of Virginia. London 1588 (reprinted by Dover, 1972).

Hedrick, U.P. A History of Horticulture in America to 1860. New York, 1950 (reprinted Portland, 1988).

Jefferson, Thomas. Garden Book 1766-1824, edited by Edwin Morris Betts Philadelphia, 1944.

Josselyn, John. New-England's Rarities Discovered. London, 1672.

Leighton, Anne. American Gardens in the Eighteenth Century. Massachusetts, 1976.

- American Gardens of the Nineteenth Century. Massachusetts, 1987.
- Early American Gardens. Massachusetts, 1986.

Lockwood, Alice. Gardens of Colony and State. Scribners, 1931 (reprinted by the Garden Club of America, 2000).

Maccubin, Robert; and Martin, Peter, editors. Eighteenth Century Life: British and American Gardens. Williamsburg, 1983.

- British and American Gardens of the Eighteenth Century. Virginia, 1983.

MacDougall, E.B., editor. Prophet with Honor: The career of Andrew Jackson Downing 1815-52. Dumbarton Oaks, Washington DC, 1989.

Martin, Peter. The Pleasure Gardens of Virginia. Princeton, 1991.

Mitchell, Ann Lindsay; and House, Syd. David Douglas: Explorer and Botanist. Aurum, 1999.

Newton, Norman. Design on the Land. Harvard, 1971.

Nichols, Frederick Doveton; and Griswold, Ralph. Thomas Jefferson Landscape Architect. Virginia, 1978.

Prentice, Helaine Kaplan. *Gardens of Southern California*. San Francisco, 1990.

Prescott, W.H. The Conquest of Mexico. Gibbings and Company, 1896.

- History of the Conquest of Peru. Gibbings and Company, 1896. プレスコット、『ペルー征服』、石田外茂一・真木昌夫訳、改造社、1941-1943

Punch, Walter, editor. Keeping Eden. Massachusetts Horticultural Society Bullfinch, 1992.

Reveal, James. Gentle Conquest. Starwood, 1992.

Rybczynski, Witold. A Clearing in the Distance: Frederick Law Olmsted and America in the Nineteenth Century. Scribner, 1999.

Sanger, Marjory Bartlett. Billy Bartram and His Green World. Farrar, Straus and Giroux, 1972.
Scott, Frank Jesup. The Art of Beautifying Suburban Home Grounds. New York, 1870 (reprinted New York, 1982).
Streatfield, David. California Gardens. Abbeville Press, 1994.
Swem, E.B., editor. Brothers of the Spade: Correspondence of Peter Collinson of London and of John Custis of Williamsburg, Virginia 1734-1746. Worcester, Massachusetts, 1949.
Wilkinson, Norman. E.I. du Pont, Botaniste. Charlottesville, Virginia, 1972.

❖雑誌──

Evans, Susan Toby. "Aztec Royal Pleasure Parks". *Studies in the History of Gardens and Designed Landscapes*, Vol. 20, No. 3, July-September 2000.
Journal of the New England Garden History Society.
Magnolia (the journal of the Southern History Society).

【第10章】

Attiret. *A Particular Account of the Emperor of China's Gardens near Peking*, translated by Sir Henry Beaumont. 1749.
Birch, Cyril, editor. *The Songs of Ch'u: an Anthology of Chinese Literature*. 1975.
Cheng, Ji. The Craft of Gardens. Yale, 1988.
Confucius. *The Analects*.
Fu, Shen. *Chapters from a Floating Life*, translated by S. Black. 1960.
Keswick, Maggie. The Chinese Garden. Academy Editions Architecture Series, 1986.
L. Tjion Sie Fat & E. de Jon, editors. *The Authentic Garden*: "Insight into Chinese traditional botanical knowledge" by Georges Metailie. Clusius Foundation, 1991.
Needham, Joseph. Science and Civilisation in China, Vol. 1 & Vol. 6. Cambridge, 2000. ジョゼフ・ニーダム、『新版 中国の科学と文明』第Ⅰ巻（序篇）、礪波護ほか訳、思索社、1991；第6巻（地の科学）、海野一隆・橋本敬造・山田慶児訳、思索社、1991
Siren, Osvald. China and the Gardens of Europe in the 18th Century. Dumbarton Oaks, Washington DC, 1990 (reprinted edition).
Valder, Peter. The Garden Plants of China. Timber Press, 1999, Weidenfeld Illustrated, 1999.

❖雑誌──

Hammond, Kenneth. "Wang Shizen's Garden Essays". *Studies in the History of Gardens and Designed Landscapes*. Vol. 19 July-December 1999.

【第11章】

Itoh, Teiji. The Gardens of Japan. Kodansha International. 1998.
Kaempfer, Engelbert. Kaempfer's Japan, edited by Beatrice Bodart-Bailey. Hawaii, 1999.
Keane, Marc Peter. Japanese Garden Design. Tuttle Publishing, 1997.
Kuck, Lorraine. The World of the Japanese Garden. Weatherhill Publishers, 1980.
Shikibu, Murasaki. The Tale of Genji, translated by Arthur Waley. London, 1935. 紫式部、『源氏物語』
Treib, Marc; and Herman, Ron. A Guide to the Gardens of Kyoto. Shufunotomo, Japan, 1980.

【第12章】

Allan, Mea. *William Robinson*. Faber & Faber, 1982.
Balmori, Diana; McGuire, Diane; and McPeck, Eleanor. Beatrix Farrand's American Landscapes. New York, 1985.
Bisgrove, Richard. *The Gardens of Gertrude Jekyll*. Frances Lincoln, 1992.
Blomfield, Reginald; and Thomas, Inigo. *The Formal Garden in England*. Macmillan, 1892.
Brown, Jane. *Gardens of a Golden Afternoon*. Allen Lane 1982.
- *The Art and Architecture of English Gardens*. Weidenfeld and Nicolson, 1989.
- *The English Garden in Our Time*. Antique Collectors' Club, 1986.
Darke, Rick. *In Harmony with Nature*. Friedman/Fairfax. 2000.
Dunster, David, editor. *Edwin Lutyens* Architectural Monograph 6. Academy Editions 1979
Farrand, Beatrix. Beatrix Farrand's Plant Book for Dumbarton Oaks, edited by Diane McGuire. Washington DC, 1980.
Hitchmough, Wendy. *Arts and Crafts Gardens*. Pavilion, 1997.
Hood Museum of Art. Shaping an American Landscape: the Art and Architecture of Charles A. Platt. New England, 1995.
Karson, Robin. The Muses of Gwinn. Harry N. Abrahams, 1996.
Lutyens. (Catalogue of the exhibition at the Haywood Gallery, Arts Council of Great Britain, London, 1981.) London, 1981.
Morgan, Keith. *Charles A. Platt*: the Artist as Architect. New York, 1985.
O'Neill, Daniel. *Lutyens' Country Houses*. Lund Humphries, 1980.
Platt, Charles A.. Italian Gardens. Saga/Timber Press, 1993.
Robinson, William. The Wild Garden. John Murray, 1870.
- *The English Flower Garden*. John Murray, 1883.
Ruskin, John. "The Poetry of Architecture". The Architectural Magazine (1837-38). ジョン・ラスキン、『建築の詩美』、御木本隆三訳、使命社、1936
Sitwell, Sir George. *On the Making of Gardens*. London, 1909.
Shelton, Louise. Beautiful Gardens in America. Scribner, 1915.
Tankard, Judith. The Gardens of Ellen Biddle Shipman. Harry N. Abrahams, 1996.
Wharton, Edith. Italian Villas and their Gardens. The Bodley Head, 1904.

【第13章】

Adams, William Howard. Grounds for Change. Bullfinch, 1993.
Boyden, Martha; Vinciguerra, Alessandra, editors. *Russell Page: Ritratti di Giardini Italiani*. American Academy in Rome, Electra, 1998.
Bradley-Hole, Christopher. The Minimalist Garden. Mitchell Beazley 1999.
Brown, Jane. The Modern Garden. London, 2000.
Church, Thomas. Gardens are for people. New York, 1955.
Clément, Gilles. *Les Libres Jardins de Gilles Clément*. Editions du Chêne, 1997.
Cooper, Guy; and Taylor, Gordon. Gardens for the Future. Conran Octopus, 2000.
- Paradise Transformed: the Private Garden for the Twenty-first Century. Monacelli Press, 1996.
- Mirrors of Paradise: the Gardens of Fernando Caruncho. Monacelli Press, 2000.
Crowe, Sylvia. Garden Design. Country Life, 1958.
Eckbo, Garrett. *Landscape for Living*. F.W. Dodge Corporation, 1950. ガレット・エクボ、『風景のデザイン』、久保貞ほか訳、鹿島出版会、1986
Eliovson, Sima. The Gardens of Roberto Burle Marx. London, 1991.
Spens, Michael. Jellicoe at Shute. Academy, 1993.
- The Complete Landscape Designs and Gardens of Geoffrey Jellicoe. London, 1994.
Streatfield, David. California Gardens. Abbeville Press, 1994.
Sutherland, Lyall; and Jellicoe, Geoffrey. Designing the New Landscape. London, 1991.
Walker, Peter; and Simo, Melanie. Invisible Gardens. MIT Press, 1994. ピーター・ウォーカー、メラニー・サイモ、『見えない庭：アメリカン・ランドスケープのモダニズムを求めて』、佐々木葉二・宮城俊作訳、鹿島出版会、1997

図版クレジット

❖略記号
l＝左｜r＝右｜t＝上｜b＝下｜c＝中
bkgd＝背面｜i＝挿入

❖Key to sources
▶AAA……The Ancient Art and Architecture Collection ▶AL……Andrew Lawson ▶BAL……The Bridgeman Art Library ▶BAL/STC……The Bridgeman Art Library/The Stapleton Collection ▶BL……The British Library ▶BM……The British Museum ▶EH……English Heritage Photographic Library ▶GPL……Garden Picture Library ▶IA……The Interior Archive ▶ILN……Illustrated London News ▶IP……Impact Photos ▶JH……Jerry Harpur ▶LF……Life File ▶MH……Marcus Harpur ▶MK……Mehdi Khansari ▶MM……Marianne Majerus ▶NT……The National Trust ▶RHS……Royal Horticultural Society, Lindley Library ▶V&A……V&A Picture Library ▶WF……Werner Forman Archive

Dorling Kindersley would like to thank the following sources for their kind permission to reproduce their photographs and illustrations:

Jacket images from The Bridgeman Art Library, The Garden Picture Library, Jerry Harpur and Paul Rocheleau; Page 1 Paul Rocheleau; 2 GPL/John Ferro Sims; 3 JH/Topher Delaney; 4/5 JH/Bob Dash, Long Island, USA; 6 V&A; 7 Peter Anderson; 8 BL (Ms. Or. 338. F.110a); 10 © Photo RMN/Arnaudet; 11 MM/des: Piet Oudolf

【第1章】
16/17 Egyptian Expedition of The Metropolitan Museum of Art, Rogers Fund, 1930. (30.4.56) Photograph © 1978 The Metropolitan Museum of Art; 18 AAA; 20 BM (WAA 124939); 21 RHS; 22 BAL/STC/Private Collection; 23 BM (WAA 124920); 24 BAL/STC/Private Collection; 25 BAL/Deir el-Medina, Thebes, Egypt; 26 RHS; 27 The Metropolitan Museum of Art, Rogers Fund and Edward S. Harkness Gift, 1920 (20.3.13) Photograph © 1992 The Metropolitan Museum of Art; 28 BAL/British Museum, London, UK

【第2章】
30/31 Corbis/Roger Wood; 32 V&A; 33t Patrick Taylor; 33bl BAL/Archaeological Museum of Heraklion, Crete, Greece; 34 AAA/Ronald Sheridan; 35 BAL/Ashmolean Museum, Oxford, UK; 36 RHS; 37r Corbis/Roger Wood; 37t Corbis/Paul Almasy; 37bl RHS; 38b BAL/Eton College Library, Windsor; 38tr Corbis/Bettmann; 40 WF/Topaki Palace Library, Istanbul; 41r RHS; 41 l RHS; 43 BAL/Biblioteca Marciana, Venice, Italy; 44bl Corbis/Mimmo Jodice; 44t WF; 45 WF; 46 BAL/Musée National du Bardo, Le Bardo, Tunisia; 47 BAL/Bibliothèque Nationale, Paris/Giraudon; 50tl; AL/Levens Hall, Cumbria; 50b BAL/STC/Private Collection; 50/51t Corbis/Elio Ciol; 50/51c BAL/STC/Private Collection; 51br MH; 51tr © Photo RMN/Gerard Blot; 51bc ILN; 52 Corbis/Archivo Iconografico S.A. 54t IA/Eduardo Munoz; 55b Corbis/Archivo Iconografico S.A.

【第3章】
56/57 WFA; 58 MK; 59t Corbis/Roger Wood; 59cl Musée des Arts Decoratifs, Paris/Laurent-Sully Jaulmes; 60 V&A; 61l and r V&A; 63 WF; 64 Aerofilms; 66/67 Corbis/Sheldan Collins; 66l Corbis/Macduff Everton; 68 RHS; 70tl WF; 70cr BAL/STC/Private Collection, 70br BAL/STC/Private Collection; 71 Corbis/Angelo Hornak; 72 V&A; 73 BL (27257 f44b); 75 BAL/STC/Private Collection; 76/77 MK, 77r MK; 78 RHS; 79b MK; 79r MK; 80 V&A; 81 V&A; 82 BAL/British Library, London, UK; 83l V&A; 83r V&A, 84/85 BAL; 86tl GPL/John Ferro Sims; 86bl JH/William Pye, Antony House, Cornwall; 86/87t BAL/STC/Private Collection; 86/87b Corbis/Dave G. Houser; 87tr BAL/STC/Private Collection; 87br NT/John Hammond; 88 RHS; 89cr BAL/Ashmolean Museum, Oxford, UK; 89bl BAL/Victoria & Albert Museum, London, UK; 90 WF; 91 Christie's Images; 92 BM (1983.66); 93 BL (Or. 7094 f.7a); 94 JH/Penelope Hobhouse, Walmer Castle; 95 JH/Les Quatre Vents, Canada

【第4章】
96/97 BAL/Musée National du Moyen Age et des Thermes de Cluny, Paris, France/Lauros/Giraudon; 98 BAL/Städelsches Kunstinstitut, Frankfurt-am-Main, Germany; 100 AKG London, 101 BAL/British Library, London, UK; 102bl BL (Royal MS. 6E.ix f.15v); 102r BAL/Musée Condé, Chantilly, France/Lauros/Giraudon; 104t Corbis/Archivo Iconografico S.A.; 104b Foto Toso/Biblioteca Nazionale, Venice; 105 The Bodleian Library, University of Oxford (MS Canon Misc.482 f.62v); 106 BL (Add. MS 19720 f.117); 107 BAL/Château de Versailles, France; 108 BAL/Victoria & Albert Museum, London, UK, 109 RHS; 110/111 Trinity College Library, Cambridge; 111tl Corbis/Archivo Iconografico S.A.; 112 BAL/British Library, London, UK; 113 BAL/British Library, London, UK; 114 BAL/British Library, London, UK; 115 BAL/British Library, London, UK; 116 BL (MS Add 38126 f.110); 117 BAL/Musée Condé, Chantilly, France/Lauros/Giraudon

【第5章】
118/119 AL/Villa d'Este, Italy; 120 Scala/Gabinetto dei Disegni e delle Stampe, Firenze; 121 Alex Ramsay; 122t BAL/Palazzo Vecchio, Florence, Italy; 122b RHS; 123 BAL/Villa Lante della Rovere, Bagnaia, Italy; 124br Corbis/Archivo Iconografico S.A.; 124bl Corbis/Archivo Iconografico S.A.; 125 BAL/STC/Private Collection; 126 BAL/Museo de Firenze Com'era, Florence, Italy; 127 Corbis/Massimo Listri; 128cr BAL/STC/Private Collection, 128bl Villa d'Este, Italy; 129 BAL; 130tr Graphische Sammlung Albertina, Wien; 130bl BAL/STC/Private Collection; 131 BAL/Villa Lante della Rovere, Bagnaia, Italy; 132tl NT/Derek Harris; 132bl BAL/STC/Private Collection; 132/133t MM/Ballymaloe Cookery School, Co. Cork, Ireland; 132/132b Corbis/Cuchi White; 133tr MM/Painshill Park Trust; 133br Corbis/Cuchi White; 134 BAL/Museo di Firenze Com'era, Florence Italy; 135 RHS; 136 GPL/John Ferro Sims; 137 JH/Villa Gamberaia, Florence; 138 BAL/STC/Private Collection, 139tr RHS; 139tl BAL/STC/Private Collection; 139cr BAL/STC/Private Collection; 139br JH/Rosemary Verey, Barnsley House; 140 BAL/British Museum, London, UK; 141cl BAL/STC/Private Collection; 141bl RHS; 142t BAL/STC/Private Collection; 142b BAL/STC/Private Collection; 144/145 AKG London; 146t BAL/Victoria & Albert Museum, London, UK; 146b The National Gallery of Scotland; 148 BAL/STC/Private Collection; 149 BAL/STC/Private Collection; 150/151 Corbis/Leonard de Selva; 152 © Photo RMN/Gerard Blot; 153

BAL/ Johnny van Haeften Gallery, London, UK; 154/155 BAL/Château de Versailles, France; 156 BAL/STC/Private Collection; 157 AL/Het Loo Palace, Holland; 158 Ashmolean Museum, Oxford; 159 BL (Cotton MS Augustus iii f.18); 160 RHS; 161 RHS; 163 RHS; 164 BAL/STC/Private Collection; 165 AL/Hampton Court Palace; 167 BAL/STC/Private Collection

第6章

168/169 Musée des Arts Decoratifs, Paris/Laurent-Sully Jaulmes; 170 Christie's Images; 171 BAL/Private Collection; 172 J. Paul Getty Museum, Los Angeles, © The J. Paul Getty Museum; 173 V&A; 174 RHS; 175 Albertina, Wien; 176 BAL/Private Collection; 177l RHS; 177c RHS; 177r BM (1876-7-8-53); 178t RHS; 178br Universiteits-bibliotheek Amsterdam (UvA), Rare Books Room; 179tl RHS; 179br V&A; 180r BAL/STC/Private Collection; 180r BAL/STC/Private Collection; 181 © Photo RMN/C. Jean; 182 BAL/STC/Private Collection; 183 BAL/STC/Private Collection; 184 BAL/STC/Private Collection; 185t BAL/Private Collection; 185bl RHS; 185br Royal Collection © 2002, HM Queen Elizabeth II; 187t RHS; 187b RHS; 188 RHS; 189 BAL/STC/Private Collection;190 RHS; 191 © The Natural History Museum, London; 192 The Royal Society, London; 193 RHS; 194 © The Natural History Museum, London; 195t by the permission of the Linnean Society of London; 195b © The Natural History Museum, London; 196 The Royal Collection © 2002, HM Queen Elizabeth II; 197 RHS; 198tl RHS; 198bl RHS; 198/199t Royal Botanic Gardens, Wakehurst Place; 198/199b ILN; 199tr BAL/Bibliothèque Mazarine, Paris, France/Archives Charmet; 199cl BAL/Bibliothèque Mazarine, Paris, France/Archives Charmet; 199cr BAL/STC/Private Collection; 200 BAL/STC/Private Collection; 201t by courtesy of The National Portrait Gallery, London; 201b BAL/Guildhall Library, Corporation of London, UK; 202 RHS; 203 bkgd BAL/STC/Private Collection; 203i RHS

第7章

204/205 BAL/Gavin Graham Gallery, London, UK; 206 Corbis/Bettmann; 207cr Richmond Local Studies Library; 207b BM (1872-11-9-879); 208/209 EH; 209 br RHS; 210 NT/John Bethell; 211t AL/Eaton Hall, Cheshire, des: Arabella Lennox-Boyd; 211b BAL/Christie's Images, London, UK; 212/213 Corbis/By kind permission of the Trustees of the National Gallery, London; 212 Private Collection; 215 Clive Nichols/Rousham Landscape Garden, Oxfordshire; 216/217 MM/Rousham House, Steeple Aston, Oxfordshire; 219 NT; 220cl AL/Eaton Hall, Cheshire, des: Arabella Lennox-Boyd; 220bl BAL/STC/Private Collection; 220/221t Corbis/ART on FILE; 220/221b IA/Fritz von der Schulenburg; 221tr BAL/STC/Private Collection; 221br JH/Tom Stuart-Smith; 222 Mary Evans Picture Library; 223tl BAL/Private Collection; 223br BAL/Yale Center for British Art, Paul Mellon Collection, USA; 224/225 AL/Blenheim Palace, Oxfordshire; 226 RHS; 227cr and b Marquess of Tavistock and the Trustees of the Bedford Estate; 228 NT; 229 AL/Endsleigh House, Devon; 230 BAL/Southampton City Art Gallery, Hampshire, UK; 231 RHS; 232t Wellesley College Library, Special Collections; 232b Corbis/Massimo Listri; 233 BAL/STC/Private Collection; 234t and b JH/Painshill Park; 235 JH/Painshill Park; 236 Hobhouse Ltd.; 238tr The Bodleian Library, University of Oxford (M5 Top.Gen.b.55,fol.36r); 238 cl Public Record Office; 238/239b courtesy of the Frances Loeb Library, Graduate School of Design, Harvard University; 239r BAL/STC/Private Collection; 240 Corbis/Steve Raymer; 242 RHS, 243 RHS

第8章

244/245 RHS; 246 RHS; 247 RHS; 248t and b Hugh Palmer; 249 RHS; 250 JH/Drummond Castle; 251 NT; 252 t and b RHS; 253 RHS, 254 RHS; 255 RHS; 256br RHS; 256tr RHS; 257 NT/Nick Meers; 258/259 RHS; 260 RHS; 263t and cr RHS; 264 RHS; 265 RHS; 266 RHS; 267 RHS; 268 ILN; 269 Private Collection; 271tr BAL/STC/Private Collection; 271cr RHS; 273t ILN; 273b RHS; 274 NT; 275 AL/The National Arboretum, Westonbirt, Glos; 277 RHS; 278 NT/Clive Boursnell

第9章

280/281 Corbis/Dave G. Houser; 282tr South American Pictures/Chris Sharp; 282b RHS; 285 BL (10 Tab.29); 286 BAL/Private Collection; 287 The Pierpoint Morgan Library, New York/Art Resource, NY; 288 Jensen Papers, Library, The Moreton Arboretum, Lisle, Illinois; 289 BAL/Private Collection; 290 RHS; 291 Colonial Williamsburg Foundation; 292l Virginia Historical Society; 292r Washington-Custis-Lee Collection, Washington and Lee Univesity, Lexington, Virginia; 294 RHS; 295tl Smithsonian Institution, Archives of American Gardens, The Garden Club of America Collection; 295bl Garden Matters; 296 BAL/Lindley Library, RHS, London, UK; 298t Corbis/Buddy Mays; 298bc BAL/STC/Private Collection; 298bl BAL/Victoria & Albert Museum, London, UK; 298/299b Corbis/Hulton-Deutsch Collection; 299tr BAL/STC/Private Collection; 299br JH/Hever Castle; 300 RHS; 302 BAL/New York Historical Society, New York, NY; 303 Corbis/Buddy Mays; 304 Corbis/Bettmann; 305 Corbis/David Muench; 309bkgd Corbis/Richard A. Cooke; 309i Corbis/Raymond Gehman; 310tl The New York Public Library, Print Room. The Phelps Stokes Collection; 310tr Corbis/Bettmann; 312 Photographic Archives of the Arnold Arboretum. © President and Fellows of Harvard College, Harvard University, Cambridge, Massachusetts, USA; 315 Corbis; 316 RHS

第10章

318/319 BM (1926 4-10.01 Add 32); 320 IP/Christophe Bluntzer; 321 BAL/Christie's Images/Private Collection; 322 BAL/Christie's Images/Private Collection; 323t Osaka Museum of Fine Arts, Japan; 323b BAL/STC; 324 RHS; 325 WF; 326tl NT/Ray Hallett; 326/327t JH/Frank Cabot, Les Quatre Vents; 326bl MM/Jacques Wirtz; 326/327b GPL/Erika Craddock; 327tr Corbis/Roger Wood; 327br MM/David Hicks; 328 AAA; 329tr BAL/STC/Private Collection; 329b WF; 330 BAL/Christie's Images/Private Collection; 331 BAL/Christie's Images/Private Collection; 332 BM (1926 4-10.01 Add 32); 333 AAA; 334/335t Freer Gallery of Art, Smithsonian Institution, Washington, DC: Purchase, F1939.60; 334bl IP/Christophe Bluntzer; 335b BAL/Christie's Images/Private Collection; 336 BAL/STC/Private Collection; 337 WF; 338 V&A; 339t IP/Paul Simmons; 339cr IP/Janet Wishnetsky; 340 BAL/STC/Private Collection; 341 V&A; 342 BAL/STC/Private Collection; 343l, tr and br BAL/STC/ Private Collection; 344 IP/Paul Simmons; 345 BAL/Summer Palace, Beijing, China

第11章

346/347 LF/Gina Green; 348 LF/John Dakers; 349t GPL/Rex Butcher; 349b IP/Mark Henley; 350 BAL/STC/Private Collection; 351 V&A; 352 GPL/Lamontagne; 353t WF; 353b V&A; 355 LF/Gina Green; 357 WF; 358/359t V&A; 358b V&A; 359b V&A; 361 GPL/Rex Butcher; 362 IP; 363 WF; 364 JH/Marc Peter Keane, 365 GPL/Lamontagne; 366 JH/Ryoan-ji Temple, Kyoto; 367 WF; 368 LF/Gina Green; 369 V&A; 370 RHS; 371 WF; 372 RHS; 373 RHS; 374 JH/Heale House, Wiltshire; 375t NT/Stephen Robson; 375b V&A; 376 JH/Terry Welch, Seattle, USA; 377 JH/Bloedel Reserve, Bainbridge Island; 378

Dorling Kindersley; 379 IP./Christophe Bluntzer

【第12章】

380/381 IA/James Mortimer; 382 BAL/The New York Historical Society, New York, USA; 383 RHS; 384 Steven Wooster; 385 MH/Gravetye Manor; 386l Gravetye Manor; 386r RHS; 387 AL/Winterthur Gardens, USA; 388 British Architectural Library, Drawings Collection; 389t RHS; 389bl Anita Fischer; 390tl RHS; 390b Steven Wooster; 391 Steven Wooster; 392 Smithsonian Institution, Archives of American Gardens, The Garden Club of America Collection; 393 Jensen Papers, Library, The Moreton Arboretum, Lisle, Illinois.; 395 JH/Stan Hywett Hall; 396 V&A; 397 V&A; 398 JH/Rodmarton Manor; 400tl EH; 400/401t RHS; 400bl The Advertising Archives; 400/401b AL/des: Kathy Swift; 401tr JH/Great Dixter; 401br The Advertising Archives; 402 The Gamble House, Greene and Greene Archives; 403 BAL/David Findlay Jr. Fine Art, NYC, USA/Private Collection; 404/405 JH/Hidecte; 406 JH/Filoli, CA; 407tl Corbis/Bettmann; 407br BAL/Mallett & Son Antiques Ltd., London, UK; 407bl Country Life Picture Library; 408 AL/Hestercombe, Somerset; 409 AL/Hestercombe, Somerset; 410 JH/Dumbarton Oaks; 411 JH/Dumbarton Oaks; 412tr Penelope Hobhouse; 412bl JH/Iford Manor; 413 BAL/STC/Private Collection; 414 AL/Buscot Park; 415 RHS; 416 MH/Frederick Gibberd, Essex; 417 MH/Frederick Gibberd, Essex; 418/419 Marijke Heuff; 419r Marijke Heuff

【第13章】

420/421 Charles Jencks; 422 RHS; 423 RHS/The Landscape Institute; 424 AL/Barnsley House, Gloucestershire; 425 JH/Christopher Lloyd; 426/427 NT/Andrew Lawson; 428 JH/Denmans, Sussex; 429t JH/La Mortella; 429b MM/Jacques Wirtz; 430 AL/ Shute House; 433 Garden Matters; 434 Tim Street-Porter; 435tr and cl Michael Moran; 436 Tim Street-Porter; 437 Tim Street-Porter; 438 RHS; 439 JH/ Dan Hinkley, 'Heronswood', Seattle; 440t JH/Tonter Linden; 440b JH/ Weihenstephan, Munich, Germany; 442t James van Sweden; 442b AL/Dan Pearson; 443t MH/Beth Chatto Gardens, Essex; 443b AL/Piet Oudolf, Hummelo; 444/445 Garden Matters; 445bl AL/Ian Hamilton Finlay, Little Sparta; 446/447 JH/Topher Delaney; 448 Fernando Caruncho/Laurence Toussant; 449 Jonathan Myles-Lea; 450 JH/Christopher Bradley-Hole; 451t JH/Martha Schwartz; 451b Martha Schwartz; 452 Terragram Pty./Vladimir Sitta; 453t AL/des: Arabella Lennox-Boyd; 453b AL/des: Helen Dillon.

索引

あ

アーウィン・ミラー邸　434
アーグラ　83, 84, 88
アーシィグ　251
アーツ・アンド・クラフツ運動　382, 388, 394-99
アーノルド樹木園　312, 313, 410
アイヒシュテット　181
『アイヒシュテットの庭園』　170, 173, 181, 182-83, 285, 285
アイフォード・マナー　412
アイラ・ケラー・ファウンテン（ポートランド）　62, 87
アイリス　33, 34, 55, 90, 110, 181
『アエネーイス』　219
アオギリ　329
アカンサス　34, 36, 37, 47
アクバル　88, 415
アシ　19, 20, 21
足利義政　360
足利義満　360, 361, 362, 363
アシュビー城　262
アシュモレアン博物館　185
アシュリッジ・パーク　229
アステカ族　174, 280, 282-84
アセルハンプトン　389
『新しい果樹園と庭園』　190, 300
アッ＝サービ　64
アッシュールバニパル　18, 23
アッシリア人　19, 22, 22, 63, 321
アディソン, ジョゼフ　206, 207, 208, 212
アティレ神父　242, 340, 341, 342
アテネ／アテナイ　33, 34, 35, 38, 48
アネ　142, 147, 149, 157
アネモネ　41, 74, 90, 134, 178, 181, 186, 259, 263, 266
アブド・アッラフマーン1世　65, 68
アブド・アッラフマーン3世　65, 66
アプトン・グレイ　406
アフメト・レフィク　91
アフメト3世　91, 92
『アプレイウス・プラトニクス本草譜』　38
アペニーノ　126
天照大神　352
アメリカイワナシ　200
アメリカハナノキ　290
アメリカハリグワ、オーセージオレンジ　304
アメリカヒトツバタゴ　233

アメリカン・ガーデン　200, 228, 276
『新たに発見された世界からの喜ばしき知らせ』　174, 289
アランデル・ハウス　160
アリストテレス　33, 36, 39, 124, 130
アリストパネス　35
アリンガム, ヘレン　403, 407
アル＝ビルーニー　63
アル＝ブフトリー　64
アルサファ　68
アルドロヴァンディ, ウリッセ　186
アルハンブラ　56, 70, 71, 72, 247, 435, 448, 452
アルファン, J・C・A　273
アルフォンソ10世　70, 72
アルフォンソ2世　140
アルベルティ, レオン・バッティスタ　46, 47, 112, 116, 120, 131, 132, 143, 158
アルベルトゥス・マグヌス　49, 99, 103-105, 117
アレクサンドリア　39, 48, 64, 118, 130
アレクサンドロス大王　36, 38-39
アレン, ジョン　300
アロエ　174
暗黒時代　55, 96, 99
アンズ・グローヴ　384
アンゼリカ　34, 37
アンダーウッド, キャサリン・フォンドレン　304
アントニー・ハウス　86, 227
アンドレ・シトロエン公園, パリ　444
アンハルト＝デッサウ侯, フランツ・フォン　241, 299
アンボワーズ　141
アンマナーティ, バルトロメオ　128
アンリ2世　142, 146, 147
アンリ3世　146, 147
アンリ4世　126, 139, 140, 143, 147, 149

い

イーヴリン, ジョン　39, 81, 129, 130, 135, 141, 148, 166, 167, 177, 186, 188, 301
イーストン・ピアシー　166
イーストン・ロッジ　412
イートン・ホール　261
イエズス会士　200, 340, 341, 370
イェンセン, イェンス　288, 383, 390, 393-94, 431
イギリス式庭園　→第7章を見よ　239-42
イギリスの風景派運動　242-243

石組, 岩石庭園　121, 124, 324, 334, 349-50, 363, 365-66, 368, 371, 379
イスラム　→第3章を見よ　8, 10, 20, 314, 315, 327, 406, 415, 420, 423, 429, 437, 445
イソロットの庭園, ボボリ　30, 48
イタリア　39, 60, 86, 99, 118-140, 399, 404, 413, 430, 434
イタリア風　159, 244, 247, 255, 259, 260, 261, 263, 268, 402, 410, 413, 430
イチイ　50, 51, 95, 163, 164, 166, 190, 206, 236, 247, 404, 409, 415, 427
イチゴノキ　35, 44, 55, 69, 173
五つ目型　122, 126, 190, 451
イトスギ　21, 22, 33, 35, 39, 47, 51, 55, 60, 61, 78, 82, 92, 95, 125, 130, 149, 167, 188, 190, 247, 256, 258, 406, 452
　――シダレイトスギ　276
　――ヌマスギ　283
　――モントレーイトスギ　274, 276, 316
　――レイランドヒノキ　274
　――ローソンヒノキ　274
イブン・アラブシャー　72
イブン・アルアッワーム　69
イブン・バッサール　69
イブン・マドゥン　69
イブン・ワーフィド　68, 69
イベリア半島　48, 62, 99
イラク　21, 420
イラン／イラン高原　24, 58, 65, 73, 75, 420
イロハモミジ　351, 374
頤和園　345
陰／陽　319, 324-25, 327
インカ族　280, 285-86, 287
インド　39, 63, 64, 65, 84, 88, 174, 452

う

ヴァージニア　179, 185, 289, 290, 291, 293, 302
ヴァイエンシュテファン　384, 439, 441
ヴァイディッツ, ハンス　176
ヴァファー庭園（忠誠の庭）　82, 83
ウァロ　49, 52, 110
ヴァン・スウェーデン, ジェームズ　382, 435, 442
ヴァンクーヴァー, ジョージ　255, 314
ヴァンダービルト, ジョージ　308
ヴァントナ, エティエンヌ・ピエール　202
ヴァンブラ, ジョン　211, 222
ヴィアリー, ローズマリー　139, 424, 449

ヴィーチ，ジョン・グールド　276, 374
ヴィーチ商会（種苗園）　255
ヴィーナス　53, 128, 130, 240
ウィーン　41, 60, 89, 126, 178, 343
ヴィラ・アルドブランディーニ　160
ヴィラ・カステッラッツォ　50
ヴィラ・カステッロ（メディチ家のヴィラ，庭園）　122, 124, 128, 133, 134, 135, 142
ヴィラ・ガルツォーニ　160, 326
ヴィラ・ガンベライア　136
ヴィラ・ディ・アルティミーノ　122, 126
ヴィラ・デステ，ティヴォリ　39, 46, 86, 118, 119, 123, 128-29, 147, 299
ヴィラ・デッラ・ペトライア　134
ヴィラ・バルバリーゴ・ピッツォーニ・アルデマーニ　121, 214
ヴィラ・プラトリーノ　121, 122, 124, 126-27, 128, 129, 130, 133, 148, 160
ヴィラ・ボルゲーゼ　259
ヴィラ・ラ・フォーチェ　136
ヴィラ・ランテ　47, 87, 123, 124, 129, 130, 131
ヴィラ・ロトンダ　47
ウィトルウィウス　120, 130, 160
ヴィニョーラ　47, 131, 143, 184
ヴィラ　30, 42, 45, 46, 47, 413
　——田舎　46, 122-24
　——プリニウスの　47
　——ローマの　42
ウィリアムズバーグ　291, 292, 293, 297
ウィリダリウム　102, 106, 110
ウィルグルトゥム　105
ウィルソン，アーネスト　312
ヴィルツ，ジャック　428, 429, 445
ウィルトン・ハウス　158, 160, 161, 167
ヴィルヘルム4世，ヘッセンの　178
ウィルモット，エレン　269
ウィンザー城　106, 135
ウィンスロップ，ジョン　290, 300
ウィンタートゥール　387, 387
ウィンブルドン・ハウス　160, 162
ウィンポール・ホール　212
ウードルフ，ピート　441, 443
ウェイトリー，トマス　236, 242
ウェージャー，サー・チャールズ　236
ヴェスヴィオ山　42, 43, 44
ウェスト・ワイコム・パーク　204
ウエストオーバー　292, 293
ウェストベリー・コート　163
ウェストミンスター公爵　261
ウェストンバート樹木園　274, 276
ウェスパシアヌス　38
ヴェスパシアン，ロビン　316
ヴェッティの家　45
ウェッブ，フィリップ　396, 399

上野公園　350
ウェリントニア，セコイアデンドロン　274
ウェルギリウス　42, 46, 48, 55, 100, 124, 219, 430
ヴェルサイユ　10, 51, 87, 118, 143, 146, 150, 152, 154-55, 156, 279, 299, 302, 422, 450
ウエルタ・デル・レイ　68, 117
ウェルチ，テリー　377
ヴェルヌイユ　142
ウェルベック・アビー　226
ウェルマー城　95
ヴェルリッツ（現ガルテンライヒ）　232, 241, 242
ウォウバーン・アビー　225, 227, 228
ヴォー，カルバート　307, 308, 310, 384
ヴォー＝ル＝ヴィコント　150-52
ウォード，ナサニエル・バグショー　198
ウォード，フランク・キングドン　383
ウォードの箱　198, 199, 273, 279, 372, 374
ウォートン，イーディス　410, 413, 415
ウォーバーン・ファーム　215, 232, 233, 293, 302
ウォーリッチ，ナサニエル　267, 274
『ウォールデン』　434
ウォットン　188
ウォヅドン・マナー　262
ウォルトン，レディー・スサーナ　429
ウォルポール，サー・ロバート　211, 212
ウォルポール，ホラス　212, 214
歌川国貞　359
歌川広重　351
ウッドストック・パーク　106
ウテンス，ジュスト　122, 126, 134
海の劇場　48
ウルジー枢機卿　159
運河／カナル　24, 28, 43, 74, 143, 151, 152, 161, 164, 282-3, 165, 267, 279, 293, 296, 324, 327, 331, 333

え

エヴァンズ，サー・アーサー　33
エーメ，ヴォルフガング　382, 435
エーメとヴァン・スウェーデンのパートナーシップ　382, 435
エーレット，ゲオルク・ディオニシウス　194, 296
エーロ，サーリネン　434
エカテリーナ大帝　240
エクボ，ガレット　432, 434
エジプト　→第1章を見よ　16, 18, 19, 23-29, 34, 38, 49, 62, 63, 68, 173
エジプトイチジク　16, 26, 27, 173
エストラード　102, 112, 116
エスファハーン　24, 61, 62, 74, 75, 77, 78, 95
エダン　107, 109, 117
エディンバラ王立植物園　313

エデン・プロジェクト　271
エデンの園　9, 20, 104, 107, 113, 179, 184, 238, 304
エドワーズ，シデナム　203
エドワーディアン様式　382, 403, 412, 413
エドワード7世　136, 403
エピクロス　36
エマニュエル，スウェールト　184, 187
エラコーム，ヘンリー・ニコルソン　269
エリエル，サーリネン　399
エリザベス・スチュアート　144, 160
エリザベス1世　158, 159, 160
エリザベス王太后　95
エリナー・オブ・カスティル　117
エリュシオンの野　21, 211, 220, 234, 238
エル・ノヴィレロ　432
エルヴァストン城　247
エルジン植物園　306
エルナンデス，フランシスコ　174, 282, 283, 285
エングリッシャー・ガルテン　393
園芸家協会　191, 193
エンドスレイ　226, 228, 229
円明園　299, 340, 341, 342, 345
『園冶』　336

お

オアシス　16, 24, 26, 39, 92, 166, 406, 432
『オイコノミクス』　38
王維　330, 331, 335
オウィディウス　42, 129, 209, 430
王観，『揚州芍薬譜』　324
王書（シャー・ナーメ）　73, 74
王世貞　336
王蒙　334
王立園芸協会　201, 248, 254, 272
王立植物園　→キューを見よ　197, 199, 200, 201, 252, 261, 306
王立庭園（のちのパリ植物園）　156, 197, 202
オオウイキョウ　269
オオオニバス　267
オーガスタ皇太子妃　201
オオツルボ　187
オーデュボン・スワンプ・ガーデン，マグノリア・プランテーション　280
オーデュボン，J・J　304
オードリー・エンド　237, 238, 279
オーブリー，ジョン　162, 166
オーブリエ，クロード　168, 173
オオムラサキツユクサ　185
オーリキュラ　176, 186
オールトン・タワーズ　249, 261
オグルソープ，ジェームズ　288
オシロイバナ　75, 134, 174, 181, 186, 263, 283

オスマントルコ　88-92
織田信長　367
オダマキ　181, 300
オックスフォード植物園　176, 180
『オデュッセイア』　33, 34, 206
オテル・ド・サン・ポル　117
小野妹子　330, 353
オプロンティス　45
オマーン, ジュリア・トレヴェリアン　449
オランジェリー　153, 163, 165, 167, 270
オランダ　89, 99, 139, 149, 150, 156, 157, 162, 163, 164, 170, 173, 178, 185
オルシーニ伯爵, ヴィチーノ　124
オルベリー　166, 188
オルムステッド, ジョン・チャールズ　308
オルムステッド, フレデリック・ロー　242, 253, 267, 281, 307, 308-309, 310, 311, 312, 315, 316, 383, 387, 392, 441
オルムステッド, フレデリック・ロー, ジュニア　308
オレンジ公ウィリアム（ウィリアム3世）　157, 164

か

ガーザーン・ハーン　73
カーティス, ウィリアム　203, 254
ガーデネスク様式　246, 249, 317
ガーデン, アレクサンダー　296
カーネーション　36, 92, 112, 116, 185
カール5世, 神聖ローマ皇帝　143
『絵画論』　120
『廻国奇観』　200, 370
回遊式庭園　348, 363
ガイヨン　141, 142, 157
カイリー, ダン　394, 424, 432, 434
カエターニ, フランチェスコ, セルモネータ公爵　186, 263
カニデ　276, 350, 351, 354, 356, 363
雅歌　104
囲い込み法　46, 218
カシミール　81, 84, 415
カスケードと射水路　87, 121, 124, 129, 157, 161, 214, 267
カスティス, ジョン　291, 292, 297
カスティリョ, ディアス・デル　284, 285
カステル, ロバート,『古代のヴィラ』　47
ガゾン・クペ　165
カッシオドルス,『綱要』　110
葛飾北斎　353
カッチーニ, マッテオ　178, 184, 186
カツラ　350, 351
桂離宮庭園　356, 368, 371
カナート　24, 60, 75, 78, 79, 286

カノポス　30, 48
カバノキの並木　394, 395
花譜　38, 170, 173, 179, 180, 181, 186, 189, 202
カメラリウス, ヨアヒム　170, 178, 184
カラマツ　276
カリフォルニア・ライブ・オーク　406
──コルクガシ　173, 234
──トキワガシ　69, 173
カリマコス　37
カリュプソ　33, 206
カルセオラリア　261, 263, 265, 268, 269
カルペパー, ニコラス,『イギリスの医師』　194
カルミア　200
──アメリカシャクナゲ　295
──オシロイバナ　75, 174, 181, 186, 263
カルム, ペール　197
カルンチョ, フェルナンド　54, 120, 445, 448
枯山水　364, 365, 366
枯滝　363
ガレノス　38, 43
カロライナシデ　411
韓彦直,『橘録』　135
『完全な庭師の仕事』　139
『完全なる庭師』　141
乾燥植物標本（冬の園／ホルトゥス・シックス）　74
カンドル, A・P・ド　195
カンナ　181, 273

き

キーン, マーク・ピーター　364
キク　45, 324, 338, 351, 353, 359, 367
徽宗　318, 332-333
北村援琴斎,『築山庭造伝』　378
キップ, ヨハネス　163, 206, 212
ギボウシ　373
キャウトハーネ　92
キャサリン・オブ・ブラガンザ　162
キャノンズ・アシュビー　166
キュー・ハウス　197, 201
キュー（王立植物園）　92, 200, 201, 222, 252, 255, 261, 264, 272, 306, 383
旧約聖書　20, 104
キュロス大王　22-23, 56, 58
ギヨーム・ド・ロリス　114, 116
『ギリシア植物誌』　41, 174, 195
キリスト教／キリスト教徒　96-117, 341, 370
ギルピン, ウィリアム　229
金閣寺（鹿苑寺）　50, 360, 362
銀閣寺　360, 367
キング, ルイーズ　403
ギンバイカ　34, 35, 44, 49, 52

く

グアノ　286-87
グウィン邸　392
空中庭園　21
クーパー, アントニー・アシュリー（第3代シャフツベリー伯爵）　209
クズ　296, 439
グスタフソン, キャサリン　445
クセノポン　19, 38
クック, エドワード　248
クック, キャプテン・ジェームズ　200, 201
クラーク, ウィリアム　304
クライスト・チャーチ修道院, カンタベリー　110
グランド・ツアー　42, 124, 134, 167, 209, 234
グリーン・マウント　311
クリヴデン　251, 256, 259, 264, 266, 269
クリスティナ女王　149
クリスプ, フランク　277
クルーム・コート　223
クルシウス, カルロス（シャルル・ド・レクリューズ）　173, 174, 175, 176, 178, 184, 186
クレアモント　210, 212, 214
グレイヴタイ・マナー　384, 388
クレイトン, ジョン　297
グレヴィル, ルイス　377
グレート・ディクスター　401, 425, 428
クレシェンツィ, ピエトロ・デ　49, 99, 102, 105, 106, 117, 125
クレタ島　33, 34, 35, 186
クロウフィールド　295
クロー, シルヴィア　418, 423
クロッカス　55, 181
グロット　33, 39, 121, 123, 124, 125, 126, 129, 130, 132-33, 135, 143, 144, 148, 158, 159, 160, 161, 163, 166, 206, 219, 221, 232, 242, 337
グロノヴィウス, ヨハン　193
グロピウス, ヴァルター　415, 434
グロリエット　102, 107

け

ケイ, ジョン　265
倪瓚　334
計成　336
ケイツビー, マーク　191, 193, 194, 197, 203, 292, 296, 297
ゲーテ, ヨハン・ヴォルフガング・フォン　240, 242, 266
ケシ　45, 55, 74, 75, 88, 383
ケジック, マギー　420
ゲスナー, コンラート　177
ゲッケイジュ　35, 36, 44, 47, 52, 55, 66, 69, 110,

126, 190, 236, 270, 299
ゲティ美術館　50
ケネディ・メモリアル　430
ケネディ，ジョージ　250, 258
ケネディ，ルイス　202, 250
ケネディ城　255
ケルムズコット・マナー　397
源氏物語　351, 356, 357, 358-59
玄宗，皇帝　331
『建築書』（ウィトルウィウス）　53
『建築書』（セルリオ，セバスティアーノ）　147
『建築論』（アルベルティ）　120, 122, 125
ケント，ウィリアム　33, 71, 167, 206, 207, 208, 210, 212, 214, 215, 223
顕微鏡　170, 180, 190
ケンプ，エドワード　243, 248
ケンペル，エンゲルベルト　78, 200, 370
乾隆帝　334, 339, 340
兼六園　346, 347

こ

コウェル，フィオナ　231
黄公望　334
後楽園　368
コーシャム・コート　226
コール，トマス　382
ゴールデン・ゲート・パーク　271
ゴールドスミス，オリヴァー　218, 237, 342
コールリッジ，サミュエル　304, 335
小型のヤシ（チャボトウジュロ）　26, 242
コケモモ　149
コス島　36, 173
巨勢金岡　360
コットン，サー・ドドモア　74
コティッジ・ガーデン　403
コテッジ様式　384, 399, 403, 407, 427, 437, 438
コテル，ジャン　152
コニンブリガ（現コインブラ）　54
コバム卿　211, 212, 223
コベット，ウィリアム　233, 236
小堀遠州　371
ゴメス，オリーヴォ　435
コリアット，トマス　135, 166
御料坦令　100, 116
コリンソン，ピーター　193, 194, 233, 236, 292, 294, 297, 301
コリント式　34, 36
コルヴィン，ブレンダ　413
コルチェスター，メイナード　163
コルテス，エルナン　282, 283, 284, 285
コルドバ　62, 63, 65, 68, 69, 84
コルメラ　49-52, 55, 122, 131, 189
コロンナ，フランチェスコ，『ポリフィリウスの夢』

125, 138, 143
艮嶽　332, 333
コンスタブル，ジョン　219
コンスタンティノープル　40, 60, 64, 88, 89, 90, 92, 173, 178, 181, 186
コンプトン，ヘンリー（ロンドン主教）　187-89, 191

さ

サージェント，チャールズ・スプレイグ　312, 313, 410
サーフレット，リチャード　300
サーマッラー　24, 64, 65
サイオン・ハウス　223
西芳寺　363, 363
嵯峨院　354, 355
『作庭記』（橘俊綱）　349, 356, 378, 379
サクラ　350, 351, 354, 360, 378, 406
ザクロ　35, 44, 55, 66, 68, 69, 74, 82, 95, 131, 194
サザーランド公爵と公爵夫人　256, 259, 264
サックヴィル＝ウェスト，ヴィタ　427, 428, 436, 437
サッダタバード　75
サットン・プレイス　430
茶亭／ティーハウス　369, 371, 374, 375, 377
サトウカエデ　394
さび　348
サフラン　34
サマセット・ハウス　160
サマルカンド　24, 71-73, 82, 90
サルゴン2世　22
サルビア　264, 268
　――セージ　100
サワビィ，ジェームズ　203
サン・シメオン　422
サン・ジョゼ・ドス・カンポス　435
サン・フアン・カピストラーノ　315
サン・フェルナンド　314
サン＝ジェルマン＝アン＝レー　126, 138, 142, 147, 148, 149
ザンクト・ガレン　99, 100, 105, 111
サンジソウ　264
サンスーシ，ポツダム　220
サンディエゴ・デ・アルカラ　314
サンドビー，ポール　237
サントリニ島（ティーラ島）　32, 34

し

ジークル，ガートルード　219, 265, 269, 279, 382, 384, 386, 389, 396, 399, 403, 406-409,

411, 412, 413, 419, 422, 428
シーダー　21, 69, 84, 131
シーダフォディル　33, 34
シーバーリング，F・A・　394
シーボルト，フィリップ・フランツ・フォン　200, 372, 373
シーラーズ　22, 24, 75, 95
ジェームズ，ヘンリー　410
ジェームズ1世，イギリスの　160, 162
ジェームズ1世，スコットランドの　106
ジェファソン，トマス　241, 289, 293, 300, 302, 304, 313
シェフィールド・パーク　223
ジェフリー・ド・モーブンー，クタンスの司教　110
ジェリコー，サー・ジェフリー　136, 424, 428, 430, 445
シェリンガム・パーク　228, 228
ジェンクス，チャールズ　295, 420, 449
シェンストン，ウィリアム　215, 232, 243
ジオッキ・ダクア（水のいたずら）　36, 129, 130, 161
シカゴ・ワールド・フェア（世界コロンビア博覧会）　308
シカゴ植物園　428
色相環　266
重森三玲　349, 355, 378, 379
始皇帝　320-21, 322
獅子林園　334
シシングハースト　404, 425, 426, 427, 428, 436, 437, 448
シチリア　39, 52, 55, 60, 65, 68, 105, 117, 135
シックハルト，ハインリヒ　130
シッタ，ウラディーミル　452
シットウェル，サー・ジョージ　380, 409
シップマン，エレン・ビドル　392, 403
シデ　143, 149, 156, 157, 190, 247, 404
シトロン　44, 55, 135
シノワズリ　221, 342-43
司馬光　329
芝生　111, 400-1
芝生のベンチ／シート　101, 102, 113
シブソープ，ジョン　33, 41, 174, 180
シモンズ，オシアン・コール　394
シャー・アッバース2世　61, 74, 78, 79
シャー・ジャハーン　84, 88
シャグボロー　213
シャクヤク　324, 338, 378
　――セイヨウシャクヤク　324
　――ボタン　324
ジャケモン，ヴィクトール　276
借景　351, 371
シャドゥーフ　24
ジャハンギール　60, 72, 80, 81, 84
シャフツベリー，第16代伯爵　209, 261

索引　469

シャラワジ　166, 209, 210, 342
シャリマー庭園　84, 88, 327
ジャルダン・アングレ　202
ジャルダン・アングロ＝シノワ　240
シャルダン，サー・ジャン　75, 78-79
シャルトル大聖堂　109
シャルル10世　242
シャルル5世，フランスの　117
シャルル8世　140
シャルル9世　142
シャルルヴァル　142
シャルルマーニュ（カール大帝）　99, 100
ジャン・ド・マン　116
シャンティイ　151-151
シャンプラン，サミュエル・ド　288
ジャンボローニャ　126, 128
修道院　110-14
シュヴルール，M・E　266
修学院離宮庭園　356, 368, 371
朱舜水　368
ジュゼッペ，カスティリオーネ　299, 340
宿根草ボーダー　264, 269
シュノンソー　146, 147
シュメール人　19, 21, 62, 321
朱勔　333
シュラバリー／低木の植え込み　231, 233, 236, 237, 244, 283, 301
シュラブランド・パーク　259
シュワルツ，マーサ　419, 424, 445, 451
ジョヴァンニ・バッティスタ・ファルダ　128, 184
ショウキウツギ　312
ショウブ　98, 359
上林苑　321
ジョージ3世　201, 220, 342, 343
ジョーンズ，イニゴー　160, 180
植物園　39, 66, 117, 171, 174, 175-76, 180, 196, 197, 200, 201, 203, 283, 306
植物学　30, 33, 38, 39, 60, 63, 175-177, 324
『植物誌』（テオプラストス）　36
『植物誌』（フックス）　176
『植物について』　103
ジョスリン，ジョン　289, 290
ジョゼフィーヌ皇后　202, 241, 286
ジョンストン，ローレンス　403, 404, 411, 437
ジョンソン，トマス　179, 290, 297
ジョンソン博士，サミュエル　232
シラクサ　39
シルベスター，ナサニエル　291
ジレット，チャールズ　295, 399
シロマツ　276
　　──ナガミマツ　274
　　──モントレーマツ　274
神泉苑　354
神仙（島）　321, 322, 323, 330, 332, 350, 365

神殿／寺の庭　26-27
　　──アポロ・エピクリオス神殿　37
　　──アメン神殿，カルナク　23
　　──景物としての神殿／寺　220-21
　　──大徳寺　349, 365
　　──デル・エル・バハリ，テーベ　23, 26, 27
　　──ヘパイストス神殿，アテネ　35, 36
　　──毛越寺　357
　　──龍安寺　366
神道　346, 348, 352, 353

す

水車　24, 64, 68, 83, 156
水晶宮　199, 268, 270-71, 279
スイセン　74, 90, 92, 134, 186
水力を利用した装置　53, 64, 126, 130
スイレン　179, 267, 326-327
水路／水道橋　56, 60, 62, 66, 68, 71, 75, 83, 84, 95, 112, 122, 128, 161, 283, 284, 286
スウィッツァー，スティーヴン　209, 232, 342
スウィフト，ドクター・キャサリン　400
スウェーデン　149, 195, 200
スギ　276, 351
スコット，ジェフリー，『ヒューマニズムの建築』　136
スコット，フランク　308, 311
スコパス　54
スタウアヘッド　132, 213, 219, 221, 232, 234, 239, 272, 274
スタッドリー・ロイヤル公園　295
スチュアート＝スミス，トム　221
スティール，フレッチャー　394
ストイフェサント，ピーター　290
ストウ　54, 211, 212, 214, 221, 223, 226, 234, 240
ストーク・イーディス　261
ストーントン，ジョージ　344
ストック　168, 177
ストロング，サー・ロイ　158, 449
スネフェル　26
スプリング・グローブ墓地　311
スペイン　60, 65, 99, 117, 135, 150, 178, 280, 282, 284, 285, 286, 297, 313-15, 435, 448
スペンス，ジョゼフ　206, 232, 234
スポッツウッド，アレクサンダー　291, 293
スミス，ジェームズ・エドワード　195
スミス，ジョン　300
スミレ　69, 75, 92, 104, 110, 114
『図面および庭園集成』　149
スレイマン1世　78, 178
スレイマン大帝　40, 92
スローン，サー・ハンス　192, 292

せ

青花のスイレン　26
セイズ・コート　186, 189
西太后　345
聖ベーダ　52, 104, 113
聖母マリア　104, 109, 116
生命の樹　18, 66, 113
セイヨウトチノキ　176, 178, 193, 206
　　──ポルトガルローレル　256
　　──モモ　36, 54, 106, 287
セイヨウバクチノキ　149, 178, 193, 219
セイヨウハマナツメ　49
西洋楼　340, 341
セコイア　274, 283
セシル，ウィリアム（バーリー卿）　159
セシル，ロバート（初代ソールズベリー伯）　185
雪舟　364, 365, 366
セディング，J・D　388-89
ゼラニウム　256, 261, 265, 269
　　──テンジクアオイ　272
　　──モンテンジクアオイ　272
ゼリスケープ・ガーデン　438
セルリオ，セバスティアーノ　138, 143, 147
禅　→第11章を見よ　346, 348, 350, 360, 363, 364, 365, 367, 369, 379
センダン　69, 296
セントラル・パーク　11, 243, 253, 267, 306, 307, 308, 384, 422
センナケリブ　22, 23
千利休　367, 369

そ

相阿弥　364, 366
ソーバーン，グラント　313
則天武后　330
ソケイ　324
ソデリーニ，ジョヴァンヴィットーリオ，『栽培について』　131
ソマリア（プントの地）　26
ソラーリ，サンティノ　126
ソランダー，ダニエル　201
ソリス，アントニオ・デ　284
ソリチュード　294
ソロー，ヘンリー・ディヴィッド　304, 434

た

タージ・マハル　84, 88
ダーティントン・ホール　410
ターナー，J・M・W　219
ターナー，ウィリアム　177, 194

ターナー，リチャード　251
ダーレム植物園（ベルリン）　436
ターンブル，ダニエル　304
ターンブル，マーサ　304
大覚寺　354, 355
タイセイ，ジャック・P　384, 390
大仙院　349, 365
ダイダイ　68
大徳寺　349, 365
ダウニング，アンドリュー・ジャクソン　306-307, 312, 384, 390
ダウントン　230
ダグラス，デイヴィッド　264, 272
ダグラスモミ　274, 439
タケニグサ　344
タシャール，ギュイ　250
橘俊綱　356
ダッシュウッド，サー・フランシス　204
タットン・パーク　279, 375, 377
タナード，クリストファー　377, 415, 419
楽しみの庭　51, 103, 105, 125, 149
ダフーンヒイラギ　283
ダリア　202, 263, 282, 283, 286
ダンテ・アリギエーリ　124
ダンバートン・オークス　410-11

ち

チェインバーズ，サー・ウィリアム　222, 236, 242, 342, 343
チェザルピーノ，アンドレア　195
チェナール　35, 62, 75
チェヘル・ソトゥーン（四十柱殿）　77, 78
チェルシー・フラワー・ショー　221, 450
チェルシー薬草園　191, 192, 277, 297
チェルトーザ・ディ・パヴィーア　111
チェレビー，エウリヤ　92
知恩院　372
チズィック・ハウス　208, 214, 241, 267
チボ，ピエール・マーシャル神父　324, 341
チャーチ，トーマス　120, 432
チャールズ2世　149, 162-63, 164
チャールストン　197, 294, 296, 304
チャダール（カスケード）　62, 87
チャッツワース　43, 163, 223, 264, 266, 267, 268, 270, 277
チャトウ，ベス　441, 443
チャハル・バーグ（四分庭園）　20, 58, 60, 62, 75, 77, 83, 85
チャプルテペク　283, 284
チャボトウジュロ，小型のヤシ　26, 242
チュイルリー　48, 145, 429
中国　→第10章を見よ　22, 51, 63, 65, 200, 209, 241, 243, 277, 296, 313-45, 438

中国茶館　342
チューベローズ　75, 134, 153, 156, 186, 283
チューリップ　73, 82, 83, 89, 90, 91, 134, 167, 170, 171, 172, 173, 181, 185, 199, 263, 292, 294
チューリップ狂時代　90, 173
チョーサー，ジェフリー　109, 116
チンギス・ハン　65, 71-73, 334

つ

築山　129, 158, 159, 162, 291, 295, 296, 306
ツクシカイドウ　312
ツゲ，セイヨウツゲ，アメリカツゲ　47, 50, 55, 69, 134, 136, 148, 166, 190, 206, 251, 290, 295, 301, 393, 399, 404, 411
ツツジ属　250, 274
　——キバナツツジ　174, 197
　——ゲントアザレア　274
　——ローズベイ　197
ツバキ　276, 296, 304, 313, 351, 370, 373, 378
ツュンベリー，カール・ペーテル　200, 372

て

ディアナ　54, 128
デイヴィス・ガーデン　451
ディオスコリデス　32, 33, 38, 40-41, 52, 63, 173, 174, 177, 178
ディオニュシオス，シラクサ　39
ティジュ，ジャン　164-65
ディッチリー・ハウス　430
ディッチリー・ホール　223
ティブルス　159, 161, 179
ティムール（タメルラン）　72, 74
ディレニウス，J・J　180, 193
ディロン，ヘレン　452
ティンティンハル　404
デヴォンシャー，第6代公爵　251, 267, 268
テーベ　16, 23, 25, 26, 27, 39
手押し車　116, 188, 323
テオプラストス　33, 36, 38, 39, 41, 130, 422
デザリエ・ダルジャンヴィル，アントワーヌ＝ジョゼフ，『庭造りの理論と実際』　150
デステ枢機卿，イッポリト　123, 128, 129
テノチティトラン　282, 283
デフォー，ダニエル　164
デュ・セルソー，ジャック・アンドルーエ　140, 141, 142, 144, 151, 411
デュ・ペラック，エティエンヌ　147, 149
デューラー，アルブレヒト　175
デュシェンヌ，アシル　152
デュポン，ヘンリー　387

『田園の恩恵の書』　105, 112, 117, 125, 131
天心園　378
デンダリアレナ，フランシスコ　255
伝道所の庭園　315
テンプル，サー・ウィリアム　166, 201, 209, 342
デンマンズ　428
天龍寺　363

と

ド・コー，イサク　158, 160, 161
ド・コー，サロモン　144, 160, 161
ド・ロベール，マティアス（ロベリウス）　168, 176, 177, 179
ド・ロルム，フィリベール　142, 157
ドイツ　49, 99, 150, 171, 286
トゥイックナム　33, 207, 342
トウギボウシ　373
道教　328, 332, 353
東福寺方丈　349, 379
動物園　63, 107, 146, 228, 283
トゥルヌフォール，ジョゼフ・ピトン　173, 193
ドームヤシ　26, 28, 29
ドーリア宮苑　135
徳大寺左兵衛　368
独楽園　329
トゲハアザミ　36
智仁親王　371
ドドエンス，レンベルト　176, 184, 300
トトメス　27, 28
トピアリー　50-51, 103, 117, 120, 124, 143, 156, 159, 162, 166, 167, 189, 190, 206, 291, 388, 399, 404, 424
トプカプ・サライ　90, 92
トマス，ウィリアム，『イタリア史』　134
トマス，グレアム・スチュアート　256, 425
トマス，フランシス・イニゴ　388, 389
豊臣秀吉　367, 369, 371
トラクエア　410
トラデスカント，ジョン　185, 297, 300
トラデスカント，ジョン（息子）　159, 185, 300, 316
トラデスカント親子　185, 186
ドラモンド城　251, 252
トラユリ　283
トルコ（オスマン帝国）　56, 88-92
ドレイク，サー・フランシス　287
トレンサム・ホール　244, 256, 265, 273
ドロットニングホルム　219, 220, 221

な

ナース，ティモシー　209

な

ナイト，リチャード・ペイン　222, 230, 272
中根金作　365, 378
ナシーム・バーグ　84
ナショナルトラスト　210, 248, 256, 279, 425, 427, 428, 438
ナッシュ，ジョン　226, 237, 239, 260
ナツメヤシ　16, 18, 26, 28, 33, 34, 35
ナポレオン・ボナパルト　202, 242, 313
『南部の植物と樹木の研究』　324

に

ニコルズ・ガーデン　291
ニコルソン，ハロルド　427, 436, 437
ニコルソン，フランシス　293, 301
ニコルソン，ベン　430
ニセアカシア　186, 193, 297
日本　→第12章を見よ　327, 330, 332, 342, 344, 346-79, 434, 436
ニネヴェ　22, 23
ニューナム・コートニー　218
ニューナム・パーク　233, 237, 238, 239
ニューヨーク　289, 290, 304, 307, 310, 339, 422
ニュルンベルク　175
『庭師の迷宮』　49, 139, 189, 300
ニワウルシ　200
『庭師の辞典』　193, 301
『庭造りについて』（ワラフリド・ストラボ）　100
『庭の娯しみ』　149
ニンファエウム　33, 48, 129

ぬ

ヌマスギ　200, 283

ね

ネスフィールド，ウィリアム・アンドルーズ　246, 259, 260-62, 279
ネブアメン　27, 28
ネブカドネザル2世　21
ネポット，バルタザール　239, 400
ネロ　38, 45, 48

の

ノイゲベーウーデ　126
『農業論』（カトー）　35, 46, 49
『農業論』（コルメラ）　112
『農耕詩』　42, 46-48, 49, 55, 100, 112, 131, 209
『農書』　68, 69

ノーサンプトン侯爵　262
ノーブルモミ　274
ノグチ，イサム　434, 435, 436, 445
ノット・ガーデン　138-39, 148, 158, 159, 162, 190, 209, 300, 388, 424
ノリウツギ　373
ノンサッチ　159

は

ハーウッド・ハウス　223, 279
ハーガ・パーク　92, 219
パーキンソン，シドニー　201
パーキンソン，ジョン　179, 297
パーク（林苑，公園）　39, 105, 107, 143, 179, 240, 253, 293, 310, 321, 323, 325, 330, 341, 374, 413
　――自然園　276
　――狩猟園　9, 19, 21-22, 63, 98, 109, 204, 243, 310, 321
　――都市／公共公園　233, 294, 308, 310, 311, 316, 335
　――風景園　218
　――ヘーム・パーク　390, 422
　――ペルシア式の遊園　39, 89
　――鹿苑　204
バーク，エドマンド　222, 229
バーケンヘッド・パーク　243, 267
ハーコート，伯爵　218, 237, 238
ハアザミ　36, 412
パーシュ，フレデリック　304
ハースト，ウィリアム・ランドルフ　422
パーソンズ，アルフレッド　386
バード，ウィリアム，1世および2世　292, 297
ハートウェル　233, 237, 238-39
バートラム，ジョン　193, 194, 197, 231, 236, 292, 294, 296, 297, 301, 304, 306
バートン，デシマス　261, 268
バートン，ベンジャミン・スミス　306
バーナビー，アンドルー　293
ハーハー　212, 233
バーブル，皇帝　72, 73, 74, 81, 82-83, 84, 87, 399
バーブル庭園　87
バーベナ　261, 262, 263, 264, 267, 313
バーミンガム植物園　253, 279
バーリントン卿　206, 208, 210
ハールーン・アッ＝ラシード　63
バーンズリー・ハウス　139, 424, 428, 449
パイ，ウィリアム　86
ハイデルベルク　144, 160
　――植物園（ハイデルベルク）　176
パイパー，フレデリック・マグナス　219
バイロン，ロバート　74

バウアー，フェルディナント　174
ハウステンボス　138
ハウチワカエデ　372
パヴロフスク　240
パエストゥム　49, 55
バガテル　242
墓の壁画　16, 19, 23, 27-29
白花のスイレン　29
パクストン，ジョゼフ　163, 243, 246, 251, 252, 254, 267-69, 270, 279, 310
バグダード　58, 60, 63, 64, 73
『博物誌』（大プリニウス）　30, 43, 51, 53, 422
ハザール・ジャリブ　75
パサルガダエ　23, 58
ハシュト・ベヘシュト（八楽園）　78
パス，クリスピン・ド，『花の園』　180, 187
バスコット・パーク　412, 415
ハゼリソウ　264
バックマン，ジョン　310
バッセイ，ベンジャミン　312
バッターシー・パーク　273
ハットフィールド・ハウス　158, 161, 185, 298
ハットン，サー・クリストファー　161
パドヴァ　121, 130
　――植物園　39, 135, 138, 176, 180, 242, 283
ハドソン・リバー派　311, 312
ハトホル（ヌト）　27, 29
ハナミズキ　200, 233, 296, 374, 394
バニスター，ジョン　189, 297, 301
パピルス　16, 26, 28, 33, 34
バビロン　21, 39, 62
ハミズシクラメン　181
ハミルトン・フィンレイ，イアン　232, 444, 449
ハミルトン，ウィリアム　304
ハミルトン，チャールズ　133, 215, 221, 234, 401
バラ　33, 34, 44, 47, 49, 62, 66, 68, 73, 74, 90, 91, 92, 95, 101, 104, 109, 110, 114, 180, 181, 236, 272, 313
　――イザヨイバラ　304
　――エチオピア産のバラ　109
　――オータム・ダマスクの一種　55
　――カカヤンバラ　203, 344
　――カニナバラ　34, 55
　――ガリカバラ　55, 109, 185, 294
　――キャベッジローズ　34
　――パエストゥムの　55
　――モッコウバラ　272, 344
パラーディオ，アンドレア　47, 157, 208, 211
バラガン，ルイス　434, 437, 445, 448, 451
パラディウス　49, 52, 110, 131
『薔薇物語』　101, 109, 114, 115, 116
パリ　126, 141, 143, 273, 316, 429, 431, 444
　――植物園（パリ）　176
バリー，サー・チャールズ　244, 246, 256-59, 263
ハリオット，トマス　289, 297

パリ植物園 197, 274
パリッシュ，マックスフィールド 413, 415
パルク・モンソー 241, 273
バルクワーラー宮殿 64, 65
バルサムモミ 197
バルストロード 132, 225
パルテール 125, 129, 138-39, 146, 147, 148, 149, 153, 157, 163, 164, 165, 167, 206, 233, 251, 258, 259, 260-61, 262, 267, 276, 279, 296, 301, 388, 401, 409, 424, 448,
　　——刺繍のパルテール 138, 147, 148, 149, 156, 157, 164, 209
　　——水のパルテール 138, 4-8
パルテノン 48
ハルトウェグ，テオドール 274
バルトロメウス・アングリクス 105, 117
パルナッソス 41, 129, 143, 160, 161
バルバリーゴ，ズアネ・フランチェスコ 121
パルマンティエ，アンドレ 306
ハワード城 221
ハンカチノキ 312
バンクス，サー・ジョゼフ 195, 197, 201, 246, 255, 277
ハンゼン，リヒャルト 384, 439, 441
ハント，リチャード・モリス 308
ハンプトン・コート 159, 163, 164-65, 223, 293, 299

ひ

ピアソン，ダン 441, 442
ピーター卿 194, 197, 200
ピートウ卿，ハロルド 407, 412, 413, 415
ビートン，ドナルド 262, 265, 266, 273
ヒーバー城 299
ヒイラギナンテン属 264, 276
　　——ヒイラギメギ，オレゴングレープ 304
ヒール・ハウス 374, 377, 412
ピウス2世，教皇，『回想録』 103
ピクチャレスク様式 92, 212, 220, 228, 229, 230, 231, 253-54, 272, 275, 306, 316
ピクトン 255
ピサ植物園 39, 177, 180
ビダルフ・グレインジ 247, 248, 249, 255, 274, 277
ピッティ宮殿 122, 148
ヒドコット 399, 403, 404, 405, 406, 411, 425, 428, 437
『日のあたる楽園，地上の楽園』 179, 297, 300, 301
ヒノキ 374
ヒポクラテス 36, 173
ヒマワリ 134, 174, 175, 181, 283, 285, 285, 297
ヒャクニチソウ 283

ヒヤシンス 55, 75
ヒューズ，J・A 249
ビュート卿 197
ビュスベック，オジール・ギスラン・ド 40, 89, 90, 178
ピュックラー＝ムスカウ侯 237, 241, 242, 263
ヒルデガルト，ビンゲンの 110
ビルトモア・ハウス 308, 309
ヒロハヒルガオ 45, 69
ピンクニー，イライザ・ルーカス 295
ヒンクリー，ダン 439
ピンチョの丘 46

ふ

ファーバー，ロバート 191, 193
ファーラー，レジナルド 277
ファーランド，ベアトリクス 403, 407, 410-11, 431
ファイツヘーヒハイム，バイエルン 129
ファルネジアーニ庭園 122, 184
ファン・デル・フルーン，ヤン，『オランダの庭師』 138, 157
フィッシュ，マージェリー 422, 438
フィラデルフィア 293, 304, 310, 311, 313
フィリップ・サウスコート 232
フィリップス，ヘンリー 233, 236
フィリップ善良公，ブルゴーニュ公 107
フィレンツェ 118, 122, 126, 128, 136
　　——植物園（フィレンツェ） 176
フィレンツォーラ，ジローラモ，『偉大なる農業の術』 131
フィロリ 402, 406
フィン庭園 78, 79
フウ 200
風景（山水） 324-325
風景派運動 32, 42, 51, 102, 140, 159, 167, 190-91, 204, 242-243, 286, 342, 344
風水 333, 356
フール・ハウス 277
フェアチャイルド，トマス 191
フェアチャイルドのラバ 191
フェニックス・パーク 265
フェラーリ，ジョヴァンニ・バティスタ 190
フェリペ2世 174, 282
フェルスター，カール 384, 389, 390, 419, 441, 443
フェルディナント1世 90
フォークナー・ファーム 392
フォーチュン，ロバート 248, 276, 324, 344, 374
フォード，エドセル＆エレノア 394
フォード，ヘンリー 394
フォックスレイ 230
フォルスティエ，J・C・N 242

フォン・シュケル，フリードリッヒ・ルードヴィヒ 236
ブオンタレンティ，ベルナルド 126, 129, 133
フォンテーヌブロー 140, 143, 146, 148, 149, 157, 159
フォントヒル・アビー 200
フクシア 168, 177
フサイン・バイカラ 74
フジ 351, 354, 356, 374
　　——シナフジ 200
藤原氏 355, 356, 357
フックス，レオンハルト 169, 176, 177
プッサン，ニコラ 32, 33, 213, 214
ブッソウゲ 190, 324
武帝 322-23
ブドウ 21, 22, 28, 33, 34, 39, 45, 323
フフナーヘル，ヨーリス 173
フマーユーン 72, 83, 84
冬の園／ホルトゥス・シックス（乾燥植物標本） 135
フライアー・パーク 277
プライス，サー・ユーヴデイル 222, 230, 231
ブライトン・パヴィリオン（ロイヤル・パヴィリオン） 239, 263
ブラウン，ジェーン 428
ブラウン，ランスロット・「ケイパビリティ」 163, 167, 204, 210, 211, 212, 215-22, 223, 238, 241, 243, 262, 279, 302, 307, 344, 450
プラタナス 35, 36, 47, 52, 55, 73, 74, 77, 78, 82, 83, 129, 406
　　——スズカケノキ 191
　　——チェナールも見よ
　　——モミジバスズカケノキ 191
ブラックポプラ（セイヨウクロヤマナラシ） 35
プラット，ウィリアム 392
プラット，チャールズ・A 392, 393, 403, 409, 412, 413
ブラッドリー＝ホール，クリストファー 445, 450
ブラマンテ，ドナト 120, 121
フラム・パレス 189
フラワー・ガーデン／花園 186, 231, 233, 237, 269, 384, 403,
フラワリー・ミード 72, 96, 97, 98, 102, 116
フランク・カボット 71, 95, 449
フランシス・ウィリアムズ 373
フランス 51, 88, 99, 107, 118, 138-39, 140-56, 157, 159, 162-64, 207, 241, 281, 287, 288, 296, 297, 302, 313, 434
フランソワ1世 140, 143, 147, 157, 159
フランソワ2世 146
プランタン，クリストフ 176, 179
フランチーニ兄弟 147, 148
フリードリヒ5世（ファルツ選帝侯） 144, 160
ブリス，ミルドレッド・バーンズ 411

索引 473

ブリッジマン、チャールズ　208, 210, 211, 212, 223
フリッツクロフト、ヘンリ　219
(小)プリニウス　36, 42, 47, 48, 52, 69, 100, 123, 131, 209
(大)プリニウス　30, 43, 44, 48, 49, 51, 52, 55, 178, 422
プリマティッチョ　143, 146, 147
ブルックス、E・アドヴェノ　261
ブルディション、ジャン　141
フルテンバッハ、ヨーゼフ、『個人の建築』　171
ブレイキー、トマス　241, 277
プレーリー派　393-94
プレスコット、W・H　282, 285
フレスコ壁画　33, 34, 44, 53, 77, 96
フレデマン・デ・フリース、ハンス　142, 157
ブレニム・パレス　222, 292
フレミング、ジョージ　256, 265, 273
フレミング、ジョン　259, 264, 266, 269
ブロヴォ、アラン　444
ブローデル・リザーブ　377
プロスペクト・パーク　308
ブロムフィールド、レジナルド　388
フロラ　54, 161, 221, 240
ブロワ　141
ブロワのルイ(ブロシウス)、『修道院法』　114
ブロン、ピエール　41, 88, 89, 173
ブロンプトン・パーク・ナーサリー　206, 263
フンボルト、アレクサンダー・フォン　202, 286, 287, 389

へ

ペイ、I・M　378
ペイジ、ラッセル　120, 428, 429, 431
ベイスギ／コノテガシワ　197, 200
ベイトマン、ジェームズ　248, 249, 255, 274
ベイリー、リバティ・ハイド　410
ペインズヒル　92, 133, 215, 221, 234-35, 401
ベーコン、サー・フランシス　162, 206, 388, 401
ヘーム・ガーデン／パーク　390, 391, 422
ヘスターコーム　87, 406, 408-409
『ヘスペリデス』　135
ベスラー、バシリウス　173, 181, 285
『ペダニウス・ディオスコリデスの全6巻の注解』　41, 174, 176, 177
ベックフォード、ウィリアム　200
ヘット・ロー　139, 156-57, 260
ベッドフォード、第6代公爵　222, 226, 227, 228, 229
ペットワース　223
ベディング計画／花壇の様式　246, 251, 256, 262-66, 264, 279, 388, 389, 396
ペトライア　122

ペトラルカ、フランチェスコ　102, 116, 174
ベニバナサワギキョウ　187
ヘネラリーフェ　69, 70, 71, 72
ヘラクレス　53, 128, 129, 153, 219
ベランジェ、フランソワ＝ジョゼフ　132
ベリー公ジャン　108
ペルー　170, 280, 285-87
ペリステュリウム　33, 39, 44, 45, 125
ベルヴェデーレの中庭　120, 121, 147
ペルシア　→イランも見よ　16, 18, 22, 24, 29, 39, 52, 56, 58, 60, 61, 62, 63, 65, 68, 78-81, 117, 280, 285, 321, 436
　　──細密画　73, 81, 88
　　──ペルシアの庭園絨毯　58, 59, 62
ペルセポリス　39
ベルビュー・ヒル　452
ヘルブラリス(ハーブ園)　102, 110
ヘルブルン　124, 126
ヘロンズウッド　439
ペン、ウィリアム　294
ペン、ジョン　294
ヘンナ　63
ペンバートン、イズリエル　294
ヘンリー・ホーア　132, 213, 215, 219, 220, 232, 234, 274
ヘンリー、ウェールズ公　126, 160
ヘンリー8世　105, 157, 159

ほ

ホイットン　197, 292
法隆寺　354
ボーアン、ガスパール、『植物対照図表』　184
ボーウッド　223, 251, 258
ボーダー　265
ポートラック　295
ポートランド公爵　222
ポートランド公爵夫人　132
ポープ、アレグサンダー　33, 92, 132, 206, 207, 208, 209, 210, 212, 214, 297, 342, 423, 424
ホール、ウィリアム・ハモンド　316
ホール、ドクター・ジョージ・ロジャーズ　374
ボーン、サミュエル　301
ボザール様式　431, 432
ホサック、デーヴィッド　306
ホスト、ニコラウス・トーマス　373
ポタジェ　424
墓地　39, 68, 242, 310, 311, 384
墓地の庭　39
『牧歌』　46, 131
北海公園　335, 341
ボバート、ジェイコブ　180
ホブハウス、ペネロピ　6, 95
ポプラ　33, 36, 69, 73, 74, 95, 243, 294

ボボリ庭園(メディチ家／庭園)　122, 128, 129, 134, 148
ボマルツォ(サクロ・ボスコ)　121, 124
ホメロス　32, 33-34, 36, 207, 237
堀　140, 143, 146, 161, 437
ホルデンビー　161, 162
ホルトゥス・コンクルスス　98, 102-103, 104
ホルトゥス・シックス　135, 176, 177
ホルトゥス・パラティヌス　144-45, 160
ポルトガル　54, 135, 162, 178
ポルトガルローン　193, 256, 259, 264
ホルフォード、サー・ロバート　274, 276
ボローニャ　186
　　──植物園　176
ホワイト、ジョン　289
ホワイトホール　158, 159, 163, 164
盆景　337, 338
ホンショレダイク　157
『本草書』　176, 177, 179, 194, 290, 297, 300
本草書　39, 40-41, 170, 173, 175, 176, 189
ボンプラン、エメ　202, 286
ポンペイ　42, 43, 44-45, 54, 135

ま

マーシュ・レーン　416, 417
マームーン　69
マイヤー、アルブレヒト　175
マイヤーペック、ヴォルフガング　175, 176
マウント・オーバーン墓地　310, 311
マウント・ロイヤル・パーク、モントリオール　308
マウントヴァーノン　289, 296, 301, 302
マキシモヴィッチ、カール　375
マクシミリアン2世　41, 126, 178
マグノリア・プランテーション　280, 281, 304
マクハーグ、イアン　390, 441
マクマホン、バーナード　301, 304
マクラーレン、ジョン　316
マス・デ・レス・ボルテス　448
マツ　23, 26, 69, 92, 197, 234, 276, 316, 324
　　──ヴァージニア・リギダマツ　197
　　──コウヤマキ　95
　　──シロマツ　276
　　──ナガミマツ　274
　　──モントレーマツ　274, 276
マッキントッシュ、チャールズ、『実践的造園家』　246
マッソン、フランシス　200
マッティオリ、ピエランドレア　41, 168, 176, 177
マドラッサ・イ・シャー　75
マドンナリリー　22, 45, 98, 104
マニエリスム　121, 124, 125, 143, 159, 160, 161
マニング、ウォーレン　383, 392, 394, 434

マリーゴールド　174, 181, 263, 283
　　——アフリカン・マリーゴールド　263
　　——フレンチ・マリーゴールド　263
マルクス, ロバート・ブール　424, 434, 435
マルメゾン　202, 267
マルリー　153, 156, 302
マロ, ダニエル　156, 157, 164, 247, 260
マンステッド・ウッド　402, 407
マンドレーク　40, 177

み

ミーガー, レオナルド　300, 301
ミース・ファン・デル・ローエ, ルートヴィヒ　449
ミショー, アンドレ　197, 296, 306
水時計　69
　　——滝　232, 332
　　——噴水　71, 78, 86, 106, 107, 122, 126, 128, 129, 267
　　——水のいたずらと仕掛け　53, 107, 121, 129-30, 160
水の鎖　130, 131
ミドルトン・プレイス　197, 295, 296
ミドルトン, ウィリアム　295
ミドルトン, ヘンリー　295
ミノス文明　33, 34, 35
ミューア, ジョン　274, 303
ミラー, ウィルヘルム　394
ミラー, フィリップ　192, 193, 194, 263, 297
ミルナー, エドワード　279
ミルラ　26

む

ムーア・パーク　161, 164
ムーア, ヘンリー　434
ムーアルハイム　418-19
ムガール庭園　84-85, 399
ムガール庭園, ニューデリーの　399
ムガール帝国　57, 74, 81-88, 281, 285, 415
ムスカウ　263
夢窓疎石（夢窓国師）　363
ムティス, ホセ・センスティーノ　286
ムテジウス, ヘルマン　396
ムハンマド（預言者）　20, 55, 58, 62
ムハンマド5世　69, 70
ムムターズ・マハル　84, 88
紫式部,『源氏物語』　355, 356, 358-59
ムラサキナズナ　168
ムラト3世　90
ムラト4世　91, 92

め

メアリー・スチュアート（メアリー2世）　157, 163, 164
メアリー・テューダー（メアリー1世）　159
迷宮　139, 249, 298, 290, 339
メイザー, ウィリアム・グウィン　392
メイソン, ウィリアム　222, 237, 238
迷路　121, 144, 262, 298-99
メキシコ　156, 280, 282-84, 286, 287, 314
メソポタミア　16, 18, 19, 20, 21, 22, 23, 29, 38, 204
メディシス, カトリーヌ・ド　142, 143, 146
メディシス, マリー・ド　148
メディチ・リッカルディ宮の礼拝堂　110
メディチ, コジモ・デ　122
メディチ, フェルディナンド・デ　134
メディチ, フランチェスコ1世　122, 126
メディチ, ロレンツォ・デ　147
メディチ家　46, 47, 126, 128
メディナ・アサアラ　65, 66, 84
メテン　26
メフメト2世　90
メフメト4世　91
メラーステイン　388
メンジーズ, アーチボルド　255, 274
メンデル, グレゴール　272
メントゥホテプ1世　27
メントゥホテプ2世　26, 27

も

網師園　339
毛氈花壇　263, 264, 316
鞆川荘　330-31
毛越寺　359
モーソン, トーマス　413
モクテスマ1世　283, 284
モクテスマ2世　282, 283, 284
モクレン属　200, 236, 276, 351, 370, 406
　　——コブシ　374
　　——シデコブシ　374
　　——タイサンボク　236
モダニズム／モダニスト運動　377, 382, 413-19, 450
モナルデ, ニコラス　168
モミ　197, 234
モミジバスズカケノキ　191
　　——アメリカスズカケノキ　191
　　——スズカケノキ　191
モモ　36, 54, 106
モラン, ピエール　186, 188
モリス, ウィリアム　388, 396, 397
モリソン, ダレル　441, 445
モリソン, ファインズ　126, 135, 166
モレ, アンドレ　138-39, 149, 162
モレ, クロード　147, 149
モレ一族　149
モンゴル人　65, 71-73
モンタルジ　142, 411
モンティチェロ　289, 295, 302
モンテーニュ, ミシェル・ド　123, 126, 130, 133, 135
モンペリエ　110, 156, 175, 178
　　——植物園（モンペリエ）　176

や

ヤークービー　64
『薬草大全』（カルペパー）　297
『薬物誌』（ディオスコリデス）　32, 33, 40-41, 52, 63, 88, 173
薬用根採集者（リゾトミスト）　38
ヤグルマハッカ　168
　　——タイマツバナ　294
ヤシ　18, 22, 23
ヤポンノキ　287, 291
ヤマブキ　351
ヤマボウシ　374
ヤン・ファン・エイク　107

ゆ

ユーカリ　316
ユリ　22, 34, 55, 66, 74, 90, 92, 110, 181
　　——ウエスタンウッドリリー　294
　　——オニユリ　344, 370
　　——カノコユリ　370
　　——スワンプリリー　294
　　——リーガルリリー　312
ユリア・フェリクス荘　44
ユリノキ　185, 193, 200, 236

よ

養魚池　27, 28, 111, 112, 134, 293, 295, 329
煬帝　330, 353
永福寺　360
豫園　333

ら

ラ・クァンティニ, ジャン・ド　141
ラ・グランハ　448
ラ・モルテッラ　429

索引　475

ラーム・バーグ　83
ライデン　89, 176, 178, 186, 372, 373
　──植物園（ライデン）　176, 178, 373
ライト、トーマス　213
ライト、フランク・ロイド　383, 407
ライラック　170, 176, 178, 193, 236, 296
ラウヴォルフ、レオンハルト　41, 89
ラウシャム　71, 125, 212, 214, 215, 236, 240
ラウドン、ジェーン　252, 264
ラウドン、ジョン・クラウディウス　69, 200, 203, 226, 251, 307, 315, 411
ラクウショウ　234, 280, 283
　──メキシコラクウショウ　283, 285
楽園／パラダイス・ガーデン　9, 16, 18, 20, 21, 56, 84, 86, 100, 109, 113, 140, 321, 324, 334, 430, 452
ラクリマモンティス　316
ラス・ナバス　452
ラスキン、ジョン　388, 394-6
ラスケット　449
ラッセルズ、リチャード　167
ラティエンズ、エドウィン　219, 382, 399, 403, 406-409, 413, 416, 422, 428
ラムジ　74
ラメッリ、アゴスティーノ　130
ラングリー、バティ　194, 208, 241, 262, 301
ランゲ、ヴィリー　384, 389, 390
ランドルフ、ジョン　301
ランブール、ポル・ド、『ベリー公のいとも豪華なる時禱書』　103, 108

り

リア、エドワード　32
リー、ジェームズ　202
リー、ジョン　187
リー、レディー・エリザベス　238-39
リージェンツ・パーク　237, 260, 265
リーズデイル卿　375
リゴーリオ、ピッロ　46, 128
リシュリュー枢機卿　148
リチャードソン、H・H　317
リチャードソン、サミュエル　234
リッチモンド・パレス　126, 161
リッチモンド・ロッジ　206
リッチモンド公爵　194, 197, 200
リボン花壇／リボン・ボーダー　256, 265, 266, 315
リュクサンブール　147, 148, 157
リュケイオン　36
リュサンドロス、スパルタの将軍　38, 131
龍安寺　365, 366
リルと水路　20, 22, 24, 35, 56, 58, 60, 62, 69, 70, 71, 214, 215, 337, 356, 403, 406, 408, 409, 415, 416, 452
リンカーン・メモリアル・ガーデン　393
リンデン、トン・テル　441
リンネ（カール・フォン・リンネ）　176, 193, 195, 200, 201, 294, 296, 306, 316
リンネ協会　195, 252

る

ル・ノートル、アンドレ　140, 148, 149, 150-56, 162, 241, 261, 388, 429, 434, 445
ル・モワーヌ・ド・モルグ、ジャック　180
ル・ルージュ、ジョルジュ・ルイ、『イギリス式庭園』　132
ルイ・ゴンザレス・デ・クラヴィーホ　72
ルイ12世　141, 142
ルイ13世　147, 153, 186
ルイ14世　51, 87, 141, 143, 144, 146, 147, 151, 153-56, 162, 163, 173, 327, 422, 444
ルイ16世　197
ルイス・クラーク探検隊　304
ルイス、ミン（ウィルヘルミナ・ヤコバ）　419
ルイス大尉、メリウェザー　304
ルソー、ジャン＝ジャック　237, 241, 243
ルドゥーテ、ピエール＝ジョゼフ　197, 202
ルドベキア　316
　──アラゲハンゴンソウ　316
ルドルフ2世　173, 184
ルネサンス　第5章を見よ　30, 40, 42-43, 46, 47, 51, 86, 96, 103, 118-67, 242, 246, 389, 399, 407, 413, 422, 430, 444, 445, 448, 451

れ

レ・カトル・ヴァン　71, 95, 326, 449
レアド、マーク　231, 234
レイ、ジョン　191, 193, 195, 263
レイモンド、ジョン　167
レヴンズ・ホール　50, 213
レオナルド・ダ・ヴィンチ　175
レズビズ　215, 232, 233, 241, 243, 302
レッド・ハウス　396, 399
レッド・フォート　66, 84
レッド・ブック　222, 227, 239, 256, 263, 306
レニショー　30, 380, 409
レノックス＝ボイド、アラベラ　258, 452
レバノンスギ　192, 193
レプトン、ハンフリー　200, 212, 222, 226, 227, 228, 229, 230, 231, 233, 239, 249, 251, 253, 256, 263, 305
レモン　44, 45, 135
レモン・ヒル　313
レン、サー・クリストファー　164, 188

ろ

ロイヤル・ソサエティー　188, 192, 272
老子　328, 331
ローザ、サルヴァトール　230
ローズ、ジェームズ　432
ローズマリー　47, 55, 117, 138, 141
ローソンヒノキ　274
ロータスランド　436
ロード、ジェームズ　293
ローマ　→第2章を見よ　30, 42-55, 133, 204, 209, 214, 242
『ローマの噴水』　128, 130
ローリー、サー・ウォルター　289, 297
ローリー、マイケル　432
ロザモンドのあずまや　106
ロシア　150, 185, 240
ロスチャイルド、アルフレッド・ド　262
ロッディジーズ種苗園　199, 254, 264, 306
ロドマートン・マナー　398, 399
ロバン、ジャン　168, 186, 297
ロビンソン、ウィリアム　246, 252, 261, 265, 269, 273, 279, 311, 383, 384, 386, 388, 393, 396, 403, 410, 423
　──イギリスのフラワー・ガーデン　384, 386, 396
　──『野生の庭園』　269, 382, 384, 386
ロペス、イポリト・ルイス　255, 285
ロベリア　177, 262, 265, 268
ロマーノ、ヤーコプ　157
ロラン、クロード　32, 33, 212, 213, 219
ロングリート　223, 239
ロンドレ、ギヨーム　176, 178
ロンドン、ジョージ　165, 188, 206, 212, 293
ロンドン園芸協会　254, 267, 272
ロンバルディポプラ　234, 243

わ

ワイアット、ジェームズ　229
ワイアットヴィル、ジェフリー　228, 267
矮小ツゲ　292
ワイズ、ヘンリー　165, 206, 212, 263
ワイルダー、ルイーズ・ビービ　403
ワシュテペック　283, 285
ワシントン、ジョージ　289, 297, 300, 301, 302
ワラフリド・ストラボ　39
ワルスカ、マダム・ガナ　436

【編著】
ペネロピ・ホブハウス
Penelope Hobhouse

1929年、北アイルランド生まれ。1951年、ケンブリッジ大学で経済学優等学位取得。庭園デザイナー、庭園史研究家、造園家。1996年、英国王立園芸協会（RHS）よりヴィクトリア名誉メダルが授与される。*Plants in Garden History*（Frances Lincoln）ほか庭園デザインに関する多数の著書がある。

【日本版監修】
高山宏
たかやま・ひろし

英文学者。東京大学文学部英文科卒業、同大学院人文科学研究科修士課程修了。大妻女子大学比較文化学部教授。『アリス狩り』（青土社）、『庭の綺想学』（ありな書房）、『表象の芸術工学』（工作舎）、『新人文感覚 I──風神の袋』『同II──雷神の撥』（羽鳥書店）など著書・訳書多数。文化史、建築、視覚芸術、表象文化論など領域横断的な批評・著述活動を行っている。

【翻訳】
上原ゆうこ
うえはら・ゆうこ

神戸大学農学部卒業。農業関係の研究員を経て翻訳家。広島県在住。訳書に『癒しのガーデニング──菜園が教えてくれた私の人生』（日本教文社）、『ヴィジュアル版 世界幻想動物百科』、『占星医術とハーブ学の世界』、『ヴィジュアル版 植物ラテン語事典』（以上、原書房）、共訳書に『自然から学ぶトンプソン博士の英国流ガーデニング』（以上、バベルプレス）などがある。

世界の庭園歴史図鑑

2014年9月30日　初版第1刷発行

編著者————ペネロピ・ホブハウス
日本版監修者————高山宏
訳者————上原ゆうこ
発行者————成瀬雅人
発行所————株式会社原書房
〒160-0022 東京都新宿区新宿1-25-13
電話・代表 03(3354)0685
http://www.harashobo.co.jp
振替・00150-6-151594
ブックデザイン————小沼宏之
印刷————新灯印刷株式会社
製本————東京美術紙工協業組合

©Hiroshi Takayama, Office Suzuki, 2014
ISBN978-4-562-05093-2
Printed in Japan